北京市金融年鉴

2019

ALMANAC
OF BEIJING FINANCE
AND BANKING

《北京市金融年鉴》编辑部

（总第33卷）

中国金融出版社

责任编辑：王慧荣　张婷婷
责任校对：李俊英
责任印制：程　颖

图书在版编目（CIP）数据

北京市金融年鉴2019/《北京市金融年鉴》编辑部. —北京：中国金融出版社，2020.1
ISBN 978-7-5220-0359-7

Ⅰ. ①北…　Ⅱ. ①北…　Ⅲ. ①金融事业—北京—2019—年鉴
Ⅳ. ①F832.71-54

中国版本图书馆CIP数据核字（2019）第269503号

北京市金融年鉴2019
Beijingshi Jinrong Nianjian 2019
出版发行　中国金融出版社
社址　北京市丰台区益泽路2号
市场开发部　(010)63266347，63805472，63439533（传真）
网上书店　http：//www.chinafph.com
　(010)63286832，63365686（传真）
读者服务部　(010)66070833，62568380
邮编　100071
经销　新华书店
印刷　北京市松源印刷有限公司
尺寸　185毫米×260毫米
印张　45
插页　10
字数　980千
版次　2020年1月第1版
印次　2020年1月第1次印刷
定价　125.00元
ISBN 978-7-5220-0359-7
如出现印装错误本社负责调换　联系电话（010)63263947
（内部发行）

2018年1月18日，中国农业银行北京市分行与北京市保障住房建设投资中心、首创置业股份有限公司等6家企业签署《集体建设用地租赁住房业务银企合作协议》，累计提供意向性授信额度2 000亿元，主要用于支持租赁住房项目开发。

2018年8月3日，盛京银行北京分行与北京市文创金融服务网络平台签署《盛京银行北京分行—文创金服平台战略合作协议》，正式进驻文创金服平台。

2018年6月28日，国家开发银行、中国建设银行、中国农业银行、北京银行、中信银行等金融机构与永定河流域投资有限公司签署银企战略合作协议。

2018年12月28日，交通银行北京市分行发布新版“智融通”知识产权质押贷款产品，以“创新知识产权评价体系、创新风险处置模式、创新质押贷款流程”三大举措，推进知识产权与金融有效融合，助力民营小微企业发展。

2018年12月6日，中国建设银行北京市分行与中央财经大学签署合作办学协议，双方将在科研公关、高端智库建设、协助高等教育和学术期刊建设方面开展合作。

2018年4月19日，中国平安财产保险公司北京分公司签约中关村生命科技园，助力国家知识产权创新发展战略。

2018年10月24日，第二十二届北京·香港经济合作研讨洽谈会京港金融合作专题活动在京举行，京港有关机构签署《京港金融创新互联互通框架协议》，建立战略合作伙伴关系，共同建设金融科技和金融创新等相关应用。

2018年5月28日，上海浦东发展银行北京分行与中国民生证券股份有限公司签署战略合作协议，双方将在资金、资产、托管、利率互换、同业理财投资、债券投资、股票质押资金监管等多项业务领域开展合作。

2018年12月11日，中国银行北京市分行召开支持民营企业战略签约会议，邀请润泽科技发展有限公司等20家北京市相关行业的民营企业参加，银企双方共商合作大计，签订战略合作协议。

2018年5月28日，华夏银行北京分行与北京故宫文化服务中心签署战略合作协议，双方将筹资成立故宫文创华夏产业基金，发行故宫联名信用卡，并就故宫 IP的开发与推广开展全面战略合作。

2018年9月11日，平安银行北京分行与中招联合信息股份有限公司举行《银企战略合作协议》签约仪式，并共同发布全新招标通产品。

2018年9月6日，泰康人寿保险公司北京分公司与北京朝阳医院举行“健保通”项目合作签约仪式，北京朝阳医院与泰康人寿保险公司通过信息系统直联，实现商保“一站式”理赔服务。

2018年12月17日，中国银行保险监督管理委员会北京监管局正式挂牌成立。

2018年11月30日，北京银行举办北京银行文化创客中心成立大会，在京成立业内首家文化创客中心。

2018年6月11日，上海浦东发展银行北京雍和支行开业，成为入驻中关村雍和航星科技园的第一家金融企业。

2018年5月17日，中国人民财产保险公司北京市分公司与北京世界园艺博览会事务协调局签订赞助协议，成为2019年中国北京世界园艺博览会高级赞助商。

2018年12月19日，中国银行北京冬奥支行举行开业仪式，并正式对外营业。

2018年11月20日，中国民生银行举行北京地区战略客户峰会。论坛以“创新变革促发展转型 融资融智助实体经济”为主题，聚焦改革创新，探讨新形势下银企合作共促实体经济发展的机遇与挑战。

2018年6月24日，北京市科技创新基金启动大会在中关村国家自主创新示范区举行。该基金是由北京市人民政府主导的股权投资母基金，以原始创新阶段投资为侧重，总规模为300亿元，首期规模200亿元，存续期限15年，是国内期限最长的母基金。

2018年6月20日，北京银行科技金融创新中心成立，同时发布支持前沿技术企业服务方案，推出专属产品“前沿科技贷”。

2018年12月20日，上海银行北京分行举办“债势有为　优市上行”债券业务论坛。

中国农业银行北京市分行参加2018中国国际教育展，推介境外预开户、个人结售汇、跨境电汇汇款和留学生信用卡等留学金融产品。

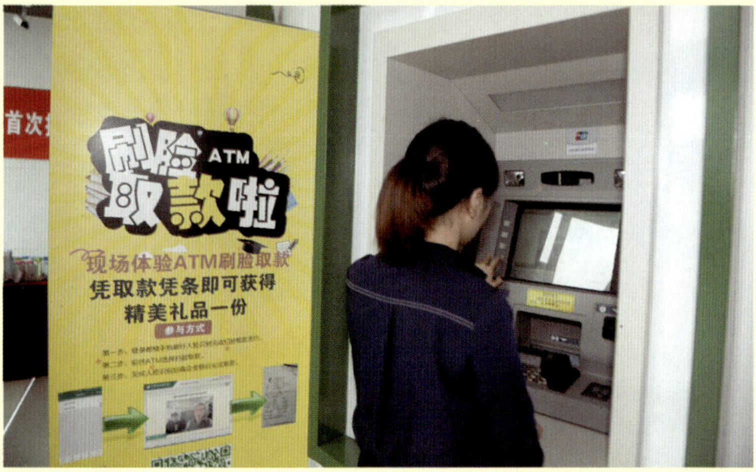

2018年5月18日，中国邮政储蓄银行北京分行上线ATM刷脸取款功能。

2018年4月8日，北京农商银行首家智能银行金融旗舰店在朝阳区十八里店开业。该网点将各类创新型金融产品和服务以全新形式在线下展示，整合自助签约、自助交易、业务预填单、联网排队及营销宣传等功能，为客户提供“一站式”服务。

2018年1月25～28日，中国银行北京市分行参展2017北京国际金融博览会，向社会公众展示出国金融、外币预约、手机银行、中银易商等创新产品。

2018年12月26日，江苏银行北京西城文创支行正式开业。

2018年10月26日，平安银行北京分行5家零售智能门店开业。零售智能新门店支持50大类零售业务，客户可自行办理开户、信息变更、个人转账、存取款、信用卡还款等业务。

中国工商银行北京广安门支行员工赴首都医科大学开展防范非法集资宣传活动。

中国民生银行北京三元支行员工走进三源里社区，向居民、商户讲解反洗钱政策及洗钱活动的危害。

宁波银行北京望京支行员工走进史家胡同小学，开展反假币宣传活动。

平安银行北京分行开展以“学习金融知识　科学合理消费”为主题的消费者权益保护宣传活动。

北京农商银行利用网点渠道开展“金融知识进万家”“防范金融诈骗”等公共教育服务活动。

中国银行北京市分行开展以“提升持卡人安全用卡意识　构建良好银行卡支付环境”为主题的支付安全宣传月活动。

杭州银行北京分行文化走廊通过“文化宣贯、党建天地、书香致远、荣誉展示、人生感悟、巾帼专区”六大板块，展示企业文化宣贯的优秀实践和显著成效。

平安银行北京分行工会举办“花香祝福，献爱母亲”母亲节插花活动。

中信银行总行营业部举办“凝心聚力 筑梦前行”健步走活动。

《北京市金融年鉴》编辑委员会

《北京市金融年鉴》编辑部

编辑部主任：宋晓卿

责 任 编 辑：贾淑梅　宋晓卿　陶娅娜　李　康　杨小玄

金融管理部门组稿编辑：（以姓氏笔画为序）

云　璐　王　超　朱琳琳　刘　欣　闫　妍
吴　茜　杨兴安　李艳丽　宋霄冉　宋晓源
陈　静　张　丹　张　靖　张建立　武骁哲
周珺星　柏林林　盖　静　舒　昱　穆　毓

各金融机构组稿编辑：（以姓氏笔画为序）

于　涵　王　京　王　亮　王　菁　王杜坤
王国文　王昕芳　尹茗媛　兰鑫宇　吉　轩
刘　宇　刘晓静　曲兵林　李　莹　李　傲
李苏轩　李灵毓　李昊喆　李首峰　李原野
何　冰　何华伟　杨　春　杨紫怡　陈　锐
陈悦喆　汪宇平　肖楚璇　张　帆　张　晨
张子晋　张尤佳　张京玉　张译丹　张俊魁
孟宪斌　郝　静　施　巍　赵子郡　段文静
袁　帅　袁　婕　袁天翼　晏　珊　郭雨晴
郭晓雨　高晰明　崔　峰　崔东风　康　涛
黄品嘉　曹征妮　童文静　雷赛赛　蔡俊瑶
潘远发　樊聪慧

文 件 资 料：王　芳　刘　弘　高　菲　魏海玉

编辑说明

一、《北京市金融年鉴》是北京市金融行业年鉴，是全面反映北京市金融运行、发展情况的资料性工具书。由中国人民银行营业管理部，中国银行保险监督管理委员会北京监管局、中国证券监督管理委员会北京监管局、北京市地方金融监督管理局、120 多家金融机构以及 10 余家协会、商会、学会、工会共同参与编写，自 1987 年，连年出版，本卷为总第 33 卷。

二、本卷记录的是 2018 年北京市金融业运行与发展情况、重大事件、活动及各金融机构贯彻执行国家金融政策，依法合规经营，防范和化解金融风险，改善金融服务，助力首都经济社会发展等所做的工作和面临的问题。

三、本卷所有文稿、资料均经过各供稿单位相关领导审阅，保证了收录内容的权威性和准确性。

四、本卷收录的金融统计资料由中国人民银行营业管理部、中国银行保险监督管理委员会北京监管局、中国证券监督管理委员会北京监管局提供。请在使用中注意统计口径的差别和适用范围。

五、本卷文稿中“当年”“年内”“全年”“截至年末”均指 2018 年，“上年”指 2017 年；未作特别说明之处，币种均为人民币。

六、本卷对各金融机构的排列顺序名次无高低之分。

七、本卷在编辑过程中得到北京市各金融监管部门、金融机构、协会、商会、学会、工会的大力支持，在此深表谢意。由于编辑水平有限，书中难免有缺陷和疏漏之处，诚请广大读者批评指正。

《北京市金融年鉴》编辑部

2019 年 12 月

目　录

一、形势综述

二、市场运行

三、发展与监管

四、服务与管理

五、机构业务综述

金融管理机构

金融机构

六、文件与规章

七、专题与调研

八、统计资料

（一）金融业务综合统计

（二）金融机构业务统计

（三）机构、人员统计

九、大事记

十、附　　录

（一）北京市金融机构名录

(三) 协会、商会、学会、工会活动简介

(四) 2018年度北京市金融系统先进集体、先进个人名录

一、形势综述

北京市金融运行报告

中国人民银行营业管理部　货币政策分析小组

一、金融运行情况

2018 年，北京市金融运行整体平稳，信贷增速保持较快水平，社会融资显著改善，机构改革继续稳步推进，服务水平显著提高，金融支持实体经济的能力进一步增强。

（一）银行业运行平稳，信贷保持较快增速

1. 银行业金融机构资产规模进一步扩大，利润增长有所放缓

2018 年，北京市银行业金融机构资产总额同比增长 8.9%，增速同比上升 6.1 个百分点；实现利润同比增长 5.1%，增速同比下降 11.6 个百分点；银行业金融机构数量有所增加，2018 年末机构网点总数同比增加 56 家；法人金融机构数量比上年增加 2 家；银行支付业务快速发展，2018 年末银行卡发卡量累计达到 2.4 亿张，全年新增 3 766.9 万张（见表 1）。

表 1　2018 年北京市银行业金融机构情况

机构类别	营业网点			法人机构（个）
	机构个数（个）	从业人数（人）	资产总额（亿元）	
一、大型商业银行	1 817	52 955	91 069	0
二、国家开发银行和政策性银行	18	907	18 364	0
三、股份制商业银行	862	24 495	46 638	0
四、城市商业银行	412	11 420	28 341	1
五、城市信用社	0	0	0	0
六、小型农村金融机构	673	8 743	8 813	1
七、财务公司	75	4 989	33 414	73
八、信托公司	12	3 788	1 429	12
九、邮政储蓄银行	574	3 276	3 328	0
十、外资银行	116	4 363	3 817	9
十一、新型农村机构	38	791	244	11
十二、其他	106	—	—	13
合　计	4 703	115 727	235 457	120

注：营业网点机构数据不包括国家开发银行和政策性银行、大型商业银行、股份制商业银行金融机构总部；大型商业银行包括中国工商银行、中国农业银行、中国银行、中国建设银行和交通银行；小型农村金融机构指农村商业银行；新型农村金融机构包括村镇银行、贷款公司和农村资金互助社；其他包含金融租赁公司、汽车金融公司、货币经纪公司、消费金融公司等。

数据来源：中国人民银行营业管理部、中国银行保险监督管理委员会北京监管局、北京市地方金融监督管理局。

2. 人民币存款增速先升后降，外币存款增速持续回落

2018 年末，北京市金融机构人民币存款余额同比增长 9.3%，比全国高 1.1 个百分点，比上年同期高 5.1 个百分点，全年新增额为近三年同期最高。2018 年以来，人民币存款增速从年初的 3.3% 迅速升至 7 月的 11.3% 后缓慢回落，证券、保险等非银行业金融机构存入金融体系资金增长是拉动人民币存款增长的主要原

因。受中美贸易摩擦及汇率影响，外币存款增速持续回落，2018 年以来，北京市金融机构外币存款余额增速从年初的 18.1%逐步回落至年末的 4.3%，比上年同期低 11.7 个百分点（见图 1）。

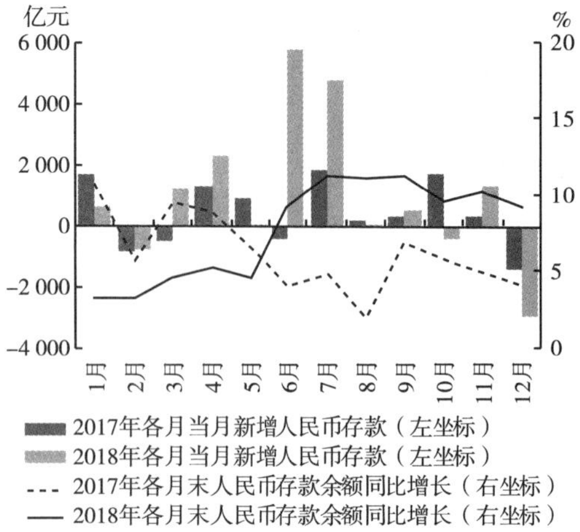

数据来源：中国人民银行营业管理部。

图 1　2017～2018 年北京市金融机构人民币存款增长变化

3. 本外币贷款增速保持在较高水平，金融业对实体经济的支持力度持续加大

2018 年末，北京市金融机构本外币贷款余额同比增长 11.7%，比上年高 0.2 个百分点，增速持续保持在 12%左右的水平。其中，人民币贷款余额同比增长 12.5%，比全国低 1 个百分点；外币贷款余额增速从年初的增长 21.7%迅速回落至年末的减少 5.6%（见图 2、图 3）。

重点领域贷款增势明显。2018 年末，北京市中资银行高新技术产业人民币贷款余额同比增长 16.9%；文化创意产业人民币贷款余额同比增长 19.3%。北京市金融机构小微企业人民币贷款余额同比增长 15.7%，普惠领域小微企业人民币贷款余额同比增长 30.3%，增幅比同期各项贷款增速高 17.8 个百分点，为 2015 年以来最高增速。

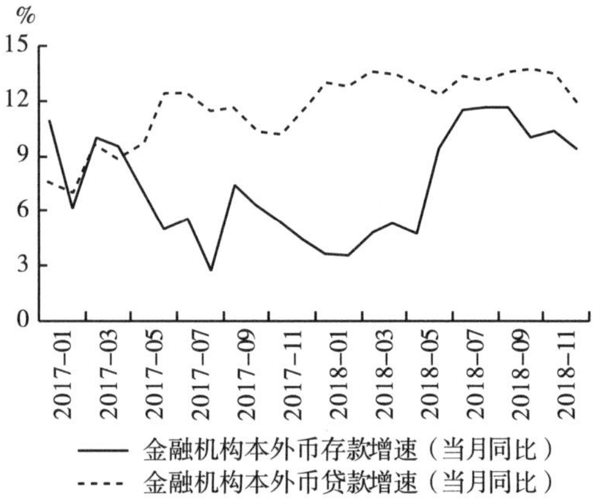

数据来源：中国人民银行营业管理部。

图 2　2017～2018 年北京市金融机构本外币存款、贷款增速变化

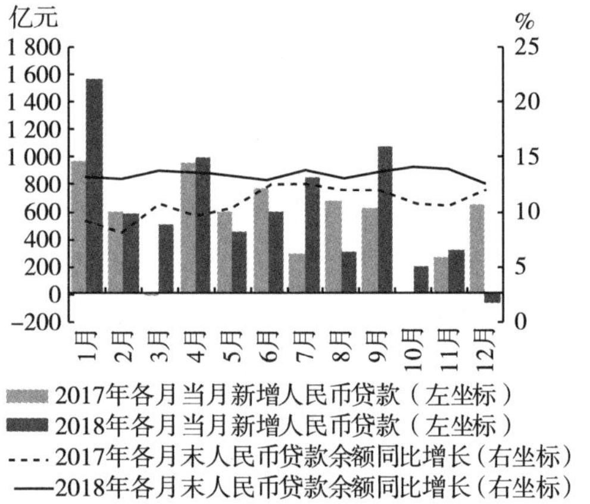

数据来源：中国人民银行营业管理部。

图 3　2017～2018 年北京市金融机构人民币贷款增长变化

4. 金融降杠杆效果显著，表外业务规模增速明显放缓

2018 年末，北京地区银行业金融机构表外业务余额同比增长 4.5%，增速较上年同期低 20.9 个百分点。其中，托管资产业务余额同比增长 4.3%，增速较上年同期低 30.9 个百分点。4 月资管新规发布后，理财产品规模显著下降，2018

年末理财产品余额较4月末下降13%。

5. 人民币贷款利率呈先升高后回落态势，美元存贷款利率均在历史高位运行

银行体系流动性保持合理充裕，受货币市场利率中枢明显下行带动，2018年北京地区人民币贷款利率升高后呈回落态势；1~7月震荡上行攀升至5.3856%，8~12月震荡下行回落至4.9315%。小微企业贷款利率明显下降。人民币活期存款利率走势平稳，定期存款利率稳中略升。在美联储加息和美元走强的背景下，2018年美元存贷款利率均在历史高位运行（见表2、图4）。

表2 2018年北京市金融机构人民币贷款各利率区间占比情况

单位：%

月份		1月	2月	3月	4月	5月	6月
合计		100.0	100.0	100.0	100.0	100.0	100.0
下浮		23.2	32.2	22.4	29.1	23.4	25.1
基准		30.8	25.2	25.9	20.6	20.4	23.7
上浮	小计	46.0	42.6	51.6	50.4	56.2	51.3
	(1.0, 1.1]	20.7	16.8	22.9	20.6	27.2	21.4
	(1.1, 1.3]	11.6	12.3	12.5	12.5	11.8	11.6
	(1.3, 1.5]	2.8	4.6	5.3	5.8	5.0	6.8
	(1.5, 2.0]	7.4	5.8	8.1	8.0	8.4	8.4
	2.0以上	3.5	3.2	2.9	3.5	3.8	3.1
月份		7月	8月	9月	10月	11月	12月
合计		100.0	100.0	100.0	100.0	100.0	100.0
下浮		25.1	36.6	38.0	38.4	41.9	46.1
基准		23.5	20.7	21.7	19.9	18.9	22.0
上浮	小计	51.4	42.7	40.4	41.7	39.2	32.0
	(1.0, 1.1]	17.9	11.4	9.4	9.7	9.2	9.2
	(1.1, 1.3]	12.4	10.8	11.9	11.6	10.5	8.7
	(1.3, 1.5]	6.2	6.0	5.0	4.7	5.1	3.5
	(1.5, 2.0]	11.0	9.8	10.0	11.0	10.9	7.9
	2.0以上	3.9	4.8	4.0	4.7	3.6	2.7

数据来源：中国人民银行营业管理部。

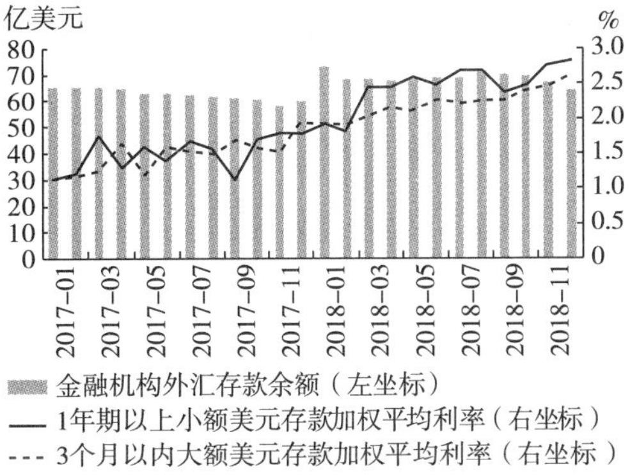

数据来源：中国人民银行营业管理部。

图4 2017~2018年北京市金融机构外币存款余额及外币存款利率

6. 资产质量总体保持稳定，但存在下行压力

2018年末，北京地区银行业金融机构不良贷款率为0.34%，为2008年以来同期最低值，较上年同期下降0.03个百分点。法人银行资产、负债余额同比分别增长9.3%和9.2%；拨备覆盖率为268.9%，信用风险抵补能力较强。资产质量下行压力增大，2018年末，辖内银行业金融机构逾期贷款余额同比增长30.9%；逾期90天以上贷款与不良贷款的比例比上年同期升高27.9个百分点。

7. 银行业机构改革继续推进，金融服务能力进一步提升

北京市首家民营银行——北京中关村银行自2017年7月成立以来，主要从“认股权贷款”和“场景智慧金融”两个方向，为科创企业和小微企业提供服务。2018年末，该行各项贷款余额同比增长5.6倍，有力促进了科技与金融的深度融合。全国首家直销银行——中信百信银行2017年11月成立后，以“互联网+金

融”的新金融模式，不断支持实体经济发展，2018 年末，该行各项贷款余额同比增长 13.2 倍。

8. 人民币跨境使用稳步发展

2018 年，北京地区跨境人民币结算 2.2 万亿元，业务笔数 14.9 万笔。自 2010 年 6 月 23 日试点启动至 2018 年末，北京地区跨境人民币收付涉及的国家和地区已达 206 个。2018 年，北京地区经常项目人民币收付 6 973.6 亿元，资本与金融项目人民币收付 14 738.2 亿元。2018 年末，北京地区已有 114 家跨国企业集团开立人民币双向资金池专用账户，累计归集跨境收入 2 881.4 亿元，累计跨境支出 2 545.3 亿元；北京地区银行已经为境外 92 个国家和地区的参加行开立人民币同业往来账户 919 个，为非居民机构开立人民币结算账户 1 068 个。

专栏 1 中关村国家自主创新示范区专营组织机构持续加大对科技企业的信贷支持，利率和不良率保持较低水平

2018 年，中关村国家自主创新示范区科技金融专营组织机构（以下简称示范区专营组织机构）从 56 家增加至 64 家 。监测结果显示，示范区专营组织机构对北京地区高新技术企业的信贷支持规模不断扩大，信贷结构更加优化，贷款利率和不良贷款率持续保持较低水平。

一、示范区专营组织机构中关村高新技术企业贷款的主要特点

（一）贷款规模扩大，贷款结构优化

2018 年末，示范区专营组织机构中关村高新技术企业贷款余额为 1 087.0 亿元，同比增长 31.9%，增幅比上年提高 17.2 个百分点。其中，中长期贷款余额为 536.8 亿元，占比 49.4%，较上年提高 11.5 个百分点，表明专营组织机构不断向中关村高新技术企业提供稳定资金来源。贷款种类方面，示范区专营组织机构信用贷款业务模式逐渐成熟，2018 年末贷款余额为 638.1 亿元，同比增长 34.8%，增幅比上年提高 8.2 个百分点，占中关村高新技术企业贷款余额的 58.7%，较上年提高 1.3 个百分点。

（二）贷款利率小幅上升，但仍保持较低水平

2018 年，受科技企业风险事件和经营环境变化影响，示范区专营组织机构加大对科技企业的风险管控，贷款利率有所上升。2018 年，中关村高新技术企业全年贷款加权平均利率为 5.12%，同比增长 33 个基点，但仍低于北京市小微企业全年贷款加权平均利率 24 个基点。从趋势上看，示范区专营组织机构中关村高新技术企业贷款利率的优势逐渐减弱，2017 年第一季度至 2018 年第二季度两者平均相差 90 个基点，2018 年第二季度后缩减至 20 ~30 个基点。在人民银行各项支小政策引导下，北京市小微企业贷款利率不断下调，中关村高新技术企业贷款利率由于一直处于低位，下调空间有限。

（三）不良贷款率远低于北京市平均水平，但增势显现

2018 年，在经济下行环境下，部分中关村高新技术企业面临营业收入下降、账款

拖欠等问题，再加上续贷难度加大，债券和股市等其他融资渠道不畅，资金周转困难，发生贷款逾期。2018 年，示范区专营组织机构中关村高新技术企业不良贷款率为 0.23%，同比增长 0.14 个百分点。由于示范区专营组织机构贷前谨慎择户，贷后严格管理，不良贷款率仍处于低位，比北京市平均水平低 0.11 个百分点。从目前情况来看，中关村高新技术企业贷款逾期增加受个案偶发影响较多，未有明显趋势性特点。但随着我国经济结构调整，下行压力进一步加大，加上科技企业竞争日益激烈，经营环境不确定性因素增加，中关村企业贷款逾期隐患加重。

二、值得关注的问题

（一）知识产权、应收账款和股权质押融资不同程度缩减

除信用贷款保持稳定增长态势，中关村高新技术企业其他非传统担保类贷款业务都未形成稳定规模，易受个别因素影响。2018 年末，知识产权质押贷款余额为 3.9 亿元，同比增长 3.8%，增速同比降低 18.4 个百分点；应收账款质押贷款余额为 0.1 亿元，同比减少 98.6%；股权质押贷款余额为 8.5 亿元，同比减少 42.7%。

（二）城市商业银行和部分股份制商业银行专营组织机构竞争力明显不足

在经济下行和各项政策考核压力下，专营组织机构业务竞争日益加剧，国有银行专营组织机构由于流动性充裕和资金成本低，业务优势突出，2018 年示范区国有银行专营组织机构中关村高新技术企业贷款余额同比增长 27.7%，增速同比提高 13.5 个百分点，全年加权平均利率为 4.69%，比示范区专营组织机构平均利率低 43 个基点。相比之下，城市商业银行和部分股份制商业银行由于先天劣势和创新不足，总体信贷萎缩，科技企业贷款规模下降。

（二）证券期货行业总体经营稳健，各级资本市场融资额下降

1. 证券期货机构数量总体呈稳步增长态势，证券公司并购重组持续推进

2018 年末，辖内法人证券公司 18 家、法人期货公司 19 家、法人基金管理公司 19 家，数量均与上年相同；证券营业部 543 家、期货分支机构 108 家，分别比上年增加 66 家和 6 家。2018 年中国国际金融有限公司并购中国中投证券有限责任公司、中国民族证券有限责任公司与方正证券股份有限公司的整合工作不断向前推动；日本大和证券在北京设立合资公司，实现北京证券业对外开放的突破（见表 3）。

2. 法人证券公司资本实力增强，期货公司利润大幅减少，基金管理公司管理基金净值增长

2018 年末，法人证券公司资产总额同比减少 1.1%，净资本同比增长 4.6%，全年营业收入同比减少 14.9%。期货公司资产总额同比减少 8.8%，净资本同比减少 3.8%，全年期货代理交易额同比增长 7.23%，利润总额同比减少 27.2%。法人基金管理公司管理基金年末资产净值同比增长 13.4%。

3. “新三板”挂牌公司数量减少，融资量显著下降

2018 年末，全国中小企业股份转让系统挂牌公司总数达 10 691 家，较上年

同期减少 939 家；总市值同比减少 30.2%。其中，北京市“新三板”挂牌公司同比减少 11%，占全国总数的 13.5%；总股本占全国总数的 17.4%；总市值占全国总数的 17.6%。受制于“新三板”市场整体交易不活跃、流动性差，2018 年辖区挂牌公司定向增发 186 次，募集资金同比减少 70%。

表 3　2018 年北京市证券业基本情况

单位：家、亿元

项　　目	数量
总部设在辖内的证券公司数	18
总部设在辖内的基金公司数	19
总部设在辖内的期货公司数	19
年末国内上市公司数	316
当年国内股票（A 股）筹资	2 702
当年发行 H 股筹资	—
当年国内债券筹资	—
其中：短期融资券筹资额	—
中期票据筹资额	—

注：证券公司数为法人机构数量，国内股票（A 股）筹资额包含金融企业 A 股筹资，债券筹资为社会融资规模中企业债券融资额。

数据来源：中国人民银行营业管理部、中国证券监督管理委员会北京监管局。

（三）保险业务结构明显改善，社会服务功能进一步增强

1. 保险行业发展有所放缓，乱象整治取得实效

2018 年末，北京共有保险总公司 45 家。其中，财产险公司 15 家，人身险公司 30 家；保险销售从业人员共 17.9 万人。全年实现原保险保费收入（以下简称保费收入）同比减少 9.1%；累计赔付支出同比增长 8.9%；保险深度为 5.9%，较上年同期下降 1.1 个百分点；保险密度为 8 293.1 元/人，同比减少 792.2 元/人。北京地区通过开展综合性检查以及车险、农业保险、防范非法集资、反洗钱和“互联网保险风险专项整治”等专项检查，保持严打高压态势，保险业乱象整治取得实效。

2. 财产险公司保费收入稳步增长，人身险公司业务结构明显改善，外资保险公司市场份额有所上升

2018 年末，财产险公司实现保费收入同比增长 5.8%。其中，车险业务保费收入同比下降 0.1%，非车险业务保费收入同比增长 15.7%；累计赔款支出同比增长 15.3%。人身险公司保费收入同比下降 13.3%；非保险合同业务本年新增交费同比增长 34.5%；人身险新单期交率为 47.8%，同比上升 17.8 个百分点；退保率为 7.2%，较上年同期上升 1.6 个百分点。在京外资保险法人机构有 14 家，分公司有 37 家，全年实现保费收入同比增长 11.4%；市场份额 17.9%，较上年同期上升 3.3 个百分点。

3. 保险行业社会服务功能进一步增强

2018 年末，北京地区政策性农业保险实现保费收入 7.1 亿元，参保农户 7.6 万户次，提供风险保障 262.7 亿元；安全生产责任险全年累计为 5 万家次企业提供风险保障 2 710.4 亿元；医疗责任保险全年累计承保医疗机构 1 188 家次，快速化解医患纠纷案件 1 068 件。2018 年末，保险资金通过债权计划投资北京市基础设施、科技园区等重点项目规模达 1 796.5 亿元（见表 4）。

表 4　2018 年北京市保险业基本情况

单位：家、亿元、元/人、%

项　　目	数量
总部设在辖内的保险公司数	45
其中：财产险经营主体	15
寿险经营主体	30
保险公司分支机构	109
其中：财产险公司分支机构	47
寿险公司分支机构	62
保费收入（中外资）	1 793.3
其中：财产险保费收入（中外资）	422.7
人身险保费收入（中外资）	1 370.7
各类赔款给付（中外资）	629.4
保险密度	8 293.1
保险深度	5.9

数据来源：中国银行保险监督管理委员会北京监管局。

（四）社会融资规模有所下降，金融创新步伐加快

1. 社会融资规模总量扩大、结构优化

2018 年，北京地区社会融资规模增量为 17 784.3 亿元，比上年同期多增 7 827.9亿元。其中，人民币贷款占地区社会融资规模增量的 42.6%，同比下降 29.8 个百分点；债券融资占地区社会融资规模增量的 39.4%，同比提高 67 个百分点；受资本市场整体低迷影响，股票融资增长放缓；受金融监管政策叠加、地方政府债务规范等多种因素影响，委托贷款、信托贷款和未贴现的银行承兑汇票等表外融资持续收缩（见图 5）。

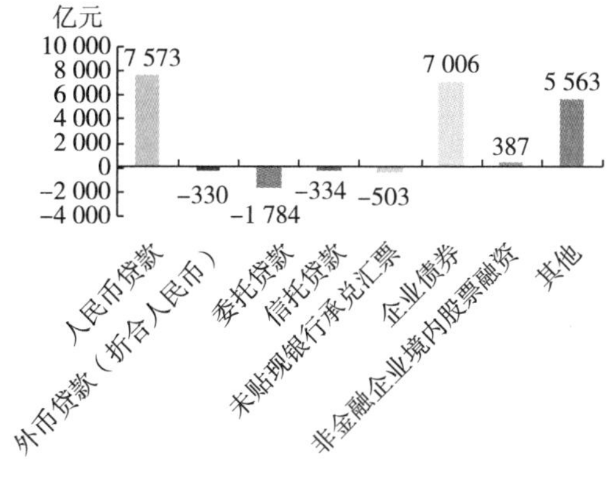

数据来源：中国人民银行营业管理部。

图 5　2018 年北京地区社会融资分布结构

2. 民营、科创、小微企业金融市场创新产品在京落地

一是民营企业债券融资支持工具推广使用，辖内银行、中债信用增进公司创设 3 亿元信用风险缓释凭证，北京地区 2 家民营企业在银行间市场发债融资 19 亿元，为企业降低融资成本约 1 600 万元。二是北京地区首单“双创”债务融资工具成功落地。2018 年 12 月，北京市海淀区国有资本经营管理中心在银行间市场发行规模 30 亿元的“双创”中期票据，其中 0.5 亿元直接用于对“双创”企业的股权投资。三是市属企业在银行间市场发债融资快速发展。2018 年，北京市 84 家市属企业在银行间市场发行债券 272 只，募集资金 3 323 亿元，数量和金额同比分别增长 54.7%、47.8%。

3. 票据市场运行总体平稳，贴现票据金额继续大幅回落，票据承兑和贴现余额明显增长

2018 年，北京市金融机构累计签发银行承兑汇票同比增长 6.3%，累计贴现票据金额同比减少 39.7%。2018 年末，

银行承兑汇票余额同比增长10.3%，票据贴现余额同比增长48.2%。北京地区票据贴现和转贴现利率下行趋势明显（见表5、表6）。

表5 2018年北京市金融机构票据业务量情况

单位：亿元

季度	银行承兑汇票承兑		贴现			
			银行承兑汇票		商业承兑汇票	
	余额	累计发生额	余额	累计发生额	余额	累计发生额
一	2 859.1185	1 458.0743	1 658.6041	3 442.8824	139.0594	141.0828
二	3 104.0946	2 959.6560	1 939.2721	6 981.5135	171.0943	285.4444
三	3 253.9104	4 557.1291	2 086.7443	10 370.3297	145.6374	375.4508
四	3 667.1468	6 573.3858	2 359.2665	13 752.1375	205.3310	1 026.6991

数据来源：中国人民银行营业管理部。

表6 2018年北京市金融机构票据贴现、转贴现利率情况 单位：%

季度	贴现		转贴现	
	银行承兑汇票	商业承兑汇票	票据买断	票据回购
一	5.1399	5.6373	5.0862	4.5024
二	4.9437	5.8844	4.8559	3.9855
三	4.0187	5.2881	3.9311	3.1382
四	3.8283	5.0548	3.6810	2.8096

数据来源：中国人民银行营业管理部。

4. 地方债发行规模大幅减少，政府负债率保持稳定

2018年末，北京市地方政府债务余额为4 248.9亿元，较2017年末增加372亿元。其中，一般债务余额为2 034亿元，专项债务余额为2 214.9亿元。2018年，北京市地方政府负债率为14.0%，较2017年提高0.2个百分点。2018年，北京市人民政府（以下简称市政府）共发行债券644.9亿元，全部采用公开招标方式发行，较2017年减少425.2亿元。

（五）金融改革稳步推进，营商环境不断改善

2018年，中国人民银行营业管理部（以下简称人民银行营业管理部）以“服务实体经济、防控金融风险、深化金融改革”为重心，精准贯彻落实各项贸易投资自由化便利化政策，创新提升外汇管理服务水平，切实防范跨境资金流动风险。推动北京市外债便利化政策升级，将政策覆盖面由中关村“一区七园”扩展至“一区十六园”。落地资本项目收入结汇支付便利化政策，提升业务办理效率。积极推进跨境电子商务综合试验区建设，拟定政策支持清单。建立内保外贷履约风险评估及重点企业管理制度，对跨国企业集团跨境双向人民币资金池业务进行风险评估，切实防范跨境资本流动风险。严厉打击外汇违法违规行为，有力维护外汇市场秩序。扎实推进跨境人民币新政落地，着力推动跨境产权交易、个人薪酬、赡家款等跨境人民币结算业务，有效释放政策红利。建立常态化的沟通交流和业务辅导机制，支持丝路基金首笔人民币对外投资等重点项目顺利落地。全年北京地区跨境人民币收付21 712.7亿元，同比增长46.5%。

（六）金融生态环境持续优化，金融惠民功能成效凸显

2018年，人民银行营业管理部积极改进人民银行端账户核准工作流程，将账户

行政许可的时间由 2 天缩减为 1 天；开展企业注册信息共享及应用试点工作；搭建工商管理部门与银行机构的信息传输通道，实现企业登记注册信息落地；调整优化商业银行向人民银行提交账户审核资料的内容，做到能简尽简，所需资料能并则并，便利企业开户。人民银行营业管理部在北京市“e窗通”平台嵌入企业开户在线预约模块，实现企业足不出户就能够在线选择预约网点，缓解小微企业开户难的问题；将核准后的企业注册信息通过业务处理中心传输给商业银行，大大降低了银行对客户的真实性核实难度，有效提升了企业开户服务效率。目前，北京市共有 56 家商业银行、2 424个网点加入了企业在线预约系统，真正实现了“让数据多跑路，让企业少跑腿”。企业填写开户申请的平均用时缩减 15.19%，企业开户平均用时缩短了 32.24%。

2018 年，人民银行营业管理部持续推动北京辖区移动支付便民示范工程建设，在6 000 辆公交车上试点上线移动支付闪付（ODA）应用。全年推动建立便民服务点和助农取款服务点 785 个，累计消除 91.8% 的金融空白村。构建多渠道、广覆盖的信用报告查询体系，实现在百度地图上可搜索、在微信小程序内可查询。筹建业务咨询呼叫中心，整合所有对外服务电话，确保咨询电话有人接、有人答。落实“反假货币重心前移”要求，提升精准反假币水平；加强拒收现金整治力度，全年共整改完成 54 个场所的拒收现金行为；强化国债销售与兑付的监督管理；治理与宣传同步推进，多维度加大金融消费权益保护工作力度。

二、经济运行情况

2018 年，北京市坚持稳中求进工作总基调，全面对标高质量发展要求，牢牢把握首都城市战略定位，扎实推进疏功能、稳增长、促改革、调结构、惠民生、防风险各项工作，保持了经济社会平稳健康发展。2018 年，全市实现地区生产总值30 320 亿元，按可比价格计算，同比增长6.6%（见图6）。

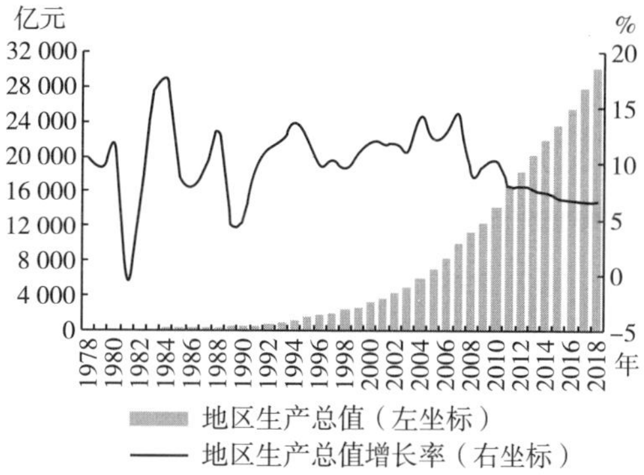

数据来源：北京市统计局。

图 6　1978～2018 年北京市地区生产总值及其增长率

（一）三大需求协调发展，经济运行稳中向好

2018 年，北京市坚定不移贯彻中央“六稳”要求，实现经济平稳增长与质量提升互促共进。从三大需求看，投资结构进一步优化，服务性消费增势较好，进出口创历史新高。

1. 投资总量低位运行，结构进一步优化

2018 年，北京市固定资产投资额（不含农户）比上年下降 5.5%。从结构来看，基础设施投资额同比下降 10.7%；房地产开发投资额增长 3.4%。分产业看，三大产业完成投资增速分别为 8.9%、−43.2%和 −6.3%。符合首都发展方向的行业投资较快增长，投资结构进一步优化，信息传输、软件和信息技术服务业投资额增长 31.2%，文化、体育和娱乐业投资额增长 11.8%，科学研究和技术服务业投资额增长 7.7%（见图7）。

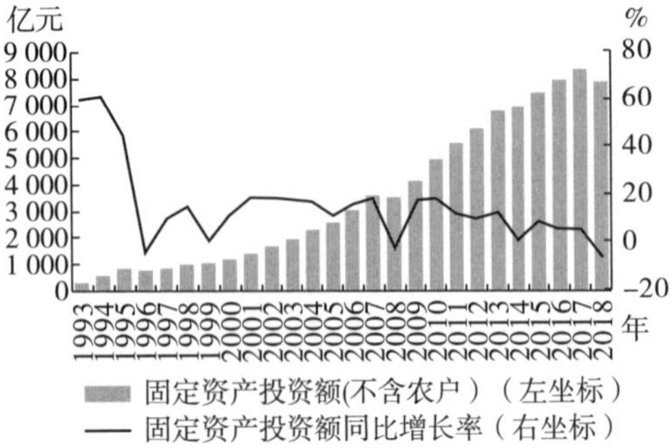

数据来源：北京市统计局。

图7　1993～2018年北京市固定资产投资额（不含农户）及其增长率

2. 居民收入稳步增加，服务性消费增势较好

2018年，全市城乡居民收入增长总体稳定，居民人均可支配收入实际增长6.3%，与经济增长基本同步。全年实现市场总消费额同比增长7.4%。社会消费品零售总额同比增长2.7%。服务性消费增势较好，全年服务性消费额增长11.8%，占市场总消费的53.8%，对总消费增长的贡献率达到82.6%，成为带动消费增长的主要力量。商品性消费意愿不强，全年实现社会消费品零售总额增长2.7%，较上年同期低2.5个百分点（见图8）。

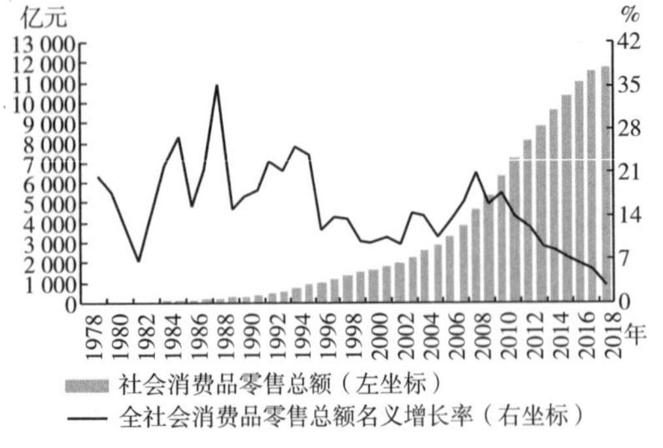

数据来源：北京市统计局。

图8　1978～2018年北京市社会消费品零售总额及其增长率

3. 对外贸易高速增长，利用外资增势良好

2018年，北京地区进出口总值为27 182.5亿元，同比增长23.9%，规模再创历史新高。其中，出口同比增长23.0%，进口同比增长24.1%。利用外资量增质优，出台扩大对外开放提高利用外资水平的意见，全面实行市场准入负面清单制度，全年实际利用外资同比增长近40%（剔除不可比因素），其中，服务业扩大开放重点领域实际利用外资超过六成（见图9、图10）。

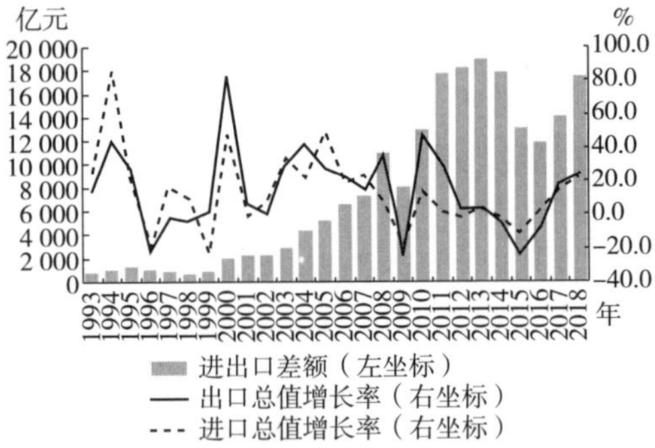

数据来源：北京市统计局。

图9　1993～2018年北京市外贸进出口变动情况

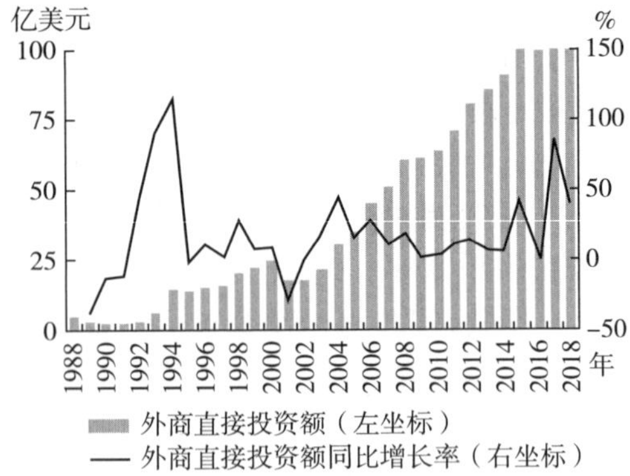

数据来源：北京市统计局。

图10　1988～2018年北京市外商直接投资额及其增长率

（二）产业转型升级继续推进，疏解整治促提升成效显著

2018 年，北京市第一、第二、第三产业增加值分别实现 118.7 亿元、5 647.7亿元、24 553.6 亿元。三次产业构成比为 0.4:18.6:81.0，与上年的 0.4:19.0:80.6 相比，第三产业比重进一步提高。

1. 传统农业整体缩减，都市型农业稳步发展

2018 年，全市持续深入推进农业“调转节”，传统农业进一步缩减，农林牧渔业实现总产值 296.8 亿元，同比下降 3.7%。农业内部结构进一步调整，农业同比下降 11.6%，小麦等高耗水作物继续退出；畜牧业同比下降 29%，猪、牛、羊等主要畜禽存栏、出栏量，禽蛋、牛奶产量同比均下降；渔业同比下降 36%；林业在新一轮百万亩造林工程拉动下实现同比增长 61.7%。设施农业效益水平提升，设施亩均效益实现 2.5 万元/亩，比上年提高 2.2%。效益较高的温室和大棚产值占比有所增加，由上年的 96.6% 提高到 96.9%。

2. 工业生产增势稳定，生产效率稳步提升

2018 年，全市规模以上工业增加值按可比价格计算，增长 4.6%。“高精尖”产业带动工业稳健发展，高技术制造业增加值比上年增长 13.9%，增速快于规模以上工业增速 9.3 个百分点，对规模以上工业增长的贡献达到 66.3%，发挥了主要带动作用。在重点行业中，医药制造业增长 16.2%，计算机、通信和其他电子设备制造业增长 15.2%，电力、热力生产和供应业增长 12.2%，汽车制造业下降 5.8%。工业产出效率和能源利用效率持续提高，规模以上工业单位增加值能耗同比下降 2.5%，全年规模以上工业企业全员劳动生产率为 45.6 万元/人，比上年同期提高 4.7 万元/人（见图 11）。

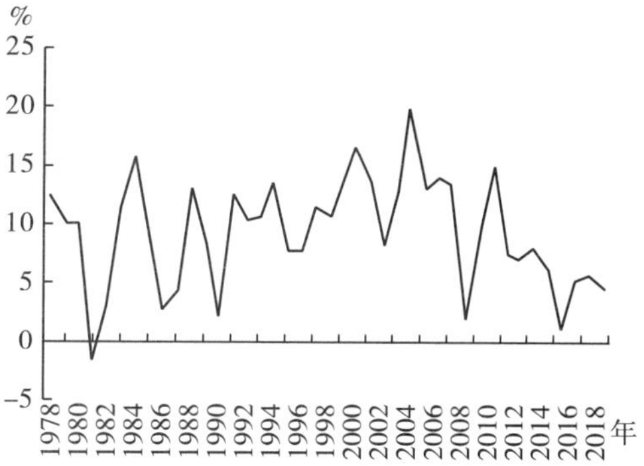

数据来源：北京市统计局。

图 11　1978～2018 年北京市规模以上工业增加值实际增长率

3. 第三产业稳中向好，新商业模式表现活跃

2018 年，全市第三产业增加值比上年增长 7.3%，高于地区生产总值增速 0.7 个百分点，对经济增长的贡献率达到 87.9%。金融、科技服务、信息服务等优势行业在全市地区生产总值中的比重为 40.1%，比上年提高 1.8 个百分点。新商业模式稳步成长，信息、科技行业创业与投入活跃，在新设立的企业中，信息服务业、科技服务业企业占比合计为 38.5%，同比提高 0.4 个百分点。高技术服务业投入力度加大，完成投资 507.8 亿元，同比增长 18.9%。批发零售、住宿餐饮等传统商业转型升级，全市限额以上批发零售业网上零售额达到 2 632.9 亿元，对零售额增长的贡献率达到 80.6%；限额以上住宿餐饮企业通过公共网络实现的餐费收入为 124.7 亿元，对餐费收入增长的贡献率达到 33%。

4. 供给侧改革不断深化，疏解整治促提升成效显著

科技创新中心建设加快，全市国家高

新技术企业达到2.5万家，比上年增长25%。推进“高精尖”经济结构构建，深入实施新一代信息技术等10个高精尖产业发展指导意见，制订5G、人工智能、医药健康、智能网联汽车、无人机等产业发展行动计划和方案。分类细化修订新增产业禁止和限制目录，退出一般制造业企业656家，疏解提升市场和物流中心204个。制定腾退空间管理和使用意见，腾退土地实现还绿1 683公顷。完成中心城区及通州区1 141条背街小巷环境整治提升任务，建设提升基本便民商业网点1 529个，超额完成年度任务。认真落实中央东西部扶贫协作战略部署，实施深化扶贫协作三年行动计划，加大资金项目、干部人才、产业就业、医疗教育等重点领域帮扶，全年助力受援地区60余万人脱贫。

5. 生态保护持续加强，城市环境进一步优化

制订实施“打赢蓝天保卫战”三年行动计划，空气质量持续改善，细颗粒物年均浓度为51微克/立方米、下降12.1%，全年首次无持续3天及以上重污染。开展“清河行动”和水源地环境保护专项行动，完成非建成区84条段黑臭水体治理任务，全市污水处理率达到93%。启动新一轮百万亩造林绿化工程，新增造林26.9万亩，新增城市绿地600公顷、健康绿道100公里，公园绿地500米服务半径覆盖率达到80%，较上年提高3个百分点。

（三）消费价格温和上涨，生产价格总体平稳

1. 居民消费价格稳中有升，涨幅温和可控

受国际能源价格上涨、劳动力成本上升、自然灾害与猪瘟等因素叠加影响，2018年，全市居民消费价格总水平同比上涨2.5%，涨幅比上年提高0.6个百分点，但仍低于涨幅3%的调控目标。八大类商品和服务项目价格“七升一降”：食品烟酒类价格上涨3.1%，居住类价格上涨3.2%，生活用品及服务类价格上涨1.3%，交通和通信类价格上涨0.6%，教育文化和娱乐类价格上涨3.6%，医疗保健类价格上涨3%，其他用品和服务类价格上涨2.2%；衣着类价格下降0.3%。

2. 工业生产出厂价格持平，购进价格小幅上涨

工业生产价格扭转了2015年以来的下降趋势。2018年，全市工业生产者出厂价格与上年持平，购进价格比上年上涨0.8%。建筑材料及非金属、黑色金属、有色金属材料和电线类价格上涨为工业生产者购进价格上涨的主要拉动因素。

3. 劳动力成本增长平稳，社会保障水平进一步提高

2018年，北京市居民人均工资性收入为37 687元，同比增长7.0%。就业形势保持稳定，新增就业42.3万人，城镇登记失业率保持在1.5%以内的较低水平。社会保障水平进一步提高，六项社会保险待遇标准联动调整：企业退休职工基本养老金平均水平从每月3 770元提高到3 980元，涨幅为5.6%；城乡居民基础养老金、福利养老金增幅分别为16.4%和19.1%；根据伤残等级，一级至四级伤残津贴分别增加355元、330元、305元、280元，五级、六级不得低于180元；失业保险金每档增加244元；企业最低工资标准增幅为6.0%（见图12）。

4. 资源性产品价格改革继续深化，利用价格杠杆促进资源节约

2018年，北京市继续推进资源性产

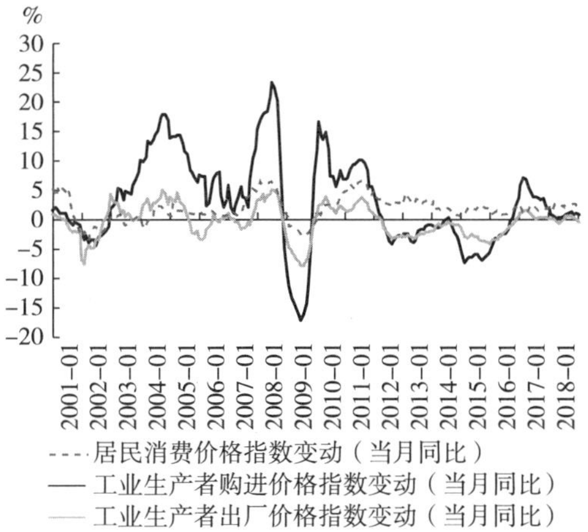

数据来源：北京市统计局。

图 12　2001～2018 年北京市居民消费价格和生产者价格变动趋势

品价格改革，深入落实首都城市战略定位，充分发挥价格杠杆作用。一是为有效传递和落实国家降低一般工商业电价的措施，确保降价成果惠及终端用户，2018 年 5 月 1 日起，一般工商业及其他用户电度电价每千瓦时下调 1.48 分；2018 年 7 月 1 日起，再下调 0.27 分。二是为促进优化营商环境，减轻企业负担，2018 年 7 月 10 日起，工商业用气销售价格下调 0.07 元/立方米；发电用气销售价格下调 0.02 元/立方米；其他非居民用气销售价格下调 0.01 元/立方米。

（四）财政收入平稳增长，重点领域支出加大

2018 年，北京市财政收支运行平稳。全年地方公共财政预算收入 5 785.9 亿元，同比增长 6.5%。受理财产品新纳入增值税征收范围影响，部分金融机构增值税增长成为财政收入增长的重要力量；减费降税政策落实导致企业所得税收入低于预期。全年地方公共预算支出 7 467.5 亿元，增长 9.7%。市对区税收返还和转移支付执行 1 791.3 亿元，主要用于推动各区提高公共服务水平，开展疏解整治促提升专项行动，加大生态环境保护，构建高精尖经济结构等。经国务院批准，2018 年北京市发行地方政府债券 644.9 亿元，其中，新增债券 566.0 亿元，重点保障交通基础设施建设、环境改善、城市副中心建设等全市性重点工作。积极推进财税改革，提高个人所得税基本减除费用标准，落实增值税减税政策，扩大小微企业所得税优惠范围，为企业节税约 400 亿元。强化财政风险防控，规范政府举债融资行为，加大预决算公开力度，保障财政的安全运行（见图 13）。

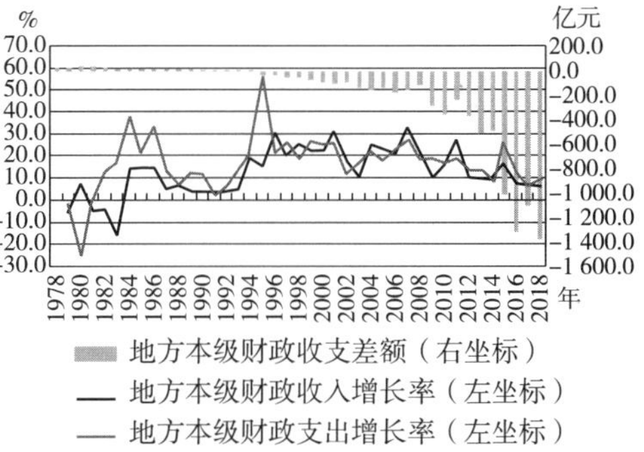

数据来源：北京市统计局。

图 13　1978～2018 年北京市财政收支状况

专栏 2　北京市全面推进金融业服务业扩大开放综合试点取得积极成效

北京市金融业服务业扩大开放工作快速推进，开放型经济营商环境不断提升，提高投融资便利化水平方面不断探索创新，取得显著进展。

一、资本项目便利化试点政策在中关村示范区正式落地

2018年10月31日，中关村国家自主创新示范区正式实施资本项目便利化政策试点。试点主要内容：一是试点范围由“一区七园”扩大至“一区十六园”高新技术企业；二是实施资本项目收入结汇支付便利化政策，符合条件的试点企业在办理资本项目外汇收入境内支付时，可凭支付命令直接在银行办理；三是升级外债便利化政策，允许非投资性试点企业使用外债资金开展一定范围内的股权投资；试点企业外债注销登记改由银行直接办理，提高外债资金使用支持力度。试点以来，已有3家企业利用外债便利化政策借入外债3.2亿美元，融资成本较境内融资成本降低了70%，银行为试点企业办理了14.4亿美元的境内结汇支付。

二、外资金融机构引入工作有序推进

益博睿征信（北京）有限公司（英国征信跨国集团公司）已完成企业征信机构业务备案，标志着北京地区首家外资征信机构获准在国内开展企业征信业务。2家清算机构和3家评级机构已在京注册公司，此外，人民银行营业管理部正在积极跟进3家外资评级机构的备案工作。

三、企业开户服务工作持续优化

人民银行营业管理部联合相关部门推进业务网上办理，在市政府“e窗通”系统中嵌入“企业开户在线预约”模块，已于2019年1月2日上线试运行。上线后企业能够足不出户与商业银行网点“点对点”连线，实现开户在线预约，进一步优化了营商环境。

四、跨境资金池业务及跨境电商支付工作稳步推进

截至2018年11月末，北京地区共有67家企业开展跨国公司外汇资金池业务，114家企业开展了跨境人民币双向资金池业务，累计调配资金超过万亿元人民币；世界500强企业占比超过40%，有力地支持了北京总部经济发展。在助推互联网支付发展领域，跨境电子商务外汇支付试点业务及跨境人民币结算业务成效显著。截至2018年11月末，北京地区10家试点支付机构实现跨境外汇收支193亿美元，10家已备案支付机构开展跨境人民币结算33.7亿元。

五、跨境人民币结算和使用持续推动

人民银行营业管理部从多方面推动跨境人民币结算和使用。一是拓宽境外人民币投资回流渠道，扩大境外人民币投资境内金融产品的范围。二是推动跨境交易以人民币计价和结算，积极支持北京产权交易所开展以人民币计价和结算的产权交易。三是支持辖内银行按规定开展个人人民币薪酬项下跨境收付业务。

（五）房地产市场平稳运行，科技文创产业快速发展

1. 严格调控下，房地产市场逐渐趋稳

房地产开发投资止跌回升。2018年，北京市完成房地产开发投资3 873.4亿元，同比增长3.4%，结束两年下降趋势；其中，住宅完成投资2 026.1亿元，同比增长17.4%。

土地市场降温明显。受严格的土地出让条件、楼市深度调控等多重因素影响，

2018 年全市土地成交 72 宗，同比下降 29%；土地流拍情况增多，流拍率达 10%；土地成交总额为 1 682.69 亿元，同比减少 40%；地块平均溢价率为 13.7%，创多年来新低。

商品房施工、竣工面积有所增长，销售面积连续两年下降。2018 年，北京市商品房施工面积为 12 962.6 万平方米，同比增长 2.8%；新开工面积为 2 321.1 万平方米，同比下降 6.2%；竣工面积为 1 557.9 万平方米，同比增长 6.2%。商品房销售面积为 696.2 万平方米，同比下降 20.4%，降幅比上年同期收窄 27.4 个百分点。其中，住宅销售面积为 526.8 万平方米，同比下降 14%（见图 14）。

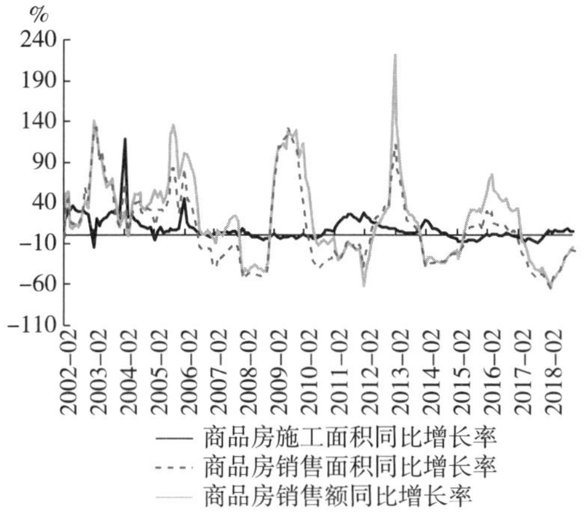

注：商品房销售额包含存量房网签金额。

数据来源：北京市统计局。

图 14　2002～2018 年北京市商品房施工和销售变动趋势

住房需求有效释放，新房价格稳中略升，二手住房价格同比下降。2018 年，全市商品住房签约 19.3 万套，同比增加 15.5%。其中，新建商品住房、二手住房分别同比增加 25.8%、13%。全市新建商品住房均价为 4.09 万/平方米，同比上涨 7.9%，二手住房三方协议均价为 6.12 万/平方米，同比下降 4.2%。上半年，新建商品住房价格基本保持平稳，受高房价房源逐步释放等结构性因素影响，下半年新建商品住房价格指数环比、同比均有所上涨。自 2017 年 10 月以来，二手住房价格指数同比涨幅连续 15 个月下降（见图 15）。

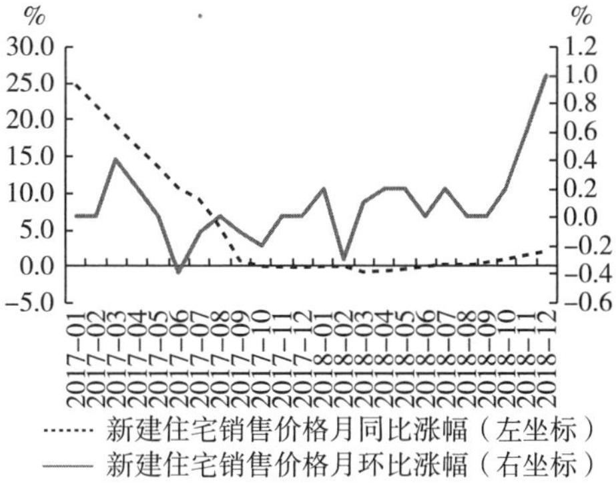

数据来源：北京市统计局。

图 15　2017～2018 年北京市新建住宅销售价格变动趋势

多渠道增加住房市场供给。2018 年新建商品住房供应 8.46 万套，同比增长 102.3%。其中，限房价项目和共有产权住房项目分别上市 2.19 万套、2.58 万套。出台共有产权住房专项信贷政策，研究制定住房租赁市场的金融规范政策，引导商业银行开发设计金融产品，积极推进集体土地建设租赁住房试点工作。

保障性住房开发贷款快速增长，个人住房贷款连续同比少增。2018 年末，本外币房地产开发贷款余额为 5 798.1 亿元，同比增长 12.3%，其中，保障性住房开发贷款同比增长 65%。个人住房贷款余额为 9 933.5 亿元，同比增长 2.5%；比年初增加 244.9 亿元，占各项贷款新增额的比例为 3.4%。

2. 科技创新中心建设迈上新台阶

科技创新各项指标稳步提升。2018年，北京全社会研究与试验发展（R&D）经费投入强度居全国首位；每万人发明专利拥有量为111.2件，居全国第一位。69项成果获国家科学技术奖，占全国通用项目获奖总数的30.8%，连续三年获国家自然科学奖一等奖。全市国家高新技术企业达到2.5万家，同比增长25%，平均每天新设创新型企业199家。中关村示范区企业总收入超过5.8万亿元，“独角兽”企业80家，居全国首位。科技信贷发挥重要支撑作用。2018年末，中资银行高新技术产业人民币贷款余额为3 841.3亿元，同比增长16.9%。全年新发放4 781.3亿元，同比增长25.1%。其中，国家重点支持的高新技术领域中的电子信息技术、航空航天技术、高技术服务业贷款余额同比增速分别为20.9%、261.1%、57.0%。

3. 文创产业继续保持快速发展

2018年，规模以上文化产业法人单位从业人员为59万人，实现收入1.07万亿元，同比增长11.9%，占地区生产总值比重居全国首位，文创产业共流入资金834.59亿元，逐渐成为助推首都经济高质量发展的重要引擎。文化创意产业的信贷支持力度进一步加大。2018年末，中资银行文化创意产业人民币贷款余额为1 679.8亿元，同比增长19.3%。其中，软件网络及计算机服务、广告会展、艺术品交易、设计服务、旅游休闲娱乐等子行业贷款余额同比增速分别为17.0%、38.0%、26.8%、95.3%、49.8%。

三、预测与展望

2019年是新中国成立70周年，是全面建成小康社会、实现第一个百年奋斗目标的关键之年。虽然我国发展面临的环境更复杂、更严峻，但变局中危与机同生并存，发展仍处于重要战略机遇期，经济长期向好趋势没有改变。预计北京市经济运行将延续稳中求进总基调，推进首都减量发展、创新发展和高质量发展。

从国际环境看，全球经济总体有望延续增长态势，但增速放缓，经济增长同步性整体下降；发达经济体继续推进货币政策正常化进程，但美联储加息预期明显弱化，新兴市场经济体货币政策分化；贸易摩擦带来的不确定性、加征关税对通货膨胀及对全球供应链的影响逐渐显现，并可能通过对信心的冲击加剧全球范围金融市场的波动；各国资产价格处于历史高位，一旦出现较大幅度回调，可能会引发金融市场震荡。从国内看，宏观政策保持连续性、稳定性，继续打好三大攻坚战，深入推进供给侧结构性改革，加大改革开放力度，尤其是更大力度的简政减税降费政策，将让市场主体特别是民营企业和小微企业有切实获得感，进一步释放经济潜力和活力。

从自身发展看，2019年北京将继续围绕首都城市战略定位，大力加强“四个中心”功能建设，抓住疏解非首都功能这个“牛鼻子”，深入推进京津冀协同发展战略，统筹做好稳增长、促改革、调结构、惠民生、防风险、保稳定各项工作，更加奋发有为地推动首都新发展，以优异成绩庆祝新中国成立70周年。营商环境综合排名居全国首位，带动经济增长和增强企业信心效果显著。而科技创新将为北京高质量发展提供长期原动力。在产业结构中，服务业“稳定器”作用更加突出，金融、科技服务、信息服务等优势行业将持续成为经济稳定增长的支柱。占全市规模以上工业1/4以上的战略性新兴产业发展持续向好，将持续成为带动北京工业发展的重要引擎。随着北京市10个高精尖产业发展政策落地，5G、人工智能、医药健康、智能网联汽车、无人机等产业发展行动计划和方案制订出台，预计2019年数字经济、智能制造、人工智能等优势产业将加快发展。

从需求动力看，消费结构升级和新业态萌发，将成为北京市经济增长的重要推动力；2019年，随着促进消费提升计划实施，“1+X”系列政策出台，将有助于进一步扩大商品消费和服务消费；在加快布局新业态等带动下，信息、文化体育、旅游、健康养老、便民生活等消费将呈现快速发展态势；线上线下融合的新零售业态将实现服务性消费和商品性消费的有效结合。而城乡区域协调发展力度加大，将对投资形成有效支撑；新版城市总体规划出台后，新的经济增长点、增长极和增长带不断形成，城南行动计划、冬季奥林匹克运动会、新机场、新首钢、城市副中心、环球主题公园等重大项目建设加速推进。

从金融运行情况看，首都金融发展新动能不断增强。随着北京市全面推进服务业扩大开放，在外汇管理改革、人民币跨境使用和投融资便利化等方面，符合首都金融业发展需求的多项措施将进一步落地实施，吸引更多的国际知名金融机构以及相关专业服务机构设立地区总部和分支机构。通过加快建设北京金融科技与专业服务创新示范区、建立金融科技公共研发平台等举措，将持续推动金融科技与专业服务创新相融合，进一步提升金融服务实体经济能力。对民营和小微企业“几家抬”的政策合力成效将日益显现，进一步发挥科技创新母基金和政府性融资担保基金等的作用，落实知识产权质押融资、投贷联动等创新举措，培育更多早投、长投科技型中小微企业的耐心资本，促进科技成果转化的政策、资金支持机制将进一步完善；资本市场民营企业债券融资支持工具等政策作用不断发挥，优质民营企业融资环境进一步改善。预计2019年，首都社会融资规模将合理增长，融资结构进一步优化。

2019年，人民银行营业管理部将全面贯彻党的十九大、中央经济工作会议、全国金融工作会议精神，认真落实中国人民银行工作会议的各项部署，以支持首都经济高质量发展为目标，贯彻落实好稳健的货币政策，引导金融机构努力营造良好的货币金融环境，确保金融“活水”流向实体经济重点领域和薄弱环节，继续打好防范化解重大金融风险攻坚战，形成金融和实体经济的良性循环，促进首都经济金融持续健康发展。

中国人民银行营业管理部
货币政策分析小组

总　纂： 杨伟中　贺同宝
统　稿： 魏海滨　张　丹　李晓闻
执　笔： 邓凯宏　杨小玄　孙玉实
李艳丽　张向军　陈莉莉
王　芳　朱琳琳　盖　静
魏超然　孙　昱　童怡华
卢　朋　赵　睿　周林燊
高　菲
提供材料的还有： 周　丹　贺　杰
黄美娟　赵晓英
单　方　周　翔
张英男　王丝雨
张　煜　周　凯
王昀润　杨京燕
冯娟娟　康馨心

北京市金融稳定报告（摘编）

中国人民银行营业管理部　金融稳定分析小组

2018年，北京市经济运行稳中提质，产业转型升级加快，高质量发展稳步推进；银行业金融机构整体稳健运行，各项贷款保持较高增速，资产质量持续向好，风险抵御能力较强；在京法人证券公司资本实力增强，基金管理公司管理基金资产净值提高；保险业保费收入有所下降，业务结构明显改善，社会服务功能进一步增强。

一、北京市经济运行情况

2018年，北京市经济运行总体平稳，高质量发展稳步推进。在转换发展动力、优化首都功能、提升城市品质和增进人民福祉等方面取得积极成效。

（一）经济运行总体平稳，稳中提质

2018年，北京市实现地区生产总值30 320亿元，按可比价格计算，比上年增长6.6%。分产业看，第一产业实现增加值118.7亿元，下降2.3%；第二产业实现增加值5 647.7亿元，增长4.2%；第三产业实现增加值24 553.6亿元，增长7.3%。全年新经济实现增加值10 057.4亿元，按现价计算，增长9.3%，占全市经济的比重为33.2%，比上年提高0.4个百分点。其中，高技术产业增加值6 976.8亿元，增长9.4%；战略性新兴产业增加值4 893.4亿元，增长9.2%。

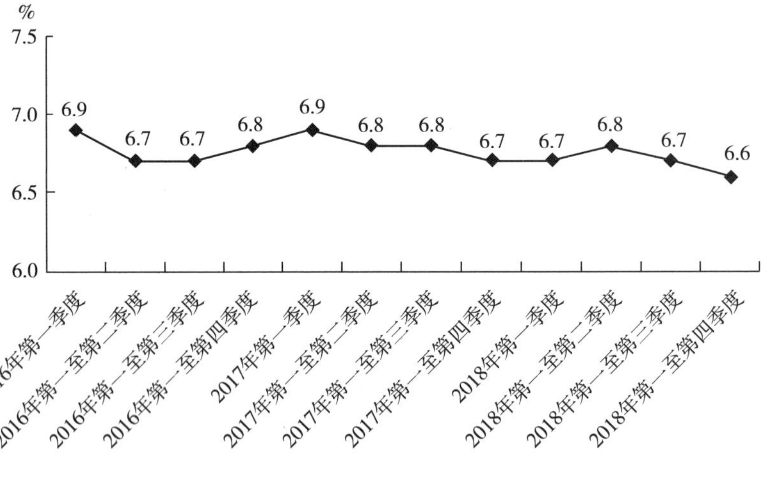

数据来源：北京市统计局。

图1　2016～2018年北京市地区生产总值季度累计增速

（二）产业结构进一步优化，转型升级继续推进

2018年，北京市传统农业进一步收缩的同时，农业的生态功能不断增强。全年实现农林牧渔业总产值296.8亿元，比上年下降3.7%。其中，在新一轮百万亩

造林工程拉动下，林业产值同比增长61.7%，占农林牧渔业总产值的比重为32.1%，比上年提高13个百分点。都市型现代农业稳步发展，观光园、民俗游分别实现总收入27.3亿元和13亿元。设施农业效益提升，亩均效益实现2.5万元/亩，比上年提高2.2%。

规模以上工业增加值同比增长4.6%（按可比价格计算），其中，高技术制造业和战略性新兴产业增加值分别增长13.9%和7.8%。重点行业中，医药制造业增长16.2%，计算机、通信和其他电子设备制造业增长15.2%，电力、热力生产和供应业增长12.2%，汽车制造业下降5.8%。

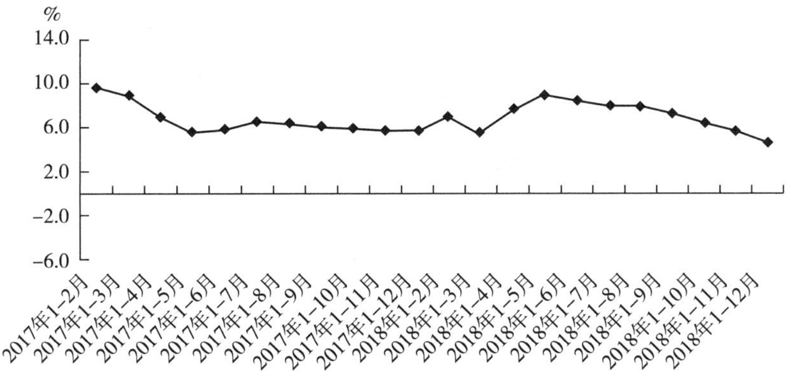

数据来源：北京市统计局。

图2　2017~2018年规模以上工业增加值累计增速

第三产业增加值同比增长7.3%，高于地区生产总值增速0.7个百分点，对经济增长的贡献率达到87.9%。其中，金融、科技服务、信息服务等优势行业在北京市地区生产总值中的比重为40.1%，比上年提高1.8个百分点；贡献率合计达到67%，比上年提高12.9个百分点。金融业实现增加值5 084.6亿元，增长7.2%；信息传输、软件和信息技术服务业实现增加值3 859亿元，增长19%；科学研究和技术服务业实现增加值3 223.9亿元，增长10.4%。

（三）投资结构继续优化，保障性住房建设稳步推进

2018年，北京市全社会固定资产投资比上年下降9.9%。分领域看，基础设施投资同比下降10.7%，其中，交通运输领域投资增长1.1%；房地产开发投资增长3.4%，其中，保障性住房投资增长44.1%，占房地产开发投资的31.7%，同比提高9个百分点。分产业看，第一产业投资增长8.9%；第二产业投资下降43.2%；第三产业投资下降6.3%，其中，符合首都发展方向的行业投资较快增长，信息传输、软件和信息技术服务业投资增长31.2%，文化、体育和娱乐业投资增长11.8%，科学研究和技术服务业投资增长7.7%。

保障性住房建设稳步推进。全市保障性住房新开工面积1 049.2万平方米，占全市商品房新开工面积的45.2%，比上年提高3.9个百分点。保障性住房销售面积221.7万平方米，占全市新建商品房销售面积的31.8%，比上年提高1.3个百分点。

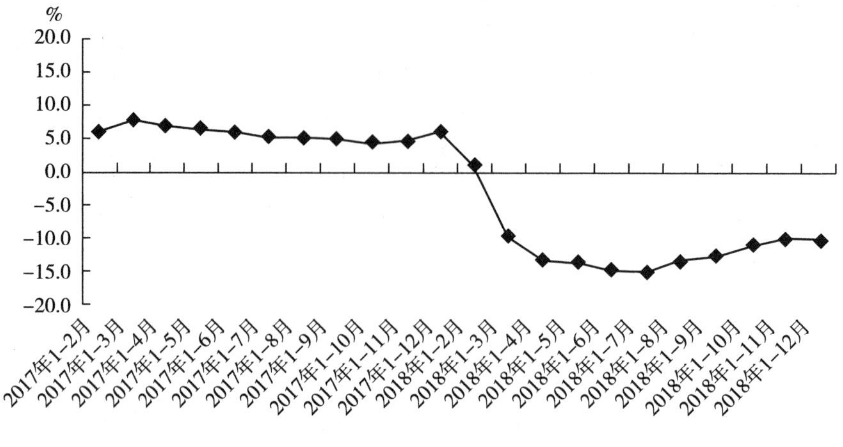

数据来源：北京市统计局。

图3　2017~2018年北京市全社会固定资产投资累计增速

（四）市场消费增势较好，服务性消费贡献超过八成

2018年，北京市实现市场总消费额25 405.9亿元，比上年增长7.4%；其中，实现服务性消费额13 658.2亿元，增长11.8%，占市场总消费额的53.8%，对总消费增长的贡献率达到82.6%。实现社会消费品零售总额11 747.7亿元，比上年增长2.7%；其中，限额以上批发和零售业企业实现网上零售额2 632.9亿元，增长10.3%，拉动全市零售额增长2.1个百分点。按消费形态分，商品零售收入10 648.5亿元，增长2.2%；餐饮收入1 102.1亿元，增长7.3%。从商品类别看，限额以上批发和零售业企业金银珠宝类、家用电器和音像器材类、化妆品类零售额分别增长23.8%、13.6%和11.8%。

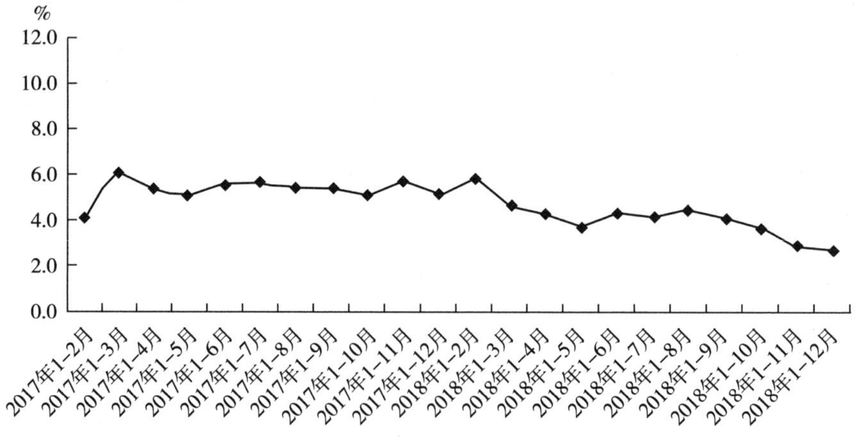

数据来源：北京市统计局。

图4　2017~2018年北京市社会消费品零售总额月度累计增速

（五）消费价格温和上涨，工业生产者价格总体平稳

2018 年，北京市居民消费价格比上年上涨 2.5%。其中，消费品价格上涨 1.8%，服务项目价格上涨 3.5%。八大类商品和服务项目价格“七升一降”：食品烟酒类价格上涨 3.1%，居住类价格上涨 3.2%，生活用品及服务类价格上涨 1.3%，交通和通信类价格上涨 0.6%，教育文化和娱乐类价格上涨 3.6%，医疗保健类价格上涨 3%，其他用品和服务类价格上涨 2.2%；衣着类价格下降 0.3%。

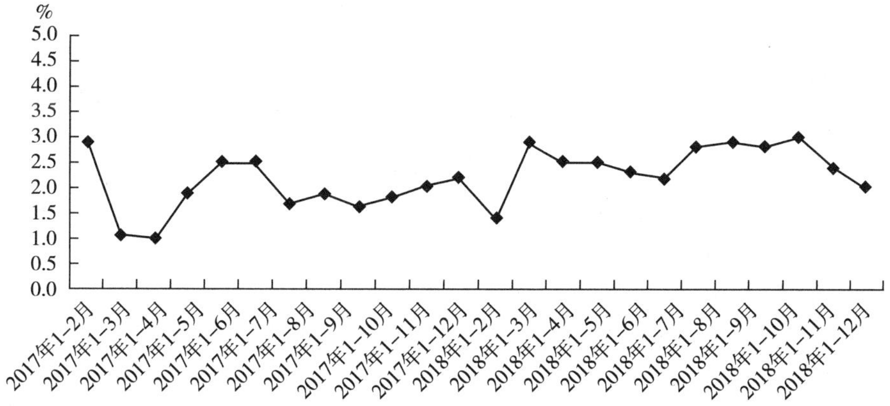

数据来源：北京市统计局。

图 5　2017～2018 年北京市月度同比 CPI 走势

2018 年，北京市工业生产者出厂价格与上年持平，购进价格比上年上涨 0.8%。12 月，出厂价格同比下降 0.5%，环比下降 0.3%。购进价格同比上涨 0.9%，环比持平。

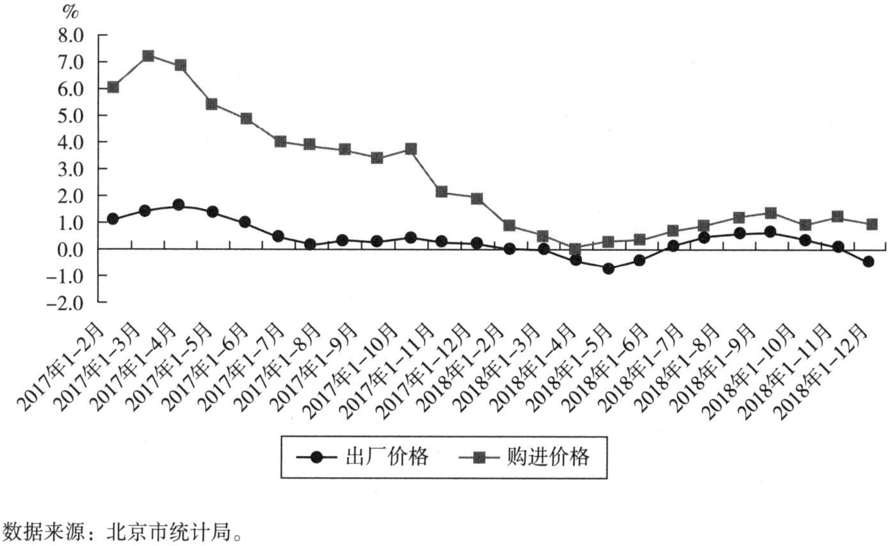

数据来源：北京市统计局。

图 6　2017～2018 年北京市工业生产者出厂、购进价格当月同比涨跌幅度

（六）居民收入稳步增加，与经济增长基本同步

2018 年，北京市居民人均可支配收入为62 361 元，比上年增长9%，扣除价格因素，实际增长6.3%，与经济增长基本同步。其中，城镇居民人均可支配收入为67 990 元，增长8.9%[①]。

（七）进出口规模继续扩大，高技术产品出口增速较快

2018 年，北京地区进出口2.71 万亿元，同比增长23.9%。其中，进口2.23 万亿元，同比增长24.1%；出口4 878.5 亿元，同比增长23.0%。高技术产品出口增速较快，同比增长31.8%，机电产品出口增速保持平稳，同比增长10.4%。

二、北京市金融业运行状况

（一）银行业

2018 年，北京辖内银行业金融机构整体稳健运行，各项贷款保持较高增速，金融支持实体经济的力度持续增强；表外业务增速明显放缓，金融去通道成效显著；资产质量持续向好，风险抵御能力较强；法人银行总体经营稳健；非银行金融机构资产负债规模增速下降；金融基础设施保障能力进一步提升，金融生态持续优化。

1. 资产负债[②]规模增速加快，同业资产规模继续收缩

2018 年末，辖内银行业金融机构资产总额为24.17 万亿元，同比增长8.86%，增速同比上升6.06 个百分点；较年初增加1.97 万亿元，同比多增1.36 万亿元。负债总额为23.02 万亿元，同比增长8.77%，增速同比上升6.58 个百分点；较年初增加1.86 万亿元，同比多增1.40 万亿元。其中，同业资产余额为1.92 万亿元，同比下降7.45%，同业负债余额为3.24 万亿元，同比增长4.94%。

2. 各项贷款保持较高增速，金融支持实体经济的力度持续增强

2018 年末，辖内银行业本外币各项贷款[③]余额为7.05 万亿元，同比增长11.7%，增速同比上升0.2 个百分点；较年初增加0.72 万亿元，同比多增0.07 万亿元。其中，人民币贷款余额为6.68 万亿元，同比增长12.5%，增速同比上升0.5 个百分点；较年初增加0.74 万亿元，同比多增0.1 万亿元。

从主体来看，非金融企业及机关团体贷款保持较高增速，贷款余额同比增长14.8%，比上年高2.9 个百分点，全年贷款增加额占全部贷款增加额的83.9%，较上年高13.3 个百分点。个人住房贷款增速平稳，个人经营贷款增速较高，全年人民币住户贷款同比增长8.5%，增幅较上年低7.9 个百分点。其中，个人住房贷款余额同比增长2.5%，增速同比下降13.9 个百分点，占各项贷款增加额的比重为3.3%，较上年低18.2 个百分点；个人经营贷款余额同比增长14.3%，比上年低4.7 个百分点。

---

① 由于北京市城镇化进程加快，住户收支与生活状况调查所涉及农村居民样本数量减少，代表性降低，故自2018 年起，北京市不再对社会公布农村居民人均可支配收入数据。

② 本节数据除存款、贷款指标外，均来源于中国银行保险监督管理委员会北京监管局。中信百信银行于2017 年11 月18 日开业，未纳入中国银行保险监督管理委员会北京监管局报表范围，因此来自该局的统计数据中不含中信百信银行数据。

③ 存款、贷款数据来源于中国人民银行营业管理部调查统计数据。

从行业投向来看[①]，2018 年末贷款余额前五位的行业依次是：交通运输仓储和邮政业、个人贷款、制造业、电力热力燃气及水的生产和供应业、房地产业，占各项贷款余额的 60.26%；2018 年新增贷款中半数以上投向交通运输仓储和邮政业、电力热力燃气及水的生产和供应业、建筑业、房地产业。

房地产贷款增速继续回落。截至 2018 年末，北京辖内金融机构本外币房地产贷款余额为 1.75 万亿元，同比增长 6%，增速比上年同期下降 7.4 个百分点，低于各项贷款同期增速 5.12 个百分点。"3·17" 房地产新政以来，北京房价连续 20 个月保持基本平稳，土地溢价率明显降低。

金融支持实体经济的力度明显加大。截至 2018 年末，辖内中资银行支持京津冀协同发展项目融资余额突破万亿元大关，科技企业贷款余额同比增长 34%，文化创意产业贷款余额同比增长 9.56%，涉农贷款同比增长 15.22%。北京地区人民币普惠口径小微贷款余额同比增长 30.3%，比同期各项贷款增速高 17.8 个百分点，金融服务实体经济力度持续增强。

3. 存款规模增长较快，住户存款高速增长，非银行业金融机构存款增幅较高

2018 年末，辖内银行业金融机构本外币各项存款余额为 15.71 万亿元，同比增长 9.3%，增速同比上升 4.9 个百分点；较年初增加 1.34 万亿元，同比多增 0.74 万亿元。其中，人民币各项存款余额为 15.04 万亿元，同比增长 9.3%，增速同比上升 5.1 个百分点；较年初增加 1.28 万亿元，同比多增 0.73 万亿元。

从主体来看，住户存款高速增长，非金融企业存款增速较低，非银行业金融机构存款增幅较高。其中，全年人民币住户存款增加 0.35 万亿元，同比多增 0.26 万亿元，同比增长 12.2%，增速同比上升 8.9 个百分点，为五年来最高增速。全年人民币非金融企业存款余额同比增长 1.3%，增速同比下降 4.9 个百分点。全年人民币非银行业金融机构存款余额同比增长 18.7%，上年为下降 14.9%。

4. 银行理财产品规模有序压降，表外业务增速明显放缓

受资管新规及多项监管政策影响，辖内银行理财产品规模有序压降，表外业务规模增速明显放缓。截至 2018 年末，辖内银行理财产品余额较 4 月末下降 12.95%，其中，保本型理财产品余额较 4 月末下降 23.81%。辖内银行业表外业务余额同比增长 4.51%，增速同比下降 20.93 个百分点，其中，委托贷款同比下降 12.19%，托管资产增速同比下降 30.87 个百分点，金融去通道成效显著。

5. 利润增速放缓，中间业务收入持续下滑

2018 年，辖内银行业金融机构共实现利润 2 719.8 亿元，同比增长 5.10%，增速同比下降 11.59 个百分点。其中，中间业务收入为 673.29 亿元，同比下降 4.19%，中间业务收入率为 14.30%，同比下降 1.86 个百分点。

① 重点支持领域新增贷款数据来源于中国银行保险监督管理委员会北京监管局。

6. 资产质量保持稳定，不良贷款行业集中度较高

2018年末，辖内银行业金融机构不良贷款余额同比上升0.48%，不良贷款率为0.34%，同比下降0.03个百分点。2018年末，辖内银行业金融机构不良贷款余额前五大行业分别是批发和零售业、制造业、个人贷款行业、房地产业、租赁和商务服务业，五大行业不良贷款余额占全部不良贷款余额的81.76%。

7. 辖内法人银行总体经营稳健

2018年末，辖内法人银行资产负债余额分别为3.77万亿元和3.47万亿元，同比分别增长9.27%和9.19%；存款和贷款余额分别为2.19万亿元和1.66万亿元，同比分别增长7.62%和15.66%；不良贷款余额同比增长29.23%，不良贷款率为1.22%，同比上升0.13个百分点，资产质量有所下降；拨备覆盖率为268.85%，同比下降28.48个百分点，但均高于监管要求。全年实现利润296.50亿元，同比增长13.48%。流动性比例为61.25%，同比上升10.52个百分点，整体流动性较好。

8. 辖内非银行金融机构资产负债规模增速下降

2018年末，辖内非银行金融机构资产和负债余额分别为4.09万亿元和3.42万亿元，同比分别增长8.32%和7.77%，增速同比分别下降9.96个和10.76个百分点；不良贷款余额同比增长36.43%，不良贷款率为0.23%，同比上升0.04个百分点；全年实现利润621.7亿元，同比增长4.91%。

（二）证券业

2018年，证券期货行业总体经营稳健。在京法人证券公司资本实力增强，基金管理公司管理基金资产净值提高，期货公司规模略有下降。“新三板”挂牌公司数量减少，各级资本市场融资额及成交量下降。

1. 法人证券公司资本实力增强，各项监管指标良好

截至2018年末，辖区共有法人证券公司18家，与上年相同。证券公司资产总额为8 640.13亿元，同比减少1.11%；净资本为2 294.76亿元，同比增长4.62%。平均流动性覆盖率为397.79%，净稳定资金比率为168.72%，风险覆盖率为239.94%，资本杠杆率为24.39%。2018年，辖区法人证券公司实现营业收入376.18亿元，同比下降14.93%。

2. 基金管理公司管理基金净值增长，新发基金募集额同比减少

2018年末，总部设在辖区的基金管理公司共32家，其中，法人基金管理公司有19家，与上年持平。辖区法人基金管理公司管理基金712只，同比增长14.10%，管理基金年末资产净值1.98万亿元，同比增长13.43%。2018年，辖区法人基金管理公司新发基金144只，同比增长21.01%；新发基金首次募集金额1 368.11亿元，同比减少13.39%。

3. 期货公司规模略有下降，利润大幅减少

截至2018年末，北京共有法人期货公司19家，与上年同期持平；期货分支机构有108家，同比增加6家。期货公司资产总额为669.91亿元，同比下降8.81%；净资本为96.29亿元，同比减少3.8%。全年期货代理交易额为44.5万亿元，较上年增长7.26%；利润总额为10.1亿元，较上年减少27.2%。

4. 上市公司数量增加，总市值及A股融资额下降

截至2018年末，北京辖区共有上市

公司316家，较上年增加10家。其中，主板公司166家、中小板公司52家、创业板公司98家。辖内上市公司总市值为11.58万亿元，同比下降15.92%。2018年，辖内上市公司累计股权融资2 701.81亿元，同比下降4.15%。其中，IPO公司9家，共计募集资金127.25亿元；定向增发融资公司24家，共计募集资金1 963.83亿元；配股融资公司2家，共募集资金10.73亿元；发行优先股上市融资公司1家，募集资金600.00亿元。

5.“新三板”挂牌公司数量减少，融资量显著下降

2018年末，全国中小企业股份转让系统挂牌公司总数达10 691家①，较上年末减少939家。总市值为3 4487.26亿元，同比减少30.19%。北京市共有“新三板”挂牌公司1 440家，同比下降11%，占全国总数的13.46%；总股本为1 103.45亿股，占全国总数的17.44%；总市值为6 065.55亿元，占全国的17.58%。辖区挂牌公司平均市盈率23.33倍，平均市净率2.51倍。共有创新层挂牌公司135家，占全国总数的14.34%。受“新三板”市场整体交易不活跃、流动性差的影响，2018年辖内挂牌公司定向增发186次，募集资金83.01亿元，同比下降69.95%，占全国定向增发总数的13.7%。

（三）保险业

2018年，北京地区保险业实现保费收入1 793.3亿元，同比下降9.1%；累计赔付支出629.4亿元，同比增长8.9%；保险深度为5.9%，同比下降1.1个百分点；保险密度为8 293.1元/人，同比减少792.2元/人。截至2018年末，在京注册的保险法人机构有71家②，保险分公司有109家，保险销售从业人员③有17.9万人。④

1. 财产险公司保费收入稳步增长，主要监管指标保持稳定

2018年，北京地区财产险公司实现保费收入458.9亿元，同比增长5.8%。其中，车险业务实现保费收入272.2亿元，同比减少0.1%；非车险业务实现保费收入187亿元，同比增长15.7%。财产险公司累计赔款支出259.2亿元，同比增长15.3%。主要监管指标方面，综合赔付率为58%，同比下降3.9个百分点；应收保费率为11.7%，同比上升1.7个百分点。

2. 人身险公司保费收入有所减少，业务结构明显改善

受监管趋严影响，人身险公司保费收入有所下降。2018年，北京地区人身险公司实现保费收入1 334.4亿元，同比减少13.3%；非保险合同业务本年新增交费⑤853.2亿元，同比增长34.5%。银邮

① 数据来源：全国中小企业股份转让系统官方网站。

② 其中，财产险总公司15家，人身险总公司30家，保险资产管理公司9家，再保险公司7家，保险集团8家，相互保险社2家。

③ 根据自2013年7月1日起实施的《保险销售从业人员监管办法》，“保险销售从业人员”指为保险公司销售保险产品的人员，包括保险公司的保险销售人员和保险代理机构的保险销售人员。其中，原“保险营销员”对应现在的“人身险公司代理制保险销售从业人员”。

④ 数据来源：中国银行保险监督管理委员会北京监管局。

⑤ “非保险合同新增交费”指人身险公司保户投资款新增交费和投资连结保险独立账户新增交费。其中，人身险公司保户投资款、健康险保户款包括寿险保户投资款和意外险保户投资款。

渠道业务占比34%，同比下降14.8个百分点；人身险新单期交率为47.8%，同比上升17.8个百分点，退保率为7.2%，同比上升1.6个百分点。

3. 外资公司保费收入稳步增长，市场份额有所上升

截至2018年末，在京外资保险法人机构有14家①，分公司有37家，全年实现保费收入321.9亿元，同比增长11.38%；市场份额17.9%，同比上升3.3个百分点。其中，财产险公司实现保费收入18.7亿元，市场份额4.1%，份额与上年持平；人身险机构实现保费收入303.2亿元，市场份额为22.7%，同比上升5.1个百分点。

4. 保险行业社会服务功能进一步增强

2018年，北京地区政策性农业保险实现保费收入7.1亿元，参保农户7.6万户次，提供风险保障262.7亿元；安全生产责任险全年累计为5万家次企业提供风险保障2 710.4亿元；医疗责任险全年累计承保医疗机构1 188家次，快速化解医患纠纷案件1 068件。截至2018年末，保险资金通过债权计划投资北京市基础设施、科技园区等重点项目规模达1 796.5亿元。

（四）金融基础设施

1. 支付结算基础设施服务保障能力进一步提升

持续推动移动支付便民示范工程，完成郊区公交线路6 000辆公交车联网通用移动支付应用的改造工作。继续开展农村支付环境建设，以专项资金撬动金融机构投入，推动建立便民服务点和助农取款服务点785个，累计消除91.8%的金融空白村。扎实开展数字央行建设，规划建设大数据平台，推动金融与科技深度融合。扎实开展票据清分系统更新改造，稳步推进电子清分服务平台同城灾备系统建设，强化提升北京城市处理中心（CCPC）运维保障能力，有力维护支付系统平稳运行。

2. 征信体系建设持续深入

做好征信服务工作，进一步优化个人查询服务网络建设，构建多渠道、广覆盖的信用报告查询网络，实现网点分布在百度地图、微信小程序可查询。扩大征信系统覆盖面，推动北京住房公积金管理中心上报公积金贷款信息。促进征信市场扩大开放和规范发展，完成首例外资企业征信机构业务备案。推进首都社会信用体系建设，推动“信用雄安”建设，加强京津冀区域内征信合规监管。全面提升中关村小微试验区建设水平，推进农村信用体系建设工作。

3. 反洗钱监管效能不断提升

创新监管方式，拓展监管的深度和广度，首次系统地检验了银行机构《金融机构大额交易和可疑交易报告管理办法》的实施情况。积极推动行政处罚工作，严格落实“双罚制”，加大处罚力度，增强监管效能。深入开展重点可疑交易报告分析，可疑交易线索案件价值大幅提升。重点关注风险高发领域，充分发挥反洗钱维护金融秩序的管控作用。多措并举，积极推动北京地区特定非金融机构反洗钱工作开展。

4. 金融消费权益保护力度不断加大

按照建设法治央行要求，优化法律顾

---

① 其中，4家法人机构直接经营业务，9家在京设立分支机构并开展业务；外资保险资产管理公司法人机构1家。

问制度及外聘法律专家库，确保履职行为及行政处罚有理、有力、有效。清理规范性文件，首次向社会公示文件目录；对18个部门履行行政许可、执法检查、行政处罚和信息公开等职责情况开展依法行政审计，推动行政权力阳光化、规范化。强化违法金融广告治理，全年累计处置疑似违法违规金融广告千余条。创新金融知识宣传模式，依托广播、电视、公交车身广告及互联网新媒体，构建立体化线上宣传网络；组织辖内金融机构开展进乡村、进社区、进校园等活动，构建广覆盖的线下宣传网络，增加宣传效果。

（五）需要关注的问题

1. 银行业金融机构资产质量下行和资本补充等压力值得关注

辖内银行业金融机构资产质量保持稳定，风险抵补能力较强，但部分重点领域风险防控压力增大，未来信贷资产劣变的可能性仍不容忽视。截至2018年末，辖内银行业金融机构逾期贷款余额为644.11亿元，同比增长30.89%；逾期90天以上贷款与不良贷款的比例为109.17%，同比增加27.94个百分点。2018年辖内法人银行业金融机构关注类贷款迁徙率同比增加13.26个百分点，各类贷款向下迁徙率同比增加1.08个百分点。

资管新规实施后，资产回表、信贷投放力度加大等因素导致银行资本消耗较快，同时内源性资本补充受限，外部资本补充存在不确定性，资本充足水平或将制约银行下一阶段的展业力度，资本充足风险需要关注。

2. 资本市场波动及违约风险须高度重视

受经济增速放缓、经济结构调整加快和外部冲击等因素影响，资本市场风险凸显，股票质押、债券违约、私募基金风险集中爆发。一是股票市场走低导致股票质押风险进一步上升，若高比例股权质押造成上市公司个体信用危机，极易传导成市场系统性风险。二是债券违约事件频发，民营企业、国有企业信用风险交织暴露，监测防范化解债券违约风险任务依然艰巨。三是私募基金规模上升，融资方逾期还款风险较大，流动性风险隐患及兑付危机较为突出，部分私募基金违规特征明显，甚至以私募名义从事非法集资活动。

3. 寿险公司转型中面临的问题值得关注，须警惕P2P网贷平台风险向保险机构传染

当前寿险公司保障型产品同质化严重，价格竞争加大利差损风险和健康险赔付风险，而且随着监管趋严，寿险公司纷纷调整业务结构，中小型寿险公司面临保费收入下降、流动性承压等问题，相关风险值得关注。近年来，一些保险销售人员销售非保险产品，导致消费者在不能兑付时将矛头指向保险公司；部分P2P网贷平台夸大融资性保证保险的保障责任，个别保险公司因与P2P网贷平台合作发生大额亏损。

4. 非正规金融机构、非法金融活动及互联网金融风险不容忽视

互联网金融领域风险依然严峻，P2P网贷平台清理整顿进入关键阶段。2018年北京在营网贷机构业务量在全国的占比依然较大，且机构总部化、集团化特征明显，部分大型平台股权结构和关联关系复杂，风险的传染性和隐蔽性较强，防范和化解风险的任务仍然很重。此外，辖内非法集资案件呈向远郊区转移趋势。交易场所存量化解涉及人数较多，矛盾纠纷协调

工作压力仍然较大。

5. 房地产稳预期目标尚须巩固，房地产金融风险须高度关注

2018 年，在“房住不炒”的总基调下，北京房地产市场逐步回归理性，但近期各地房地产政策变化及降低存款准备金率等政策对市场预期形成一定影响。同时，在房地产贷款余额占比较高的情况下，应高度关注居民部门杠杆率变化、房地产企业资金链压力等问题。

三、政策建议

（一）稳步推进经济结构调整和经济高质量发展

以城市副中心建设、京津冀协同发展、冬季奥林匹克运动会、“一带一路”等为契机，优化微观主体营商环境，提高金融服务便利化，推进服务业扩大开放，促进经济结构稳步调整和高质量发展。

（二）夯实金融机构风险防控主体责任

引导金融机构增强风险防控主体责任意识，健全完善全面风险管理体系，有效识别、计量、评估、监测和控制各类风险，加强信用风险、流动性风险管理，强化操作风险、道德风险管控力度；积极推进“债转股”相关工作，拓宽商业银行资本补充渠道；加强风险监测、现场评估和现场检查力度，严控各类风险隐患。

（三）强化风险监测、评估与应对，有效应对金融市场风险

运用监管科技提高风险监测、预警能力，加强大型企业债务风险监测，做好重点行业和企业的债券违约风险摸排和风险处置；关注上市公司股票质押相关风险，强化私募基金监督管理，加强市场预期引导，有效应对金融市场异动风险。

（四）稳步推进保险公司业务转型，规范互联网保险业务

吸取国际保险行业发展经验，促进寿险公司业务转型。规范保险销售人员管理，加强互联网保险业务管理，促进互联网保险业务健康发展。

（五）进一步加强金融秩序的清理整治力度，优化金融生态

坚持所有金融业务都要纳入监管原则，加大对非法金融机构、非法金融活动及互联网金融的清理整治力度，有序处置重点领域风险，加强金融监管协调，共同维护首都金融稳定，为首都经济高质量发展创造良好金融环境。

（六）积极构建房地产金融长效机制，防范房地产市场风险

积极推进房地产金融风险压力测试，及时掌握房价变化对房地产信贷资产质量的影响，做好金融风险预警和处置预案；积极构建房地产金融长效机制，促进房地产市场健康发展。

中国人民银行营业管理部

金融稳定分析小组

组　长：杨伟中

副组长：贺同宝

成　员：（以姓氏笔画为序）：

王远志　周军明　林晓东

赵　清　袁新峰　韩　芸

董洪福　樊武星　魏海滨

《北京市金融稳定报告（2019）》

编写组

总　纂：贺同宝

统　稿：周军明　刘文权　肖　炜

执　笔：（以姓氏笔画为序）：

李艳丽　李晓玲　张素敏

张　萍　赵伟欣

二、市场运行

金融市场

2018 年，中国人民银行共实施四次定向降准，并通过公开市场逆回购操作、中期借贷便利（MLF）、国库现金定存等工具，保持市场流动性合理充裕，支持实体经济发展。北京地区金融市场运行平稳，交易活跃。货币资金利率显著下行，货币市场交易量大幅增加；债券市场发行规模持续增长，净融资额同比大幅提升；债券二级市场交投活跃，到期收益率明显下行，净投资规模有所收缩；人民币汇率波动加大，结售汇顺差明显收窄。黄金价格呈“V”形收涨，票据市场利率呈先上后下、整体下行的走势，企业票据融资吸引力明显增强。

一、货币市场交易量大幅增加，交易利率显著下行

2018 年，北京地区银行间货币市场累计成交 594.5 万亿元，同比增长 24.8%。其中，同业拆借成交 127.9 万亿元，同比增长 78.1%；质押式回购成交 462.2 万元，同比增长 16.3%；买断式回购成交 4.5 万元，同比降低 35.6%。2018 年，北京地区金融机构同业拆借加权平均利率为 2.57%，同比下行 18.5 个基点，质押式回购加权平均利率为 2.65%，同比下行 13.9 个基点。

（一）同业拆借交易量大幅增加

受定向降准及同业业务、表外业务等监管政策影响，同业拆借市场资金较为充裕，北京地区金融机构同业拆借交易量大幅增长。2018 年，北京地区金融机构①同业拆借累计成交 127.9 万亿元，同比增长 78.1%，占全国交易量的 45.9%，较 2017 年提升 0.4 个百分点。从资金流向看，拆入、拆出均大幅增长，拆入 50.1 万亿元，拆出 77.8 万亿元，分别同比增长 86.7%和 72.9%。全年净拆出 27.7 万亿元，同比增长 52.6%。

分机构看，银行类金融机构为主要资金拆出方，其中，大型商业银行②净拆出资金增长最快，金额为 18.5 万亿元，同比增长 170.6%；政策性银行净拆出 11.8 万亿元，同比减少 4.2%；外资银行净拆出 2 978亿元，同比增长 61.5%；其他银行③净拆出 3.5 万亿元，同比增长 36.3%。财务公司、证券公司为主要资金拆入方，分别净拆入 3.7 万亿元、3.3 万亿元，分别同比增长 47.8%、85.4%（见图 2）。

---

① 指在北京地区的所有全国银行间同业拆借中心成员单位，包括各政策性银行、各国有商业银行在京总行、各股份制商业银行在京总行、北京银行、北京农商银行、中国邮政储蓄银行、村镇银行、各外资银行在京总行及营业机构，在京各证券公司、财务公司、基金管理公司、保险公司、信托投资公司、资产管理公司、汽车金融公司、金融租赁公司、消费金融公司，中债信用增进投资股份有限公司。

② 指总行在北京的中国工商银行、中国建设银行、中国农业银行、中国银行、中国邮政储蓄银行。

③ 包括股份制商业银行、城市商业银行、农村商业银行、合作银行和村镇银行等。

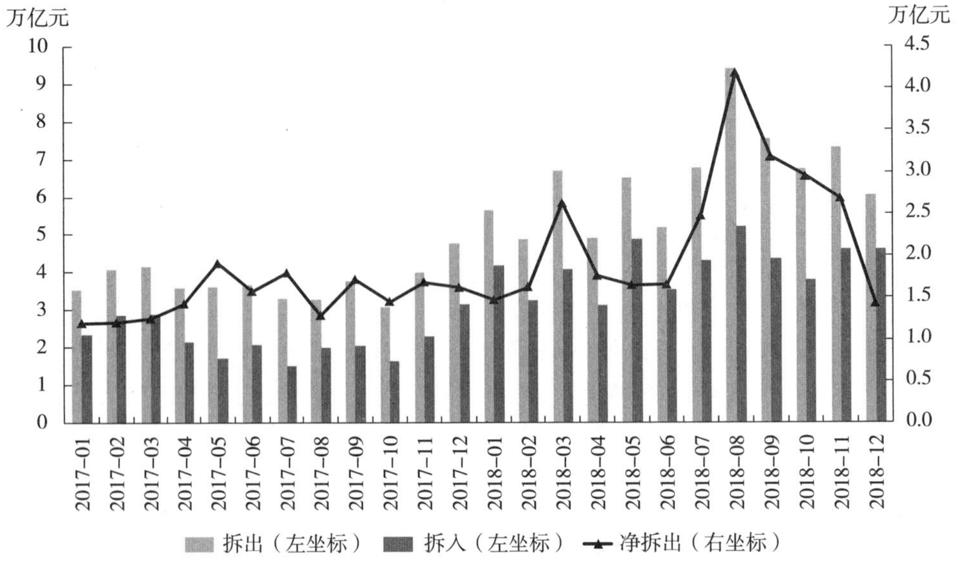

图1　北京地区同业拆借变动趋势

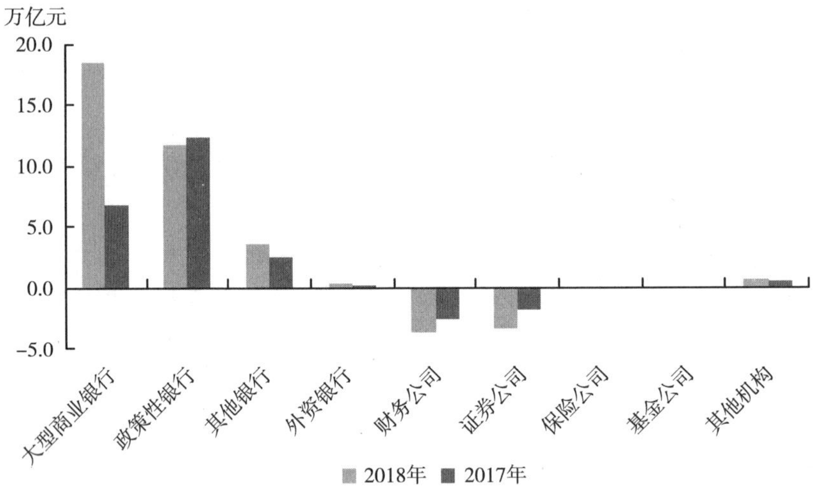

图2　北京地区网上同业拆借净融出资金分布

分期限看，隔夜交易占比进一步提升。2018年，隔夜拆借成交115.9万亿元，同比增长90.6%，占全部交易量的90.6%，同比提升6个百分点（见图3），隔夜拆借利率同比下降14.1个基点。14天期品种成交量下降18%，21天期、1个月期及以上拆借品种成交量分别同比增长40%、46.7%，交易利率分别同比下行83.2个和86.5个基点。

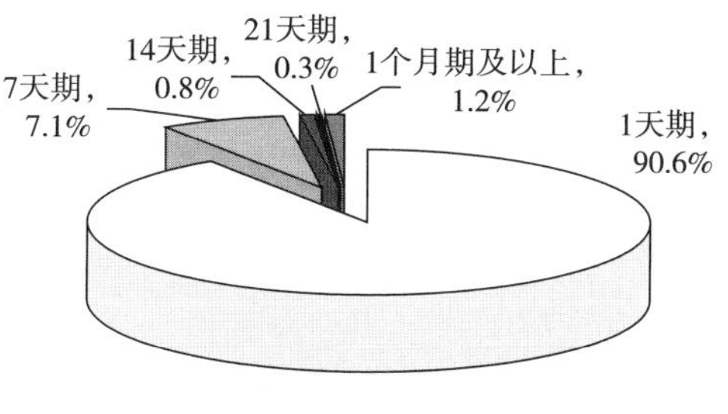

图3　2018 年北京地区网上拆借期限分布

（二）债券回购成交量同比增加

2018 年，北京地区金融机构[①]债券回购成交 466.7 万亿元，同比增长 15.4%（见图 4），占全国交易量的 32.3%，较 2017 年同期下降 0.5 个百分点。其中，质押式回购成交 462.2 万亿元，同比增长 16.3%；买断式回购成交 4.5 万亿元，同比降低 35.6%。从交易方向看，正回购、逆回购成交分别为 158.5 万亿元、308.1 万亿元，同比分别增长 27.0%、10.2%。

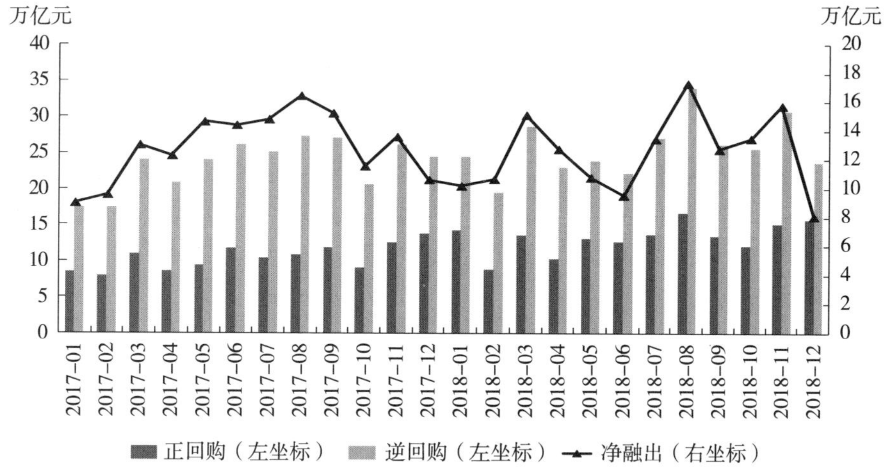

图4　北京地区债券回购交易变动趋势

分机构看，大型商业银行、政策性银行和其他银行为主要资金融出机构，分别净融出 102.9 万亿元、90.1 万亿元和 19.8 万亿元。其中，大型商业银行、其他银行同比增长 58.8%、35.1%，政策性银行同比下降 16.3%；证券公司、财务公司为主要资金融入机构，净融入金额分别为 7.7 万亿元、2.7 万亿元，分别同比

① 指在北京地区的所有银行间债券市场参与者，包括各类金融机构和非法人投资产品。金融机构包括各政策性银行、各国有商业银行在京总行、各股份制商业银行在京总行、北京银行、北京农商银行、中国邮政储蓄银行、各村镇银行、各外资银行在京总行及营业机构，在京各证券公司、财务公司、基金管理公司、保险公司、信托投资公司、资产管理公司、汽车金融公司、金融租赁公司、消费金融公司、期货公司等；非法人投资产品包括各类在中国外汇交易中心和全国银行间同业拆借中心进行准入备案并加入全国银行间债券交易系统进行债券交易的非法人投资产品。

增长77.6%、207.0%；保险公司从上年净融出2.2万亿元变为净融入3.4万亿元（见图5）。2018年北京地区金融机构债券回购整体净融出资金149.6万亿元，同比小幅减少3.4%。

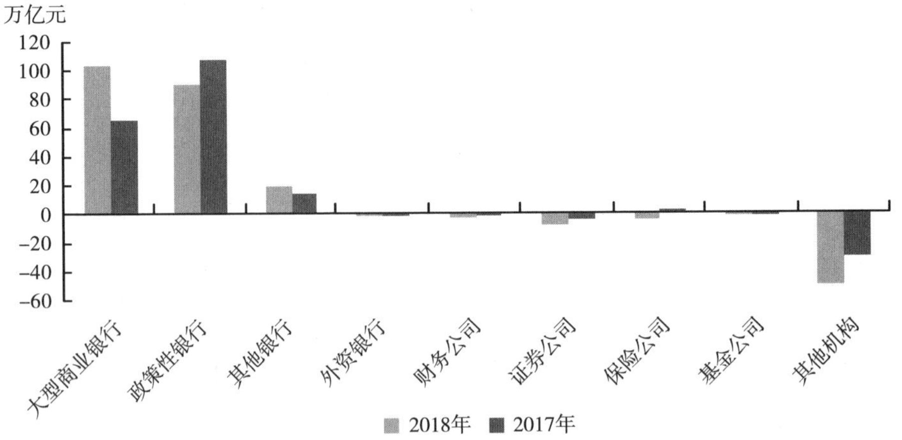

图5 北京地区债券回购净融出资金分布

分期限看，隔夜回购交易占比超过八成。2018年，隔夜回购成交375.9万亿元，同比增长20.4%，占全部交易量的80.5%（见图6）；21天期成交5.7万亿元，同比大幅增长92.1%；7天期、14天期、1个月期及以上期限分别成交63.4万亿元、17.4万亿元、4.3万亿元，同比分别减少2.5%、7.4%和21.8%。

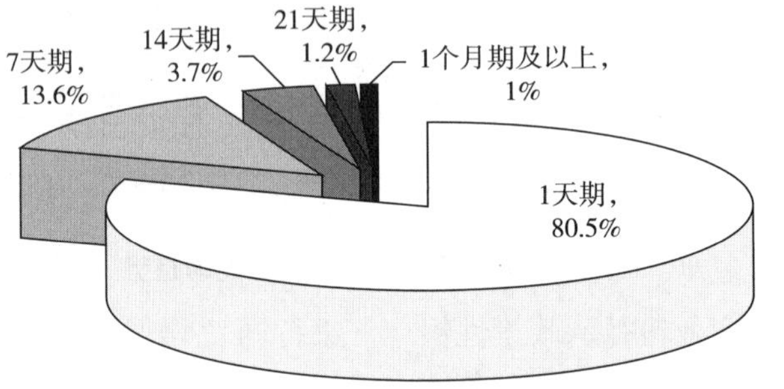

图6 北京地区债券回购期限结构分布

（三）货币市场交易利率下行

2018年，市场流动性合理充裕，全年货币资金利率大幅下行，尤其是长端品种。隔夜SHIBOR全年下行28.6个基点，3个月期SHIBOR下行156.7个基点，利率曲线平坦化。同业拆借、质押式回购和买断式回购加权平均交易利率分别为2.57%、2.65%和2.84%，同比下行18.5个、13.9个和19.7个基点。从期限看，21天期及以上的中长期限品种交易利率下行幅度最大（见图7、图8）。

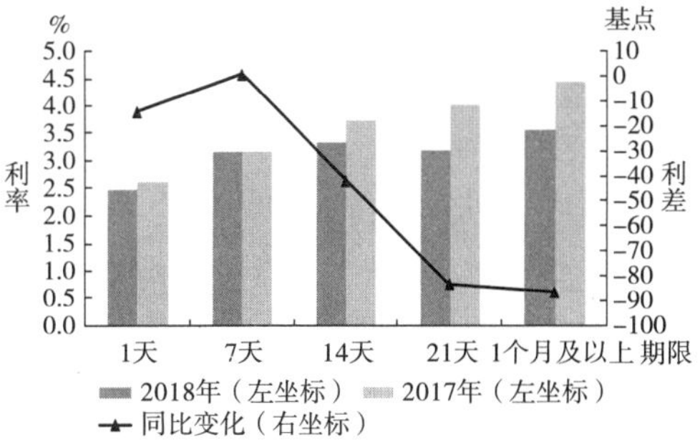

图7　2018年同业拆借各期限加权平均利率及变化

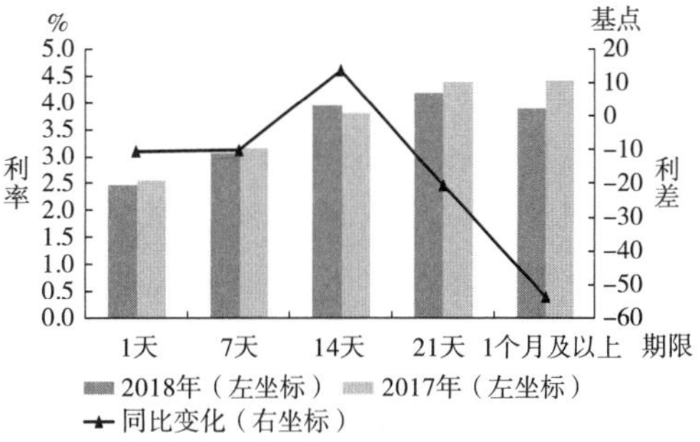

图8　2018年质押式回购各期限加权平均利率及变化

二、债券市场运行情况

（一）发行规模快速增长，公司信用类债券净融资额大增

2018年，北京地区各类债券（不含国债）累计发行11.9万亿元，同比增长25.1%；累计偿还8.8万亿元，同比增长9.7%；净融资3.2万亿元，同比增长104.7%。

从主要券种来看，2018年北京地区债券市场供给主要呈现以下特点。

一是同业存单发行量再创新高。2018年，北京地区共发行同业存单4.87万亿元，同比增长29.9%，占全部发行量的40.8%；净融资6 236亿元，较上年多增4 539亿元。加权平均发行利率为3.99%，较2017年下行54个基点。

二是金融债发行量小幅增长，净融资额有所下降。2018年，北京地区金融债共发行4.0万亿元，同比微增1.2%，占全部发行量的33.7%；净融资1.4万亿元，较上年减少3 357亿元。其中，政策性金融债共发行3.5万亿元，同比增长5.5%，净融资较上年减少2 120亿元；其他金融债发行5 505亿元，同比下降19.2%，净融资较上年减少1 237亿元。

三是资产支持证券发行规模大幅上升。2018年北京地区共发行资产证券8 756亿元，同比增长2.4倍；净融资6 656亿元，较上年多增6 002亿元。

四是地方政府债供给缩量。2018年，北京市人民政府共发行15只地方政府债，金额共计645亿元，同比下降39.7%；由于偿还量较大，净融资为－1 000亿元。其中，发行一般政府债7只，金额合计329亿元；发行专项政府债8只，金额合计316亿元。

五是公司信用类债券[①]净融资额大增。2018年，北京地区公司信用类债券共发行1.8万亿元，同比增长60.2%；净融资4 363亿元，较2017年大幅增加9 509亿元。

（二）现券交易大幅增加，到期收益率显著下行

现券交易量同比大幅增长。2018年，北京地区金融机构现券买卖成交54.8万

① 公司信用类债券统计项下包括短期融资券、中期票据、定向工具、公司债和企业债。

亿元，同比增长52.5%（见图9）；现券买卖成交量占全国交易量的18.2%，较2017年上升0.7个百分点。分机构来看，现券交易主要集中在中资银行、证券公司和其他机构。其中，证券公司成交17.2万亿元，同比大幅增长211.3%；其他机构、其他银行分别成交11.3万亿元、10.6万亿元，同比增长37.5%、41.9%；大型商业银行成交10.6万亿元，同比下降8.9%。分券种看，除企业债成交量下降以外，其他债券成交均同比上升。其中，同业存单、政策性金融债和超短期融资券交投最为活跃，2018年，同业存单成交22.2万亿元，同比增长65.6%；政策性金融债成交14.9万亿元，同比增长53.9%；超短期融资券成交3.4万亿元，同比增长41.1%。企业债成交5 146.6亿元，同比减少34.2%。

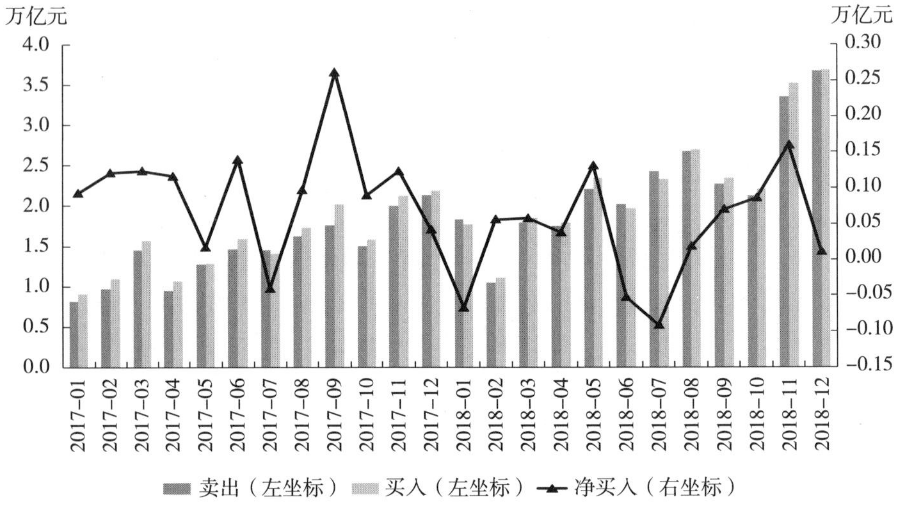

图9 北京地区现券交易变动趋势

债券净投资（净买入）规模收缩。2018年，北京地区现券净买入4 199.8亿元，同比减少64.7%。分机构看，证券公司、外资银行、保险公司和财务公司净投资下降较快，政策性银行小幅上升（见图10）。从债券品种看，债券净投资主要集中在同业存单、中期票据和短期融资券，净买入分别为6 976.2亿元、1 231.7亿元和853.6亿元，但比上年同期分别减少27.9%、10.3%和64.5%。

债券到期收益率大幅下行。2018年，北京地区债券平均到期收益率为3.88%，同比下行49.2个基点。其中，短期品种下行幅度最大，同业存单、超短期融资券到期收益率分别为3.64%、4.17%，较2017年下行80.7个、42.1个基点。其他主要债券品种到期收益率也多为下行，政策性金融债、短期融资券、中期票据到期收益率同比分别下行22.0个、25.2个和21.5个基点。

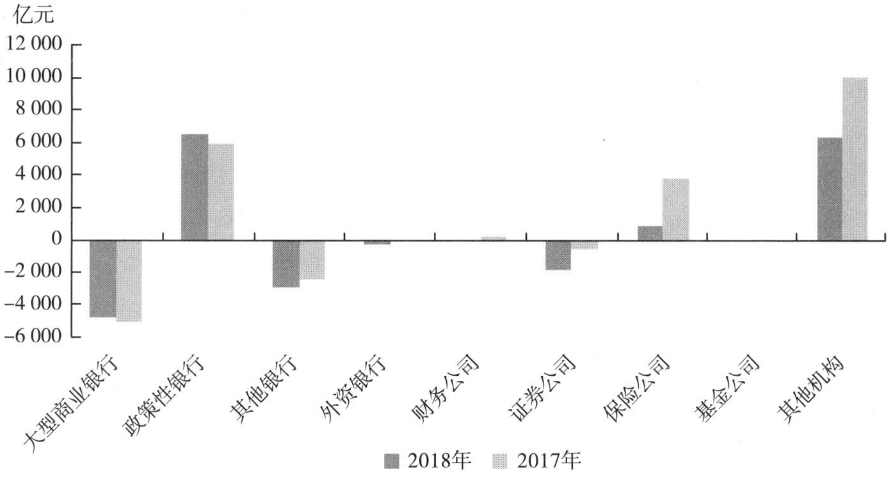

图 10　北京地区各金融机构净买入债券分布

三、人民币汇率波动加大，结售汇顺差明显收窄

2018 年，人民币汇率波动加大，但在新兴市场货币中表现总体稳健。外汇交易市场继续保持较快增长，受中美贸易摩擦等因素影响，结售汇顺差明显收窄。

（一）人民币汇率波动加大

2018 年第一季度，人民币汇率处于升值区间，从第二季度开始，受美元走强、中美贸易摩擦升级、国内经济下行、中美货币政策分化等因素影响，人民币贬值压力增加，尤其是 6 – 8 月贬值速度加快。全年人民币兑美元中间价贬值 5%，平均价为 6.6174。最高价 6.9670，最低价 6.2764，波动区间近 7 000 个基点，是近年来年内波动最大的年份。

（二）结售汇顺差明显收窄

2018 年，外汇市场结售汇交易合计成交折合 24.3 万亿美元，同比增长 23.6%，增速较上年小幅上升 0.4 个百分点。其中，结汇累计成交折合 12.3 万亿美元，同比增长 21.3%；售汇累计成交折合 12.0 万亿美元，同比增长 26.0%。受中美贸易摩擦等因素影响，结售汇顺差 3 140.8 亿美元，较上年收窄 3 188.9 亿美元。

从交易品种看，掉期交易占比最大，累计成交折合 15.8 万亿美元，同比增长 24.1%；即期交易累计成交折合 7.9 万亿美元，同比增长 19.7%；远期交易累计成交折合 820.3 亿美元，同比增长 1.3%。

（三）外币对交易大幅增长

2018 年，外币对累计成交折合 1 616.8 亿美元，同比增长 109.6%。外币对交易相对集中的欧元/美元、美元/港元和美元/日元交易，分别成交 599.2 亿美元、556.7 亿美元和 254.1 亿美元，同比增长 106.1%、136.3% 和 99.1%。

四、黄金价格呈“V”形收涨，黄金市场成交量上升

2018 年，上海黄金交易所现货主力合约品种 AU99.99，年初开盘价为 274 元/克，全年呈“V”形走势，前三个季度在美联储加息和美元走强等因素的主导下，黄金价格持续下跌，8 月触及年内低点。第四季度，在美元走势疲弱、美联储加息预期降低、避险情绪上升以及黄金投资价值凸显等因素的影响下，黄金成为第四季度表现最好的资产，金价快速止跌回

升，年末收于284.6元/克，相比年初上涨3.9%。AU99.99全年加权平均价格为273.20元/克，同比下降0.6%；最高价为284.9元/克，最低价为260.75元/克，波幅为9.3%，较上年波幅收窄7个百分点。

2018年，辖内银行业金融机构黄金业务累计成交2 420吨，同比增长20%，成交金额为3 432亿元，同比增长44%。其中，场内交易规模快速增长，场内黄金交易累计837.7吨，同比增长96%，成交金额为2 263亿元，同比增长92%。场外黄金业务累计成交1 169亿元，同比减少4%。

五、票据市场利率明显下行，票据交易量企稳回升

（一）票据利率明显下行

2018年，北京地区票据利率呈现先上后下、整体下行的走势。第一季度由于银行信贷趋紧而企业需求旺盛，票据利率明显上行；第二季度，资管新规落地叠加定向降准，资金面较为宽松，票据利率也持续下行，8月达到低点；9月地方政府专项债发行提速，挤出效应使票据利率出现较明显的回升；10月再次降准，票据利率再次下行（见图11）。2018年12月，辖区内银行票据月加权平均利率为3.76%，同比下降93个基点，其中，企业贴现加权平均利率为3.99%，同比下降118个基点，比6个月期（含）以内加权平均贷款利率低91个基点；转贴现加权平均利率为3.60%，同比下降94个基点，比3个月期质押式回购加权平均利率低30个基点。

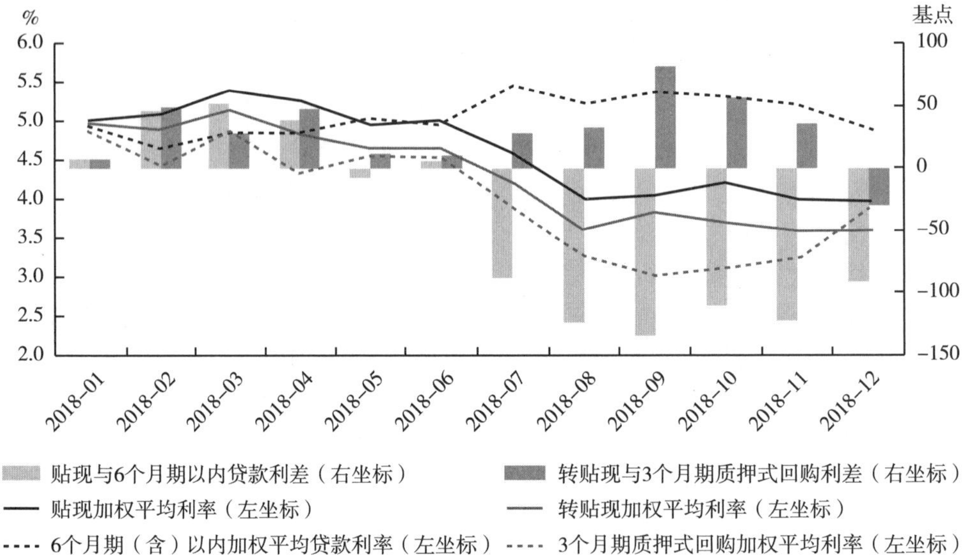

图11　北京地区金融机构票据利率与贷款及质押式回购利率对比

（二）票据业务量企稳回升

2018年，北京地区票据业务量整体呈企稳回升态势。票据利率下行速度明显快于债券和普通贷款利率，使票据融资吸引力上升。2018年12月，企业贴现利率低于6个月期（含）以内加权平均贷款利率91个基点，当月企业贴现量同比大幅增长92.3%。分业务类型看，贴现、买断式转贴现和再贴现业务快速增长，反映了票据利率变动对企业融资吸引力的变化；作为融资手段的回购式转贴现明显减少，反映了银行间市场资金面较为宽松。

（陈玉玲）

票据市场

2018 年，中国人民银行营业管理部充分利用再贴现政策工具支持小微、涉农、民营、绿色、科技型等企业发展，不断优化信贷结构，引导金融机构降低票据贴现利率，持续加强再贴现资金监管和票据市场监测。总体来看，北京地区票据市场运行稳中有变，再贴现支农、支小效果明显，银行承兑汇票签发量小幅增长，票据贴现规模大幅回落，回购式转贴现交易显著萎缩，票据市场利率持续下行。

一、再贴现政策效果明显

2018 年，北京地区再贴现业务持续稳健发展，共有 59 家金融机构办理再贴现，同比增加 20 家。其中，商业银行 23 家，财务公司 36 家。再贴现金额合计 283.9 亿元，同比增长 42.5%，涉及票据 8 447 张，同比增长 51.6%。12 月末，再贴现余额 99.5 亿元。总体来看，再贴现业务呈现以下特征。

一是中小金融机构是再贴现主力军。2018 年，中小金融机构累计办理再贴现金额 271.8 亿元，占比 95.8%。中小金融机构资金面相对紧张，资金成本较高，再贴现资金吸引力仍然较大，成为其调节流动性和信贷结构的重要手段，再贴现需求稳定增长。

二是商业承兑汇票再贴现规模明显下降。商业承兑汇票累计再贴现金额 57.0 亿元，同比下降 24.8%，占比 20.1%，同比下降 18.2 个百分点，再贴现机构主要为财务公司，占比达八成。受经济下行影响，金融机构风险偏好下移，商业承兑汇票市场接受程度下降。

三是电子票据再贴现占绝对优势。累计办理电子票据再贴现 283.8 亿元，占比 99.9%。随着票据电子化进程加快，纸质票据逐渐淡出市场，电子票据再贴现规模占比不断提高。

四是再贴现优化信贷结构效果明显。2018 年，小微、涉农、民营、绿色、科技型等优先支持票据再贴现金额合计 268.8 亿元，占比 94.7%，其中，绿色票据再贴现 13.0 亿元，用于新能源发电、环保项目。再贴现支持薄弱环节和重点领域发展作用不断显现。

五是降低企业票据融资成本效果显著。中国人民银行营业管理部充分发挥再贴现低利率优势，要求金融机构申请再贴现票据的贴现利率要低于同期同档次票据贴现的加权平均利率，引导金融机构降低贴现利率水平，缓解企业融资贵问题。1－12月，办理再贴现票据的贴现加权平均利率为 4.26%，低于同期同档次票据贴现加权平均利率 0.21 个百分点。

二、票据市场运行稳中有变

一是银行承兑汇票签发量略有增长。北京地区金融机构累计签发银行承兑汇票 6 573.4 亿元，同比增长 6.3%。12 月末，银行承兑汇票余额为3 667.2亿元，同比增长10.3%。

二是票据贴现额下降近四成。北京地区金融机构累计办理贴现14 778.8亿元，同比下降39.7%。12月末，票据贴现余额为2 564.6亿元，同比增长48.2%。近年来，受票据案件以及转贴现利率持续下行影响，金融机构票据贴现热情减弱。

从贴现结构看，买断式回购是金融机构贴现的主导方式。2018年，金融机构买断式转入票据9 175.6亿元，同比下降37.2%，占全部贴现发生额的62.1%，12月末余额为1 537.0亿元，同比增长68.5%，在全部贴现余额中占比59.9%。

三是回购式转贴现交易降幅约六成。2018年，北京地区金融机构回购式转贴现累计发生821.7亿元，同比下降56.4%，12月末余额为7.0亿元，同比下降92%。2018年以来，票据市场利率不断下降，票据利差空间收窄，转贴现交投清淡。

四是商业承兑汇票贴现量明显增长。北京地区金融机构累计办理商业承兑汇票贴现1 026.7亿元，同比增长31.8%，占全部贴现规模的7.0%，12月末余额为205.3亿元，同比增长51.1%，占比8%。

三、票据市场利率冲高回落

2018年，北京市票据市场贴现和转贴现利率大致呈现先升后降走势，3月票据贴现和转贴现利率达到近三年高点，分别为5.394%和5.159%，随后一路走低，12月降至年初以来最低水平，贴现和转贴现利率分别为3.990%和3.595%，较最高点分别下降1.404个和1.564个百分点，但降速明显企稳。2018年以来，中国人民银行连续三次下调法定存款准备金率，金融机构流动性明显改善，货币市场利率高位回落，导致票据市场利率大幅下降。

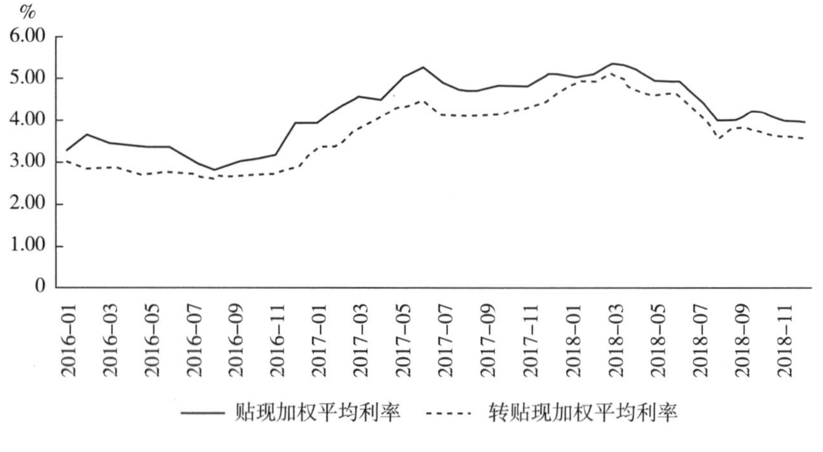

图1　2016年1月至2018年12月北京市票据市场利率走势

四、值得关注的问题及相关建议

一是优化再贴现业务信息统计工作流程。鉴于票据交易系统已详细录入每笔再贴现票据清单要素，建议再贷款信息管理系统不再重复录入。

二是票据贴现业务量大幅下降影响企业融资。受票据大案和资管新规影响，部分银行主动收缩票据业务，导致票据贴现业务量大幅下降，极大影响了企业特别是小微企业的票据融资需求，不利于实体经济增长。建议合理引导金融机构票据业务发展，疏通企业票据融资渠道，充分发挥票据服务实体经济效用。

（冯娟娟）

证券市场

一、证券市场总体运行情况

2018 年末，上证指数收于 2 493.90 点，全年下跌 813.27 点，跌幅 24.59%；深成指数收于 7 239.79 点，全年下跌 3 800.66点，跌幅 34.42%；沪深 300 指数收于 3 010.65 点，全年下跌 1 020.21 点，跌幅 25.31%；创业板指数报收 1 250.53 点，下跌 502.12 点，跌幅 28.65%。

2018 年末，证券行业总资产规模为 6.26 万亿元，较年初增长为 1.86%；净资产规模为 1.89 万亿元，较年初增长 2.16%；净资本为 1.57 万亿元，客户交易结算资金余额（含信用交易资金）为 0.94 万亿元，指定与托管证券市值为 32.62 万亿元，资产管理业务受托资金总额为 14.11 万亿元。

2018 年，131 家证券公司实现营业收入 2 662.87 亿元。其中，代理买卖证券业务净收入（含席位租赁）623.42 亿元，证券承销与保荐业务净收入 258.46 亿元，财务顾问业务净收入 111.50 亿元，投资咨询业务净收入 31.52 亿元，资产管理业务净收入 275 亿元，证券投资收益（含公允价值变动）837.03 亿元，利息净收入 183.06 亿元。实现净利润 670.34 亿元，107 家公司实现盈利。

二、北京辖区证券市场总体情况

（一）北京辖区市场概况

2018 年，北京辖区证券市场继续保持稳健发展态势，实现安全平稳运行。截至年末，北京辖区有证券公司 18 家、分公司 91 家、营业部 539 家。

2018 年末，北京辖区 18 家证券公司资产总额为 8 637.18 亿元，净资产总额为 2 531.09 亿元，净资本总额为2 294.76 亿元，累计净利润为 91.94 亿元。

2018 年，北京辖区营业部证券交易金额为 37.09 万亿元。其中，股票交易额 10.56 万亿元，基金交易额 1.61 万亿元。营业部资金账户开户数为 1 282.81 万户。

（二）证券业务具体情况

2018 年，北京辖区证券公司收入的主要来源是证券经纪业务、证券自营业务、投资银行业务、资产管理业务。18 家证券公司营业收入总额为 378.63 亿元。其中，代理买卖证券业务净收入 72.08 亿元，投资收益 122.22 亿元，证券承销、保荐及财务顾问业务净收入 82.50 亿元，资产管理业务净收入 31.47 亿元。

1. 经纪业务情况

2018 年，二级市场持续下跌，北京辖区证券公司 A 股证券交易金额累计 152 389.18亿元，指定与托管证券市值为 61 788.76亿元，客户交易结算资金年末余额为 1 097.58 亿元。

2018 年末，北京辖区证券公司资金账户数为 2 485.81 万户。其中，个人账户 2 479.91 万户，机构账户 5.90 万户。

2. 投资银行业务情况

2018 年，北京辖区证券公司共完成

29 家公司 IPO 上市，承销金额 580.42 亿元；完成 56 家公司增发，承销金额 1 225.06亿元；完成公司债承销项目 607 个，承销金额 5 382.38 亿元。

3. 资产管理业务情况

2018 年末，北京辖区证券公司受托资金规模为 17 720.07 亿元。其中，公募基金（含大集合）管理规模为 548.59 亿元，集合计划产品管理规模为1 219.95亿元，定向资产计划管理规模为13 574.74 亿元，专项资产计划管理规模为 2 376.78 亿元。

4. 两融业务情况

2018 年末，北京辖区证券公司融资融券余额为 987.59 亿元。其中，融资金额 982.79 亿元，融券金额（市值）4.80 亿元。信用资金账户数量为 68.15 万户，其中，机构客户数量为 0.23 万户。

（邵健）

基金行业发展情况

一、北京辖区基金业发展情况

2018 年末，全国公募基金管理机构管理公募基金产品 5 626 只，管理规模 130 346.50亿元。基金管理公司管理的资产管理产品 7 214 只，管理规模 60 429.91 亿元。基金子公司管理的资产管理产品 7 592只，管理规模 52 469.94 亿元。北京辖区基金管理公司管理公募基金产品 1 241 只，基金资产净值合计 30 392.48 亿元，占全行业的 23.31%。管理专户产品 1 587 只，规模 15 772.40 亿元，企业年金规模 2 582.62亿元，社会保障基金规模 3 702.12 亿元，其他 1 283.79 亿元，占全行业的 38.62%。基金子公司管理产品 1 521 只，规模 13 795.64 亿元，占全行业的 26.29%。全年北京辖区共新发基金 236 只，募集规模合计2 376.03亿元。

2018 年末，全国已登记私募基金管理人 24 448 家，已备案私募基金 74 642 只，管理基金规模 12.78 万亿元。北京辖区（注册地在北京）已登记私募基金管理人4 356家，占全行业的 17.82%；已备案私募基金 13 561 只，占全行业的 18.17%；管理基金规模 2.99 万亿元，占全行业的 23.40%。其中，私募证券投资基金管理人 1 387 家，管理基金 5 460 只，管理规模 4 696 亿元；私募股权、创业投资基金管理人 2 808 家，管理基金 7 168 只，管理规模 21 653 亿元；其他私募投资基金管理人 161 家，管理基金 933 只，管理规模 3 589 亿元。

二、主要特点

（一）辖区经营机构数量稳步上升

2018 年，北京辖区新增基金管理分公司 5 家，基金销售机构新增 2 家。截至年末，北京辖区共有基金管理公司分公司 65 家，基金销售机构 99 家。

（二）辖区公募基金规模逐步提升

2018 年，北京辖区公募基金产品 1 241 只，较上年末增长 12.81%。基金资产净值 30 392.48 亿元，较上年末增长 14.41%。

（赵建中　贾若）

期货市场

一、全国期货市场总体运行情况

2018 年，期货监管系统围绕服务实体经济这一主线，强化依法从严监管、风险防范，持续增加市场供给，提升市场质量，加快对外开放，引导期货及衍生品市场健康发展，成功推出原油期货、2 年期国债期货、铜期权、纸浆期货、乙二醇期货等品种，铁矿石期货、PTA 期货迎来国际化。截至年末，全国期货市场客户保证金 3 880 亿元，同比下降 2.9%；全年期货市场成交 60.15 亿手，同比下降 1.8%；成交金额 421 万亿元，同比增长 12.3%。

二、北京辖区期货市场总体情况

2018 年辖区期货市场继续保持稳健发展态势，实现安全平稳运行。

1. 机构数量平稳增加，资本实力整体稳定

2018 年末，北京辖区共有 19 家期货公司、108 家分支机构，同比增加 6 家分支机构。19 家公司期货公司的资产总额 670 亿元，同比下降 9.0%；净资本 96 亿元，同比下降 4.0%；资本实力整体稳定。

2. 客户数量增长较快，保证金规模有所下降

2018 年末，北京辖区期货公司共代理客户 73.2 万户，其中，法人客户 2.2 万户、自然人客户 71 万户，同比分别增长 4.8%、9.4%。共吸收客户保证金 498 亿元，同比下降 12.0%，占全国的 12.8%。

3. 市场交易规模平稳上升，手续费收入有所下降

2018 年，北京辖区期货公司代理交易量 7.28 亿手，同比增长 0.9%；代理交易额 44.5 万亿元，同比增长 7.2%；实现手续费收入 16.94 亿元，同比下降 17.8%。

（张晗）

保险市场

2018 年，北京保险业发展稳中向好，行业转型持续深入，不断向高质量发展迈进。截至年末，在京注册的保险法人机构有 71 家，保险分公司 109 家，专业中介法人机构 404 家；行业总资产为 8 543.38 亿元，比年初增加 774.18 亿元。

一、服务实体经济成效显现，风险保障能力进一步提高

2018 年，北京地区保险深度为 5.91%，保险密度为 8 293.10 元/人，发展水平居全国领先。全年向全社会提供风险保障 1 097.57 万亿元，同比增长 32.76%，

其中，责任保险为全社会提供各类风险保障19.48万亿元，政策性农业保险为7.55万户（次）农民的农业生产和发展提供保险保障262.67亿元。寿险和长期健康险为人民群众未来的养老和健康积累准备金5 909.85亿元。累计赔付支出629.35亿元，同比增长8.93%。其中，财产险业务赔付支出245.85亿元，同比增长15.70%；寿险业务赔付支出273.44亿元，同比增长0.72%；健康险业务赔付支出93.58亿元，同比增长17.51%；意外险业务赔付支出16.48亿元，同比增长16.66%。

二、行业转型升级，保费收入负增长的同时业务结构趋于优化

2018年，行业累计实现保费收入1 793.34亿元，居全国第七位，同比减少9.11%。其中，财产险业务保费收入422.67亿元，同比增长4.52%；寿险业务保费收入990.27亿元，同比减少18.05%；健康险业务保费收入315.90亿元，同比增长4.66%；意外险业务保费收入64.50亿元，同比增长10.12%。

2018年，各财产险公司大力发展非车险业务，实现保费收入186.96亿元，业务增速达15.71%，占比超过四成，业务结构逐步优化；各人身险公司积极转型探索，业务质量不断提高，新单期交率达47.78%，同比上升17.84个百分点，续期保费支撑作用持续凸显，实现保费收入763.24亿元，同比增长29.46%。

（王安琪）

要素市场

2018年，北京地区46家交易场所共实现交易额约6.5万亿元，同比增长30.2%。总体来看，北京地区交易场所呈现“两超多强”的发展态势。“两超”即北京产权交易所和北京金融资产交易所。北京产权交易所央企产权转让项目数量和交易金额占全国的2/3；北京金融资产交易所全年完成交易额5.5万亿元，同比增长29.5%。“多强”即北京环境交易所、北京电力交易中心等一批重点交易场所。北京环境交易所以市场化手段推动节能减排和绿色金融产业发展，全年完成碳配额交易913.43万吨，成交金额3.34亿元；北京电力交易中心开展省间清洁能源交易电量累计减少标煤燃烧1.4亿吨，减少二氧化碳排放3.5亿吨；北京铁矿石交易中心铁矿石现货成交量3 210万吨，继续保持全球第一位。

（吴茜）

三、发展与监管

银行业发展与监管

▲政策性银行和国家开发银行

一、基本情况和重大变更事项

（一）基本情况

2018年末，中国农业发展银行北京市分行（以下简称农发行北京市分行）、中国农业发展银行总行营业部（以下简称农发行总行营业部）和中国进出口银行北京分行（以下简称进出口银行北京分行）资产总额3 165.53亿元，比年初增长5.64%；贷款余额3 145.95亿元，比年初增长7.25%。负债总额3 145.81亿元，比年初增长6.26%。所有者权益19.71亿元，比年初下降45.10%。累计实现利润8.75亿元，同比下降64.94%。

2018年末，国家开发银行北京市分行（以下简称国开行北京市分行）、国家开发银行企业局（以下简称国开行企业局）资产总额15 198.57亿元，比年初增长15.56%；各项贷款余额11 507.38亿元，比年初增长6.39%。负债总额15 034.67亿元，比年初增长16.77%。所有者权益163.90亿元，比上年下降40.78%。累计实现税后利润161.90亿元，比上年下降41.08%。

（二）重大变更事项

1. 机构组织架构变更情况

2018年，按照国家开发银行有关工作要求，国开行北京市分行、国开行企业局将风险管理处内控合规管理职能划转至原法律事务办公室，并将原法律事务办公室更名为法律合规处。

2. 高级管理人员变更情况

2018年1月，经农发行北京市分行党委研究决定，任命王建军为农发行北京市分行营业部总经理，免去郝红生农发行北京市分行营业部总经理职务；任命倪卫平为农发行北京市天坛支行行长，免去杨建军农发行北京市天坛支行行长职务；任命于志平为农发行北京市西三环支行行长，免去白靖农发行北京市西三环支行副行长（主持工作）职务；任命白靖为农发行北京市房山区支行副行长（主持工作），免去倪卫平农发行北京市房山区支行行长职务；任命闫占龙为农发行北京市通州区支行行长，免去陈书文农发行北京市通州区支行行长职务；任命陈书文为农发行北京市昌平区支行行长，免去王建军农发行北京市昌平区支行行长职务；任命杨建军为农发行北京市大兴区支行行长，免去闫占龙农发行北京市大兴区支行行长职务。

2018年3月，王恺获核准任国开行北京市分行副行长。

2018年4月，经农发行北京市分行党委研究决定，任命李波为农发行北京市怀柔区支行行长。

杨鹏获核准任农发行北京市顺义区支行行长。

2018年6月，农发行总行营业部原副总经理刘宝仑调任中国农业发展银行巡视组。

2018年7月，王强获核准任农发行北京市延庆区支行行长。

2018年11月，经农发行北京市分行党委研究决定，任命郝红生为农发行北京市西三环支行行长，免去于志平农发行北京市西三环支行行长职务；任命刘建国为农发行北京市平谷区支行行长，免去刘建国农发行北京市密云区支行行长职务；免去王洪生农发行北京市平谷区支行行长职务。

2018年12月，杜晓力获核准任农发行北京市分行副行长。

经国家开发银行党委研究决定，任命赵耀中为国开行企业局局长，免去其国家开发银行四川省分行行长职务。

3. 新业务开办情况

经中国农业发展银行授权，农发行北京市分行于2018年11月起试点开办网上银行业务。

经国家开发银行授权，国家开发银行在京机构于2018年11月起开办民营企业流动性支持贷款，推动缓解民营企业应收账款延滞问题。

二、金融产品创新和金融服务

农发行总行营业部围绕政策性银行职能定位，贯彻落实国家宏观调控政策，稳步推进深化整治银行业市场乱象工作，积极落实储备糖、储备肉等宏观调控计划，有效保障承储企业信贷资金需求。

农发行北京市分行充分发挥政策性金融作用，保障粮食等重要农产品储备资金供应，拓展国家化肥储备、农村流通体系建设、粮食购销、棉花等方面的信贷业务，服务首都城乡区域协调发展，支持涉农棚户区改造、农村土地整治、农村土地流转、郊区污水处理等农业农村基础设施建设。

进出口银行北京分行服务“一带一路”建设、中资企业“走出去”、京津冀协同发展等国家战略实施，围绕首都“四个中心”功能定位，支持重大项目建设和战略性新兴产业发展，通过发展绿色信贷积极推动首都环境改善。

国开行北京市分行运用开发性金融功能，发挥中长期融资作用，支持经济社会重点领域和薄弱环节，服务国家战略，集中资源支持棚户区改造和公共租赁住房、京津冀交通一体化、集成电路及配套产业、物资储备等薄弱环节和重点领域，推动绿色金融、健康养老、扶贫协作等社会民生领域信贷业务发展。

国开行企业局以服务国家战略和央企转型为发展重点，积极支持“一带一路”倡议以及“走出去”等国家战略重大项目建设；统筹全行向中国铁路总公司及其成员单位提供贷款支持，助力京沈客专、银西高铁、石济客专等“八纵八横”重大项目建设。

三、存在的问题和风险

受相关政策调整等因素影响，中国农业发展银行在京机构业务发展面临挑战；贷款净息差持续收窄，对盈利水平和抵御风险能力产生较大影响；集团客户信贷管理、人员管控等方面仍存在不足；信贷业务合规性须进一步强化。国开行北京市分行信用风险和资产质量下行压力仍较为突出，信贷管理和集团客户管理水平仍须提升；内控合规长效机制建设主体责任须强化落实。

四、监管工作情况

一是引导机构坚持政策性金融定位，支持提升首都核心功能。引导进出口银行北京分行牢牢把握支持进出口贸易和企业“走出去”、服务实体经济的本质要求，科学制定发展战略，提升服务“一带一路”倡议以及京津冀协同发展等国家战略的能力。引导农发行北京市分行、农发行总行营业部贯彻落实国家宏观调控政策，有效保障国家储备物资的政策性资金需求。

二是督导政策性银行在京机构全面提升信贷管理有效性，切实防控各类风险。落实银行业市场乱象治理工作要求，建立完善风险防控长效机制。加大风险监测力度，制订和完善风险防控预案，前瞻性防控风险。持续做好重大风险项目处置化解工作。

三是严格落实银行业市场乱象治理工作部署和要求，认真开展整改问责。督导机构严格落实风险防控主体责任，加大整改问责力度，建立和完善风险防控长效机制。严防大额异地贷款、集团客户贷款、境外贷款等重点领域潜在风险。加强内部控制和人员管理。

四是妥善应对资产质量下行压力，全面提升风险管理的主动性。督导机构进一步加强客户信贷风险的预警和监测力度，扎实做好风险分类管理，足额计提拨备。

五是着力构建良好的运营机制，全面提升服务国家战略质效。引导机构立足开发性金融定位，进一步明确战略发展方向，稳步推进运营体制机制建设，在守住风险底线的基础上探索创新，贯彻落实中央调结构、稳增长各项政策，加大对“两基一支”、重大项目建设等的支持力度，助力央企转型发展和“走出去”。

（万昆）

▲商业银行（一）工、农、中、建、交5家银行

一、基本情况和重大变更事项

（一）基本情况

2018年末，中国工商银行北京市分行、中国农业银行北京市分行、中国银行北京市分行、中国建设银行北京市分行、交通银行北京市分行（以下简称5家银行）资产总额91 068.84亿元，比上年增长11.48%，其中，各项贷款余额27 693.28亿元，比上年增长12.37%；负债总额90 177.6亿元，比上年增长11.32%，其中，各项存款余额73 878.32亿元，比上年增长9.95%；所有者权益总额891.24亿元，比上年增长30.85%；累计净利润981.3亿元，同比增长19%；不良贷款余额比上年增长2.26%，不良贷款率比上年下降0.03个百分点。

2018年末，5家银行共有机构网点1 817家（含分行），比上年减少8家。其中，分行9家，比上年增加1家；支行1 766家，比上年增加16家；分理处16家，比上年减少1家；储蓄所26家，比上年减少24家。共有纳入监管范围的高级管理人员209人，比上年增加11人。

2018年末，5家银行共有在职员工53 227人。其中，中国工商银行北京市分行18 979人，中国农业银行北京市分行8 398人，中国银行北京市分行10 066人，中国建设银行北京市分行11 382人，交通银行北京市分行4 402人。

（二）重大变更事项

中国农业银行北京通州支行升格更名为中国农业银行北京城市副中心分行。

洪英子任中国农业银行北京市分行副行长。

张齐婷任中国农业银行北京中关村分行副行长，朱凡不再任副行长，王丽丽不再任行长助理。

王荣熙任中国农业银行北京城市副中心分行行长，王小芬任副行长，季南、刘和年、冀芳任行长助理。

黄黎阳任中国银行北京市分行副行长。

谢东、周敏、吴杰任中国建设银行北京市分行副行长，王新立、李凡、孙庆文不再任副行长。

任朝霞、王涛、贾鹏飞任中国建设银行北京中关村分行副行长，卜充不再任副行长。

张亚纲任中国建设银行北京通州分行副行长，周敏不再任行长，冯涛、亓琳、闫玉国不再任副行长。

刘建军任交通银行北京市分行行长，郭莽不再任行长；陈海春任副行长，唐朔、周妍不再任副行长。

二、金融产品创新和金融服务

（一）积极支持国家重大战略实施

2018 年，5 家银行加大对京津冀协同发展、“一带一路”倡议、北京城市副中心、2022 年北京冬季奥林匹克运动会、北京新机场等重点领域和重点项目的金融服务力度。中国工商银行北京市分行全年为京津冀地区轨道交通、高速公路、新机场等重点交通基础设施建设发放融资超过 100 亿元，累计投放非首都疏解贷款 261 亿元。中国农业银行北京市分行与北京市人民政府（以下简称市政府）共同发起设立北京城市副中心建设发展基金，总规模为 1 000 亿元，重点投向基础设施、环境建设、公共服务和科技创新等与城市副中心建设相关的重点领域。中国银行北京市分行发挥跨境金融综合化服务优势，支持北京地区“走出去”企业重大项目约 200 个，截至年末，累计为 21 个“走出去”项目提供 45 亿美元融资支持。2018 年 11 月，中国农业银行北京市分行经批准将北京通州支行升格成立为北京城市副中心分行。

（二）深入落实首都“双轮驱动”战略

2018 年，5 家银行从机构设置、产品创新、品牌创建、队伍建设等方面大力支持首都文化创意产业和科技创新产业发展。截至年末，5 家银行文化创意产业贷款余额 429.23 亿元，科技企业贷款余额 2 456.12 亿元。中国银行北京市分行针对科技型中小企业经营特点，设计推出了专门服务于科技型小企业的“中关村模式”，进一步扩大客户服务范围，并将授信金额提高至 5 000 万元；积极推进投贷联动试点工作，与中国银行系统内投资机构建立投贷联动内部协同工作机制，为文创型、科技型中小企业提供投融资支持。5 家银行加强与北京朝阳国家文化产业创新实验区、北京市东城文化与金融合作示范区的战略合作，为园区企业上门开展产品推介、政策宣讲等服务，建立多元化立体金融服务体系。2018 年 12 月 19 日，中国银行北京冬奥支行正式开业，采取“一点接入”方式，依托中国银行全球化网络资源，提供各类优质金融产品，满足 2022 年北京冬季奥林匹克运动会和冬季残疾人奥林匹克运动组织委员会在账户管理、跨境金融、外汇结算和保值业务等全方位业务需求。

（三）大力发展普惠金融

2018 年，5 家银行均已在分行层面成立普惠金融专营业务部门，并针对小微、“三农”等普惠金融服务设立直营团队，创新线上及线下普惠金融产品，提升专业化服务效率。截至年末，5 家银行普惠企业贷款余额 401.66 亿元，比年初增长 48.64%，高于 5 家银行各项贷款增速 36.26 个百分点，普惠贷款完成率 293.96%。加大对民营小微企业考核激励倾斜政策和尽职免责政策的推动落实，提升金融机构服务小微企业的积极性。加强渠道建设，推进金融服务点“村村通”，打通金融服务“最后一公里”。中国农业银行北京市分行“惠农通”、中国建设银行北京市分行“裕农通”和中国银行北京市分行在京郊设立金融服务点2 778个，覆盖率超过80%，有效改善了农村地区支付结算环境，填补了偏远郊区的金融服务空白。截至年末，5家银行涉农贷款余额940.74亿元，比上年增长15.15%。

三、存在的问题和风险

部分银行信贷管理粗放，仍需进一步完善；员工行为管理有效性亟待加强，案件风险防范需紧抓不懈；营业网点销售行为规范性有待提升；消费者权益保护工作仍需加强；部分创新型业务合规风险需持续关注。

四、监管工作情况

（一）大力推进普惠金融

以走访、调研、通报等方式，指导5家银行在分行层面设立普惠金融事业部，并将普惠金融专营服务渠道下伸，夯实普惠金融服务基础。通过监审联动、现场检查等方式深入了解部分银行线上小微贷款运作机制和存在的问题，推动5家银行加强普惠贷款风险管控，进一步完善线上普惠贷款系统。

（二）积极支持民营经济

召开民营企业座谈会，根据民营企业反馈的意见，推动相关银行为企业开通绿色通道，加快完成业务审批。支持部分银行与民营企业签署“总对总”服务协议，加大对民营企业资金需求的支持力度。针对个别银行向贷款客户转嫁成本问题，督导该行完成退费工作，有效降低企业融资成本。

（三）防范和化解重大金融风险

深入推进市场乱象整治监管检查、银行自查督导、整改问责等工作，深入查处一批违规问题。认真开展营业场所销售行为现场检查，向相关银行下发检查意见书。持续推进重点领域信用风险防控化解工作，加强网络供应链融资和异地贷款风险防控化解。认真开展案件处理和报送工作，对操作风险违规问题进行严肃处理。

（黄婕）

▲商业银行（二）其他商业银行

一、基本情况和重大变更事项

（一）基本情况

2018年末，中信银行总行营业部、中国民生银行北京分行、中国光大银行北京分行、华夏银行北京分行、招商银行北京分行、上海浦东发展银行北京分行、广发银行北京分行、兴业银行北京分行、平安银行北京分行、渤海银行北京分行、浙商银行北京分行、恒丰银行北京分行（以下简称12家银行）本外币资产总额46 637.84亿元，比上年增加1 753.50亿元，增长3.91%，其中，贷款余额16 205.77亿元，比上年增加1 620.49亿元，增长11.11%。负债总额46 009.24亿元，比上年增加1 790.08亿元，增长4.05%，其中，存款余额36 479.28亿元，比上年增加4 468.58亿元，增长13.96%。累计实现净利润554.57亿元。

截至年末，12家银行在京营业机构共计862家，比上年减少37家；从业人员共计24 495人，其中，高管人员227名。

（二）重大变更事项

刘红华任中信银行总行营业部总经理。

杨毓代为履行中国民生银行北京分行负责人职责。

曲亮任中国光大银行北京分行行长。

李大营任华夏银行北京分行行长。

徐红霞任广发银行北京分行行长。

鞠维萍任平安银行北京分行行长。

张荣森任浙商银行北京分行行长。

庄保太任恒丰银行北京分行行长。

二、金融产品创新和金融服务

（一）积极利用“互联网+”发展零售信贷业务

一是传统业务“上线”，提升服务效率。基于大数据和云计算打造移动端消费贷款产品，通过多种渠道实现贷款全流程线上办理，为客户提供高效便捷的服务。

二是实现数据共享，优化信贷管理。通过与税控服务行业领头公司合作，获得企业增值税开票数据，筛选优质企业；通过与保险公司专线对接，搭建业务平台，银保双方获客，担保方式由传统的房产抵押担保，变为保险公司提供的个人借款“保证保险+房产抵押”。

三是借力互联网平台，挖掘信贷资源。通过与互联网平台开展线上消费联合贷款业务，利用平台供应链信息推出个人经营类贷款等。

（二）积极探索构建“六大创新”科技金融服务模式

华夏银行北京分行中关村管理部积极探索基于互联网和大数据的银行服务方式，初步构建起以“六大创新”为核心的科技金融服务模式。

一是机构设置创新。参照二级分行管理，在人事任免、财务管理、项目审批方面给予充分授权，在行政运行和管理等方面给予大力保障。

二是客户定位创新。定位于为中关村“双创”战略实施提供服务的科技金融专营机构，服务客户重点面向中关村科技型、创新型、创业型企业和相关创业服务机构。

三是信贷管理创新。审批条线实施公司、中小、个人“三线合一”，华夏银行总部对中关村小企业信用贷款给予差异化的准入机制。

四是考核机制创新。实施差异化考核，简化考核指标，重点考核服务科技企业的数量和能力，并给予一定的不良贷款容忍度。

五是服务模式创新。通过采取平台化、网络化、综合化的服务模式，与中关村地区“天使”投资、担保机构等各类创业服务机构建立合作机制。

六是金融产品创新。立足科技企业“高风险、高收益”的发展特点和“短、小、急、频”的多元化融资需求特点，调整风险评价理念和风险管理方式，开展产品创新和服务模式创新，增强服务的针对性。

（三）积极提供文创产业金融支持，助力北京建设全国文化中心

华夏银行北京分行文创产业管理部自成立以来，深入探索“文化创意+金融创新”发展之路，针对文创企业投融资结合的特点，推出“文创贷”“文创融”“文创投”“文创贸”四大产品体系，发挥在专业绿色审批通道、专项风险资产额度、专营特色机构设置、专职文创专家团队方面的优势，创新产品和服务模式，切实为文创企业解决融资难题，推动文创类客户数量、贷款规模实现双增长。

（四）积极推进普惠金融发展，小微企业贷款较快增长

一是招商银行北京分行、中国光大银

行北京分行、平安银行北京分行、渤海银行北京分行、浙商银行北京分行设立普惠金融事业部，其余7家银行均在已有部门中组建了普惠金融业务团队。

二是发展供应链融资业务，助力普惠金融。平安银行北京分行以主流行业龙头企业为核心，批量拓展其上下游企业，围绕核心企业产业链、生态圈，深度挖掘业务潜力，为小微企业提供“一站式”综合金融解决方案。中国光大银行北京分行积极探索集团联动、投贷联动模式，利用集团全牌照优势、借力一级市场政策利好红利，以股权投资、上市保荐等增值服务为切入点，导入优质普惠客户。

三是为客户量身定制产品，提升服务有效性。中国光大银行北京分行为国家粮食局粮食交易协调中心会员企业量身制订《政策粮在线融资服务方案》，全面实现了线上化、自动化操作。平安银行北京分行针对农业重点行业、重点项目，给予“绿色审批通道”，建立有效沟通机制，为不同客户提供差异化金融服务，做到逐笔项目跟进、责任到人。

四是采用先进互联网技术，加强风险防控。招商银行北京分行引入大数据风险控制与风险量化模型应用，以“人机结合”方式建立了以数据驱动为主导的风险管理体系，优化审批运营模式，缩短审贷时间。上海浦东发展银行北京分行以数字化风险控制、场景化获客方式大力拓展小企业金融客户和普惠金融客户，提升普惠金融服务质效。

三、存在的问题和风险

资产质量存在下行空间，大型企业集团信用风险较为集中，小微企业信用风险可能持续暴露；案件及操作风险处置难度进一步加大，部分银行在改革过渡期内控管理压力加大；部分银行合规文化存在欠缺，发展转型过程中面临一定市场风险与合规风险。

四、监管工作情况

（一）加大风险监测及提示力度，着力推动重点领域风险防控

积极处置案件及重大风险事件，深入推进各项专项整治与检查工作，进一步深化整治银行业市场乱象；严抓机构风险防控主体责任，持续深化监审联动，稳妥办理信访投诉事项；及时通报核查发现的问题，加大督促整改力度。

（二）牢牢把握首都城市战略定位，全力提升金融服务质效

积极支持首都重大发展战略，贯彻落实中国银行保险监督管理委员会（以下简称中国银保监会）关于银行业服务实体经济的各项政策部署，服务京津冀协同发展战略，助力北京城市副中心建设、全国科技创新中心和文化中心建设；推进普惠金融和消费金融发展，提升小微企业、民营企业等薄弱领域金融服务质效；推动12家银行进一步优化网点布局、下沉业务重心，完善基层网点建设，提升柜面服务质量。

（三）持续加强监管能力建设，全面提升监管效能

搭建沟通平台，强化政策传导；落实简政放权，优化市场准入；加大走访力度，深入开展调查研究，引导12家银行顺应经济发展新常态，提升科技化、专业化、特色化服务水平。

（张宇凡　刘雅涵）

▲城市商业银行（一）北京银行

一、基本情况和重大变更事项

（一）基本情况

2018年末，北京银行资产总额25 414.03

亿元，比上年增长10.25%；负债总额23 496.57亿元，比上年增长10.26%；各项贷款余额12 220.82亿元，比上年增长16.50%；各项存款余额13 848.56亿元，比上年增长9.29%；实现利润197.32亿元，同比增长6.52%。

（二）重大变更事项

2018年末，北京银行设有一级分行14家，其中，异地一级分行11家，北京地区3家；二级分行已开业11家，北京银行南通分行获批筹建；分行级专营机构2家；支行617家，其中，北京地区支行（含总行营业部）267家；在中国香港和荷兰阿姆斯特丹设有代表处。从业人员有14 760人（含劳务派遣人员），比上年增加80人。

二、金融产品创新和金融服务

2018年，北京银行成立科技金融创新中心，发布支持前沿技术企业服务方案，推出“前沿科技贷”，优化高新技术企业金融服务。截至年末，北京银行科技型企业贷款余额1 453.70亿元，比年初增长23.17%，高于各项贷款平均水平。设立文化创客中心，发布IP产业链文化金融服务方案，推出“书香贷”等特色产品，助力首都文创产业优化升级。截至年末，北京银行文化金融贷款余额708.47亿元，比年初增长24.76%，高于各项贷款平均水平。支持民营企业发展，截至年末，北京银行投向私人控股企业的贷款余额为2 788.12亿元，占对公贷款总额的比重为32.42%，比年初增加434.50亿元，增长18.46%。

三、存在的问题和风险

存在公司治理仍需完善、信用风险防控持续承压、流动性风险管理有待提升、操作风险仍需警惕、信息科技风险不容忽视、声誉风险管理尚需加强、内控合规管理隐患突出等问题。

四、监管工作情况

（一）以股权管理为重点完善公司治理

督导北京银行加强党的领导，强化履职考核，完善制衡机制；加强股权质押管理和关联交易管理，依法限定相关股东权利；推进存量股东清理规范。推动完成异地非持牌机构清理规范工作，优化组织架构；不断增强公司治理有效性。

（二）以乱象整治为主线实施风险监管

开展同业投资、置换业务等重点业务风险整治，强化理财业务管理；开展横贯式流动性风险压力测试，强化理财业务流动性风险管理；严防案件及声誉风险，开展案防和员工行为管理专项审计；实施现场检查，对严重违法违规问题坚持“双罚”原则。

（三）紧抓风险防控取得积极进展

夯实资产分类真实性，完善存量风险处置方案，强化大额风险暴露管理，压实董事会主体责任。明确限额标准，落实联合授信监管要求。开展不良核销，全年核销金额较往年大幅增长。

（四）引导北京银行提升服务实体经济质效

支持北京银行围绕京津冀协同发展、北京城市副中心建设等国家战略，在轨道交通、场馆建设等重大项目工程方面加大信贷支持。合理规划网点布局和网点种类，加大科技文创等特色支行建设，打造特色专营组织，优化金融服务产品，提升专业化服务水平，助力首都经济高质量发展。截至年末，北京银行在科技文创、普惠小微等领域的贷款余额在北京地区均处首位。

（费大羽）

▲城市商业银行（二）其他城市商业银行

一、基本经营情况和重大变更事项

（一）基本情况

2018 年末，天津银行北京分行、大连银行北京分行、杭州银行北京分行、南京银行北京分行、盛京银行北京分行、上海银行北京分行、江苏银行北京分行、宁波银行北京分行、包商银行北京分行、锦州银行北京分行、厦门国际银行北京分行（以下简称 11 家城商行北京分行）资产总额 7 698.96 亿元，比年初下降 1.57%；其中，各项贷款余额 3 807.74 亿元，比年初增长 16.97%。负债总额 7 661.32 亿元，比年初增长 1.67%；其中，各项存款余额 6 949.12 亿元，比年初增长 8.09%。实现利润 24.7 亿元，比上年同期下降 21.34%。

截至年末，11 家城商行北京分行共有支行网点 398 家［以取得中国银行保险监督管理委员会北京监管局（以下简称北京银保监局）开业批复为口径，不含未持牌分行营业部］，从业人员 9 684 人（含派遣制员工）。

（二）重大经营变更事项

1. 机构发展情况

2018 年，11 家城商行北京分行共新设立 15 家支行，终止营业 1 家小微支行。

2. 高级管理人员变动情况

徐建华任南京银行北京分行行长。

阚天一任包商银行北京分行行长。

二、金融产品创新和金融服务

一是着力打造科技金融北京品牌。向北京市委、市政府专题报告科技金融服务创新情况，研究金融支持中小型民营科技企业发展问题并提出意见建议；联合市政府相关部门，组织科创企业座谈，深化风险补偿机制建设，推进科技金融专营组织落地，建立专门的客户评选和筛查机制。引导符合条件的机构完善制度流程，强化风险抵补，前移金融服务取得明显进展。

二是聚焦提升科技型民营企业金融服务水平。就首都支持科技型民营企业开展专题调研，提出推动构建金融服务科技型民营企业“六项保障”及“三项支持”建议；实地走访，现场向民营企业送出“政策服务包”。

三、存在的问题和风险

存在面临信用风险暴露较快、服务实体经济质效有待提升、部分业务合规风险较高、同业业务管理不到位、案件风险防控形势严峻、声誉风险防控难度加大、数据治理水平较低等风险和问题。

四、监管工作情况

一是以整治市场乱象为主线实施风险监管。着力健全 11 家城商行北京分行市场乱象整治及风险防控工作机制，每季度召开风险防控专题会议，及时下发监管提示。

二是紧抓重大风险防控处置。指导 11 家城商行北京分行强化大额风险暴露管理，推动年末逾期 90 天及以上贷款与不良贷款之比降至 100% 以下，对高风险机构采取市场准入等差异化监管措施，积极稳妥化解风险。

（丁文天）

▲农村商业银行—北京农商银行

一、基本情况和重大变更事项

（一）基本情况

2018 年末，北京农商银行资产总额 8 813.22亿元，比年初增加 648.52 亿元，增长 7.94%；负债总额 8 299.52 亿元，比年初增加 584.38 亿元，增长 7.57%。各项贷款余额 3 156.89 亿元，比年初增加 425.83 亿元，增长 15.59%。不良贷款余额 11.22 亿元，比年初减少 3.85 亿元；不良贷款率 0.36%，比年初下降 0.20 个百分点。实现净利润 72.51 亿元，同比增加 8.33 亿元；资产利润率 0.85%，同比上升 0.02 个百分点；资本利润率 15.06%，同比下降 0.08 个百分点，成本收入比 33.75%，同比下降 3.82 个百分点。

截至年末，北京农商银行共有分支机构 673 家（临时停业 187 家），其中，支行 224 家（管辖支行 23 家），分理处 448 家；总行级高级管理人员 10 人，支行级高级管理人员 23 人（其中 2 人代为履职），总行各部门主要负责人 36 人。

（二）重大变更事项

1. 主要人事变动情况

2018 年 12 月，北京农商银行新任监事长到任履职，新任行长获得监管部门的任职资格核准并正式履职。新任行长、监事长均为该行原任副行长。

2. 股权变动情况

2018 年，北京农商银行前两大股东将部分股权转让给北京首农食品集团有限公司等 6 家企业，北京首农食品集团有限公司成为北京农商银行第三大股东。

二、金融产品创新和金融服务

（一）下沉服务网络，扩大农村金融服务覆盖面

加强农村地区金融基础设施建设，设立营业网点 302 家，布放自助机具 3 700 台、便捷式支付设备超过 4 万台，占营业网点和自助机具总数的 62%。以乡村便利店、乡村自助店、助农取款服务点等为抓手，延伸金融服务辐射的广度和深度。截至年末，北京农商银行“两店一点”总数 1 187 家。

（二）降低信贷成本，助力小微及民营经济发展

推出支持民营和小微企业金融服务 22 条工作措施，设立普惠金融部，推进独立核算体系和专营团队建设。截至年末，小微企业贷款（全口径）户数占法人有贷户的比重为 62%，民营企业贷款户数占对公法人有贷户的比重超过 50%，新发生小微企业贷加权平均利率下降 0.51 个百分点，普惠型小微企业贷款完成“两增两控”目标任务。累计为小微企业减免利息近 3 亿元，推出包含小微企业在内的各类费用优惠减免项目 108 个，着力为小微企业提供优质便捷的金融服务。

（三）不忘“三农”初心，服务乡村振兴战略

打造“凤凰乡村游”服务品牌，为种养农户、旅游商户构建一体化金融服务体系，全年实现消费额 157 亿元。与延庆区珍珠泉乡庙梁村开展“一企一村”结对帮扶，采取金融服务进乡村、农产品种植拓销路等系列措施，帮助该村 21 户低收入农户脱低、6 名低收入劳动力就业、销售农产品 30 余万元。开展信用乡镇、信用村、信用户创建活动，共完成 12 个乡镇、284 个村、15.28 万户农户的信用评定，推进专业合作社信用评价体系建设，布放征信自助查询机，宣传强化诚信守信意识，改善农村信用环境。

（四）落实重大发展战略，服务首都经济发展

围绕京津冀地区基础设施、生态环境、公共服务、产业升级等重点领域，截至年末，累计支持京津冀协同发展项目

80 余个。聚焦北京新版城市规划落地，主动对接北京城市副中心、冬季奥林匹克运动会、北京大兴国际机场等重大工程和项目，支持首都“疏解整治促提升”，累计为 56 个棚户区改造项目提供授信 108.11 亿元。成立文创金融服务中心及特色支行、特色网点，大力发展文化金融，截至年末，文化创意贷款余额 73.31 亿元。

（五）创新金融产品，探索新型支农业务模式

紧跟“三块地”改革，研究推出集体土地租赁住房贷款、抵押贷款等产品，推进集体经营性建设用地入市、集体资产经营权质押等业务。截至年末，累计为大兴区 7 个集体经营性建设用地入市项目提供融资 42.6 亿元。

三、存在的问题和风险

公司治理水平须持续提高；个别授信及贷款集中度指标有所上升，信贷“三查”违规问题及个别信贷管理漏洞须尽快整改补足，户均贷款余额偏高，潜在信用风险不容忽视；流动性缺口有所放大，个别流动性风险指标承压；部分网点及岗位轮岗力度有待提高，营业场所营销管理仍需完善，网点安保安防措施尚需加强；需进一步全方位提升信息科技风险管理水平。

四、监管工作情况

（一）夯实公司治理基础

指导北京农商银行扎实开展“强化公司治理年”，夯实股东股权管理基础，修订公司章程，落实股权管理暂行办法要求，集中力量治理股权的重大风险隐患，瞄准农商行战略定位，为高质量发展奠定基础。

（二）引领回归经营本源

以资产流动性高、负债稳定性强、对同业资金依赖程度低为总体目标，通过监管质询、监管会谈、下发监管意见等方式，引导北京农商银行将经营重心回归各类传统资产负债业务。

（三）着力防范风险

督促北京农商银行加强信用风险防控，提升资产质量，加大不良资产处置力度，保持案控高压态势，加强员工行为管理，防范操作风险。构建差异化流动性风险监测指标体系，做好流动性风险日常监测。以完善风控体系为工作抓手，优化农商行分层监测预警监管指标体系，细化全面风险管理机制。

（四）提升服务实体经济能力

督导北京农商银行立足“三农”定位，紧跟北京市农村土地改革进程，深挖现代都市型农业发展需要，加大产品研发，加快支农支小贷款发放，促进普惠型涉农及普惠型小微企业贷款价优量升。

（刘娜）

▲村镇银行

一、基本情况和重大变更事项

（一）基本情况

2018 年末，北京延庆村镇银行、北京密云汇丰村镇银行、北京怀柔融兴村镇银行、北京大兴九银村镇银行、北京昌平包商村镇银行、北京大兴华夏村镇银行、北京顺义银座村镇银行、北京通州中银富登村镇银行、北京门头沟珠江村镇银行、北京房山沪农商村镇银行和北京平谷新华村镇银行（以下简称 11 家村镇银行）资产总额 244.04 亿元，负债总额 219.24 亿元，所有者权益 24.8 亿元，各项存款余额 204.37 亿元，各项贷款余额 112.03 亿元，实现营业收入合计 13.16 亿元，实现净利润 3.21 亿元。

（二）重大变更事项

1. 机构发展情况

2018年末，北京地区11家村镇银行共有38家营业网点，比上年减少1家；在册员工790人，比上年增加23人。

2. 主要人事变更情况

2018年3月，北京通州中银富登村镇银行新任董事长马超阳任职资格获得核准。

2018年5月，北京密云汇丰村镇银行新任行长唐雅静、北京顺义银座村镇银行新任行长杨灵国任职资格获得核准。

2018年8月，北京门头沟珠江村镇银行新任行长谢刚、北京通州中银富登村镇银行新任行长陶旭东任职资格获得核准。

2018年12月，北京怀柔融兴村镇银行新任行长戚宇任职资格获得核准。

此外，部分村镇银行的副行长、行长助理和董事的任职资格也获得核准，正式开始履职。

二、金融产品创新和金融服务

（一）优化业务结构，提升服务实体经济质效

2018年，11家村镇银行持续压缩同业资产规模，加大贷款投放力度，进一步提升支农、支小服务水平。截至年末，各项贷款占资产的比重较年初提高3.34个百分点，其中，农户和小微企业贷款余额较上年增长8.78%，占各项贷款余额的85.06%。户均贷款余额较上年减少5.78万元，大额贷款占比较上年下降3.00个百分点，100万元以下贷款占比提升1.38个百分点。

（二）推动产品创新落地，不断提高金融服务能力

11家村镇银行以创新为引领，大力推动“光伏贷”“两权”抵押贷款、“新农贷”等产品落地，切实提升金融服务能力。“光伏贷”按照“农户立项＋政府补贴＋银行贷款＋企业担保＋公司运营”的业务合作模式运作，助力绿色环保，帮助低收入农户节支增收。截至年末，累计向郊区农户发放“光伏贷”515户、540笔，贷款余额1 774.82万元。

（三）加强科技系统建设应用，持续完善金融服务工具

11家村镇银行加大在科技系统方面的投入，通过完善金融服务工具，进一步提高金融服务的便捷性。北京顺义银座村镇银行等为营销人员配备平板电脑，走出营业场所、深入乡镇基层，客户足不出户即可办理银行业务。北京大兴华夏村镇银行开通“云闪付”无卡支付功能，满足客户对银行卡第三方支付业务的需求。北京密云汇丰村镇银行开通微信转账功能，进一步完善电子银行渠道。

三、存在的问题和风险

股东股权管理存在漏洞，公司治理机制仍需筑牢；发展战略偏离市场定位，业务结构仍需调整；贷款风险分类基础不牢，信用风险仍需严防；内控管理基础薄弱，合规经营意识仍需强化；经营发展有两极分化趋势，发展瓶颈问题日益突出。

四、监管工作情况

（一）深入推进市场乱象整治，提升合规管理水平

督导11家村镇银行落实市场乱象整治工作要求，推进市场乱象整治工作的开展；加大行政处罚力度，严肃惩处违法违规行为；有效落实问题整改，巩固整治成效。

（二）加强股东股权监管，完善公司治理机制

开展股东股权专项治理，规范股权管

理；开展主发起行履职评价，引导主发起行有效履职；推进投资管理型村镇银行试点工作；加强高级管理人员的准入管理；引导11家村镇银行完善绩效考核制度；督导11家村镇银行完善公司治理运行机制。

（三）强化重点风险盯防，严把风险防控底线

狠抓不良贷款化解，严密防控信用风险。加强重点业务风险防控，要求11家村镇银行严格落实关于同业、票据、委托贷款等业务的相关监管要求；完善差异化风险监测体系，持续防控流动性风险；查堵案防漏洞，严防操作风险；开展理财销售行为现场检查，督导11家村镇银行完善理财销售管理制度，规范理财销售行为。

（四）强化政策引领，推动提升服务实体经济能力

细化政策落实，传达监管政策导向；加强利润分配监管，夯实资本实力；引导11家村镇银行优化网点布局，持续下沉服务重心；加大对小微、民营企业的信贷支持力度，持续减费让利，降低企业融资成本。

（五）做实重点监管工作，提升监管质效

现场开展监管评级，强化监管评级结果的科学运用；做好监管直接联系点工作，强化属地监管职责；强化日常风险监测预警与分析研判；完善现场检查项目全流程管理，促进检查信息的共享和应用。

（朱俊尧）

▲邮政储蓄银行

一、基本情况和重大变更事项

（一）基本情况

2018年末，中国邮政储蓄银行北京分行总资产3 327.98亿元，比上年下降15.09%；总负债3 244.01亿元，比上年下降16.09%。其中，各项贷款余额1 582.32亿元，比上年增长16.7%；各项存款余额2 460.79亿元，比上年增长10.89%。所有者权益83.97亿元，比上年增长57.51%；实现税后利润35.13亿元，同比增长28.39%。

截至年末，中国邮政储蓄银行北京分行所辖支行及代理网点573个，其中，银行自营网点138个，邮政代理营业机构435个；员工共计3 276人，比年初增加15人。

（二）重大变更事项

1. 机构变更情况

2018年5月，中国邮政储蓄银行北京分行变更办公地址，由北京市朝阳区光华路50号变更为北京市丰台区北甲地路2号院6甲1。

2018年6月，中国邮政储蓄银行北京分行设立“三农”金融部，完成零售信贷、小企业金融、公司金融等各业务条线涉农信贷业务归并划转，初步构建了覆盖涉农龙头企业经营、农村合作社农户生产、农民个人消费等环节完整的金融服务体系。

2. 业务开办情况

2018年，中国邮政储蓄银行北京分行新增“小企业燃气贷”“小企业供热贷”“小企业无还本续贷”等贷款品种，停办了电视银行业务。

二、金融产品创新和金融服务

积极服务京津冀协同发展国家战略和“一带一路”倡议实施，重点支持北京城市副中心、京津冀交通基础设施、产业转型升级和节能环保等领域建设，拓展中资企业跨境专项贷款、“一带一路”沿线主

权贷款业务。加大对新一代信息科技产业、高端装备与新材料产业和生物产业等高科技行业的信贷投放力度。启动绿色银行三年发展规划，实施环保标准“一票否决”制，重点支持绿色、低碳、循环经济发展。制订支持民营及小微企业发展指导意见，开展无还本续贷业务，强化银税信息共享互动、拓宽抵质押品范围，探索创新热力、燃气等民生资源类贷款。组合短期流动资金贷款、票据、贸易融资产品，提供上下游企业供应链一揽子融资融智金融服务。深化银政、银保、银担合作，推广小额涉农贷款财政贴息模式，做优做强“美丽乡村”贷款业务，助推农村新产业、新业态发展，探索开展异地精准扶贫。关注普惠型业务发展和银发客群需求，代发养老金份额占比近50%，并与北京市社会保险基金管理中心合作开展多项惠民服务。努力探索智能化网点和线上交易渠道建设，建成系统首家“无人银行创新实验室”，持续免收多项服务费，不断提升基础金融服务的普惠性和便捷性。

三、存在的问题和风险

在信贷风险管控、消费者权益保护、内控合规机制建设、代理营业机构管理等方面仍需进一步强化。

四、监管工作情况

（一）加大信用风险管控力度

督导中国邮政储蓄银行北京分行找准自身业务经营和资产结构面临的重大风险点和薄弱环节，严格开展贷款“三查”，加大对重点业务和行业领域的信用风险排查力度；加强线上渠道资金流向监测和相关风险管控；密切跟进信用风险演化，严格贷款分类，积极运用多种渠道和方式处置风险。

（二）努力提升内控管理水平

督导中国邮政储蓄银行北京分行切实履行风险防控主体责任，认真落实市场乱象整治工作部署；加强依法合规经营理念，建立健全内控管理机制，提升风险防控、合规管理的有效性；持续提升内部检查质效，充分揭示机制建设、制度流程和业务管理等深层次问题，反思问题成因、细化整改要点、严格评价标准，强化责任落实，提高查弊纠偏内控工作质效。

（三）持续完善代理营业机构管理

督导中国邮政储蓄银行北京分行切实承担对代理营业机构的业务指导、监督、考核和问责责任，推动代理营业网点管理体制建设，将《中国邮政储蓄银行代理营业机构管理办法（修订）》中各项要求落实到位。

（四）不断夯实运营综合保障基础

督导中国邮政储蓄银行北京分行强化会计稽核纸质和电子档案管理，加大科技研发能力建设，提升自主解决各项业务系统缺陷能力，增强业务精细化管理的系统支撑；全面系统开展岗位规范和业务流程教育，增强员工合规操作意识和诚实守信职业操守。

（五）着力提升服务实体经济质效

督导中国邮政储蓄银行北京分行围绕自身职能、市场定位，支持北京地区供给侧结构性改革。积极服务国家战略和首都重点工程建设，加大对产业转型升级和战略性新兴产业的金融支持，落实国家各项减免费政策，降低企业融资成本；践行绿色信贷，助力首都打好污染防治攻坚战；围绕乡村振兴战略，探索开展适合北京都市“三农”特征的金融产品服务；优化小微企业信贷结构，努力实现小微企业“两增两控”监管目标；进一步推动网点功能转型升级，切实提升远郊区乡镇和城市社区居民服务体验满意度。

（六）继续做好消费者权益保护工作

督导中国邮政储蓄银行北京分行持续开展消费者权益保护工作体制机制建设，确保消保工作始终贯穿经营管理各环节，实现事前、事中、事后全过程管控；切实落实预防为先理念，杜绝不当销售等侵害消费者合法权益的行为；进一步完善产品信息查询平台建设，提升信息公开披露工作水平。

（刘来成）

▲外资银行

一、基本情况和重大变更事项

（一）基本情况

1. 机构设置及人员情况

2018 年末，北京辖内共有外资银行营业性机构 116 家，比年初减少 6 家。其中，外资法人银行 9 家；外资法人银行分行 29 家；外国银行分行 17 家；支行 61 家，比年初减少 6 家。代表处 61 家，比年初减少 3 家。外资银行营业性机构从业人员 5 571 人，外国银行代表处共有正式员工 167 人。

2. 行业发展概况及特点

（1）资产规模和各项贷款同比增速由正转负，人民币贷款及中长期贷款稳步增长。

2018 年末，辖内外资银行总资产 5 843.97亿元，同比下降 1.31%。各项贷款余额 2 135.91 亿元，同比下降 1.4%；其中，人民币贷款近三年持续增长，年末余额 1 917.27 亿元，占各项贷款的比例由 2015 年末的 79.95% 升至 89.76%。从期限来看，中长期贷款占比近三年持续提升，年末余额 864.4 亿元，占各项贷款的比例达到 40.47%，比 2015 年末上升 4 个百分点。

（2）各项存款在连续两年增长后开始下降，个人存款增长。

2018 年末，辖内外资银行各项存款余额 3 821.91 亿元，同比下降 6.25%，由年初占负债总额的 78.37% 降至 75.67%，余额和占比均在连续两年提升后开始下降。从存款主体来看，个人存款余额及占比继续保持增长，年末余额和增速分别为 487.11 亿元和 13.29%，单位存款余额则有所下降。

（3）金融衍生品促进表外业务规模大幅增长，现金管理项下委托贷款稳步增长。

2018 年末，辖内外资银行表外业务总体规模 2.47 万亿元，同比增长 32.08%。金融衍生品余额 1.80 万亿元，占表外业务总额的 72.83%，同比增长 46.20%。金融资产服务类（不含代理代销业务）余额 4 015.96 亿元，同比增长 5.21%，其中，现金管理项下委托贷款增长较为明显，年末余额 2 434.1 亿元，同比增长 17.73%。承诺类和担保类业务年末余额近两年基本稳定。

（4）净利润继续大幅增长，盈利水平持续提升。

2018 年，辖内外资银行实现净利润 65.24 亿元，同比增加 19.75 亿元，增长 43.42%，远高于上年同期 23.20% 的增速，其中，利息净收入同比增加 19.18 亿元，增长 21.29%。

（二）重大变更事项

1. 机构变更情况

2018 年，北京辖内外资法人银行支行新设 1 家，关闭 7 家；外国银行代表处关闭 3 家。

2. 人事变更情况

2018年，北京辖内外资银行经核准或初审转报中国银保监会高管任职资格共67人。其中，总行级董事长、副董事长4人，行长、副行长5人，董事9人，行长助理1人，董事会秘书3人，首席风险官1人，首席技术官1人，首席财务官2人；分行级行长、副行长27人；外国银行代表处首席代表9人；合规负责人4人；内审负责人1人。报告类高级管理人员任职资格共10人。其中，分行级行长、副行长7人，合规负责人2人，外国银行代表处首席代表1人。

二、金融产品创新和金融服务

（一）持续通过科技手段创新金融服务

辖内部分外资银行加大信息科技经费投入，开拓科技金融产品。摩根大通银行（中国）完成人民币跨境支付系统（CIPS2.0）升级，友利银行（中国）正式推出手机银行、直销银行业务，花旗银行（中国）正式推出可在银行服务的自然对话过程中验证呼叫者身份的声纹验证服务；星展银行（中国）结合区块链技术，提升汽车行业供应链金融服务，将全球支付创新服务（SWIFT GPI）导入企业网银平台，为跨境汇款客户提供即时追踪服务；多家外资银行接入网联清算平台，满足客户使用第三方支付机构进行收款的需求。

（二）为“走出去”企业提供全球化服务

辖内外资银行充分利用其网络优势，积极整合与布局“一带一路”沿线相关区域资源与合作。花旗银行（中国）母行在“一带一路”沿线60个国家布局，为客户提供全方位支持，并于2018年在全球重点市场举办十多场“一带一路”业务研讨会。新韩银行（中国）推出企业网银即期结汇业务、短期出口信用保险项下融资业务，为客户进出口融资提供更多服务。

（三）发挥国际化优势参与并助力中国金融领域进一步对外开放

辖内外资银行发挥其在国际化及其全球网络的经营优势，积极参与中国金融领域进一步对外开放。摩根大通银行（中国）成为债券通业务合格债券市场做市商，完成首笔债券通渠道交易业务，并与20多家境外央行等境外机构投资者开展债券交易；开展债券结算代理业务，为客户进入银行间债券市场投资进行备案。花旗银行（中国）为中资企业在境外资本市场融资提供服务，全年实现融资超过100亿美元。

（四）利用业务优势为企业和个人提供丰富的理财及风险管理产品

辖内外资银行利用其在衍生产品方面的业务优势，不断开发新产品，满足消费者的不同需求。瑞士银行（中国）推出“首席投资总监办公室（CIO）专家一对一面谈”及“首席投资总监办公室研究报告共享”服务，为中国内地高净值客户提供丰富的财富规划及保险保障产品。汇丰银行（中国）推出卓越理财“家庭金融服务”，满足客户可与其配偶、子女或父母共同成为卓越理财客户享受服务。花旗银行北京分行推出双币种贷款业务，给客户更优惠的贷款利率或可以选择不同还款币种的灵活性。多家外资银行新开发了结构性存款、结构性票据、收益联结型理财产品、期权类衍生产品、开放式理财产品等。

（五）创新消费贷款等产品，满足居民生活需求

辖内多家外资银行加强消费贷款和留

学、移民等金融产品创新。友利银行（中国）推出友安个人经营性贷款，以保险公司个人借款保证保险保单或个人借款保证保险保单加不动产为担保，向符合条件的小微企业主、个体工商户发放用于支持其合法生产经营活动的贷款。新韩银行（中国）推出无追索权银行承兑汇票贴现、安邦保险保险单保证项下个人购车贷款、安诚保险项下个人停车位贷款、京东金条平台贷款等业务和产品，丰富增值服务内容。

三、存在的问题和风险

信用风险防控压力不减，展期贷款的分类准确性及关注类贷款下行风险需要关注；未来人民币对美元汇率双向波动对辖内外资银行的影响不容忽视；部分外资法人银行单位存款下降明显，存款稳定性需要关注；高级管理人员不稳定给分支机构管控带来挑战，操作风险管控压力依然存在。

四、监管工作情况

（一）促开放，积极助力实体经济提质增效

一是着力推进重点机构准入。详细辅导5家外国银行在京拟设机构事项，对多家外资银行拟设外商独资银行或外国银行代表处事项加强主动对接辅导。

二是推动解决机构发展制约因素。对辖内外资法人银行下调贷款损失准备，推动辖内21家外资银行开展48项新业务，在审慎监管的前提下推动对部分影响外资银行发展的监管指标实施差异化监测。

三是积极配合市政府相关部门推动银行业对外开放。牵头银行业对外开放工作，做好与市政府、北京市商务局、北京市地方金融监督管理局等政府部门的汇报沟通；参加市政府专题会议、金融专班会议、开放政策研讨会，并向相关部门反馈复函及材料；协调原中国保险监督管理委员会北京监管局等单位，并向中国银保监会汇报沟通，争取相关政策支持。

（二）控风险，持续推动整治银行业市场乱象

一是坚持监管问责“长牙齿”。全年，对个别外资银行流动资金贷款业务违规、监管数据多次错报、捆绑销售违规行为等问题实施行政处罚或采取特殊监管措施，并要求辖内外资银行对自查及监管检查发现问题的相关责任人进行内部问责。

二是采取多种措施推动乱象整治工作。全年督查走访30多家外资银行，推动风险和问题即查即改；根据日常监管有针对性地对2家外资法人银行、2家分行开展乱象现场检查及督导。

（三）管机构，切实履行机构风险防控主体责任

一是统筹开展常规监管与重点机构监管。加强与多家重点机构法人及母行高管的沟通，督促其加强公司治理；监管约谈新韩银行（中国），通报监管报表、案件及操作风险管控问题，切实督促其整改。

二是督导机构加强风险分析研判及应对。关注中美贸易摩擦对辖内外资银行的影响，督促机构加强分析研判，做好应对；开展对辖内外资银行的流动性风险管理调研，分析存在的问题并提出监管思路；督导辖内外资银行及时采取必要的处置措施，妥善化解不良风险。

三是保持国际监管视野。及时了解各外资银行母行及国际监管最新动态，派员参加中国银保监会国际部与外国银行监管单位的定期磋商会谈、多家银行国际监管联席会。关注国外监管机构最新动态和外资银行对中国经济的最新评论，编译多篇相关信息。

（徐杰）

▲金融资产管理公司

一、基本情况和重大变更事项

2018年末，中国华融资产管理公司北京市分公司、中国长城资产管理公司北京市分公司、中国东方资产管理公司北京市分公司、中国信达资产管理公司北京市分公司总资产和商业化资产分别为1 039.71亿元和1 003.54亿元，同比分别增长10.84%和10.23%；实现商业化利润39.26亿元，同比减少2.36%。全年新发生商业化项目36个，余额278.26亿元，其中，收购类和投资类占比分别为97.49%和2.51%。

二、存在的风险和问题

信用风险管控压力较大，资产风险分类机制有待完善，个别机构功能定位和发展战略未能有效聚焦主业。

三、监管工作情况

一是加强金融资产管理公司风险监测，督导各公司稳健经营，防范化解重大风险。

二是及时监测辖内资产管理公司舆情，指导各公司做好舆情应对准备。

（黄符俊）

▲信托、财务、汽车金融、金融租赁、消费金融、货币经纪公司

一、基本情况和重大变更事项

1. 信托公司

2018年末，辖内12家信托公司固有资产1 429.44亿元，比上年增加141.39亿元，增长10.98%；固有负债256.45亿元，比上年增加15.75亿元，增长6.54%；所有者权益1 172.99亿元，比上年增加125.64亿元，增长12.00%；累计实现净利润127.53亿元，比上年减少6.15亿元，下降4.60%。

2. 财务公司

2018年末，辖内73家法人企业集团财务公司表内资产总额33 413.55亿元，同比增加2 455.08亿元，增长7.93%；负债总额28 771.79亿元，同比增加2 033.7亿元，增长7.61%；所有者权益合计4 641.76亿元，同比增加421.38亿元，增长9.98%；累计实现净利润411.28亿元，比上年增加42.83亿元，增长11.62%。

3. 汽车金融公司

2018年末，辖内7家汽车金融公司资产总额3 468.53亿元，同比增加308.99亿元，增长9.78%；负债总额2 885.38亿元，同比增加202.33亿元，增长7.54%；所有者权益合计583.15亿元，同比增加106.66亿元，增长22.38%；累计实现净利润58.75亿元，比上年减少9.30亿元，下降13.67%。

4. 金融租赁公司

2018年末，辖内3家金融租赁公司资产总额2 566.87亿元，同比增加243.80亿元，增长10.50%；负债总额2 289.76亿元，同比增加223.72亿元，增长10.83%；所有者权益合计277.12亿元，同比增加20.18亿元，增长7.85%；累计实现净利润22.83亿元，比上年增加1.23亿元，增长5.70%。

5. 消费金融公司

2018年末，北银消费金融公司资产总额39.87亿元，同比减少7.22亿元，下降15.33%；负债总额32.15亿元，同比减少6.72亿元，下降17.29%；所有者权益合计7.72亿元，同比减少0.50亿元，下降6.05%；累计实现净利润0.33亿元，比上年增加0.21亿元，增长169.66%。

6. 货币经纪公司

2018 年末，中诚宝捷思货币经纪有限公司资产总额 3.46 亿元，同比增加 0.63 亿元，增长 22.27%；负债总额 1.65 亿元，同比增加 0.30 亿元，增长 18.64%；所有者权益合计 1.81 亿元，同比增加 0.37 亿元，增长 25.77%；累计实现净利润 0.94 亿元，比上年增加 0.27 亿元，增长 40.24%。

二、金融产品创新和金融服务

（一）大力推进慈善信托业务，助力小微金融发展

2018 年，中诚信托有限责任公司采用与阿拉善生态基金会共同受托模式，在内蒙古自治区备案成立首单慈善信托，信托本金及收益全部用于支持中国生态环境保护相关事业。国投泰康信托有限公司面向小微企业主及个体工商户，发起设立两期集合资金信托计划，资金均用于向个人发放抵押借款，继而用于与其相关的小微企业或个体工商户的日常生产经营活动。

（二）稳步开展延伸产业链金融服务，不断提升服务实体经济能力

辖内财务公司积极开展延伸产业链金融服务试点业务，认真落实国家对中小微企业的扶持政策，扩大企业集团资金池运营渠道，促进财务公司在支持集团主业发展、有效服务实体经济方面发挥重要作用。

（三）积极拓宽融资渠道，支持个人汽车消费升级

辖内汽车金融公司针对资产负债期限结构严重错配、中长期资金不足的问题，通过补充资本、发行金融债、资产证券化等方式增强金融服务能力，助力释放汽车消费潜力。

三、存在的问题和风险

信托公司信访投诉数量较上年有所增加，反映出信托公司经营管理中存在不规范的情况；财务公司的公司治理机制及内控体系建设有待加强；汽车金融公司的信用风险值得关注，合规意识有待提升；金融租赁公司的资金来源与运用的期限错配及融资渠道较为单一，流动性风险值得关注；消费金融公司个别业务存在较高风险隐患，合作机构管理难度加大；货币经纪公司交易信息系统功能有待完善，存在一定的操作风险隐患。

四、监管工作情况

（一）信托公司

一是规范信托公司通道业务，加强日常监管，督促各公司落实合规管理主体责任。

二是督促信托公司落实资管新规要求和股权管理规定。

三是进一步加强房地产信托业务风险防控。

（二）其他非银行机构

一是积极支持新设财务公司，批准三家公司开业，支持辖内机构增加资本金、扩大业务范围，配合国有企业改革做好财务公司重组整合工作。

二是开展年度监管评级，及时向辖内机构董事会和高级管理层通报评级结果、主要风险和问题，提出整改要求。

三是引导辖内机构回归主业，提升服务实体经济质效。

四是加大现场检查力度，督促持续推进整改。

（姬晓爽　黄雨　李瑞　张仁骞
高千鹤　曹媛　胡璇）

证券业发展与监管

▲证券公司

一、行业发展概况

2018年，北京辖区证券市场保持稳健发展态势，实现安全平稳运行。截至年末，北京辖区18家证券公司平均流动性覆盖率为397.79%，净稳定资金比率为168.72%，风险覆盖率为239.94%，资本杠杆率为24.39%，各证券公司主要监管指标均符合要求。

2018年，北京辖区18家证券公司累计营业收入378.63亿元，比上年减少63.59亿元，下降14.38%；累计净利润91.94亿元，比上年减少51.47亿元，下降35.89%。

2018年，北京辖区正式开业的证券营业部有539家、证券分公司91家，从业人员有10 394人，资金账户开户数为1 282.81万户，累计收入74.09亿元，累计净利润11.36亿元。

2018年，在中国证券监督管理委员会（以下简称中国证监会）证券公司分类评价中，北京辖区13家公司参评（另外5家公司同母公司合并评价）。其中，3家公司被评为A类AA级，3家公司被评为A类A级，5家公司被评为B类BBB级，1家公司被评为B类BB级，1家公司被评为C类C级。

二、金融产品创新和金融服务

2018年，北京证券业通过首次公开募股（IPO）、发行债券、财务顾问、“新三板”挂牌、资产证券化（ABS）等业务为企业融资超过17 787亿元，进一步推动了实体经济的发展。

2018年，北京辖区证券公司积极参与化解上市公司股票质押风险、支持民营企业发展。已募集到位基金20亿元，发行纾困专项债18亿元，2家公司已签署协议承诺出资40亿元自有资金参与中国证券业协会牵头的系列专项支持资产管理计划；其他用于支持股票质押纾困的基金正在募集，数百亿元纾困专项债项目已经启动。

2018年，北京辖区证券公司与38个国家级贫困县签署了结对帮扶合作协议，开展扶贫项目119个，投入扶贫资金突破77.20亿元；通过设立公益基金会、教育扶贫、消费扶贫等方式，对贫困地区公益性扶贫捐助金额超过7 593.97万元。帮助贫困地区企业通过上市、“新三板”挂牌、定向增发、债券承销等方式，在资本市场融资超过221.97亿元。各公司还通过举办培训、干部驻派、培训交流、爱心支教、录用建档立卡贫困毕业生等形式支持扶贫事业。

三、监管工作情况

2018年，中国证券监督管理委员会北京监管局（以下简称北京证监局）按照“依法监管、从严监管、全面监管”的基本原则，贯彻落实中国证监会和局党委部署和要求，持续完善风险监测防控机制，组织辖区证券公司全面摸排风险底数，稳妥化解处置主体风险，强化业务条线风险排查和处理，推动风控合规体系建设，依法全面从严开展日常监管，深化投资者保护工作，积极推进金融业对外开放和服务实体经济，切实做好维稳工作。

（邵健）

▲基金管理公司

一、基本情况

2018年末，北京辖区共有基金管理公司32家（在北京注册的有19家），获批开展公募业务的资产管理机构5家，基金专户子公司18家，基金销售类子公司4家，分公司65家，理财中心11家，基金销售机构99家（商业银行29家、外资银行10家、证券公司14家、期货公司3家、保险机构5家、证券投资咨询机构3家、独立销售机构35家）。基金托管机构15家（商业银行10家、证券公司3家、其他机构2家），资产类外资代表处16家。

北京辖区基金管理公司中，有5家公司具有社保业务资格，4家公司具有企业年金业务资格，32家公司具有专户业务资格，7家公司具有合格境内机构投资者（QDII）业务资格，18家公司成立了专户子公司。有11家合资基金管理公司（北京注册8家），7家公司在中国香港设立子公司。

2018年末，北京辖区基金管理公司从业人员共计6 434人。其中，基金经理486人，投资经理294人。

2018年末，北京辖区已登记私募基金管理人4 356家，已备案私募基金13 561只，管理基金规模2.99万亿元，私募基金管理人员工总人数4.83万人，与上年同期相比，分别增长6.04%、8.64%、15.00%和1.90%。

二、存在的问题和风险

（一）核心竞争力有待进一步提高

资管新规下，银行公募理财产品和理财子公司逐步落地，投资者有了更广泛的投资渠道，基金管理公司面临更大的竞争压力，亟须提高核心竞争力，在产品和服务方面进行差异化竞争。

（二）人员激励机制有待进一步完善

基金管理公司人员变动较为频繁，各层级均有不同程度的人才流失。部分基金管理公司未建立良好的长效激励约束机制和有效的人才培养机制，不利于其长远发展。

（三）私募机构两极分化严重

基金管理规模呈现两极分化，即1%的机构管理着超过50%的资金，不足10%的机构管理着接近90%的资金；规范运作水平、机构经营状况呈现两极分化。

（四）私募机构异地经营情况显著

私募机构注册地与办公地分离情况突出，给辖区私募基金监管工作造成了较大压力。2018年末，注册地在北京但异地办公的私募基金管理人有261家，涉及私募基金产品550只，管理规模303.24亿元；办公地在北京但异地注册的私募基金管理人有1 664家，管理基金5 937只，管理基金规模1.91万亿元。

（五）私募基金行业风险高企

以私募基金名义从事非法集资，违法犯罪风险突出；集团化运作导致业务交叉，利益冲突风险突出；从事短募长投、期限错配、分离定价的资金池业务，流动性风险突出；投资失败导致巨额亏损，兑付风险突出；高比例投资非标资产，信用风险突出。

三、监管工作情况

（一）多措并举，做好现场、非现场监管

对存在集团化跨辖区、管理非标准化债权资产、收到问题风险线索等情况的

60家私募机构进行专项检查，涉及私募基金540只，规模3 300.19亿元。通过整合风险台账、子公司风控指标季报、监管季报等9类定期分析报告，形成非现场监管信息来源综合体系，提升风险预判能力和全局掌控能力。以搜索技术为依托对辖区机构、产品进行实时舆情监控，力争实现负面信息、风险隐患的早期预警，及时完成风险报送与处置工作。

（二）依法依规，保持执法高压态势

聚焦行业风险多发易发领域，全年对基金管理公司、基金子公司和基金销售机构累计开展48家次现场检查。结合非现场分析、舆情监控等手段，对机构存在的违规问题予以查处。协调北京市市场监督管理局探索开展部门间联合检查执法工作，随机抽取260家私募机构作为检查执法对象，并组建30个检查工作组开展核查工作，稳步推进联合检查执法工作。

（三）密切关注，持续跟踪新规落实

根据资管新规指导并督促北京辖区机构开展整改工作，报送整改方案，明确整改进度，加强对资产管理产品的风险控制。督促各基金管理公司按照《公开募集开放式证券投资基金流动性管理规定》的相应要求做好公募基金的合同修订和信息披露工作。跟踪《证券公司和证券投资基金管理公司合规管理办法》的执行落实情况，并给予相应的意见措施。推动各基金管理公司及子公司落实《关于规范债券市场参与者债券交易业务的通知》相关要求，对各公司在资产管理业务中参与债券交易的情况进行摸底，并督促其按要求有效防范和控制债券交易的风险。

（四）着眼市场，传递合规经营理念

组织召开北京辖区证券基金机构监管会议，传达中国证监会系统工作会议和机构监管工作会议的工作部署，结合北京辖区监管实际，提出机构健康稳定发展的新要求。按照中国证监会机构监管部的统一部署，将支持机构参与化解上市公司股票质押风险、支持民营企业发展的精神及时传达给辖区公募基金管理机构，引导行业规范发展。首次组织辖区管理规模居前的400家私募机构，召开私募基金监管工作会议，通报近年检查执法情况，分析行业突出问题，并要求各公司回归资产管理业务本质，积极防控化解风险，促进辖区私募基金行业平稳健康运行。

（五）全面强化，推进投资者保护工作

参与“明规则、识风险、理性投资戊戌年”专项投资者教育活动，督促北京辖区机构以多种形式开展宣传，完成对2家省级投资者教育基地的考核工作。履行适当性制度的日常监管职责，及时掌握北京辖区机构落实情况，开展督导检查；针对检查中发现的适当性问题，督促各机构尽快整改，落实适当性管理的相关要求。严格按照工作程序处理投资者投诉举报事项，充分做好对投诉人的安抚和疏导工作。

（六）支持北京市优化营商环境

向北京市委、市政府、中国证监会提交专项报告，提请关注北京地区极为突出的证券基金行业机构异地经营情况，建议予以重视并研究推出处理措施。针对私募基金登记备案效率问题，邀请知名私募机构听取其意见建议，与中国证券投资基金业协会沟通交流，向北京市委、市政府报告推动优化私募基金登记备案工作情况。组织开展辖区私募创业投资基金享受财税优惠政策试点核查认定工作。

（赵建中　贾若）

▲期货公司

一、基本情况

一是机构数量平稳增加，资本实力整体稳定。2018 年，北京辖区期货公司资产总额 670 亿元，同比下降 9.0%；净资本 96 亿元，同比下降 4%。新增 7 家分支机构，注销 1 家分支机构，已开业分支机构 108 家。

二是投资者群体扩大，投资者数量进一步增加。2018 年，北京辖区投资者数量 74 万人，比上年增长 10.4%。其中，机构客户 2.6 万户，自然人客户 71.4 万户，同比分别增长 23.8%、10.0%。

三是交易规模和交易金额平稳上升，盈利水平受市场影响有所下降。2018 年，北京辖区期货公司代理交易量 7.28 亿手，同比增长 0.9%；代理交易额 44.5 万亿元，同比增长 7.2%。年末，客户保证金 498 亿元，同比下降 12.0%，占全行业的 12.8%；利润总额 10.08 亿元，同比下降 27.5%。

四是公司合规运作，业务多元化发展。2018 年，北京辖区共有 17 家公司具有投资咨询业务资格，收入 467 万元；18 家公司具有资产管理业务资格，管理资产规模 86 亿元，收入 5 062 万元；8 家公司成立风险管理子公司。在 2018 年中国证监会期货公司分类评价中，北京共有 A 类 AA 级公司 3 家，A 类 A 级公司 3 家，B 类公司 12 家，C 类 CC 级公司 1 家。

二、金融产品创新和金融服务

2018 年，北京辖区共有 8 家期货公司成立了 9 家风险管理子公司，主要从事期现相结合的风险管理业务，包括仓单服务、合作套保、定价服务以及基差交易等。个别风险管理子公司尝试开展场外衍生品业务。

三、存在的问题和风险

一是期货公司金融属性较弱，业务类型单一，整体规模较小，盈利能力不强，人才吸引力不足，行业发展缺少内生动力。

二是金融混业趋势加强，期货公司自身发展动力问题也使其在市场竞争中处于弱势地位，发展受限。

三是期货资产管理业务以及期货风险管理子公司等创新业务仍处于起步阶段，相关业务模式仍在探索发展，服务实体经济的功能有待进一步发挥。

四、监管工作情况

（一）积极传递监管声音，引导辖区机构合规发展

组织召开北京辖区期货公司监管工作会，传达中国证监会的监管要求和决策部署，指导公司更好地发挥期货经营机构在资本市场改革发展中的重要作用。联合郑州商品交易所、中国期货市场监控中心、中国期货业协会举办期货公司合规业务培训班，促进期货市场合规业务人员交流，提升合规业务水平。指导北京期货商会组织辖区分支机构负责人培训，就监管概况、突出问题、案例分析等进行详细介绍。联合中国证券监督管理委员会深圳监管局以及北京期货商会、深圳市期货同业协会共同举办首席风险官培训交流会，进一步推动辖区期货业增强风控合规意识，激发活力。

（二）扎实开展非现场监管工作，提高监管工作针对性

指导并督促期货公司做好资产管理产品的整改工作，严格审核期货公司报备事项，及时处理期货公司信息安全事件，做好期货公司信息系统应急处理工作，认真

完成2018年度期货公司分类评价工作。

2018年，北京辖区期货公司未发生客户保证金安全风险事件及风险监管指标不达标情况，保证金预警次数从2016年的12单下降为2单，预警总量连续两年保持在较低水平，期货公司“两金”管理水平大幅提升，有效防范了期货经营机构的违法违规风险。

（三）紧锣密鼓，高强度开展现场检查

以现场检查为有效载体，积极排查期货市场风险隐患，指导辖区公司改进完善合规管理，有效推动期货经营机构诚信守法和合规经营。全年，分别开展了资产管理业务核查、期货公司年度检查、期货公司分支机构年度检查、客户保证金及净资本管理专项检查、信息技术专项检查等检查项目，并针对2017年、2018年中国证监会相关直接检查情况对期货公司开展督促整改专项工作。现场检查共发现各类问题18项，涉及具体问题百余项。先后查处期货公司从业人员参与配资、违规宣传配资、公司内控制度执行不到位等问题，严惩违法违规行为。

（四）摸清底数，开展业务调研及风险摸排

利用资产管理业务排查机会，对辖区公司资产管理产品开展风险摸排，掌握产品的主要类型、投资方向及潜在风险点，为后续日常监管指明方向。组织开展期货公司分支机构自查自纠风险排查，共发现各类问题150余项。及时跟进市场情况，针对期货公司与现货平台、非法期货合作、法人居间管理等市场热点问题，下发通知或提示，要求公司依法合规经营，提高风险防范意识。选取辖区经营状况较好、规模较大的三家期货公司风险管理子公司开展调研，为下一步监管工作奠定基础。针对期货行情软件业务模式、系统架构、数据管理等情况开展调研，平稳处理有关期货公司与行情软件公司合作纠纷。

（五）探索建立投资者保护工作机制，加大对投资者的保护力度

指导北京期货商会开展“明规则、识风险，理性投资戊戌年”“远离非法集资宣传活动月”活动，持续督导期货公司健全内控制度，扎实推进投资者保护工作。坚持有举报必核查、有问题必惩处的工作原则，通过信访核查督促、约束和引导市场主体，在现场检查过程中把投资者保护工作作为检查重点，不断强化市场主体保护投资者的意识。

（六）开展多层次行业交流，为行业发展献计献策

指导北京期货商会举办第十一届中国期货高管年会，邀请业界同仁、监管部门及行业研究机构共同研讨对外开放背景下期货公司发展之路。指导北京期货商会举办期货沙龙、分析师培训、期权原油专题培训等活动，提高辖区机构服务实体经济能力，为期现结合提供对接平台。针对期货行业相关法规修订组织讨论研究，为行业创新发展献计献策。

（张晗）

▲证券投资咨询机构

一、基本情况

2018年末，北京辖区共有18家证券投资咨询机构，总资产27.07亿元，净资产11.31亿元，营业收入22.05亿元，合计亏损0.35亿元。

二、存在的问题和风险

一是人员流动频繁，从业人员资质准入制度落实不足，道德风险和执业行为难

以管控。

二是机构规避监管花样翻新，变相承诺收益、误导性宣传的“文字游戏”和“擦边球”层出不穷，对中小投资者具有极强迷惑性，扰乱市场秩序。

三是合规风控机制不健全，投资者适当性制度落实不足，风险评估和产品匹配形同虚设，劝诱式营销屡禁不止。

四是滥设分支机构、出借牌照乱象丛生，分支机构缺乏约束，展业行为不规范。

五是群体事件风险突出，部分非理性投资者难以接受亏损，以过激方式维权，矛盾激化严重。

三、监管工作情况

一是通过对举报投诉事项的核查，督促、引导和约束北京辖区证券投资咨询机构强化机构主体责任，提升保护投资者意识。定期对举报和“12386”热线投诉信息进行汇总分析，对举报频发的机构及时排查原因，要求其加强内部管理和客户服务，采取有效措施化解客户纠纷，遏制风险苗头。同时基于调查事实和法律法规，认真开展核查工作，对机构作出合规评价，传导合规压力。

二是根据中国证监会统一部署并结合辖区实际情况，选取5家证券投资咨询机构、3家异地分支机构开展现场检查。制订北京辖区证券投资咨询机构集中整治工作方案，研究确定违规问题查处措施。对于前期已出具行政监管措施而违规问题依然严重的机构，升级监管强度，利用行政处罚、移交公安部门等手段严厉打击违法违规行为。重点关注机构变更股东有关情况，加强日常督导，明确监管底线，引导机构探索咨询行业发展新路径。

三是立足辖区监管实践，结合北京辖区市场特点，撰写咨询行业相关调研报告，研究互联网环境下“荐股骗局”模式、证券信息传播规律特征、现行法规制度适用衔接等，剖析当前监管执法的薄弱点，提出治理思路和政策建议。

（张晗）

保险业发展与监管

▲财产保险公司

一、基本情况

2018年末，在京经营业务的财产保险分公司有47家，在京直接经营业务的财产保险总公司有5家①；共有职工12 154人，其中，产险营销员8 960人。保险公司资产总额为558.4亿元，比年初增长3.9%；所有者权益总额为139.5亿元，比年初增长2.8%。全年累计实现保费收入458.9亿元，同比增长5.8%；赔款支出259.2亿

① 5家总公司分别为：合众财产保险股份有限公司、安心财产保险有限责任公司、中国铁路财产保险自保有限公司、现代财产保险（中国）有限公司和中意财产保险有限公司。此外，北京地区还有中国出口信用保险公司（政策性保险公司）、汇友财产相互保险社（2017年批设的相互保险组织）以及易安财产保险股份有限公司北京营业部3家保险机构。

元，同比增长15.3%；综合赔付率为57.8%，同比下降3.2个百分点；实现承保利润7.4亿元，同比下降20.7%；承保利润率为1.9%，同比下降0.6个百分点。

（一）车险业务同比下降

受北京地区机动车限购政策和商业车险费率改革影响，可保机动车总量增长受限，平均费率下降，增速持续放缓。2018年，实现保费收入271.9亿元，同比下降0.1%，占北京财产保险市场总保费的59.3%，近十二年来首次出现全年车险负增长。

（二）非车险保持较快增长

2018年，非车险业务实现保费收入187亿元，同比增长15.7%，占总保费的40.7%，占比较上年提高3.5个百分点，责任险和企财险保费规模居非车险业务前两位，合计实现保费收入84.3亿元，占非车险保费收入的45.1%。短期意外伤害保险、信用保险、保证保险、家庭财产保险、农业保险五大险种增速高于非车险整体增速。

（三）产险市场集中程度高

2018年，中国人民财产保险公司北京市分公司、中国太平洋财产保险公司北京分公司、中国平安财产保险公司北京分公司合计实现保费收入322.8亿元，占市场总量的70.3%；实现承保利润10.2亿元，对北京财产保险市场利润总额贡献度达138.6%。

二、金融产品创新和金融服务

（一）推出多款农业价格指数保险

2018年，北京连续推出6款价格保险产品，合计提供风险保障14亿元，保成本向保价格升级的步伐加速。其中，生鲜牛乳目标价格保险保费收入2 601.4万元，提供风险保障8.1亿元；水稻价格保险保费收入1 781万元，提供风险保障4.5亿元；大豆、玉米期货价格保险保费收入543万元，提供风险保障1.4亿元；生猪价格指数保险（风险敏感型）和生猪收益险两款传统生猪价格指数保险的升级产品，保费收入20.6万元，提供风险保障258.2万元。

（二）创新开展海关关税保证保险试点

主要承保进口纳税企业未按规定缴纳税款的风险责任，具有保障全、费用低、循环用等优点。购买该保险的企业无须再缴纳关税保证金，实现“先通关、后缴税”，有效降低企业财务成本，提升通关效率，促进贸易便利化。自2018年9月试点开展至年末，累计服务民营、小微企业通关46家次，提供风险保障1.2亿元。

（三）创新建立执行悬赏保险制度

2018年4月，在北京市第三中级人民法院率先开展试点，建立执行悬赏保险制度。购买执行悬赏保险，申请执行人只需支付悬赏金额的10%作为保费，即可向社会悬赏征集执行案件线索，保险公司将协助法院发布悬赏信息支持线索征集，对于获得相关线索使执行成功或部分成功的，支付相应的悬赏金额。

三、存在的问题和风险

保险公司车险费用投入不断加大，车险费用率有所攀升，车险市场竞争加剧。车险理赔服务能力有所弱化，近年来北京车险理赔服务持续改善的趋势有所减弱。

四、监管工作情况

（一）破除车险电子保单应用障碍

推动公安部办公厅与中国银保监会办公厅于2018年9月联合下发《关于加强警保合作　进一步深化公安交通管理“放管服”改革工作的意见》（公交管

〔2018〕485号)，明确交管部门通过信息系统查询交强险电子保单信息，从根本上破除了制约交强险电子保单应用的主要政策障碍。车险保单信息化改革试点两年来，北京保险行业已累计出具车险电子保单2 573.7万份，减少各类单证纸张超过5亿张。

（二）推动车险共享服务网点提质扩面

推动行业将共享网点信息接入“高德地图”等第三方地图软件，引导车险消费者就近查勘定损；组织北京保险行业协会、北京汽车维修行业协会和保险公司对申报维修企业进行评审，将车险理赔共享服务网点扩充至200家，服务涵盖西城、朝阳等12个行政区。自2017年12月18日实施至2018年末，服务网点共处理车险理赔案件近20万件，通过系统实现前端查勘、远程定损案件4万件，查勘案件平均用时仅6分钟，定损案件平均用时48分钟。

（三）推动建立行业合作汽修企业名单公布制度，发挥社会监督作用

指导北京保险行业协会在保险行业内分别收集行业认可的合作良好、满意度高的优质企业信息及涉及保险欺诈、服务缺失等问题的风险企业信息，通过官方网站、微信公众号等多种渠道，向保险业内和社会公众分别公示公开，并根据实际情况实时更新。相关公开制度已制订完成并向社会发布，于2019年1月1日起正式实施。

（席静婷）

▲人身保险公司

一、市场概况

2018年，在京经营业务的人身险分公司有63家、总公司有5家，其中，外资分公司22家、外资总公司2家。全年人身险业务保费收入为1 334.4亿元，居全国第6位，同比下降13.3%，增速居全国第34位。非保险合同业务年内新增交费853.2亿元，同比增长34.5%，其中，保户投资款新增交费694.6亿元，同比增长60.7%，投连险独立账户新增交费158.6亿元，同比下降21.6%。原保险合同赔付支出370.2亿元，同比增长4.9%；退保金488.8亿元，同比增长37.1%，退保率为7.2%。非保险合同年内新增退费785.6亿元，同比增长0.6%。其中，保户投资款退保612.1亿元，投连险独立账户当年退保173.5亿元。累计发生手续费及佣金支出166.2亿元，手续费及佣金率为12.4%。

（一）保费收入趋于平稳，保费增长依靠续期拉动

行业转型初见成效，主要体现为续期保费占总保费的比重越来越高，人身险公司保费增长不再单纯依靠新单保费。保费收入降幅逐渐收窄。2018年四个季度人身险业务保费收入同比分别下降37.2%、24.9%、18.5%和13.3%，降幅逐渐缩小。新单保费持续下滑，保费增长依靠续期拉动。2018年，人身险新单保费收入571.2亿元，同比下降39.9%；续期保费收入763.2亿元，同比增长29.5%。其中，寿险新单保费收入366.3亿元，同比下降49%；续期保费收入623.9亿元，同比增长27.4%。

（二）业务结构持续优化，分红险和健康险占比提升

2018年，人身险新单期交率为47.8%，同比上升17.9个百分点。寿险新单期交率为55.4%，同比上升23.3个百分点。新单

期交率提高的同时，交费期10年以上产品的标准保费[①]同比下降5.6%，交费期3年的产品的标准保费收入同比提升8.3%，期交产品交费期限短期化情形依然存在。分红险产品保费收入505.2亿元，同比增长19.2%。分红险占寿险产品的比重为51.0%，占比增长15.9%。以重大疾病保险为主的长期健康险产品保费收入227.5亿元，占比17%，同比上升2.8个百分点。

（三）银行保险显著收缩，经代渠道快速发展

在市场整体持续转型的过程中，前期以中短存续期产品为主的银保渠道的保费规模、增速、占比均出现急剧下降。2018年，北京地区银保渠道保费收入452.9亿元，同比下降39.7%，增速同比下降32.5个百分点。银保渠道占比33.9%，同比下降14.8个百分点。个险渠道优势回归，保费收入590.5亿元，增速14.7%，业务占比上升10.8个百分点。专业代理和经纪渠道保费收入增速较快，分别为45%和30.5%。

（四）内外部风险基本可控

2018年，北京人身险公司退保金支出488.8亿元，同比增长37.1%。赔付支出370.2亿元，同比增长4.9%，其中，满期给付176.4亿元，占比47.6%。通过完善监管规定，传导监管压力，以及各公司不断加强内部管理，有效防范了外部金融风险向保险业传递。

二、金融产品创新与金融服务

（一）北京地区保险产品及保险公司业务创新情况

一是北京银保监局通过下发监管文件、对重点公司开展集中调研等，鼓励行业把握市场需求，开发专业的适合老年人的健康险产品。截至2018年末，北京市场上有24家寿险公司开发的27款老年人防癌险产品在销，保障责任包括原位癌保险金、恶性肿瘤保险金以及身故保险金等。太平人寿保险公司推出老年防癌住院医疗保险，首次将投保年龄放宽至80周岁，并对老年人的核保条件进一步放宽，高血压、高血糖、高血脂老人均可投保。

二是针对北京杰出人才的健康保障需求，北京银保监局指导相关保险公司设计了专属健康险产品。

（二）保险行业参与社会保障事业的情况

1. 开展预防接种异常反应保险

该项目开办三年来，北京市未再发生因疫苗异常反应补偿问题引发的上访和信访。2018年末，中国人民健康保险公司北京市分公司已累计完成赔付38人次，理赔金额超过200万元，另有未决赔款约100万元。该公司还落地二类疫苗异常反应的商业保险保障，完成对北京地区接种的二类疫苗生产厂家的全部承保工作。2018年末，已完成理赔4件，金额约2万元，未决赔款150万元左右。

2. 推进保险业服务社会养老体系建设

北京市老年人意外伤害保险项目开办近五年，中国人寿保险公司北京市分公司已累计承保约172余万人次。2018年，北京银保监局推动该项目实现保障范围的扩展，即扩大承保场所范围，增加住院补贴、交通工具等保障责任。针对部分首钢

① 标准保费指将报告期内不同类别的新业务按对寿险公司利润或价值的贡献度大小，设置一定系数进行折算后加总形成的保费收入。详见《关于在寿险业建立标准保费行业标准的通知》（保监发〔2004〕102号）。

居民因政策性搬迁至河北省迁安市，老年人意外险的赔付地域范围由北京市行政区域拓展至河北省迁安市行政区域。截至年末，中国人寿保险公司北京市分公司已累计提供理赔服务 1.3 万人次，理赔金额 3 099.45万元。

老年人住房反向抵押养老保险试点运行平稳。2018 年末，该项目已累计为北京市 35 个家庭的 52 位老人承保，约占全国承保人数的 27.5%；累计发放养老金 914 万元；抵押房产总价值约 1.27 亿元。其中，年内新承保 8 个家庭 12 位老人，发放养老金 97.62 万元，新增抵押房屋总价值 3 149 万元。

推进长期护理保险试点工作。2018 年末，海淀区居家养老失能护理互助保险项目已累计承保 6 333 人，其中，海淀区低保对象和计划生育特殊家庭人员等政府全额补助对象共计 5 884 人，累计保费收入约 1 522.50 万元，累计为 13 人提供价值约 3 万元的护理服务。2018 年 3 月，石景山区长期护理保险试点项目落地，由爱心人寿保险公司、泰康养老保险公司北京分公司联合承保。截至年末，该项目已推进至石景山区八角、八宝山和鲁谷等街道社区，为符合护理条件的 232 名重度失能人员提供服务，共计产生护理服务费用约 71 万元。

失独老年人群保障项目有序推进。2016 ~ 2018 年，失独家庭综合保障项目累计承保约 3.8 万人次，涵盖全市所有在册失独老人。累计支付各项保险金6 076.04 万元。其中，累计支付养老金共计 5 953.7 万元；因身故原因提前领取养老金 33.06 万元，其他累计赔款金额 89.28 万元。2018 年 8 月 1 日，保险合同续保工作完成，新华人寿保险公司北京分公司将继续为全市 1.45 万名失独家庭成员提供保险保障服务。朝阳区失独家庭健康保障计划自 2017 年 6 月开始；截至 2018 年末，中国人民人寿保险公司北京市分公司累计已完成理赔 2 931 人次，理赔金额约 414 万元。

三、存在的问题和风险

（一）销售非保险金融产品的风险

近年来，保险销售从业人员存在向客户直接推介销售非保险金融产品，或者以介绍客户等方式间接从事相关销售活动的情况，容易将保险行业外的风险交叉传递到保险业内，引发群体性事件。个别公司还存在销售人员擅自销售非保险金融产品的现象。

（二）结构调整在继续，深层次问题仍需关注

中短存续期产品集中的普通人身险类产品大幅降低，相应的长期分红年金型产品快速增加，填补了部分业务空白，但销售误导、高预定利率可能再次造成远期给付压力及利差损风险。

四、监管工作情况

（一）完善监管制度，夯实监管基础

2018 年 8 月，《北京地区人身保险经营行为管理办法》（京保监发〔2014〕213 号）全面更新，增加了电子化回访内容，完善了销售从业人员资质的有关规定，夯实了北京人身险市场发展的基础。下发《关于进一步做好风险防范化解工作的通知》，进一步明确风险事件应急演练的相关要求。推动行业协会制订《北京地区人身险销售品质关键指标披露制度》。

（二）强化现场检查，规范市场秩序

出台《关于开展北京地区人身保险治理销售乱象打击非法经营专项工作的通知》（京保监发〔2018〕20 号），对 2017 年相关查处情况进行总结和披露。组织辖

内66家人身险公司开展自查自纠。全年，共对辖内人身险公司及中介机构开展现场检查20家次。其中，针对人身险公司的综合性检查2次；针对银邮机构网点、保险公司基层营销单位销售行为合规性的明查暗访20次。对人身险公司和相关责任人员共处以204万元罚款。

（三）内外结合，坚守风险底线

一是防范化解内部风险。开展2018年满期给付和退保风险排查工作，对27家重点关注公司下发风险提示函。组织行业开展应急演练，并对抽查中发现存在问题的公司进行监管谈话。定期监测满期给付与退保数据，对重点关注公司进行日常跟踪监测，按季度向中国银保监会报送退保满期给付市场分析。对北京地区人身险公司保单质押贷款业务现状及风险进行专项研究并上报调研报告。

二是防范P2P网贷风险跨行业传递。针对P2P网贷平台冒用保险公司名义违规销售非保险金融产品的风险苗头，对存在风险隐患的公司进行个案指导，要求其采取风险排查和风险提示等措施及时进行处置。下发风险提示函，要求各机构切实履行风险防控主体责任、加强客户信息安全管理、履行提示义务、及时向有关政府部门报告风险情况。向社会公众发布风险提示，提醒广大消费者识别不法机构骗局、警惕非法集资陷阱、正确认识保险功能。

（四）聚焦健康、养老领域，推动行业服务民生

一是聚焦健康保障，着力利用商业健康险推进北京市多层次医疗保障体系建设。配合北京市人力资源和社会保障局（以下简称市人社局）向市政府上报《关于发挥商业健康保险作用　推进本市多层次医疗保障体系建设的请示》，制订下发《北京市统筹推进多层次医疗保障体系建设工作方案》；参与多部门专项联席会议，对市人社局、朝阳医院等机构开展专项调查，研究具体落实举措；配合市人社局制定城乡居民大病保险管理制度，支持商业保险参与经办大病保险业务。组织行业完善北京商业健康险信息平台数据质量，提升系统运行的稳定性，在平台新增“个人客户风险信息提示”功能；指导北京保险行业协会成立商医、商社信息共享专项工作组，从工作方案、业务需求、技术标准等多方面完成信息共享的准备工作。多次协调市政府相关部门及辖内部分保险公司，就北京市优秀杰出人才认定标准、健康保障需求、财政补贴等相关情况进行研讨，完成《北京高端医疗保险情况研究》专项调研报告。

二是聚焦养老需求，着力推进行业多角度服务北京市养老工作。针对北京老年人保险保障需求及经济社会发展实际，研究草拟了《关于加快发展商业养老保险实施意见（征求意见稿）》；完成《北京保险业参与养老社区试点情况》《北京商业养老保险主要问题及监管建议》等专项研究报告，为行业下一步发展明确了思路和方向。

（孙妍）

▲保险中介机构

一、基本情况

（一）保险专业中介市场情况

2018年末，北京地区保险专业中介法人机构有404家，比上年减少1家。其中，保险专业代理机构171家（全国性代理机构65家），保险经纪机构183家，公估机构50家（已备案机构41家）。在

京各类保险专业中介分支机构有 543 家，比上年增加 30 家。保险专业代理机构、保险经纪机构、保险公估机构在保险中介监管系统中进行执业登记的人员分别为 46 900 人、45 161 人和 2 332 人。

2018 年，北京地区保险专业代理机构实现保费收入 434.43 亿元，同比增长 27.42%，实现代理佣金收入 93.64 亿元，同比增长 9.06%；保险经纪机构实现保费收入 632.55 亿元，同比增长 23.58%，实现经纪业务收入 135.70 亿元，同比增长 35.35%；保险公估机构实现业务收入 4.3 亿元，同比下降 21.36%。

（二）保险兼业代理市场情况

2018 年末，北京地区共有保险兼业代理机构 2 608 家，保险兼业代理营业网点 4 279 家。全年北京地区通过保险兼业代理机构实现保费收入 660.75 亿元，同比下降 31.45%，渠道占比为 36.58%。其中，财产险公司通过保险兼业代理机构实现保费收入 191.12 亿元，同比下降 3.09%，渠道保费占比为 40.49%；人身险公司通过银邮兼业代理机构实现保费收入 453.00 亿元，同比下降 31.74%，渠道保费占比为 33.95%；其他兼业代理机构实现保费收入 16.63 亿元，同比增长 5.25%，渠道保费占比为 1.25%。

（三）保险销售从业人员情况

2018 年末，北京地区保险公司销售从业人员共 179 144 人，同比增加 16 322 人。全年北京地区人身险公司通过销售从业人员实现保费收入 596.07 亿元，同比增长 14.86%，渠道占比为 33.00%。个人代理渠道对人身险公司的健康险业务和寿险业务的贡献度较大，渠道占比分别为 41.76% 和 55.15%。

二、存在的问题和风险

（一）复杂股东背景带来跨行业、跨区域风险

个别机构延续忽视保险合规经营红线；个别销售人员队伍存在销售非保险理财产品的情形，未能与股东业务有效隔离；个别机构依靠扩队伍、冲规模来获得再融资，存在违规经营行为。

（二）分支机构快速扩张带来管理风险

受政策调控与市场环境等多重因素影响，保险专业分支机构数量快速增长，个别法人机构的管控能力跟不上分支机构数量增长速度，信息系统、内控制度、部门设置等各方面内控管理较为滞后；对分支机构缺少必要的合规管控、内部管理，容易产生经济纠纷甚至形成传销、诈骗等风险。

（三）人员队伍膨胀带来人员管控风险

保险销售从业人员资格考试取消以来，从业人员队伍始终保持较快增长，部分保险专业代理、经纪公司加快组建队伍，从业人员整体执业能力水平有待提高，从业人员非正常流动、销售误导、违规销售非保险理财产品等问题不容忽视。

三、监管工作情况

（一）持续监测，发挥技术优势防范风险

发挥保险专业中介机构大数据风险监测平台的技术优势，完善季度风险会商机制，通过 4 大类 9 小项监测指标，有效甄别风险并进行分类。通过非现场监测，重点关注股东背景、自身状况、业务以及人员指标异动的高风险机构，分类采取监管措施，有效排查重点机构的业务、分支机构、人员及关联机构经营异常等情况，防

范潜在风险。

（二）精准定位，强力整治市场乱象和外部风险

通过区别风险类别和违规问题，锁定“亮红灯”机构及时开展查处工作，投入大量人力对辖内保险中介机构开展现场检查和案件调查工作，提高检查覆盖率，实现重点风险重点防控。强化重大风险处置，紧盯保险中介机构非法集资、传销、销售非保险金融产品的重大风险隐患，坚持“打早打小、即查即处、持续跟踪”的工作原则。

（三）盯紧源头，将市场准入与防控风险相结合

将风险防范关口前移，严把市场准入关，通过技术手段对机构新设、股权变更等事项采取穿透式监管，把一批资金实力不足、硬件软件不达标、内部无管理、人员素质低的劣质机构清除出市场。

（刘天中）

其他机构发展与监管

▲交易机构

一、基本情况

2018 年，北京市要素市场平稳健康发展，在助力实体经济发展等方面切实发挥了重要作用，46 家交易场所共实现交易额约 6.5 万亿元，同比增长 30.2%。

二、监管工作情况

（一）积极开展现场检查与整改验收工作

对交易场所进行初步分类，梳理形成了问题较少、整改相对容易的基本合规交易场所名单。上半年，北京市清理整顿各类交易场所工作小组相关成员单位组成 3 个现场检查组，对基本合规的 14 家交易场所进行检查验收。根据现场检查发现的问题，对相关交易场所开展集中约谈并下发违规问题整改通知，明确整改措施和工作进度。经综合检查和评估，北京产权交易所等 6 家交易场所基本符合交易场所监管文件相关规定，经市政府批准，列入首批通过检查验收交易场所名单。10 月，针对除新设未开业、正在整改重组和上半年已进行现场检查外的 15 家交易场所，组织北京市商务局、北京证监局、相关区金融服务办公室、北京登记结算有限公司及中介机构组成 2 个现场检查工作组，开展第二次现场检查。

（二）制订并落实交易场所整体规范发展方案

针对邮币卡类交易平台风险化解进入“深水区”“僵尸”交易场所出清缓慢、北京石油交易所和北京大宗商品交易所历史遗留问题亟待解决等问题，牵头制订《北京市交易场所整体规范发展方案》，明确总体要求、处置思路、组织实施和下一步工作重点。邮币卡类交易平台的存量化解工作取得成效，截至年末，9 家交易平台经纪会员化解率为 77.2%，持仓人化解率为 20.1%，资金存量化解率为 52.62%。优化交易场所市场结构，推动部分交易场所有序退出。经市政府同意，北京兰格钢铁电子交易有限公司等 7 家交易场所退出交易场所行业监管。

（三）切实规范交易场所秩序

严格开展审核备案工作，要求交易场所必须严格按照要求履行变更程序，未经审批或者备案擅自变更的交易场所一律认定为违规，要求其限期整改。加强对交易场所董事、监事及高级管理人员的管理，建立北京市交易场所董事、监事及高级管理人员信息库。会同属地区人民政府与工商部门妥善处置黑交易平台，及时化解市场风险。会同海淀区人民政府和北京证监局联合处置秒啊（北京）科技有限公司关于名人时间拆分的违规交易业务。

（四）夯实基础，进一步健全交易场所长效监管机制

修订《北京市交易场所管理办法》《北京市交易场所管理办法实施细则》。加强北京市交易场所统一登记结算平台和交易场所信息监管系统建设，要求各相关交易场所接入登记结算平台及交易场所数据监测系统。截至年末，44 家交易场所接入登记结算平台的联网直报系统，实现基本信息、业务结构、规章制度、交易数据的在线报送；23 家交易场所与登记结算平台签署《结算服务协议》，其中，16 家交易场所已完成结算业务对接；9 家交易场所完成与交易场所数据监测系统的对接工作。充分发挥首都要素市场协会作用，建立健全交易纠纷调解机制，保护交易各方合法权益，防范首都要素市场行业风险，促进行业规范发展。

（吴茜）

四、服务与管理

货币金银管理

2018年，中国人民银行营业管理部（以下简称人民银行营业管理部）科学调拨发行基金，有效保障北京市现金供应；强化货币管理工作，全面开展整治拒收现金行动；加大反假货币工作力度，“精准反假币”取得实效；结合北京重点库运行特点，推动货币金银业务转型。

一、有效保障北京市现金供应

（一）科学调拨发行基金

依据现金需求管理理念，对影响投放回笼的因素进行分析，科学进行发行基金投放和回笼，确保社会公众的兑换需求。全年，发行基金投放同比减少6.53%；回笼同比减少3.71%；净投放325.07亿元，同比减少18.68%。

（二）做好普通纪念币、纪念钞预约及兑换工作

2018年，普通纪念币、纪念钞兑换采取网络预约方式进行。在发行前，组织辖内涉及普通纪念币、纪念钞发行的商业银行召开会议部署发行工作，提出要求，严格发行纪律；按要求发布兑换进度，对现场兑换情况进行检查，及时处理有关普通纪念币、纪念钞预约兑换的举报和投诉，逐日公布预约、兑换进度；在发行完成后，组织商业银行将已预约未兑换的普通纪念币、纪念钞上缴入库，对空箱进行妥善处理。

（三）落实完成硬币自循环目标

推进硬币兑换机运维集中化、市场化改革，指导中信银行总行营业部承接辖内各银行硬币兑换机的清机业务，建立互联网信息平台，实现对硬币兑换机运行状态的实时监测，从根本上解决权责不匹配、信息不对称的问题，破解严重影响各银行开展硬币自循环工作中的“基层没人力”困局。

二、加强人民币收付业务管理

（一）全面开展整治拒收现金行动

制作拒收现金整治工作宣传视频，通过银行网点、微信公众平台进行播放，累计播放数量超过5万次；以全国首例因普通纪念币被拒收而引发的诉讼案件为契机，建立普通纪念币的宣传、培训、鉴伪清点实时服务机制及普通纪念币流通保障机制；对辖内涉及拒收现金行为进行调查和专项整治，并开展整治拒收现金“回头看”工作。全年，共处置拒收现金投诉举报75起。

（二）创新工作形式，加强商业银行现金服务监管

开展现金服务第三方调查，重点对小面额人民币业务进行暗访评价。每季度调查200家银行网点的现金业务规范性情况，及时通报暗访情况。

（三）开展建设现金服务示范区，加强农村现金服务工作

拟订建设现金服务示范区，加强农村现金服务工作方案，向辖内商业银行下发《关于进一步加强辖区现金流通管理的通知》，召开商业银行示范区建设座谈会。选定金融街、新机场等10个现金服务示范区，在延庆区永宁镇建立北京市农村现金服务试验区，开展“过新年、用新钱”

活动。

三、落实反假货币各项措施

（一）收缴假币，净化货币流通环境

2018 年，北京市共计收缴、没收假人民币 13.26 万余张、987.82 万余元，同比分别下降 20.63%、21.61%。其中，来自银行系统的假人民币收缴量为 10.97 万余张、864.23 万余元，同比分别下降 27.20%、27.14%；来自公安系统的假人民币没收量为 2.29 万余张、123.59 万余元，同比分别增长 40.22%、67.39%。

（二）联合公安机关，加大对制售假币行为的打击力度

全年，配合北京市公安机关受理假币类案件 51 起，立案 44 起，破案 36 起，破获假币打印窝点案件 6 起，抓获假币违法犯罪嫌疑人 31 人，查扣收缴假币 2.29 万余张、123.59 万余元。

（三）推动出台《北京市举报假币犯罪奖励办法》

根据国务院反假货币工作联席会议下发的《关于建立假币犯罪举报奖励制度的通知》要求，结合北京市反假货币工作实际，向北京市人民政府（以下简称市政府）报送关于建立北京市举报假币犯罪奖励办法的请示，组织召开协调推进会议，确立举报假币犯罪奖励制度建设的具体措施和计划。12 月 20 日，北京市公安局（以下简称市公安局）、北京市财政局（以下简称市财政局）联合印发《北京市举报假币犯罪奖励办法》，同时通过“平安北京”微信公众号、官方微博同步向社会公布。该办法于 2019 年 1 月 1 日起开始实施。

（四）开展形式多样的反假货币宣传活动

9 月，组织北京市银行业金融机构开展反假货币宣传月活动，采取官方微博、官方网站、电视专访、深入社区线上线下同步宣传的方式，取得良好效果。在此次活动中，共有 38 万余人参加“反假货币小超人”网络知识问答活动。同时，在公交站台、北京地铁 7 条线路列车内和站台等地投放反假货币视频及大屏幕海报广告，受众面达 6 200 万人次。

四、创新货币发行押运模式

针对北京重点库货币发行的实际情况，经过分析论证，确定北京重点库发行基金辖外调拨押运业务采取服务外包管理模式。严格依法执行采购程序，与拥有成熟押运服务体系的北京印钞有限公司多次沟通协调，确认服务合同的各个环节。4 月 1 日，双方正式签订押运服务外包合同，成为全国首家采取发行基金辖外调拨押运业务整体服务外包管理模式的重点库。

五、钞票处理业务

（一）钞票处理业务开展情况

2018 年，清分人民币 99 947.3 万张，清分联机销毁残损人民币 83 204.92 万张；复点残损人民币 52 182.6 万张；大型机械销毁残损人民币 49 117.2 万张。清分设备共运行 15 414.2 小时，清分单台设备日均清分 4 小时，设备故障 104 次，平均停机故障率为 5.51 分钟/百万张钞票；大型机械销毁设备运行 320.17 小时，大型机械销毁中小面额销毁量按重量计算同比增长 12.54%。

（二）深入推动钞票处理劳务外包转型工作

一是探索完善劳务外包转型管理模式，提高转型后的风险预警和处置能力。完善《中国人民银行营业管理部钞票处理中心劳务外包工作管理办法》，细化北

京钞票处理中心和劳务外包公司的职责，明确操作质量标准，强化对劳务外包公司的监督检查、考核要求。建立沟通交流制度，按周、按季度与劳务外包公司进行沟通交流，及时协调解决外包业务中发现的问题和风险隐患，促进各项业务规范有序开展。

二是加大对劳务外包公司人员的培训力度。采取举办培训班、座谈会、技能竞赛等形式，对业务人员进行关于规章制度、业务技能、设备原理操作及风险防控方面的培训46次。

三是以“一带五”的模式构建交流沟通机制，即1名管理员负责5名外包操作员，定期开展谈心活动。及时掌握人员思想意识动向，防范化解各种矛盾。

（三）积极完成中国人民银行交办的各项工作

一是根据《中国人民银行货币金银局关于开展残损人民币数据分析工作的通知》（银货金〔2018〕57号）要求，牵头负责东北地区（北京市、河北省、辽宁省、吉林省）残损人民币数据分析组织协调工作。成立东北地区分析工作领导小组，明确职责分工，制订各项工作方案，并协调各方有效落实。参加中国人民银行组织的3次成果交流研讨会，根据座谈结果及时调整工作方案，保证东北地区残损人民币数据分析工作的顺利完成。

二是参加对中国人民银行沈阳分行、中国人民银行长春中心支行钞票处理业务现场辅导及对中国人民银行南宁中心支行《不宜流通中人民币纸币》标准宣贯和全额清分业务检查工作。

三是开展建筑行业标准、质量管理体系标准等方面的调研，负责起草《中国人民银行钞票处理中心建设管理办法》初稿。

（四）加强管理，确保业务安全

一是完善制度建设。完善清分、复点业务操作规程，制订《清分工作任务及职责分工表》《管理人员场地职责任务》《关于纸1元残损人民币复点的操作规程》《关于使用C1清分机开展复点工作的操作规程》《关于复点抽查和再抽查业务的操作规程》5项制度。

二是严抓现场管理。实行业务骨干跟班作业制度，明确复点业务抽查和再抽查标志牌摆放位置，规范多人分箱时的操作动作，统一点钞机报警后的规范识别动作。

三是强化监督检查。建立明确的现场、非现场监督制度和应急状态下钞票处理业务开展方案。按照日常业务检查表进行日常检查，按季度开展业务安全全面检查。

（王超　杨兴安）

国家金库业务

2018年，国家金库北京市分库认真贯彻落实全国国库工作会议精神，以推进国库高质量发展为主线，围绕“四个着力”工作重点，认真履行经理国库职责，严守资金安全、完善法律法规、推进系统建设、加强监督管理等重点工作成效显著，在首都经济社会发展中发挥了重要的支持和保障作用。

一、以制度执行为准绳，夯实国库会计核算基础

（一）认真完成国库会计核算基础工作

2018 年，全辖各级国库共完成财政预算收入（不含转移性收入及债务收入）15 844.8 亿元，同比下降 5.7%。其中，中央预算收入 7 984.2 亿元，同比下降 2.3%；地方预算收入 7 860.6 亿元，同比下降 8.9%。国库存款利息收入 21.1 亿元，同比增长 9.3%。其中，为财政计付国库存款利息 4.9 亿元，国库现金管理利息收入 16.2 亿元。办理省级预算支出 9 576.9 亿元，同比增长 16%。配合财政部门发放地方债 3 批次，共 15 期，金额 644.8 亿元。其中，一般债 7 期，金额 328.9 亿元；专项债 8 期，金额 315.9 亿元。

（二）做好数据传输电子化工作

配合市财政局做好无纸化前置系统测试工作。经过两周的系统试用，实现收入日报、库存日报、税返报表及国库往来专用凭证等的正常系统传输，基本满足了市财政局的业务需要。

（三）配合完成会计分析系统建设工作

按照国家金库总库的要求派员参加会计分析系统升级现场测试。

二、国库信息化建设取得新进展

（一）稳步推广电子缴税三方协议网签工作

2018 年末，辖内 17 家商业银行上线电子缴税三方协议网签业务，占北京市三方协议签约量的 99% 以上，实现了纳税人足不出户就可以通过互联网签署三方协议。

（二）成功上线第二代 TIPS 系统

2018 年 3 月 31 日，完成第二代国库信息处理系统（TIPS）切换上线工作。该系统运行平稳有序，为北京市纳税人办理电子缴税业务提供了坚实的技术支撑。

（三）成功上线财关库银横向联网实时扣税业务

2018 年 9 月末，上线财关库银横向联网实时扣税业务，实现海关电子缴税业务全部通过 TIPS 办理，提高了税款入库的准确性和及时性，进一步拓展了 TIPS 的应用范围。

（四）推广上线区县财政支出无纸化系统

2018 年末，辖内 18 家代理支库全部升级上线财政支出无纸化业务系统。

三、以科学规范管理为手段，深化国库监督管理职能

（一）加强商业银行代理国库业务监管

对浙商银行北京分行、兴业银行北京分行代理国库业务实施现场检查。完成 2017 年度商业银行代理国库业务考核，认定 25 家银行具备市级国库集中收付代理银行资格，认定 273 家银行（含分行和支行）具备区级国库集中收付代理银行资格。派员参加国家金库总库对云南省分库和深圳市分库的国库会计管理现场检查，以及关于《国库机构设立管理工作指引》等制度的专题研讨会。

（二）加强代理支库监管

组织开展辖内代理支库业务自查工作。完成对辖内 18 家代理支库年审及达标升级考核评定，实施对辖内 9 家代理支库的“双随机”执法检查，严格落实对代理支库的监管职责，促进代理支库全面履职。

（三）探索开展国库监督综合报告制度

建立国库监督综合报告制度。全年，采集辖内国库监督数据 3 031 条，监督各类问题 5 526 笔，金额合计 36.93 亿元。

（四）加强国债业务监管

与市财政局组成国债联合巡查组，对国债承销银行的 69 家网点进行现场巡查，实现了全辖 25 家承销机构巡查的全覆盖。认真做好国债普惠宣传工作，累计开展国债知识进乡村、进高校、进社区等宣传活动 5 次。全年，共发行储蓄国债（凭证式）8 期，金额 218.49 亿元；储蓄国债（电子式）10 期，金额 406.52 亿元。共兑付无记名国债 79 张，兑付本金 11 980 元，利息 5 237.84 元。

（五）推动开展储蓄国债服务“神秘人”暗访

全年，完成对 25 家国债承销团成员 1 000 个网点的暗访、量化评估和精准督导。

四、以财税研究重镇为突破口，信息调研水平显著提升

一是建立《国库简报》报送机制，扩大国库影响力，为各级领导决策提供重要参考。

二是建立信息调研长效机制，刊用数量显著提高。全年，国库信息调研刊用数量 122 篇。其中，中共中央办公厅和国务院办公厅各采用 1 篇，中国人民银行办公厅刊用 6 篇，获中国人民银行领导批示 1 篇，中国人民银行国库局刊用 18 篇，市委市政府办公厅刊用 15 篇，公开发表 3 篇；还包括金融信息 69 篇，调研报告 8 篇。此外，还获得人民银行营业管理部 2017 年优秀信息工作集体、优秀信息工作者、优秀信息联络员、优秀信息工作者和优秀特约信息员等奖励，《北京市地方国库现金管理工作建议》获 2017 年人民银行营业管理部优秀调研成果评比二等奖，《北京市地方政府债务问题研究》获中国人民银行团委青年课题二等奖。

三是搭建北京市国库资金运行情况分析的框架，并逐步成为北京市国库工作的品牌产品。利用国库数据取得较快的优势，与宏观经济数据相结合，创建“北京国库领先指标”，预测全市 GDP 数据。

四是建立代理支库的国库信息联系人制度。

五、稳步开展地方国库现金管理工作

2018 年，完成市级国库现金管理投放操作 11 期，金额 3 780 亿元；收回 11 期，金额 4 030 亿元；收回利息合计 17.4 亿元。

（闫妍）

支付结算清算管理

2018 年，人民银行营业管理部以“防风险、强监管、惠民生”为主线，规范支付服务市场秩序，深化支付产业结构性改革；稳步推进支付与市场基础设施建设，确保支付系统安全稳定运行；深入开展商事制度改革，优化企业营商环境；扎实推进移动支付便民示范工程建设，推动普惠金融向纵深发展；强化支付机构现场和非现场监管，提升调研服务决策能力和水平；强化突发事件应急处理能力，妥善应对北京地区举报“井喷”现象；着力引导支付业务回归本源，服务首都民生改善和实体经济发展。

一、继续推进支付清算基础设施建设

（一）调整大额支付系统和中央银行会计核算系统（ACS）运行时序

配合人民币跨境支付系统建设，推动人民币国际化战略实施，大额支付系统和ACS 两次调整时序，运行时间为前一日20：30 至第二日 17：30。

（二）提升系统应急处置能力，保障支付系统安全稳定运行

2018 年，各支付系统共处理支付业务 156.33 亿笔，金额 2 190.61 万亿元，同比分别增长 42.20% 和 22.21%。大小额支付系统和网上跨行清算系统业务量稳步增长。其中，大额支付系统处理业务1.47 亿笔，金额 2 071.41 万亿元，同比分别增长 18.55% 和 20.99%。开展中国现代化支付系统城市处理中心主灾备系统切换运行工作，检验系统应急处理能力；开展针对发行基金支取业务的应急演练，检验 ACS 应急预案有效性，保证金融基础设施的安全稳定运行。

（三）组织支付机构开展断直连，提升业务穿透监管能力

组织辖内银行和 49 家支付机构开展断直连，通过中国银联和网联清算平台直接完成资金清算，提升支付业务穿透能力，优化支付市场资源配置。

二、进一步强化支付服务市场监管

（一）稳妥开展支付机构客户备付金集中交存

组织辖内 49 家支付机构逐步实现客户备付金 100% 由商业银行向人民银行的集中交存，促进支付机构回归业务本源，服务民生。

（二）审慎开展非银行支付机构《支付业务许可证》续展

完成 6 家非银行支付机构《支付业务许可证》续展工作。根据中国人民银行对第六批《支付业务许可证》的续展结果，做好北京国华汇银科技有限公司、北京中汇金支付服务有限公司和永超源支付科技有限公司的市场退出工作。

（三）对支付机构违规行为从严从重处罚

保持对持牌机构的高压监管态势，对国付宝信息科技有限公司、联动优势电子商务有限公司分别处以 4 000 余万元、2 000余万元罚款，净化支付市场乱象，重拳整治支付领域违规行为。

（四）继续开展互联网金融风险专项整治行动

开展无证支付业务线索排查核实，责成相关商业银行和支付机构开展违规支付通道清理，建立与公安部门的联动机制，及时移送无证机构线索，做好分类处置，严格防范 P2P 网贷风险向支付机构传递。

三、不断提升金融为民服务水平

（一）市政府“e 窗通”平台嵌入企业开户在线预约系统，实现企业在线预约

通过完善账户审批系统、优化账户审核流程、指导规范商业银行、营商环境宣传等措施，实现北京地区企业开户时间尤其是小微企业开户时间不超过 4 个工作日。建设“企业开户在线预约”系统，开发企业开户在线预约功能，企业足不出户就可以实现与银行的点对点连接。

（二）持续推动移动支付便民示范工程

2018 年，北京地区移动支付便民示

范工程在交通出行、出入境、机场海关、法院、缴税、水电费等便民场景拓展取得较大进展，郊区近6 000辆公交车、1万余辆出租车、20所校园、317家便民菜市场、20家食堂、57家医院、27个停车场等实现符合联网通用标准的手机PAY支付或二维码移动支付。2018年12月较1月移动支付活跃账户数增长156.48%，交易笔数增长324.75%；辖内42.59万收单商户中，84.98%的商户可受理手机PAY支付，86.25%的商户可受理二维码支付，移动支付应用支持率达到97.16%。

（三）大力推进农村地区支付环境建设

以优惠政策引领金融资源在农村地区重新配置，以发展助农取款服务点为抓手，助力乡村振兴、开展精准扶贫，推进农村地区支付环境建设。辖内6家银行、2家支付机构在金融服务空白村建设各类金融服务设施785个。2017～2018年，北京市共消除金融服务空白村1 760个，占全部金融服务空白村的91.8%，京郊十区行政村级金融服务覆盖率达95.5%以上，基本实现了村村有金融服务。

四、强化非现金支付工具的规范应用

（一）银行卡支付功能优势显著

2018年，银行卡转账和消费业务量之和达到银行卡资金业务量的95.73%，同比增加5.06个百分点，超过存取现业务总量91.46个百分点；转账和消费业务金额之和达到银行卡业务金额的92.40%，同比增长4.06个百分点，超过存现和取现业务量之和84.80个百分点，相比上年增加了超过8个百分点。

（二）新型电子支付业务增长势头强劲

2018年，北京市银行口径统计的网上支付业务量为38.53亿笔，同比增长49.51%，业务金额为348.29万亿元，同比增长3.69%。移动支付业务量为25.79亿笔，同比增长4.35%，业务金额为29.86万亿元，同比增长48.17%。

五、调研服务决策效果进一步显现

（一）支付统计信息分析系统平稳运行

组织完成12期支付信息数据报送工作，全年共报送报表6 480张。认真做好季度报表、月度报表的汇总整理工作，共报送季度报表4份、月度报表12份。完成北京辖区支付机构2018年第一至第四季度业务数据的统计、汇总工作，制作《北京市辖内非金融机构支付业务数据统计表》。

（二）调研服务决策能力有效提升

积极开展调查研究，深入分析支付服务市场的新业务、新产品、新模式，推广特色工作经验，全年撰写调研报告20篇以上。撰写《北京市支付信息分析报告（2018年）》，全面展现2018年北京市支付结算领域的发展成就和运行状况。

（盖静）

征信系统建设与征信管理

2018年，人民银行营业管理部全面加强风险防控，持之以恒抓好征信信息安全，落实国家扩大金融业对外开放举措，助力北京市优化营商环境，有进有出规范发展征信市场，加强评级市场管理，推进首都社会信用体系建设，积极开展征信宣传教育活动，认真做好征信异议、投诉及维权工作，深入开展征信研究，不断提升征信服务水平，征信管理和服务工作再上新台阶。

一、有序扩大征信系统接入机构及采集信息覆盖面

一是加快并稳妥推进各类机构接入征信系统。及时受理并认真审核8家机构接入征信系统的申请，7家机构已获批接入资格，1家机构正在审批中。推动12家机构企业征信报数程序、5家机构个人征信报数程序通过上线验收，向征信系统上报数据。

二是着力推动重点类型机构接入征信系统。重点推动村镇银行、证券公司、保险公司、融资租赁公司接入征信系统工作。其中，5家村镇银行已直接接入，4家村镇银行已由发起人统一接入，2家村镇银行接入工作有序开展中，2家证券公司、2家财险公司正式接入，首批20家融资租赁公司中的9家已经正式向征信系统报送数据。

三是大力推动采集各类非银行数据。积极推动空头支票行政处罚改革试点工作落地执行，建立违法处罚信息上报机制。全年，共上报行政许可信息31万条、行政处罚信息52条，按月采集北京个人公积金缴存信息869万条，较上年月均增长33万条。每月按时向中国人民银行反馈非银行信息的采集情况。

二、探索构建全流程征信数据质量保障机制

一是发挥技术手段优势，创新推动金融机构上线征信数据报送质量前置管理系统。针对金融机构征信报数程序普遍缺少数据质量管理功能的问题，制订业务标准，推动辖内111家应用新版征信报数程序的接入机构依托报数程序上线前置管理系统，实现了对征信数据质量的全流程管控。

二是紧扣征信数据流转过程，构建多层级、有侧重的征信数据质量管理体系。按照周、月、季度、年4个频度，对辖内27家个人征信系统接入机构、108家企业征信系统接入机构数据质量进行考评，专项约谈11家存在数据延迟更新问题的机构。配合中国人民银行按季度对4家全国性商业银行、4家信用卡中心征信数据进行核查。对4家新接入机构报数程序进行严格验收。采取表彰、奖励、通报、约谈等激励与约束手段全面加强数据质量管理。全年，北京市个人和企业征信数据质量综合评分均保持在99分以上。

三、全力支持做好二代系统建设

一是组织召开业务培训会，详细介绍二代征信系统概况、征信数据采集、征信信息查询、机构用户管理和异议处理等情况，并明确下一步工作安排，辖内141家机构的近200名业务骨干参加了培训。

二是指导各机构确定征信查询前置管理系统、数据报送程序升级方案，明确对接计划，持续督促业务开展。

三是提早筹划人民银行营业管理部征信服务大厅查询前置系统及自助查询机对接二代征信系统各项工作，积极参与二代征信系统非银行信息报送、对外查询服务等业务测试工作，提升服务及征信信息安全管理水平。

四是全面开展试用工作，及时反馈试用结果及发现的问题。

四、强化合规管理，确保征信信息安全

一是全面部署北京地区征信信息安全

管理工作。召开 2018 年人民银行营业管理部征信工作会，传达中国人民银行征信工作会议精神，要求各机构狠抓制度建设和落实，开展自查，高度关注和防范信息泄露和非法侵入。组织完成对辖区内 92 家银行类金融机构 2018 年度征信信息安全考核评估工作。认真制订征信执法检查方案，重点对接入机构征信工作部署、内控问责机制建设等基础性工作落实情况进行检查。全年，共对 7 家机构进行了现场检查，配合中国人民银行完成对一家银行总行的现场检查工作。规范执法标准，对单位和相关责任人从严从重处罚，提高了对违规行为的震慑力。全年对 8 家机构总计罚款 163 万元，对 7 名责任人总计罚款 22 万元。

二是持续推动接入机构完善征信信息安全管理体系。推动辖内金融机构完善包括风险点、业务流程、合规要求在内的征信信息安全管理体系，提升风险防控能力。制订《北京地区征信系统机构接入内部管理规范》，确保新接入机构信息安全管控措施到位。全年，共推动 8 家符合条件的机构接入征信系统，仅为 4 家满足要求的机构开通了征信系统查询权限。

三是强化非现场监管，推动征信信息安全风险防控体系的建立。组织辖内 192 家机构对征信系统用户和查询前置系统用户进行全面排查。督导辖内各机构成立征信信息安全工作领导小组，建立和完善内控与问责机制、信息安全报告制度，加强培训和风险警示教育，制订《征信信息安全事件应急处置方案》，妥善处置某公司信息泄露事件。推动各机构上线查询前置管理系统，构建征信信息安全风险防控体系，实现对风险点、业务流程、合规要求的“全方位覆盖”。强化非现场管理，及时组织辖内 161 家接入机构就征信合规与信息安全工作进行自评、试评，推动征信信息安全管理长效工作机制，切实消除风险隐患。

四是开展风险巡查，化解突出风险隐患。重点对辖区内存在使用个人信用报告的计算机终端有访问互联网权限问题的 8 家接入征信系统机构，进行征信信息安全现场巡查，切实消除和化解重大风险。组织辖内 12 家金融机构对全部 71 个自助查询服务网点、83 台自助查询设备进行巡查，重点核查网络环境和主机信息安全隐患。督促金融机构强化网络环境安全防护，对自助查询网络环境进行单独加密防护，修补自助查询设备主机漏洞，及时升级维护操作系统，并安装防病毒软件等，全面提升北京市个人信用报告自助查询业务信息安全。

五、促进企业征信市场的扩大开放和规范发展

一是完成北京市首例外资企业征信机构——益博睿征信（北京）有限公司业务备案。

二是初步建立“有进有出”的市场监管机制。企业征信机构备案工作重启后，按照“成熟一家，备案一家”的原则，在近百家有申请意愿的机构中优中选优，正式受理并向社会公示了中电联（北京）征信有限公司、爱信诺征信有限公司、金堤征信服务有限公司的备案申请；推动辖内企业征信机构的清理工作，完成了网信征信有限公司、厚普征信有限公司、独角兽信用管理（北京）有限公司、瑞思科雷征信有限公司的备案注销并向社会公告。

三是助力互联网征信风险防范。通过现场和非现场的方式，将与 P2P 网贷关联的企业征信机构纳入重点监管，进行跟踪调查和舆情监测，约谈相关负责人，并提示相关风险。对3家与P2P网贷平台关联的征信机构开展现场巡查，注销了2家P2P网贷背景征信机构的备案。

四是落实企业征信机构信息安全巡查机制。制订《2018北京地区企业征信机构巡查方案》，对已备案的企业征信机构的业务开展、数据安全等情况进行巡查。对4家机构进行现场巡查，认定事实10项，针对发现的问题，约谈相关机构负责人，提出整改要求，并对1家机构整改情况进行“回头看”。督导辖内35家企业征信机构建立健全征信机构内控及问责制度、征信合规与信息安全自查自纠制度及报告制度，实现常态、及时的数据和材料报送机制。

五是规范市场行为，打击征信乱象。开展常态化舆情监测，发现和纠正个别企业征信机构夸大宣传行为，并及时由第三方公证处进行证据保全公证。对个别机构乱发AAA评级、立信单位等不规范从业的行为，对相关负责人进行了约谈警示。配合中国人民银行就“借贷宝通过银狐系统推送借款人信息上百万条”等舆情所反映的乱办征信相关情况进行现场调查。

六是开展征信机构非现场监管。通过企业征信机构统计报告电子化报送系统，实时跟踪监测、预警，实现日常监管的动态化管理，准确向中国人民银行上报各类统计报表、业务报备、情况报告等。全年共约谈高级管理人员30余次，办理备案变更事项12项，处理投诉举报2起，向有关部门移交证据线索1起。

七是推进绿盾征信（北京）有限公司代理方清理工作。多次约谈公司负责人，要求其务必真正进行代理方清理工作，不得变换形式，不得弄虚作假，并聘请专业外部律师事务所全程参与清理工作。截至年末，绿盾征信（北京）有限公司原有348家业务代理方已有176家改制为分公司。

六、推动辖区内信用评级市场规范发展

一是积极推动标准普尔、穆迪公司、惠誉国际在京设立法人机构并指导其进行备案。制订备案申请材料填报要点，对三大评级机构所提交备案材料的完整性、合规性进行了初步审核，并多次沟通反馈意见。

二是从严进行备案管理，建立“有进有出”的动态管理机制。完成1家信用评级机构的备案及2家信用评级机构的注销工作。

三是对辖内信用评级机构全面开展巡查。对辖内12家信用评级机构进行巡查，重点关注各家机构内控及利益冲突防范机制建设情况。对2018年受到行政处罚的某公司开展现场巡查，督促其彻底整改，并对其引进战略投资者有关情况进行了解，上报中国人民银行。

四是认真做好信用评级市场非现场监管工作。召开北京辖内信用评级机构监管座谈会，传达中国人民银行关于评级市场管理工作精神，提议辖内评级机构完善《自律公约》，强化行业自我管理。利用各项监测工作机制、征信管理监测系统、违约率系统等工具，对辖内信用评级机构和信用评级市场进行监测。及时准确地向中国人民银行报送各类报表、报告、评级业务信息。

五是积极开展央行内部（企业）评级推广工作。建立健全相关工作机制，成立人民银行营业管理部央行评级委员会，设立非金融企业评级办公室，制订推广工作方案，将参与机构范围扩大至辖内全部地方性法人银行，多次组织召开培训及工作推进会，明确相关工作的办理流程和管理要求。认真做好央行内部（企业）评级结果应用，通过经评级的信贷资产质押的方式，向某银行发放3.5亿元再贷款。截至年末，北京辖区央行再贷款余额约6亿元，其中，约5.6亿元通过信贷资产质押方式发放。

七、征信知识宣传普及突出实效

一是统筹部署，充分调动辖内各类机构，联合相关部门，通过营业网点、业务平台、互联网站、主题活动等开展征信宣传。全年，结合“3·15消费者权益保护日”“6·14信用记录关爱日”“守住钱袋子”“金融知识普及月”“诚信点亮中国”等活动，带领金融机构、小额贷款公司、企业征信机构、信用评级机构，联合在京政府部门、高校、媒体，开展了一系列征信宣传工作，66家政府部门、70多家媒体机构参与；3 800余家已接入征信系统的机构网点举办活动约4 000场，宣传对象近450万人。

二是联合中国交通广播电台FM99.6频道《一呼百应帮帮忙》和《速度晚高峰》栏目，累计播出征信宣传情景剧30期，收听人数384.3万人次。在“中国交通广播”微信公众号推出答题抢红包的小游戏，调动社会公众参与征信知识普及的积极性。在和讯网、光明网、新华网、人民网、北青网，以及知乎、今日头条、百度百家等40余家新媒体进行征信知识宣传。在中国金融培训中心的指导下，利用自媒体开发征信知识的微课程，生动、广泛地传播征信知识。

三是开展校园诚信普及行动，推动高校建立征信教育长效机制。联合共青团北京市委员会推动诚信教育工作，指导大学信用大使联盟以小品、文艺、传单、广播、授课、讨论等形式，在辖内高校开展诚信普及教育，并结合“校园贷”“校园害”开展诚信警示教育。编写《北京市小学生金融知识普及读本》信用相关章节，在进校园宣传活动中试讲试用；联合某银行北京市分行主创的《金融第一课》小品，呼吁大学生珍爱信用，抵制非法“校园贷”。

八、征信服务及维权取得成效

一是优化个人查询服务网络建设，动员金融机构积极参与自助查询网点建设。全市设立71个个人信用报告查询网点，布放自助查询机83台，在河北省6个地区的人民银行县支行布放6台自助机，支持雄安新区及天津、河北等地的查询需要；通过微信小程序“信用小帮手”可便捷查询网点分布；全年提供个人信用报告查询105.5万次，同比上升5.7%；提供企业信用报告5.3万份，同比上升89%；发放机构信用代码12万个。

二是及时受理并妥善处理征信异议和投诉，有效化解突发群体性事件风险。全年，受理和协助人民银行分支机构解决征信投诉12笔，受理个人异议申请1 897笔，办理个人声明107笔，督导辖内金融机构及时处理各类异议3 234笔；妥善处置2起涉众投诉事件。

九、推进首都社会信用体系建设

一是全力支持百行征信有限公司开展各项业务。大力推进互联网信用体系建设，组织完成4家消费金融公司、7家小额贷款公司、3家网络信息中介公司与百行征信有限公司对接，指导44家机构与百行征信有限公司签署战略合作协议。

二是配合做好世界银行营商环境评估迎检，助力北京市优化营商环境。协助中国人民银行征信中心与市政府相关部门的工作对接，做好世界银行“获得信贷”相关指标的解析说明和填报，参与制订北京市优化营商环境三年行动计划，推动北京住房公积金管理中心上报公积金贷款信息。

三是推进首都社会信用体系建设，发挥地方联席会议牵头单位的作用。召开2018年北京市社会信用体系建设联席会议。参与拟订《2018年北京市社会信用体系建设重点任务》等，牵头任务共41项。推进信用联合奖惩工作，引导辖内金融机构在融资授信中应用有关奖惩信息。开展社会信用体系示范城市（城区）申报，支持海淀区参加全国社会信用体系建设示范区建设评审工作。

四是加强协调与合作，全面提升中小微企业信用体系建设水平。对接中关村“双创”企业，各银行累计为中关村高新技术企业提供信用贷款2 695.9亿元，年末余额647.8亿元。参与主办“2018信用北京诚信建设万里行暨（第四届）信用中关村高峰论坛”。

五是推进农村信用体系建设工作。会同北京市农村工作委员会开展北京市农村信用评价模型研究，指导北京农商银行做好“三信工程”建设，开展农村经济合作社信用评价相关工作等。

十、推进征信立法研究与征信文化建设

一是配合中国人民银行开展制度建设及调研工作。组织辖内信用评级机构开展对《信用评级业管理暂行办法》相关意见征求工作。拟定北京辖内信用评级机构备案办理流程，完善辖内相关制度建设。组织辖内信用评级机构参加评级行业管理、市场发展、评级产品等方面的调研，推进辖内信用评级机构整合相关工作。定期开展国内外信用评级行业动态监测工作。完成《个人信息立法保护研究》专题调研，提出立法工作建议；组织开展《大数据与社会信用体系建设融合发展的实践与探索》专项课题调研等。

二是大力推动征信文化建设。积极推进文明服务标准化试点工作，加强柜台服务人员的培训教育，打造北京地区征信文化教育示范阵地。利用专项宣传、征信机构现场调研等契机，督导机构营业网点利用多媒体滚动屏播放征信主题宣传口号，大力弘扬征信文化。

（张建立）

金融信息化建设

2018年，北京市金融信息化建设工作以科技保障为基础，守住不发生系统性金融风险的底线，全力以赴保障金融业网络安全，努力推动金融科技研究与应用，深入推进金融标准化与治理相融合，建立健全金融监管体系，统筹规划IT基础设施建设，不断提高信息系统建设运维水平，在科技运维和行业监管方面齐头并进，首都金融信息化服务普惠水平得以有效提升。

一、人民银行营业管理部信息化建设工作不断推进

（一）全力以赴做好系统推广和网络建设工作

一是按照《基础设施更新管理规定（试行）》要求完成业务网和DMZ虚拟化平台服务器、光纤交换机工作，并扩容、更新部分存储设备，对重要业务系统进行精细化、体系化管理；完成国库信息处理系统（TIPS）二代生产环境MOM前置A、B中心ADS升级工作；完成人民银行营业管理部互联网邮箱全球信任服务器证书部署，提高邮件传输的安全性。

二是开展互联网网络结构调整优化，完成互联网智能动态主机设置协议（DHCP）系统部署、互联网网络回溯分析设备部署上线实施；完成市财政局线路迁移需求，按流程为其分配线路接入端口，配合北京市搬迁工作委员会网络变更工作，保障搬迁工作顺利进行；对网络、机房基础设施进行应急演练，完成支付系统北京城市处理中心主备中心切换运行演练工作；完成人民银行营业管理部数据中心不间断电源（UPS）电池更新实施工作，继续开展配电柜和空调更新实施工作。

（二）加强人民银行营业管理部内部信息安全管理

按照《中国人民银行机房值班管理办法》（银办发〔2018〕26号）要求，组织起草《中国人民银行营业管理部机房值班工作细则》，完善7×24小时监控机制建设，加强外包管理，通过多套应用和网络监控系统、值班人员定时巡检和主动性预防等措施，构建多层次体系化的监控手段，实现了故障事件的及时发现与处置，确保了网络通信畅通和系统安全稳定运行。

（三）探索创新，开展大数据、金融科技、互联网协议第6版（IPv6）及量子通信项目的应用试点工作

一是规划建设人民银行营业管理部省级数据中心大数据平台。以《人民银行省级数据中心大数据平台建设指引》为指导，结合人民银行营业管理部数据中心建设发展现状，以开展数据治理、规范数据标准、搭建基础平台、融合数据管理、推动数据共享为主要实施路径，制订大数据平台建设方案。以相关处室的业务需求作为大数据平台的试点应用，对大数据平台开展技术选型和论证，通过引入数据仓库、分布式数据库、弹性部署等新型技术，实现对海量数据的采集、存储和处理，切实发挥大数据平台的作用。

二是开展调研实践，运用人工智能技术提升IT运维服务质量与管理水平。完成人民银行营业管理部数据中心智能机器人机房巡检项目，实现智能机器人自主巡检，为7×24小时机房监控提供人工智能解决方案；完成人民银行营业管理部数据中心智能出入管理项目，采用人脸识别技术，对操作间门禁系统进行改造，实现无感刷脸进出门禁管理。

三是牵头在北京市开展金融科技应用试点工作。向市政府进行专项汇报，并与金融科技示范区相关单位进行沟通，建立工作协调机制。广泛征集项目，与重点金融和科技企业进行交流座谈，从技术安全管理、金融服务民生、数据融合应用、金融风险防控等方面梳理辖内申报项目。按照试点工作要求，形成北京市金融科技应用试点工作方案，为下一步推动试点做好各项准备工作。

四是开展针对 IPv6 的技术研究，探讨在人民银行营业管理部部署 IPv6 的可行性；针对辖内商业银行进行调研，协助中国人民银行完成 IPv6 的相关报告和总结；选择北京农商银行作为辖内试点，促进 IPv6 稳步推进。

五是开展量子通信链路上线工作。制订量子通信项目试点实施方案，选取人民币跨境收付信息管理系统（RCPMIS）开展测试，完成中国人民银行到人民银行营业管理部量子通信线路上线。协调北京农商银行完成测试系统加载量子加密通道实施工作，上线与人民银行营业管理部量子通信线路。

二、强化管理、全面推进辖内信息安全建设

高度重视信息安全管理工作，圆满完成“两会”、中非合作论坛北京分会等重要时期金融业信息系统安全保障；完成办公网一体化终端安全管理系统的上线部署，并在互联网终端部署一体化终端安全管理系统，实现了“三网”终端全管控；在互联网部署风险态势感知安全管理系统，提升风险态势感知能力；完成对浙商银行北京分行、兴业银行北京分行、易智付科技（北京）有限公司的综合执法检查；完成辖区 49 家支付机构分类评级、6 家支付业务许可证续展技术审核工作；向支付机构发布《中国人民银行营业管理部关于发布银行卡信息泄露导致伪卡盗刷事件风险提示的通知》，提升支付机构对于外部威胁的应对响应水平。

三、做好行业技术监管、充分发挥行业管理职能

一是加强金融城域网管理工作。完成人民银行营业管理部及辖内 200 余家金融城域网接入机构自查工作，并对 20 家重点机构进行现场核查，针对机构存在的问题，提出整改意见。

二是贯彻落实支付受理终端安全要求，推动移动支付在公共交通领域的应用创新，组织全辖开展支付受理终端抽测，完成对辖区 18 家法人商业银行及 49 家非银行支付机构的支付安全风险专项排查工作，对发现的问题建立清单管控机制，强化问题整改落实。截至年末，北京地区金融 IC 卡累计发行 1.1 亿万张，非接受理支持率达到 100%，全辖有银行卡业务的银行全部实现发行金融 IC 卡。

三是开展《银行业产品说明书描述规范》《银行业营业网点服务基本要求》及《金融业信息系统机房动力系统规范》等重点标准对标自评估工作；组织全辖商业银行开展“重点金融标准知识竞赛”活动。

（陈静）

金融法制建设

▲中国人民银行营业管理部

2018 年，人民银行营业管理部紧紧围绕中国人民银行部署的金融法治中心工作，按照强化金融监管、维护辖区金融稳定和不断提升法治央行建设水平的总体工作思路，有序推动金融法治工作开展。

一、参与多项立法调研和法治央行建设工作，提供政策参考

一是就《非存款类放贷组织条例》开展立法调研，完成《北京市小额贷款公司信贷资产转让业务的现状、问题及政策建议》；就金融机构风险处置事项开展立法调研，起草法规草案，完成《我国保险公司风险处置机制研究——基于安邦集团风险事件的分析》《亟待完善非法互联网金融活动风险处置机制》；就地方金融监管体制改革开展立法调研，参加法规草案起草工作；完成“金融业反垄断与公平竞争问题研究”调研项目。

二是参加法治央行建设考核指标体系建设等重点工作。参与起草考核指标体系，参加试评估工作，推进考核工作实施；牵头对分支机构法治队伍建设情况进行调研，完成《法治央行建设背景下法治力量建设调研报告》。参加国务院部署的“优化营商环境”调研课题组，开展实地调研并承担人民银行课题报告的写作及统稿工作。

二、就加大央行行政处罚力度开展调研，强化金融监管效果

梳理国内外金融领域行政处罚情况，深入分析人民银行行政处罚金额较低的问题，提出了对竞合违法行为从重处罚、对同类数个违法行为分别处罚、从宽计算“违法所得”、单位与个人并罚等措施建议，向中国人民银行进行专题汇报，推动中国人民银行行政处罚指导意见出台。

三、优化外聘法律顾问工作机制，建立专家库

一是建设高水平法律专家库。出台法律顾问工作机制和工作制度，建立由20位专家组成的外聘法律专家库，根据履职和执法需求开展法律论证。就举报事项办理、账户信息公开等疑难事项，邀请北京地区三级人民法院召开专家研讨会，为相关部门依法履职指明方向。

二是建设外聘律师工作机制。完成人民银行营业管理部法律服务公开招标工作，确定2家提供驻场服务的律师事务所，3家提供专项服务的律师事务所，形成了法律事务处工作人员和外聘律师相结合、驻场律师与律师事务所支持团队相结合的法律审查工作机制。

四、打击违法开展互联网资产管理业务及支付业务，遏制金融乱象

一是开展互联网金融专项整治。深入研究互联网资产管理业务处罚相关法律问题，直接参与执法检查，率先完成后续行政处罚工作。

二是打击违法开展支付业务的行为。对8家违法开展支付业务的机构作出行政处罚，共计罚款1亿元。

五、强化专项行动警银协作，移送案件线索

一是签订警银协作备忘录，梳理人民银行营业管理部能够对公安机关提供的协助以及相应的工作需求，通过顺畅协作、形成合力，促进公安机关在案件侦办方面投入更多资源。

二是向国家安全部门移送案件线索。与市公安局经侦总队通力配合，共同研判案件线索；与北京市国家安全局建立合作关系，移送1起违规购汇跨境支付案件。

三是跨境违法案件取得重大突破。向北京市公安局移交1起跨境POS机违规刷卡套现线索，协助破获十年来北京最大的跨境地下钱庄案件，涉案金额300余亿元。并对该案中涉及个人非法买卖外汇的案件进行处理，成功查处案件30余起，对违规个人实施处罚。

六、开展空头支票行政处罚改革试点工作，降低空头退票率

一是推进空头支票行政处罚改革。通过同城信息平台、试点工作微信群，指导督促银行进行分类处置和资信调查，保证试点要求落到实处，试点期间北京地区空头退票率下降至0.11%，同比降低了31.2%。针对空头支票处罚送达难问题，制订空头支票法律文书送达规范，实现送达各环节的标准化操作。编写空头处罚文书法律审查要点，规范执法行为。

二是完成空头支票综合治理文件在辖内的征求意见工作。召集14家主要支票业务银行、15家企事业单位分别举行调研座谈会，起草政策建议上报中国人民银行。

七、清理规范性文件，加强行政执法管理

一是全面清理并公示规范性文件。组织开展人民银行营业管理部规范性文件清理工作，对规范性文件进行评估并形成最终清理意见，向社会公告废止30件规范性文件和67件持续有效类规范性文件。

二是对自由裁量基准进行全面监督。进一步规范人民银行营业管理部执法裁量权行使，开展行政处罚裁量基准的梳理和制订工作，追踪每一次执法检查的后续处理，切实防控行政处罚法律风险，杜绝执法随意性。

三是人民银行营业管理部中品质协（北京）质量信用评估中心有限公司行政处罚案，作为监管机关依法行政的典型案例，入选“北京法院首批十大金融典型行政案件”。

八、强化金融法治专项培训，开展金融法律知识宣传

一是与西城区人民法院合作，创新工作机制，将庭审现场转化为宪法宣教和法律培训的新平台，组织40余名一线执法人员旁听涉诉举报答复案件庭审。

二是针对行政执法人员需求，丰富培训主题、提高培训频次。全年组织专项法律培训6次，涉及宪法和法治意识、规范性文件制定、信息公开、执法风险防范等，覆盖行内全部行政执法人员及新行员。

三是以“金融消费者权益日”“普及金融知识　守住‘钱袋子’”“金融知识普及月”集中宣传活动为契机，组织辖内银行和支付机构开展贴近消费者实际需求的进社区、进校园等活动。

（舒昱）

▲银行业监管法制建设

2018年，中国银行保险监督管理委员会北京监管局（以下简称北京银保监局）积极推进监管法治建设，注重运用法治思维、法治方式防范化解金融风险，提高银行服务实体经济发展质效和维护首都金融安全稳定，取得了较好成效。

一、“严”字当头，提升监管执法的威慑力

（一）依法高效实施行政处罚

保持强监管、严监管态势，依法处罚，严格问责，坚决遏制银行业各种乱象。全年，共审议决定对25家银行业金融机构给予罚款合计1 625万元。严格落实“双罚”原则，加强“顶层问责”力度。全年共处罚责任人7人，责令银行业金融机构对101名责任人给予内部问责，对2名机构主要负责人给予取消一定期限直至终身的银行业从业及高级管理人员任职资格。对2家信托公司按照“穿透式”监管原则实施行政处罚，对公司治理严重不审慎、违反住房信贷管理政策的行为依法实施处罚。

（二）优化制度流程提升执法质效

制订《关于进一步规范北京银监局行政处罚工作的意见》，涉及发起立案、调查取证、后续执行等方面，提升行政处罚工作的有效性。制作发布《行政处罚操作流程图》，明确10个主要处罚工作环节的办理时限、审查要点和要件格式，增强处罚工作的规范化、可视化程度。探索建立“专人主审＋集体会审＋征询外部专家意见”相结合的法律审理机制，明确12项法律审理要点。全年，就行政处罚调查报告提出法律审查意见、改进建议100余项，接受调查处室法律咨询30余次。

二、“实”处着力，防范化解法律风险和行政风险

（一）妥善化解复议诉讼风险

行政复议、行政诉讼案件胜诉率均达到100%。全年，办理行政复议案件、行政诉讼案件28起，上级机关或法院已作出审理决定20起，均获支持。撰写提交《行政诉讼答辩状》等法律文书近30份，整理提交证据材料数百项；派员赴北京市高级人民法院、北京市第二中级人民法院、西城区人民法院沟通汇报案件情况、参加法庭审理等数十次。妥善处置新型重大复议诉讼案件。积极应对首起因行政处罚引起的行政诉讼案件、首起群体性行政诉讼案件、首起因实施监管强制措施引起的行政复议案件，争取上级机关、法院方面的支持。

（二）扎实开展法律服务和专题研究

持续做好法律保障服务。全年，完成各类法律审查502件，编制并发布《银行业监管法规文件汇编（2015～2017年）》（电子文件库）；协调做好公职律师年度考核备案、外聘律师事务所等工作。围绕信访投诉答复法审、规范性文件审查备案等疑难问题开展专题研究及培训，邀请法官讲解信息公开案件审判的特点及答复技巧；起草发布《实施监管强制措施注意事项》等内部文件。制订《落实公平竞争审查制度工作规程（暂行）》，建立三级审查机制，开展各类存量政策措施清理，顺利通过公平竞争审查专项督查。深入开展监管执法及法治调查研究，完成重要监管执法调研事项7项，撰写监管执法、行政应诉类调研报告10余篇。

（三）有序推进银行业法治建设

组织召开北京银行业法律合规联席会议、专题研讨座谈会，增强法律合规理念传导。持续做好银行业“七五”普法工作，组织参加法治动漫微电影活动、“我与宪法”等专题活动，通过集中性、经常性、嵌套性模式督导机构落实普法任务。

（万冬朝）

▲证券业监管法制建设

2018年，中国证券监督管理委员会北京监管局（以下简称北京证监局）以习近平新时代中国特色社会主义思想为指导，深入学习贯彻落实党的十九大精神，深入落实依法监管、全面监管、从严监管的理念，积极应对依法行政与防范法律风险压力，有力地推动了辖区资本市场法制建设。

一、常抓不懈，行政处罚打开新局面

始终坚持“零容忍”原则，保持执法高压态势，严厉惩治辖区资本市场违法违规行为。全年审结案件8起，召开听证会6次，出具行政处罚决定书9份，对17名当事人进行行政处罚（其中包含5家单位和12名自然人），罚没款金额共计1 472.33万元。

一是案件审理质量高。2018年，北京证监局行政处罚没有引发一起行政诉讼，实现行政处罚“零诉讼”。

二是处罚工作不断创新突破。首次办理了私募基金“老鼠仓”、评估机构违法违规等新型复杂案件，不断将案件处罚工作推向纵深，有力打击首都资本市场违法违规行为，取得了良好的社会效果。

三是尝试探索审理体制创新。探索审理机制创新，建立兼职委员审理案件制度，逐步解决案件数量与审理资源不匹配的矛盾。

二、积极探索，律师事务所监管取得新进展

一是以风险为导向，对3家律师事务所的5个项目开展现场检查、核查工作，并对个别律师内幕交易行为进行延伸检查，共出具3份行政监管措施、2份监管关注函。

二是以内控为核心，对辖区律师事务所开展调研工作。对辖区律师事务所从事证券期货业务情况进行详细摸排，统计显示，2017年1月至2018年6月，辖区86家律师事务所、3 141名律师参与资本市场法律业务，出具各类法律意见书20 839份。

三是以细分业务领域为抓手，开展债券发行业务专项检查。根据证券期货市场公司债券违约多发情况，对6家律师事务所承办的6个债券发行项目进行检查，起到了良好的威慑作用。

四是深化律师事务所监管协作机制。走访北京市司法局，就现场检查与内控调研事宜进行沟通，并联合开展现场检查，强化监管权威。

三、积极作为，严守合规底线

一是聚焦开展法律审查工作。全年法律会签222单，比上年增长35%，举报投诉会签数量增长明显，没有引发一起行政诉讼。其中，行政监管措施61单，涉及复杂疑难事项占比明显提高。对于法律会签事项，注意发现问题，积极提供解决方案。

二是揭示重点风险。召开法制专题培训班，通报信访举报、行政监管措施、依申请信息公开和司法接待等工作中发现的问题及风险。邀请专家授课，安排专题对法律风险进行现场座谈，切实提高依法行政水平。

四、勇于创新，诚信建设构建新机制

一是强化资本市场诚信数据库建设及应用工作。2018年，共录入诚信信息190条，其中，行政许可信息80条、监督管理措施信息101条、行政处罚信息9条；接收外部诚信查询187单，查询征信报告19份。

二是积极参与北京市社会信用体系建设工作。年内，对北京市23个领域的备忘录反馈意见，赴北京市经济和信息化委员会就诚信建设问题进行专项沟通交流，通过专题座谈会向北京市委全面深化改革委员会办公室汇报北京证监局诚信建设情况等，协助配合北京市社会信用体系建设联席会议办公室提出的各项建设任务。

三是做好普法宣传工作，督促辖区证券公司、期货公司等证券期货经营机构开展“12·4”国家宪法日等普法宣传活动。

五、其他法律事务

一是对《证券期货市场监督管理措施实施程序规定（草案）》《证券期货市场严重违法失信主体专项公示方案（征求意见稿）》等各类规则草案进行研究并

提出反馈意见。

二是全年接待全国各地各级司法机关来访22次，涵盖业务咨询、业务资格认定、行为性质认定、查阅复制资料等，积极协助打击非法证券期货违法活动。

（蔡绿洲）

▲保险业监管法制建设

2018年，北京银保监局认真贯彻落实党中央、国务院、中国银行保险监督管理委员会（以下简称中国银保监会）党委对金融保险工作的要求和部署，加强完善法律制度，着力加强风险防范，维护消费者合法权益，不断提升依法行政能力，为首都经济发展提供了有力保障。

一、加强制度建设，提升依法行政能力

一是全面开展公平竞争审查清理工作。坚持“三结合”的工作思路，将清理现行排除限制竞争措施与完善制度及规范性文件清理相结合，坚持内部清理与外部审查相结合，组织相关处室对原中国保险监督管理委员会北京监管局现行25件规范性文件逐一进行排查，最终废止规范性文件4件，修订1件。

二是积极参与中国银保监会相关规章制度的制定、修改工作。全年对《互联网保险业务监管办法》《保险实名登记管理办法》等规章制度的修改完善提出30多项意见建议。

二、强化风险防范，维护保险市场稳定

一是持续加大行政处罚力度。2018年，北京银保监局作出行政处罚决定33件。其中，处罚保险机构30家，罚款372万元；处罚责任人32人，罚款120万元；对1家保险经纪机构吊销经营保险中介业务许可证，撤销该机构主要负责人任职资格。行政处罚力度强，对11家次保险机构按照从重或顶格罚款处罚，吊销1家中介机构许可证；处罚重点突出，对欺骗投保人等严重侵害保险消费者权益的案件坚持从重处罚，罚款金额占到罚款总额的四成；坚持纠罚并重，以监管函、监管谈话方式向行政处罚对象通报处罚情况，明确整改要求，并限期报送整改报告。

二是积极应对行政法律风险。法制部门会签局内各种对外回复的投诉、举报、信息公开案件以及规范性文件制定、检查报告等，全年共提供各类法律意见400余件，同比增长约三成。坚持“严格审查、司法标准、充分沟通、求同存异”的原则，采取重要案件提前介入、一般案件加强沟通，协助案件主办处室梳理案件脉络，研判证据材料，确保案件事实清楚，依据准确，答复全面，最大限度地减少相对人复议、诉讼空间。针对商业车险手续费不正当竞争、“神州租车”涉嫌非法经营保险业务等问题，广泛征求法律顾问及中国银保监会相关部门意见，深入分析法律风险，为相关案件的处置工作提供法律支持。

三、开展研究宣传，助力中心监管工作

一是开展现行保险监管法规制度梳理工作。针对原中国保险监督管理委员会现行有效的918件规章、规范性文件，按照派出机构监管重点，系统分析了产险、寿险和保险中介各领域监管制度的主要内容及存在的问题，并从文件制定的角度提出相关建议，形成近2万字的研究报告。

二是做好重点课题研究。完成《北京地区保险合同纠纷诉讼情况研究》，首次系统性研究保险合同纠纷诉讼情况，详细阐述诉讼行为反映出的北京保险业存在的问题，并有针对性地给出意见建议。

三是扎实开展调研。完成《关于在京保险分公司合规管理情况的调研报告》，详尽分析北京辖内省级分公司合规管理现状和监管政策落实情况，分析存在的问题，提出相应的监管建议。

四是开展法制宣传和教育。结合中国银保监会法规部复议诉讼通报、《反不正当竞争法》修订等情况，向全局编发5期法制观点；邀请西城区人民法院法官开展行政执法培训；组织开展“七五”普法中期自查；指导行业协会组织行业开展“12·4”国家宪法日宣传活动。

四、推动诉调对接，维护消费者合法权益

一是深化合作。2018年4月，北京保险行业协会与北京铁路运输法院签订《关于电子送达的合作协议》，建立了保险公司保险合同纠纷案件法律文书电子送达机制，进一步提高审判和调解工作效率。

二是加强交流培训。北京保险行业协会组织相关人员参与北京铁路运输法院组织的京津冀三地“保险法理论与实务讲坛”活动，组织53家财产险公司的80余名调解员、法务人员参加北京市第四中级人民法院庭审观摩活动，邀请法官、行业专家讲解《中华人民共和国保险法》司法实务分析、化解保险合同纠纷思路和调解技巧等。

三是加强舆论宣传。北京保险业诉调对接案例连续两年入选北京市高级人民法院发布的多元调解十大典型案例；2018年8月，《中国保险报》刊载《北京：让保险诉调更有温度》一文，取得良好的社会反响。2018年，北京保险行业协会共承接诉调对接案件190件，涉案金额2 253万元，履约率达100%。

（李丹）

反洗钱工作

2018年，人民银行营业管理部不断创新反洗钱检查方式，拓展检查的深度和广度；综合运用多种监管措施，增强义务主体履职的自觉性和主动性；加大处罚力度，强化监管权威；关注风险高发领域，充分发挥反洗钱管控作用；多措并举，推动北京地区特定非金融机构反洗钱工作开展；加强调研，创新成果不断；宣传形式新颖，培训工作效果显著；反洗钱各项工作不断取得新进展。

一、综合运用多种监管措施，提升监管的针对性和有效性

一是创新执法检查方式，拓展检查深度。全年，共完成执法检查8家。按照风险为本的原则，选择投诉量较大的国付宝信息科技有限公司、可疑交易分析模式存在缺陷的中国光大银行北京分行、法人分类评级结果较差的华泰人寿保险股份有限公司和工银瑞信基金管理公司（法人监管原则）作为检查对象，开展现场检查。按照中国人民银行要求，对随行付支付有限公司开展反洗钱专项检查。按照人民银行营业管理部统一安排，完成对浙商银行北京分行、兴业银行北京分行和易智付科技（北京）有限公司的综合执法检查反洗钱专项检查。创新检查方法，引入第三方服务机构爬虫技术，发现了被查机构存在的“为不明身份的客户提供服务或与其交易”的违法事实，并据此增加罚款金额600余万元。首次系统地检验了银行机构《金融机构大额交易和可疑交易报告管理办法》的实施情况，逐一审阅了某银行64种可疑交易监测模型或指标，发现了该银行指标设计不合理、人工分析不到位、系统未有效实现等原因造成的可疑交易漏报等行为。

二是采取监管走访、现场评估、约见谈话和现场调研等监管方式，扩大法人机构现场监管覆盖面。通过监管走访、现场评估的方式，对18家机构落实反洗钱法律法规情况、开展洗钱风险自评估情况进行核验。针对中国反洗钱监测分析中心每月下发的可疑交易报告情况通报，现场约谈12家机构负责反洗钱工作的高级管理人员，对其可疑交易报告工作存在的问题提出指导意见。针对投诉举报情况，约谈18家支付机构和8家银行，要求其对被投诉事项进行认真核实，查找风险漏洞，妥善处理后续事宜。采用现场调研方式，与北京银行等4家机构交流反洗钱工作开展情况，督促各机构持续提高反洗钱工作成效。

三是开展北京地区分类评级工作，实现了法人金融机构和支付机构全覆盖。按照《法人金融机构反洗钱分类评级管理办法（试行）》的要求，对2017年未进行评级的71家财务公司和2017年评级为C类及以下的8家非银行法人金融机构进行评级，并对其中工作没有明显改善的8家机构进行了约谈。依据《非银行支付机构分类评级管理办法》，对辖内54家支付机构进行分类评级，为实施支付机构的分类监管奠定了基础。依据新修订的综合评价标准，对辖内92家银行机构开展2017年度综合评价反洗钱分项评价工作。自2017年开始，利用两年的时间完成对辖内全部252家法人金融机构的分类评级工作，实现了分类评级工作全覆盖。

二、加大行政处罚力度，强化监管权威性

着力推动行政处罚工作，依据《反洗钱行政处罚裁量基准（试行）》和《关于反洗钱行政处罚裁量基准有关执行要求的通知》提出处罚意见，严格落实“双罚制”。完成对中国光大银行北京分行等11家机构及19名主要责任人的行政处罚工作，罚款总额共1 369.05万元；其中，机构罚款1 253.00万元，相关责任人罚款116.05万元。

三、强化监督指导和调查分析力度，提高反洗钱监测机制有效性

一是按季度向全辖各机构通报重点可疑交易报告接收情况和报告处理情况，要求各机构横向对比，查找差距，强化各机构对重点可疑交易报告工作的重视，提高可疑交易监测分析水平。

二是深化重点可疑交易报告监督指导和研判，提升可疑交易线索移送数量。全年，共接收、分析重点可疑交易报告128份，形成可疑交易线索119起。线索涉及恐怖融资、毒品犯罪、非法吸收公众存款、非法传销、地下钱庄、网络赌博、电信诈骗、集资诈骗等多种类型。共移送案件线索73起。其中，向北京市国家安全局移送危害国家安全案件线索13起；向市公安局禁毒总队移送案件线索13起，其中，4起案件已破获，1起立案侦查，抓获犯罪嫌疑人60人，缴获毒品8.7公斤；向市公安局刑侦总队移送涉黑案件线索1起，1名犯罪嫌疑人已抓获；向市公安局经侦总队移送涉众型案件线索46起。向市公安局就2016年、2017年移送的5起案件线索补充新材料。指导各机构向北京市地方金融监督管理局打非办公室移送线索42起，向公安机关移送线索12起。向中国反洗钱监测分析中心上报研判线索3起。

四、发挥调查职能优势，圆满完成专项行动工作任务

针对“天网行动”“打击骗取出口退税和虚开增值税专用发票专项工作”等涉及的线索和案件，积极开展反洗钱行政调查工作。协助北京市纪律检查委员会就11起案件线索开展调查120次，涉及146名个人、12家机构。联合北京市税务局、北京海关和市公安局制订《北京打击虚开骗税违法犯罪两年专项行动方案（2018.08～2020.08）》，为北京市税务局提供1 150家涉案企业的反洗钱信息，协助破获19起案件，抓捕409名犯罪嫌疑人。与市公安局禁毒总队签署合作协议，完善禁毒工作机制，移送涉毒线索13起，就3起涉毒线索协助开展调查，其中1起发起跨省协查。配合北京市扫黑除恶专项斗争领导小组开展工作，向市公安局移送涉黑线索1起，会商涉黑线索1起。按照“天网行动”要求，向北京市公安局移送1起利用三方支付跨境购付汇业务的新型汇兑型地下钱庄线索，协助做好涉恐融资协查工作。

五、完善洗钱类型分析及典型案例分析工作，督促机构落实风险防范

一是完善洗钱类型分析工作。总结分析辖内可疑资金交易类型、特征及风险趋势，完成北京地区2017年洗钱类型分析工作，并根据分析结果将洗钱风险情况及时通报全辖，为金融机构准确识别风险、有效防范风险提供指引。

二是积极开展典型案例分析工作。对移送的案件线索以及辖内机构上报重点可疑交易报告内容进行深入剖析，总结案情特征，梳理洗钱风险点，形成多篇典型线索报告。

三是多渠道进行洗钱风险预警。按季度编发《重点可疑交易报告报送情况的通报及风险提示》，总结近阶段有关产品、行业等存在的洗钱风险，发布可疑行为特征17条。通过召开风险管控工作会、下发洗钱风险提示等方式，提示当前重点风险领域、提出工作要求。

六、重点关注风险高发领域，充分发挥反洗钱维护金融秩序的管控作用

多次召开北京市中资银行和支付机构P2P网贷平台风险管控工作会议，提示相关风险，要求各机构在重点可疑交易调查工作中，加强P2P网贷平台实际受益人识别工作，报告涉及P2P网贷平台的所有可疑交易情况，每周报告高危P2P网贷平台资金变动情况。全年共收到涉及P2P网贷平台的可疑交易报告55份，涉嫌非法集资的可疑交易报告43份，向公安机关移送46起案件线索。

七、积极推动北京地区特定非金融机构反洗钱工作开展

一是研究推进贵金属行业反洗钱工作。联合上海黄金交易所北京会员服务部，组织召开北京地区贵金属行业反洗钱工作专题培训会议，菜市口百货股份有限公司等24家贵金属行业机构参会。

二是协调北京市民政局对推进社会组织反洗钱工作达成初步共识，联合印发《中国人民银行营业管理部　北京市民政局转发中国人民银行　民政部关于印发〈社会组织反洗钱和反恐怖融资管理办法〉的通知》，为部门间深度合作开辟了途径。

三是进一步推进房地产行业反洗钱工作。作为房地产行业反洗钱数据报送试点单位，加强与北京市住房和城乡建设委员会沟通协调，稳步推进试点工作开展。

八、开展特色反洗钱宣传培训活动，营造反洗钱良好社会环境

一是制作《加强开户管理》《如实提供身份信息》Flash 动画片两部，向社会公众讲解客户身份识别工作的重要性，要求辖内各机构在营业场所、网站、微信平台播放。

二是多渠道开展反洗钱宣传，提高社会公众反洗钱意识。以“普及金融知识，守住‘钱袋子’”“金融知识普及月”等宣传活动为契机，成立志愿服务团队，以“预防洗钱行为、维护金融秩序”为主题，通过文明引导、政策解读、疑点解答、小故事详解等方式，把反洗钱知识传播给社会公众。

三是编辑《北京市反洗钱工作简报》，为义务机构提供工作交流、信息沟通的平台。

（周珺星）

跨境人民币业务

2018 年，北京地区跨境人民币业务稳步发展，结算量同比增速超过六成，业务亮点频现。

一、满足市场主体需求，跨境人民币结算量首次突破 2 万亿元

2018 年，北京地区跨境人民币结算 2.17 万亿元，同比增速超过六成，业务笔数 14.93 万笔。境外地域更加广泛，自 2010 年 6 月 23 日试点启动至 2018 年末，北京地区跨境人民币收付涉及的国家和地区已达 206 个。积极支持贸易和投资便利化，帮助企业通过人民币国际使用规避汇率风险。全年，北京地区经常项目人民币收付 6 973.59 亿元。其中，货物贸易人民币收付 4 741.24 亿元，服务贸易人民币收付1 266.87亿元。金融市场开放程度进一步加深，人民币投融资渠道进一步优化。全年，北京地区资本与金融项目人民币收付 14 738.24 亿元，同比增加5 461.44亿元。其中，直接投资人民币收付 4 834.5 亿元；证券投资人民币收付8 729.28亿元，同比增加 4 113.56 亿元。与境外国家和地区银行的合作日益加深。截至年末，北京地区银行已经为境外 92 个国家和地区的参加行开立人民币同业往来账户 919 个，为非居民机构开立人民币结算账户 1 068 个。

二、积极支持实体经济发展，助推人民币国际使用

（一）深入挖掘市场潜力，支持人民币在“一带一路”沿线国家和地区的使用

2018 年，人民币成为“一带一路”沿线国家和地区贸易和投融资的新选择。北京与沿线 53 个国家（地区）开展跨境人民币业务，实现跨境结算 4 963.89 亿元，比上年增长 86.72%，占北京全部跨境收支的 23.04%。业务主体涉及俄罗斯、哈萨克斯坦等多个沿线国家和地区。

（二）促进北京市金融业服务业扩大开放

支持保险机构业务创新和银行业金融

机构加大对企业境外项目人民币贷款的投放，积极拓展跨境电商人民币结算业务，支持对外贸易新业态发展。探索在北京市设立人民币国际投贷基金，进一步扩大人民币使用范围。截至年末，辖内已有10家支付机构完成跨境电子商务人民币结算业务备案，结算额约35.08亿元。

（三）扎实推进跨境人民币新政落地，有效释放政策红利

结合北京国际交往中心的特点和定位，着力推动个人薪酬、赡家款等跨境人民币结算业务成功落地。截至年末，北京地区银行共完成894笔个人人民币薪酬跨境收付，累计金额6 591.23万元；推动北京产权交易所完成以人民币计价结算89.32亿元的跨境产权交易；支持丝路基金首笔近50亿元人民币对外投资项目顺利落地。

（四）发挥跨境双向人民币资金池业务优势，支持民营企业发展

2018年，为辖内多家民营企业完成跨境人民币双向资金池备案业务，帮助企业拓宽融资渠道、节省汇兑成本。截至年末，累计为114家跨国企业集团办理了业务备案，帮助3 257家境内外成员企业拓宽融资渠道，行业分布于能源、交通运输、电信等多个领域，调配资金5 426.63亿元。

（五）宣传典型案例，加大政策宣传，扩大政策示范效应

充分利用新闻媒体，聚焦“一带一路”人民币使用、跨境人民币新政、人民币跨境金融服务等专题，积极开展宣传，社会反响良好。指导辖内银行举办多种形式的跨境人民币政策宣讲交流会，对重点市场主体进行深度辅导。

（朱琳琳）

五、机构业务综述

金融管理机构

中国人民银行营业管理部

2018年，中国人民银行营业管理部（以下简称人民银行营业管理部）坚持稳中求进的工作总基调，真抓实干、创新进取，扎实落实稳健中性的货币政策，着力防范重点领域金融风险，创新支持民营和小微企业发展举措，深化外汇管理改革，助力优化北京营商环境，提升普惠金融服务水平，有力促进首都经济高质量发展。

一、落实稳健中性货币政策，为经济高质量发展营造适宜的货币金融环境

（一）加强宏观审慎管理，落实稳健中性货币政策

通过宏观审慎评估、金融市场管理、货币政策工具运用等手段，主动应对、科学施策，为首都实体经济创造合理充裕的货币环境。2018年，北京地区社会融资规模16 260.1亿元，同比多6 303.8亿元。截至年末，北京市人民币存贷款余额同比增长10.3%，为经济增长提供有力支撑。支持政策性银行在京分行累计利用央行抵押补充贷款（PSL）资金发放专项贷款436.1亿元，为棚户区改造、“一带一路”建设提供长期低利率资金支持。

（二）坚持从严实施房地产信贷宏观审慎管理

严控资金违规流入房地产领域，牵头出台共有产权住房专项信贷政策，支持刚性住房需求。截至年末，北京辖内金融机构人民币房地产贷款余额为1.73万亿元，同比增长5.9%，增速比上年同期下降7.6个百分点，其中，个人住房贷款同比增长2.5%，增速下降13.9个百分点。北京市房价保持基本平稳，土地溢价率明显降低。

二、加大定向调控力度，强化对实体经济重点领域和薄弱环节的支持

（一）着力改善民营和小微企业融资环境

牵头联合六部门出台《关于进一步深化北京民营和小微企业金融服务的实施意见》，提出20项具体措施。利用“2018北京国际金融博览会”组织专题展、推进会。设立70亿元再贴现专项额度，增设中关村再贴现窗口。积极通过再贴现工具增加小微企业信贷供给、降低企业融资成本，全年累计办理再贴现283.9亿元，同比增长42.4%，其中95%用于支持小微、民营、涉农、高科技和绿色企业。向北京中关村银行发放支小再贷款4.9亿元，着力支持科技型民营和小微企业发展。北京地区小微和民营企业贷款全年呈现“量增、价降、结构优”的态势。截至年末，北京地区人民币普惠口径小微贷款余额为2 746.2亿元，同比增长30.3%，比同期各项贷款增速高17.8个百分点。12月，小微企业贷款加权平均利率为5.19%，环比下降21个基点。

（二）服务北京高精尖产业结构构建和重点领域发展

加大对中关村64家科技金融专营组织机构的评估督导力度，支持辖内商业银行创建文化金融专营组织体系，推动创建文化与金融合作示范区。金融对“高精尖”产业支持力度明显增强。截至年末，北京市中资银行高新技术产业人民币贷款余额为3 841.3亿元，同比增长17%；文化创意产业人民币贷款余额为1 679.8亿元，同比增长19%。

（三）推进金融服务京津冀协同发展工作迈向纵深

积极发挥人民银行京津冀三地分支机构协调机制牵头行作用，围绕疏解北京非首都功能、雄安新区建设等重点领域，研究确定33项重点工作，开展京津冀协同发展成效、衡量指标、金融支持等方面专题研究。加大对重点发展领域融资的支持力度，2018年末，三地金融机构支持京津冀协同发展项目融资余额近3万亿元。聚焦“三大攻坚战”，联合发布《关于发挥京津冀三地金融协同优势　支持河北省脱贫攻坚的意见》，引导京津两地金融机构完成京津冀区域精准扶贫任务。建立人民银行京津冀三地分支机构防范重大金融风险联席会议制度，加强区域金融风险监测、防范与处置。

三、加强金融风险防控，稳步推进防范化解重大金融风险攻坚战

（一）加强金融监管协调，提升金融风险处置应对能力

积极落实第五次全国金融工作会议精神，率先探索地方金融议事协调机制的有效落地方式，积极推动构建北京市金融监管协调机制。率先建立金融稳定会商协调机制，形成内部防控金融风险合力。逐步完善金融风险监测体系，建立金融风险早期预警、早期纠正机制。

（二）强化风险监测评估手段，提升金融风险防范水平

探索创新金融监管方式和手段，稳妥推进金融控股公司模拟监管试点，补齐监管短板。审慎核定24家法人投保机构存款保险差别费率，有序开展110家金融机构央行评级，高效完成92家银行业金融机构年度综合评价，有力促进金融机构合规经营。建成覆盖北京地区银行、证券、保险机构以及其他大型企业的立体风险监测系统，为防范化解重大金融风险提供有力支撑。

（三）大力推动互联网金融风险专项整治工作

认真履行互联网资产管理领域风险专项整治工作牵头职责，联合对辖内典型互联网资产管理机构开展现场检查。积极配合中国银行保险监督管理委员会北京监管局、北京市地方金融监督管理局等部门，综合运用支付、征信、外汇管理等监管手段，稳妥有序处置P2P网贷平台、非法集资等突出风险。高度警惕支付领域风险，对涉诉较多、影响恶劣的公司依法从严处罚。清理非法征信机构，引导无数据来源、无技术优势、无市场需求的机构有序退出。联合公安等多部门对非法外汇交易平台开展清理整治，关闭外汇交易违法平台。

（四）积极推进反洗钱监管工作

落实风险为本反洗钱监管理念，全年对辖内机构开展反洗钱执法检查8次，开展反洗钱调查43起210次，对辖内252家法人金融机构和54家支付机构开展了分类评级。强化可疑交易监测分析与调查力度，重点可疑交易报告与可疑交易线索数量较上年大幅提升。加强与税务、侦察机关的联动，进一步完善情报会商、案件协查、线索移送机制，为打击违法犯罪活动、首都社会治理提供重要支持。

四、服务全面开放新格局，进一步推进贸易投资便利化，稳步拓展跨境人民币业务

（一）种好外汇管理政策改革试验田

推动外债便利化政策升级，将政策覆盖面由中关村“一区七园”扩展至“一区十六园”，将“轻资产”企业外债额度由50万美元提高至不超过500万美元。落地资本项目收入结汇支付便利化政策，提升业务办理效率。自主开发外汇业务网上预审批系统，积极探索推进“互联网+政务服务”，平均办结时间缩短22%。积极推进跨境电子商务综合试验区建设。

（二）切实防范跨境资本流动风险

建立中美贸易摩擦监测工作机制。建

立内保外贷履约风险评估及重点企业管理制度，对跨国企业集团跨境双向人民币资金池业务进行风险评估。严厉打击外汇违法违规行为。

（三）深入参与国际经济金融治理，服务“一带一路”建设

稳妥有序引导企业“走出去”，保障有能力、有条件的企业真实合规的境外投资用汇需求。引导和推动企业在“一带一路”沿线对外贸易投资中更多使用人民币结算，全年“一带一路”沿线国家开展跨境人民币业务收付总量同比增长80%以上。

（四）扎实推进跨境人民币新政在京落地

着力推动跨境产权交易、个人薪酬、赡家款等跨境人民币结算业务，有效释放政策红利。建立常态化的沟通交流和业务辅导机制，支持丝路基金首笔人民币对外投资项目顺利落地。全年北京地区跨境人民币收付21 712.7亿元，同比增长46.5%。

五、进一步提升金融管理和金融服务精细化水平，增强民众获得感

（一）深入落实“放管服”改革要求

积极参与北京营商环境建设工作，通过升级账户电子化审批系统等措施，将人民银行端账户核准时间缩短50%，客户满意度高达97.8%。通过在北京市人民政府（以下简称市政府）“e窗通”系统中嵌入“企业开户在线预约模块”，实现企业足不出户与银行网点“点对点”连线。

（二）创新技术手段，提升金融服务便民惠民水平

持续推动移动支付便民示范工程，在6 000辆公交车上试点上线移动支付闪付ODA应用。在辖内银行的积极配合下，推动建立便民服务点和助农取款服务点785个，累计消除91.8%的金融空白村。延伸对外服务窗口，整合17部对外咨询电话，以服务外包、回复自营的方式建设业务咨询呼叫中心，有效缓解企业和个人咨询难的问题。

（三）不断提升征信、国库、现金服务水平

构建多渠道、广覆盖的信用报告查询网络，做到网点分布在百度地图可搜索、在微信小程序可查询。狠抓征信信息安全，加强对自助机具的监控和管理，对接入金融机构实施监管，组织开展执法检查。强化国债销售与兑付的监督管理，在全辖推动开展国债服务“神秘人”暗访，极大优化北京市国债销售整体环境。加强拒收现金整治力度，全年共整改完成54个场所的拒收现金行为。落实“反假货币重心前移”要求，创新实施分区治理、各区各策，提升精准反假币水平。

（四）强化金融基础设施建设

扎实开展金融科技应用创新试点，在金融机构配合下开展项目申报工作。加大金融消费权益保护工作力度，对辖区115家机构进行评分，并对部分机构开展执法检查；做好金融广告治理工作。以“金融知识普及月”活动为契机，辖内各金融机构结合自身特点积极开展进乡村、进社区、进校园等宣传活动，成效显著。

六、进一步提升调查统计和金融研究水平，为央行履职和北京市委市政府决策提供信息支撑

围绕服务好“三大攻坚战”、服务好稳健的货币政策和宏观审慎政策“双支柱”政策框架的实施、服务好供给侧结构性改革的大局，加强数据质量管理，提升调研分析力度。创新工作机制，全面推进金融业综合统计工作在辖区落地实施。做好绿色金融、普惠金融、精准扶贫等专项统计和相关调查工作。制订调查研究工作制度，完善联合研究立项、资助和评审工作机制，多措并举形成大调研工作格局。涌现出大批高质量、高水平的调研信息工作成果，为央行履职和北京市委市政府决策提供有力支撑。

（刘欣）

国家外汇管理局北京外汇管理部

2018 年，国家外汇管理局北京外汇管理部（以下简称北京外汇管理部）创新外汇管理水平，维护健康有序的外汇市场秩序，有效促进了首都经济高质量发展，北京地区外汇形势总体较为平稳。全年，北京地区跨境收支总额为 10 634 亿美元，同比增长 28.2%；跨境收支逆差2 889亿美元，同比增长 10.9%。银行代客结售汇总额为 5 172亿美元，同比增长 14%；代客结售汇逆差 2 717 亿美元，同比增长 7.9%。

一、服务实体经济发展，落实外汇管理政策

（一）落地资本项目便利化政策试点，助力北京科创中心建设

为进一步促进贸易投融资便利化，自 2018 年 10 月 31 日起，在中关村国家自主创新示范区实施资本项目结汇支付便利化试点和升级外债便利化政策。自开展外债便利化业务以来（2017 年 7 月），国家外汇管理局中关村国家自主创新示范区中心支局（以下简称中关村中心支局）共为 21 家中关村高新技术企业办理 24 笔外债便利化业务，新增签约金额合计 22.7 亿美元。

（二）持续推进“放管服”改革，优化地区营商环境

提升柜台办事效率，率先在经常项目管理条线和中关村中心支局实行综合柜员制。探索推进“互联网 + 政务服务”，中关村中心支局自主研发网上预审批系统，覆盖中关村“一区十六园”2 万余家高新技术企业。全年，共办理审批业务 113 笔，平均办结时间缩短 22%。支持符合条件的银行和财务公司开办结售汇业务，提高准入效率。截至年末，北京地区有具备结售汇业务资格的银行 78 家、网点 3 034家。

（三）满足企业合理用汇需求，便利市场主体外汇结转

为某集团有限公司及时释放跨国公司外汇资金集中运营管理资金池 4 亿美元净流入额度，保障北京市“农村煤改气”项目借入的亚洲基础设施投资银行贷款顺利入境；完成某部委转贷款清收账户结汇申请；对辖内两家银行予以政策支持，核准其自身外债结汇，用于服务实体经济。

二、坚持服务国家全面开放新格局，多方协调支持首都金融业对外开放

（一）稳妥有序引导企业“走出去”，服务“一带一路”建设

为地区 27 个境外投资存量项目解除业务管控，其中大部分项目在“一带一路”沿线国家。畅通与银行间的良好沟通机制，保障真实合规的境外投资用汇需求。

（二）加大金融保障力度，积极支持首都金融业服务业扩大开放

建立由资本项目管理处牵头、本外币多条线业务处室及中关村中心支局协调推进的工作机制，积极配合北京市服务业和金融业扩大开放试点各项工作。及时向中国人民银行和国家外汇管理局汇报工作进展情况，沟通政策需求。组织制订北京市合格境内有限合伙人（QDLP）境外投资试点方案，并由市政府向国家外汇管理局正式提出试点申请。向北京市商务局（以下简称市商务局）等部门提供外汇数据支持，协助其评估地区服务贸易发展状况。2018 年，外商直接投资项下流入 158.85 亿美元，同比下降 26.87%，剔除 2017 年末某公司收到大额人民币增资款因素，实际利用外资同比增长 52.27%。从行业分布看，北京市外商直接投资项下流入资金最大的五个行业均属服务业，分别为软件

和信息技术服务业、科技推广和应用服务业务、商务服务业务、互联网和相关服务、研究和实验发展，合计流入资金109.23亿美元，占辖区总额的68.76%。

（三）创新外汇便利化措施，优化综合保税区等新业态生态环境

为北京天竺综合保税区搭建进出绿色通道，便利企业办理拍卖成交方式下相关付汇业务，积极推进中国（北京）跨境电子商务综合试验区建设，拟定政策支持清单并协助市商务局完善发展方案。

三、坚守不发生系统性金融风险底线，多措并举防范化解跨境资本流动风险

（一）强化风险防控组织机制建设，形成监管合力

加强与监管部门的合作与信息共享，在北京市金融工作领导小组的协调下，创新构建地方金融监管协调机制和地方金融风险处置机制的双机制并行框架。加强与监管部门的案件线索移交合作机制，全年受理移交和举报线索700余条，查处案件近200起，罚款共计800多万元。加强外汇管理系统内协作，商请国家外汇管理局上海分局等6地分局协查异地银行近4 000笔贸易收支违规业务线索，主动向相关分局沟通其辖区企业内保外贷风险隐患。

（二）加强跨境资金流动双向监测预警分析，提升重点领域风险识别和防控能力

按季度对重点企业和银行一年内内保外贷履约风险开展评估、监测，促使银行加强内保外贷真实性审核，履约风险持续下降。加大对出口不收汇、转口贸易、大额高频提钞等高风险业务专项核查力度，重点核查保险公司近年来海外投资项目涉及的主财务顾问服务费支出。全年，从近4万家名录企业中筛查出近5 000家次，现场核查222家，向27家企业发放风险提示函，将118家企业列入B类、C类企业，完成107家企业的到期评估。针对境外发债违约、银行为企业办理内保外贷履约事项，强化后续跟踪工作；就有关银行人民币内保外贷业务涉嫌违规行为进行约谈；开展对人民币内保外贷业务履约检查。约谈有关公司，了解其境外上市架构及募集资金调回计划。指导银行对有关企业拟发生自身担保履约情况进行穿透审核，最终企业选择境外还款或展期方式予以解决。

（三）以关键环节和主要渠道为切入点，保持对辖区外汇违法违规行为高压打击态势

以金融机构和支付新业态为切入点，紧扣交易真实性，先后开展10余次专项检查，精准打击违法违规行为。首次查实2家支付机构逃汇行为，按逃汇金额10%从重处罚，并作为典型案例通报全国；及时发现并查实部分不法企业转换至某支付机构利用重复物流单购汇等违规行为，督促辖内支付机构提升外汇政策执行力，促进首都金融新业态的健康发展。全年罚没款共计6 000余万元，为上年同期的2.57倍。

（四）加强合规性监管，压实金融机构“一线”责任

切实做好银行和个人本外币兑换特许机构结售汇业务准入审批和公示管理。开展经常项目专项核查，以点带面摸排监管薄弱环节，约谈分管行长并提出整改要求；做好银行卡境外交易数据非现场监测和异常交易约谈工作，并召开风险提示会。密切关注新业态业务合规情况，针对交易量增长过快和异常行为等情况，约谈10家次支付机构，现场核查5家特许机构。充分发挥考核机制对银行合规经营的激励和警示作用，召开4次集体审议，按时按质完成辖内银行执行外汇管理规定情况全年和半年考核。首次开展对财务公司的外汇综合执法检查。有序推进北京地区外汇市场自律机制承接培训考试相关工作，发挥其作为外汇监管的重要补充作用。

四、坚持维护外汇市场稳定，多路并进加强管理

（一）整治外汇市场乱象，维护群众切身利益

加大对互联网外汇交易平台的清理整治力度，联合北京市地方金融监督管理局、北京市公安局（以下简称市公安局）等相关单位启动对49家互联网外汇交易平台的专项整治行动。采取全面整治分类处置思路，通过7部门联合专项行动和约谈整改方式关闭平台30余家，向公安部门移送平台2家。同时，从网络炒汇人民币交易中找寻突破点，挖掘非法平台服务商违规行为并进行处罚，开创了全国互联网外汇交易平台查处先例。

（二）引导市场预期，提升政策服务水平

加大对银行的政策培训力度，举办4期资本项目管理政策、3期对外金融资产负债及交易统计制度等专项政策培训会。对重要市场主体复杂业务提供个性化政策服务，对“联想控股”H股全流通业务提供政策支持等。借助全新宣传媒介，扩大政策宣传覆盖面。北京深化民营和小微企业金融服务推进会召开当天，媒体共首发报道52篇，转载840余篇。此外，与中国交通广播合作开展外汇知识情景喜剧系列活动，走进北京航空航天大学举办“金融知识进校园”大型宣传活动。切实落实座谈会常态化机制，全年共举办5期银行执行外汇管理业务座谈会，沟通业务需求，提升政策传导效果。

（云璐）

中国银行保险监督管理委员会北京监管局

2018年，中国银行保险监督管理委员会北京监管局坚持稳中求进的工作总基调，以供给侧结构性改革为主线，稳步推进防范化解金融风险攻坚战，牢牢守住不发生区域性风险的底线，切实推动首都实体经济提质增效，深入推进银行业、保险业改革开放，严格落实强监管、严监管工作要求，持续提升监管工作效能。

一、扎实打好防范化解金融风险攻坚战，牢牢守住不发生区域性风险的底线

（一）大力深化整治市场乱象

在督导银行业机构自查的基础上，开展深化整治市场乱象的现场检查；扎实开展保险业机构综合性检查以及车险、农险、防范非法集资、反洗钱和“人身险治乱打非”“精准打击行动”等专项检查。

（二）持续开展互联网金融风险整治

联合市有关部门深入推进P2P网贷风险专项整治，有序推进P2P网贷机构合规检查和自律检查，切实推动网贷机构“三降”和风险化解处置。进一步推进互联网保险风险专项整治工作。对列入清理整顿状态分类清单的互联网保险机构和网络互助平台再次开展全面排查。

（三）坚决遏制房地产泡沫

配合做好房地产市场调控，参与北京市房地产市场调控专班工作，联合印发《关于开展打击侵害群众利益违法违规行为 治理房地产市场乱象专项行动的通知》；召开住房租赁市场专题座谈会，研究规范住房租赁市场管理。

（四）严防信用风险

稳步推进联合授信试点，制订专项工作方案，建立联络协同机制。落实调整贷款损失准备要求，综合考虑法人机构整体风险状况和风险抵御能力，差异化调整贷款损失准备监管要求，督导机构严格执行贷款风险分类监管要求，提高审慎经营水平，积极利用贷款损失准备处置不良贷款。

（五）有效开展银行业、保险业风险监测，并做好其他重点领域风险管控

一是持续加强银行业全面风险分析监

测，定期召开非现场监管联席会议；开展保险业风险排查，针对人身险市场非正常退保及满期给付风险、P2P 网贷平台冒用保险公司名义违规销售非保险金融产品导致的外部传递性风险等开展排查；利用大数据持续做好保险中介市场风险监测；对授权监管的 29 家保险公司开展资金运用风险监测。

二是持续强化非法集资监测预警处置，积极开展扫黑除恶专项斗争，打击保险领域欺诈，建立完善多层次信息披露机制。

二、持续优化金融服务，切实推动首都实体经济提质增效

（一）全方位多角度提升首都普惠金融服务水平

一是推动化解股票质押融资业务风险，为民营上市公司纾难解困。下发《北京银保监局筹备组关于做好当前股票质押融资业务风险管理　推动金融市场健康发展的指导意见》（京银保监筹〔2018〕2 号），提出九项工作措施。

二是有效提升民营企业和小微企业金融服务可获得性。与人民银行营业管理部等联合印发《关于进一步深化北京民营和小微企业金融服务的实施意见》，督导辖内银行业机构加强民营和小微企业金融服务。

三是持续推进首都农村金融服务工作。推动辖内银行业机构增加涉农信贷投放；优化农险业务操作，开展农险承保电子化试点，创新险种——生鲜牛乳目标价格保险、水稻价格保险、大豆玉米“保险＋期货”等稳步开展。

四是加大银行业、保险业消费者保护力度。压实金融机构消费者权益保护主体责任，建立“多部门参与、横向联动、内部协作”的考核评价工作机制。

（二）优化国家重大战略实施和北京市重点工程建设金融支持

全面推动京津冀协同发展战略实施；大力支持北京城市基础设施建设，推动银行业机构主动对接北京市 2018 年重点工程项目，推动保险资金积极助力北京市基础设施、科技园区等重点项目建设。

（三）全力支持北京科技创新中心和文化中心建设

一是持续推进科技金融服务创新。引导有条件的机构重点推进科技金融专营组织机构建设，科技金融特色支行专业化经营拉动作用明显。推动科技保险产品服务创新，联合推动中关村知识产权质押融资保险项目试点；配合推进关税保证保险通关业务在京试点，降低企业成本；配合相关部门对投保首台（套）重大技术装备保险的企业申请保险补贴事项开展初审与核查，确保补贴资金合规使用。

二是积极推动文化金融发展。联合印发《关于促进首都文化金融发展的意见》（京银监发〔2018〕5 号）并推动实施。

（四）持续推动保险业服务实体经济和社会发展

一是推动车险领域创新，优化理赔服务。完善车险理赔共享服务网点功能；联合北京市公安局公安交通管理局推进交通事故责任认定和传输信息化工作；研究制订车险互碰快赔机制实施方案。

二是人身险电子化回访试点初显成效。

三是推动保险业机构参与健康养老服务。围绕北京市委市政府关心的建设多层次医疗保障体系有关问题，主动协调相关部门，出台《北京市统筹推进多层次医疗保障体系建设工作方案》；配合北京市人力资源和社会保障局制订城乡居民大病保险管理制度，支持商业保险参与经办大病保险业务。

三、深化银行业内部改革，扩大对外开放

（一）继续深化公司治理改革

推进整改规范，督导落实《商业银行股权管理暂行办法》及配套文件要求，加强对股东的穿透监管和持续监管；开展股东依法履职和履约情况评估，推进股东清理规范。

（二）推进非银行机构设立和业务优化

审核批复国新集团财务有限责任公司、中国航发集团财务有限公司开业；对部分拟设财务公司、消费金融公司事项持续进行辅导；批准7家机构增资。

（三）全力支持北京市服务业扩大开放综合试点

加强与拟设机构母行高级管理人员的沟通，主动对接辅导有意向机构设立中外合资银行；深入走访外国银行在京代表处，主动了解升格需求，积极引导新设机构落户北京；积极参与北京市“促进外资金融机构落地、推动首都金融对外开放”专班。

四、强化监管能力建设，提升监管质效

（一）规范行政处罚程序，提升处罚质效

依法开展行政处罚工作，对各类违法违规业务保持高压态势；严格落实“双罚”原则，加强对高级管理人员和法人机构总部“顶层问责”力度；优化处罚制度流程。

（二）强化数据治理，深化 EAST 系统的应用

推动辖内银行机构开展数据治理工作，进行自查工作及 EAST 数据质量检查；推动 EAST 系统在现场检查和非现场监管中的应用。部署 Auto EAST 系统自动导入工具和网络传输系统，提升现场检查和非现场监管的针对性。

（三）强化监管联动，扩大监管协同广度

持续推动监审联动工作，强化监管引导作用；加强内外部信息共享与联动，强化与人民银行营业管理部、北京市有关部门的信息共享和监管协同，提升外部监管合力；完善社会信用体系及公平竞争环境。

专栏 中国银行保险监督管理委员会北京监管局成立

一、成立过程

2018年3月，第十三届全国人民代表大会第一次会议表决通过了关于国务院机构改革方案的决定，将中国银行业监督管理委员会和中国保险监督管理委员会的职责整合，设立中国银行保险监督管理委员会（以下简称中国银保监会），并于2018年4月8日正式挂牌。

2018年10月19日，北京银保监局筹备组成立。

二、挂牌时间

2018年12月17日，中国银行保险监督管理委员会北京监管局（以下简称北京银保监局）正式挂牌成立。

三、基本职能

执行党的路线、方针、政策，加强党的全面领导，履行全面从严治党责任，负责党的建设和思想政治建设工作。根据中国银保监会的授权和统一领导，依法依规独立对辖内银行业和保险业实行统一监督管理。制订银行业和保险业监管法规、制度方面的实施细则和规定，监督相关法规、制度在辖内的落实。对有关银行业、保险业机构及其业务范围实行准入管理，审查高级管理人员任职资格。对有关银行业、保险业机构实行现场检查和非现场监管，开展风险与合规评估，保护金融消费者合法权益，依法查处违法违规行为。统计有关数据和信息，跟踪、监测、预测辖内银行业、保险业运行情况。指导和监督地方金融监管部门相关业务工作。负责党的基层组织建设和干部队伍建设。完成中国银保监会交办的其他工作。

四、部门设置

北京银保监局内设25个处室，另设金融工会办公室。25个内设处室，包括办公

室（党委办公室）、政策法规处、统计信息与风险监测处、普惠金融处、银行机构检查一处、银行机构检查二处、非银行机构检查处、案件稽查处、消费者权益保护处、政策性银行监管处、国有控股大型商业银行监管处、全国性股份制商业银行监管处、城市商业银行监管处、农村中小银行机构监管处、外资机构监管处、财产保险监管处、人身保险监管处、保险中介监管处、信托监管处、财务公司监管处、其他非银行金融机构监管处、财务会计处、人事处（党委组织部）、机关党委（党委宣传部）、纪检监察室。

（宋霄冉　柏林林）

中国证券监督管理委员会北京监管局

2018年，中国证券监督管理委员会北京监管局（以下简称北京证监局）紧紧围绕打好“三大攻坚战”、落实“三大任务”和全国监管工作会确定的十项重点任务，在全面落实从严治党各项要求、坚决打好防范化解资本市场重大风险攻坚战和加快推进辖区资本市场改革开放等方面作出了新的贡献。

一、坚决打好辖区资本市场风险防范攻坚战

自觉将辖区资本市场安全运行放到维护金融安全大局统筹考虑，坚持底线思维，综合加强辖区风险预警、监测和应对能力建设，持续推进依法全面从严监管，开展各业务条线的现场检查400余家次，平稳有序化解了股票质押、债券违约、私募基金行业等重点领域47家次风险，未发生影响首都社会稳定的风险事件，也未发生任何由资本市场风险“外溢”引发的群体性事件，切实保证了辖区资本市场的稳定运行。

（一）创新工作措施，风险防控水平和应对能力实现转折性变化

一是深化系统内外部门的协调联动。强化上市部、交易所、派出机构“三位一体”监管合作，细化与北京银保监局筹备组、人民银行营业管理部沟通协作，共同加大对风险企业的帮扶力度。会同“一部两局”共建金融监管协调机制、金融风险防范和应急机制，增强监管合力，协同维护北京地区金融稳定和安全。建立市政府、北京市地方金融监督管理局、海淀区人民政府、中关村科技园区管理委员会（以下简称中关村管委会）、公检法部门的综合沟通会商机制，及时通报高风险公司情况，建立健全风险跟踪与救助渠道。

二是健全辖区资本市场业务条线风险排查台账及处置预案近20个，模拟相应各类场景，做好预判推演、风险应对、舆情监测、属地维稳等工作，完善风险监控体系。协助中国证券监督管理委员会（以下简称中国证监会）机构部，牵头全国4家系统内单位和11家试点公司，推进证券集团风险控制指标体系并表监管工作，推动证券公司内控体系建设。多维度对基金风险台账、子公司风控特征进行系统搜集和量化分析，形成非现场监管信息来源综合体系。综合建立审计、评估机构风险监控机制，及时掌握机构及其证券业务客户被立案调查情况，提前防范风险。

（二）主动担当作为，股票质押风险化解工作取得开创性成果

一是率先在系统内开展股票质押风险摸排工作。在处置个案股票质押风险的基础上，启动整个辖区的风险排查。针对辖区公司存在大股东质押、股票质押融资的情况，建立股票质押业务风险台账，全面摸清股票质押爆仓、债券兑付违约、融资及流动性风险底数，重点分析83家大股东质押比超过50%的高风险公司，密切跟踪37家大股东被质押股票面临的平仓风险。

二是协助推动市区两级政府建立民营上市公司流动性救助机制。6月，向市政府报告辖区民营中小微企业融资风险和上市公司大股东股票质押风险，建议由政府专门搭建民营企业的纾困平台。设立跨业务条线的股权质押风险化解小组，聚焦民营中小型上市公司股债交织风险，分析调研数据，预研预判风险，强化动态监管，助力受困方与纾困方对接搭桥。联合中关村并购母基金、中关村科技担保有限公司共同调研，推动6家公司列入纾困基金名单，组织120余家上市公司参加北京市场化债转股政策宣讲和项目对接会，促进辖区市场化债转股工作扩量增质。

三是持续加大对受困企业债权人协调和动员行业力量筹集专项资金化解风险。推动海淀区人民政府设立100亿元的支持发展基金，专项用于化解股票质押风险。召开北京大北农科技集团股份有限公司、北京东方园林环境股份有限公司债权人协调座谈会7次，建议金融机构审慎采取平仓、司法冻结等措施，协调质押展期约76.3亿元。协调政府部门返还泛海控股股份有限公司拆迁保证金39亿元用于流动性安排。鼓励机构发行纾困专项债18亿元，使用自有资金40亿元参与专项支持资管计划，通过设立基金、发行债券等多种市场化方式，撬动约500亿元资金纾解股票质押风险。截至年末，已初步化解18家重点公司风险。

（三）着力提升风险防范的主动性和严密性，有效防控重点领域和关键环节风险隐患

一是主动研判，完善风险导向型上市监管模式。持续强化“以风险为导向”的上市公司信息披露监管，重点审阅46家公司年报。甄选23家重点风险公司，逐一建立风险监管档案，摸清资金链断裂等主要风险点，积极化解公司控制权转让、债务偿付、违规担保、关联资金占用等多重风险。

二是立体防控，优化债券市场违约风险监测机制。通过风险分类、媒体监测、兑付前管理层约谈、托管人风险报告等方式，建立债券违约风险监测机制，定期形成辖区债券市场发展与风险梳理的分析报告，防控公司债的违约风险。开展谈话、重点约谈73次，审核重大事项报告、年报84件，推动化解神雾环保技术股份有限公司、北京物美商业集团股份有限公司等公司资金链断裂、信息披露和债券兑付的风险事件。

三是有的放矢，重点防控证券期货基金经营机构和资产管理产品的流动性风险。多维度强化重点证券机构非现场监测，专项对比分析18家证券公司年度经营情况，建立股票质押、资产管理等重点业务条线的季度风险摸排机制，综合分析1.4万亿元资产管理业务开展情况，防范专项业务风险。对资产管理业务、质押和债券持仓风险高的证券公司加强现场检查的督导力度，防范发生流动性风险。推动实现机构主体监管向产品功能监管的转变，根据不同基金产品精准确定风险特征，紧密结合现场与非现场检查，妥善处置英大基金管理有限公司等5家公司风险事件。及时化解华商基金管理有限公司、中融基金管理有限公司两只债券基金的流动性风险。强化期货公司的资产管理业务、信息安全、风控指标和客户保证金监管。从快从严处理大公国际资信评估有限公司的违规问题，维护信用评级机构行业秩序。

四是打早打小，有效遏制打击非法证券期货活动。部署开展非法证券投资咨询专项整治行动，利用百度、360搜索、新浪等，搜索涉及非法证券投资咨询信息，整理12家机构，筛查29 690个博客账号，采取移送、协调屏蔽或删除等措施，处置非法证券投资咨询风险。重拳打击证券投资咨询市场违法违规行为，首次立案调查2家证券投资咨询分支机构，查处违法从事投资咨询业务股市“黑嘴”账户68个，遏制行业违法违规蔓延的势头。加强协同配合，深化北京市区域性股权市场检查、整改和监管，逐一摸排各类违规交易场所，持续推进清理整顿，配合公安部门认定非法期货经营机构6家。及时监测非法集资风险，通报涉嫌非法集资风险，通报涉嫌非法集资企业15家、场外

股票期货配资公司6家。

五是多措并举，排查私募基金行业风险。针对私募基金违约和“跑路”频发的情况，对行业进行以风险为导向的重点排查，高度关注资产规模大、流动性风险大、产品违规特征明显和以私募名义从事违法犯罪活动的大型私募股权机构。配合中国证监会、国家市场监督管理总局，针对260家辖区私募基金公司开展联合检查执法专项活动。与中国证券投资基金业协会密切配合，主动摸排出192家机构，重点加强检查，推动落实监管新规和风险管理。充分利用“冒烟指数”技术手段，分析监测私募基金的风险，核查私募机构122家，汇总通报失联私募机构300余家。向市政府和中国证监会通报私募机构注册与运营分离的风险情况，提出规范建议。

（四）统筹推进法制建设和稽查执法，提升依法全面从严监管水平

一是坚持依法行政，严格遵循监管审核程序及要求，进一步规范行政行为。全年，核准行政许可类事项80件，受托反馈《证券期货市场监督管理措施实施办法（草案）》《期货公司分类监管规定》等行业规范性文件50余次，实现8起行政复议和行政诉讼案件全部胜诉，稳妥办理15件依申请信息公开。严把行政处罚法律审核关口，审结8件案件、召开听证6次，首次审理了私募基金“老鼠仓”、评估机构违法违规等新型复杂案件。夯实法律合规把关工作基础，做出222项法律会签审查，同比上升35.3%。督导提升律师事务所底线意识和合规意识，辖区律师事务全年出具各类法律意见书20 839份。录入诚信信息190条，接收外部诚信查询187单，查询征信报告19份。

二是坚持“零容忍”原则，始终保持高压态势，严厉惩治资本市场违法违规行为。健全案前联合分析、案中协同调查、案后总结共享的“集团化”办案模式，会同公安部门试点创新“情报导侦”联合办案。初查案件20件，立案案件17件（A类重大案件2起），办结案件16件，作出行政处罚决定9项，罚没款金额1 472.33万元。对上市公司、证券期货基金经营机构、私募机构、会计事务所、律师事务所等各类市场主体下发行政监管措施101项。

（五）综合运用制度建设、适当性管理、纠纷调解、宣传教育等手段，投资者权益保护工作迈上新台阶

一是持续完善投资者诉求处理机制。积极推进“12386”热线投诉直转市场主体试点，认真梳理总结经验。指导辖区各协会、商会调解处理424起投诉举报，和解并撤诉金额近1 000万元。督导经营机构有效实施投资者适当性管理，与北京市高级人民法院签署纠纷诉调对接合作备忘录。完善信访制度，举办接访培训。接听投诉举报电话6 143个，接待来访投资者343人次；办理信访42件、举报1 658件、“12386”事项803件；信访、举报的办结率分别达85.71%、76.36%。

二是夯实投资者权益保护工作基础。推荐并成功认定国家级投资者教育基地2家，授予省级投资者教育基地资格6家。举办投资者集体接待日活动，共同开展“与民同心，为您守护”防范非法集资宣传月，组织开展“明规则、识风险，理性投资戊戌年”主题投资者教育活动，制作视频短片200余个，官方微信阅读量超过4万次，官方微博阅读量超过5万次，通过经营机构各类互联网渠道覆盖人数超过1 000万人。

二、持续加快首都多层次资本市场体系建设

（一）推动辖区资本市场融资结构优化，引导资金流向实体经济最需要的地方

全年，辖区上市公司总融资规模3 423.83亿元。其中，首次公开募股（IPO）公司9家，共计募集资金127.25亿元；定向增发融资24家，共计募集资金1 963.83亿元；配股融资2家，共计募集资金10.73亿元；发行优先股上市融资1家，募集资金600.00亿元；发行公司债26家，共计募集资金700.59亿元；发行可转债3家，共计募集资金21.44亿元。

一是加大上市扶持力度，规范辅导备

案工作规程，联合制定创新企业首次公开发行股票或存托凭证辅导监管要求指引。积极培育上市后备资源，推动中国证监会与市政府建立 IPO 工作联系沟通机制。培育辖区拟上市公司 158 家，受理企业 IPO 辅导备案申请 50 家次，验收 19 家次，9 家公司实现 IPO 上市。

二是优化“新三板”挂牌公司监管与服务，精准辅导挂牌公司，与北京市国有文化资产监督管理办公室、北京市地方金融监督管理局联合开展培训，推动文化企业“上市通”工程。截至年末，辖区共有挂牌公司 1 440 家，占全国总数的 13.5%。定向增发募集资金 83 亿元，占全国市场融资额的 13.7%。辖区创新层公司 135 家，占全国总数的 14.8%。

三是促进债券市场、商品期货、私募基金等持续健康发展，大力拓展融资渠道，助力企业利用多层次资本市场做大做强。辖区 125 家公司发行 307 只公司债券，募集资金 4 968 亿元，同比增长 19.4%；47 家原始权益人发行 285 只企业资产证券化（ABS）产品，募集资金 2 029.2 亿元，同比增长 120%。辖区已登记私募基金管理人 4 356 家，占全行业的 17.82%；已备案私募基金 13 561 只，占全行业的 18.17%；管理基金规模 2.99 万亿元，占全行业的 23.40%。

（二）支持首都“四个中心”定位，助力京津冀协同发展战略

一是精准把握首都发展新战略，鼓励行业创新，支持北京科技金融中心建设。加强科技类公司调研座谈，引导证券机构推出契合科技类企业需求特点、差异化的金融产品和服务模式。拓宽科技类企业直接融资渠道，深化联席会议机制和协作机制，推动科技类企业上市、挂牌、拟上市企业培育和辅导。

二是深入开展融资培训和政策解读，通过融资项目对接、专业指导，推动京津冀企业利用资本市场合作发展。全力配合北京市优化营商环境改善专项工作，经过大力协调，精心准备材料，向世界银行专家阐述解释我国上市公司治理结构中对中小投资者的保护机制安排，提升世界银行营商环境报告关于“保护中小投资者指标”排名（从 119 名提升至 64 名，跃升了 55 个名次）。

（三）推动落实证券行业对外开放政策落地，加快辖区行业对外开放

积极支持金融机构设立境外分支机构，争取对外开放政策在京落地取得阶段性成果。报送《促进北京证券基金期货业扩大开放有关情况的报告》，推动北京市设立国资金控平台，作为与外资合资的股权平台，积极争取增量外资。多次接待瑞银证券有限责任公司、日本大和证券集团、贝莱德基金等外资金融机构来访，加大个案公司推介力度。瑞士联合银行集团增持瑞银证券股权至 51% 的申请已获得审批通过，成为新规则下首单通过审批的外资金融机构。日本大和证券集团拟在京设立合资公司。

三、助力打赢脱贫攻坚战

一是加强组织保障，落实党中央扶贫开发战略和首都对口帮扶工作机制。印发《北京证监局支持贫困地区脱贫攻坚实施方案（2018～2020 年）》，探索搭建“结对帮扶”“产业帮扶”“公益帮扶”“消费帮扶”“期货＋保险”扶贫模式，确保扶贫工作抓得实、做到位。

二是精细谋划组织，把辖区资本市场金融扶贫的生动实践聚焦基层。立足北京市支援帮扶协作与区域合作规划，主动联系张家口市蔚县作为对口帮扶贫困县，签署《助力脱贫攻坚战略合作协议》，开展“党建促扶贫扶贫我先行”主题党支部活动，捐助首批党建专项和“双基”项目帮扶资金 150 余万元，引导辖区市场主体进行旅游产业扶贫和农产品销售项目对接，指导服务蔚县人民政府运用资本市场的平台，带动贫困乡镇、贫困户创收增收。

三是动员行业力量，将发挥好资本市场功能和推动辖区金融机构帮扶有机结合。着眼中国证监会党委在全国统一部署确定的定点帮扶贫困县，以日常监管促进市场主体主动扶贫。引导辖区证券公司与 38 个国家级贫困县签署结对帮扶合作协议，开展扶贫项目 119 个，投入扶贫资金

77.20亿元。通过公益基金会、教育扶贫、消费扶贫等方式，公益性扶贫捐助金额超过7 593.97万元。帮助贫困地区企业利用IPO、“新三板”、定向增发、债券承销等方式融资超过221.97亿元。

（张靖）

北京市地方金融监督管理局

（原北京市金融工作局，2018年11月8日更名）

2018年，北京市金融业实现增加值5 084.6亿元，同比增长7.2%，占地区生产总值的16.8%，对经济增长贡献率为18.4%，比上年提升0.8个百分点。金融业实现地方级一般公共预算收入1 009.8亿元，增长15.8%，对全市财政增收贡献率达38.9%。在2018年9月公布的第24期全球金融中心指数（GFCI）排名中，北京列全球金融中心排名第8位。

一、扩大金融开放实现新突破

一是对标国际一流，打造营商环境。按照党中央、国务院和北京市委市政府工作部署，高标准完成迎接世界银行营商环境检查评估。作为两个采样城市之一，北京市地方金融监督管理局组建工作专班，制订局内26项可量化工作目标任务，印发《关于进一步优化金融信贷营商环境的意见》，制订进一步优化金融营商环境三年行动计划时间表和路线图，加大对金融机构调研走访力度，与中国光大银行、环球同业银行金融电信协会（SWIFT）、泰康人寿保险公司等签署战略合作协议。中国工商银行理财子公司、中国银行理财子公司、中国光大银行消费金融公司等金融机构落地北京。

二是聚焦提质增效，发展外资金融。抢抓首都金融业开放发展的历史机遇，积极争取外资机构落地。组建专班，建立台账，加强与监管部门沟通和市级部门协同，对重点机构实行“一对一”跟踪服务。及时掌握国家金融开放最新政策，了解外资机构来京发展意愿，解决金融机构困难问题。全年共争取30家外资机构确定落地北京，其中6家机构已完成登记注册。瑞银证券有限责任公司变更实际控制人，成为全国首家外资控股证券公司，万事达卡国际组织、VISA国际组织、标准普尔公司、穆迪公司、惠誉国际信用评级有限公司已完成在京工商注册，凯雷人民币二期基金、龙星基金、麦格里投资等国际知名基金在京落地。

三是着眼系统集成，深化开放试点。抓住新一轮金融业扩大开放机遇，组建服务业扩大开放金融专班，配合市商务部门谋划新一轮服务业扩大开放综合试点金融领域政策，形成《全面推进北京市服务业扩大开放综合试点工作方案》上报国务院。

四是深化持续交流加强平台建设。致力于扩大首都金融的国际影响力和话语权，全力办好金融街论坛、京港金融服务合作专题活动等传统对话平台，加深国内外金融机构合作交流，着力搭建北京绿色金融国际论坛、全球财富管理论坛、中国银行保险业国际高峰论坛等新交流平台，完成首届中国国际进口博览会北京交易团金融业活动策划，彰显首都金融影响力，加快首都金融对外开放的步伐。

二、服务首都发展开创新局面

一是服务民营经济和小微企业“补短板”。缓解民营上市企业股权质押风险和融资问题，坚持市场化、法治化化解，加强与监管部门和金融机构协调，避免证券公司强制平仓、商业银行抽贷断贷，会同人民银行营业管理部研究制订《关于进一步深化北京民营和小微企业金融服务的实施意见》，推动设立纾困基金。推进北京市小微企业金融综合服务平台建设，整合金融资源，利用金融科技手段，服务小微企业。

二是服务优质上市公司“强筋骨”。出台《关于进一步支持企业上市发展的意见》《北京市企业上市市级补贴资金管理办法》，完善企业上市综合服务体系和激励措施，推动组建北京启元资本市场发展服务有限公司，打造企业上市综合服务平台。加强企业上市挂牌培训，做好对重点拟上市企业“一对一”服务。推进“新三板”市场改革，寻求在公开发行、连续竞价交易、扩大合格投资人范围方面获得突破。发挥区域性股权市场服务平台作用，自成立以来累计实现融资288.97亿元。扩大机构间私募产品报价服务系统规模，服务能力进一步加强。

三是服务重大战略“谋未来”。召开重点项目融资工作会，公布全市80个重点工程项目，引导金融机构加大支持。做好对亚洲基础设施投资银行、丝路基金、亚洲金融合作协会的服务，深化与国际金融组织合作。切实服务京津冀协同发展战略，推动金融机构加强在北京城市副中心、雄安新区布局。北京银行成立副中心分行，华夏银行成立的安新支行是雄安新区成立后进驻营业的第一家银行机构。京津冀三地保险业建立车险反欺诈合作机制，实施三地保险公司分支机构高级管理人员任职资格考试成绩互认。

四是服务“三农”经济和社会民生“兜底线”。推进大兴区、平谷区农村承包土地的经营权抵押贷款试点，贷款余额超过3 700万元。小额贷款公司贷款资金100%投向“三农”、小微企业、个体工商户。开发农机具、农房、森林保险产品，试点开展农户小额贷款保证保险，建立“联办共保”体系，创新“保险+期货”模式，增强贫困群体风险抵御能力。探索保险参与公共治理、服务创新发展能力，优化外籍人才保险保障服务，进一步拓宽政府公共责任保险、医疗责任保险、安全责任保险覆盖面。

三、深化金融改革取得新成果

一是强化金融改革顶层设计。坚持政策引领，在重点领域、重要环节加强政策设计，出台落实中央金融工作会议精神、支持上市公司发展、加快培育发展首都现代金融服务业、优化金融信贷营商环境、首都金融科技创新发展的指导意见，推动首都金融改革发展、优化营商环境、扩大对外开放。

二是完善绿色金融服务体系。加强政策引导和统筹，开展创新试点，推动绿色金融体系不断完善。绿色信贷规模高于全国平均水平，绿色债券数量和规模均居全国首位。筹备北京绿色发展基金。开展环境污染责任保险试点，绿色新材料首批应用保险试点，绿色建筑保险持续推进。争取中国人民银行支持在北京建设国际绿色金融中心，推动中英绿色金融和绿色技术孵化器在北京城市副中心落地。

三是引领金融科技创新示范。制订支持金融科技创新发展的指导意见和金融科技发展规划，推动各区人民政府出台支持金融科技发展的政策措施。启动北京金融科技与专业服务创新示范区核心区建设，四达大厦正式投入使用，光大云缴费科技有限公司等企业正式入驻。打造北京市金融科技发展的供需对接和产业孵化发展平台，重点发展监管科技、风险管理、金融安全和专业服务。监管科技、金融安全等领域的优质企业脱颖而出，“监管沙箱”机制建设和国际合作积极推进。

四是加强金融功能布局统筹。服务国家金融管理中心建设，推动建设由金融街服务局、金融街合作发展理事会、金融街服务中心有限公司、金融街论坛共同构成的“四位一体”服务平台体系。着力提升北京城市副中心金融功能，引入蚂蚁金服等龙头企业，对接伦敦金融城，布局金融科技、绿色金融、财富管理等新金融业态。促进海淀区科技金融、朝阳区国际金融、东城区文化金融各具特色，推动金融街与丽泽商务区一体化，支持北京银行保险产业园、北京互联网金融安全示范产业园和北京基金小镇、顺义空港离岸金融功能区专业化、特色化发展。

四、防控金融风险取得新胜利

一是风险处置制度框架基本形成。牵头制订《北京市防控金融风险三年行动计划（2018～2020年）》，成立统筹协调、区域防控、政策支持、接访维稳、宣传监测、案件应急处置工作专班，坚持从及早发现、打早打小、存量整治、应急机制、刑事打击五个方面实现“挂图作战”。

二是互联网金融专项整治成效显著。积极应对全国P2P网贷平台“爆雷潮”冲击，及时处置化解“银豆网”等网贷平台风险事件，加强对网贷平台的及时研判和定期会商。按照监管部门统一要求，稳步分类推动网贷机构合规整改，对问题平台积极稳妥有序退出，对新增平台“零容忍”，对存量平台实施“降门店、降规模、降人数”的措施。截至年末，在北京注册的在营网贷机构数量、业务规模、涉众人数均大幅下降，风险得到一定缓释。

三是交易场所风险处置稳妥推进。修订《北京市交易场所管理办法》《北京市交易场所管理办法实施细则》。开展交易场所清理整顿“回头看”，分两批次完成对19家交易场所的现场检查。督促9家邮币卡类交易平台持续化解存量风险，妥善处理北京石油交易所、北京大宗商品交易所涉诉案件和历史遗留问题。完成7家交易场所有序退出。

四是打击非法集资持续发力。开展全市涉嫌非法集资风险专项排查整治，排查6 000余家机构。联合北京市市场监督管理局，对2 600余家在异地注册但在北京经营的企业进行查证并采取措施。加大治理违法金融广告力度，调查涉嫌违法金融广告200余条次，督促门户网站下架投资理财类广告推广。加强“冒烟指数”监测预警功能，按季度向市政府报送监测预警报告并通报各成员单位，共监测预警高风险企业线索百余条。加大群众举报线索奖励力度，全年群众举报涉嫌非法集资信息500余条；制订非法集资举报奖励工作指引，与浙江蚂蚁小微金融服务集团有限公司合作开发支付宝小程序“金管卫士”，拓展举报途径。会同有关部门和属地人民政府，采取约谈、提示风险、阻止举办宣传活动等方式，加大对重点非法集资苗头的处置。

五是不断加强金融乱象综合治理。密切关注并及时处置北京地区上市公司风险，稳妥处置风险事件。持续开展虚拟货币和代币发行融资清理整治工作，督促互联网资产管理机构存量化解，开展互联网外汇整治，处理商业预付卡问题，稳妥应对各类信访案件，牵头开展扫黑除恶专项斗争工作。

五、地方金融监管掀开新篇章

一是全面梳理地方金融监管概况。围绕“7+4+N”地方金融监管对象，全面梳理各类地方监管金融机构的数量、规模、分布、监管依据、监管现状等信息。建立机制做好典当行、商业保理公司、融资租赁公司等监管职能划转相关准备工作。积极争取完善监管职能、优化监管编制、充实监管力量、丰富监管手段，形成北京市地方金融监管总体架构设计。

二是有序推进地方金融监管立法。大力推动地方金融监管立法，《北京市地方金融监管条例》正式纳入2018～2022年北京市人民代表大会常务委员会立法规划。全面梳理地方性法规制定流程，制订工作方案，开展课题研究，完成金融立法前期基础工作，开展实地调研，加强顶层设计，明确地方金融监管立法的关键问题，金融立法项目立项论证已全面启动，相关起草工作有序推进。

三是积极充实地方金融监管力量。充实完善处室设置和人员编制，为后续监管人员队伍建设打下坚实基础。组织开展全员监管知识培训，增强全体干部监管意识。

四是巩固加强地方金融监管成果。完善融资担保监管系统和现场检查规则，发挥融资担保联盟的自律作用，开展风险排查和业务培训，推进融资担保公司接入人民银行征信系统。加强小额贷款公司监管系统研发更新，完善数据报送制度。加强融资担保公司参与P2P网贷、农民资金信用互助合作社的摸底和风险排查。修改交易场所管理办法和实施细则，推动交易场所接入统一登记结算平台和数据监测系统，交易场所长效监管机制不断加强。

（吴茜）

中国人民银行中关村国家自主创新示范区中心支行

（国家外汇管理局中关村国家自主创新示范区中心支局）

2018年，中国人民银行中关村国家自主创新示范区中心支行（国家外汇管理局中关村国家自主创新示范区中心支局）进一步优化科技金融专营组织机构引导政策，着力加强对民营和小微企业的金融支持；不断提升金融服务水平，继续推进工商信息共享及辅助账户审批试点；完善"宏观审慎+微观监管"的跨境资本流动风险管理，积极探索主体监管模式及其实现路径；申请进一步深化外债便利化、境外投资便利化、资本项目收入结汇便利化等试点政策在中关村落地；创新网上办理、政策宣传和传导模式，全面助推首都经济高质量发展。2018年底获得总行级文明单位荣誉称号。

一、坚持服务实体经济本源，引导金融机构助力民营和小微企业纾困

（一）新设中关村示范区再贴现窗口，疏通货币信贷政策传导机制

充分发挥再贴现工具在拓宽民营和小微企业融资渠道、降低企业融资成本的积极作用，在人民银行营业管理部的支持下，通过对金融机构提供定向货币政策工具支持，更加便捷服务中关村科技型企业，特别是民营和小微企业，缓解企业融资难、融资贵问题，推动科技金融创新发展，助力科技创新中心建设。2018年办理票据再贴现的主体全部为小微企业。

（二）以科技金融专营组织机构评估和监测为抓手，推动金融支持科技创新

制订《〈科技金融专营组织机构指导意见〉2018行动方案》，首次将2017年度专营组织机构评估结果纳入人民银行营业管理部信贷政策导向效果评估，探索对专营组织机构开展现场评估并下发《评估意见函》，监测了解专营组织机构支持中关村高新技术企业发展的情况。截至年末，中关村高新技术企业贷款①同比增长28%；专营组织机构的新增无信贷科技企业户数同比增加63户；中关村高新技术企业贷款利率继续保持较低水平，专营组织机构对中关村高新技术企业的贷款加权平均利率比北京市小微企业贷款加权平均利率低24个基点。

二、坚持以人民为中心，持续优化综合金融服务

（一）建设外汇业务网上预审批系统，实现对中关村示范区全覆盖

2018年8月31日，上线试运行外汇业务网上预审批系统，并于11月1日正式扩大开放服务对象至中关村示范区全部一区十六园两万余家高新技术企业。企业通过互联网可以完成申请提交、材料补充、进度查询等操作，实现了柜台的一次性办结。截至年末，近40%的外汇业务通过线上办理，涉及金额49.89亿美元，平均办结时间比以往柜台办理缩短了22%。

（二）组织推进工商信息共享及辅助账户审批试点工作，助力商事制度改革

通过与北京市市场监督管理局专线连通，搭建信息"高速公路"，同时建设工商登记信息应用平台，实现企业工商登记注册

① 中关村高新技术企业指中关村管委会企业名录内的企业，具体以中关村管委会网站最新公布为准；贷款均为人民币贷款，不含贴现。

信息的落地存储，为商业银行提供工商信息查询服务，疏解银行难以实时获取企业信息的堵点问题，提高信息核验效率，缩短业务办理时间，优化企业开户服务，助力首都商事制度改革，切实优化首都营商环境。

（三）持续优化综合柜员制和综合金融宣传，便利群众办理业务

不断优化文明服务标准化督查，逐步推进本外币一体化综合柜员制落地，进一步提高政务服务工作效率。开展综合金融宣传，用好金融创新讲坛、科技金融座谈会、交通广播、新媒体等载体，抓住金融消费者权益保护日、信用记录关爱日等重要时点，形式上在原有“线上+线下”联动的基础上，坚持“走出去+请进来”，创新开展“央行开放日”“征信知识进校园”等针对大学生的金融知识普及活动。

2018年，共办理信用报告查询业务127 531笔，比上年增长17.3%。其中，企业查询14 904笔，比上年增长95.5%；个人查询112 627笔，比上年增长11.4%。办理人民币银行结算账户审批业务113 575笔，比上年增长3.0%。

三、坚持本外币一体化视角，完善“宏观审慎+微观监管”的跨境资本流动风险管理

（一）进一步推动先行先试政策落实，扩大政策影响力

积极推动资本项目收入结汇和外债便利化两项试点政策落地，充分用好政策红利；通过政策宣讲、情况通报、联合培训等形式开展政策培训，扩大政策受众，定期与中关村管委会等相关政府部门通报政策进展情况；坚持便利与审慎并重，严格审核把关，做好业务风险防控；总结和评估试点政策实施情况，定期与重点企业进行政策调研座谈；积极稳妥扩大服务对象，实现对中关村示范区16个园区的全覆盖；研究报送境外投资便利化试点政策方案，各项先行先试举措突破创新驱动发展瓶颈，助推首都经济高质量发展。

（二）防范跨境资金流动风险，完善“宏观审慎+微观监管”的跨境资本流动风险管理

保持对宏观收支形势变化的敏感性，抓重点项目、防重点风险，关注金融支持新兴产业情况，对中关村重点行业集成电路产业发展现状、金融支持效果等开展深入调研。扩展核查维度，综合运用窗口指导方式，整合监管资源聚焦关键领域开展主体监管。全面梳理中关村对美贸易投资情况，持续关注、积极反馈中美贸易摩擦对辖内重点行业、企业的影响，结合重点企业监测机制，对近50家企业开展监测。加强银行业务督导，组织19家银行开展外汇业务自查并落实整改。优化现场核查前约谈工作机制，召开4次核查企业座谈会，对1家企业和2家银行实施核查约谈，进一步完善外汇市场微观监管。

（穆毓　武骁哲）

金融机构

中国农业发展银行北京市分行

2018年末，中国农业发展银行北京市分行（以下简称农发行北京市分行）总资产547.75亿元，比年初增加172.95亿元，增长46.1%。累计投放贷款205.57亿元，比上年增加120.02亿元，增长140.29%；各项贷款余额272.59亿元，比年初增加102.51亿元，增长60.27%；各项存款余额143.16亿元，比年初增加1.8%。实现营业收入17.61亿元，同比增加3.44亿元，增长24.31%；实现账面利润1.07亿元。

截至年末，农发行北京市分行共有

13个支行（部），在岗员工426人。

政策性粮油信贷业务 全力做好中央和地方粮油政策性信贷资金供应工作，全年累计发放和收回储备粮油贷款43.65亿元，确保国家粮食战略目标的实施和首都粮食市场的稳定和安全。积极拓展粮食市场化信贷业务，全年累计发放33.43亿元粮食购销流动资金贷款，支持企业开展粮食购销业务。棉花信贷业务实现突破，全年发放贷款12亿元。加强粮油信贷基础管理，调整省级储备信贷资金管理模式；完成粮食库存检查，粮食信贷资金占用合理且运行安全；开展粮棉油信贷制度执行情况专项检查，有效防范操作风险。截至年末，粮棉油条线贷款余额164.88亿元，比年初增加44.28亿元，占全行贷款余额的60.49%。

化肥、农药等储备贷款业务 全年累计发放34.02亿元国家储备化肥贷款和1.5亿元省级以上其他品种储备贷款，支持企业开展国家储备化肥和农药信贷业务。

政策性中长期信贷业务 围绕京津冀协同发展、北京城市副中心建设、北京非首都功能疏解、乡村振兴等战略落地，助力首都城乡一体化发展。全年，累计投放中长期贷款21.53亿元，年末余额较年初增加17.73亿元；投放棚户区改造贷款12.33亿元，支持首都涉农棚户区改造项目，为改善北京涉农居民的居住条件和首都环境治理提供资金保障；投放贷款6.53亿元，支持通州区“两站一街”和丰台区万泉寺农村土地整治项目；累计投放贷款1.84亿元，支持昌平区、朝阳区、平谷区污水处理项目，推动农村生态宜居。创新推出政策性租赁住房贷款和小城镇建设贷款中长期信贷产品，支持首都新型城镇化建设。

投资业务 加强农业发展重点建设基金管理，开展基金投后监督检查，加大对基金异地项目的检查力度，强化检查问题整改。年内收回农业发展重点建设基金12.61亿元，年末余额214.68亿元。

中间业务 参加国家开发投资集团有限公司2018～2020年统一注册债券承销团，开办中国农业发展银行第一笔总部统保属地理赔业务；开展基金托管服务，完成现代种业基金审核请调资金17笔，累计金额9.5亿元；全年累计发行企业理财产品20亿元。

票据业务 全年累计办理票据交易439.26亿元，同比增加158.46亿元。年末转贴现资产余额226.75亿元，比年初增加78.47亿元，占总资产的41.39%。

国际结算业务 全年，国际业务量为2.75亿美元；累计实现收入224.32万元，同比增长72.75%；累计办理减免保证金开证业务4 534.80万美元。

扶贫贷款业务 以东西部扶贫协作、“万企帮万村”为平台，创新担保方式和扶贫模式，全力服务脱贫攻坚。全年累计发放扶贫贷款5.98亿元，产业带动河北省、内蒙古自治区等地3 329名贫困人口增收。

创新业务 积极支持农村土地改革，投放贷款0.86亿元，支持中诚草业有限责任公司和北京华都峪口禽业有限责任公司项目，促进农村土地有序流转、适度规模经营和农业社会化服务体系建设；投放贷款2.65亿元，支持大兴区农村集体经营性建设用地入市项目。支持第一、第二、第三产业融合发展，投放贷款35.9亿元，重点支持畜牧业、肉类等关系国计民生的行业和具有高附加值的农产品精深加工领域，促进农村流通体系建设。支持农业产业发展，投放产业化龙头企业贷款5.1亿元。审批农业科技创新贷款2.9亿元，支持中国普天天津创新产业园项目，实现农业科技贷款品种突破。助力生态环境建设，投放贷款0.42亿元，支持中国林场集团广西岑溪3.8万亩速生丰产林基地建设，实现了林业资源开发与保护贷款业务的突破。年末，创新业务贷款余额47.59亿元，比年初增加40.49亿元。

（李灵毓）

中国进出口银行北京分行

2018年末，中国进出口银行北京分行（以下简称进出口银行北京分行）有余额的各类贷款、贸易融资客户共计61家，项目146个，累计批准贷款532.56亿元，累计放款259.44亿元，累计收回227.43亿元。表内贷款余额496.52亿元，比年初增加36.87亿元，增长8.02%。其中，人民币贷款余额442.62亿元，比年初增加79.67亿元，增长21.95%；外汇贷款余额7.85亿美元，比年初减少6.94亿美元。

截至年末，进出口银行北京分行内设处室8个，在职正式员工70人。

服务首都实体经济发展 向首钢集团有限公司发放流动资金贷款14亿元，为该企业搬迁后提供运营资金支持，助力疏解北京非首都功能；为京唐城际铁路发放贷款11亿元，带动北京市通州区、河北省香河县、天津市宝坻区以及河北省唐山市经济协同发展，促进京津冀交通一体化建设；为首都机场集团公司提供11.8亿元流动资金贷款，支持北京新机场建设，推动“一核两翼”联动发展；与北京市经济和信息化局签署战略合作协议，通过资源优势合作，着力推动北京十大高精尖产业发展。截至年末，发放支持“中国制造2025”和战略性新兴产业贷款共计204.87亿元，在各项信贷业务贷款余额中占比41.26%。

全力支持首都对外开放 贯彻落实支持民营企业发展相关政策，主动对接外贸综合服务企业和小微企业，与北京小笨鸟信息技术有限公司、北京尚易通企业管理服务有限公司等地区示范性综合服务企业平台签署合作协议，并量身定制贷款方案，推动完成进出口银行系统内首笔“订单贷”放款；加大对“一带一路”建设的支持力度，全年共签约项目16个，累计签约92.14亿元，累计发放贷款81.11亿元。截至年末，支持外贸产业贷款余额为334.64亿元，在各项信贷业务贷款余额中占比67.4%。

带动优势企业对外投资 支持国家集成电路产业发展，审批通过北京紫光资本管理有限公司80亿元境外投资银团贷款，帮助该企业完成对法国职能卡连接器制造厂商Linxens公司100%股权的收购；为北京四达时代通讯网络技术有限公司发放贷款1亿元，累计发放贷款超过20亿元，助推其在非洲近30个国家的100余个城市开展数字电视运营。全年通过为北京地区企业发放贷款，累计带动进出口商务合同金额共计60.77亿美元。

支持节能环保产业发展 为北京市顺义控股有限责任公司提供2.77亿元节能环保贷款，用于顺义区“煤改气”工程建设；为北京能源集团有限公司新增11.5亿元节能环保贷款，支持其清洁能源发电业务发展，助力低碳技术推广、降低污染物排放水平。截至年末，绿色信贷业务贷款余额为60亿元，比年初增长2 220%。

增加政策性贷款投放力度 注重发挥政策性金融逆经济周期的调节、引导和弥补作用，支持优势企业进出口先进技术装备、关键零部件和高新技术产品，形成进出口竞争优势；运用适用于船舶出口、高新技术产品出口和一般机电产品出口优惠利率贷款，对于符合条件的企业和项目予以大力支持，充分发挥政策性金融的引领和撬动功能。截至年末，政策性业务贷款余额为259.51亿元，在各项信贷业务贷款余额中占比49.3%。

维护首都金融安全 针对海航系贷款项目、汇源集团贷款项目、神州长城国际工程有限公司贷款项目、华阳经贸集团贷款项目等出现的违约风险，开展全面风险排查，全力催收逾期贷款本息，并协助借款人联系金融机构拓展还款资金来源，推动借款人开展并购重组，帮助企业渡过难关，累计收回上述企业逾期贷款本息共计9.63亿元。着力支持供给侧结构性改革，全力落实“三去一降一补”任务。截至年末，五大产能过剩行业贷款占比比年初下降2.06个百分点。

（赵子郡）

国家开发银行北京市分行

2018年末，国家开发银行北京市分行（以下简称国开行北京市分行）资产总额5 530亿元，同比增长3.53 %。表内贷款余额 4 738 亿元，同比增长8.78%。其中，人民币贷款余额2 984亿元，增长8.67%；外币贷款余额255.5亿美元，增长3.75%。本息回收率为99.34%，累计本息回收率99.21%，不良贷款率为0.16%。实现中间业务收入3.2亿元，同比下降36.5%；拨备前利润2.7亿元，同比增长2.3%；资产收益率1.66%，同比下降0.13个百分点。

截至年末，国开行北京分行内设21个处室，正式在职人员230人。

服务战略，坚持开发性金融定位 服务京津冀交通一体化，全年发放轨道交通领域贷款141亿元、铁路领域贷款18亿元、机场建设领域贷款10亿元，支持北京大兴国际机场、京雄铁路、京沈客运专线、京滨城际铁路、京唐城际铁路和北京地铁3号线、12号线、16号线、17号线项目建设。服务北京城市副中心建设，发放贷款40亿元，支持北京城市副中心职工周转房项目。服务“高精尖”产业发展，发放战略性新兴产业贷款186亿元、集成电路及配套产业贷款132亿元，助力京东方科技集团有限公司、中芯国际集成电路制造有限公司多元化发展，努力打造集成电路中国制造，支持北京大学等校企产学研一体化发展。服务国际合作业务和“一带一路”倡议，实现振华石油项目落地，全年发放外汇贷款36.9亿美元，表内余额新增9.3亿美元；加大巴西、美国、加拿大业务的开发力度，开发切尼尔、金鹰等液化天然气项目，与保利文化北美投资有限公司签署战略合作协议，支持其“走出去”。服务重点客户发展，向首钢集团、北京汽车股份有限公司发放贷款146.8亿元，助力其关键领域和经济结构转型升级。服务北京冬季奥林匹克运动会建设，开发崇礼“冰雪小镇”“三场一村”等项目。

情系民生，彰显大行社会责任 支持民营企业纾困，发放民营企业流动性支持贷款12亿元。加强东西部协作，搭建与北京市扶贫协作和支援合作工作领导小组办公室等机构的联系机制，与河北省张家口市、保定市，以及内蒙古自治区人民政府和扶贫部门签订合作协议，发放扶贫贷款5亿元；举办产业扶贫对接会，共计28家北京市属企业参会，将东西部产业扶贫协作落到实处。推动棚户区改造，发放贷款215亿元，支持朝阳区孙河乡、丰台区长辛店、石景山区衙门口、房山区长阳镇等28个项目建设。支持租赁住房建设，创新集体土地利用模式，发放租赁住房贷款17亿元，支持丰台区成寿寺、大兴区创业家园、北京城市副中心职工周转房等项目。服务基础设施补短板和市场提内需，与北京城市排水集团有限责任公司全面合作，建设污水处理厂、排水管线等再生水系统，发放水利贷款14亿元。支持医养结合，发放健康养老贷款5.2亿元。

提质增效，推动精细化管理 提升信贷资产管理水平，做实资产质量，准确揭示项目风险；提高项目评审质量，把好项目入口关；紧盯本息回收，加大动态监测力度；

强化担保管理，进行“见人、见物、见系统”三方核查；加大征信合规管理力度。债券发行、理财业务实现跨越式发展，完成国开行北京市分行首单基于国家财政补贴的保理业务，发行理财产品857亿元，发行债券185亿元。提升财会、营运管理效率，做好预算和费用管理，稳步推动采购工作，全面把控税收风险；优化企业开户服务，强化结算基础管理。全面落实内控评估工作，开展反洗钱专项行动和市场乱象自查整改，加强合规经营管理。加大不良贷款化解力度，坚持以“依法收贷”为抓手，牢牢掌握风险化解主动权。

（刘宇）

中国工商银行股份有限公司北京市分行

2018年末，中国工商银行股份有限公司北京市分行（以下简称工商银行北京市分行）本外币资产总额4.30万亿元，同比增长15.41%。实现本外币账面拨备前利润606.54亿元、净利润462.18亿元，同比分别增加80.78亿元、72.62亿元，分别增长15.36%、18.64%。本外币全部存款余额4.16万亿元，比上年增加5 355亿元，增长14.77%。本外币各项贷款余额8 456亿元，比上年增加858亿元，增长11.29%。实现中间业务收入122.14亿元，同比增加4 849万元，增长0.4%。资产质量保持稳定，不良贷款余额和不良贷款率继续保持“双下降”。

截至年末，工商银行北京市分行下设37家二级分行（含分行营业部），559家营业网点，579家自助银行；共有员工19 095人。

存款业务 坚持“重日均、稳时点、求实效”的原则，以专业服务和产品创新赢得客户与资金，以精细化的利率管理优化存款结构、提升存款收益，存款业务经营管理水平持续提升。截至年末，人民币全部存款余额4.01万亿元，比上年增加5 019亿元，其中，人民币储蓄、机构存款、公司存款和同业存款分别比上年增加588亿元、3 783亿元、128亿元和521亿元；外币全部存款余额217亿美元，比上年增加40亿美元。

融资业务 按照“大小新优”的总体策略安排，加大重点领域和薄弱环节融资支持力度，提升优质市场融资份额、服务实体经济质效和投融资业务经营能力。截至年末，人民币各项贷款余额8 070亿元，比上年增加919亿元。其中，公司贷款余额5 945亿元，增加713亿元；个人贷款余额2 010亿元，增加189亿元。中国银保监会、中国人民银行口径普惠贷款余额分别为130亿元、100亿元，分别净增35亿元、27亿元，分别完成全年任务的184%和207%。外币贷款余额56亿美元。

经营转型 强化各重点产品线的统筹规划与协同联动，推动以客户为中心、以价值创造为导向的转型升级，实现了新一轮的提质增效发展。截至年末，个人金融资产余额净增725亿元；信用卡净增127.2万张，分期付款余额同比增长52.4%；“融e借”累计放款56.75亿元，同比增长9.2%；私人银行管理资产规模净增187亿元；“融e购”非金融交易额476.4亿元，其中，B2C非金融交易额同比增长17%。法人理财（含养老金）、个人理财日均余额分别同比增长15%、34%。承销非金融企业债1 958亿元。实物贵金属业务量1.05万吨，其中，实物黄金业务量2 991公斤；账户贵金属交易量2 713吨。养老金受托业务规模突破100亿元，增长25.5%。跨境人民币结算量8 360亿元；结售汇业务量为1 309亿美元，其中，个人结售汇业务量66.67亿美元。

渠道服务 切实抓好渠道转型升级与客户服务改进，着力提升全渠道服务效能。全年在重点新兴区域进驻网点9家，在中心城区撤并网点4家，旗舰网点达到273家，全面消除低效网点，网均利润、存款、中间业务收入进一步提升。客户满意度和服务规范度保持优秀水平，客户净推荐值提升6.2个百分点，客户体验指数提升8.4分，网点员工满意度提升8.5个百分点。7家网点获评“2018年中国银行业文明规范服务千佳示范单位”称号，12家网点获评“2018年中国工商银行服务五星级网点”称号。切实加强金融消费者权益保护，客户诉求处理效率持续提升，获得北京银保监局一级和人民银行营业管理部A等评价，获得北京银保监局“金融知识宣传教育活动标兵单位”荣誉称号。

（毛彦宁）

中国农业银行股份有限公司北京市分行

2018年末，中国农业银行股份有限公司北京市分行（以下简称农业银行北京市分行）本外币总资产10 321亿元，比上年增加860亿元，增长9.1%。本外币各项存款余额8 010亿元，比上年增加132亿元，增长1.7%；本外币各项贷款余额3 941亿元，比上年增加528亿元，增长15.5%。实现营业收入201亿元，同比增加9亿元，增长4.7%。实现净利润106亿元，同比增加4亿元，增长3.9%。

截至年末，农业银行北京市分行共有营业网点361家，在岗员工8 398人。

公司金融 坚持把服务实体经济作为经营转型的重要任务，围绕国家与首都重大战略落地中的重大项目、重点领域、重点客户等加强综合服务，实现自身经营与首都经济社会发展的“同频共振”。为北京新机场项目新增投放32亿元，参与新机场噪声区综合治理项目银团贷款，参团金额达30亿元，为新航城临空经济区道路及综合地下管廊项目审批贷款153亿元；全额包销环球影城项目266亿元银团贷款，实现投放超过10亿元，荣获中国银行业协会“2018年银团贷款最佳项目奖”；先后向京沈高铁、京张高铁等交通路网项目投放29亿元；创新支持棚户区改造项目，全年累计投放棚户区改造贷款54亿元，年末贷款余额264亿元；支持共有产权房、租赁型住房建设项目22个，累计投放11.54亿元。以央企、国企、机构、政府、军队、新经济新动能等客户为重点，提供一揽子金融服务，在国企改革基金、央企混合所有制改革定向增发引资、央企市场化债转股等业务上实现突破；机构类存款年末余额1 840亿元，比上年增加14亿元；累计中标市级国库现金管理金额415.3亿元，承销地方债52.3亿元；新增互联网领军企业客户10户，授信110亿元，实现存款沉淀超过20亿元。

零售金融 围绕首都居民消费习惯变化，在便捷服务和体验提升上下工夫，着力打造线上线下一体化的零售金融服务体系，不断提升服务水平。加大大额存单、“活利丰”等产品推广力度，引导客户合理配置资产，提高综合收益，个人存款年末余额2 876亿元，比上年增加181亿元，增长6.7%。以“网捷贷”、信用卡分期等消费信贷产品为抓手，推进个人资产业务逐步以住房抵押贷款为主向住房抵押贷款与消费信贷并重转型，年末“网捷贷”业务余额16亿元，比年初增加9亿元，增长43.8%；累计新增贷记卡发卡38.6万张，分期交易额32.2亿元，同比增长68.7%。抓好移动金融服务，提升掌上银行在个人客户中的服务占比。截至年末，掌上银行注册客户 651.5 万户，活跃客户 203.7 万户，注册活跃比为 91.3%；净增缴费商户 189 户，同比增长 343.6%。优化网点和自助设备布局，提高线下服务质量。全年，共撤并低效网点 10 家、自助银行 51 个；新布放“超级柜台”480 台，总量 889 台，网均近 3 台，年末“超级柜台”业务替代率为 94.5%，比转型前提升了 17.5 个百分点；在东单支行试点打造首家智能网点。延展智能设备的业务受理范围，在“超级柜台”上加载现金模块，自主开发多项业务操作功能，涉及“定期一本通”“二维码小额收费”等 9 项交易。强化消费者权益保护工作，规范销售行为，加强客户信息保护，开展“金融知识进万家”主题宣教活动，加强反假货币、防范金融诈骗等安全知识宣传，开展电信网络诈骗治理，提升消费者金融安全意识。

普惠金融 全力支持普惠金融发展，不断提升小微、“三农”金融服务能力。截至年末，中国银保监会、中国人民银行统计口径的小微贷款余额分别为 22.12 亿元、20.85 亿元，比年初分别增加 10.86 亿元、12.92 亿元。坚持“专门综合服务、专门统计核算、专门风险管理、专门资源配置、专门考核评价”的“五专”工作机制，按照“2+2”模式（2 家一级支行+2 家二级支行）在辖内设立普惠金融专营机构，依照“3+1”原则（3 名小微业务专职客户经理+1 名小微业务专职审查人员）建立专业营销服务团队，构建了分行统筹、支行和营业机构联动经营的普惠金融服务体系。针对小微融资“短小频急”特点，加强线上线下创新，大力推广“微捷贷”线上融资产品。该产品自 2018 年 9 月上线至年末实现投放 5.52 亿元，年末余额为 3.59 亿元。扎实推进互联网金融服务“三农”工程，依托全国棉花交易市场，推动“金益棉”网络融资业务落地，全年累计支持企业 92 户，投放金额 19.1 亿元。涉农贷款年末余额为 102 亿元，比上年增加 22.7 亿元，增长 28.6%。

价值创造 全力做好交易银行、代理保险、托管等传统中间业务发展，巩固和提升收入份额。全年，先后为十余家重点客户办理现金管理代收业务，并在双向资金保付业务上实现突破；累计实现代理保险业务收入 2.4 亿元，与上年基本持平；托管收入 1.42 亿元，同比增长 10.9%。加大投资银行、金融市场、资产管理业务，债券投资、理财同业融资、银团贷款、贵金属租赁等领域的业务拓展，年末债券投资和理财同业融资余额分别为 592.3 亿元、1 315 亿元，同比分别增加 95.4 亿元、50 亿元，分别增长 19.2%、4%；实现银团业务收入 4 769 万元，同比增加 2 688 万元，增长 129.2%；黄金拆借业务收入 2.06 亿元，同比增加 0.54 亿元，增长 35.5%。积极跟进“一带一路”倡议和企业“走出去”金融需求，推进国际业务发展，先后在跨境人民币、红利汇出、熊猫债、非融资性保函等业务上实现突破，全年实现国际结算量 679 亿美元、跨境人民币结算量 599 亿元、结售汇量 146 亿美元。

风险管理 严格落实不良资产管控责任，持续抓好控新降旧，推进资产质量进一步提升。认真执行限额管控政策，健全限额管理纵横联动机制，有效压降低信用等级和压缩退出类客户用信，全年重点管控行业信用风险额度均比年初有所下降。持续推进潜在风险退出，通过更新风险化解措施、持续追踪、系统锁定扎口控制、动态管理等方式，主动化解信用风险。截至年末，“重点客户池”客户数、用信余额分别比上年减少 6 户、18 亿元。扎实推进“三线两点一网格”管理，立足强化系统预警信息核查，建立定期会商机制、核查处置台账、预警信息督办提示等制度，对预警信息分析、核实、处理的全过程进行质量控制，提升员工行为管理的精确性和有效性。持续加强内审监督，先后开展了第三方支付、党团工会经费、投融托管、个人贷款等业务的专项检查，并根据监管部门要求，开展了市场乱象治理专项活动。加强反洗钱管理，全年组织风险客户、退汇交易、人民银行营业管理部协查等各类协查100余次，对一批风险客户采取了管控措施。不断夯实运营管理基础，对23家支行的64个营业机构进行了运营专项检查，对单位开户、异常交易与大额交易监测、动账与对账等业务环节的风险隐患进行了集中整治，持续推进柜面业务综合化改造、通用核算系统治理等重点工作。

品牌建设 加强新闻宣传和品牌推广，有效提升品牌和社会形象。全年，组织调研采访6次，发布新闻通稿10篇，围绕“农行普及金融知识、推进消费者权益保护”“以文明规范服务树星级模范/立星级标杆/创星级特色”“开学季个人金融服务”等主题，在主流媒体开展新闻策划20次。开展“庆祝改革开放40周年”专项宣传，通过在报纸、网络、微博微信、行内展板等形式，推送短视频作品14部、宣传海报21张、微信端H5作品14部、长版图说作品3部；活动期间，微博端话题讨论量达80万人次，视频传播量突破15万人次，微信端H5平台访问量超过5万人次，海报图说转发量超过1万人次。

（李傲）

中国银行股份有限公司北京市分行

2018年末，中国银行股份有限公司北京市分行（以下简称中国银行北京市分行）本外币总资产11 735.90亿元；本外币汇总折合人民币各项存款余额8 071.36亿元，比上年增加706.77亿元，增长9.60%，其中，人民币各项存款余额7 258.65亿元，比上年增加587.26亿元，增长8.80%；本外币汇总折合人民币各项贷款余额4 657.66亿元，比上年增加543.48亿元，增长13.21%，其中，人民币贷款余额4 446.90亿元，比上年增加534.77亿元，增长13.67%。实现净利润149.61亿元，同比增加41.68亿元，增长38.62%。

截至年末，中国银行北京市分行共有营业机构292家，其中，分行1家、管辖/直管支行31家、经营性支行259家、分理处1家；在职正式员工10 005人。

公司金融业务 紧抓京津冀协同发展、大兴新机场、北京2022年冬季奥林匹克运动会建设机遇，主动服务重点客户，支持首都交通设施建设、北京城市副中心建设、棚户区改造、“三农”及绿色信贷等领域发展。截至年末，累计支持京津冀项目135个，授信余额突破千亿元；基础设施领域已批授信额度合计975亿元；为45个北京城市副中心项目提供授信支持681亿元；为19个棚户区改造项目核定授信457.7亿元；涉农贷款余额较年初增加17.71亿元，增长38.34%；绿色信贷余额934.81亿元，同比增长40.99%。紧跟国家政策，为“一带一路”沿线重点项目提供贸易结算、跨境融资、增信担保等一揽子金融服务。完善以客户为中心的营销服务体系，发挥总分支行一体化、海内外联动效应，加大力度参与重点客户海内外发债、上市承销、海外并购等业务活动，助力我国企业“走出去”。全年，境内外债券承销量3 446.18亿元，信用债债券分销量444.45亿元，同比增长586.4%。充分发挥跨境业务优势，全年，实现国际贸易结算量1 468亿美元，同比增长13%；跨境人民币结算量5 780亿元，同比增长31%。大力拓展保函业务，积极服务国家战略项目，全年保函业务发生额为1 035亿元，同比增长16%。通过紧抓军警机构改革、政策调整契机，重点关注教育、卫生、社保等民生领域重大项目，不断深化银医、银校合作，全年新增行政事业单位客户319户。依托多样化的现金管理平台产品功能，为重点客户提供银企直连、SWIFT直连、银银直连等多服务渠道，境内本外币现金池、跨境本外币现金池、跨境信息查询等多产品组合的综合金融服务，年末现金管理平台日均存款增长20.76%。贯彻落实国家支持普惠金融发展政策，完善服务体系建设，将辖内所有营业网点作为普惠金融基础服务网点，在北京地区设立25家中小企业战略业务单位（SBU）；通过“中银信贷工厂”累计支持中小企业4 778户，发放授信逾510亿元；借助“中关村模式”，累计服务科技型企业1 864户，提供授信支持超过200亿元；推动“跨境撮合”“投贷联动”“银税互动”，为企业提供全方位金融支持；以供应链金融平台为依托，为核心企业供应链条上中小微型企业供应商提供资金支持，为中小企业融资难、融资贵问题提供解决方案。截至年末，人民币公司存款时点余额5 865亿元，比上年增加567亿元；人民币公司贷款余额3 498亿元，比上年增加492亿元。

个人金融业务 紧跟地区发展规划，通过大数据平台建设精准定位营销目标，开展以点带面的源头营销与客群定向营销；适应资管新规出台后的市场变化，加快业务创新，丰富产品体系，通过多元化的资产配置提升高净值客户的市场份额。加强开发商分级管理及优质开发商评定工作，支持重点开发商优质项目，提高个人住房抵押贷款市场份额及项目风险控制能力；调整现有审批标准，优化产品操作流程，简化放款环节，高效满足个人贷款客户资金需求；扩大“中银E贷——个人网络消费贷款”产品适用客群范围，推广个人普惠类贷款业务，为个体工商户及小企业主解决融资难等问题。截至年末，个人贷款余额为802.09亿元，比上年增加22.83亿元。借记卡业务通过第三方平台开展场景化营销，直达需求客户。截至年末，借记卡新增发卡117万张，实现消费额1 958亿元。信用卡业务顺应消费市场变化，积极推进互联网场景化营销，夯实拓宽优质客群基础，探索“金融+”场景服务业态融合模式，加速收单及支付市场布局，开展便民支付环境建设，提升用户体验。截至年末，新增信用卡客户23.21万名，实现消费额683.55亿元。

中间业务收入 全年实现中间业务收入53.5亿元，同比基本持平，其中，贸易金融、银行卡、投资银行资产管理条线分别实现中间业务收入12.0亿元、10.3亿元、6.7亿元。充分发挥托管中心职能，拓展托管业务，实现托管费收入4.95亿元（税后），同比增长4.86%；加大金融市场产品推广力度，不断提升产品覆盖率，全年金融市场业务交易量为13 448亿元，实现中间业务收入4.14亿元，同比增长26%。强化营销机制建设，主动挖掘客户需求，保障债券承分销市场占有率，实现债券承分销手续费3.8亿元。进一步调整客户结构，拓展理财业务规模，对公表外理财销售规模为573.86亿元，对公表内理财日均余额为172.92亿元，实现中间业务收入3.6亿元。资产证券化业务增速迅猛，累计发行104.54亿元，实现中间业务收入1 210万元。顺应市场需求，不断拓展消费金融产品体系及渠道建设，提升消费金融专业化水平，实现多元化发展。

渠道建设 紧跟首都发展态势，调整网点结构，拓宽网点特色业务发展方向，提高网点专业服务水平。截至年末，建成个人贷款、跨境金融等12类特色网点100余个。充分发挥智能柜台效能，完善网点人员配置结构，探索网点场景化转型。截至年末，投产智能柜台（厅堂版）701台、智能柜台（移动版）100台，实现符合投产条件网点全覆盖，累计压降物理柜台约50%，释放操作岗位人员400

余人。落地“微尺伴客·中银会员店”，探索构建“金融+”场景服务业态融合模式。优化网点功能布局，将销售服务型网点升级为综合型网点或特色型网点，撤并城区低产低效网点，加强郊区新兴区域、空白区域网点建设。完善手机银行功能，打造云缴费平台，逐步拓展代缴费合作商户、代缴费项目种类，上线智能电表、热力缴费等10余种缴费项目。拓展线上金融服务渠道，研发供应链金融等平台，为公司客户供应链条提供线上综合金融服务方案；开发线上外币预约、电视端扫码、在线保险销售功能，提升客户体验；丰富企业网银功能，推出新版托管网银和电子指令系统。

风险管理 完善风险内控治理架构，对现有风险管理与内部控制委员会组织架构及职责进行调整，采取“1+6”模式，加强第一道、第二道防线风控专业队伍管理，清晰风险内控职责定位，推行“精进”风控体系，夯实管理基础，健全长效机制。强化全客户、全口径资产质量管理，按“潜在风险、高风险、潜在不良”三大类，做实存量资产非不良风险预警客户的名单制管理。主动识别和提前化解潜在风险，陆续下发《关于存量房地产授信项目政策风险的提示》《关于进一步加强分行房地产行业授信管理的通知》，创新集团客户专人专户管理负责制，落实大户信贷经营管理责任制，制订《分行大户信贷经营管理责任制实施细则》，实行名单制分层管理。落实深化整治银行业市场乱象工作，成立深化整治市场乱象领导小组、工作小组和综合治理办公室，明确职责，细化工作方案。全年，化解不良资产5.39亿元，其中，公司金融资产1.61亿元，个人金融资产1.32亿元，银行卡资产2.46亿元。不良贷款率为0.31%。

互联网金融 通过厅堂新开户激活、手机银行竞赛、公私联动、外部平台合作等方式，推动手机银行客户及交易量发展，全年手机银行月活客户为54.78万户，同比增长91.85%。企业网银以理财、税费缴纳、跨境汇款、代发薪功能拓展等产品为引导，做好线下客户向线上的迁移工作。企业网银交易客户超过5.6万户，个人网银交易客户数量为20.92万户，手机银行交易客户数量为152.15万户。努力提升网络金融服务能力，通过“中银E贷”平台累计获客超过14.57万户。推进移动支付便民示范工程建设，全力以赴做好中国银联近场支付商户活动及受理环境建设，促动客户移动支付的便利性和使用率。开展超市、商圈、旅游等二维码支付优惠活动。截至年末，拓展移动支付客户73.69万户，交易量5.9亿元。大力推广中国银行B2C网关和快捷支付产品，截至年末，实现线上交易1 263.35亿元。根据人民银行营业管理部统一要求，6月30日前完成所辖B2C业务36家支付机构、B2B业务19家支付机构、直联代付业务30家支付机构的迁移工作。推广“报关即时通”、第三方支付跨境电商业务，截至年末，“报关即时通”交易额为1 256.28亿元，B2B商户交易额为260.25亿元；与京东集团成功上线跨境电商支付合作，实现此业务领域零的突破。深入分析互联网产业经营及盈利模式，研究差异化授信方案及专业估值方法，着力提升新增互联网客户质量。全年新增互联网企业客户30余家，其中，新增授信客户10家，核定授信总量新增177亿元，同比增长32亿元。

（陈锐）

中国建设银行股份有限公司北京市分行

2018年末，中国建设银行股份有限公司北京市分行（以下简称建设银行北京市分行）本外币总资产18 458.89亿元，比上年增加2 586.64亿元，增长16.3%。本外币全口径存款余额17 832.41亿元，比上年增加2 382.58亿元，增长15.42%，其中，人民币全口径存款余额17 133.91亿元，比上年增加2 304.63亿元，增长15.54%。本外币贷款余额7 412.39亿元，比上年增加1 029.02亿元，增长16.12%，其中，人民币贷款余额7 150.55亿元，比上年增加981.16亿元，增长15.9%。实现账面利润199.08亿元。

截至年末，建设银行北京市分行设有营业机构449家，其中，一级分行1家，二级分行2家，支行433家（综合型支行22家、单点型支行14家、网点型支行397家），储蓄所13家；在职员工11 382人。

公司金融业务 推进普惠金融，解决社会融资难点。办理中国建设银行首笔核心企业、劳务公司、项目工地分属三家一级分行的“民工惠”业务；推进民工支付保函业务开展，为76家施工企业、近13万农民工开立1.4亿元的工资支付保函。实施住房租赁战略，成为北京市集体土地租赁住房建设的4家试点银行之一，完成北京地区首个集体土地租赁住房建设贷款项目审批。截至年末，本外币企业存款时点余额8 645亿元，比上年增加609亿元；日均余额7 956亿元，比上年增加552亿元；人民币对公贷款余额5 361亿元，比上年增加841亿元；实现对公中间业务收入6.32亿元，比上年增加1.85亿元。加快非首都城市功能疏解贷款投放，截至年末，疏解贷款项目储备140个，涉及金额3 847.04亿元。国际业务以“重合规、拓客户、创品牌、促增收”为重点，推动业务健康发展。截至年末，外汇全口径存款余额为102.65亿美元，外汇贷款余额为39.20亿美元，累计实现国际业务中间业务收入9.92亿元，实现外汇账面利润1.45亿美元。

个人金融业务 以提供优质金融服务满足广大客户的需要为切入点和落脚点，将对公业务“势能”转化为零售业务“动能”为基本途径，从机制体制、模式打法、优势特色等方面促进个人业务升级提速。截至年末，本外币个人存款时点余额4 085.11亿元，比上年增加418.60亿元；日均余额3 823.97亿元，比上年增加214.27亿元。解决偏远地区金融服务痛点，推进“裕农通”助农服务点建设，截至年末，建成服务点345家，覆盖京郊三分之二的乡镇、42个金融服务空白村和全部6个精准帮扶低收入村，探索“裕农通+善融”“裕农通+快贷”“裕农通+党建”“裕农通+养老”等普惠金融模式。开展“不忘初心、砥砺前行、转型创新、争创一流”消费者权益保护工作专项服务竞赛，推进全辖普及三星级网点标准，3家网点被中国银行业协会评为“千佳网点”，开展各类金融宣教活动7 586场。完善私人银行客户经营框架，开展专项营销活动，主抓六类客群联动拓展；加大数据支撑力度，充分运用“私享商机”“私享聚焦”等数据应用功能，精准推送潜力客户商机；加大产品供应，提供全面资产配置方案，促进客户资产提升；实施主管行长拜访客户机制，防范客户流失。截至年末，管理资产600万元以上的私人银行客户8 268人，金融资产达865亿元。

网络金融业务 推进“移动优先”战略，运用最新互联网技术，快速响应市场和客户需求，创建智慧、智能、体验极致的系统功能和应用场景，推动各项电子渠道业务发展。紧抓新开账户的电子渠道产品同步签约，通过提升同步签约率持续拉动客户增长。手机银行存量客户突破900万户。中间业务收入再创历史新高，各项业务盈利能力进一步增强。全年实现电子银行中间业务收入13.86亿元，比上年增长73.78%。

托管业务 开展“拓百项、增千亿”

专项营销活动，获得中央单位职业年金主托管人资格，以及中国黄金集团、中国铝业集团、中国三峡集团企业年金托管人资格。上线新一代托管系统简易核算模块，满足实业类项目资产的净值化核算需求，实现全行所有托管项目资产系统应用的“大一统”。截至年末，实现托管业务收入9.09亿元，比上年增长6.92%；托管运营规模2.58万亿元，比上年增加2 171亿元，增长9.18%；托管客户带动时点存款1 506.79亿元，日均存款1 035.38亿元；托管项目累计1 014笔。

现金业务 独家承担北京地区“2018年贺岁币”等5个品种6个批次的普通纪念币、纪念钞预约发行工作。科学管控现金备付指标，年末，人民币现金备付率为0.21%，外币现金备付率为1.31%。做好发行基金保管库代理业务，零差错完成回笼投放发行基金合计458亿元。完成代理16家省分行外币调运任务430笔，折合4.5亿美元。代理上海黄金交易所黄金仓储业务，荣获“操作无差错仓库”称号。完成金库集中保管、集中清分供钞任务，100%满足重点客户零辅币需求。完成376个网点现金、重要空白凭证、贵金属集中配送，910台离行自助设备集中维护，387个上门收款点集中服务。加强反假货币宣传培训，促进营业机构合规操作。配合人民银行营业管理部“央行北京现金服务”微信小程序在全行402家网点上线运行。人民币管理工作考核成绩优秀，荣获人民银行营业管理部颁发的“2017年度北京市金融机构人民币管理工作先进单位”称号。

人才队伍建设 坚持党建工作与业务发展“同频共振”，加强专业化人才队伍建设，全年开展各类联学共建431次。加强优秀年轻干部培养使用，当年新提任的二级分支行及分行部门副职平均年龄为42.7岁。对30名突出贡献人员进行奖励晋升，拓展员工成长渠道。印发《建行北京市分行关于选拔任用三大战略突出贡献人才的工作方案》，按实绩挖掘人才。完善校园招聘机制，在17所院校举办宣讲。修订工资分配办法，为全员增投商业保险。修订年度考核方案、分行年薪制人员和本部员工绩效考核分配办法、二级分支行竞争力监测办法，加大对优秀部门及员工的激励力度。推进建行大学工作，与中央财经大学签署《合作办学协议》。完善与战略发展相适应的组织架构，推动二级分支行设置普惠金融、新兴金融、信用卡等专业部门。推进小企业业务集约化处理中心设立，为住房金融服务中心增配专职人员，公开招聘专业人才充实金融科技队伍。完成考勤和出境审批管理项目上线，提高信息化管理水平。

（崔东风　何冰）

交通银行股份有限公司北京市分行

2018年末，交通银行股份有限公司北京市分行（以下简称交通银行北京市分行）本外币资产总规模7 636.76亿元；本外币各项存款余额6 360.71亿元，比上年增加231.88亿元，增长3.78%；本外币各项贷款余额3 226.71亿元，比上年增加91.49亿元，增长2.92%；实现利润110.87亿元，比上年增加25.68亿元，增长30.14%。

截至年末，交通银行北京市分行机构网点总量148家（含9家临时停业网点），其中，分行营业部1家，一级支行40家，二级支行79家，普惠支行28家；共有员工4 407人，其中，正式员工4 402

人，派遣制员工5人，平均年龄35.9岁。

公司金融业务 结合北京市场特点，制订公司客户发展策略；以融资产品为抓手，批量拓展链属企业；坚持源头拓展与后续跟踪相结合，抢占重点行业、新兴目标市场，代发工资客户实现快速增长；大力发展“税费通”业务，积极推广现金管理、企业网银和银企直联业务。全年新开客户5 794户，其中，对公优质客户3 417户，有效客户净增354户；年末新增存款余额282亿元。加大与医院、学校、各级法院、保险公司等特定行业的对接力度，有效推动负债结构调整，提高低成本核心负债占比。强化对公资产业务管理，从信贷规模管理、定价管理、贷款产品管理、重点项目管理、京津冀协同发展及集团客户管理等方面进行统筹，促进业务发展。重点推进银行间市场债券主承销，完成交通银行首单资产管理公司二级资本债主承销项目、北京市首单“民营企业债券融资支持工具”项下信用风险缓释凭证。大力发展小微业务，开发知识产权质押融资新产品方案，打造“创业快贷”“科创快贷”等，资料齐全条件下3个工作日内完成贷款标准化审批，获得了市场和客户的认可。

个人金融业务 以提高综合收益为出发点，发行资产提升类、新资金专享等产品；做好存量表内理财客户的对接，明确转化率要求。年末储蓄存款余额比上年增加118.74亿元，增长8.74%。落实客户层级管理，基层网点营销、维护中高端客户，外拓直营团队主要针对代发工资、代发公积金客户等开展营销，对资产30万元以上客户实行以理财产品、代理类信托、报价式集合等为重点的产品配置策略，进行名单精准销售。开展“献礼110周年客户嘉年华”专项行动，围绕高端客户、基础客户以及条线联动获客等发展目标开展十大营销活动；组织参加交通银行第二届广场舞大赛，提升客户数量和行外资金。全年，私人银行客户净增523户，沃德客户净增17 540户，个人有效活跃客户净增25.87户。开通PAD发卡设备秒批功能和VPN发卡渠道，推广“168元刷卡金”活动，开展特色客群专项营销，贷记卡新增活户数79 491.5户。针对优质代发工资客户、存量房贷客户、社保缴存稳定、高学历等优质客户推出线上信用消费贷款产品，额度最高30万元，期限最长3年。

同业业务 按照“业务指导+营销助力+任务督导”的方式，构建上下联动、齐抓共管的营销协同机制；聚焦关键账户，通过提高营销层级，对重点客户直接对接报价；坚持全产品营销和全方位合作的思路挖掘客户需求，综合化营销取得成效。密切关注北京市场同业客户批准筹备情况，利用中央企业（集团）成立金融子公司之机，拓展新客户；抓住债转股公司成立契机，实现北京地区银行债转股子公司100%覆盖；将证券公司、基金管理公司和财务公司客户作为活期存款拓展的重点目标，紧扣这三类行业营销指导意见开展营销拓展。截至年末，同业存款余额为2 843.91亿元，比上年增长12.76%。优化资产配置结构，加大同业借款投放力度，拉长借款期限；增加自营交易品种，拓展代客交易业务，扩大盈利渠道。发挥托管业务全牌照优势，以基金、保险、职业年金等产品托管为拓展重点，年末实现托管资产规模近9 000亿元。

国际业务 稳步发展即期、远期、掉期结售汇交易，逐步恢复能源类国有企业、汽车类企业的传统结售汇交易，开发互联网类企业和中大型贸易类企业结售汇业务，挖掘境内企业海外分红购汇、境内企业境外上市资金汇回结汇、跨境直贷结售汇、同业客户结售汇等客户需求，拓宽业务范围；拓展网银结汇渠道，提升客户结汇效率。以资本业务为抓手，利用外汇管理政策，成功拓展互联网公司、“独角兽”公司等新兴行业客户；积极开展进口代付、保票通，以及国际、国内证福费廷业务，首次与五大电力行业海外资产管理公司合作资产业务。紧盯石油、电信企业等大客户集中收款进展，以及传统付汇客户的新增收汇需求，带动外汇对公存款大幅提升。跟随“一带一路”倡议、国际产能和装备制造合作等国家战略推进步伐，大力推动境外项目及银团贷款。租赁业务快捷保理和系统内跨行快捷保理实现创新，全年累计投放24.5亿元，涉及4家核心企业，并带动11家小企业新开户，保理手续费收入创近三年新高。

风险管理 优化全面风险管理委员会架构，设立专业风险管理委员会和业务审查委员会，增设全面风险管理委员会常务会议，提升对系统性、区域性风险把控能力。通过开展资产质量考核、贷后及存续期管理考核、风险管理综合评价，激励各单位提高风险管理意识和水平，有效落实风险管理责任。前移信用风险管控重心，建立资产质量一体化管控机制，做到风险早识别、早预警、早处置。加强对客户的现场实地查访，动态调整“灰名单”和“监察名单”，提升风险管控精细化水平。以降损增利为目标，逐户排摸风险资产，结合政策环境和市场发展趋势，确定重点突破对象，推进风险资产清收和处置。将操作风险管理要求嵌入流程设计、制度建设初期，自觉开展各项风险评估和检查，从源头上防范和杜绝风险事件发生。全年资产质量保持稳定，不良贷款率为0.17%，逾期率比年初下降0.08个百分点。

基础管理 推进管理部门体制改革，调整监察室主要工作职责，在行政部下设办公及营业用房管理中心，推进普惠金融事业部改革落地，建立相对独立、相互分离、相互监督的营运条线管理体系。优化支行经营布局，核定一级支行分类，并将支行班子成员职级挂钩支行分类。加强议事临时机构管理，履行48个议事临时机构成立、变更手续。推进管理部门人员编制核定，按照“一部一策”、与业务规模及人均饱和业务量挂钩的原则量化核编。以重点向低职等员工、绩效表现优异员工、行龄长员工、关键族群员工、支行员工倾斜为原则，完成A、B职等员工的职档和薪酬切换。开发目标列表管理系统，将各类重点事项纳入全流程管理。将违规放贷、违规销售、违规票据、基层机构违规操作、员工异常行为作为全年重点整治内容，深入开展“长剑2018”案防特别行动，有效遏制和减少案件及违规行为发生。

党建工作 完善党建考核办法，增设“党建促发展”考核项目，将联学联建、创先争优等党建促经营管理成效指标作为考核重点，从制度上保障党建工作与中心工作融合促进。制订党风廉政建设一级、二级责任清单，细化基层单位落实主体责任和监督责任的基本要求与措施，有效落实“两个责任”。上线“党费管家”系统，实现78个党支部、1 600余名党员党费收缴电子化、对账高效化。开展“党建助脱贫攻坚”，深入河北省阳原县开展调研，为使用清理收缴党费支持当地党费扶贫项目奠定基础。

（何华伟）

招商银行股份有限公司北京分行

2018 年末，招商银行股份有限公司北京分行（以下简称招商银行北京分行）表内总资产 7 071 亿元，比上年增加 513 亿元，增长 7.8%；全折自营存款余额 6 226亿元，比上年增加 727 亿元，增长 13.2%；全折自营贷款余额 2 781 亿元，比上年增加 572 亿元，增长 25.9%；实现利润总额 124.9 亿元，比上年减少 15.9 亿元，下降 11.3%。资产质量持续保持优质，不良贷款率为 0.19%。

截至年末，招商银行北京分行共有营业机构 101 家，员工 4 854 人。

公司金融业务 批发业务以建设两大体系为核心，全力推进战略转型，以金融科技为重点，强化基础管理，实现战略客户综合化管理的制度化和电子化。对公负债业务稳健增长，人民币对公存款年日均增加 403 亿元；资产投放快速增长，表内对公信贷年末余额为 1 609.71 亿元，比上年增加 572.38 亿元。交易银行业务深耕支付结算、贸易融资供应链和跨境金融，落地多笔创新业务，践行轻型银行战略。同业业务精心打造“招赢通”品牌，构建财富管理对公代销业务服务体系。小企业金融业务围绕“千鹰展翼计划”，提供全方位的融资服务。机构业务深耕客群，首次获取多项财政代理资格，成为首批北京城市副中心行政办公区获批设立服务网点的机构，深入拓展智慧系场景建设，如“智慧出行”“智慧政务”“智慧校园”等。

零售金融业务 以打造最佳客户体验银行为中心，开展“全客群、全产品、全触点”服务体系建设，以金融科技、移动优先，内建平台、外拓场景，增强精细化管理能力，多项指标创新高。年末，管理总资产 1.1 万亿元、储蓄存款余额突破 2 000 亿元，人民币储蓄存款时点余额在北京同业市场占有率提升至 6.8%。构建线上线下活动体系，探索各类经营获客模式，推动零售客群快速增长，存量达到 900 万户，资产 5 万元以上的客群突破 110 万户。成立普惠金融中心，助力小微企业发展，年末普惠型小微贷款余额为 344.8 亿元，比上年增加 46.05 亿元。实施“金融科技银行”战略，推进互联网、大数据、人工智能技术和信贷工厂在个人贷款业务中的全流程应用。截至年末，零售信贷资产余额为 1 132.15 亿元，比上年增加 87.44 亿元。

投行资管业务 资产管理业务回归“专业本源”，年内顺利投放某大型国有资产管理公司应收账款类资产支持证券。全年债券承销规模 1 006 亿元，同比增长 51%。资产托管业务稳步增长，全年规模净增 2 837 亿元，年末托管资产规模突破 2 万亿元。票据业务紧跟业务转型步伐，聚焦价值创造与客群经营，全年实现直贴业务总量 541.06 亿元。

（肖楚璇）

上海浦东发展银行股份有限公司北京分行

2018 年末，上海浦东发展银行股份有限公司北京分行（以下简称浦发银行北京分行）资产总额 4 149.63 亿元。按中国人民银行统计口径，本外币一般性存款余额 3 746.50 亿元，其中，非银行金融机构存款余额 1 050.40 亿元。本外币各项贷款余额 1 402.52 亿元。实现经济利润 40.5 亿元。

截至年末，浦发银行北京分行共设有营业机构 73 家，其中，综合性营业机构 50 家（含营业部），小微及社区支行 23 家；正式员工 1 594 人。

公司银行业务 加大客户拓展工作的组织推动力度，强化对各经营单位的营销督导，开展“有价值客户超级联赛”和“目标授信客户全明星赛”等活动。全年，净增对公有价值客户 3 290 户；净增对公目标授信客户 282 户，其中，科技型和小微企业占比超过 60%。拓展双创龙头企业 15 户，新开“重点中小科创企业名单”客户 235 户。对公支付结算活跃客户净增 1 651 户。上线“京浦 E 商贷”、华为认证经销商“N + 1 + N”普惠金融批量获客模式。制订负债业务营销激励方案，深挖战略客户负债潜力，与中国移动通信集团公司等客户合作实现突破，推动对公存款高质量增长。全年人民币对公基础性存款日均 1 522 亿元，比上年新增 70 亿元；无贷户人民币基础性存款日均 1 200亿元，比上年新增 32 亿元。优化授信客户结构，加大对“白名单”客户的信贷资源配置，A 类名单客户年末表内人民币贷款余额占比为 86%。推进对公贷款精细化管理，优化资产业务结构，提升收益水平，对公客户综合收益率为 1.36%，比上年提升 7 个基点。对公贷款期限结构趋于均衡，年末短期贷款占比为 42.3%。

截至年末，按照中国银保监会统计口径，本外币一般对公存款余额为 2 293.10 亿元，比上年增加 325.10 亿元；人民币对公贷款余额为 835.40 亿元；实现营业收入 49.10 亿元，净中间业务收入 6.7 亿元。

投资银行业务 协助未来科学城、海淀区国有资产投资经营有限公司双创债券取得注册通知书，募集资金通过投债联动的模式直接用于支持双创企业发展，两笔业务共计 50 亿元，已经落地 32 亿元。全年各类债务融资工具共落地 454.97 亿元。其中，非金融企业债务融资工具落地 437.78 亿元；境外债落地 17.19 亿元。以多种资产证券化形式，分别为首创置业股份有限公司等客户提供融资解决方案，合计已落地规模 30.53 亿元；推出央企房地产供应链资产支持票据，注册规模 50 亿元；中标中国建设银行飞驰建荣 2018 年第一期绿色信贷资产支持证券联席主承销商，发行总规模 61.15 亿元。深化与金融机构的代理承销业务合作，跟踪其投资偏好、政策变化和资金投放需求，建立代理承销业务资金对接体系，基本覆盖高评级客户需求，重点满足国有企业子公司、民营企业上市公司等客户的需求，全年共完成代理承销业务178.97亿元。加大对风电、污水处理、生物质发电、锅炉及制冷设备节能改造、热电联产、轨道交通、绿色农业等节能减排项目的贷款支持，全年新增绿色信贷投放48.30亿元，年末贷款余额为156.38亿元。

零售银行业务 以“汇理财”、大额存单为营销抓手，按季度开展存款重点产品营销竞赛，推动零售存款余额当年新增逾百亿元。全年，销售“汇理财”235亿元，同比增加171亿元；大额存单年末保有余额为54亿元，比上年增加50亿元。坚持做大各类理财销售，通过资金沉淀带动存款日均；坚持做大代发业务流量，做好稳存增存，年末代发有效客户存款余额为110亿元，同比增长31.2%；开办“易证通”“留学保证金”等新业务，拓展批量引流存款的新渠道。推进“房抵快贷”渠道建设，通过精细化管理提升产能，年末“房抵快贷”余额为100.14亿元，年内新增80.01亿元。上线浦发银行北京分行首个互联网贷款项目——“灵芝快贷”，全年累计发放6.41亿元。加强信用卡业务线上渠道建设，做大客户规模，全年自主渠道新增账户量超过100万户，在浦发银行系统内排名第一位。

截至年末，本外币个人金融资产余额1 133.60亿元，比上年增加189.56亿元；本外币储蓄存款余额403.10亿元，比上年增加119.22亿元；个人贷款余额（不含信用卡）563.76亿元，比上年增加41.86亿元；零售营业净收入34.80亿元，比上年增加4.77亿元；零售中间业务净收入10.80亿元；零售基础客户58.00万户，比上年新增8.16万户；零售中高端客户22.56万户，比上年新增4.81万户。

金融市场业务 抢抓市场机遇，进行资产布局，细化业务策略，推动营业收入增长。锁定借款客户群体，精准发力同业借款业务；利用交易能力，扎实推进票据业务；抓住市场价格窗口期，调整存量转贴现库存交易，提升转贴现收益；发展轻资产业务，带动中间业务收入增长；推动代客代理业务创新，落实“挣快钱”向“挣慢钱”转型的经营策略。全年，策略性贵金属业务新增客户20家，人民币利率互换交易规模超过50亿元，债券借贷累计规模逾200亿元，落地挂钩大宗商品交易个性化结构性存款业务。厘清发展方向，优化客户结构。审慎推进客户下沉，提升中小金融机构合作覆盖率；根据客户的优势资源、风险状况，与分行“产品视图”的风险等级挂钩，高风险客户合作低风险业务，低风险客户合作高风险业务，新增产品加载超过200个；优化与大中型客户的业务合作结构，年内与6家同业机构签订战略合作协议。优化单一业务的客户合作结构，降低集中度。公募基金同业负债总规模突破1 900亿元。打造要素市场经营特色，实行“一户一策”。年末金融机构合作客户177家，实现北京地区全覆盖。

截至年末，本外币同业存款余额为2 180.20亿元；实现净营业收入25.22亿元，净中间业务收入11.40亿元；资产托管规模为1.55万亿元，实现托管费收入2.46亿元；表外资产规模875亿元。

合规与风险管理 全面优化授信管理，制定信贷投向和差异化信贷政策，扩大组合审批权限，优化业务流程。完善科技金融专批机制，促进科技金融业务健康发展。上线“天眼”系统，完善信贷资产风险分类动态管理，提升风险管理信息化水平和贷后非现场监控的有效性。开展全员异常行为专项排查，落实监管部门及总行要求，加强风险排查与专项检查，提前发现和化解风险隐患。配合完成审计署延伸检查、总行常规审计、北京银保监局和人民银行营业管理部相关检查工作，抓好整改问责。落实各项监管要求，深入推进整治银行业市场乱象和防范化解地方政府隐性债务风险工作。制订反洗钱内控检查方案、理财投资业务风险检查实施细则，修订合规案防考核制度及经营单位风险管理评价办法。前中后台密切配合，及时化解风险个案，有效抵御资产质量下迁压力。全面完成风控指标，超额完成风险客户现金压退和授信优化指标。后四类不良资产现金清收 9 864 万元，已核销资产现金清收 4 086 万元，超额完成年度计划。

（王国文）

广发银行股份有限公司北京分行

2018 年，广发银行股份有限公司北京分行（以下简称广发银行北京分行）总资产 2 996.82 亿元，比上年增加 442.89 亿元，增长 17.34%；本外币存款余额 2 660.08 亿元，比上年增加 594.99 亿元，增长 28.81%，其中，人民币存款余额 2 574.11 亿元；实现报表营业收入 78.35 亿元，净利润 62.98 亿元。

截至年末，广发银行北京分行设有营业网点 54 家，其中，支行 53 家，社区支行 1 家；在岗员工 1 600 人，其中，正式在编 1 589 人。

公司业务 全年，实现营业收入 21.05 亿元，同比增长 17.6%；实现净利润 9.73 亿元，同比增长 12.7%。人民币对公基础存款日均 1 297 亿元，比上年增加 159 亿元；单位保证金存款及平台类存款日均同比增长 387%；中标市级及 8 个区级国库集中收付代理银行资格。人民币公司贷款年末余额为 435 亿元，比上年增加 82 亿元。投资银行业务实现营业收入 2.4 亿元。资产业务综合收益稳步提高，对公客户授信回行率较年初提升 12 个百分点。交易银行在国际业务上配合跨境风参直贷、海外银团贷款等新型业务，为客户提供全面的跨境金融服务。推动总行下放供应链“双异地”审批授权，实现商票保贴业务单边低风险审批，全年批复供应链核心客户 35 户，比年初新增 34 户，新增供应链授信 122 亿元，出账金额 5.13 亿元，其中，小微企业出账 2 亿元。持续推进“慧系列”各项现金管理产品，吸收常规类存款年日均 44.6 亿元。

零售业务 全年，零售金融实现营业收入 23.32 亿元，实现净利润 7.37 亿元。财富管理依托综合金融服务方案，深挖线上线下获客渠道，批量开拓优质客群，带动储蓄快速增长。个人资产管理规模年日均 615.5 亿元，比上年增加 160.92 亿元，增长 35%；个人基础存款年日均 139.36 亿元，比上年增加 30.72 亿元，增长 28%，其中，常规储蓄年日均 85.38 亿元，比上年增加 8.43 亿元。净增个人有效户 13 331 户。信用卡业务不断拓展客源，提高批量获客和精准获客能力，全年新增激活客户 11.18 万户。零售信贷业务规模继续保持增长，资产结构进一步优化，年末零售贷款余额为118.96亿元，比上年增加39.79亿元，其中，抵押易贷款增加21.64亿元。

金融市场业务 顺应监管趋势，主动调整业务模式抢抓市场机遇，实现了逆势增长。全年实现营业收入17.91亿元，同比增长19.2%；实现净利润11.66亿元，同比增长20.5%。

银保协同工作 借助中国人寿保险（集团）公司战略支持，推动银保协同纵深发展。公司业务全年落地投融资协同项目14笔，规模517.15亿元，比上年增加15.04亿元。全年累计投贷联动日均存款43.39亿元，同比增长48.04%；成功会谈大型中央企业、国有企业客户28户，初步打开市属国有企业合作局面；在股权投资、投贷联动、债券投资方面持续发力，先后落地百度基金、国家电力投资集团有限公司、北京京能电力股份有限公司、中国诚通控股集团有限公司等银保协同项目。零售业务全年新增中国人寿保险（集团）公司迁徙客户27 578户，较年初净增资产管理规模月日均16.99亿元，净增储蓄月日均7.25亿元。中国人寿保险（集团）公司期交保费1.01亿元。

小微企业“两增两控” 根据国家普惠金融的政策导向，积极落实总行小微信贷工作要求，统筹安排公司、零售、金融市场、风险、运营等条线通力合作，超额完成总行下达的全年小微信贷计划。小微贷款年末余额为50.9亿元，完成任务指标103.31%。其中，对公小微贷款余额为10亿元，比上年增加8.6亿元，增长714%；零售小微贷款余额为40.9亿元，比上年增加15.25亿元。

（陈悦喆）

兴业银行股份有限公司北京分行

2018年末，兴业银行股份有限公司北京分行（以下简称兴业银行北京分行）总资产5 551.81亿元，比上年增加668.06亿元，增长13.68%；总负债5 509.49亿元，比上年增加683.18亿元，增长14.16%；实现营业收入70.68亿元，同比减少2.76亿元，下降3.76%；实现利润42.43亿元，同比减少16.36亿元，下降27.82%；本外币存款余额3 219.52亿元，比上年增加680.43亿元，增长26.80%；本外币贷款余额1 804.22亿元，比上年增加261.84亿元，增长16.98%；不良贷款余额5.96亿元，比上年增加0.17亿元；不良贷款率为0.33%，比上年下降0.05%。

截至年末，兴业银行北京分行共有营业网点76家，其中，综合性支行56家、分行营业部1家、社区支行19家；共有正式员工2 054人，编外员工75人。

企业金融业务 围绕转型发展及市场变化，初步完善“客户中心”及“产品中心”架构，建设客户沙盘及产品货架，有针对性地开展“阵地战”营销，各项业务成效显著。截至年末，本外币存款余额为2 895.25亿元，比上年增加599.63亿元，增长26.12%；对公表内资产余额为1 580.9亿元，比上年增加106.9亿元，增长 7.25%，其中，对公贷款余额为 1 124.92 亿元，比上年增加 143.32 亿元，增长 14.60%。

零售业务 组建朝阳、海淀私人银行中心，初步建立个人贷款、代发工资、全网收单直营团队，实现四类重点客群的快速增长；积极落实普惠金融，以服务小微企业、个体工商户为重点，下沉业务；加强产品创新，特色业务快速发展，代理产品占比大幅攀升；加速人才精准引进，优化人力资源队伍。截至年末，零售贷款总额为 679.30 亿元，比上年增加 118.52 亿元，增长 21.13%；储蓄存款总额为 288.96 亿元，比上年增加 51.37 亿元，增长 21.62%；财富类金融资产日均 799.53 亿元，比上年增加 140.92 亿元，增长 21.40%。

金融市场业务 落实同业及金融市场业务各项监管要求，推动同业业务回归本源，优化调整资产负债结构。强化客户基础服务，提升客户价值贡献，全力推进客户覆盖、产品覆盖再上新台阶。截至年末，同业负债余额为 2 222.03 亿元，同比下降 0.93%；资产托管业务规模为 13 749.09 亿元，同比增长 18.23%。

中小企业 加大对小微企业建设的金融支持力度，开展科技创新园区“扫盲”及集成营销，打造科技创新、文化创意产业客户发展的良性生态圈。全年，“两增两控”小微企业贷款新增 158 亿元，扶持小微企业户数新增 4 000 余户，其中，累计支持小微文化创意产业企业近 200 户。

绿色金融 夯实绿色金融发展基础，通过制订一张发展蓝图、打造一支专业队伍、创设一套产品体系，完善绿色金融业务生态链，形成以为绿色企业提供融资和为政府机构提供融智为“两翼”的绿色金融发展格局。加大对首都绿色环保产业和项目的信贷投放力度，为首都生态文明建设和绿色发展转型提供强有力的资金支持。截至年末，在绿色金融领域累计投放金额超过千亿元，为超过 500 户企业提供绿色金融服务，用于绿色企业及项目的各类产品余额达 473 亿元。

（张晨）

平安银行股份有限公司北京分行

2018 年末，平安银行股份有限公司北京分行（以下简称平安银行北京分行）本外币一般性存款余额 1 806.04 亿元。其中，公司存款余额 1 620.2 亿元，零售存款余额 185.84 亿元。本外币存款日均 1 766.25 亿元。其中，公司存款日均 1 586.58 亿元，零售存款日均 178.85 亿元。实现账面利润 192 721 万元；不良贷款余额 99 496 万元，比年初减少 14 949 万元，下降 13.06%。

零售业务 全面实现零售新门店与新业务场景的拓展，应用平安口袋银行、“社交·应用·远程团队”平台、商务智能系统（升级版）等大数据分析工具，以科技引导业务发展。创新业务模式，建立工资代发、互联网金融、银行卡收单和银行保险销售 4 个大零售平台，推动银证合作特色业务的开展，证券资产规模提升 6 个百分点。优化产品结构，注重提升

"宅易通"发放平台，"宅易通"发放规模首次突破1亿元。截至年末，客户资产余额新增340亿元，零售客户数量新增4万户。

对公业务 大力发展"轻资产、轻资本"的"双轻"业务。跨境投融资业务、国内证及离岸同业合作业务、跨境e金融业务取得成效，传统票据业务通过平台战略和科技赋能实现流程优化，获得北京市财政电子缴税和海淀区教育委员会非税业务代理资格、北京市市级及9个区国库集中收付代理银行资格，开发存款预测系统，实现对存款的线索管理、趋势预测、项目督导检视线上化等动态预测。

风控合规管理 顺应监管政策和市场趋势变化，提升风险管控质效。把好授信准入关，全年审批通过项目556笔，批复金额6 029.45亿元，实现新增授信业务零风险；压缩退出高风险客户，全年累计压缩退出约60亿元；清收化解不良贷款，移交特管的"坏银行"客户，全年累计收回1.87亿元。开展"合规行为自查自纠自报"活动、不良金融资产"五必查"活动，针对重点岗位、重点环节、重点业务开展专项督察；推动合规长效机制建设，评选表彰案防合规"五无"优秀单位，设立"合规谏言百万基金"，策划"合规风暴活动"；强化反洗钱和反恐怖融资风险管控，梳理和明确反洗钱组织架构职责，全年分析上报涉毒交易、逃税避税、地下钱庄等可疑交易2 019 321份，清理高风险地区及国家客户163户；高效完成法律合规评审工作，妥善处理各类仲裁、诉讼案件。

（杨春）

中信银行股份有限公司总行营业部

2018年末，中信银行股份有限公司总行营业部（以下简称中信银行总行营业部）本外币资产总额7 193.05亿元，比上年增加744.87亿元，增长11.6%。本外币存款余额（含金融机构存款）6 700.64亿元，比上年增加848.32亿元，增长14.5%。本外币贷款余额（含贴现）2 194.22亿元。不良贷款余额5.46亿元，不良贷款率为0.26%。实现净利润93.77亿元。

截至年末，中信银行总行营业部共有机构网点73家，员工2 967人。

公司银行业务 负债业务。巩固战略客户、机构客户等传统领域优势，推动行业转型和新兴领域开发，以客户为中心，依托投资银行、电子银行等重点业务，实现了对公负债业务的可持续发展。截至年末，本外币公司一般性存款日均余额为4 687.90亿元。

资产业务。践行轻资本发展战略，助力金融服务首都实体经济发展，完善小微企业金融服务体系，创新供应链金融产品，重点开拓"三大"（文化、健康和环保业）、"三高"（高科技、高端制造业、高品质的服务消费与服务业）、"三新"（新材料、新能源、新商业模式）客户。截至年末，人民币公司一般性贷款余额为1 014.58亿元。

投资银行业务。发挥银行专业、渠道、信息等优势，扩大股权投融资、实业投资、并购贷款、产业基金等客户服务范围。全年，债券承销规模为 1 579.41 亿元；融资类理财新增融资规模为 107 亿元，融资类理财日均总规模为 509.07 亿元；并购贷款新增 68.97 亿元；跨境银团贷款新增投放 7.09 亿美元。

汽车金融业务。将“部门 + 支行”运营模式改为“行业事业部”模式，建立汽车行业专营事业部；实施“上游 + 下游”“对公 + 零售”的营销策略，提升资源使用效率；坚持高端品牌路线，建立厂家信息直联渠道；以“交易银行 + 投行”“传统 + 创新”为导向，加强产品适应性，为客户提供全方位的综合金融服务。

交易银行业务。以客户为中心，结合各行业特点，为客户提供“融资 + 结算”“现金 + 票据”“线上 + 线下”“公司 + 零售”的综合金融服务。通过创新结算、现金池票据池“双池”、供应链融资等产品，推进交易银行重点项目。截至年末，交易银行客户数累计 40 769 户，实现中间业务收入 8 679 万元。

普惠金融业务。深化民营企业和小微企业金融服务，围绕票据贴现、供应链金融及“票、链”类普惠金融标准化产品，在风险可控的前提下，推动普惠金融业务发展。截至年末，普惠型小微企业法人贷款余额为 4.45 亿元，贷款客户数量为 102 户。

零售银行业务 存款业务。截至年末，个人存款时点余额为 905.30 亿元，比上年增加 284.14 亿元；个人存款日均增量为 129.22 亿元，一般性个人存款日均增量为 92.02 亿元。个人外币存款余额为 14.02 亿美元；比上年增加 3.23 亿美元。

管理资产。截至年末，管理资产余额为 2 733.09 亿元，比上年增加 591.93 亿元；管理资产日均余额为 2 476.04 亿元，比上年增加 465.30 亿元。

零售资产。完善个人贷款产品体系，推进和发展个人住房抵押贷款、普惠金融贷款、信用贷款业务，满足北京市场个人贷款客户住房抵押、消费等用途的合理融资需求。截至年末，零售资产余额为 959.87 亿元。

客户经营。截至年末，资产管理规模 1 万元以上有效客户数为 47.38 万户，比上年增加 7.36 万户；资产管理规模 5 万 ~ 50 万元的零售客户数为 23.91 万户，比上年增加 3.38 万户；资产管理规模 50 万 ~ 600 万元的零售客户数为 103 507 户，比上年增加 23 747 户；资产管理规模 600 万元以上的零售客户数为 5 886 户，比上年增加 1 454 户。

代理销售。全年理财产品销量为 4 164亿元，其中，净值型理财产品销量为 350 亿元，占比提高 19%；保险销量为 24.63 亿元，其中，期交保险销量为 4.10 亿元，占比由上年的 14% 提高至 19%（价值型期交保险 3.84 亿元，占比 94%，同比增长近 50%）；非货币基金销量为 30.75 亿元，同比增长 224%；贵金属销量为 11 796.51 万元。

手机银行。全年，移动银行登录客户数为 143.29 万户，比上年增加 109.43 万户，实现交易 1 770.32 万笔；移动银行月均登录客户数为 50.94 万户，月均交易客户数为 29.73 万户（以上统计包含电子账户用户）。

电子商务。全年电子商务产品交易量

为1 183.15亿元，其中，跨境电子支付业务交易量为389.68亿元，同比增长122.20%。

移动支付便民示范工程。推进移动支付便民示范项目，年内共完成1个重点商圈、2个重点街区、5个重点生活圈、3个支付场景的搭建工作，被北京市支付清算协会授予“先进单位”称号。

党费通。贯彻落实“互联网+党建”的战略部署，推出“党费通”产品，服务中信集团各级党组织，落地中信证券股份有限公司等27家机构党委，累计服务党支部341家、5 000余名党员，实现缴费金额1 566.84万元。

服务品质。2018年，中信银行总行营业部被北京银保监局评为消费者权益保护一级行、金融知识宣传教育活动先进单位称号；两家支行被中国银行业协会评为“2018年中国银行业文明规范服务千佳单位”；在首届“民生加银杯”中国银行业微视频大赛中，荣获“最佳消费者保护奖”“最佳人气奖”。

金融市场业务 同业业务。落实监管要求，深化“轻型银行”业务转型。保持资产业务传统优势，把握资产投放时间窗口，加大同业借款投放；调整理财销售客户结构，加强对证券公司现金管理类产品、城市商业银行和民营银行不跨季度产品的营销，扩大理财产品销售轻资本收入；发挥票据业务优势，拓展“信秒贴”产品，中小微企业客户数量稳步增加；推广“同业+平台”，夯实轻型化发展基础。截至年末，资产业务余额为1 053.11亿元，负债业务余额为1 944.23亿元。

国际业务。加强跨境业务合规管理，落实“展业三原则”，深化客户巩固与产品创新，依托传统国际结算客户基础精耕细作，推动符合国家“一带一路”倡议导向的出口信贷业务。全年，累计实现轻资本收入4.57亿元，金融市场交易量1 947亿元。在2018年度北京地区外汇指定银行执行外汇管理规定情况的考核中荣获“A类银行”评级。

托管业务。加强重点客户营销，深挖托管业务及一般性存款沉淀机会，推动托管业务收入及各项收益的增长；坚持“托管+”经营理念，围绕基础托管业务建立的客户关系，提升服务能力；紧抓新兴支付领域政策机会，深化与天弘基金的战略合作，实现存款、中间业务收入的增长；中标中央职业年金托管人及中国林业集团企业年金账户管理人，落地方正集团企业年金托管业务。优化托管业务营运流程，提升托管产品服务支持能力，实现营运水平和营运承载力的升级。截至年末，托管规模为2.28万亿元；实现中间业务收入15.32亿元，比上年增长21.21%。

风险控制 信贷审查。截至年末，不良贷款余额为5.46亿元，不良贷款率为0.26%，其中，公司贷款不良余额为1.19亿元，不良贷款率为0.10%。

会计运营。优化企业开户流程，对接工商“e窗通”企业开户预约渠道，提升账户服务水平；推进回单机智能化升级，上线押品权证实物管理项目（二期），优化同城电子清分平台，提升运营效率；规范预留印鉴管理，推动挂账清理，梳理业务流程，提高结算质量；开展运营检查，规范业务处理标准，严控操作风险；加强运营人员管理，开展互助活动，成立专属团队，打造专业队伍。

（张京玉）

中国光大银行股份有限公司北京分行

2018年末，中国光大银行股份有限公司北京分行（以下简称光大银行北京分行）资产总额4 505亿元。一般存款时点余额3 593亿元，比上年增加386亿元，增长12%，其中，核心存款时点余额2 615亿元，比上年增加235亿元，增长10%；一般存款日均余额3 720亿元，比上年增加420亿元，增长13%，预算完成率为169%，其中，核心存款日均余额2 526亿元，比上年增加220亿元，增长10%，预算完成率为224%；风险调整后利润52.91亿元，同比增加3.74亿元，增长8%，完成总行预算的120%；实现中间业务净收入34.64亿元，占全部净收入的35.9%；存贷款利差2.09%，比上年增加23个基点；资产收益率为1.17%，资本收益率为38.3%；不良贷款率为0.26%，比上年下降0.32个百分点。

截至年末，光大银行北京分行设有营业网点68家，共有员工2 700余人。

公司银行业务 年内，集中营销20余家重点中央企业、市属企业和知名民营企业，新增特惠客户22户。取得中央财政代理资格，丰台区财政局、朝阳区财政局、人民银行营业管理部国库集中收付代理资格。上线中央和北京市财政非税缴费项目，累计缴费138亿元。推进FPA综合经营，年末大资产余额为3 254亿元，比上年增加174亿元。开发外汇衍生交易、股本金购付汇、保理业务等新型贸易金融业务，办理北京市第一单农民工工资保函。托管资金规模超过1.34万亿元。首创“秒批、秒放”的“阳光e粮贷”产品，粮食交易协调中心项目在线融资累计放款90亿元。

零售银行业务 截至年末，零售资产管理规模突破2 000亿元，其中，储蓄存款突破700亿元关口，增幅超过30%。信用卡客户超过200万户，透支额超过200亿元，交易额突破1 000亿元。银联代付交易1.5万亿元，“云缴费”交易480亿元。

集团内部业务联动 借助光大集团“全牌照”金融平台，与系统内证券、保险、金融控股、信托和租赁等企业开展业务联动。配合光大集团发行超短期融资券、中期票据47.5亿元，托管光大永明资产管理股份有限公司等单位的产品2 000多亿元，代销光大证券股份有限公司、光大保德信基金管理有限公司、光大兴陇信托有限责任公司产品70多亿元，联合光大证券股份有限公司为中国普天信息产业股份有限公司发行超短期融债券15亿元，与中青旅控股股份有限公司推出联名信用卡，与中国光大银行香港分行、首尔分行、卢森堡分行联动内保外贷、外保内贷、内保外债业务合计125亿元，为嘉事堂药业股份有限公司和中青旅控股股份有限公司分别提供10余亿元授信。

风险防控 严格控制信贷风险，清收处置中国城市建设控股集团等不良贷款7.11亿元，其中，现金清收6.27亿元，核销 8 435 万元。年末，不良贷款余额为 2.88 亿元，比上年减少 3.17 亿元，下降 52%；不良贷款率为 0.26%，比上年下降 0.32 个百分点。

宣传与文化 组织开展“金融知识进万家暨金融知识普及月”“3·15 金融知识宣传”等宣教活动，走进社区、校园等，通过新闻媒体、自媒体开展宣教，覆盖 1 800 万人次。被北京银保监局评为消费者权益保护一级行、金融知识宣传教育活动标兵单位，万柳支行、望京西支行被中国银行业协会评为“2018 年中国银行业文明规范服务千佳单位”。组织开展送温暖活动，发放困难员工慰问金 54.5 万元，向重病员工发放阳光关爱基金 45 万元。完善干部管理办法，优化组织架构，健全用人机制，建立后备干部梯队。被首都精神文明建设委员会办公室评为“首都文明单位”，被中国金融工会北京工作委员会评为“北京金融道德模范”单位。

（潘远发）

中国民生银行股份有限公司北京分行

2018 年末，中国民生银行股份有限公司北京分行（以下简称民生银行北京分行）本外币总资产余额为 6 974.2 亿元；各项存款余额为 6 095.79 亿元，其中，人民币存款余额为 5 589.53 亿元；各项贷款余额为 2 524.5 亿元；实现营业收入 159.22 亿元，营业支出 38.3 亿元，实现营业利润 120.92 亿元。

截至年末，民生银行北京分行下设二级分行 1 家、支行 89 家，正式员工 3 354 人。

公司金融业务 以客户为中心，通过科技赋能，打造综合金融服务体系，加大服务实体经济力度。针对北京地区总部经济特征，打造战略民营企业“样板间”工程，通过总对总的合作基础，提升对龙头民营企业的授信规模、增加融资支持；加大对符合北京核心功能定位的科技、文化创意等产业集群的支持力度，对以互联网、区块链、量子通信等新技术为基础的新经济企业加大资金支持；针对中小民营企业开展“中小民生工程”，与电商平台、核心企业合作，对其上下游中小企业开展融资结算服务。落实国家发展战略，服务京津冀协同发展，加大对北京非首都功能疏解、产业转移、基础设施建设等领域投入，全年批复项目 7 个，授信批复金额 266.01 亿元。

个人金融业务 截至年末，储蓄存款余额为 838.7 亿元，比上年增加 164.5 亿元，增长 24.4%；个人贷款余额为 759.3 亿元；零售金融资产余额为 2 372.6 亿元，比上年增加 324.3 亿元，增长 15.8%。零售客户稳步增长，有效客户 41.2 万户，比上年增加 3.6 万户；贵宾客户 30.8 万户，比上年增加 3.3 万户。网络金融业务持续健康发展，手机银行客户总量为 282.9 万户，比上年增加 36.5 万户，增长 15%；直销银行客户总量为 68.48 万户，比上年增加 37.1 万户，增长 118%；电子银行交易替代率为 99.5%，与上年持平。

金融市场业务 截至年末，同业资产业务日均规模为 1597.19 亿元，同业负债业务日均规模为 3 350.95 亿元；资产托管业务存量规模为 1.78 万亿元；票据直贴累计发生额为 300 亿元，自助贴现累计签约客户数突破 800 户，再贴现累计获批 26 亿元。助力优质民营企业发展，与朝阳区人民政府成立区域内首单债权类和股权类纾困基金，帮助上市公司缓解债务压力，成功投放资管新规以来市场首批理财投资银证单一资管计划股票质押式回购业务。加强业务创新，成功操作全国首单票据交易所场内电子票据转贴现，打通票据全产品链，提升票据直贴转贴一体化经营效率。

党建工作 深入学习贯彻习近平新时代中国特色社会主义思想和党的十九大精神，加强党委自身建设，开展中心组学习 12 次；严肃监督执纪，强化履职问责，增强全行员工依法合规意识、风险防范意识和廉洁从业意识；制订《关于开展 2018 年党支部“主题党日”活动的有关安排》，提升各党支部建设水平，全年各党支部共开展 129 次特色主题党日活动，约 2 500 人次参加；规范和完善党费收缴、使用和管理工作，为基层党组织建设提供制度保障；以党建为引领，积极发挥工会和团组织作用，提升团队工作效能，为改革发展奠定良好的政治基础、思想基础和群众基础。

（刘晓静）

华夏银行股份有限公司北京分行

2018 年末，华夏银行股份有限公司北京分行（以下简称华夏银行北京分行）资产总额 3 058.09 亿元，比年初增加 352.03 亿元，增长 13.01%，其中，各项贷款余额 1 557.11 亿元，比年初增加 155.55 亿元，增长 11.1%。负债总额 3 022.91亿元，比年初增加 353.58 亿元，其中，一般性存款余额 2 147.49 亿元。累计实现拨备前利润（考核口径）52.46 亿元，同比增加 11.02 亿元，增长 26.6%；累计实现中间业务净收入（考核口径）11.78 亿元，同比增加 2.27 亿元，增长 23.9%。

截至年末，华夏银行北京分行共设有综合性支行 60 家，正式在册员工 2 135 人。

公司金融业务 服务国家发展战略，积极支持北京城市副中心、雄安新区、冬季奥林匹克运动会、新机场等重点项目建设，深化与北京市市属企业合作，加大对产业转移、城镇化建设、节能环保、基础设施、交通一体化、园区建设、旅游一体化等领域的投放力度，助力京津冀一体化协同发展。截至年末，共有京津冀项目 35 项，获批授信额度 429.06 亿元，累计投放 246.3 亿元。召开“心系民营经济，情系企业发展”座谈会，邀请 12 家重点民营企业，就当前民营企业发展和融资中遇到的困难以及未来的合作意愿等深入交流并签订战略合作协议。办理首笔农民工工资监管和农民工工资保函业务、共有产权住房建设贷款、集体经营性建设用地融资业务、作为项目牵头安排人的应收账款供应链金融资产证券化（ABS）业务等，创新发行首笔永续类和应收账款类债融计划，实现北京地区首单信用风险缓释凭证（CRMW）投资，成功注册华夏银行首只绿色债务融资工具，成功投放首单上海证券交易所挂牌应收账款资产支持证券等。

个人金融业务 截至年末，个人存款余额为378.13亿元，比年初增加47.57亿元。信用卡发卡8.3万张，“易达金”产品放款1.3亿元。全年新增速通卡签约客户39 765户，计划完成率为124.27%，累计新增数量突破64万户。“华夏速通卡”微信公众号关注客户突破20万户。上线“乐速通”APP线上签约功能，实现全流程线上办理ETC业务，电子标签由快递上门安装，真正实现了“车不出库，足不出户”。

科技金融业务 截至年末，科技金融专营机构——北京中关村管理部累计为1 151家企业提供授信服务，其中，高新技术企业占比超过60%，实现模拟利润5.42亿元。累计为39家企业提供知识产权质押贷授信13 780万元，为23家企业提供“高新易贷”授信3 611万元，为5家企业提供“创业易贷”授信610万元，并积极推动华夏银行成功进入中国互联网金融协会公布的首批存管银行“白名单”。调整客户结构，提升优质客户群体占比，中关村地区的“瞪羚”企业、“新三板”挂牌企业、上市公司等高成长企业已成为重点客户群体。

文创金融业务 截至年末，文创用信户为50户，比年初净增35户，计划完成率为185.19%。围绕政府找项目，深化与北京市文创金融服务平台、文创企业股权转让平台合作，为文创客户争取“投贷奖”政策，实现奖励账户72户，比上年增加14户，增长24.14%。争取政府文创贷款补贴500万元，比上年增加308.91万元，增长161.66%。搭建文创平台类项目15个，累计获客317户。创新推出“华夏保速通”“华夏创可贴”“华夏创易贷”“微利一加一”等特色产品。

风险防控 加强全面风险制度建设，推动全面风险管理机制有效落实，完善全面风险报告管理体系，不定期发布风险提示。制定和推动落实信贷政策，加强内评系统及时性和准确性管理，开展授信业务尽职调查，做好违约信贷资产责任人考核工作，定期监测线上贷款业务，做好涉外业务信用风险管控。加强操作风险关键指标监测，识别和报送操作风险事件，开展操作风险与控制自评估，组织全员学习及测试，检验学习效果。完善业务连续性管理工作制度体系，加强紧急演练，落实自评估，开展业务影响分析，切实加强外包风险管理。组织相关部室对本专业条线的市场风险进行监测分析；对资产负债利率错配情况进行监测，及时报告利率风险管理情况；加强汇率敞口管理，严格落实大额结售汇预报制度，执行日末“零敞口”要求。

基层党建工作 制订基层党建工作责任清单，与各支部书记签订党建工作责任书，充分发挥党委支部抓党建的主体责任和两级书记抓党建的“第一责任人”责任。制订下发《2018年党建工作要点》和基层党建工作目标管理量化考核细则，组织党支部书记述职评议，强化其抓党建的责任意识。用好“一规一表一册一网”支撑载体，推动党支部规范化建设，认真落实“三会一课”，抓好理论学习，开好组织生活会，落实民主评议党员，提高基层党建规范化水平。严格执行发展党员工作细则，全年发展党员20名，转正预备党员20名。

（李原野）

渤海银行股份有限公司北京分行

2018 年末，渤海银行股份有限公司北京分行（以下简称渤海银行北京分行）本外币总资产 805.07 亿元，本外币各项存款余额 622.32 亿元，本外币各项贷款（含贴现）余额 552.26 亿元，实现营业收入 34.68 亿元，中间业务收入 6.94 亿元，考核利润 14.28 亿元，经济增加值 8.48 亿元。不良资产余额为 11 445.79 万元，不良贷款率为 0.21%，资产质量保持优良。

截至年末，渤海银行北京分行共设有营业机构 27 家，其中，支行（含分行营业部）19 家，社区支行 8 家；共有员工 774 人，其中，合同制员工 762 人，派遣制员工 12 人。

公司金融业务 负债业务。全年累计吸收保险公司协议存款 145.35 亿元；成功入围中央国库现金管理定期存款参与银行团，累计吸收财政存款 392 亿元；叙做结构性存款 204.86 亿元。年末批发日均存款余额为 660 亿元，比上年增加 32 亿元。

资产业务。聚焦首都科技中心、文化中心定位，深入发展绿色金融，通过单列信贷额度、建立快速审批通道、创新产品等方式，服务首都实体经济发展。全年，累计发放高新技术企业贷款 9.71 亿元，累计发放绿色信贷 27.85 亿元，为紫光集团有限公司等重点科技、文化企业发行各类债务融资工具 88 亿元，为百川燃气有限公司等绿色交通、再生物资回收、清洁能源生产和供应、绿色园区管理等实体经济提供融资支持。

投资银行业务。全年累计发行各类债券产品 223 亿元，比上年增长近 50%，完成全年指标的 284%。承销启迪控股股份有限公司债券 55.5 亿元，几乎未占用行内风险资产，实现了轻资产经营。

资本市场业务。全年完成资本市场业务 13 笔，金额 107.4 亿元，实现了渤海银行北京分行场外股票质押式回购业务及批发条线股权直投业务的突破。

金融市场业务。全年新增金融市场业务规模 257.8 亿元。

托管业务。落地渤海银行首个他行信贷资产证券化项目、电子票据信托产品托管业务，完成首笔行外资金财产权信托托管。年末托管业务余额 3 289 亿元。

普惠金融业务。全年累计发放小微企业贷款 115 亿元，年末小微企业贷款余额 139 亿元，比年初增加 46 亿元。

零售业务 2018 年财富资产规模 229 亿元，理财销量突破 800 亿元，同比增长 2.5 倍；累计发放消费贷款 3 900 笔，总计 3.7 亿元；开发“美利车”项目，实现首笔线上消费金融发放；首款自主线上产品——“线上拎包贷”业务于 12 月成功发放，开创线上消费金融领域新局面；网络银行业务快速发展，微信、互联网平台新增客户 14 万户；直销资产年日均余额为 29.49 亿元，年末余额为 31 亿元，比上年增加 11 亿元；“结算宝”累计交易 7 490 万笔、2 738 亿元，实现金融科技转型收益 1 300 万元；与多家大型互联网平台完成接洽，分行营业部上线“众信旅游”业务，成为渤海银行北京分行首笔金融科技转型收益项目。

风险管理 紧密围绕工作重心，严守风险底线，夯实风险管理基础，有针对性地选择客户、业务，快速应对突发事件，有效防控风险；风险部、监控部主动介入资产市场业务、授信业务、发债业务等客户的投贷前后管理和风险化解，逐笔开展自查、判断风险特征，全年成功化解逾期、欠息业务7笔。在人民银行营业管理部北京辖区信贷政策导向效果评估中，被评为A类二等。

党建工作 以习近平新时代中国特色社会主义思想为指引，全面贯彻党的十九大及十九届历次全会精神，深入推进“两学一做”学习教育常态化、制度化，切实履行全面从严治党主体责任。组织分行党委成员与分管部门、联系支行主要负责人，开展履职谈话、廉政谈话和廉洁从政教育，开展警示提醒，督促责任落实。对分支行21家党支部就分行党委部署的各项党建工作落实情况，“三会一课”及历次学习讨论情况记录、党员学习记录、党员发展材料等进行巡查。调整原有联合党支部设置，在有3名以上党员的支行成立党支部，并在各支部搭建“党员之家”教育园地，设立“渤京党建”微信公众号。

（张俊魁）

浙商银行股份有限公司北京分行

2018年末，浙商银行股份有限公司北京分行（以下简称浙商银行北京分行）资产总额1 711亿元，比上年增加534亿元，增长45.4%。各项存款余额1 212亿元，比上年增加245亿元，增长25.4%。本外币贷款余额777亿元，比上年增加369亿元，增长90.4%。其中，公司贷款余额646亿元（不含贴现），比上年增加332亿元，增长105.7%；小企业贷款余额90.2亿元，比上年增加近22亿元。实现经济增加值12.8亿元，同比增加7.4亿元，增长近140%；实现营业收入35.6亿元，同比增加11.3亿元，增长近50%；实现营业增加值29亿元，同比增加10.9亿元，增长60%。风险资产收益率为4.5%左右，同比提升1.4个百分点；成本收入比为23%，同比下降13个百分点；人均营业增加值为430万元。资产不良率为0.33%，位于北京同业和系统内安全领先水平。

截至年末，浙商银行北京分行共设有营业机构13家（不含分行营业部），员工782人。

公司业务 以“三大平台”为核心，形成多类型的产品体系，将融资与服务嵌入企业的经营管理和商业模式中。大力营销在京中央企业、市属国有企业及其上下游企业，通过“应收款链”平台解决国企资金高耗问题；搭建“易企银”平台，实现对接单位所属成员单位上线，为乡镇提供内部资金结算、资金拆借服务，提升资金管理水平和资产统筹能力。以“池化融资”平台延伸质押功能服务集团客户，推动各类派生存款，减少资源耗用，提升各项业务收益率。全年，“应收款链”平台有效合作项目85个；累计落地“易企银”平台7个，有效项目7个，超短贷累计提款1 206.36亿元，同比增长158.45%。

资产托管业务 加大公募基金托管营销力度，探索银保合作新模式，加强同业交流，推动资产托管业务快速发展。全年，累计上线托管规模1 309.84亿元，比上年增加620.32亿元，托管账户日均资金沉淀19.51亿元，累计实现托管费收入5 463.57万元。年末资产托管规模余额为2 167.49亿元，其中行外项目共1 550.10亿元。

债券发行业务 丰富债券承销业务种类，参与永续中期票据、金融债等多种债券承销，提升综合融资服务能力。全年，承销规模517.004亿元，比上年增长482.05%；实现营业增加值6 079.965万元，考核指标完成率为182.86%。积极响应银行业服务实体经济、落实“三去一降一补”、助力中央企业降低“两金”及负债率新举措，大力推动标准化资产投资业务、并购贷款业务、中央企业“债转股”业务发展，寻求新的发展机遇。

国际业务 深耕北京市场，以资本项下相关账户的开立，带动年日均存款沉淀、资本项下国际结算和对客外汇资金交易等业务增长。与浙商银行香港分行展开业务联动，通过内保外贷和外保内贷等方式，落地融资项目共计2.63亿美元，带动中间业务收入4 531万元。全年，国际结算量为103.3亿美元，计划完成率为129%；实现中间业务收入7 516.75万元，计划完成率为107%；对客外汇交易量为62.88亿美元，计划完成率为146%。

网络金融业务 全年网络金融新增有效项目23个，同比增长27.78%，完成全年计划的191.67%；实现有效项目营业增加值12 275.54万元，同比增长126.4%，完成全年计划的136.39%。

（吉轩）

北京银行股份有限公司

2018年末，北京银行股份有限公司（以下简称北京银行）表内外总资产3.31万亿元；实现净利润200亿元，同比增长6.77%；成本收入比25.19%，人均创利超过130万元；不良贷款率为1.46%，拨备覆盖率为217.51%，拨贷比为3.18%，不良贷款率保持行业低位，风险抵御能力在经济转型期持续增强。北京银行品牌价值为449亿元，居中国银行业第7位；一级资本在全球千家大银行排名第63位。作为唯一金融企业代表参加中荷经贸论坛，与荷兰国际集团（ING）签署设立合资银行谅解备忘录，提升了北京银行品牌的国际影响力。

截至年末，北京银行设有分支机构632家，其中，北京地区分支机构263家。

公司业务 以“为客户创造价值”为目标，借助金融科技创新，树立“线上公司金融”品牌形象，推出“京信链”“e商融”“京管+”等线上产品和综合服务方案。截至年末，交易银行客户6.8万户，比上年增长16.4%；交易银行结算存款日均4 825亿元，比上年增长9.1%。中标人力资源和社会保障部在京中央国家机关事业单位工作人员社会保障卡发行服务合作银行、北京市规划和国土资源管理委员会非税收入代收资格。与北京市教育委员会签署全面战略合作协议，共同设立“北京银行乡村教师奖励基金”，支持乡村教育发展以及乡村教师队伍建设。与北京市总工会签署新一期全面战略合作协议，启动“京卡·互助卡”十大服务体系升级工作。“京医通”项目平稳运行，截至年末，项目已覆盖北京地区27家三级以上医院35个院部，累计发放京医通卡近1 900万张，平台全年挂号量近2 200万人次，占市属医院全部挂号量的70%、全市三级医院挂号量的23%。全年，承销发行债券204只，同比增长42.7%；承销规模1 418.3亿元，同比增长33%。

小微业务 截至年末，小微企业公司贷款余额为4 256亿元，同比增加685亿元，增长19%。单户授信1 000万元及以下小微企业（含个体工商户和小微企业主）贷款同比增长30.8%，实现“两增”目标。文化金融、科技金融贷款余额分别为708亿元、1 454亿元，增速均超过20%。设立首家银行系文化创客中心，推出“书香贷”产品、“文租贷”服务方案，持续打造雍和、大望路文创支行，推出“雍和印象”“创意58”等特色品牌。设立总行级科技金融创新中心，推出“前沿科技贷”。与中关村管委会签署新一轮战略合作协议，3年1 200亿元授信支持全国科技创新中心建设。

零售业务 “一体两翼”战略转型发展成效显著，规模效益持续提升，业务结构不断优化，监管指标全面达标。年末，零售客户数量突破2 050万户，资金量规模超过6 500亿元，银行卡发卡量突破2 500万张；零售贷款规模突破3 600亿元，不良贷款率较年初下降0.09个百分点；上线新版手机银行APP4.0，手机银行用户增长39%，新增有效客户转化率超过85%，重点交易线上替代率超过97%，客服满意度保持在99%以上；“富民直通车”首推京东联名富民卡、首开“互联网+农村金融”跨界合作先河、首创移动服务站模式，累计建设各类服务站点近300个，富民卡累计发卡达80万张，个人普惠金融贷款规模突破300亿元，增速超过30%；蝉联《亚洲银行家》“中国最佳城市商业零售银行”大奖。

金融市场业务 贯彻落实各项监管新规要求，实现同业、国际、托管、理财和资金业务稳健合规发展，资产结构和收益水平进一步优化，高收益资产占比较年初提升2.13个百分点，行外托管规模占比较年初提升2.79个百分点，外汇交易总量同比增长11.61%，本外币跨境资金收付总规模同比增长47%。联合SWIFT发布“一带一路”专属金融服务品牌——“丝路汇通”，发布首届中国国际进口博览会专属跨境金融服务产品。完成上海票据交易所系统纸电融合项目，与1 003家银行建立代理行关系，遍布101个国家和地区。

信息化建设 成立网络安全与信息化领导小组，完成北京市人民政府国有资产监督管理委员会“展e计划”。提升科技业务融合，加速金融科技成果转化。形成大数据、人工智能、数据可视化三大技术平台能力体系，加快释放大数据价值。依托分布式和微服务架构，逐步形成以分布式支付服务、分布式网贷服务、分布式账户服务为中心的基础服务能力，助推个贷线上消费贷业务。完成零售手机银行4.0投产，发布“京管+”企业手机APP，打造一站式企业服务平台。系统安全保障工作稳健开展，全年有效抵御网络攻击和病毒入侵23万余次。加快推进顺义研发中心建设工作，满足未来50年科技发展需求。

（王昕芳）

大连银行股份有限公司北京分行

2018年末，大连银行股份有限公司北京分行（以下简称大连银行北京分行）资产总额451.67亿元。各项存款余额395.15亿元，比年初增加40.05亿元，增长11.28%。各项贷款余额265.69亿元，比年初减少8.44亿元，下降3.08%。不良贷款率为0.22%，比上年下降0.27%。

截至年末，大连银行北京分行共设有营业机构（含分行营业部）6家，共有员工268人。

公司银行业务 克服宏观经济压力，防范金融系统性风险，聚焦客户夯实、产品推动、结构优化、协同促进建设，推动公司业务稳步发展。制订区域发展规划，通过分层服务、高层营销等方式，拓展战略客户数量。聚焦国家经济发展战略，加大对传统产业优势企业、新兴产业成熟企业支持力度，多渠道解决民营企业和小微企业融资难、融资贵问题。积极开展培训，实行产品精细化、目标化管理，推动产品研发补位与功能升级进程，夯实产品品牌基础。

投行资管业务 实现大连银行首单主承销加认购的债权融资计划，规模10亿元，单笔创造中间收入600万元。截至年末，投资存量为211.98亿元，实现中间收入6 000余万元。

零售银行业务 注重消费者权益保护工作，开展形式多样的宣传活动；以走进社区、贴近市民为服务宗旨，开展社区营销及存量客户提升活动。截至年末，零售客户金融资产余额为18.22亿元，比年初增加5.44亿元，增长42.5%；理财保有量为12.7亿元，比上年增加7.5亿元，增幅超过71%；加权有效客户数为12 658户，比上年增加4 334户。

金融市场业务 加强货币利率市场化管理与监控，顺应央行货币政策导向，加强流动性管理，夯实现有客户，拓展新同业客户，稳步开展资金业务；通过中国货币网等互联网渠道和市场交易情况跟踪分析市场利率走势，利用资金业务风险占用低、安全、灵活的特点，加速资产流转；强化传统票据业务优势，成立票据中心，通过部门信息联动，进行动态的贴现价格指导，服务中小企业融资；以客户需求为导向，以转贴现业务为支撑，探索新兴票据业务模式。

（于涵）

天津银行股份有限公司北京分行

2018年末，天津银行股份有限公司北京分行（以下简称天津银行北京分行）资产总额690亿元，其中，各项贷款余额206亿元，渠道投资业务（含入池资产）365亿元。负债总额680亿元，其中，各项存款余额328亿元。实现账面利润10.19亿元，比上年增加1.46亿元。

截至年末，天津银行北京分行设有营业机构16家（含分行营业部），共有员工410人。

公司金融业务 按照优化结构、节约资本、调配资源、严控风险的原则，明确重点客户选择方向，重点支持符合产业转型升级方向、产能先进的优质企业；大力发展绿色金融，狠抓存款规模稳定，拉动负债业务增长，降低负债成本。邀请总行专职业务管理人员，开展债券承销、并购投资、资产证券化等培训20余场，提升员工金融服务专业化水平。

个人金融业务 优化业务结构及资源配置，深度开发核心业务，组建消费金融团队，专人专项推进项目，为总分行部室、经营机构及企业沟通搭建桥梁，推动线上消费金融业务开展，实现天津银行首笔线上消费金融贷款发放，全年累计投放近百亿元。开展“开门红旺季营销”“零售业务阶段性营销竞赛”“非营销岗全员营销竞赛”等活动，做好业务营销指导，细化任务指标，明确赏罚机制，促进各项指标快速提升；开展个人客户答谢会、节日节气主题活动、社区学校企业宣传活动，增加客户黏度，夯实客户基础，助推零售业务稳健发展。

国际业务 抓住国际业务产品特点，重点推出同业代付、NRA账户收付款等业务模式，在符合监管要求的同时有效带动国际业务指标的增长。全年，累计完成国际结算量13.63亿美元；实现贸易融资投放量61.49亿元，比上年增加10亿元；累计实现贸易融资中间业务收入1 309万元，新增贸易金融有效客户19户。调整存款结构，控制新增存款付息率，优化外币存款收付息差，改变了以往利率倒挂的现象。开发外汇存款出口渠道，实现掉期业务零的突破，全年完成美元兑人民币掉期业务8笔，金额共计7亿美元。

消费者权益保护 落实监管要求，完善相关制度，健全消费者权益保护和服务质量监督体系，完善客户需求收集、消费者需求分析、开展快速改善解决消除客户不满点等，完善服务及投诉处理流程。聘请北京秉正银行业消费者权益保护促进中心老师为一线员工、高级管理人员进行投诉纠纷处理培训，开展“金融知识进万家暨金融知识普及月”“3·15金融知识宣传周”等宣传活动，在东城区回民小学建立天津银行北京分行首家校园金融教育示范基地。在北京银保监局2018年度消费者权益保护考评中获评二级A类。

（王京）

杭州银行股份有限公司北京分行

2018年末，杭州银行股份有限公司北京分行（以下简称杭州银行北京分行）资产总额为535.95亿元；各项存款余额为516.40亿元，比上年增加45.65亿元，增长9.70%；各项贷款余额290.43亿元，比上年增加89.91亿元，增长44.84%；实现营业收入11.28亿元，利润5.35亿元，比上年增长16.56%。

截至年末，杭州银行北京分行设有16家经营机构（含分行营业部），共有员工554人。

业务发展 公司业务坚持转型发展，以业务增长促进战略目标的实现，成立投资银行部和交易银行部，形成“一体两翼”格局，提升专业化服务能力；坚持“规模+效益”投放原则，紧跟市场，服务实体；推广跨境直贷、外存内贷、国内证福费廷、财资平台等新产品应用，实现多业务首单落地；聚焦重点客户，开展多维度合作，拉动利润增长。

零售业务以零售信用贷款“公鸡贷”为战略重点，零售资产与负债业务逐步趋向协调发展。

小微业务以“云抵贷”为重点，做强小微抵押贷款；扎实推进存量结构调整，有序进行调整和退出。

文化金融业务扶持中小微文化企业，实行差异化经营；与政府部门建立联系机制，逐步搭建起以创投机构、担保公司、文创园区及行业龙头为基石的渠道生态圈；实行“五项单独”专营机制，与政府引导基金开展合作，落地首笔选择权及银投联贷业务；设立投融创新部，开展渠道服务及投贷联动，推出“园区一站通”“教育直通车”等创新产品，服务首都文化企业。

（蔡俊瑶）

南京银行股份有限公司北京分行

2018年末，南京银行股份有限公司北京分行（以下简称南京银行北京分行）资产总额845.39亿元，比上年减少20.06亿元，下降2.3%。各项存款余额531.7亿元，比上年增加40.53亿元，增长8.25%；各项贷款余额245.38亿元，比上年增加55.13亿元，增长28.96%。

截至年末，南京银行北京分行下设营业网点（含分行营业部）15家，在岗正式员工669人。

公司业务 推进负债业务发展，深入挖掘战略客户，加强基础客群建设，年末对公存款余额为445亿元。加强行业特征与市场动向研究，以高质量储备为目标，确定系列授信政策的转型方向，对北京市区镇级平台融资需求进行市场调研，出台营销“白名单”。执行外汇管理规定考核评级近三年，从 B 级、B + 级提升至 A 级。

零售业务 全年组织活动 15 场，囊括出国留学、子女教育、文化演出、贵宾出游、医疗健康、珠宝鉴赏等方面，做大做精客户群体，带动全行金融资产的增长。寻求个贷业务创新，打通线上渠道，探索网络发展新模式，推动总行与度小满金融、京东金融签署战略合作协议，携手金融科技平台，高效服务实体经济。

普惠金融 成立普惠金融部，逐步形成“1 + N”普惠金融模式，为小微企业提供全方位的金融体验。围绕北京重点发展区域，积极开展渠道建设，探讨普惠批量项目合作方案。注重业务发展与风险管理并重原则，确保业务真实性，全年累计电话核实 550 笔。

风险管控 严格按照监管政策要求，扎实推进全员风险管理、全面风险管理、全流程风险管理。持续做好资产质量管控工作，加强对风险事项成因和处置经验的总结分析，提前掌握大额授信客户、重点客户和风险客户底数，运用“五位一体”的授信后管理模式，提高前瞻性风险管控能力，保持资产质量的总体稳定。充分运用大数据，按季度开展案件风险监测数据信息专项排查，全年共核查疑似非法集资数据、贷款异常、员工行为异常等数据共 262 条。

（雷赛赛）

盛京银行股份有限公司北京分行

2018 年末，盛京银行股份有限公司北京分行（以下简称盛京银行北京分行）资产总额 386.23 亿元，其中，各项贷款余额 263.19 亿元，比年初增加 23.44 亿元，增长 9.78%；负债总额 378.55 亿元，其中，各项存款余额 352.60 亿元；实现净利润 7.68 亿元，同比增加 4.47 亿元。

截至年末，盛京银行北京分行设有营业网点（含分行营业部）8 家，共有正式员工 246 人。

公司银行业务 优化业务结构，落实差异化信贷政策，加大对小微企业等经济社会重点领域和薄弱环节的信贷资金投向，加大对战略性新兴、科技创新等产业升级领域，现代服务、文化创意等消费升级领域，以及节能环保、低碳排放等绿色环保领域的营销及信贷投放力度。8 月 3 日，与北京市文创金融服务平台签订战略合作协议，优先支持文化业务，确保各文创项目顺利落地。

零售银行业务 截至年末，本外币储蓄存款余额为 24.83 亿元，储蓄存款日均余额为 27.35 亿元。零售客户数新增 10 654户，电子银行开户数新增 14 073 户；理财销售量为44.66 亿元（个人客户 19.58 亿元，对公客户 25.08 亿元），理财客户新增 1 177 人；签约代发工资企业新增 19 户，代发客户新增 2 400 余人。累计投放个人贷款 1.14 亿元，年末余额为 5.05 亿元；信用卡发卡新增 2 126 张，信用卡不良余额为 768.02 万元，比上年压缩 7.36

万元；创新信用卡分期功能，与北京理工大学、音沐（北京）艺术发展有限公司合作开展学费分期业务，全年共办理分期业务68笔，金额945.7万元。

国际业务 贯彻贸易金融发展理念，调整贸易金融条线资产结构，提高“双轻”业务投入；推进业务转型，适度扩大表外业务占比，提高中间业务收入；与保理公司、融资租赁公司及供应链平台等第三方机构合作，开展再保理业务、供应链金融业务，探索线上融资模式。全年实现结算量48亿美元。

（郭雨晴）

上海银行股份有限公司北京分行

2018年，上海银行股份有限公司北京分行（以下简称上海银行北京分行）资产总额2 334.35亿元，比上年增加578.18亿元，增长32.92%；各项存款余额1 006亿元，比上年增加409亿元，增长69%；各项贷款余额858亿元，比上年增加195亿元，增长29%。

截至年末，上海银行北京分行设有营业网点7家，共有员工387人。

公司金融业务 服务首都经济发展，推动总行与大兴区人民政府签署战略合作协议，加强与丰台区、通州区、顺义区、房山区、石景山区人民政府的合作；助力疏解北京非首都功能，全年累计投放贷款126.6亿元；加强与北京市各级财政合作，全年在市财政存款招投标中累计中标24亿元；设立文化特色支行、科技特色支行，推进文化金融、科技金融内涵式发展；积极跟进中央企业、国有企业混合所有制改革及资产证券化进程，深化中央企业、国有企业综合金融服务；响应国家普惠金融政策，加快普惠金融贷款与供应链金融发展，支持中小企业成长。截至年末，公司存款余额为993亿元，比上年增长68%；人民币企业贷款余额为526.84亿元，比上年增长33.68%。

投资银行业务 加快投资银行业务转型，业务领域涵盖债券承销、股权及并购、非标准化债权投资、资产证券化、财务顾问等，发行全国首单AA+级主体绿色熊猫债、扶贫资产支持票据，积极探索红筹私有化业务合作新模式，通过境内外联动助力美股上市公司核心资产私有化回归。截至年末，债务融资工具承销规模为546.78亿元，比上年增长154%。

金融市场业务 借助北京区域优势，搭建同业合作平台，与多家金融机构签订战略合作协议；精准营销优质同业资产，探索业务合作新模式；拓展同业负债客户，增加同业低成本负债来源；满足客户避险对冲、合规套利、快速交易等业务需求，提升金融市场各类交易的判断决策能力和实际操作能力。截至年末，同业资产（不含表外资产）为822.88亿元，同业负债日均952.55亿元。

个人金融业务 加快队伍建设，零售队伍从年初的69人扩大至年末的168人（含派遣制营销人员），增长143%；打造精品网点，优化厅堂一体化营销流程，提升“有温度的”客户金融服务体验；深耕疏解北京非首都功能项目，利用补偿款项发放的契机营销疏解客户零售业务，实现行外优质客户批量引入，网点产能显著提升。截至年末，本外币储蓄余额为12.8亿元，比年初增加6.9亿元，增长117.4%；资产管理规模为29亿元，比年初增加10亿元，增长52.6%；信用卡发卡4.2万张，分期交易量突破10亿元；个人信贷规模为138.7亿元；零售中间业务收入为1.1亿元。

（张尤佳）

江苏银行股份有限公司北京分行

2018年末，江苏银行股份有限公司北京分行（以下简称江苏银行北京分行）资产总额768.57亿元，其中，各项贷款余额675.62亿元，比年初增加49.22亿元，增长7.86%；表外资产余额160.14亿元，比年初减少43.76亿元，下降21.46%。负债总额763.63亿元，其中，各项存款余额734.83亿元，比年初减少43.76亿元，下降24.46%。净利润23.51亿元。

截至年末，江苏银行北京分行下设营业网点（含分行营业部）22家，正式员工622人。

公司业务 优化资产投向，与海淀区国有资产监督管理委员会签署战略合作协议，纾困民营企业，支持科技创新。截至年末，民营企业贷款余额为299.07亿元，占各项贷款余额的55.83%。推动绿色信贷业务创新，落地江苏银行北京分行首笔“危废贷”业务，全年累计投放“危废贷”业务3笔，金额共计1.75亿元。推动银政合作，中标丰台区财政局国库集中支付资格、西城区财政局国库授权支付资格。

国际业务 加大对“一带一路”项目的金融支持力度，为中国中钢集团有限公司在土耳其的工程项目办理工程类保函4笔，为中国电力国际发展有限公司在肯尼亚的电力传输项目办理非融资性保函1笔。全年参投海外债6笔，金额共计2.42亿美元。深化境内外联动，办理外存内贷业务38笔，累计带动存款增加7.74亿美元。全年实现国际业务结算量183.61亿美元。

投资银行业务 利用资产证券化产品探索与“独角兽”企业合作新模式，成功发行“京东—邦汇保理应收账款债权融资计划”，牵头主承销“讯飞智元2018年度第一期应收账款债权融资计划”。落地江苏银行北京分行首个储架式资产证券化项目——“中银证券—中铁保理第一期资产支持专项计划”。全年投放信用债18笔，金额共计51.91亿元。落地江苏银行北京分行首只永续熊猫债。全年实现投资银行业务中间业务收入8.53亿元。

零售业务 推动社区化营销及“党员进社区”活动，以深化党建为引领，坚持服务社区群众，着力打通银行服务社区的“最后一公里”。全年举办“党员进社区”活动390场，参与活动人员共计万余人次。依托“金e融”特色产品，加强对居民消费金融领域的信贷支持。全年“金e融”贷款余额新增9.45亿元，授信客户新增13 169户。全年消费金融与信用卡业务实现营业收入2.36亿元。

小企业信贷服务 以“进园区，搭平台”为抓手，积极推动“人才贷”“三板之星”等新型小微业务开展。截至年末，小微企业全口径贷款余额为250.98亿元，占各项贷款余额的37.15%。推进科技金融发展，科技型企业贷款新增、科技型小微企业贷款新增均超额完成全年计划。截至年末，高新技术产业贷款余额为102.65亿元，占各项贷款余额的15.19%。

风险防控 风险管理全面升级，对现行有效制度进行梳理及后评价，完善内部管理流程，构建防控风险的长效机制。全年共梳理制度131条，发现现行制度执行过程中存在的问题32项，修订和完善制度22条，新增制度10条。针对信用风险持续暴露、不良贷款余额和不良贷款率“双升”的态势，提出“严问责，严管理，严防控，严审批”的管理要求，每周召开清降专题会议，跟踪督办清降进展；每月针对新增逾欠客户进行重点跟踪，形成风险预警报告；每季度发布资产质量分析报告书，结合报告内容对支行进行走访，现场督导风控工作；及时分析汇总外部舆情信息，向授信客户发送加强风险监控函，根据反馈信息制订风险化解方案；召开风险控制会议，加大风险案例培训。全年累计回收结清逾期贷款现金9 445.63万元。

（高晰明）

宁波银行股份有限公司北京分行

2018年末，宁波银行股份有限公司北京分行（以下简称宁波银行北京分行）资产总额550.86亿元，负债总额557.79亿元，各项一般性存款余额545.48亿元，各项贷款余额（含贴现）195.44亿元。

截至年末，宁波银行北京分行设有9家支行（含分行营业部），员工797人。

国际业务 借助区域政策优势，拓展货物贸易、服务贸易等基础客群，为客户量身打造定制化产品，提高其业务处理效率与结算收益。借助北京地区鼓励发展“新经济”企业的核心优势，发挥自身专业特长，建立跨境业务项下全流程综合服务体系。全年，累计完成国际结算量212.23亿美元，实现国际业务收益1.94亿元。

资产托管 优化调整托管业务结构，以自主研发的业务系统集群与运营外包服务为抓手，推进服务型自主品牌“易托管”在行业客户中的应用，以移动化办公、信息实时同步及流程自动化加速托管业务处理，提效增收。截至年末，托管规模4 533.81亿元。

金融市场 借助金融科技，按照线下业务线上化、线上业务移动化的理念，为客户提供汇率管理服务，涵盖外汇、利率、贵金属三大系列，合计50多项专属金融产品，满足客户对汇率、利率、期权、贵金属等代客业务的需求。全年，代客业务交易量为33.71亿美元，实现代客业务收益8 667.21万元。

零售公司 优化业务流程，提高产品创新，依托北京市场，提供个性化服务方案，切实服务首都小微企业。截至年末，小微客户数为4 027户，比上年增加1 140户，存款余额为53.86亿元。

个人银行 立足社区客群，提供优质金融体验和全面财富管理服务。截至年末，个人储蓄存款余额为24.35亿元，同比增长46.33%；各类理财保有量合计37.02亿元，同比增长68.12%；基础客户增长47.86%，价值客户增长50.16%。

（王杜坤）

包商银行股份有限公司北京分行

2018年末，包商银行股份有限公司北京分行（以下简称包商银行北京分行）资产总额530.81亿元；各项存款时点余额475.85亿元，比年初减少115.01亿元；各项贷款时点余额158.61亿元，比年初减少51.47亿元；同业存款余额3.93亿元；实现净利润1.28亿元。

截至年末，包商银行北京分行设有营业机构16家，其中，综合性营业机构8家（含营业部），小微及社区支行8家；员工290人。

小微业务 对客户交易背景的真实性、贷款用途的合规性进行尽职调查，全面分析借款主体的偿债能力，降低信用风险发生的可能。截至年末，累计贷款客户数为4 534户，其中，住房抵押贷款业务客户955户，消费贷客户3 579户；普惠型小微企业贷款余额为38.81亿元，余额贷款户数为1 089户。

个人金融业务 借助“包商特惠星期三理财”品牌效应，自主理财规模增长显著，年日均余额36.9亿元；调整业务方向，销售专享美元特惠产品，全年累计销售447.55万美元，合计人民币3 077.13万元。

风险与内控管理 建立风险提示机制，及时提示业务人员关注相应风险，保证信贷资产质量；加大贷后检查考核力度，强化风险问责机制，完善贷后管理机制；严控新增不良贷款，成立清收团队，利用临时逾期管控、保全清收等手段做好资产质量管控。优化诉讼工作流程，明确责任分工，提高效能，全年共计收回不良贷款1 700万元；完善制度体系，全年新增制度36项。

（张译丹）

北京农村商业银行股份有限公司

2018年末，北京农村商业银行股份有限公司（以下简称北京农商银行）资产总额为8 813.22亿元，同比增加648.52亿元，增长7.94%；资本充足率为15.27%；实现拨备前利润128.01亿元、净利润72.51亿元，同比分别增长37.14%、

12.98%；拨备覆盖率为 1 069.48%。在 2018 年英国《银行家》杂志发布的全球千家银行排名中，北京农商银行按照一级资本列第 195 位。

截至年末，北京农商银行共有管辖支行 23 家，机构网点 673 家，从业人员 9 327人。

贷款业务　截至年末，一般贷款余额为 2 551.49 亿元，比上年增加 160.43 亿元、增长 6.71%；小微企业贷款余额为 15.83 亿元（中国银保监会统计口径），比上年增长 35.68%，小微企业贷款户数为 910 户，比上年增加 318 户；普惠金融领域贷款余额为 11.79 亿元，比上年增加 1.96 亿元。

负债业务　截至年末，各项存款余额为 6 122.95 亿元，比上年增加 410.54 亿元，增长 7.19%，其中，储蓄存款余额为 2 904.08 亿元，比上年增加 193.68 亿元，增长 7.15%。

普惠金融　成立普惠金融部，服务民生。组建中小企业专营团队，健全中小微金融风险管理体系，近 5 年来累计发放小微企业贷款 2 000 多亿元。支持大兴区集体土地入市试点项目，新增投放贷款 15.26 亿元；涉农资产质量持续提升，小微企业不良贷款率为 0.62%，比上年下降 0.51 个百分点；代理政府各类补贴业务 43 种，为市民提供便捷金融服务；中标北京市公积金业务受托银行资质，首次取得公积金业务准入资格。

养老业务　中标北京市 60～64 周岁老年人优待证变卡项目，强化“金色时光”养老金融专属产品营销，为西城区在全国率先开办全新居家养老服务模式提供技术和金融服务。与北京市民政局（以下简称市民政局）联合开发养老助残卡，拓展民政养老客群；以民政资金补贴代发与“三边四级”养老体系建设为媒，构建闭环式养老消费综合服务体系，打造“金色时光”专属产品与服务，全面推进养老民生金融发展。

创新发展　全年累计推出“鑫管家”系列“随心管家”和“薪享管家”产品、柜台记账式债券业务、“天添鑫 T+0”理财产品、新版手机银行、现金管理大数据模型等 20 余项特色产品、服务、管理创新。成立文创金融服务中心，入选北京市文化创意产业“投贷奖”支持银行名单。通过与北京市文化投资发展集团有限责任公司建立战略合作关系，不断完善考核激励机制，产品覆盖流动资金贷款、债券融资、结构化融资、项目贷款和融资性保函等业务。

风险管理　开展规范化试点党支部建设各项工作，举办“抓党建促清收”“风险文化建设”等活动，开展涉农不良贷款减免工作，拓宽处置渠道，推进抵债资产处置工作，将不良贷款率降至历史最低水平。建立健全不良资产保全制度体系，完善相关制度，规范不良贷款清收管理，增强风险防控能力。支持民营小微业务发展，圆满完成央行宏观审慎评估（MPA）考核和中国银保监会“两增两控”要求。强化风险文化建设，围绕风险偏好体系，构建重点业务领域风险量控管理机制，以风控会和风险报告为抓手，监测各分支机构和各类风险管理运行情况，做好重点领域风险管理工作。建立健全风险分类制度，加强资产风险分类过程管理，夯实资产质量。正式启用异地灾备中心，科技风险防控能力有效提升。

（李昊喆）

北京密云汇丰村镇银行有限责任公司

2018年末，北京密云汇丰村镇银行有限责任公司（以下简称北京密云汇丰村镇银行）资产总额20 653.20万元，比上年增加8 020.81万元，增长63.49%；负债总额16 562.41万元，比上年增加8 169.29万元，增长97.33%。存款余额10 343万元，比上年增加2 276万元，增长28%；贷款余额12 596万元，比上年增加2 579万元，增长26%；整体贷款增速为25.73%，其中，小微企业贷款增速为27.14%。资本充足率、杠杆率、流动比率、拨备覆盖率等12项监管指标均满足监管要求，不良贷款率继续保持为零，完成“两增两控”目标。

2018年12月12日，零售微信金融服务上线转账汇款服务，实现了账户查询、取款预约、定期存款、汇出汇款等多项功能。

截至年末，北京密云汇丰村镇银行内设业务部、营运部、风控部、合规部、财务部，员工共37人。

（兰鑫宇）

北京延庆村镇银行股份有限公司

2018年末，北京延庆村镇银行股份有限公司（以下简称延庆村镇银行）资产总额89 958.69万元，比上年增加2 998.01万元，增长3.45%；负债总额79 564.97万元，比上年增加1 756万元，增长2.26%；实现营业收入5 042.97万元，比上年增加478.73万元，增长10.49%；实现利润总额2 041.03万元，比上年增加171.96万元，增长9.2%；所有者权益10 393.72万元，比上年增加1 242.01万元，增长13.57%；贷款余额58 935.15万元，比上年增加6 553.85万元，增长12.51%，不良贷款率为0.27%。

截至年末，延庆村镇银行共有员工33人。

资产业务　全年累计发放贷款1 520笔共50 704.2万元；收回贷款922笔共44 150.4万元，贷款利息收回率为99.82%；年末存量贷款共计901笔共58 935.15万元。截至年末，现金及存放央行款项8 907.37万元，比上年增加339.33万元，增长3.96%；存放同业款项22 727.13万元，比上年减少3 438.93万元，下降13.14%。

负债业务　截至年末，存款余额为76 267.34万元，比上年增加5 076.66万元，增长7.13%。

（张帆）

中国邮政储蓄银行股份有限公司北京分行

2018年末，中国邮政储蓄银行股份有限公司北京分行（以下简称邮储银行北京分行）资产规模3 327.98亿元；本外币各项存款余额2 460.79亿元，各项贷款余额1 582.32亿元；实现收入79.36亿元，比上年增长17.94%；实现利润39.48亿元，比上年增长42.32%；不良贷款率为0.21%。

截至年末，邮储银行北京分行下辖一级支行19家，营业网点573个，其中，自营网点138个、邮政代理网点435个；在岗员工3 508人，平均年龄为35周岁。

零售业务 牢固树立存款立行理念，积极应对激烈的市场竞争，夯实存款根基，综合运用产品、平台、活动、权益，储蓄存款实现"价稳量增"。截至年末，储蓄存款余额为1 518.81亿元，年净增111.08亿元，同比增长7.89%。举办"金晖"系列活动，强化养老金综合营销，养老金存款沉淀率从4.63%提升至15.74%。特色主题银行卡客群持续壮大，全年发放地铁商圈主题"DO"卡和亲子主题"BO"卡共52万张，总量达204万张，同比增长43%，户均余额约4 869元。设计发行新时代主题信用卡，开展线上线下多渠道引流，全年发卡20余万张，同比增长127%。零售信贷业务发展迅速，截至年末，零售信贷规模为331.94亿元，同比增长16.35%，其中，小额贷款增长196%，非房消费贷、小企业贷款、个人商业贷款增幅分别为48.17%、32.04%、19.62%。

公司业务 紧盯总部型、源头型、交易型客户，深挖客户潜力，联动发展。截至年末，公司存款余额为996.8亿元，年净增229.2亿元，同比增长29.9%。支持国家重大战略实施，围绕"一带一路"倡议、京津冀协同发展、北京"四个中心"建设、北京城市副中心建设、冬季奥林匹克运动会筹办等发放项目贷款，截至年末，对公贷款余额为943.27亿元，年净增150.40亿元。服务实体经济，全年新增实体经济贷款182.40亿元，信贷规模80%以上投放于实体领域。国际业务持续保持快速增长势头，实现收入5.13亿元，同比增长69.74%，跨境投融资项目取得新突破，成功为巴基斯坦发放5 000万美元跨境主权贷款。在线供应链发展初具规模，国内贸易融资余额为102.95亿元，同比提升41.75%。票据业务稳健发展，全年交易量累计358笔，金额139亿元，同比增长40%。

转型创新 加强客户服务创新，丰富卡产品权益活动，提升客户体验。推进网点转型，利用网点经营月报表，细化二级支行损益核算，将精确、精益、精细管理向纵深推进。突出员工综合素质提升，加快人员转型，压降台席39个，盘活人员42名。充分发挥网络金融的线上平台作用，全年实现电子支付手续费收入9 751万元，同比增长151%。加快电子银行业务发展，年末电子银行客户总数为545万户，同比增加50万户，增长10.1%，其中，手机银行总数为373万户，同比增加

52 万户，增长 16.2%。加快推进渠道转型，电子银行交易替代率为 90%，比上年提升 2.9 个百分点。探索科技化、数字化、智慧化转型路径，建成全行首家“无人银行创新实验室”。引入人脸算法技术，以柜面人证核验业务为切入点，探索客户生物识别和联动响应服务机制，打造“人脸识别 + 客户标签 + 渠道消费”的智能化数据应用服务体系，推进大数据应用与客户金融服务的融合。

普惠金融与精准脱贫 加大服务小微、民营企业力度，截至年末，小微企业贷款增速为 81.2%。全力支持精准扶贫和“三农”领域，制订《邮储银行北京分行“三农”金融和扶贫工作实施方案》《邮储银行北京分行关于助力打赢脱贫攻坚战三年行动实施方案》《邮储银行北京分行关于全面支持乡村振兴战略的实施方案》。截至年末，个人精准扶贫贷款净增 872 万元，产业精准扶贫贷款净增 1.82 亿元，项目精准扶贫贷款净增 4.6 亿元。大力发展绿色金融，制订《邮储银行北京分行加强绿色银行建设三年规划》，年末绿色信贷余额为 237.56 亿元。

队伍建设 坚持以人为本，着力提升企业文化与经营管理融合度，全员共享发展成果。开展员工职级晋升，畅通员工职业发展通道，全行共 1 619 人获得晋升。加大干部“走出去”培训力度，制订营销队伍建设三年发展规划，创新培训形式，增强培训的实用性和系统性，切实提高员工职业素质。先进典型不断涌现，全年共有 10 个集体、7 名个人获省部级、总行级（含）以上荣誉。开展员工关爱“四大工程”“六个一行动”，举办形式多样的职工文化活动，建成企业文化墙、党建活动室、职工小家、“暖心驿站”“妈咪屋”等。

（郝静）

中国华融资产管理股份有限公司北京市分公司

2018 年末，中国华融资产管理股份有限公司北京市分公司（以下简称中国华融北京市分公司）总资产 312.49 亿元（商业化项目资产 305.05 亿元），同比增加 11.66 亿元，增长 3.88%。全年实现营业收入 30.13 亿元，实现利润总额 14.66 亿元，完成公司下达利润计划的 98%。

截至年末，中国华融资产管理股份有限公司共有正式员工 85 人。

（张子晋）

中国长城资产管理股份有限公司北京市分公司

2018 年末，中国长城资产管理股份有限公司北京市分公司（以下简称长城资产北京市分公司）资产余额 181.11 亿元，比上年增长 61.65%。全年实现考核利润 5.62 亿元，比上年增长 10.85%。

截至年末，长城资产北京市分公司员工总数 62 人。

（李首锋）

中国东方资产管理股份有限公司北京市分公司

2018 年末，中国东方资产管理股份有限公司北京市分公司（以下简称东方资产北京市分公司）资产管理总规模 261.78 亿元，同比增长 56.75%，实现预算口径利润 7.7 亿元，比上年增长 40%，完成利润目标的 128.33%。

截至年末，东方资产北京市分公司共有员工 39 人。

（段文静）

中国信达资产管理股份有限公司北京市分公司

2018 年，中国信达资产管理股份有限公司北京市分公司（以下简称信达资产北京市分公司）实现税前考核利润 16.43 亿元，年末经营性资产余额为 333.71 亿元。

截至年末，信达资产北京市分公司共有员工 96 人。

业务经营 加强对恒利通项目等存量债权资产和二商项目等存量股权资产的处置力度，夯实高质量发展基础。以问题资产和问题机构为抓手，围绕北京非首都功能疏解和国有企业改革，深化不良资产经营力度。加强内控合规、案件防控和反洗钱工作。认真履行金融资产管理公司为国家化解金融风险的职责，完成了不良资产管理行业单笔金额最大的网络理财产品（P2P）的风险化解工作。

内部管理 优化部门设置，变更前台处室名称，将前台部门由 8 个增加为 9 个，后台部门由 8 个减少为 6 个。加强制度建设，修订完善绩效考核办法，制订客户管理办法，建立党建与经营工作周例会制度，成立重大项目工作领导小组，建立重大项目定期汇报制度，成立业务方案质量控制小组和学习小组等。加强中介机构选聘管理，调整法律中介机构付费制度。扩租办公区域，改善办公环境。

（李苏轩）

北京国际信托有限公司

2018 年末，北京国际信托有限公司（以下简称北京信托）资产总额 118.3 亿元，净资产总额88.7亿元，净资产收益率为9.6%，股本收益率为21.5%；信托资产管理规模2 226.46亿元，同比下降26.86%，其中，主动管理类规模1 248.08亿元，占比56.06%，同比提升14.9个百分点。全年，累计实际向受益人分配信托收益约116.65亿元，实现营业收入16.95亿元，利润总额11.06亿元，净利润8.3亿元。各项监管指标全面达标，信托赔偿准备金足额提取，占注册资本金的40.9%。

区域展业布局 服务全国科创中心建设，支持中关村“三城一区”产业园区建设及科技创新工程。截至年末，总计已为海淀区建设发展基金、昌平区建设发展基金提供资金近100亿元。与中国科学院行政管理局等签订战略合作协议，持续发行“成长之星”等信托计划，支持科技型中小微企业发展。服务北京文化中心建设，重点推进通州区宋庄镇小堡艺术小镇、大兴新城西片区建设等项目，筹建募集北京文化产业发展基金和助推设立北京文创板。支持北京冬季奥林匹克运动会场馆建设，投资崇礼太舞滑雪场建设和并购项目。与北京房地集团有限公司等集团合作，支持北京市建设租赁住房、共有产权等政策性保障住房项目，为疏解北京非首都功能和减量提质发展提供资金支持。

资产配置 深化与华夏银行、北京银行的合作，成立华夏银行小微企业公募资产证券化（ABS）等项目。设计系列化证券投资类信托产品，“一对一”投资上海善宽金融信息服务有限公司下属基金管理人——北京量子金服网络科技有限公司发行和管理的私募证券投资契约式基金产品。与北京市文化投资发展集团有限责任公司旗下龙德基金的项目组合作推动“一点资讯”真实股权投资项目，尝试与证券公司、资产管理公司合作成立专项资金，为缓解上市公司资金困难提供援助。军工三级保密资质申报工作有序推进。与上海赛领投资管理有限公司、多家证券公司、银行建立沟通和合作机制。

家族信托 落地全国首单遗嘱信托。通过设立遗嘱，家族信托委托人约定其房产、股权、车辆等财产在本人身故后由家族信托进行承继，并通过遗嘱公证确保遗嘱的法律效力，实现对委托人非现金财产的传承和保护。

慈善信托 与北京光彩公益基金会合作，发起设立“北京信托·光彩扶贫慈善信托001号”慈善信托项目。

（汪宇平）

中国银联股份有限公司北京分公司

2018年，中国银联股份有限公司北京分公司（以下简称北京银联）以党建引领业务发展，巩固和提高银联在转接清算市场的份额，发行推广银联标准卡，全力推动移动支付便民示范工程，积极推广银联云闪付、二维码支付、线上支付及AT非直连收单业务等创新业务，认真做好银行卡风险管理和技术运行，积极有序推进各项工作。

2018年，北京地区累计实现跨行交易

34.95 亿笔、清算交易 23.62 亿笔、清算金额 10.03 万亿元，同比分别增长 66.22%、45.97%、31.14%。其中，ATM 交易 1.52 亿笔，清算交易 6 754.48 万笔，清算交易金额 1 827.44 亿元；POS 机交易 6.3 亿笔，清算交易 5.41 亿笔，清算交易金额 2.58 万亿元；互联网交易 23 亿笔，清算交易 14.15 亿笔，清算交易金额 5.37 万亿元；自助缴费终端等其他渠道交易 3.73 亿笔，清算交易 3.38 亿笔，清算交易金额 1.9 万亿元。

2018 年，北京地区累计完成线上消费交易 11.9 亿笔，手机闪付、二维码支付及“云闪付” APP 交易 2.9 亿笔。累计实现贷记业务交易 39 723.93 万笔，交易金额 62 480.80 亿元，同比分别增长 11.38% 和 43.83%。

2018 年，北京地区联标准信用卡月均活卡量为 937.5 万张，比上年增加 287.3 万张；月均活卡占比 68.9%，比上年增长 5.5%；连续三月活卡量月均 485.2 万张，比上年增加 156.4 万张。手机闪付和银联二维码支付的月均活卡量为 513 万张。

2018 年，北京地区联网活动商户（每月至少进行 1 笔交易，下同）月均 53.16 万户，比上年增加 9.4 万户，增长 21.49%；活动 POS 机具月均 79.85 万台，比上年增加 14.60 万台，增长 22.38%。其中，移动支付受理活动商户数较上年大幅增长；“双免”活动商户月均 22.10 万户，比上年增加 16.91 万户，增长 326.58%；银联二维码活动商户（2017 年 7 月上线）月均 4.52 万户，比上年增加 3.25 万户，增长 253.96%。

截至年末，北京银联下设市场拓展部、创新推广部、机构服务部、业务部、运营部和综合管理部 6 个部门，在岗员工 67 名。

一、积极推动移动支付便民示范工程建设

借助北京市支付清算协会平台，印发移动支付便民示范工程实施方案，建立“目标责任制”。与示范银行、非金机构或其他合作机构开展“云闪付主题宣传月”活动，并推动 17 家示范银行开展营业网点“云闪付一元购”体验活动。截至年末，北京地区累计新增“云闪付” APP 有效新用户近 36.8 万户。

全年完成 34 个商圈、73 个街区、1.45 万家超市便利店、1.38 万家餐饮商户、0.57 万台自助售货机的银联移动支付受理改造。通过与一卡通公司合作，完成指定线路 6 000 辆公交车、1.3 万台终端受理改造，覆盖线路 359 条。累计完成 33 家出租车公司 10 000 余辆出租汽车移动支付受理改造，可同时受理卡片闪付、银联手机闪付和银联二维码支付。累计完成 312 家菜市场和 277 个生活圈的受理改造。完成 12 家三甲医院，以及 10 家连锁药店（约 270 个门店）的二维码改造；与 114 挂号台技术开发商签约，通过“云闪付” APP 实现 8 家三甲医院挂号。完成线上 2 所高校、线下 8 所高校包括食堂在内的校园 80% 以上商户改造，共推动清华大学、中央财经大学、中国科学院大学、北京航空航天大学等 30 余所高校 200 余家校内商户的银联二维码改造。完成线上接口和支付的接入及线下 POS 机的改造。水费、燃气费、北京农商银行信用卡还款、智能电表充电等公共事业缴费已接入“云闪付” APP，北京税务 PC 客户端上线银联在线缴税。

二、积极推进电子账户云闪付创新合作

积极推动京东商城和美团电子账户云

闪付创新项目试点。截至年末，累计新增用户约3 086万户，实现“云闪付”交易约3.1亿笔，月活用户约343万户。

三、发挥地缘优势做大线上支付业务交易量

充分发挥地缘优势，积极推动与辖内京东商城、美团、百度、去哪儿网、滴滴出行等重点电商的合作，推动重点商户将其主要线上支付业务交由银联转接、全面支持银联“云闪付”产品的线上受理。截至年末，线上支付交易笔数达11.9亿笔。

四、持续做好业务规范和风险管理工作

2018年，累计受理中国银联股份有限公司（以下简称中国银联）总公司下发的系统侦测及中国银联业务管理委员会投诉套用非标类商户20 501户，经与收单机构核查，确认违规商户3 056家，并已完成相关整改工作，核查率及整改率均为100%，并按要求开展后续约束工作。

2018年，共协查案例21 146个；借助司法协助系统为司法部门公安机关进行案件查询工作，利用风险平台查询580案次，提起中国银联统一运营服务平台查询258次。健全反洗钱业务联络人机制，完成成员机构客户身份识别相关工作，协助中国银联总公司做好北京地区大额交易及可疑交易的协查处置工作；开展内部创新业务洗钱风险自查，开展反洗钱案例调查586次。做好银行卡风险事件处置及风险监控，及时向辖内成员机构发送银联卡风险提示，督促成员机构加强风险日常管控，全年向辖内成员机构发送银行卡风险提示函203份。

（张会芳）

北京高华证券有限责任公司

2018年末，北京高华证券有限责任公司（以下简称高华证券）总资产为26.77亿元，比上年下降30%；总负债为2.04亿元，比上年下降85%；所有者权益为24.72亿元，比上年增长1%；实现净利润0.54亿元，比上年下降23%。在中国证监会组织的2018年证券公司分类评价中获得A类评级。

截至年末，高华证券设有3家证券营业部，3家子公司；共有员工169人。

第一创业证券承销保荐有限责任公司

2018年末，第一创业证券承销保荐有限责任公司（以下简称一创投行）资产总额为8.47亿元，净资产为8.23亿元，实现营业收入1.43亿元，亏损2 912.32万元。

截至年末，一创投行共有正式员工134人。

投资银行业务 2018年，一创投行结合市场和监管环境，夯实股权融资、债权融资和并购重组等传统投行业务基础，积极拓展资产证券化、绿色债、扶贫债等创新业务，为客户提供综合投融资服务。年内上报中国证监会IPO项目2个，1个可转债项目已获中国证监会核准通过；完成债券主承销项目9个，承销总金额达65.4亿元；完成2个并购重组财务顾问项目，另有2个并购重组财务顾问项目已获中国证监会核准批文。

（郑闯）

高盛高华证券有限责任公司

2018年末，高盛高华证券有限责任公司（以下简称高盛高华证券）总资产为16.82亿元，比上年下降2.32%；总负债为2.21亿元，比上年下降32.83%；所有者权益为14.61亿元，比上年增长4.88%。全年实现营业收入4.54亿元，比上年下降17.00%；营业支出3.62亿元，比上年下降20.79%；净利润0.69亿元，比上年增长4.55%。在中国证监会组织的2018年证券公司分类评价中与母公司（高华证券）合并获得A类评级。

截至年末，高盛高华证券未设立证券营业部或子公司，共有员工103人。

投资银行业务 2018年，高盛高华证券完成12个股票与债券承销项目，承销总金额达146.48亿元，承销项目类型包括A股股票首次公开发行、A股股票非公开发行、公司债券、可转换债券等。

民生证券股份有限公司

2018年末，民生证券股份有限公司（以下简称民生证券）总资产为398.79亿元，归属于母公司净资产为108.91亿元，每股净资产为1.132元，每股收益为0.01元，净资产收益率为0.85%。全年实现营业收入14.58亿元，同比下降15.44%，归属母公司净利润为0.95亿元，同比下降75.17%。在中国证监会组织的2018年证券公司分类评价中获得B类BBB级评级。

截至年末，民生证券设有35家分公司，51家证券营业部，3家子公司；共有员工2 388人。

经纪业务 2018年，民生证券代理股票基金交易量为6 484.35亿元，同比下降24.97%。面对市场大幅下滑的不利局面，全力化解各类风险，及时调整发展策略，明确缩减新设分支机构数量，重点将有条件的营业部逐步升级为分公司；夯实传统业务，逐步建立完整的金融产品库，向财富管理转型，全年各类金融产品累计销量为89.73亿元，同比增长46.6%；分支机构着力向综合金融服务平台转型，逐步实现业务收入多样化，寻求传统经纪业务的突破和提升。

投资银行业务 2018年，民生证券加强业务管理与质量控制，全面落实内控指引，巩固传统业务优势，加大对可转换债券的开发力度，强化拓展配股、优质定增项目、优先股等多种再融资业务。全年，共完成2个IPO项目、8个可转债项目、10个再融资项目、5个并购重组项目。加强客户服务和项目储备，积极做好科创板的业务准备和布局，综合实力进一步增强。

固定收益业务 2018年，民生证券全面完成业务模式梳理与组织架构调整，明确自身定位和发展方向，开展固定收益类产品的销售、投资、做市交易业务。在严控风险的前提下，将高风险的投资交易业务向做市交易业务转型，重点打造机构间金融产品专业销售平台，债券交易量券商排名从2017年的第57位上升至2018年的第15位。成功加入中国农业发展银行和中国进出口行金融债承销团，实现了销售业务收入的大幅增加。

资产管理业务 2018年，民生证券积极布局和构建了包括股票投资、固定收益投资、基金中基金（FOF）投资和资产证券化（ABS）等的完整业务体系，建立了包括非标融资、银行间债券、定向增发、ABS等资产管理产品池，初步建立起覆盖华东、华北、华南地区的销售体系。落实资管新规，对不符合监管新规的存续产品进行整改。主动压缩通道业务，调整产品和业务模式，加速向主动管理转型。截至年末，以通道业务为主的定向产品规模同比下降24.31%，月均主动管理规模同比提升77.04%，“去通道”效果明显。

投资交易业务 2018年，民生证券加强风险管理，积极应对政策和市场变化，完成了传统股票投资、量化投资、衍生品以及收益凭证业务的多元投融资体系构建。主动投资虽出现亏损但跑赢了指数，开发并优化了超过10个的量化交易策略，在市场单边下跌的大环境下，场外期权业务实现了较好的收益率。

业务创新 2018年，民生证券以销售为基础，以销售交易和做市交易为两大驱动力，打造销售投资交易一体化的固定收益业务模式。全年银行间市场现券交易量为25 243.45亿元，质押式回购9 604.33亿元，买断式回购1 455.26亿元，共计36 303.04亿元。在固定收益事业部下设做市交易部，通过做市交易提供流动性服务，获取相对稳定的服务型收入，在取得优异业绩的同时控制了回撤风险。

履行社会责任 2018年，民生证券深化落实精准扶贫，推进“一司一县”结对帮扶行动，通过产业扶贫、公益扶贫、消费扶贫和智库帮扶的方式助力帮扶单位脱贫攻坚。向安徽省金寨县捐赠扶贫资金30万元，用于资助金寨县的贫困家庭改善日常生活。在江西省赣州市南康区、湖北省罗田县、内蒙古自治区太仆寺旗、安徽省金寨县进行爱心农产品认购，共计91万余元。捐助20万元，资助河南省淅川县第一高级中学建档立卡贫困户学生100人，每人每年2 000元。向江西省赣州市南康区教育局捐赠30万元，设立专项教育扶贫基金。

（李向东）

瑞信方正证券有限责任公司

2018年末，瑞信方正证券有限责任公司（以下简称瑞信方正证券）资产总额为92 857.64万元，比上年增加1 282.87万元，增长1.40%；负债总额为7 486.13万元，比上年增加4 836.73万元，增长182.56%；所有者权益总额为8 5371.50万元，比上年减少3 553.86万元，下降4%；实现营业收入18 071.35万元，比上年减少8 689.98万元，下降32.47%。在中国证监会组织的2018年证券公司分类评价中获得A类A级评级。

截至年末，瑞信方正证券设有1家证券营业部，共有员工153人。

投资银行业务 2018年，瑞信方正证券完成20个主承销项目，总承销金额达149.75亿元。

证券经纪业务 2018年，瑞信方正证券依托唯一分支机构——深圳前海证券营业部，以服务、开发合格的境外机构投资者（QFII）、人民币合格境外机构投资者（RQFII）客户为主要业务导向。全年，股票基金债券交易量约为1 463亿元，实现代理买卖证券业务净收入5 298.83万元。

（季丽丹）

瑞银证券有限责任公司

2018年末，瑞银证券有限责任公司（以下简称瑞银证券）总资产为3 342 923 536.84元，总负债为1 405 187 194.92元，所有者权益为1 937 736 341.92元；实现营业收入811 845 898.45元，营业支出816 751 020.18元，实现利润总额12 266 491.43元，净利润7 834 688.93元。在中国证监会组织的2018年证券公司分类评价中获得B类BBB级评级。

截至年末，瑞银证券设有4家证券营业部，3家分公司，1家子公司；共有员工392人，其中，子公司正式员工22人。

投资银行业务 2018年，瑞银证券债权资本市场业务收入同比大幅增长，项目类型覆盖公司债、金融债及二级资本债；股权资本市场业务，完成春秋航空股份有限公司A股非公开发行项目，但受市场整体下滑及监管环境持续收紧影响，业务收入比上年下降；并购业务抓住市场紧缩、资产价格相对较低的机遇，实现业务收入增长，其中，作为独家财务顾问助力英国帝亚吉欧集团部分要约收购四川水井坊股份有限公司20.29%的股份。

期货业务 2018年，瑞银证券以金融期货经纪业务为重心，开户数量持续增加。3月，启动原油期货国际化业务；9月，启动大连商品交易所铁矿石期货国际化业务。

业务创新 2018年，瑞银证券上线资产证券化、融资融券及原油期货三项新业务，其中，融资融券业务已实现收入。向相关监管机构提交申请成为“沪伦通”经纪商的相关文件，推进“债券通”的做市商资格、“沪伦通”做市、跨境转换业务资格的筹备。

首创证券有限责任公司

2018 年末，首创证券有限责任公司（以下简称首创证券）总资产为 188.52 亿元，比上年减少 0.15 亿元，下降 0.08%；总负债为 147.57 亿元，比上年减少 1.96 亿元，下降 1.31%；所有者权益为 40.95 亿元，比上年增加 1.81 亿元，增长 4.63%。实现营业收入 8.17 亿元，比上年减少 1.13 亿元，下降 12.17%；营业支出 6.00 亿元，比上年增加 0.44 亿元，增长 7.90%。实现净利润 1.86 亿元，比上年减少 1.30 亿元，下降 41.11%。证券交易量（股票、基金、债券等）为 4 096.69 亿元，比上年减少 1 214.59 亿元，下降 22.87%；客户数量为 48.87 万户，比上年增加 2.09 万户，增长 4.47%；客户保证金为 25.12 亿元，比上年减少 5.14 亿元，下降 16.99%。代理买卖证券款为 32.55 亿元，比上年减少 3.26 亿元，下降 9.11%。在中国证监会组织的 2018 年证券公司分类评价中获得 B 类 BB 级评级。

截至年末，首创证券设有 12 家分公司，53 家证券营业部；共有员工 1 637 人（含经纪人 545 人）。

资产管理业务 2018 年，首创证券坚持回归财富管理本源，形成主动管理、现金管理等多形态固定收益类产品线，强化多渠道、全方位精准营销覆盖。大力开展专业理财、市值管理、资产证券化及各类投融资业务，为客户提供资本管理及运作服务。加强权益类资产、衍生品工具、商品期货、外汇等大类资产研究，储备了一批紧跟市场热点的主动管理型产品。截至年末，资产管理规模为 227.37 亿元，其中，主动管理规模为 186.01 亿元，占比 81.80%，同比增长 90.57%。

自营业务 2018 年，首创证券重点发展自营投资、债券交易、量化对冲等业务，取得的收益率远超过同期债券型基金平均收益率和中债总财富指数。根据万德公布的数据，全年债券交割量为 16 146 亿元；根据上海证券交易所公布的会员交易统计情况，全年实现交易所交易量 11 034亿元。严格控制权益类证券投资规模，坚持审慎投资，严控投资风险。制订并完善交易员内部管理制度，加强市场研究和项目调研，提升交易员市场研判能力。

投资银行业务 2018 年，首创证券推进投资银行业务转型，拓展 IPO、再融资等主板业务；紧跟资本市场变革，把握科创板机遇，形成了一定的项目储备。开展全国股转系统股份挂牌推荐、定向发行、并购重组等业务，年内新增挂牌公司 13 家，累计推荐挂牌公司 112 家；持续督导挂牌公司 125 家，其中，12 家进入创新层，创新层企业占比为 9.6%；协助挂牌公司融资额 4.02 亿元。协助首创置业股份有限公司等企业发行、销售公司债合计逾200亿元；为锦州银行股份有限公司等企业发行、销售金融债合计55亿元。大力推介绿色债、熊猫债、双创债等债券创新品种，储备了丰富的公司债、企业债项目。

证券经纪业务 2018年，首创证券在互联网证券、营销推动、产品销售、投资顾问拓展、机构业务等方面开展了大量工作，全年经纪业务新增开户的托管资产101亿元。以产品销售为业务重点，加强产品链建设和销售推动，全年销量超过50亿元（剔除货币基金）。推动番茄财富APP优化和渠道扩展，开展多种营销活动。创新机构业务模式，推动“3个1”工程，深挖机构客户潜在需求，搭建高端客户服务体系，满足高端客户的多元化需求。引进成熟的投资顾问团队，研发收费服务产品15个；具备投资顾问资格员工已发展至151人，签约订单1 691个。以投资者适当性管理为工作重心，强化制度体系建设，深化业务流程标准化，对多种业务系统进行升级改造。

信用业务 2018年末，首创证券信用业务总规模为43.43亿元，其中，自有资金信用业务总规模为41.97亿元。融资融券余额为21.76亿元，日均余额同比增长11.30%；自有资金股票质押余额为20.21亿元，日均余额同比持平。

“新三板”做市业务 2018年，首创证券基于对相关行业的深入理解以及与挂牌企业的深度合作，甄选一批具有发展潜力的优秀企业作为做市标的，形成了以互联网、文化传媒、节能环保等行业为重点的做市库存股组合。截至年末，为58家“新三板”挂牌企业提供做市报价服务，做市业务总计成交量为1.73亿股，总计成交金额为3.22亿元。

（卢慧洋）

信达证券股份有限公司

2018年末，信达证券股份有限公司（以下简称信达证券）总资产为368.43亿元，比上年减少164.6亿元，下降30.87%；总负债为277.82亿元，比上年减少165.03亿元，下降37.27%；所有者权益为90.62亿元，比上年增加0.47亿元，增加0.52%。全年实现营业收入14.58亿元，比上年减少3.05亿元，下降17.29%；营业支出14.58亿元，比上年减少1.87亿元，下降11.37%；实现归属母公司净利润0.41亿元，比上年减少1.32亿元，下降76.39%；净资产收益率0.47%，比上年下降1.5个百分点。股票基金成交金额为11 701.28亿元，比上年减少4 729.01亿元，下降28.78%；客户总数为163.63万户，比上年增加5.93万户，增长3.76%；客户托管证券市值为1 279.02亿元，比上年减少328.87亿元，下降20.45%；客户保证金为78.67亿元，比上年减少18.09亿元，下降18.70%。在中国证监会组织的2018年证券公司分类评价中获得B类BBB级评级。

截至年末，信达证券设有93家营业部，9家分公司，4家子公司；共有签订劳动合同的员工2 711人，其中，母公司

2 251 人，子公司 460 人。

经纪业务及信用交易业务 2018 年末，信达证券新开户 6.79 万户，累计客户规模为 163.63 万户，客户托管资产为 1 630.87 亿元。融资融券余额为 56.60 亿元，全年日均余额为 70.55 亿元；股票质押融资余额为 49.58 亿元。经纪业务及信用交易业务实现营业净收入 14.34 亿元，比上年下降 15.5%。其中，代理买卖证券业务净收入及综合业务等收入 4.91 亿元，比上年下降 29.3%；利差收入 1.66 亿元，比上年下降 14.8%；息费毛收入 7.77 亿元，比上年下降 3.9%。

投资银行业务 2018 年，信达证券投资银行业务实现净收入 2.98 亿元。其中，债券承销业务净收入 1.07 亿元，ABS 业务收入 0.91 亿元，财务顾问等收入 1 亿元。着力发展债券及 ABS 业务，全年债券主承销金额为 342.44 亿元，ABS 承销金额为 575.54 亿元。

资产管理业务 2018 年末，信达证券受托资产管理规模为 900.39 亿元，比上年增长 30.77%。其中，集合规模 55.74 亿元，专项计划 586.16 亿元，定向规模 258.49 亿元。全年实现管理费等收入 0.59 亿元。

证券投资业务 2018 年，信达证券固定收益类投资业务实现投资收益 1.14 亿元、投资收益率约为 5.95%；权益类投资业务发生亏损，投资收益率约为 -7.76%。

场外市场业务 2018 年末，信达证券“新三板”挂牌企业共 53 家，年内新增 2 家。累计实现做市 125 家，年内新增 7 家，退出 41 家。场外市场业务实现财务顾问等手续费净收入 0.13 亿元、比上年增长 30%；做市业务发生投资亏损，亏损额约为 0.38 亿元。

业务创新 2018 年，信达证券作为联席主承销商协助中国华能集团有限公司作为全国首批优化融资发行人，以“一期债券、四个品种、三项创新”的发行模式，完成了首单“储架式”公司债券发行，实现了储架式发行、浮息债券、“9+9 个月”债券期限的跨越式三步创新。作为计划管理人的奇艺世纪知识产权供应链金融资产支持专项计划在上海证券交易所挂牌，标志着我国首只知识产权资产支持证券成功落地。

（孙津津）

新时代证券股份有限公司

2018 年末，新时代证券股份有限公司（以下简称新时代证券）总资产为 25 140 030 735.05 元，比上年减少 3 324 707 866.83 元，下降 11.68%；总负债为 15 351 060 774.10 元，比上年减少 3 700 872 994.65 元，下降 19.43%；所有者权益为 9 788 969 960.95 元，比上年增加 376 165 127.82 元，增长 4%；实现营业收入 1 165 196 255.81 元，比上年减少 41 616 321.25 元，下降 3.45%；营业支出 715 556 333.12 元，比上年减少 92 010 845.73 元，下降 11.39%；实现利润总额 450 970 429.27 元，比上年增加 94 595 005.31 元，增长 26.54%；净利润

361 442 568.02 元，比上年增加 80 809 610.46元，增长28.80%（母公司未审数）。在中国证监会组织的2018年证券公司分类评价中获得C类C级评级。

截至年末，新时代证券设有64家证券营业部，3家控股子公司，5家分公司；共有员工1 483人。

证券经纪业务 2018年，新时代证券经纪业务实现营业收入70 196.50万元，比上年下降22.04%；业务成本为33 507.57万元，比上年下降14.39%；实现营业利润36 688.93万元，比上年下降27.92%。各营业部实现股票基金交易量6 568亿元，比上年减少2 307亿元，下降26%；累计新开户103 864户，期末客户结存807 474户，比上年增加101 926户，增长14.4%。

融资融券业务 2018年末，新时代证券融资融券余额约为33.90亿元，信用账户交易成交额约为1 818.76亿元；融资融券业务实现收入约3.45亿元（含税），其中，利息收入约2.85亿元（含税），佣金收入约0.60亿元（含税）；股票质押式回购交易业务存续规模约为11.31亿元，股票质押业务实现利息收入约1.09亿元（含税）。稳步发展信用业务，严格把控客户适当性管理、征信、授信等环节，对标的证券、交易集中度、客户维持担保比例等指标进行严格监控并逐日盯市，强化和完善风险管理工作，加强盯市预警风险提示工作，实现信用业务全年未发生重大风险事件。

投资银行业务 2018年，新时代证券债券融资业务完成4只公募债券、1只私募公司债券的发行，债券合计发行规模为56.2亿元；如期兑付完毕4只债券，处置3只债券的违约情况，切实督促履行受托管理义务。“新三板”业务新增挂牌8家，在审挂牌申报2家，累计实现挂牌161家。完成定向发行业务16笔，在审定向增发3家，持续督导130家；累计做市股票40只，其中，退出做市股票37只。全年投资银行业务实现营业收入2 993.12万元，比上年下降85.20%；业务成本6 960.31万元，比上年下降60.09%；实现营业利润－3 967.19万元，比上年下降242.65%。

期货中间介绍业务 2018年末，新时代证券参与期货中间介绍业务（IB业务）的营业部共29家，具有期货从业资格的人员共134人，参与IB业务的投资者共178户。全年，实现IB业务佣金收入13.84万元，成交金额为205.34亿元。

资产管理业务 2018年，新时代证券资产管理业务实现营业收入1 457.04万元，比上年下降84.16%；业务成本为2 321.52万元，比上年下降53.17%；实现营业利润－864.48万元，比上年下降120.39%。年末，资产管理业务存续规模为1 096.93亿元。其中，集合资产管理存续规模19.33亿元，单一资产管理存续规模1 077.60亿元。

自营投资业务 2018年，新时代证券自营投资业务实现营业收入45 780.85万元，比上年增长1 397.54%；业务成本为8 049.28万元，比上年增长362.95%；实现营业利润37 731.57万元，比上年增长816.38%。

投资顾问业务签约 2018年末，新时代证券投资顾问队伍有98人，与上年持平；签约客户数量为659户，比上年减少364户；签约客户资产为2.33亿元，比上年减少4.04亿元，下降63.42%。全年总创收合计899.30万元，占营业部净手续费收入的4%。

基金服务业务 2018年末，新时代证券存续综合服务及外包（基金服务）产品共56只，存续产品规模为5.33亿元。全年交易量为265.66亿元，年内成立产品22只，新增规模1.32亿元。PB系统资产规模19.29亿元，存续产品30个；年内成立PB交易产品18只，新增规模3.35亿元；全年PB系统产品股票基金成交额为99.9亿元。

研究机构业务 2018年，新时代证券研究所研究团队服务对象涉及公募基金、保险资产管理、私募基金等，覆盖16个行业。通过开展研究策划和研究服务，增强客户黏性，开拓研究销售收入。全年实现营业收入2 142.94万元。

中国民族证券有限责任公司

2018年末，中国民族证券有限责任公司（以下简称民族证券）资产总额为134.17亿元，净资产为76.95亿元，净资本为70.07亿元。全年累计实现营业收入10.14亿元，营业支出7.04亿元，利润总额3.04亿元，净利润2.25亿元。在中国证监会组织的2018年证券公司分类评价中，按规定与母公司（方正证券股份有限公司）合并评价获得A类A级评级。

截至年末，民族证券设有51家证券营业部，共有员工1 519人。

证券经纪及融资融券业务 2018年，民族证券实现代理买卖证券业务收入3.06亿元，同比下降28.5%；投资顾问业务收入2 355万元，产品销售5 273万元，融资融券余额37.79亿元，期末资产余额629亿元。全年新开户12.6万户，期末客户数为162.5万户。

投资银行业务 2018年，民族证券根据《证券公司投资银行类业务内部控制指引》，建立了有效的事前防范、事中管控、事后追责机制。从源头加强项目质量控制，把好项目准入关，组织立项审核项目153个，其中，股权融资项目77个、债券融资项目58个、“新三板”项目18个；加强项目出口管理，完成28个项目的问核、32个项目的内核以及126个项目对外报送文件的审核。全年累计完成再融资、公司债、企业债和可转债等项目51个，实现承销佣金收入约1.54亿元，主承销规模约330.31亿元。其中，41只债券项目用于补充实体企业资金需求（不含金融债5只、地方政府债5只）。

资产管理业务 2018年，民族证券完成资产管理业务人员整合、业务管理架构及系统与母公司业务整合，全部集合资产管理计划转移至母公司，定向资产管理计划中绝大部分已终止或转移，少数通道类定向资产管理计划及专项资产管理计划因投资人等原因转移遇到困难。截至年末，剩余资产管理定向通道类产品4只，规模19.14亿元；专项计划产品3只，规模7.49亿元。

自营业务 2018年，民族证券自营业务大部分人员及资产已基本完成与母公司整合，未再开展新增业务。截至年末，仅持有3只交易受限的债券。

中信建投证券股份有限公司

2018年末，中信建投证券股份有限公司及其子公司（以下简称中信建投集团）总资产为195 082 313 194.77元，同比减少10 801 079 247.87元，下降5.25%；负债总额为147 218 916 428.76元，同比减少14 665 697 803.17元，下降9.06%；归属于本公司股东的权益为47 577 246 337.52元，同比增加3 823 167 802.90元，增长8.74%。全年实现营业收入合计10 907 166 796.66元，比上年减少396 085 449.67元，下降3.50%；当年归属于本公司股东的净利润为3 087 459 930.82元，比上年减少927 967 746.24元，下降23.11%。

2018年，中信建投集团投资银行业务板块实现营业收入合计3 048 518 659.08元，比上年减少216 343 403.31元，下降6.63%，主要是受IPO、再融资项目发行节奏放缓、发行规模下降影响，投资银行业务分部收入下降；财富管理业务板块实现营业收入3 619 406 979.47元，比上年减少1 068 258 092.27元，下降22.79%，主要是受A股市场股票基金交易量下滑和融资融券业务规模大幅下降影响；交易及机构客户服务业务板块实现营业收入2 298 889 860.62元，比上年增加814 289 480.46元，增长54.85%，主要是自营投资业务收入增加所致；投资管理业务板块实现营业收入1 406 864 646.80元，比上年减少202 806 296.10元，下降12.60%，主要是受定向资产管理业务和基金管理业务收入下滑影响。

2018年末，中信建投集团扣除代理买卖证券款的资产负债率为70.09%，同比下降3.16个百分点。

在中国证监会组织的2018年证券公司分类评价中，中信建投证券股份有限公司（以下简称中信建投证券）连续9年获得A类AA级评级。

截至年末，中信建投集团设有5家一级控股子公司，302家证券营业部（北京57家），24家期货营业部；共有员工9 594人。

投资银行业务板块 股权融资业务。2018年，中信建投证券完成股权融资项目31个，主承销金额940.52亿元。其中，IPO项目10个，主承销金额143.74亿元；再融资项目21个，主承销金额796.78亿元。年末，在审IPO项目36个，在审股权再融资项目16个。2018年，中信建投（国际）金融控股有限公司（以下简称中信建投国际）在香港市场参与并完成14个IPO项目，股权融资总额达793.34亿港元；参与并完成1个再融资项目。在美国市场参与并完成1个IPO项目，股权融资总额达5 115万美元。

债务融资业务。2018年，中信建投证券完成586个主承销项目，累计主承销总规模为6 283.88亿元，其中，公司债共计完成262个主承销项目，累计主承销金额2 405.37亿元。中信建投国际在香港市场共参与并完成16个海外债券发行项目及1个结构性票据项目，总项目金额约58.18亿美元。

财务顾问业务。2018年，中信建投证券担任财务顾问的重大资产重组项目有

19个，交易金额为605.27亿元。作为主办券商推荐“新三板”挂牌企业22家；年末，持续督导挂牌企业314家，其中，创新层52家。中信建投国际在香港市场参与并完成1个并购项目及2个香港二级市场融资项目。

财富管理业务板块 经纪及财富管理业务。2018年末，中信建投证券代理股票基金交易额为5.17万亿元，销售标准化产品597.54亿元；新增资金账户75.82万户，客户资金账户总数为834.94万户；客户托管证券市值为1.61万亿元，其中，新增客户资产3 106.89亿元。2018年末，中信建投国际累计代理股票交易金额为271.27亿港元，新增客户3 762户，累计客户为20 073户，客户托管股份总市值为261.60亿港元。上线基金销售平台。2018年，中信建投期货有限公司（以下简称中信建投期货）累计实现代理交易额5.89万亿元，同比下降0.57%；日均客户权益规模47.68亿元；新增客户13 361户，累计客户11万余户。中信建投期货设有24家营业部，并在上海设有风险管理子公司——上海方顿投资管理有限公司。

融资融券业务。2018年末，中信建投证券融资融券余额为251.22亿元；比上年下降1.20个百分点；融资融券账户有13.70万户，比上年增长1.75%。中信建投国际的孖展业务余额为7.53亿港元，比上年下降36.58个百分点；孖展账户有3 023户，比上年下降23.11%。

回购业务。2018年末，中信建投证券股票质押式回购业务本金余额为339.08亿元，比上年减少113.29亿元，下降25.04%。中信建投国际的回购业务成交金额为1 348万港元。

交易及机构客户服务 股票销售及交易业务。2018年，中信建投证券为69家挂牌企业提供做市服务。扩充衍生品交易品种，拓展做市服务范围，开发与优化交易系统；稳步推进场外期权、非融资互换等场外衍生品业务，探索新的挂钩标的种类及收益结构，丰富期权品种，满足客户个性化的投资需求。中信建投国际完成13个港股IPO项目、1个再融资项目的销售工作。

固定收益产品销售及交易业务。2018年7月，中信建投证券获得“债券通”报价机构资格；10月，获得开展跨境业务试点资格；12月，获得开展信用衍生品业务资格，并创设了1单银行间信用风险缓释凭证、1单交易所信用保护合约。中信建投国际实现债券交易量约为292.68亿港元。

投资研究业务。2018年末，中信建投证券研究及销售团队规模达到153人，全年共完成各类研究报告4 035篇，为机构客户组织“2019资本市场年会”“2018中期投资策略会”等大型会议及其他各类专业会议47次。中信建投国际发布136份中英文研究报告和341份短评，包括12份港股IPO报告。

主经纪商业务。2018年末，中信建投证券资产托管及运营服务总规模为2 047.19亿元，比上年增长48.34%。其中，资产托管产品有1 531只，比上年增长1.06%；运营服务产品有1 362只，比上年增长0.81%。

另类投资业务。中信建投投资有限公司于2017年11月27日成立，2018年1月3日完成首次注资，承担证券自营投资品种清单以外的另类投资业务。全年累计投资项目15个，累计投资金额7.47亿元，并实现盈利。

投资管理业务板块 资产管理业务。2018年末，中信建投证券受托管理资产规模约为6 522.29亿元，比上年增长2.03%，其中，主动管理型受托资产管理规模约为1 955.44亿元，比上年增长26.72%。

基金管理业务。2018年末，中信建投基金管理有限公司基金资产管理规模为943.81亿元,比上年下降31.47%。其中，公募基金142.64亿元，专户产品801.17亿元。

私募股权投资业务。2018年末，中信建投资本管理有限公司共管理42只基金，其中，综合基金14只、行业基金5只、专项基金15只，不动产基金8只；基金管理规模453.58亿元，比上年增加268.01亿元。完成113个项目投资，其中，主板上市11家、“新三板”挂牌30家；完成退出项目19个，平均投资收益率为171%。

机构改革 2018年，中信建投证券初步完成了重要业务线的组织架构调整。成立投资银行业务委员会、机构业务委员会，并对经纪业务管理委员会进行调整。在现有的投资银行部、债券承销部基础上，投资银行业务委员会按照产品进行划分，新设并购部、结构化融资部、创新融资部，承担各自产品的收入、利润和市场排名等指标；资本市场部纳入投资银行业务委员，设置质控部、运营部、客户开发协同部。机构业务委员会由机构业务部、研究发展部、托管部和国际业务部组成。经纪业务管理委员会按照对客户提供分级分类服务的原则对所属部门进行调整，将北京6家直属营业部等划归北京五大中心营业部管理；为推进互联网金融战略，筹备成立互联网证券分公司。根据监管要求设立内核部，对投资银行类项目进行出口管理和终端风险控制。

中国银河证券股份有限公司北京分公司

2018年，中国银河证券股份有限公司北京分公司（以下简称银河证券北京分公司）实现营业收入10.38亿元，实现税前利润6.21亿元。

截至年末，银河证券北京分公司下辖37家营业部，共有员工550人。

证券经纪业务 截至年末，辖区营业部客户总资产为16 359.9亿元，客户数量为87.4万户，年内新开客户6.8万户。

IB业务 辖区内共有10家营业部获得IB业务资格，截至年末，IB客户总数为4 192户，客户权益达5.49亿元，实现IB业务收入233万元。

PB业务 全年共引入PB业务产品282只，产品总规模为189.46亿元。

融资融券业务 积极组织辖区内营业部开展融资融券开户业务，全年辖区营业部新开户872户，融资融券期末余额为72.33亿元。

金融产品 辖区营业部全年累计销售金融产品176亿元；实现销售收入总计1.407亿元，其中，公募基金0.3672亿元，固定收益类0.1428亿元，现金、私募基金等0.8972亿元。

（李莹）

北信瑞丰基金有限公司

2018年末，北信瑞丰基金管理有限公司（以下简称北信瑞丰）总资产为18 115万元，比上年下降6.03%；负债为2 453万元，比上年下降16.93%；所有者权益为15 662万元，比上年下降4.06%。全年实现收入8 831万元，比上年下降19.11%。其中，管理费收入7 674万元；支出8 949万元，比上年下降11.56%；净亏损629万元，比上年下降175.47%。

2018年，北信瑞丰公募基金完成股票交易95.92亿元，比上年增加27.26亿元，增长39.7%；交易所回购337.91亿元，比上年减少41.02亿元，下降10.83%；银行间回购931.3亿元，比上年增加65.95亿元，增长7.62%；交易所债券21.83亿元，比上年增加16.23亿元，增长289.82%；银行间债券204.69亿元，比上年增加97.5亿元，增长90.96%。专户产品完成股票交易103.04亿元，比上年增加21.74亿元，增长26.74%；交易所回购780.65亿元，比上年增加55.67亿元，增长7.68%；银行间回购22.60亿元，比上年减少14.39亿元，下降38.9%；交易所债券36.69亿元，比上年增加30.7亿元，增长512.52%；银行间债券8.46亿元，比上年减少2.63亿元，下降23.72%。

截至年末，北信瑞丰设有1家子公司，112名正式员工。

公募基金业务 2018年，北信瑞丰公募基金业务共计实现管理费收入3 395万元。年末，共计有16只存续公募基金，管理规模为105.01亿元。年内新发行公募基金2只，共计募集资金4.29亿元，其中，开放式债券型基金1只、开放式混合型基金1只。

特定客户资产管理业务 2018年，北信瑞丰特定客户资产管理计划共计实现管理费收入4 279万元。年末，资产管理计划共计119只；规模为208.87亿元，比上年减少161.78亿元，下降43.65%。其中，“一对一”专户产品97只，受托规模197.09亿元；“一对多”产品22只，受托规模11.78亿元，其中，结构化产品11只，受托规模3.6亿元。专户产品主要投向定向增发股票、A股流通股票、银行间及交易所债券。

（邱慧饶）

长盛基金管理有限公司

2018年末，长盛基金管理有限公司（以下简称长盛基金）资产总额为12.55亿元，净资产为11.35亿元。全年实现营业收入3.92亿元，实现净利润0.81亿元。

2018年，长盛基金公募基金管理资

产规模约为644亿元，特定客户资产管理规模为86亿元（专户与专户子公司），年末社保基金规模近300亿元。

截至年末，长盛基金设有2家子公司，4家分支机构；共有员工203人（含子公司）。

东方基金管理有限责任公司

2018年末，东方基金管理有限责任公司（以下简称东方基金）总资产为7.97亿元，比上年下降4.07%；总负债为1.32亿元，比上年下降2.88%；所有者权益为6.65亿元，比上年下降4.30%；归属母公司股东权益为4.86亿元，比上年下降8.34%；实现营业收入2.55亿元，比上年下降30.48%；营业支出2.63亿元，比上年下降8.61%；实现净利润-0.15亿元，比上年下降125.32%；归属母公司净利润为-0.3亿元，比上年下降168.48%；资产管理规模为163.94亿元。

截至年末，东方基金设有4家分公司，1家专户子公司；共有员工153人。

公募基金业务 2018年，东方基金管理公募产品40只，其中，混合型基金28只、债券型基金9只、货币型基金3只；公募基金管理规模为150.24亿元。年内新发基金4只，其中，混合型基金2只、债券型基金2只。

特定客户业务 2018年，东方基金成立特定客户资产管理计划4只，募集总规模共计13.7亿元。年末，现存专户产品12只，资产净值14.88亿元。实现受托投资管理业务收入472.41万元。

方正富邦基金管理有限公司

2018年末，方正富邦基金管理有限公司（以下简称方正富邦）总资产为54 610.46万元，比上年增加21 682.39万元，增长65.85%；总负债为5 508.67万元，比上年减少1 940.90万元，下降26.05%；净资产总额为49 101.79万元，同比增加23 623.29万元，增长92.72%。全年实现合并营业收入10 383.27万元，同比减少3 003.47万元，下降22.44%；发生合并营业支出11 384.41万元，同比减少5 935.22万元，下降34.27%；合并净利润为-1 713.55万元，同比减亏3 031.80万元，净利润同比增长63.89%。

2018年末，方正富邦管理基金份额规模为136.78亿份，比上年增加6.74亿份，增长5.18%；管理基金资产净值为137.47亿元，比上年增加4.63亿元，增长3.48%。

截至年末，方正富邦设有1家子公司；母公司84人，子公司6人，共计90人。

产品创新 方正富邦致力于成为一家以全谱系指数基金产品、智能投资顾问、金融科技为品牌特色的公募基金管理公司。年内，发行2只交易型开放式指数证券投资基金（ETF），即方正富邦深证100ETF、方正富邦中证500ETF。

格林基金管理有限公司

2018年末，格林基金管理有限公司（以下简称格林基金）总资产为5 285.87万元，总负债为6 345.45万元，所有者权益为4 651.03万元，实现营业收入756.44万元，营业支出4 651.44万元，实现利润-3 895.00万元。

截至年末，格林基金设有3家分公司，共有员工62人。

公开募集证券投资基金业务 2018年末，格林基金共有4只公开募集证券投资基金，实现业务收入385.79万元。

私募资产管理业务 2018年末，格林基金共有已备案且在运作过程中的私募资产管理计划7只，实现业务收入137.01万元，均为管理费收入。

国金基金管理有限公司

2018年末，国金基金管理有限公司（以下简称国金基金）资产总额为2.69亿元，比上年增加0.70亿元，增长35.45%；负债总额为0.25亿元，比上年增加0.04亿元，增长16.24%；营业收入为1.52亿元，比上年增加0.03亿元，增长2.08%；净利润为-1 318.80万元，比上年减少1 579.47万元；所有者权益为2.43亿元，比上年增加0.67亿元，增长37.83%。

截至年末，国金基金设有2家子公司，正式员工123人。

公募基金 2018年末，国金基金共有公募基金13只。其中，货币型基金3只，债券型基金2只，混合型基金5只，指数型基金2只，股票型基金1只。公募基金管理规模约为339.31亿元。

特定客户资产管理 2018年末，由国金基金担任管理人的专户产品总计13只，专户管理规模合计10.10亿元。

核心业务战略 国金基金依托全面风险管理体系和市场化机制，将量化投资、固定收益投资和互联网金融作为三项核心业务，以互联网为服务平台，致力于打造成为顶级资产管理机构。年末，由国金基金管理或担任投资顾问的量化专户存续产品9只，存续管理规模约为1.96亿元；固定收益类公募基金5只、专户产品4只，管理规模约为340.97亿元。

（张帆）

国开泰富基金管理有限公司

2018年末，国开泰富基金管理有限公司（以下简称国开泰富）总资产为335 149 481.17元，比上年减少18 893 272.19元，下降5.34%；总负债为27 618 691.67元，比上年增加9 656 092.25元，增长53.76%；所有者权益为307 530 789.50元，比上年减少28 549 364.44元，下降8.49%。全年实现营业收入36 668 807.32元，比上年减少20 896 132.88元，下降36.30%；营业支出53 142 437.07元，比上年增加6 076 412.74元，增长12.91%；亏损28 922 053.42元，比上年增加33 469 977.27元，利润下滑735.94%。

截至年末，国开泰富设有1家子公司，共有员工56人。

公募基金业务 2018年，国开泰富发行并管理的公募基金总数4只，管理基金规模为6.41亿元，其中，非货币基金规模4.52亿元。年内，清盘基金1只，新发基金1只，申报新基金5只。

特定资产管理业务 2018年，国开泰富发行并管理的资产管理计划总数为10只，管理规模为24.82亿元。年内，清盘资产管理计划1只，新发行4只。

国融基金管理有限公司

2018年末，国融基金管理有限公司（以下简称国融基金）资产总额为5 660.89万元，负债总额为551.18万元，所有者权益为5 109.71万元。全年实现收入822.63万元，其中，管理费收入504.66万元，投资收益173.17万元，利息收入100.87万元，其他业务收入43.93万元；营业支出为3 893.28万元；实现净利润-3 070.65万元。

2018年末，国融基金管理规模29.52亿元。其中，公募产品管理规模2.76亿元，专户管理规模26.76亿元，投顾产品管理规模2.01亿元。

2018年，国融基金新设北京、上海2家分公司，年末共有员工38人。

基金发起成立 2018年，国融基金设立国融融银灵活配置混合型证券投资基金、国融融君灵活配置混合型证券投资基金，成立规模分别为2.53亿元、2.82亿元。

基金销售 2018年，国融基金共认购18.74亿元、申购11.02亿元、赎回9.88亿元。其中，公募基金认购5.34亿元、申购10.64万元、赎回2.57亿元；专户认购13.39亿元、申购11.02亿元、赎回7.31亿元。

受托管理业务及投资咨询业务 2018年末，国融基金投资顾问产品规模合计2.01亿元，实现投资咨询服务费收入23.51万元。

特定专户理财业务 2018 年末，国融基金累计发售募集并管理 20 只特定客户资产管理计划，期末资产净值 26.76 亿元，实现管理费收入 324.52 万元。

固有资金投资 2018 年末，国融基金固有资金投资规模 4 650 万元，主要投资于国债逆回购及银行理财产品，取得收益 166.07 万元。

（洪莉）

国寿安保基金管理有限公司

2018 年末，国寿安保基金管理有限公司（以下简称国寿安保）总资产为 19.82 亿元，比上年增加 9.28 亿元，增长 88.03%；总负债为 4.10 亿元，比上年增加 1.24 亿元，增长 43.48%；所有者权益为 15.72 亿元，比上年增加 8.04 亿元，增长 104.59%；实现营业收入 6.53 亿元，比上年增加 1.51 亿元，增长 30.14%；营业支出为 5.23 亿元，比上年增加 1.34 亿元，增长 34.4%；实现净利润 1.06 亿元，比上年增加 0.18 亿元，增长 19.76%。

截至年末，国寿安保设有 2 家分公司，1 家子公司；共有员工 217 人。

资产管理业务 2018 年末，国寿安保旗下共有 43 只公募基金产品，47 只专户产品，资产管理总规模为 2 017.49 亿元，比上年增长 10.1%。其中，公募资产规模 1 570.15 亿元（剔除货币基金规模 485.21 亿元），比上年增长 12.4%。其中，债券型基金规模 427.77 亿元；专户资产规模 459.55 亿元，比上年增长 2.6%。

产品结构优化 2018 年，国寿安保优化升级产品结构，提升非货币规模，债券型基金以 427.77 亿元的规模排名进入行业前 20 位。减少新发公募基金的数量，控制销售成本，重点放在存量基金的持续营销上。新发公募基金以非货币类为主，共发行 5 只，包括 1 只股票指数基金、1 只偏债混合基金、1 只债券基金以及 2 只灵活配置偏股型基金。新设立专户产品 12 只，均为主动管理型产品。完成 FOF 产品的申报工作，储备养老目标型基金。

工银瑞信基金管理有限公司

2018 年末，工银瑞信基金管理有限公司（以下简称工银瑞信）管理 122 只公募基金以及专户、年金社保、专项等各类非公募组合共 528 个，资产管理总规模为 13 085 亿元，其中，养老金资产管理规模合计 2 631 亿元，比年初增长 21.4%；服务客户数量逾 2 225 万户。全年，实现营业收入 41.24 亿元，实现净利润 14.96 亿元。

截至年末，工银瑞信共设有 3 家分公

司，2 家子公司，18 个区域市场拓展团队；共有正式员工 648 人。

公募业务 2018 年，工银瑞信加强各类基金产品的管理，围绕客户需求，稳步推进产品布局丰富。全年，新发行创业板 ETF 联接基金、上证 50ETF、上证 50ETF 联接基金等产品，合计规模 125 亿元。结合客户中低风险投资需求和未来权益市场预判，推动债券基金、主动管理权益类基金的发行，全年新发 14 只产品，合计募集规模 147 亿元。年末，管理公募基金资产规模 6 045 亿元，比上年增长 10.6%。

养老金业务 2018 年，工银瑞信发挥自身投研管理能力，服务国家养老金改革。完成中央国家机关养老保险管理中心、新疆维吾尔自治区、山东地区的职业年金投资管理业务投标，均已获得最高上限的投资管理组合；“工银 2035 养老目标 FOF 基金”获批并发行成立。持续做好企业年金、全国社保、基本养老的投资管理和客户服务，全年新成立 29 个组合，合计规模 23 亿元，老组合追加资金合计逾 540 亿元。

特定资产管理业务 2018 年，工银瑞信围绕国内资产管理行业转型发展要求，助力非标投资转型，发行行业第一只非标转标产品——“致诚 1 号”，总规模为 66 亿元。结合国家支持实体经济发展要求，加强企业资产证券化业务发展，发行“云南交投 ABS”，总规模为 31.6 亿元；推进股权投资业务发展，全年新增股权投资类专项资产管理业务合计 109 亿元。

汇安基金管理有限责任公司

2018 年末，汇安基金管理有限责任公司（以下简称汇安基金）总资产为 69 387 607.85元，比上年减少2 184 234.83 元，下降 3.05%；总负债为22 467 333.61 元，比上年增加11 648 993.29 元，增长 107.68%；所有者权益为46 920 274.24元，比上年减少 13 833 228.12 元，下降 22.77%；实现营业收入86 386 233.14元，比上年增加 45 379 251.06 元，增长 110.66%；营业支出为91 364 726.58 元，比上年增加 33 039 553.82 元，增长 56.65%；亏损12 796 285.81元，比上年减少4 618 535.48元，下降 26.52%；自有资金投资收益为575 929.93元，比上年增加 470 427.89元，增长 445.89%。

2018 年末，汇安基金共有 22 只运作中公募基金，比上年新增 9 只；在管专户产品共 54 只，其中，单一资产管理计划 40 只、集合资产管理计划 14 只。

截至年末，汇安基金共有员工 84 人。

泓德基金管理有限公司

2018 年末，泓德基金管理有限公司（以下简称泓德基金）总资产为 29 480.02

万元，比上年增加 105.08 万元，增长 0.36%；总负债为 7 737.69 万元，比上年增加2 151.29万元，增长 39%；净资产为 21 742.34 万元，比上年减少2 046.21元，下降 9%；实现营业收入 18 247.87 万元，比上年减少 2 837.83 万元，下降 13%；营业支出为 14 284.26 万元，比上年增加 2 666.98万元，增长 23%；实现净利润 3 447.79万元，比上年减少5 279.41万元，下降 60%；客户数为206 350户，比上年减少 37 087 户，下降 15%。

2018 年末，泓德基金总资产管理规模为 368.26 亿元。其中，公募基金 22 只，管理规模 207.66 亿元；专户管理规模 160.6 亿元。

截至年末，泓德基金共有员工 100 人，其中，正式职工 97 人，外聘 3 人。

华商基金管理有限公司

2018 年末，华商基金管理有限公司（以下简称华商基金）资产总额为 13.02 亿元，负债总额为 1.68 亿元，所有者权益为 11.34 亿元。实现营业收入 3.38 亿元，营业支出为 3.22 亿元，实现净利润 1 048.49 万元。管理资产总份额为 227.44 亿份，总资产净值为 196.78 亿元。

截至年末，华商基金设有 2 家分公司；共有员工 179 人，其中，正式员工 165 人，派遣员工 14 人。

公募基金 2018 年末，华商基金公募基金共计 45 只。其中，混合型基金 33 只，股票型基金 2 只，债券型基金 9 只，货币市场基金 1 只。权益类基金近 5 年净值增长率为 22.68%，固定收益类基金近 5 年净值增长率为 37.38%。年内，华商基金旗下基金分红共计 5 次，金额共计 2.56 亿元，历年累计分红 139.06 亿元。

特定客户资产管理 2018 年末，华商基金特定客户资产管理计划共计 23 只，管理资产规模为 10.69 亿元。主动管理类专户产品近 5 年收益率为 73.97%。

（马楠　易金剑）

华夏基金管理有限公司

2018 年末，华夏基金管理有限公司（以下简称华夏基金）总资产为 103.42 亿元，比上年增加 8.77 亿元，增长 9.27%；总负债为 22.42 亿元，比上年增加 1.45 亿元，增长 6.93%；归属于母公司所有者权益为 80.99 亿元，比上年增加 7.32 亿元，增长 9.94%。全年实现合并营业收入 37.33 亿元；发生营业支出 22.90 亿元；实现净利润 11.40 亿元。

2018 年末，华夏基金资产管理规模

为10 066. 77 亿元。其中，华夏基金本部管理资产总规模为8 797. 23 亿元（公募基金规模4 505. 60 亿元，公募基金份额3 989. 27亿份；机构产品规模4 291. 63 亿元）；子公司华夏基金（香港）有限公司管理规模为424. 47 亿元，子公司华夏资本管理有限公司管理规模为845. 07 亿元。

2018 年末，华夏基金公募基金数量为136 只，其中，非货币非理财基金规模为2 432. 81 亿元、偏股型基金规模为2 052. 87亿元、权益类指数基金规模为1 163. 92亿元，年内发行28 只公募基金；全国社保基金管理规模为608. 83 亿元；企业年金运作规模为943. 78 亿元；基本养老业务规模为235. 67 亿元；境内专户理财管理规模为2 258. 97 亿元。

截至年末，华夏基金设有8 个分公司，3 个子公司；共有员工989 人（含子公司）。

产品创新 2018 年，华夏基金成立国内首只养老目标基金——华夏养老2040 三年持有期混合（FOF）；发行华夏中证央企ETF 及其联接基金，将央企股权与资本市场对接，提高资源配资效率，放大国有资本功能。

（孟实）

九泰基金管理有限公司

2018 年末，九泰基金管理有限公司（以下简称九泰基金）资产总计220 931 254. 50元，同比下降20. 92%；负债合计129 323 296 元，比上年增加4 957 961. 20元，增长3. 99%；所有者权益合计91 607 958. 50 元，同比下降40. 91%。全年实现营业总收入152 144 658. 52元，同比下降33. 67%；营业总支出181 465 614. 84 元，同比下降17. 55%；净亏损40 426 952. 52元，同比下降733. 74%。

2018 年，九泰基金证券交易金额合计1 561. 77亿元，其中，A 股股票1 501. 59亿元，“新三板”股票13. 27 亿元，场内现券买卖46. 91 亿元；期货交易金额为179. 23 亿元。年末，管理资产规模为198. 66 亿元，比上年减少148. 32 亿元。

截至年末，九泰基金设有1 家销售子公司，2 家分公司；共有正式员工207 人。

公募基金业务 2018 年末，九泰基金共管理公募基金产品16 只，资产管理规模合计59. 76 亿元。

私募资产管理业务 2018 年末，九泰基金存续的专户产品共计85 只，其中，年内新成立20 只；专户管理规模约为138. 9 亿元。

（黄涛　杜雪璇）

嘉实基金管理有限公司

2018 年末，嘉实基金管理有限公司（以下简称嘉实基金）总资产为88. 07 亿元，总负债为31.19亿元，所有者权益为56.88亿元；实现营业收入46.61亿元，营业支出为31.35亿元，实现净利润12.61亿元。资产管理规模为7 721.21亿元，其中，公募基金管理规模4 305.80亿元，非公募资产管理规模3 415.41亿元。

截至年末，嘉实基金在上海市、广州市、深圳市、成都市、青岛市等地设有分支机构。共有员工773人。

公募基金管理业务 2018年末，嘉实基金共管理145只公募基金，管理规模为4 305.80亿元。

社保年金管理业务 2018年末，嘉实基金企业年金管理规模为525亿元；养老金产品规模突破97亿元，产品类型涵盖股票型、混合型、固定收益型、货币型等。

特定客户资产管理业务 2018年末，嘉实基金特定客户资产管理计划管理规模1 750.67亿元。

建信基金管理有限责任公司

2018年，建信基金管理有限责任公司（以下简称建信基金）获批设立香港子公司，发行10只专户合格境内机构投资者（QDII）产品；担任马来西亚联昌信安资产管理有限公司首只RQFII基金全权投资顾问，规模为6亿元。建信资本管理有限公司以财务顾问身份参与信贷资产证券化业务35单，发行规模约2 974亿元，收入贡献2.2亿元，同比增长1.3倍；企业资产证券化业务持续发力，全年新发产品3只，规模余额为124亿元。

截至年末，建信基金设有5家分公司，5个营销中心；正式员工537人。

江信基金管理有限公司

2018年末，江信基金管理有限公司（以下简称江信基金）总资产为19 474.98万元，比上年减少2 246.71万元，下降10.34%；总负债为631.09万元，比上年减少127.99万元，下降16.86%；所有者权益为18 843.88万元，比上年减少2 118.71万元，下降10.11%。全年实现营业收入3 879.52万元，比上年减少989.95万元，下降20.33%；营业支出为5 479.83万元，比上年减少930.04万元，下降14.51%；全年实现净利润 -1 233.02万元，比上年减少1 296.34万元。

截至年末，江信基金共有员工65人。

公募基金业务 2018年末，江信基金旗下共有9只公募基金产品，其中，混合型基金2只，债券型基金6只，货币市场基金1只；管理规模为19.11亿元，比上年下降32.4%。

南华基金管理有限公司

2018年末，南华基金管理有限公司（以下简称南华基金）总资产为107 184 751.13元，比上年减少26 072 455.14元，下降19.57%；总负债为4 441 305.99元，比上年减少4 447 965.18元，下降50.04%；所有者权益为102 743 445.14元，比上年减少21 624 489.96元，下降17.39%；实现营业收入20 704 628.58元，比上年增加4 144 375.58元，增长25.03%；营业支出为42 950 168.75元，比上年增加2 216 665.75元，增长5.44%；亏损22 245 540.17元，比上年减少1 843 483.95元，下降7.65%。管理的基金总份额为3 979 191 120.72份，比上年增加3 376 213 278.52份，增长559.92%；资产净值为4 127 562 100.69元，比上年增加3 550 062 931.39元，增长614.30%；客户数量为8 364个，比上年增加5 623个，增长205.14%。

截至年末，南华基金设有分支机构1家，员工总数60人。

公募基金 2018年，南华基金共完成产品设计并报中国证监会12只公募基金产品，共获批11只开放式基金，其中，2只偏债混合基金已分别变更注册为纯债基金及中短债基金；共有6只公募产品成立并稳健运营。年末，公募产品总规模为41.28亿元。

特定客户资产管理 2018年末，南华基金共有2只专户产品，规模为33.22亿元。

鹏扬基金管理有限公司

2018年末，鹏扬基金管理有限公司（以下简称鹏扬基金）总资产为142 788 211.44元，比上年增加21 996 390.68元，增长18.21%；总负债为20 079 013.99元，比上年增加6 497 365.59元，增长47.84%；所有者权益为122 709 197.45元，比上年增加15 499 025.09元，增长14.46%。实现营业收入125 428 122.47元，比上年增加48 912 860.35元，增长63.93%；营业支出为122 790 912.90元，比上年增加48 876 435.62元，增长66.13%；实现净利润1 590 880.03元，比上年增加277 124.90元，增长21.09%。

截至年末，鹏扬基金设有3家分公司；共有正式员工103人，无外聘人员。

公募基金 2018年，鹏扬基金完善公募基金产品线布局，获得7只公募基金的注册许可，共有8只产品发行成立，其中，债券型基金6只，混合型基金2只。截至年末，鹏扬基金共成立13只公募基金，基金份额合计27 574 706 762.32份，基金净值合计27 933 271 279.65元。与互联网平台合作取得突破，成功进入蚂蚁金服和理财通两个渠道，合计引入交易客户 20 余万户，年底保有存量规模 13.70 亿元。

特定客户资产管理 2018 年，鹏扬基金发生清算的单一资产管理计划（含“一对一”自有专户、“一对一”投顾专户、投资咨询等产品）共计22 只，清盘产品年初规模约为79 亿元，其中，属于银行资金委托的产品共 20 只，清盘规模 78 亿元。年内，鹏扬基金新成立 8 只私募资产管理计划。年末，自有专户业务管理规模为 13 589 488 437.55 元，其中，“一对一”专户规模 11 490 016 757.13 元，“一对多”专户规模2 099 471 680.42 元；专户产品的存量机构客户数量为25 户。

（吉瑞）

泰达宏利基金管理有限公司

2018 年末，泰达宏利基金管理有限公司（以下简称泰达宏利）总资产为7.94 亿元，所有者权益为7.27 亿元，实现营业收入 2.95 亿元，营业支出为 2.43 亿元，实现利润总额 0.52 亿元（以上数据未经审计）。

2018 年末，泰达宏利基金共有公募基金产品 52 只，公募基金规模为 320.18 亿元；专户业务规模为 256.75 亿元。9 月，发行国内首只养老目标风险策略基金——泰达宏利泰和养老基金 FOF，首发募集规模为 2.29 亿元，认购户数为 4.07 万户。

截至年末，泰达宏利基金设有 3 家分公司；共有正式员工 167 人，派遣员工 16 人。

（宫雪萍）

先锋基金管理有限公司

2018 年末，先锋基金管理有限公司（以下简称先锋基金）总资产为 11 323 万元，其中，各类金融资产的投资额为 7 251万元；净资产为 10 181 万元；实现营业收入 7 789 万元，净利润 −402 万元。

截至年末，先锋基金共有员工 71 人。

公募基金业务 2018 年末，先锋基金公募基金产品规模为 34.80 亿元，同比减少 28.22 亿元，下降 44.78%。其中，货币基金规模 31.04 亿元，非货币基金规模 3.76 亿元。

特定客户资产管理业务 2018 年末，先锋基金专户产品规模为 64.39 亿元，同比增加 47.83 亿元，增长 288.83%。其中，“一对多”产品管理规模 23.99 亿元，“一对一”产品管理规模 40.40 亿元。

新沃基金管理有限公司

2018年末，新沃基金管理有限公司（以下简称新沃基金）总资产为87 380 711.94元，比上年下降55.84%；总负债为43 887 520.06元，比上年下降66.75%；所有者权益为43 493 191.88元，比上年下降33.95%。全年实现营业收入19 832 447.76元，同比下降27.34%；营业支出为42 296 769.89元，同比下降3.02%，实现利润-22 417 675.49元，同比亏损增长37.52%。

2018年末，新沃基金存续的公募基金产品3只，特定客户资产管理计划9只。

截至年末，新沃基金设有分支机构1家，共有正式职工42人。

英大基金管理有限公司

2018年末，英大基金管理有限公司（以下简称英大基金）资产总额为20 456.15万元，比上年增加3 834.41万元，增长23.07%；负债总额为1 631.02万元，比上年增加631.85万元，增长63.24%；净资产为18 825.13万元，比上年增加3 202.56万元，下降20.5%。全年实现营业收入1 961.87万元，比上年减少3 130.13万元，下降61.47%；营业支出为4 766.34万元，比上年减少277.99万元，下降36.82%；实现净利润-2 800.48万元，比上年减少326.5万元，下降13.2%。

2018年末，英大基金共管理9只产品，其中，公募基金8只、专户产品1只；期末资产管理规模20.43亿元，其中，公募基金18.68亿元、专户产品1.75亿元。全年11只产品（年内清算专户2只）实现手续费收入共计1 208.56万元。子公司——北京英大资本管理有限公司共管理资产管理产品52只（29只存续，23只已清盘）；期末资产管理规模为70.02亿元，全年实现业务收入共计1 590.52万元。

截至年末，英大基金设置12个部门，共有员工62人；北京英大资本管理有限公司设置6个部门，共有员工21人。

银华基金管理股份有限公司

2018年末，银华基金管理股份有限公司（以下简称银华基金）总资产比上年增长12.33%，总负债比上年增长21.21%，所有者权益比上年增长9.06%，营业收入比上年增长6.93%；营业支出比上年增长6.75%，利润总额比上年增长8.66%。

截至年末，银华基金设有3家分公司，2家子公司；共有员工470人，无外聘人员。

公募基金 2018年，银华基金管理公募基金为111只，同比增加21只，募集规模为289.08亿元；管理净值为2 504.24亿元，同比增加443.65亿元，增长21.53%；管理基金份额为1 935.57亿份，同比增加475.57亿份，增长32.57%。年内，推出银华中短期政策性金融债定期开放债券型基金，首募规模为68.51亿元；银华信用精选一年定期开放债券型发起式证券投资基金，首募规模超过16亿元；银华中证央企结构调整交易型开放式指数证券投资基金，首募规模为72.29亿元。

互联网金融 2018年8月，银华货币A成功纳入余额宝底层账户。截至年末，银华货币A规模为294.5亿元，增长2 265%。

益民基金管理有限公司

2018年末，益民基金管理有限公司（以下简称益民基金）总资产为359 847 947.10元，总负债为77 630 462.21元，所有者权益为282 217 494.89元；实现营业收入60 460 848.97元，营业支出为52 240 499.35元，实现利润2 168 211.95元。

2018年，益民基金所管理资产的股票交易量为10 472 996 668.12元，比上年减少5 833 261 600.19元，下降35.77%；债券交易量为342 456 717.10元，比上年减少247 028 897.94元，下降41.91%；回购交易量为18 807 600 000元，比上年增加7 891 536 000元，增长72.29%。年末，管理资产总规模为1 359 661 163.01元，同比减少401 651 471.17元，下降22.80%。

2018年4月23日，益民基金成立益民优势安享灵活配置混合型证券投资基金，募集份额合计203 414 804.47份。年内1只基金清盘。截至年末，益民基金共有公募基金产品9只。其中，指数跟踪型股票基金1只，偏股混合型混合基金2只，灵活配置型混合基金4只，定开型债券基金1只，货币型基金1只。

2018年末，益民基金保有基金账户共计1 292 557户。其中，个人客户持有份额占比82%，机构客户持有份额占比18%。年内，新增3家代销机构，年末，共有合作代销机构87家。

截至年末，益民基金设有3家分公司，1家子公司；母公司员工总计54人，子公司员工总计10人。

（刘拓）

中航基金管理有限公司

2018年末，中航基金管理有限公司（以下简称中航基金）资产总额为8 963.23万元，总负债为618.37万元，所有者权益合计8 344.86万元，比上年减少618.77万元，下降6.90%。全年实现营业收入1 599.29万元，比上年增加970.23万元，增长154.23%；营业支出为2 491.11万元，比上年增加352.57万元，增长16.49%。利润总额为－891.81万元，净利润为－624.92万元。

截至年末，中航基金未设立子公司和分公司，共有正式职工52人。

公募基金业务 2018年，中航基金共取得2只公募基金产品批文，分别为中航瑞鑫混合型基金、中航瑞景3个月定期开放债券型发起式基金。根据发行安排，中航军民融合精选混合型基金、中航新起航灵活配置混合型基金和中航瑞景3个月定期开放债券型发起式基金已完成募集，其余产品正在募集准备中。截至年末，中航基金共有5只公募基金产品，管理规模合计6.77亿元，比上年增长15.73%。

特定客户资产管理业务 2018年，中航基金公司私募资产管理业务发展迅速，产品数量从4只发展到8只，管理规模从2.82亿元增长为6.1亿元。私募资管产品包括4只定增类、1只权益类和3只固定收益类。

投资顾问业务 2018年10月，中航基金正式成立固定收益二部，专门开展投资顾问业务，并与多家地方农信社等机构签署投资顾问服务协议，签约规模合计6亿元。截至年末，中航基金作为投资顾问，提供投资顾问服务建议所管理资产规模1亿元，年化收益率约4.21%。

中介机构 2018年末，中航基金已与58家代销机构建立业务合作。其中，银行4家，证券公司23家，三方独立销售机构31家。

（马鹏飞）

中加基金管理有限公司

2018年末，中加基金管理有限公司（以下简称中加基金）资产总计11.32亿元，比上年增加3.86亿元，增长51.83%；负债总计3.05亿元，比上年增加0.48亿元，增长18.78%；所有者权益总计8.27亿元，比上年增加3.38亿元，增长69.18%；全年实现营业收入3.46亿元，比上年增加0.09亿元，增长2.69%；净利润10 626.05万元，比上年增加1 982.18万元，增长22.93%。

2018年第三季度，中加基金新增注册资本至4.65亿元，并引入3家新股东。

截至年末，中加基金设有2家子公司，共有正式员工105人。

公募基金业务 2018年，中加基金共发行公募产品11只，年末在管公募基金产品28只，管理总规模为698.68亿元，其中，非货币公募基金总规模为488.62亿元。

特定客户资产管理 2018年，中加基金发行3只QDII专户产品，年末存量特定客户资产管理计划39只，管理总规模为359.28亿元。

中金基金管理有限公司

2018年末，中金基金管理有限公司（以下简称中金基金）总资产为3.51亿元，比上年增加0.86亿元，增长32%；总负债为0.62亿元，比上年增加0.09亿元，增长17%；所有者权益为2.89亿元，比上年增加0.77亿元，增长36%；实现营业收入0.83亿元，比上年减少0.02亿元，下降3%；营业支出为1.17亿元，比上年增加0.12亿元，增长11%；亏损0.23亿元，比上年减少0.07亿元，下降41%。

2018年，中金基金新发14只公募基金。其中，3只指数型基金，4只债券型基金，7只混合型基金。截至年末，中金基金运作中公募基金共27只，规模共158.48亿元，比上年增长102.4%。

2018年，中金基金新发行7只私募资产管理计划。其中，6只单一资产管理计划，1只集合资产管理计划，以固定收益产品为主。截至年末，中金基金共有29只私募资产管理计划（不包括进入清算期的产品），规模为46.2亿元。

截至年末，中金基金共有正式员工76人。

中融基金管理有限公司

2018年末，中融基金管理有限公司（以下简称中融基金）固有业务资产总额为122 909.12万元；总负债为1 380.04万元，全部为流动负债；所有者权益合计121 529.07万元。全年实现各类收入共计24 358.50万元，其中，管理费收入18 972.95万元，投资收益2 953.30万元，利息收入1 426.56万元。营业总支出为22 683.49万元，其中，税金及附加50.50万元，管理费用22 617.31万元。实现净利润2 027.67万元，比上年增长206.69%。

截至年末，中融基金下设1家全资子公司——中融（北京）资产管理有限公司（以下简称中融资产）；共有员工180名，其中，中融基金员工161名，中融资产员工19名。

公募基金业务 2018年末，中融基金管理公募基金产品46只。其中，货币型基金3只，债券型基金19只，混合型基金16只，股票型基金3只，指数型基金4只，

FOF 型基金 1 只。总管理规模为 607.35 亿元，比上年增长 18.33%。年内共新募集成立基金 11 只，首发募集规模 80.24 亿元。

特定客户资产管理业务 2018 年末，中融基金管理特定客户资产管理计划产品 31 只，年内新募集成立 12 只。年内，获批 1.4 亿美元 QDII 额度，成立首只 QDII 专户产品。

业务创新 2018 年，中融基金成立 ETF 产品项目小组，着力布局 ETF 指数产品。12 月 12 日，发行首只中融央视财经 50 指数 ETF。优化互联网金融业务客户结构，活跃客户数量突破 38 万户，比上年增长 50%。开通货币基金“快速赎回取现业务”功能，支持全渠道、全产品提前 0.5 个交易日赎回划款。

（朱思娜）

中信建投基金管理有限公司

2018 年末，中信建投基金管理有限公司（以下简称中信建投基金）总资产为 55 224 万元，比上年减少 490 万元，下降 0.90%；总负债为 5 884 万元，比上年减少 1 087 万元，下降 15.60%；所有者权益为 49 340 万元，比上年增加 588 万元，增长 1.21%；实现营业收入19 266 万元，比上年减少 12 657 万元，下降 39.65%；营业支出为 15 918 万元，比上年减少 4 115 万元，下降 20.54%；实现净利润 2 588 万元，比上年减少 6 353 万元，下降 71.05%。

截至年末，中信建投基金设有 1 家子公司；共有员工 155 名，其中，正式员工 145 名、外聘员工 10 名。

公募基金业务 2018 年末，中信建投基金公募基金资产管理规模为 142.65 亿元。

特定客户资产管理业务 2018 年末，中信建投基金专户资产管理规模（含子公司）为 801.17 亿元。

中邮创业基金管理股份有限公司

2018 年末，中邮创业基金管理股份有限公司（以下简称中邮基金）资产规模为 1 464 070 311.67 元，比上年减少 1 620 271.10元，下降 0.11%；负债规模为 116 860 546.83 元，比上年减少 55 697 624.91元，下降 32.28%；所有者权益为 1 347 209 764.84 元，比上年增加 54 077 353.81 元，增长 4.18%。全年实现营业收入 461 854 057.90 元，比上年减少 173 453 869.74 元，下降 27.30%；营业支出为 339 412 755.57 元，比上年减少 134 950 048.52 元，下降 28.45%；营业利润为 122 441 302.33 元，比上年减少 38 503 821.22 元，下降 23.92%。公募基

金产品的股票交易金额为1 048.51亿元，债券交易金额为55.36亿元；公募基金份额为364.08亿份，专户基金份额为619.05亿份；客户总数为741.59万户，比上年增加25.35万户，增长3.54%。

截至年末，中邮基金公司设有2家子公司，1家分公司；共有正式员工182人。

公募基金业务 2018年，中邮基金共发行3只新产品，募集总金额共计13.19亿元。截至年末，共管理40只开放式基金产品，管理规模为300.06亿元。其中，权益类规模166.15亿元，债券类规模91.34亿元，货币类规模42.57亿元。

专户理财业务 2018年，中邮基金特定客户资管产品共17只，当年结束产品6只，新增管理产品1只。截至年末，共管理产品12只，管理规模818.35亿元。其中，集合资产管理计划2只，规模2.08亿元；单一资产管理计划10只，规模约816.27亿元。

（王丛莉）

北京首创期货有限责任公司

2018年末，北京首创期货有限责任公司（以下简称首创期货）总资产为253 780.23万元，总负债为226 908.53万元，所有者权益为26 871.70万元；实现营业收入为11 806.22万元，营业支出为11 071.42万元，营业利润为734.80万元。在中国证监会组织的期货公司分类评价中获得B类BBB级评级。

截至年末，首创期货设有19家期货营业部，共有员工248人。

期货经纪业务 2018年末，首创期货客户保证金规模为21.02亿元，同比下降15.27%；客户数量为29 341户，同比增长7.84%。全年成交量为3 659.65万手，同比增长6.31%；成交金额为21 317.12亿元，同比增长19.89%。

资产管理业务 2018年末，首创期货资产管理存续规模约为8 400万元，带动经纪业务日均权益约为3 700万元，累计实现经纪业务净收入44.2万元。联合中邮基金发行了首只期权类产品。

第一创业期货有限责任公司

2018年末，第一创业期货有限责任公司（以下简称第一创业期货）总资产为53 593.73万元，比上年减少31 647.01万元，下降37.13%；总负债为38 581.56万元，比上年减少32 202.13万元，下降45.49%；所有者权益为15 012.17万元，比上年增加555.12万元，增长3.84%。全年实现营业收入3 287.36万元，比上年减少1 527.77万元，下降31.73%；营业支出为2 540.95万元，比上年减少570.83万元，下降18.34%；净利润为505.61万元，比上年减少865.22万元，下降63.12%。

2018年，第一创业期货的期货交易量为3 239 807手，比上年减少501 330手，下降13.40%；代理成交金额为4 364.41亿元，比上年增加445.23亿元，增长11.36%。年末客户数量为7 747户，比上年增加1 039户，增长15.49%；日均客户权益为5.96亿元，比上年减少4.24亿元，下降41.57%。在中国证监会组织的期货公司分类评价中获得B类B级评级。

截至年末，第一创业期货未设立分支机构，共有员工47人。

方正中期期货有限公司

2018年末，方正中期期货有限公司（以下简称方正中期期货）资产合计996 683.65万元，比上年增加64 471.98万元，增长6.92%；负债合计831 293.01万元，比上年增加11 791.83万元，增长1.44%；所有者权益合计165 390.63万元，比上年增加52 680.15万元，增长46.74%。全年实现营业收入54 715.03万元，比上年减少4 894.38万元，下降8.21%；营业支出为38 059.95万元，比上年增加3 358.14万元，增长9.68%；实现净利润12 662.13万元，比上年减少5 884.33万元，下降31.73%。

2018年，方正中期期货代理成交量为14 365.07万手，比上年增加1 307.84万手，增长10.02%；成交额为915 098 924.89万元，比上年增加130 164 425.07万元，增长16.58%。年末，总客户数为161 550户，新增客户15 210户，比上年增加935户，增长6.55%；客户保证金为810 703.60万元，比上年增加14 007.14万元，增长1.76%。在中国证监会组织的期货公司分类评价中获得A类AA级评级。

截至年末，方正中期期货下设1家风险管理子公司，26家营业部和5家分公司，共有员工687人。

期货经纪业务 2018年，方正中期期货经纪业务实现手续费收入31 456.55万元，比上年减少6 930.50万元，下降18.05%；客户日均权益为84.54亿元，同比增长5.43%。

IB业务 2018年，方正中期期货IB业务日均权益为6.72亿元，成交量为1 879.42万手，留存手续费3 585.32万元，累计客户数量为41 555户，比上年增加6 062户，增长17.08%。

资产管理业务 2018年，方正中期期货资产管理业务实现收入449.81万元。截至年末，累计发行管理产品130余只，月均资产管理业务受托资产规模30.81亿元。

股票期权业务 2018年，方正中期期货股票期权累计开户129户，同比增长11.21%；成交量为372.72万张，同比增长358.73%；期末客户权益为8 337万元。

格林大华期货有限公司

2018年末，格林大华期货有限公司（以下简称格林大华期货）总资产为4 530 450 968.11元，比上年减少2 719 255 611.43元，下降37.51%；总负债为3 607 213 126.47元，比上年减少2 759 187 482.43元，下降43.34%；所有者权益为923 237 841.64元，比上年增加39 931 871.00元，增长4.52%。实现营业收入286 642 123.98元，比上年增加46 069 898.92元，增长19.15%；营业支出为186 316 418.68元，比上年增加6 231 661.84元，增长3.46%；营业利润为100 325 705.30元，比上年增加39 838 237.08元，增长65.86%；净利润为89 931 871.00元，比上年增加46 293 337.40元，增长106.08%。

2018年，格林大华期货的期货交易量为31 738 275手，比上年减少10 360 011手，下降24.61%；成交金额为237 032 343.06万元，比上年减少8 019 883万元，下降3.27%。年末，客户权益为346 937.98万元，比上年减少278 611.28万元，下降44.54%；客户数量为46 476个，比上年增加2 559个，增长5.8%。在中国证监会组织的期货公司分类评价中获得A类A级评级。

截至年末，格林大华期货有26家经营单位，共有员工317人，无外聘人员。

资产管理业务 2018年末，格林大华期货资产管理业务总收入为403万元，同比下降55%；业务人员9人，同比下降57%；管理总规模为2 180万元，同比下降97%。

投资咨询业务 2018年，格林大华期货新立项1项咨询产品，存续5项咨询产品，新开展2项投资咨询业务。

冠通期货股份有限公司

2018年末，冠通期货股份有限公司（以下简称冠通期货）总资产为115 500.14万元，总负债为89 964.70万元，所有者权益为25 535.44万元，实现营业收入7 819.01万元，营业支出为5 347.20万元，净利润为1 847.00万元。在中国证监会组织的期货公司分类评价中获得B类BB级评级。

截至年末，冠通期货设有14家分支机构，共有正式员工122人。

期货经纪业务 2018年，冠通期货累计成交量为6 257.53万手，比上年增加2 034.58万手，增长48.18%；累计代理成交额为30 387.11亿元，比上年增加10 966.20亿元，增长56.47%；期末客户保证金为86 474.84万元。

资产管理业务 2018年，冠通期货共发行资产管理计划9只，共募集资金4.66

亿元。截至年末，2只产品正常运作。

投资咨询业务 2018年，冠通期货产生5笔投资咨询业务，收入总额为8.65万元。

国都期货有限公司

2018年末，国都期货有限公司（以下简称国都期货）总资产为58 960.22万元，比上年减少17 833.16万元，下降23.22%；负债总额为38 982.78万元，比上年减少17 996.97万元，下降31.58%；所有者权益为19 977.44万元，比上年增加163.82万元，增长0.83%；净资本为14 428.57万元，比上年增加562.34万元，增长4.06%。全年实现营业收入4 523.22万元，同比增加99.11万元，增长2.24%；营业支出为4 290.91万元，同比增加331.28万元，增长8.37%；实现净利润174.33万元，同比减少188.37万元，下降51.94%。在中国证监会组织的期货公司分类评价中获得B类B级评级。

截至年末，公司设有3家营业部（郑州营业部办理撤销中），共有员工105人。

经纪业务 2018年，国都期货经纪业务手续费收入为2 812.27万元，同比下降2.03%；成交量为794.72万手，同比增长0.35%；交易额为4 820.49亿元，同比增长11.74%；年末客户权益为37 236.67万元，比上年下降32.51%。法人客户日均持仓16 711手，同比下降34.43%，法人客户日均权益为2.35亿元，同比下降13.92%。

IB业务 2018年，国都期货IB业务客户日均权益为6 932.39万元，同比下降14.94%；新增客户183户，同比下降31.97%。净留存手续费收入同比下降5.82%。

国元期货有限公司

2018年末，国元期货有限公司（以下简称国元期货）资产总额为213 627.93万元，比上年增长44.86%，其中，客户权益为13.53亿元，比上年增长83.75%；累计营业收入为1.36亿元，同比下降8.25%，其中，手续费收入6 785.04万元，同比下降17.96%；利息收入2 623.74万元，同比下降16.03%；投资收益为2 599.70万元，同比下降9.63%；实现净利润2 249.33万元。

截至年末，国元期货设有2家分公司，15家营业部，1家风险子公司；共有正式员工254人，无外聘人员。

经纪业务 2018年末，国元期货客户数量为24 925户，比上年增长9.72%；成交金额为1.49万亿元，同比增长37.58%；成交量为2 660.18万手，同比增长32.23%。

资产管理业务 2018年末，国元期货新增发行7只资产管理产品，发行规模为0.62亿元。其中，主动管理产品6只，投顾管理产品1只。终止资管产品10只，终止规模为0.99亿元；续存产品9只，续存规模为1.05亿元。

风险子公司业务 2018年，国元期货风险子公司——国元投资管理（上海）有限公司开展大连商品交易所玉米价格险和收入险、上海期货交易所天然橡胶、郑州商品交易所苹果等“保险+期货”项目，实现盈利341万元。其中，苹果项目创新引入果业公司作为收购企业参与到“保险+期货+订单”模式中。场外期权业务开展苹果、螺纹钢、棉花、鸡蛋等6个场外期权项目，该业务名义本金累计3.04亿元。开展钢坯—螺纹钢基差套利项目。与两家企业合作开展仓单约定回购业务，涉及苹果标准仓单185张，融出资金3 320万元。

宏源期货有限公司

2018年，宏源期货有限公司（以下简称宏源期货）实现营业收入4.02亿元，同比增长41%；实现利润总额1.28亿元，同比增长46%；客户日均保证金为48亿元，同比增长9%；营业收入市占率为1.04%，同比增长6%；创新业务收入同比增长372%。在中国证监会组织的期货公司分类评价中获评A类A级。

2018年，宏源期货经纪业务客户保证金规模最高达53.1亿元。年末，资产管理产品25只，其中，主动管理规模2.56亿元。

截至年末，宏源期货设有20家营业部，3家分公司，1家子公司，在职员工399人。

风险管理子公司业务 2018年，宏源期货风险管理子公司——宏源恒利（上海）实业有限公司以基差贸易为核心的业务模式逐步成熟，橡胶、白银、棉花等基差贸易业务年末存量业务规模为11.16亿元；与宏源期货期权业务部协同，通过万得、中证云等平台提供22个品种场外期权报价，申请获得期货交易所大豆、橡胶、苹果等4个“保险+期货”项目，场外期权业务名义本金达3.31亿元；申请获得郑州商品交易所做市商业务资格，开展动力煤等品种做市业务，并参与大连商品交易所3个期货品种（豆二、豆粕、铁矿石）的类做市业务。

金鹏期货经纪有限公司

2018年末，金鹏期货经纪有限公司（以下简称金鹏期货）资产总额为65 351.85万元，负债为35 601.72万元，所有者权益为29 750.13万元，实现营业收入－1 765.08万元，利润－4 159.07万元。全年期货交易量为6 599 700手，交易额为39 996 684.84万元。年末，客户数量为8 820个，客户保证金为33 234.71万元。

截至年末，金鹏期货设有分支机构9家，员工总数79人。

九州期货有限公司

2018年末，九州期货有限公司（以下简称九州期货）总资产为78 464.28万元，比上年减少67 992.50万元，下降46.42%；总负债为31 442.41万元，比上年减少62 772.20万元，下降66.03%；所有者权益为52 242.17万元，比上年减少5 220.30万元，下降9.99%。全年实现营业收入5 035.89万元，营业支出7 881.42万元，营业亏损2 845.53万元。在中国证监会组织的期货公司分类评价中获得B类BBB级评级。

截至年末，九州期货设有1家分公司，1家子公司，共有员工40人。

期货经纪业务 2018年，九州期货期货成交量为592.46万手，比上年增加96.22万手，增长19.39%；成交金额为31 597 534.67万元，比上年增加1 854 585.11万元，增长6.24%；实现经纪业务收入5 168.05万元，比上年增加1 362.98万元，增长35.82%。年末，有效客户数为8 263人，比上年增加3 490人，增长73.12%；客户权益为27 745.61万元，比上年减少10 905.70万元，下降28.22%。

资产管理业务 2018年末，九州期货累计向基金业协会设立备案资产管理计划17只，已到期终止（含提前终止）产品12只，存续产品5只（2018年新增产品2只），管理资金规模共计5.63亿元。全年累计实现管理费与业绩报酬283.45万元，比上年减少402.78万元，下降58.69%。

民生期货有限公司

2018年末，民生期货有限公司（以下简称民生期货）总资产为876 931 516.20元，总负债为368 446 101.81元，所有者权益为508 485 414.39元。全年实现营业收入55 387 103.15元，营业支出74 254 531.32元，亏损18 867 428.17元。

截至年末，民生期货共有14家营业部，2家分公司，1家子公司；共有员工166人。

经纪业务 2018年，民生期货期货总成交量为5 592 818手，总成交额为360 672 770 640元；客户日均权益为476 725 943.25元，期末权益为337 793 741.52元；实现经纪业务收入6 731 383.32元。年末，客户总数为15 084户，其中，机构客户数132户，客户权益57 963 765.31元。

IB 业务 2018 年，民生期货 IB 业务成交量为 1 215 179 手，成交额为 74 881 324 575元，实现业务收入1 626 313.86 元，期末权益为73 071 949.70元。

首创京都期货有限公司

2018 年末，首创京都期货有限公司（以下简称首创京都期货）资产总额为 53 205.67万元，比上年减少 3 115.58 万元，下降 5.5%；负债总额为 33 948.97 万元，比上年减少 4 577.27 万元，下降 12%；所有者权益为 19 256.70 万元，比上年增加 1 461.69 万元，增长 8.2%。全年，实现营业收入 4 530.37 万元，同比增加 1041.11 万元，增长 30%；实现利润总额 2 004.37 万元，同比增加 753.13 万元，增长 60%；实现净利润 1 551.55 万元，同比增加 607.01 万元，增长 64%。在中国证监会组织的期货公司分类评价中获得 B 类 BB 级评级。

截至年末，首创京都期货正式员工共计 41 人，无分支机构。

经纪业务 2018 年，首创京都期货交易量为 360 万手，同比增长 2.3%；交易金额为 3 229 亿元，同比增长 6%；实现手续费及佣金净收入 1 106 万元，同比下降 5.9%。年末，客户数量为 4 692 个，同比增加 373 个，增长 8.6%；客户权益为 2.63 亿元，同比减少 0.48 亿元，下降 15%。探索开展“保险 + 期货”工作，成功在河南省兰考县张庄村开展“保险 + 期货”鸡蛋精准扶贫项目。

资产管理业务 2018 年末，首创京都期货备案产品 10 只，其中，单一资产管理计划 7 只、集合资管计划 3 只，管理规模共计 19.47 亿元，实现业务收入 407 万元。

IB 业务 2018 年末，首创京都期货完成 IB 业务资格备案的证券营业网点共 40 家，IB 客户 2 932 户，账户资产总值为 1.1 亿元。

银河期货有限公司

2018 年末，银河期货有限公司（以下简称银河期货）资产总额为 168.36 亿元，同比增加 4.51 亿元，增长 2.75%；负债总额为 149.69 亿元，同比增加 3.79 亿元，增长 2.60%；所有者权益总额为 18.66 亿元，同比增加 0.71 亿元，增长 3.97%。全年，实现营业收入 7.80 亿元，同比减少 0.41 亿元，下降 4.99%；营业支出为 4.62 亿元，同比减少 0.44 亿元，下降 8.65%；利润总额为 3.21 亿元，同比增加 0.06 亿元，增长 1.84%；净利润为 2.39 亿元，同比增加 0.04 亿元，增长1.79%。

截至年末，银河期货有限公司设有7家分公司，34家营业部；共有员工692人。

经纪业务 2018年末，银河期货交易量为1.26亿手，同比下降12%；交易额为8.49万亿元，同比下降3%；日均权益为157元，同比下降6%。年内，一般法人新开客户372户，同比增加29户。一般法人客户数和期末权益同比分别增长10.38%和5.12%。原油期货开户1 248户。

期权业务 2018年末，银河期货上证50ETF股票期权成交同比增长223%，豆粕期权成交量市场占比10.16%，白糖期权成交量市场占比7.76%，铜期权成交量市场占比9.20%。

资产管理业务 2018年，银河期货新增主动管理型产品24只，规模6 350万元。

风险管理子公司业务 2018年，银河德睿资本管理有限公司实现收入74 691.66万元，营业支出为73 083.26万元，利润总额为1 609.21万元，净利润为1 529.17万元。年末，总资产为83 048.36万元，总负债为31 543.75万元，股东权益为51 504.61万元。

英大期货有限公司

2018年末，英大期货有限公司（以下简称英大期货）总资产为219 008万元，总负债为144 718万元。全年，期货成交量为2 406万手，成交额为1 827亿元，日均保证金规模为17.57亿元；实现业务收入1.71亿元，利润总额1 150万元。在中国证监会组织的期货公司分类评价中获得B类BBB级。

截至年末，英大期货实际运营的分支机构8家；共有员工163人，其中，正式员工125人，劳务派遣38人。

固定收益业务 2018年，英大期货开展债券投资管理及信托投资，投资6个信托项目，实现投资收益3 008.95万元（不含公允价值变动）。

中钢期货有限公司

2018年末，中钢期货有限公司（以下简称中钢期货）总资产为146 264万元，比上年减少2 964万元，下降1.99%；总负债为97 381万元，比上年减少84万元，下降0.09%；所有者权益为48 884万元，比上年减少2 879万元，下降5.56%。实现营业收入3 108万元，比上年减少4 736万元，下降60.38%；营业支出为5 891万元，比上年减少163万元，下降2.69%；营业利润为–2 783万元，比上年减少4 573万元，下降255.47%；净利润为–2 204万元，比上年减少3 983万元，下降223.89%。

2018年，中钢期货实现期货交易量为1 104万手，比上年增加219万手，增长24.75%；交易额为6 930亿元，比上年增加773亿元，增长12.55%。年末，客户数量为6 927户，比上年增加375户，增长5.72%；客户保证金为93 988万元，比上年增加311万元，增长0.33%。在中国证监会组织的期货公司分类评价中获得B类BBB级评级。

截至年末，中钢期货设有9家期货营业部，共有员工107人。

资产管理业务 2018年，中钢期货清算资产管理计划6只。年末，正在运行的资产管理计划共有5只，存续产品规模（按期末资产净值）为33 694.08万元，产品投资标的涉及股票、基金、券商集合资产管理计划等。

中国国际期货股份有限公司

2018年末，中国国际期货股份有限公司（以下简称国际期货）总资产为52.45亿元，比上年减少9.39亿元，下降15.19%；总负债为38.7亿元，比上年减少10.42亿元，下降21.22%；所有者权益为13.75亿元，比上年增加1.02亿元，增长8.05%；实现营业收入2.88亿元，营业支出为1.49亿元，实现利润为1.38亿元。在中国证监会组织的期货公司分类评价中获得A类A级评级。

截至年末，国际期货设有24家分支机构，2家子公司；共有正式员工302人。

期货经纪业务 2018年，国际期货在国内四大期货交易所代理交易量为0.53亿手，代理交易额为3.42万亿元；共有客户6.45万户，比上年增加0.17万户，增长2.73%；客户保证金规模约为36.84亿元，比上年减少10.33亿元，下降21.9%；实现手续费收入1.44亿元，比上年减少0.49亿元，下降25.42%。

资产管理业务 2018年末，国际期货共有9只资产管理产品，管理资产总额为6 963.21万元，比上年下降75.36%。

其他业务 2018年，国际期货股票期权业务新开户70户，成交量为967 489张，成交额为36 126.01万元；商品期权业务新开户226户，成交量为378 475手，成交额为25 032.25万元；原油期货业务新开户538户，成交量为192 956手，成交额为9 150 337.36万元。

中粮期货有限公司

2018年末，中粮期货有限公司（以下简称中粮期货）净资本为1 318 591 120.33元，净资本与净资产的比例为42%。全年实现营业收入65 477万元，比上年增长68.9%；净利润为10 948万元，比上年下降14.5%；净资产收益率（ROE）为4.07%。

截至年末，中粮期货设有12家营业部，2家分公司，在中国香港设有中粮期货（国际）有限公司；共有员工359人。

经纪业务 2018年，中粮期货期货经纪业务成交量为5 166万手，比上年下降5.47%；成交额为27 226亿元，比上年下降3.9%；共开户6 267户，比上年增长27%。香港子公司——中粮期货（国际）有限公司于2018年9月通过中国证监会备案；11月，获香港证监会2号牌照。

资产管理业务 2018年末，中粮期货存续资产管理产品8只，存续规模20.14亿元，同比下降67.34%。投资范围涉及期货、股票、债券和其他资产管理计划。

投资咨询业务 2018年，中粮期货开展投资咨询业务271笔，实现收入310万元，比上年下降37.8%。

风险管理子公司业务 2018年，中粮期货下属风险管理子公司——中粮祈德丰（北京）商贸有限公司联合保险公司打造“收入保险”，实现“场外期权+产量保险”的有机结合，为农户引入农资贷款和基差收购环节，提供“一站式”收益保障服务。全年，累计开展基差贸易26笔，主要品种为沥青、铜、铝、橡胶等；与17家产业客户发生现货交易，帮助企业利用期货市场进行风险管理；开展场外期权业务474笔，名义本金50亿元，权利金规模为1.2亿元；开展“保险+期货”业务交易27笔，品种覆盖玉米、大豆、白糖、橡胶。做市商业务取得新进展，获得铜期权、玉米期权、棉花期权做市商资格，及原油和镍期货的做市商资格。

扶贫工作 2018年，中粮期货为贫困地区总投入金额为51万元，其中，行业专业扶贫投入49万元；与国家级贫困地区——陕西省延长县签署结对帮扶协议1个，帮助建档立卡贫困户完成脱贫48户、120人；为贫困地区实体机构或贫困户提供风险管理服务的方案、合同数量为5笔，合同金额为1.9亿元。

中天期货有限责任公司

2018年末，中天期货有限责任公司（以下简称中天期货）总资产为68 833.61万元，比上年减少3 351.71万元，下降4.64%；总负债为49 800.18万元，比上年减少3 204.79万元，下降6.05%；所有者权益为19 033.43万元，比上年减少146.92万元，下降0.77%；总客户数为13 623，比上年增加2 066户，增长17.88%；实现营业收入4 880.48万元，比上年减少207.35万元，下降4.08%；营业支出为5 072.07万元，比上年增加296.66万元，增长6.21%；实现利润-211.17万元，比上年减少428.07万元，下降197.36%。在中国证监会组织的期货公司分类评价中获得B类B级评级。

截至年末，中天期货设有5家期货营业部，3家分公司；共有员工142人。

期货经纪业务 2018年，中天期货经纪业务净开户数为2 146户，比上年下降13.19%；累计交易量为1 061.35万手，比上年增长3.76%；交易额为6 383.11亿元，比上年增长 13.8%。期末客户权益为 4.34 亿元，比上年下降 10.33%。

中衍期货有限公司

2018 年末，中衍期货有限公司（以下简称中衍期货）资产总额为 111 906.87 万元，实现营业收入 8 449.07 万元，营业支出 7 869.56 万元，实现税前利润总额 487.88 万元。在中国证监会组织的期货公司分类评价中获得 C 类 CC 级评级。

截至年末，中衍期货设有 2 家期货营业部，1 家风险子公司；共有员工 132 人。

期货经纪业务 2018 年，中衍期货客户成交量为 2 326 万手，环比下降约 22%；日均权益为 8.55 亿元，环比下降 8.2%；开户 3071 户，环比下降 64.4%；客户交易亏损 4.6 亿元。

资产管理业务 2018 年末，中衍期货运行 2 只资产管理产品，总规模为 1.22 亿元。

基金销售业务 2018 年，中衍期货代销 3 家公司公募基金产品 219 只，比上年增长 73.81%；实现代销业务手续费收入 3 178.63 元，比上年增长 169.48%。代销私募基金产品 3 只，实现代销业务手续费收入 10 000 元，比上年下降 100%；管理费收入共 14 455.23 元，比上年增长 790.61%。

中国人民财产保险股份有限公司北京市分公司

2018 年，中国人民财产保险股份有限公司北京市分公司（以下简称人保财险北京市分公司）累计实现保费收入 156.09 亿元，比上年增加 8.04 亿元，增长 5.43%，市场占有率为 34.04%。

截至年末，人保财险北京市分公司设有分支机构 68 家；从业人员 3 902 人，其中，在编员工 1 889 人。

车险业务 巩固和扩大市场引领地位，推进车险业务精细化管理，通过多时段、多频次监控业务发展情况及业务结构情况，及时调整战略部署及定价费用政策；落实车险过程管理，建立过程考核指标及过程监控机制。2018 年 12 月 19 日，成功中标 2019 ~ 2021 年度北京市市级行政事业单位公务用车定点保险政府采购项目。

财产险业务 加大险种创新，完善数据平台，以技术提升风险控制能力。巨灾保险进入全面研究阶段，社会治理综合保险实现出单；首创应急保险概念，启动具体险种研究落地工作；助力“一带一路”建设，大力拓展海外业务，为中资机构提供多层次的风险保障；对接 2019 年北京世界园艺博览会、2022 年冬季奥林匹克运动会项目，为国家大型活动项目提供全方位风险保障。全年财产险条线实现保费收入 11.16 亿元。

船货/特险业务 深化货运险业务结构、销售模式和产品内涵的转型升级，推动货运险在物流平台、车货匹配平台、电商平台的线上销售，加大个人出行物品运输安全领域产品创新和服务升级，保障原油、矿石、粮油、贵金属等商品的进出口安全，加大无人机保险等新兴领域的拓展力度。

责任险业务 参与政府职能转型，做强民生保险、安全生产责任保险、首台套重大技术装备综合保险、法律保险领域，做优公众责任险、雇主责任保险等传统业务，创新影视保险、知识产权保险等高端险种，强化团队建设、过程管控、全方位服务，推进重点险种行动计划，推动责任险向高质量转型发展。

信用保证保险业务 响应信贷多元化助力普惠金融的国家战略，创新保险业务，尝试开辟与互联网平台、银行等金融机构合作线上信贷类业务，服务消费金融升级；发挥贸易信用险领域优势，积极拓展军事装备领域核心企业出口信用险业务；参与关税保证保险试点工作，缓解企业资金压力，压缩整体通关时间，服务外贸企业减负增效；推动工程履约保证险等社会管理类保证保险业务，发挥服务社会管理的职能；加强保证保险业务挖潜、扩大承保面，大力拓展光伏企业项目，助力光伏企业提振销量、拓展国内外市场。

普惠金融业务 响应国家普惠金融发展战略，整合政府、社会、市场和内部资源，创造良好的内外部发展环境，实现普惠金融业务的快速发展。自支农融资业务开办至今，已为10家农业企业/合作社提供15次融资服务，累计放款9 550万元。扩大助贷险营销队伍，梳理流程，加强风险控制能力，实现业务发展与经营效益的平衡；试点与电商平台开展线上业务合作，助力个人信贷金融的快速发展。

意外健康险业务 创新产品供给，积极探索商业保险作为政策补充的发展模式，为志愿者、残疾人等民生类特殊群体提供风险保障；抢抓“一带一路”发展机遇，为中国承包商在各国基础建设项目人员提供安全保障产品；优化产品供给，通过满足客户保障需求为客户创造价值；升级个人健康保险产品，打造产品供给与服务平台，创新“动态监控+保险保障”模式，以高血压慢病管理为经验基础，逐步向糖尿病、冠心病、慢性呼吸系统疾病等慢病管理拓展。

农业保险业务 强化产品开发，全年共开发险种45个。深入推动“保险+期货”业务发展，对接更多期货机构，强化合作渠道建设；健全农险合规体系，优化承保理赔系统，避免重大合规风险。探索扶贫保障新模式，助力金融保险精准扶贫。强化信息化手段应用，利用卫星遥感技术、远程电子查勘设备等提升农险科技创新。

（王亮）

中国平安财产保险股份有限公司北京分公司

2018年，中国平安财产保险股份有限公司北京分公司（以下简称平安产险北京分公司）总保费收入为105.2亿元，同比增长4.68%。其中，车险业务保费收入为68.43亿元，同比增长0.88%；非车险业务保费收入为36.77亿元，同比增长12.58%。财产险赔付金额为9.7亿元；车险受理案件逾49万笔，赔付金额逾40亿元，其中，汛期共受理水淹事故1 563笔，赔付金额为3 598万元。

截至年末，平安产险北京分公司下设15家支公司；员工总数1 961人，其中，在编员工1 794人。

车险 加强车险线上化平台建设，提升服务能力；通过研究开发大数据和人工智能，创新服务技术，为客户提供个性化的车险服务方案；坚持客户服务高质量发展，提升客服理赔基础服务水平，满足车险客户在用车、养车过程中的需求。截至年末，个人客户有135万人，同比增长12.5%；家用车标的续保率为75.85%，同比提升0.35个百分点。

非车险 注重行业深耕、渠道定制、客户分群，丰富产品体系，推动培训费用保险、宠物保险等产品发展。财产险业务专注法人客户的统保合作、“一带一路”海外项目保险介入、国家新材料首台（套）业务支持，深耕互联网板块业务并重点发展小微客户保险市场，积极拓展集团客户群，全年实现保险保费收入31.08亿元，同比增长8.5%。

意外健康险 着重推进业务结构优化和互联网线上化，注重政府民生板块、文化体育场景保险，积极拓展渠道业务，提升保险深度。

重大承保 以首席保险人身份承保中国化工集团固定资产一揽子保险及工程保险，并独家承保该集团全国下属企业车辆保险，项目总保额超过500亿元。着力开展服务民生及支持基建项目，实现首台（套）产品保费收入2 157万元，新材料产品保费收入8 413万元。入围中国极地研究中心考察船、考察站、考察队员项目，项目保额22.8亿元。与中国重型汽车集团有限公司、中国重汽地球村保险经纪有限公司正式签约，将在中国重型汽车集团有限公司混合所有制改革等方面深入合作，推动商用车售后服务转型，助力行业供给侧结构性改革。成为北京马拉松官方合作伙伴，为4万名赛事人员提供保险保障。

重大理赔 年内，完成葛兰素史克（GSK）天津爆炸案、中航威海船厂有限公司AVIC392船损、中国石油天然气集团有限公司双庙子漏油、中国中化集团有限公司塑料火灾、北京首都航空有限公司直升机侧翻理赔案赔付，共计2.25亿元。

产品服务创新 首次将无人机3D建模技术应用于工程险理赔服务，通过对出险现场3D建模测量，可在电脑上就损失量及程度进行评估，提高工程险查勘效率。与“熊猫家政”平台合作，实现家政人员责任险承保和理赔全流程线上操作。与北京市公安局公安交通管理局合作，试点“警保联动”项目，提升交通事故快清快处效率，有效缓解事故致堵状况。

（郭晓雨）

华泰财产保险有限公司北京分公司

2018 年，华泰财产保险有限公司北京分公司（以下简称华泰财险北京分公司）实现保费收入 86 321.24 万元。其中，车险保费收入 38 576.36 万元，非车险保费收入 47 744.89 万元。

截至年末，华泰财险北京分公司设有 6 家支公司、1 家营业部，在编员工 247 人。

车险业务 加强成本管控，在车险业务入口端把控风险，加大对高成本渠道业务的管控力度，在保证车险综合成本率可控的同时，拓展业务资源，挖掘保费增长点。对各业务渠道实施差异化管理，重点发展优质渠道，提高费用投放率，实现保费规模达成。优化业务结构，保证业务均衡发展。专属代理（EA）门店根植社区开展业务，提供优质保险保障服务。

非车险业务 商险业务与境内 200 多家经纪公司开展合作，电商业务嵌入约 10 家互联网平台并具备全闭环的线上保险服务能力；巩固在轨道交通、海外项目、电厂及上游能源险等领域的发展势头。火险结合国家产业政策、“一带一路”倡议，积极开拓在京集团客户以及经纪渠道，参与大型海外投资建设；意外健康险以渠道、销售模式创新，推动保费增长；责任险以险种创新，结合社会热点需求发展新兴领域，寻求新的业务增长点；水险加强电子化业务的投入，大力发展货运险业务，在赔付可控的同时实现保费稳步增长。雇主责任险开发线外批改系统，优化人员变化、保费计算、核保等业务流程，提升服务能力、释放人力成本。

重大赔付 2017 年 1 月 27 日，受贵州省荔波县九阡风场凝冻天气影响，中电（三都）新能源有限公司输电线断线、线塔倒塌，营业中断。9 月结案，华泰财险北京分公司赔付金额总计 1 384.04 万元。8 月 29 日，鸿讯物流有限公司运输车辆在湖南省汨罗市起火，2 100 台华为手机烧毁全损，12 月结案，华泰财险北京分公司赔付金额总计 284.02 万元。

（童文静）

中国太平洋财产保险股份有限公司北京分公司

2018 年，中国太平洋财产保险股份有限公司北京分公司（以下简称太平洋财险北京分公司）实现原保费收入 61.5 亿元。其中，车险保费收入 45 亿元，非车险保费收入 16.5 亿元。

截至年末，太平洋财险北京分公司下辖 19 家分支机构，其中，支公司 11 家、营业部 2 家、营销服务部 6 家；共有员工 1 392 人。

服务创新 推出“太好赔”“太贴心”等产品，提升整体服务质量，促进保赔协调，为客户提供优质贴心的服务。

“太好赔”产品引入理赔自助小程序，加入“女性客户专属服务”“假日理赔服务”“无忧金钥匙”等多项专属理赔服务。“太贴心”产品基于微信小程序，无须下载APP，通过微信扫描二维码，即可报案并一键索赔。

扶贫工作 积极响应总公司“万名干部助万户”关爱行动号召，开展关爱捐款活动，共募集善款30余万元，完成结对帮扶内蒙古自治区8个村571户贫困户的工作。捐款用于购买生活必需品和农业生产物资等物品，并分批次送达贫困户手中。

（孟宪斌）

太平财产保险股份有限公司北京分公司

2018年，太平财产保险有限公司北京分公司（以下简称太平财险北京分公司）实现总保费收入6.8亿元。其中，车险保费收入3.26亿元，非车险保费收入3.54亿元，水险保费收入0.14亿元，非水险保费收入1.47亿元，意外健康险保费收入0.81亿元。

截至年末，太平财险北京分公司设有支公司5家，在职员工278人。

战略推动 加强战略推动，重大项目稳中向好，成功续保集签国家电力投资集团有限公司、中国大唐集团公司、中国华电集团有限公司统保项目和神华国华电力公司印度尼西亚南苏电厂运营期项目等，其中，国家电力投资集团有限公司统保项目整体保费规模首次突破4 000万元。重点推进海外业务、政府类项目，新增中国华电集团有限公司俄罗斯捷宁联合循环电厂运营期项目和越南沿海二期电厂货运险项目、印度尼西亚雅万高铁工程险项目、中国电力建设集团有限公司巴基斯坦卡西姆电厂财产险、德龙钢铁印度尼西亚钢厂工程险、美国安邦沃尔道夫酒店工程险等海外项目，实现落地签单保费3 412万元。中标国家石油储备基地财产保险项目，独家承保中央储备糖国内货运险项目、中国印钞造币总公司本部雇主责任险和团体意外险项目等政府类项目，新增首席承保中煤集团利辛板集电厂一揽子保险项目、中铁隧道局意外险项目、北京地铁新机场线工程险及三者责任险、北京市体育局运动员意外健康险项目等22个新增项目，实现保费1 900余万元。

渠道拓展 积极拓展经纪公司资源，扩大合作深度、广度。实现与江泰保险经纪股份有限公司14个业务部门的全面对接，深化与航联保险经纪有限公司等7家经纪公司的合作，新增与中石化保险经纪有限公司等5家经纪公司的合作。团队渠道成功与中铝保险经纪（北京）股份有限公司、国福家庭保险销售公司等14家经纪公司开展合作，新增中铝集团团体意外伤害保险项目、中冶建设雇主责任保险项目、北京联创智成自动化公司雇主责任险及团体意外伤害保险等多个项目。代理渠道非车险板块业务稳中有增，施工机具板块通过挖掘建筑起重机械设备行业协会会员单位业务资源，实现保费大幅增长。新拓律师职业责任险项目。

优化业务结构 依托全国性团体车险

承保经验，成立专业服务团队，落地首汽租车和滴滴出行团体车险业务，两大全国性平台业务保费规模1.37亿元。成功拓展上汽集团股份有限公司、中国新兴集团有限责任公司等集团公司，落地上海蔚来汽车集团有限公司和中升集团控股有限公司“总对总”业务。以三级机构车商为支点，以汽车园区为目标，通过团队下沉，绘制各机构车行拓展目标地图，推动市场型车行拓展。参加行业车险理赔共享网点建设，参与研究制定车险互碰快赔机制和行业纠纷调解等重要工作，组织开展“7·8保险公众宣传日”等活动。

（晏珊）

中华联合财产保险股份有限公司北京分公司

2018年，中华联合财产保险股份有限公司北京分公司（以下简称中华财险北京分公司）累计实现保费收入8.3亿元，同比下降13.95%。其中，车险保费收入5.3亿元、非车险保费收入3亿元。累计赔款支出6.89亿元，综合赔付率为67.03%。

重大承保与赔付 年内，获得市政府“主动安全型超声波燃气表”项目民用燃气安全险保障资格，将在5年内分批次为北京市600万户居民提供燃气安全险；把握“种仔猪保险”纳入统颁条款契机，全年承保头数为170 850头；承保轨道交通项目2个，提供风险保障17.03亿元；为首都文化产业配套工程提供风险保障26亿元。赔付中国外运股份有限公司工程设备运输分公司因台风导致一整船货物沉海的损失1 281.96万元。

（袁婕）

华安财产保险股份有限公司北京分公司

2018年，华安财产保险股份有限公司北京分公司（以下简称华安保险北京分公司）实现保费收入26 153.35万元，比上年增长15.22%。其中，车险收入19 482.51万元，占总保费收入的74.49%；财产险收入6 116.68万元，占总保费收入的23.39%；人身险收入554.17万元，占总保费收入的2.12%。赔款支出14 428.16万元，比上年增长29.45%，综合赔付率为63.7%。

截至年末，华安保险北京分公司下设5家支公司、1家营销服务部，在职员工95人（其中5名为劳务派遣人员）。

重大承保与赔付 年内，承保某银行个人账户资金损失保险，保险金额为900亿元。针对某公司因火灾事故造成的财产损失，共计赔付1 262.39万元。

客户服务 推动与保险公估公司的合作由公共平台模式转变为华安专属团队服务模式，实行“一对一”服务，实现对查勘定损人员的直接管理。在“华安保险”微信公众号上线自助查勘理赔服务功能，提高车险结案率。推动5 000元以下小额赔案在索赔环节无缝对接，通过微信等网络渠道来接收、受理理赔资料，缩短理赔时长，提升服务水平。

（杨紫怡）

天安财产保险股份有限公司北京分公司

2018年，天安财产保险股份有限公司北京分公司（以下简称天安财险北京分公司）实现保费收入22 319.15万元，同比增加10 626.76万元，增长91.38%。其中，车险业务保费收入1 763.2万元，同比减少4 005.9万元，下降69.44%；非车险业务保费收入20 555.95万元，同比增加14 632.66万元，增长247.04%。赔款支出13 464万元，同比增加5 427万元，增长67.53个百分点；综合赔付率为84.33%，同比上升36.02个百分点。

截至年末，天安财险北京分公司下设1家支公司，5家营销服务部；正式员工132人。

重大承保和赔付　年内，承保某公司退货运费损失保险，累计保费收入1.27亿元。10月，对某公司建筑工程意外事故支付赔款123万元，为当年最高赔付案。

（曹征妮）

中国大地财产保险股份有限公司北京分公司

2018年，中国大地财产保险股份有限公司北京分公司（以下简称大地保险北京分公司）实现保费收入8.02亿元，比上年增长51.22% 。其中，车险业务收入2.23亿元，比上年下降0.28%；非车险业务收入2.90亿元，比上年增长42.7%；意外险、健康险业务收入2.89亿元，比上年增长178.75%。

截至年末，大地保险北京分公司下设7家支公司，1家营销服务部；在编员工275人。

重大承保与赔付　年内，为某民营钢厂提供财产一切险、机器损坏险，保障期限为3年，标的包括钢厂建筑物及机器设备，保险金额共计40多亿元。赔付某公司因施工导致施工标段沿线122户村民房屋受损案件，赔付金额共计40.2万元。

（樊聪慧）

中国人寿保险股份有限公司北京市分公司

2018年，中国人寿保险股份有限公司北京市分公司（以下简称中国人寿北京市分公司）实现总保费收入87.2亿元，同比下降7.9%。其中，新单保费收入28.4亿元，同比下降43.0%；首年期交保费收入14.4亿元，同比下降16.6%；10年期及以上首年期交保费收入6.1亿元，同比下降43.4%；短期险保费收入13.3亿元，同比增长3.5%。处理各类赔付、给付金额共计45.47亿元。

截至年末，中国人寿北京市分公司内设14个部门，下辖各分支机构79家。

石景山区老年人意外伤害保险项目 承保石景山区老年人意外伤害保险项目。该项目是石景山区人民政府老龄工作办公室为本区户籍的65周岁及以上的7.1万名老年人提供为期一年的人身意外伤害保险理赔服务，符合条件的老年人在北京市行政区域或河北省迁安市行政区域内遭遇意外伤害，经过保险公司评估，可以获得最高6万元的经济赔偿，同时，投保老年人因意外伤害在门诊、急诊或住院过程中所产生的医疗费用，超过50元以上部分可以获得最高8 000元的赔偿。

北京市老年人意外伤害保险政府采购项目 承保北京市老年人意外伤害保险政府采购项目，实现保费收入120万元。该项目是北京市老龄产业协会本级北京市老年人意外伤害保险政府采购项目，由市民政局申请市财政资金，为全市约7.5万名困难老年人，即本市户籍60周岁及以上享受城乡最低生活保障待遇人员、城镇“三无”人员、农村“五保”对象、优抚对象及无赡养人（或赡养人无赡养能力）的独居老年人，统一投保老年人意外伤害保险。

（施巍）

中国平安人寿保险股份有限公司北京分公司

2018年，中国平安人寿保险股份有限公司北京分公司（以下简称平安人寿北京分公司）实现规模保费收入231.28亿元，同比增长13.66%。其中，个险总保费收入220.41亿元，同比增长13.98%；银保总保费收入10.74亿元，同比增长7.64%；团险总保费收入0.13亿元。年末客户数量超过568万人，累计为北京市民提供人身保障18 269亿元，有效保单4 988 105件，累计办理个人理赔80 186件，赔款、死伤医疗给付累计10.45亿元，年金及满期给付30.96亿元。

截至年末，平安人寿北京分公司设有17个职能部门，34个营销服务部；在职员工1 082人，返聘1人，保险代理人37 074人。

个人营销业务 开展“平安三十更懂你”系列客户活动，通过平安金管家服务平台向客户提供意外险赠送、家庭保障检视等“线上＋线下”增值服务；通过“千城万区 幕天捐书”公益活动，号召客户和社会各界爱心人士，为贫困地区少年送去一份爱心。深化各类应用场景，将人工智能引入平安代理人的日常培训、活动管理和客户经营等方面，优化个人产能及队伍结构，打造保险代理人精英团队；开展“我与平安共成长”百名风云人物评选、“炎炎夏日、关爱有我”营销队伍清凉工程、“健康人生、平安相伴”部门经理及绩优人员体检等活动，针对高年资代理人发放长期服务奖章及证书；加大代理人福利保障投入，在《个人寿险业务人员基本管理办法》规定的四大福利保障基础上，为代理人增加团体意外险、意外伤害医疗险两项保障。

银行代理业务 秉持“品质为先”的经营理念，开展服务营销专项推动，为客户量身定制全面高效的保险保障服务，促进业务成长。全年，银保年度期交规模累计达成29 350万元，13个月保费继续率为96.5%，25个月保费继续率为98.9%。

重大承保与赔付 年内，客户M先生投保人身险，年度累计承保额为4 000万元，为平安人寿北京分公司当年最高保额承保新契约。客户X女士确诊乳腺癌，获赔重大疾病理赔金244.8万元，并豁免保费47.8万元，为平安人寿北京分公司当年理赔金额最高的案件。

客户服务 以倡导读书和“幕天捐书”公益活动为主线，推动客户服务工作。以“读家生活 平安相伴”为主题，全年开展“客服节”线上、线下活动近40场，客户参与人数约83万人。针对高端客户，夯实基础服务，升级体检服务、VIP住院探视服务、急难援助服务，开展线上积分兑换增值活动，举办“孩子教育的分享会”“百老汇经典观剧活动”等。升级平安金管家健康管理服务，全年累计使用该服务的北京地区客户达到272万人次。打造智慧客服，运用生物认证、大数据等10余项人工智能技术，构建了业务甄别、风险定位、在线自助和空中门店四大功能，打造100%全域覆盖、全流程智能办理、动态精准风险控制的智慧服务体系。提升“闪赔”服务，共1.7万件案件在30分钟内完成闪赔，理赔金合计2 677.3万元，最快闪赔用时2.13分钟。

（王菁）

中国太平洋人寿保险股份有限公司北京分公司

2018年，中国太平洋人寿保险股份有限公司北京分公司（以下简称太平洋寿险北京分公司）实现保费收入56.87亿元，同比增长7.48%。其中，个人业务实现保费收入52.44亿元，同比增长15.60%；渠道业务实现保费收入3.31亿元，同比下降41.74%；健康养老业务实现保费收入1.12亿元，同比下降40.00%。全年处理各种赔付、给付46.69万件，共计金额19.62亿元。

截至年末，太平洋寿险北京分公司下辖11家支公司，3家营销服务部；在职员工551名，其中，内勤员工459名，外勤员工92名；个人营销员11 652名。

个人业务 围绕客户经营、产品升级、队伍建设、科技应用四大核心，聚焦提升客户保障需求，实现价值可持续增长。引进高素质人才，启动百万经理人项目，加强专业培训，提升团队客户服务能力。13个月累计保费继续率为93.8%，25个月累计保费继续率为92.9%。

渠道业务 发挥属地管理优势，提升渠道业务盈利能力，守住传统业务优势，开拓新生业务渠道，优化业务结构，严守理赔关口，超额达成年度利润目标。全年实现承保利润566万元，年度目标达成率为341%。13个月累计保费继续率为86.9%，25个月累计保费继续率为85.3%。

健康养老业务 落实总公司健康养老事业中心发展战略规划，响应集团大客户“生态圈”建设要求，与太平洋财险北京分公司联合成立专项小组，推动业务发展。有效积累法人客户，培育新的重大客户员工福利项目，研讨BBE新型销售模式，以员工福利为切入点，从企业端至员工端多触点服务，重塑企业客户价值模型，释放员工福利业务生产力，实现了从“企业客户经营”向“企业+员工及家族客户”转型的经营模式。

重大承保与赔付 年内，客户某女士投保“长相伴A款终身寿险”，保险金额为5 000万元，为太平洋寿险北京分公司当年度保额最大的承保契约。客户李女士因肺癌身故，其保险受益人获得赔付金303.39万元，为太平洋寿险北京分公司当年最大赔付案件。

（黄品嘉）

泰康人寿保险有限责任公司北京分公司

2018年，泰康人寿保险有限责任公司北京分公司（以下简称泰康人寿北京分公司）实现原保险保费收入66.35亿元，同比增长0.36%。其中，个人营销原保险保费收入54.71亿元，同比增长13.19%（含新契约保费17.62亿元）；银行保险原保险保费收入9.24亿元，同比负增长39.58%，主要影响原因为产品结构调整。各项赔款和给付共计19亿元，同比下降30.05%。其中，退保金支出6.17亿元，占比32.47%；赔款支出0.28亿元，占比1.48%；年金给付8.01亿元，占比42.14%；满期给付3.10亿元，占比16.34%；死伤医疗给付1.44亿元，占比7.57%。

截至年末，泰康人寿北京分公司共设有20家支公司，20家营销服务部，2家电话销售中心；共有内勤员工387人，营销代理12 410人，电话销售人员145人，银保业务人员518人。

个险营销业务 全年实现个险累计标准保费9.4亿元，同比增长4%。其中，分红险占比73%，件均达成5.07万元；非分红险占比27%，件均达成0.54万元。年末个险规模人力有12 410人，同比增长19%。“幸福有约终身养老计划”2 185件，同比增长28%，累计实现标准保费4.46亿元，占比47%，比上年提升5个百分点。

电话行销业务 全年累计承保8 384件，达成保费8 079万元，“幸福有约终身养老计划”累计承保68件；13个月保费继续率为80.44%，环比上年提升3.74%。

银行保险业务 银保大个险达成2.54亿元，“幸福有约终身养老计划”达成487件。其中，银保首期大个险达成1.45亿元，“幸福有约终身养老计划”达成290件；银保续期大个险达成1.09亿元，“幸福有约终身养老计划”达成197

件。银保团队人力有518人，月均高价值实动率为44%。

新型商业医疗保险项目 健保通是泰康保险集团与医疗机构合作，通过系统及时共享客户医疗信息，客户住院时提出报案，院中即完成理赔定性，客户出院即完成理赔并获得理赔款的“一站式结算”新型商业医疗保险理赔方式。截至年末，泰康人寿北京分公司已与北京燕化医院、首都医科大学附属北京朝阳医院、北京怀柔医院、北京华信医院等近十家医疗机构签署“健保通”直赔协议，并逐步实现了系统对接上线。

（袁天翼）

新华人寿保险股份有限公司北京分公司

2018年，新华人寿保险股份有限公司北京分公司（以下简称新华人寿北京分公司）实现规模保费收入100.61亿元，同比增长1%。新契约总体保费收入20.78亿元，同比下降30.54%，个险新单规模保费收入10.79亿元，同比下降28.04%。个险续期保费同比增长14.54%，银保续期保费同比增长21.29%。

截至年末，新华人寿北京分公司下辖机构共26家，其中，支公司13家、营销服务部9家、营业部4家；全体在册员工1 643人，其中，内勤员工636人、员工制外勤员工1 007人、代理制外勤员工8 815人。

个险渠道 截至年末，“多倍保障重大疾病保险”累计保费收入为34 029.37万元，“健康无忧重大疾病保险（C1款）”累计保费收入为10 875.97万元，“多倍保障青少年重大疾病”累计保费收入为9 958.94万元。营销渠道总规模人力有9 664人，比上年下降2.70%，累计新增人力同比增长22.4%。

银保渠道 截至年末，“惠添利两全保险”年度累计期交保费收入为5 011.7万元，“华实人生终身年金保险”年度累计期交保费收入为2 544.67万元，“惠添富年金保险”年度累计期交保费收入为2 310.2万元。

开启风险管理师资格认证 2018年11月22日，新华人寿北京分公司公布2018年首批风险管理师（初级）资格人员名单，授予7 158名营销人员风险管理师资格，并颁发风险管理师（初级）资格认证电子证书。

推出首款特定心脑血管疾病专项保险 2018年12月12日，新华人寿北京分公司推出“附加特定心脑血管疾病保险”。

（袁帅）

太平人寿保险有限公司北京分公司

2018年，太平人寿保险有限公司北京分公司（以下简称太平人寿北京分公司）总保费收入为60.36亿元，市场份额占比为4.52%；死伤及死伤医疗赔款给付累计1.08亿元，满期给付及年金给付累计15.17亿元。

截至年末，太平人寿北京分公司下辖6家支公司、3家营销服务部；在职内勤员工389人，合作银行网点1 373个，续期服务专员35人，个人代理7 030人。

个人营销业务 截至年末，新契约保费为9.34亿元，同比增长7.5%；续期保费为29.89亿元，同比增长22.6%；13个月累计保费继续率为96.4%，25个月累计保费继续率为97.1%。

银行保险业务 截至年末，新契约期交保费为4.36亿元；续期保费为16.46亿元，同比增长27.1%；13个月累计保费继续率为96.7%，25个月累计保费继续率为98.5%。

重大承保与赔付 年内，个险渠道承保某客户“太平卓越至尊终身年金保险（分红型）”，保额为290万元，保费为1 967万元；银保渠道承保某客户“太平美好金生终身寿险”，保额为2 097万元，保费为500万元。客户王先生因故身亡，其保险受益人获得赔款125万元。

社会公益 年内，开展为农村留守儿童捐赠图书活动，共收到图书1 300余册，发往江西省上饶市广丰区五渡松林村塘温村。举办“为爱，让星火燎原”大型爱心公益活动，号召社会爱心人士为贫困地区学校捐赠物品，资助精准扶贫家庭子女完成学业。公司员工代表与爱心客户组成“爱心驼手”团队，前往山西省吕梁市兴县魏家滩小学开展爱心物资捐赠活动。

（尹茗媛）

民生人寿保险股份有限公司北京分公司

2018年，民生人寿保险股份有限公司北京分公司（以下简称民生人寿北京分公司）实现个险总保费收入19 733万元，同比下降5%。其中，个险新单保费收入1 229万元，同比下降68%；个险续期保费收入18 504万元，同比增长10%。个险13个月累计保费继续率为87%。共处理各种赔付、给付748件，金额共计1 462万元。其中，赔付金额前十位的赔案合计赔付459万元，占比31%；单笔最大赔付金额为121万元。

（康涛）

六、文件与规章

中国人民银行营业管理部
中国人民银行天津分行
中国人民银行石家庄中心支行

中国人民银行营业管理部
中国人民银行天津分行
中国人民银行石家庄中心支行
关于发挥京津冀三地金融协同优势
支持河北省脱贫攻坚的意见

银管发〔2018〕142 号

人民银行滨海新区中心支行、中关村中心支行、河北省各市中心支行，京津冀地区各中资银行：

为全面贯彻党的十九大精神，统筹落实中共中央、国务院《关于打赢脱贫攻坚战的决定》（中发〔2015〕34 号）、《关于实施乡村振兴战略的意见》（中发〔2018〕1 号）、《京津冀协同发展规划纲要》以及中国人民银行等部门《关于金融助推脱贫攻坚的实施意见》（银发〔2016〕84 号）、《关于金融支持深度贫困地区脱贫攻坚的意见》（银发〔2017〕286 号）等文件要求，结合京津冀协同发展战略和乡村振兴战略，中国人民银行营业管理部、中国人民银行天津分行、中国人民银行石家庄中心支行（以下简称京津冀三地人民银行）现就发挥京津冀三地金融协同优势，支持河北省脱贫攻坚工作提出如下意见：

一、总体要求

（一）在京津冀协同发展战略框架下充分认识河北省脱贫攻坚工作的重要性。党的十八大以来，党中央从全局出发在全国范围内打响脱贫攻坚战，推动贫困地区脱贫和群众生活水平提升。党的十九大报告提出，要动员全党全国全社会力量，坚持精准扶贫、精准脱贫，同时要求坚持大扶贫格局。2018 年中央一号文件提出要打好精准脱贫攻坚战，增强贫困群众获得感。做好河北省的脱贫攻坚工作，是贯彻落实党中央部署、打赢脱贫攻坚战的内在要求，是推动实现京津冀区域乡村振兴的重要前提，也是保证京津冀协同发展各项工作顺利推进的基本保障。京津两市对河北省的对口帮扶工作是京津冀协同发展大局下采取的切实举措，体现了京津冀三地资源共享、协同发展的基本理念。发挥京津冀三地金融协同优势、助推河北省脱贫攻坚，对推动京津冀协同发展具有重要意义。

（二）京津冀金融系统要牢固树立金融支持脱贫攻坚的责任意识。做好金融助推贫困地区脱贫攻坚工作是金融系统义不容辞的责任。习近平总书记在第五次全国金融工作会议上强调，各类金融机构要加强对小微企业、“三农”和偏远地区的金融服务，推进精准扶贫。银行业金融机构要深刻领会新形势下支持脱贫攻坚的重要性和紧迫性，把金融扶贫作为政治任务来抓，切实提高思想认识，勇于承担社会责任。河北省银行业金融机构要发挥地缘优势和信息优势，主动对接京津两市银行业金融机构，积极谋划，通力合作；京津两市银行业金融机构要强化大局意识，牢固树立共享发展理念，发挥资金优势和技术优势，把落实京津冀协同发展战略与支持河北省脱贫攻坚、推动乡村振兴、服务实体经济紧密结合起来，将更多资源配置到支持河北省 62 个贫困县特别是深度贫困地区的脱贫攻坚工作中去。

（三）坚持金融支持脱贫攻坚与党建工作相结合。党的十九大精神和习近平新时代中国特色社会主义思想是做好新时代脱贫攻坚工作的总指导，党建工作是做好京津冀协同发展框架下金融支持脱贫攻坚工作的重要保障。京津冀三地人民银行各分支机构要以金融精准扶贫为着力点，坚持业务和党建“两手抓”，积极构建人民银行各层级党口部门的沟通协作机制，围绕金融协同扶贫目标任务，以党建促意识提升，以党建促责任担当，以党建促作风建设，为脱贫攻坚提供金融支撑。银行业金融机构要牢固树立“四个意识”，加大与河北省贫困地区党委政府的沟通联系，积极探索党建与扶贫相结合的有效方式，以党建搭平台，以党建促合作，以党建聚合力。

二、准确把握精准扶贫重点，提高金融服务的针对性

（四）重点支持贫困地区的基础设施建设。京津两市银行业金融机构特别是地方法人银行要积极通过跨区银团贷款、联合授信等方式，积极支持河北省改善贫困地区生产生活条件、提升贫困地区基本公共服务水平和贫困村发展能力的基础设施项目建设。重点支持涉及贫困地区的水利、路网等基础设施建设；大力支持贫困地区教育、卫生、文化、就业、社会保障等领域的公益性服务设施建设；着力支持贫困村供水、供气、环保、电网、物流、信息、广播电视等基础设施建设。

（五）大力扶持贫困地区现代农业发展。银行业金融机构要根据河北省贫困地区的现代农业发展规划，积极拓展涉农信贷业务，重点支持设施农业、观光休闲农业、生态农业等现代农业项目发展。京津两市银行业金融机构应重点支持河北省贫困地区生产规模较大、经营管理规范和农户增收带动作用明显的农民合作社、专业大户、家庭农场、产业化龙头企业等新型农业经营主体，着力满足其在购买生产资料、购置农机具、受让土地承包的经营权、从事农田整理、农业综合开发等生产中的融资需求。

（六）着力加强对绿色环保产业的金融支持。京津两市银行业金融机构要将支持生态环境保护与脱贫攻坚结合起来，围绕百姓富和生态美相统一的目标，积极支持河北省贫困地区生态建设和环境保护、水环境治理、再生能源回收利用等项目建设，大力支持绿色循环低碳企业的发展。认真落实国家关于实施光伏发电扶贫的工作要求，根据河北省贫困地区光伏发电项目发展规划，加强与贫困地区金融机构的合作，大力支持光伏发电项目建设，助力精准脱贫。

（七）统筹做好易地扶贫搬迁金融服务。国家开发银行河北省分行、中国农业发展银行河北省分行要根据贫困地区搬迁工作进度和资金需求，做好易地扶贫搬迁信贷资金衔接投放工作，确保支持对象精准、贷款资金专款专用。国家开发银行、农业发展银行京津两地分支机构要发挥开发性、政策性功能，加强系统内协调协作，积极参与支持河北省易地扶贫搬迁工作。银行业金融机构要做好贫困人口安置综合金融服务，支持安置区贫困人口就近就地生产生活。

（八）不断优化与电商平台的合作。京津两市银行业金融机构要结合河北省电子商务扶贫项目建设规划与进展，重点加强与各贫困县、贫困村电子商务平台、物流配送平台等的业务合作，努力提供服务便捷和针对性强的信贷供给服务，大力支持贫困地区小微企业、农户通过电商平台销售加工产品、特色农产品等，帮助小微企业增效和农民增收。

三、着力拓展精准扶贫方式，提升金融服务的有效性

（九）积极参与京津对河北对口帮扶工作。京津两市银行业金融机构要根据《京津两市对口帮扶河北省张承环京津相关地区工作方案》（发改地区〔2016〕1968号文印发）等文件所提出的总体要求和工作部署，主动对接京津两市承担帮扶任务的区政府，了解工作规划和金融需求，积极参与到对口帮扶工作中去。全国性银行在京津分支机构要重点加强与河北省兄弟机构间的协作，加大对口帮扶工作的参与力度。华夏银行、北京银行、北京农商银行和渤海银行、天津银行、天津农商银行等京津两地市属银行要研究制定参与对口帮扶工作的具体方案，细化工作任务，指定责任部门，明确责任分工。

（十）继续完善差别化信贷管理。银行业金融机构在扶贫工作中要优化内部授权和绩效考核，适当延长贷款期限，综合确定贷款额度。脱贫攻坚期内，对于精准扶贫贷款，在风险可控的前提下，稳妥办理无还本续贷业务，区别对待逾期和不良贷款。加大国家助学贷款实施力度，支持更多家庭困难学生入学。延长民贸民品优惠利率贷款期限，因地制宜支持贫困地区民贸民品企业发展，保障少数民族群众生产生活的特殊需求。对贫困地区存在不良信用记录的扶贫对象，要通过深入分析金融精准扶贫信息系统和金融机构记录，查找不良信用记录形成原因，做好征信宣传教育和征信维权，有针对性地帮助其重建良好信用。

（十一）大力创新金融产品。银行业金融机构应依托各项金融改革创新试点，积极稳妥地开展林权、农村承包土地的经营权、农民住房财产权等抵押贷款业务。结合非首都功能疏解，京津两市特别是北京市银行业金融机构应积极探索开展“银行+农业产业化龙头企业+河北省贫困县合作社+贫困村农户”的方式，带动河北省贫困地区精准脱贫。拓展抵质押担保物范围，对种植粮食类型的新型农业经营主体，重点开展农机具抵押、存货抵押、大额订单质押、涉农直补资金担保、土地流转收益保证贷款；对种植经济作物类新型农业经营主体，探索推出蔬菜大棚抵押、现金流抵押、应收账款质押贷款等金融产品；对于畜禽养殖类新型农业经营主体，重点开展厂房抵押、畜禽产品抵押贷款业务。

四、积极拓展合作方式，增强金融支持的协同效应

（十二）不断密切金融机构间业务对接。京津两市银行业金融机构要重点加强与河北省贫困地区农商行、农信社、村镇银行等中小金融机构的合作，围绕金融扶贫工作“结对子”，取长补短，强化资源共享。鼓励京津冀法人银行开展资本工具方面的合作，帮助河北省贫困地区中小银行提升资本充足水平。鼓励京津两市银行发挥信息科技优势，为河北省贫困地区的中小金融机构提供技术支持。鼓励京津冀法人银行在内部管理、风险控制、人才交流等方面开展合作。

（十三）充分发挥京津两市融资成本优势。京津两市银行业金融机构应在风险可控的前提下，按照市场化原则合理确定支持河北省脱贫攻坚的相关贷款利率。对于贫困地区经营前景好、带动贫困户脱贫能力强、吸纳当地就业人员多的企业，银行发放的贷款利率原则上应低于本机构同类同档次贷款利率平均水平。对于享受地方财政贴息、满足风险补偿政策要求、抵质押品充足有效、保险覆盖或担保机构介入的贷款，利率原则上应低于本机构同类同档次贷款利率水平。

（十四）着力拓宽融资渠道。京津冀三地各银行业金融机构、特别是地方法人机构要在债券市场、货币市场、外汇市场等方面加强合作，积极借助多层次资本市场服务区域发展。支持河北省贫困地区符合债务融资工具市场发行条件的主体发行扶贫社会效应债券，资金用于贫困地区扶贫特色产业项目、公共服务和配套基础设施等建设。

五、完善相关配套机制建设，加强政策保障

（十五）进一步强化部门协同和政策联动。京津冀三地人民银行加强与三地金融局（办）、发展改革委等政府部门以及重点城市的协作，围绕河北省脱贫攻坚任务，积极搭建政银企合作平台，加强信息共享，推动融资供需对接。加强与三地金融监管部门的沟通协调，支持京津两市地方法人银行通过组织机制创新等方式，拓宽信贷资源跨区域向河北流动的渠道。加大与中国银行间市场交易商协会的合作力度，支持河北省贫困地区符合条件的主体在银行间债券市场融资。

（十六）有效发挥货币信贷和金融市场政策的引导作用。京津冀三地人民银行通过综合考虑和调整宏观审慎评估（MPA）参数、完善信贷政策导向效果评估制度，支持辖区内银行加大对河北省金融精准扶贫和对口帮扶工作的参与力度。对参与力度较大且信贷投放较多的金融机构，优先办理再贴现和再贷款。支持符合条件的商业银行发行金融债券专项用于金融精准扶贫贷款。鼓励商业银行选择涉农贷款开展信贷资产证券化试点，助推精准扶贫、精准脱贫。

（十七）建立健全组织保障机制。京津冀三地人民银行研究构建与河北省贫困地区间的人员交流机制，通过干部挂职等方式为基层部门提供金融人才支持；加大学习培训力度，通过党委部门联学联建、组织专题培训等方式，有计划地组织开展金融扶贫领域的集中学习，普及金融扶贫政策和业务知识；坚持问题导向，深入基层开展调查研究，在金融系统内部及时总结、宣传推广好的经验做法，发现并研究解决工作中遇到的困难、问题。探索建立金融协同扶贫工作中的主体责任和监督责任追究机制，始终把作风建设挺在前面，切实做到真扶贫、扶好贫、能脱贫。

二〇一八年六月六日

中国人民银行营业管理部

中国人民银行营业管理部关于进一步加强硬币兑换自助服务网络建设管理的通知

银管发〔2018〕180 号

各国有商业银行北京市分行、各股份制银行在京营业机构、各城市商业银行北京分行、北京银行、北京农商银行、北京中关村银行、中国邮政储蓄银行北京分行：

北京市硬币兑换自助服务网络自2013 年建成运行以来，累计处理硬币逾3000 万枚，在提升硬币处理效率、支持小微企业发展、方便人民群众方面发挥了显著作用。同时，在服务网络建设管理中，还存在着硬币兑换机数量少、硬币兑换机运行正常率低等问题，甚至有个别银行的硬币兑换机因不能使用被媒体曝光而造成不良影响。为适应硬币流通量快速增长和新时代人民群众对现金服务的需要，进一步加强硬币兑换自助服务网络建设管理，根据《中国人民银行办公厅关于进一步做好硬币自循环工作的指导意见》（银办发〔2017〕8 号）和 2018 年全国货币金银工作会议关于加强硬币流通环境建设的有关要求，现就有关事项通知如下。

一、增加硬币处理设备配备

各银行可通过购买、租赁等形式增加硬币兑换机配备。2019 年 6 月底前，人民币管理工作考核第一序列银行增配数量不少于 10 台，第二序列银行增配数量不少于 5 台，第三序列银行增配数量不少于 2 台。各银行配备的硬币兑换机应便于维护，须提供多种硬币兑换款项结算方式，支持业务数据实时上传，不得以“是否为本行客户”为借口对使用者做出任何形式的限制。

各银行应为硬币业务量较大的网点配备硬币清分机、包装机等自动化硬币处理设备，提高硬币处理业务效率。

二、改进硬币兑换机运维方式

（一）原则目标。

按照“问题导向、市场导向、民生导向”实现货币金银业务转型发展的要求，集中开展硬币兑换机运维，发挥规模效益，解决硬币兑换机运维难度大、网点自行运维负担重导致硬币兑换机正常运行率低，以及硬币兑换机布局不均衡的问题。

（二）主要措施。

即日起，各银行新增硬币兑换机的运维工作可通过同业间合作等模式，委托给辖区内现金运营管理先进、自有硬币兑换机数量较多、硬币处理能力较强的银行。

（三）有关要求。

运维委托双方应明确硬币兑换机运维中的权利义务，在日常工作中密切配合，及时解决机具故障，实现新旧运维模式平稳过渡，保证硬币兑换机的正常运行，及时满足群众硬币兑换需求。

承接同业银行硬币兑换机运维的银

行，应牢固树立社会责任意识，把群众利益放在首位，与同业银行密切协作，提供贴近实际、优质高效、收费合理的运维服务。

现有在银行网点内布放的硬币兑换机的运维工作应在2019年6月底前逐步委托给符合条件的银行；现有在社会场所布放的硬币兑换机的运维方式由各银行从确保正常运行率出发自行确定。

三、提高硬币兑换机布局科学性

各银行应与硬币兑换机运维承接银行按照“需求突出、场地满足、管理方便、分布均衡”的原则，共同协商确定新增硬币兑换机的布放地点，调整现有硬币兑换机的布放地点。

实行硬币兑换机布局动态调整。对于因所在区域硬币沉淀量下降、产业布局调整等因素造成硬币兑换机业务量减少的，应及时调整到其他硬币兑换需求量大的区域，充分发挥硬币兑换机效能。

积极在社会场所布放硬币兑换机。各银行应主动了解商超类开户单位需求，或根据我营业管理部提供的信息，在有需求的开户单位的经营场所内布放硬币兑换机，实现回收硬币的就地自循环。

四、加强硬币兑换自助服务网络日常管理

（一）坚持柜台人工兑换和硬币兑换机自助兑换两种方式并行，及时转化。做好硬币兑换机故障时的客户引导，当硬币兑换机故障时，网点应及时引导客户到柜台进行兑换，并做好解释工作，避免产生不良社会影响。遇单次兑换硬币数量较大、柜台服务力量充足时，网点应及时引导客户到柜台使用硬币清分机等设备办理硬币兑换。

（二）做好信息公示、事项报备工作。各银行应在官方网站、微信公众号等渠道公示本行硬币兑换机的位置、功能、联系方式等信息，便于群众查询。如发生硬币兑换机位置、功能变更、因各种原因预计持续1周以上不能提供服务等事项，应及时报告我营业管理部，并及时做好公示。

我营业管理部将持续对硬币兑换机运行情况进行明察暗访，并定期通报情况。

（三）积极运用“互联网+”手段。各银行应配合硬币兑换机运维承接银行，实现硬币兑换机位置、运行状态、服务能力等信息通过“央行·北京现金服务”微信小程序、硬币兑换微信公众号等实时查询，方便人民群众。

（四）及时做好老旧硬币兑换机更新。各银行对于故障率高、符合更新条件的老旧硬币兑换机，应及时更新，保证配备硬币兑换机数量不减少。

（五）按时准确报送业务信息。应每季度通过统一数据报送平台报送硬币兑换机的产权单位、型号、位置、负责人、联系电话、业务量等信息。硬币兑换机具产权单位为中国人民银行的，应单独列表报送，并加盖公章。

五、有关要求

各银行应自觉践行“以人民为中心”的发展理念，从金融服务实体经济、支持小微企业发展、维护银行信誉的高度出发，充分认识进一步加强硬币兑换自助服务网络建设管理的重要性和紧迫性，切实保证投入，做好部门协调，加快工作进度。执行中如有问题，请及时报告我营业管理部。联系人：卫宏泽、任永德 电话：88655197、88655105

二〇一八年七月十七日

中国人民银行营业管理部
北京银保监局筹备组
中国证券监督管理委员会北京监管局
北京市发展和改革委员会
北京市财政局
北京市金融工作局

中国人民银行营业管理部　北京银保监局筹备组　中国证券监督管理委员会北京监管局　北京市发展和改革委员会　北京市财政局　北京市金融工作局关于进一步深化北京民营和小微企业金融服务的实施意见

银管发〔2018〕313 号

为贯彻落实党中央、国务院关于改进小微企业金融服务、支持民营经济发展的重要指示精神，根据中国人民银行等五部委《关于进一步深化小微企业金融服务的意见》（银发〔2018〕162 号）和北京市支持民营企业、小微企业发展的相关要求，增强辖区内金融机构服务小微企业的能力，引导更多资金用于支持民营和小微企业发展，现提出以下意见：

一、加大货币政策支持力度

（一）为民营和小微企业融资创造良好货币信贷环境。

贯彻落实稳健中性的货币政策，用好 300 亿元的常备借贷便利额度，为辖区内符合条件的金融机构发放小微和民营企业贷款提供流动性支持。将未经央行内部（企业）评级的单户授信 500 万元及以下的小微企业贷款纳入常备借贷便利的合格抵押品范围。完善宏观审慎评估（MPA），在“信贷政策执行情况”中增设临时性专项指标，引导定向降准范围内的金融机构将净释放资金用于发放小微企业贷款，并要求该类机构小微企业贷款加权平均利率不高于 2018 年第一季度小微企业贷款加权平均利率。

（二）强化再贴现政策导向作用。

将不少于 70 亿元的再贴现额度专项用于支持小微和民营企业，力争每年累计办理小微和民营企业票据再贴现不少于 120 亿元。简化再贴现审批流程，将符合条件的小微企业小额再贴现审批时间缩减至 2 个工作日以内。增设人民银行中关村中心支行再贴现窗口，重点支持注册在中关村示范区内的科技型小微企业、民营企业。

（三）发挥再贷款政策工具效应。

根据中国人民银行降低支小再贷款利

率和申请门槛的要求，引导符合条件的辖区内银行用好再贷款政策。用足支小再贷款额度，为银行降低小微企业贷款利率提供低成本资金支持。

（四）鼓励金融机构利用金融市场工具增强服务小微企业能力。

支持银行业金融机构发行小微贷款资产支持证券，将小微企业贷款基础资产由单户授信100万元及以下放宽至500万元及以下。鼓励银行业金融机构发行小微企业金融债券，放宽发行条件。将不低于AA级的小微金融债券纳入再贷款合格担保品范围。加强后督管理，确保筹集资金用于向小微企业发放贷款。鼓励辖区内银行支持北京市企业发行“双创专项债务融资工具”。指导银行加强对小微企业应对汇率波动和管理汇率风险的服务。

二、强化政策协同效应

（五）为民营企业发展营造良好融资环境。

积极贯彻落实“民营企业债券融资支持工具”相关政策，集合金融管理部门、政府部门、金融机构、债券市场专业机构等多方合力，发挥央行再贷款初始资金的撬动效应，利用信用风险缓释工具、担保增信等多种方式，重点支持暂时遇到困难，但有市场、有前景、技术有竞争力的民营企业债券融资。积极协调北京市拟参与“民营企业债券融资支持工具”的各市场主体，加大政策宣传引导力度，推动债券融资工具加快落地。积极搭建政金企交流互动平台，支持民营企业通过银行信贷、资本市场多渠道融资。

（六）推动应收账款融资业务扩面增量。

组织面向供应链核心企业的应收账款融资政策宣传推广活动，提高核心企业参与积极性。引导供应链核心企业、金融机构与应收账款融资服务平台对接。鼓励金融机构通过北京市政府采购网确认合同真实性，开展基于政府采购合同形成的应收账款融资业务；推动政府采购单位对金额、账期、回款账号等要素进行确认。支持市场化机构运用互联网、大数据、云计算等金融科技手段构建服务平台，参与应收账款融资业务。鼓励金融机构通过应收账款融资服务平台开展供应链融资服务，积极探索供应链金融场景，通过多方合作、线上运作的方式提升供应链金融服务效率。

（七）利用创业担保贷款政策服务“首贷”企业。

鼓励辖区内银行充分利用北京市创业担保贷款政策，向满足一定条件且未获得过贷款的小微企业、小微企业主、个体工商户提供“首贷”服务。对在本市注册经营符合条件的个人借款人，最高可贷款30万元；个人合伙创业的，最高可贷款100万元；符合条件的小微企业借款人，根据实际招用符合条件人员的人数确定贷款额度，最高可贷款200万元。按规定享受政策性担保和贷款贴息政策。

（八）提升小微企业贸易投资便利化水平。

支持中关村示范区符合条件的小微企业利用外债便利化政策，提高试点企业外债便利化程度，简化外债注销登记程序。在中关村示范区试点资本项目收入结汇支付便利化政策，允许符合条件的小微企业在办理资本项目外汇收入及其结汇所得人民币资金的境内支付时，无需事前向银行逐笔提供真实性证明材料。鼓励第三方支付机构通过跨境电子商务结算业务为小微企业提供本外币跨境贸易结算服务。

（九）拓宽民营和小微企业多元化融资渠道。

联合开展培训、推介活动，帮助小微企业了解资本市场融资工具，引导企业增强融资能力。鼓励证券期货经营机构将自身发展和深化小微企业金融服务相结合，为小微企业提供多种形式的金融服务。充分发挥新兴产业创投基金等基金的社会带动和放大效应，为小微企业发展提供直接融资支持。

三、健全金融机构内部考核激励机制、突出业务重点

（十）疏通小微企业贷款定价内部传导机制。

辖区内各银行应积极推行小微企业贷款内部资金转移价格优惠措施，建立健全内部差异化考核和激励机制。降低小微金融从业人员利润指标考核权重，增加贷款户数考核权重，并从资源配置、费用保障、考核倾斜等方面调动相关部门和基层从业人员积极性。建立小微贷款成本、利率、收益分配跟踪监测机制，确保相关激励措施向分支机构有效传导。各银行新发放小微企业贷款平均利率应较实施内部资金转移价格优惠措施前有所下降。

（十一）突出小微企业信贷业务重点。

2018 年第四季度起，辖区内各银行应确保季末单户授信 1 000 万元及以下小微企业贷款同比增速高于各项贷款同比增速，有贷款余额的户数高于上年同期水平；季末单户授信 500 万元及以下小微企业贷款余额在全部小微企业贷款余额中的占比不低于上季末水平；信息传输、软件和信息技术服务业，科学研究和服务业，文化、体育和娱乐业贷款余额在全部小微企业贷款余额中的占比不低于上季末水平；季度新增小微企业贷款、个体工商户及小微企业主贷款在各项贷款（剔除非银行业金融机构贷款）新增额中的占比不低于 15%。重点支持符合首都功能定位的普惠型小微企业发展。

（十二）持续推进小微企业金融服务及产品创新。

支持辖区内银行利用风险补偿、贷款贴息等政策，开展特许经营权、收费权、知识产权等无形资产抵质押贷款业务。充分发挥保险增信分险功能，稳步推动北京地区小微企业信用保证保险业务发展，不断完善“政府 + 银行 + 保险”合作机制。鼓励银行积极改进信贷流程和信用评价模型，科学设定授信审批条件，在风险可控前提下，进一步压缩小微企业信贷审批时间。

四、完善考核评估制度

（十三）全面衡量金融机构服务小微企业情况。

在信贷政策导向效果评估、宏观审慎评估（MPA）、货币政策工具操作、金融市场管理等工作中，将小微企业票据贴现、个体工商户经营性贷款、小微企业主经营性贷款等实际用于满足小微企业融资需求的信贷业务均视同小微企业贷款。各金融机构要严格执行统计制度规定，确保统计数据真实、准确、完整、合规。

（十四）加强政策评估和激励约束。

建立健全小微企业信贷工作“季度通报、半年预评估、年度评估”制度。自 2018 年度信贷政策导向效果评估开始，将小微信贷评估权重提升至 30%。重点引导银行业金融机构发放单户授信 500 万元及以下的小微企业贷款以及个体工商户经营性贷款、小微企业主经营性贷款。对未达监管要求的银行积极采取约谈、提示、通报等监管措施。

五、进一步优化营商环境

（十五）推动减少小微企业税费。

督促金融机构严格执行“七不准”“四公开”和“两禁两限”要求，对金融服务收费减免政策落实情况，在商业银行自查的基础上，通过“双随机”的方式开展随机抽查。支持银行在授信审批过程中合理简化抵质押物评估、公证等程序性要求，尽量减少评估费、公证费等附加手续收费。鼓励银行免收在京融资担保机构保证金。鼓励在京融资担保机构免收小微企业客户保证金；确需收取的，应于还贷解保后5个工作日内退还。强化考核督察，确保国家各项小微企业税收优惠政策落实到位。

（十六）加快完善融资担保体系。

设立市融资担保基金，构建政策性融资担保体系，扩大小微企业融资担保规模，推动建立政银担风险分担机制。进一步推动落实各项财政资金支持政策，对符合条件的机构开展小微融资相关业务给予业务奖励、风险分担。

（十七）推进企业网上金融服务。

将企业开户申请在人民银行营业管理部端审批时间缩减至1个工作日。加快推进与市政府“e窗通”系统对接，2018年底前实现辖区内银行“企业开户在线预约”功能。积极扩大中关村示范区外汇业务网上预审批系统服务范围，2018年11月1日起在中关村“一区十六园”推行外汇业务网上预审批系统。

（十八）支持小微企业票据业务发展。

在涉及小微企业的贸易结算中，鼓励金融机构和企业签发、承兑商业汇票，便利小微企业票据融资。支持金融机构设立小微企业票据贴现中心，配置专项资金额度，专门为小微企业办理票据贴现业务，并对小微企业票据贴现实行优惠利率。根据小微企业票据融资特点和需求，探索建立规范化的票据经纪、增信、评级等多元化票据服务机构体系，创造良好的票据市场环境。

（十九）完善小微企业信用信息共享机制。

有效运用信息技术，推进北京市小微企业信用体系建设，深化小微企业信用示范区创建工作。充分发挥人民银行征信系统、征信机构作用，加强小微企业信用信息采集和服务。整合小微企业融资支持政策，探索搭建北京市小微企业金融服务平台。

（二十）加大民营和小微企业金融服务政策宣传力度。

通过网站、报纸、杂志等媒体，借助博览会、对接会等多种形式宣传民营和小微企业金融服务政策、金融机构创新产品，加强各相关主体之间的沟通交流。组织辖区内银行积极开展针对民营企业、小微企业的金融知识普及宣传活动，培育有效融资需求，强化民营和小微企业金融风险防范意识，通过正规渠道融资。

二〇一八年十一月一日

中国银行业监督管理委员会北京监管局
北京市国有文化资产监督管理办公室

北京银监局　北京市文资办
关于促进首都文化金融发展的意见

京银监发〔2018〕5号

各政策性银行北京市分行及总行营业部、国家开发银行在京营业机构、各国有商业银行北京市分行、辖内各股份制商业银行、北京银行、北京农商银行、北京中关村银行、辖内各村镇银行、各城市商业银行北京分行、中国邮政储蓄银行北京分行、辖内各外资银行、各金融资产管理公司在京营业机构、辖内各信托公司、各企业集团财务公司、各金融租赁公司：

为响应党的十九大“坚定文化自信，推动社会主义文化繁荣兴盛”的号召，逐步解决首都人民对美好生活向往与金融服务不充分不平衡的矛盾，落实全国文化中心的战略定位，促进金融资源与文化资源有机结合，实现金融产业与文化产业的融合发展，提升文化产业金融服务的获得感，推动首都文化事业和文化产业发展，实现首都银行业的战略转型，现提出以下意见：

一、强化文化金融政策支持。文化产业是北京的重要支柱性产业。发展文化产业对加快落实首都城市战略定位，推进非首都功能疏解，构建“高精尖”经济结构，建设国际一流的和谐宜居之都具有重要意义。北京银行业应充分认识到首都文化产业发展的新机遇和当前做好文化金融服务的重要性，以文化产业作为经营发展新的增长点，将文化产业列入优先支持发展行业，科学制定文化金融业务发展规划，积极开拓北京地区文化产业融资市场和文化消费市场，加强与各要素市场的合作互动，实现银行业与文化产业的全面对接，不断提升首都文化产业核心竞争力。

二、搭建文化金融组织服务体系。增加文化金融服务供给主体。鼓励银行业金融机构设立文化金融部门，明确文化金融的服务管理职责，支持银行业金融机构设立文化专营机构或特色分支行。鼓励银行机构结合北京文化产业总体布局，贴近市场、贴近服务，合理布设网点，特别是在文化要素聚集效应明显的文化产业功能区、文化产业创新实验区、京津冀地区文化产业发展协作区、文化金融合作示范区等区域积极设立文化特色金融机构，促进文化产业规模化、集聚化、专业化发展。

三、助力培育“文化+”产业融合发展新业态。鼓励银行业金融机构积极推进文化与相关产业资源的优化整合和引导疏解，服务结构优化、业务创新的“高精尖”文化产业体系建设，培育文化融合新业态。推动文化与科技深度融合，在为传统文化产业提供金融服务的同时，支持传统文化产业科技应用与升级，开发文化科技融合衍生产品和服务，支持以互联网技术和数字技术为代表的文化企业发展；推动文化科技融合重大项目建设，支持文化科技融合示范基地、文化科技园、文化科技企业孵化器、众创空间等文化科技承载平台建设。鼓励银行业金融机构围绕“文化+”，充分发挥文化引领作用，大力推动文化与信息、旅游、教育、体育、商务、农业、制造业等相关产业向纵深融合发展。

四、加大对文化产业的资金投入。鼓励银行业金融机构把文化产业的社会效益放在首位的同时，优先将金融资源投向重点文化项目、重点文化工程、重点文创领域，有效解决文化企业融资难、融资贵、融资慢问题。运用多种金融工具，大力培育和支持具有社会主义核心价值观、传播社会主义新时代主旋律和正能量的文化企业和文化项目发展；支持世界遗产和北京老城的保护、修复和改造；以支持大运河文化带、长城文化带、西山永定河文化带建设为抓手，推进北京重点文化创意产业功能区及区内文化企业和项目建设；在支持国有文化骨干企业做强做优的同时，支持民营领军文化企业进一步壮大，为小微文化企业提供特色服务；支持优秀文创企业“走出去”项目，做好对公共文化建设和老旧厂房改造为文化产业区的金融服务工作。银行业金融机构应不断提高文化产业信贷占比，力争实现全年文化产业贷款增速高于各项贷款平均增速。

五、加快文化金融服务产品创新。鼓励银行业金融机构根据不同领域、不同阶段文化企业的特点和经营模式，不断创新各具特色的金融产品和业务模式。加强与中介机构合作，积极拓展贷款抵（质）押物的范围，开发知识产权、应收账款、艺术品等质押融资产品。鼓励银行业金融机构强化线上与线下联动，开发具有消费应用场景的文化消费信贷产品，加大文化消费支持力度。鼓励开展文化企业信贷资产证券化等业务。鼓励银行业金融机构通过相关制度安排，与投资机构积极开展投贷联动合作，提高通过投资收益抵补信贷风险的能力。

六、优化文化金融业务流程和管理模式。鼓励银行业金融机构对文化金融业务的信贷规模、审批授权、风险容忍、绩效考核、团队建设等方面实施差异化管理。针对不同发展阶段、不同类型的文化企业或文化项目实施差异化内部信用评级和授权审批，合理确定融资期限、还款方式和利率定价等融资要素。科学设置文化金融业务考核指标和权重。在商业可持续、风险可控的前提下，制定符合文化企业特点的风险容忍度和不良资产考核指标，细化文化金融特色机构和信贷人员的尽职免责要求。建设一支既了解文化产业知识又熟悉金融业务的客户经理、产品经理、专职审查审批经理等专业化队伍。

七、塑造首都文化产业金融服务平台。鼓励银行业金融机构以特色机构为支点，探索建设文化产业发展的金融支撑平台，统筹管理与协调业务流程优化、金融产品开发与落地、风险监控、风险补偿等各方面工作。将资源整合及增值服务作为平台服务的重要内容，对产业链上下游文化企业与政府、投资机构、保险公司、担保公司等多资源渠道进行整合，为文化企业提供综合性、一站式服务，以满足文化企业从种子期到成熟期不同发展阶段的金融服务需求。同时，银行业金融机构应充分借助该平台，配合文化产业要素市场建设，立足北京，辐射全国，以首都文化中心建设带动全国文化产业蓬勃发展。

八、协同建设首都文化金融良好生态圈。北京银监局、北京市文资办将会同市相关部门建立完善担保体系和风险补偿制度，完善财政贴息政策，建立顺畅有效的信用风险分担和补偿机制。完善文化企业信用评级体系，积极支持“北京市文创金融服务平台”、“北京市文创企业股权转让平台”、“首都文化金融服务中心”建设，搭建文创企业融资大数据库，加强对文创企业融资服务的统计和分析。结合北京市文创产业“投贷奖”相关政策，北京银监局、北京市文资办将联合制订文化金融特色机构认定标准，实施文化金融服务监管评价，并对文创金融服务贡献突出、服务较好的银行业金融机构团队和个人予以正向激励。

各银行业金融机构在日常经营中要及时总结文化金融工作相关经验，适时进行阶段性评估，积极与相关部门进行交流，及时反馈取得的成效和存在的困难。

二〇一八年一月十九日

中国保险监督管理委员会北京监管局

北京保监局关于修订《北京地区人身保险经营行为管理办法》的通知

京保监发〔2018〕81号

各保险公司北京分公司，天安人寿保险股份有限公司、瑞泰人寿保险有限公司、新光海航人寿保险有限责任公司、弘康人寿保险股份有限公司、新华养老保险股份有限公司、爱心人寿保险股份有限公司、北京人寿保险股份有限公司、现代财产保险（中国）有限公司、中意财产保险有限公司、合众财产保险股份有限公司、中国铁路财产保险自保有限公司、安心财产保险有限责任公司，各在京保险专业代理机构，北京保险行业协会、北京保险中介行业协会：

为适应北京保险市场发展需要，我局对《北京地区人身保险经营行为管理办法》（京保监发〔2014〕213号）进行修订。现将修订后的《北京地区人身保险经营行为管理办法》印发给你们。各人身保险公司应将本办法转发至有合作关系的保险兼业代理机构。各财产保险公司仅适用于本办法第九章意外险业务管理相关规定。

二〇一八年七月十七日

北京地区人身保险经营行为管理办法

第一章 总 则

第一条 为了规范人身保险经营行为，维护投保人、被保险人和社会公众利益，根据《保险法》和《保险公司管理规定》《人身保险新型产品信息披露管理办法》《保险销售从业人员监管办法》等法律法规，结合北京市场实际，制定本办法。

第二条 北京地区保险公司及保险代理机构的人身保险经营行为，应当符合法律、行政法规、中国银保监会的有关规定和本办法。

第三条 北京保险行业协会和北京保险中介行业协会应通过信息披露、信息系统管理、消费者教育等多种方式充分发挥行业自律作用，加强对保险销售从业人员诚信引导，加强对销售行为合规性的监督检查，促进行业提升销售品质。

第二章 销售过程管理

第四条 各人身保险公司和保险代理机构应加强销售培训的组织和管控，培训课件、培训讲义和销售用语等材料需经本公司或本机构合规审查后方可使用。

第五条 各人身保险公司应按次妥善保存培训课件、培训讲义、销售用语和签到表等资料，保存时间不得少于5年。

第六条 各人身保险公司应统一管理宣传资料，禁止分公司以下分支机构、保险代理机构或个人自行印制宣传资料或使用违规宣传资料。保险代理机构应对保险公司提供的宣传资料进行审查并记录存档，不得使用非保险公司总公司或其授权的分公司印制的宣传资料。

第七条 各人身保险公司相关管理信息系统应具备对代理机构资质信息进行校验的功能，对于未取得保险监管部门核发许可证或许可证过期的保险代理机构，核心业务系统应自动予以控制，不予出单。

保险公司经营个人意外伤害保险业务不执行本条规定。

第八条 对于人身保险代理业务，各人身保险公司应在保单上载明保险代理机构名称和保险销售从业人员姓名等内容。

第九条 各人身保险公司经纪业务参照上述第七条至第八条要求执行。

第三章 产品说明会管理

第十条 本办法所称产品说明会是指各人身保险公司及其分支机构组织的，以宣传或销售保险产品为目的，以会议、讲座等形式开展的业务销售活动。以宣传或销售保险产品为目的的客户联谊会、客户答谢会等活动也适用本章规定。

第十一条 产品说明会应由人身保险公司分公司或在京直接经营业务人身保险公司总公司指定部门进行统一管理。

第十二条 各人身保险公司应统一管理在产品说明会上所散发和使用的各类宣传品资料、讲解人员使用的讲义内容和讲课课件。上述宣传品资料、讲义内容和讲课课件需经公司合规审查后方可使用。产品说明会主持人、讲解人员及其他参会工作人员应对其在产品说明会上的宣讲内容承担相应责任。

第十三条 各人身保险公司应加强对

产品说明会讲解人员的管理，统一培训。

第十四条 一年期以上人身保险产品的产品说明会应进行全程录像。声像资料应全程正面摄录讲解人及其讲解课件，不得剪接编辑。各人身保险公司应采取技术手段提高摄录质量，确保声像资料的画面及其声音可以清晰再现产品说明会讲解情况。

第十五条 产品说明会举办单位应在会后7个工作日内将以下资料向人身保险公司分公司指定部门备案，备案资料至少包括：

1. 产品说明会召开时间、地点、举办方；

2. 产品说明会主持人、讲解人及其他参会工作人员、分公司或总公司参会领导名单；

3. 产品说明会议程流程、讲解人员演示的课件讲义内容（如PPT）以及其他在会场演示和散发的其他宣传资料；

4. 参加产品说明会的客户人数，营销员名单，现场签单情况统计；

5. 一年期以上人身保险产品的产品说明会全程录像的声像资料；

6. 各人身保险公司认为应保存的其他资料。

各人身保险分公司或在京直接经营业务人身保险公司总公司应妥善保存上述资料，保存时间不得少于5年。

第十六条 各人身保险公司应建立完善本公司有关产品说明会的管理制度和流程，确保政策执行到位。

第十七条 各人身保险公司应对本公司保险销售从业人员组织的，以宣传或销售本公司保险产品为目的、以会议、讲座等形式开展的业务销售活动，包括以宣传或销售保险产品为目的的客户联谊会、客户答谢会等进行统一管理。

各保险代理机构举办的以宣传或销售保险产品为目的，以会议、讲座等形式开展的业务销售活动，包括以宣传或销售保险产品为目的的客户联谊会、客户答谢会等，按照本章规定统一管理。

第四章 电话销售业务管理

第十八条 保险销售从业人员从事电话保险销售，应在销售过程中向客户告知其执业证书号码；保险代理机构开展电话销售业务的，其保险销售从业人员还应告知客户所代理的保险公司名称。

第十九条 保险代理机构以保险公司名义呼出电话时，应使用与保险公司相同的电话号码。

第二十条 人身保险公司仅使用其他机构的场地和席位，派驻销售人员开展电销业务的，按照自建电销中心进行管理。

第五章 销售从业人员通过互联网宣传保险行为管理

第二十一条 各人身保险公司应对保险销售从业人员通过互联网宣传销售保险产品进行管理。保险销售从业人员通过自建网站或网页，或通过电子商务交易平台、网络论坛、博客、微博、微信、网上刊物、网络广告等方式宣传、销售保险产品的行为均适用本章规定。

第二十二条 各人身保险公司应对本公司保险销售从业人员通过互联网宣传销售保险产品的行为进行监督管理，并对其宣传、销售保险产品行为的合法性、合规性负责。

第二十三条 各人身保险公司应要求保险销售从业人员在通过互联网宣传销售保险产品时，明确其服务区域为北京，避免出现异地展业。

第二十四条 各人身保险公司应设专人管理，定期登录互联网搜索和检查保险销售从业人员宣传、销售本公司产品的内容，并进行清理规范。

第六章 投资连结保险和变额年金保险产品销售适用管理制度

第二十五条 投资连结保险产品和变额年金保险产品销售适用管理制度，是指人身保险公司在销售投资连结保险产品和变额年金保险产品过程中，应根据投保人的风险承受能力推荐相应风险等级的产品，将适合的产品销售给适合的投保人。各人身保险公司在北京地区向个人客户销售投资连结保险产品和变额年金保险产品，应遵循销售适用管理制度。

第二十六条 投资连结保险产品和变额年金保险产品销售适用管理制度包括确定账户风险等级、调查投保人风险承受能力并确定投保人风险偏好类型、进行产品与投保人风险偏好类型匹配三个方面的内容。

第二十七条 各人身保险公司在北京地区向个人客户销售投资连结保险产品和变额年金保险产品，应建立投资连结保险产品和变额年金保险产品销售适用管理制度，至少包括以下内容：

1. 设置投资连结保险产品和变额年金保险产品风险等级的标准及等级类别；

2. 对投保人风险承受能力调查的形式，确定投保人风险偏好的标准及类别；

3. 将投资连结保险产品和变额年金保险产品与投保人风险偏好类型进行匹配的原则。

第二十八条 各人身保险公司在推出投连账户和变额年金账户的同时，应根据该账户的投资方向、投资范围和投资比例，确定账户的风险等级。原则上应将投资连结保险产品和变额年金保险产品风险等级区分为高、中、低三个类别，并可根据实际情况进行细分。

第二十九条 各人身保险公司应定期评定已有投连账户和变额年金账户的风险等级。如有变化，应及时告知投保人。

第三十条 各人身保险公司应制定科学合理的调查方法和简便有效的业务流程，调查投保人风险承受能力，评价其风险偏好。投保人风险偏好应通过其风险承受能力来反映，且至少应包括保守型、稳健型、积极型三个基础类型，并可根据实际情况进行细分。

第三十一条 各人身保险公司销售投资连结保险产品和变额年金保险产品，应对投保人进行调查和评价，由投保人签字确认，并向其反馈评价结果。

投保人明确拒绝接受风险承受能力调查的，各人身保险公司应对投保人进行必要的提示，揭示购买投资连结保险产品和变额年金保险产品可能面临的风险，并要求其亲笔抄录以下内容后签名，即“本人已阅读保险条款、产品说明书和投保提示，并了解投资连结保险/变额年金的产品特点、费用扣除和投资回报的不确定性，自愿放弃风险承受能力调查，并愿意承担相关风险”。保险公司应妥善留存有关书面记录。

第三十二条 各人身保险公司应在承保之前，将投连账户和变额年金账户与投保人风险承受能力进行匹配检验，并将账户风险超越投保人风险承受能力的情况定义为风险不匹配。

第三十三条 各人身保险公司应向投保人反馈匹配检验结果。对于同意承保的，各公司应将评价结果与匹配检验结果作为业务档案存档，存档期限不少于保单有效期限。有条件的公司，可在保险合同中附带评价结果与匹配检验结果，连同保险单一并向投保人提供。

第三十四条 人身保险公司不得违背投保人意愿向其销售与其风险承受能力不匹配的产品。投保人明确要求购买超过其风险承受能力的投资连结保险产品和变额年金保险产品的，人身保险公司应要求投保人进行确认，并留存书面确认信息。

第七章 新单回访管理

第三十五条 各人身保险公司应当在犹豫期内对合同期限超过一年的个人人身保险新单业务进行回访。严禁设置拒绝回访制度，或以其他方式引导客户放弃接受回访的权利。

第三十六条 对于非因投保人原因造成超犹豫期回访的保单，如在回访后合理期间内退保，应按犹豫期退保处理。合理期间应与该保单犹豫期天数一致。

因人身保险公司自身原因未成功回访或不能提供有效回访证明的，投保人主张因销售人员误导销售而发生纠纷时，人身保险公司应满足其合理诉求。

第三十七条 各人身保险公司应就监管部门规定的回访内容逐一向投保人询问，并得到投保人的明确回答。回访中发现投保人未收到保险合同、投保资料非本人签名、投保人对监管规定的回访内容做出否定回答等问题时，该保单应作为问题件处理。对于非因投保人原因造成超犹豫期回访的保单，各人身保险公司应在回访中提示投保人在合理期间内享有的权利。对于通过银行等兼业代理机构销售的保单，各人身保险公司应在回访中提示该产品经营主体是保险公司。

第三十八条 新单回访应当首先采用电话方式或电子化方式；采用电子化方式的，应具备中国银保监会及我局监管规定要求的相应条件。电子化回访或电话回访不成功的，应以上门回访、书面信函等形式补充，并取得投保人书面或电子邮件确认的回访内容。上门回访工作不得由该笔业务销售人员单独完成。

第三十九条 各人身保险公司应妥善保存回访记录和有效回访证明。有关资料应包括以下内容：

1. 回访工作人员姓名；
2. 回访具体时间；
3. 被回访客户姓名、保单号；
4. 采用电话回访的，应记录回访电话号码，并保存回访电话录音；采取电话回访以外形式的回访件应保存相应的证据材料。未成功回访件应以书面回访记录代替并附未成功回访原因说明；
5. 保险公司认为应保存的其他资料。

第四十条 人身保险公司应根据自身经营情况，通过系统筛选设置或核保控制，对大额投保件、高龄投保件或其他可疑投保件采取承保前回访或其他风险控制措施。

第八章 保单短信提示制度

第四十一条 各人身保险公司应对保险期限超过一年（不含一年）、投保对象为个人，且投保人留有手机号码的人身保险新单业务，在保险公司签发保单后24小时内，以保险公司的名义，向投保人的手机发送提示短信。提示短信应至少包括：保险公司名称、保险产品名称、保险期间、犹豫期起止时间（自签收保险合同之日起十日或十五日内）、期交保费及频次、公司统一客服电话，并请投保人仔细阅读保险合同条款。

第四十二条 各人身保险公司应通过分公司及以上层级机构设立的短信平台，以统一号码向投保人发送提示短信。各人身保险公司应以系统控制方式发送短信提示，不得以人工方式发送。

第九章 意外险业务管理

第四十三条 各保险公司意外险单证管理系统应完整记录各发放环节信息，实时记录单证状态、所在机构及领用人。通过保险代理机构销售的，应记录保险代理机构信息。

第四十四条 各保险公司要加强对代理销售意外险业务的保险代理机构用户权限和网络接入的管理，通过锁定电话号码、硬件特征码、专用接入设备等手段杜绝非法接入，确保各保险代理机构均为保险公司合法授权单位，不得允许仅凭用户名和密码登陆系统进行出单。对于停止合作的保险代理机构，保险公司应及时注销其用户权限并收回有关设备及单证。

第四十五条 各保险公司意外险出单系统应与单证管理系统无缝对接，相互勾稽校验单证类型、编码和状态。对销售机构与单证领用机构不一致或单证未在待使用状态的情形，系统应予自动控制，不予出单。

第四十六条 旅行社等机构作为投保人投保旅意险等意外险业务时，保险公司应按照中国银保监会的有关要求经营，并须符合以下要求：

1. 保险公司须向每一被保险人签发保险凭证。保险凭证所载信息应符合原中国保监会《人身意外伤害保险业务经营标准》（以下简称《标准》）第二条第一款要求。保险凭证所列示“保险费”金额应与团体保险合同中各被保险人的保费金额一致。

2. 团体保险合同中应约定由投保人负责向被保险人送达保险凭证。能向被保险人提供互联网自主查询、打印保险凭证服务的，保险公司可不签发纸质凭证，但应在保险合同中约定由投保人以书面形式告知被保险人查询、打印保险凭证的途径和方法。保险公司应对后续履行情况加强跟踪管理。

第四十七条 各保险公司应在签发意外险保单或客户注册激活意外险保单后10分钟内向客户提供电话查询服务。保险公司提供的电话和网络查询服务，应确保团体意外险被保险人查询到本人的保险信息。

保险公司为客户提供的查询电话应在保单、保险凭证和公司官方网站明示，并向北京保险行业协会备案。北京保险行业协会通过官方网站等渠道公示各公司查询电话。

第四十八条 各保险公司应在意外险保单保险起期前将承保信息及时准确录入核心业务系统，并严格按照权责发生制原则确认保费收入。

第四十九条 《标准》第三条第五款规定“意外险产品不得捆绑在非保险类商品或服务上向不特定公众销售或变相销售”，其中“捆绑”是指意外险产品不单独标价或不作为单独产品向客户销售的行为。意外险产品作为赠品赠送的，保险产品应作为单独产品向客户提供，保险单证印制、保险合同要素等应符合《标准》和本章要求。

第十章 附 则

第五十条 本办法自下发之日起实施。《关于印发〈北京地区人身保险经营行为管理办法〉的通知》（京保监发〔2014〕213号）即日起废止。

中国证券监督管理委员会北京监管局

关于进一步加强证券基金经营机构债券交易监管的通知

京证监发〔2018〕4号

辖区各证券基金经营机构：

为落实人民银行、银监会、证监会、保监会联合下发的《关于规范债券市场参与者债券交易业务的通知》要求，进一步规范证券公司、基金管理公司及其子公司（以下统称证券基金经营机构）证券自营、资产管理（含公募与私募基金）、投资顾问等业务参与债券交易（以下统称各类债券交易），有效防范和控制风险，现将有关事项通知如下：

一、辖区各证券基金经营机构应当加强各类债券交易的统一管理，强化合规风控作用，建立有效监督制衡机制。

（一）各类债券交易的合规管理、风险控制、清算交收、财务核算等中后台部门应当集中统一管理，并通过信息技术等手段全面掌握、监测各类债券交易行为，及时有效防范风险。债券交易相关部门下设二级部门的，应当授权明确，纳入部门统一管理，不得以“团队制”替代部门管理。

（二）债券有关业务应当按照经纪、自营、承销、资管、投资顾问等业务类型分开办理，并在人员、账户、资金、信息等方面严格分离，切实防范利益冲突；债券交易的投资决策、交易执行、风险控制、清算交收等关键岗位应当专人负责、相互监督，禁止岗位兼任或者混合操作。

（三）合规管理应当覆盖各类债券交易相关部门、人员和业务环节。公司应当有专职合规人员负责债券交易合规管理，债券交易相关部门下设二级部门应当有兼职合规人员，并明确其合规管理要求及责任。债券交易相关部门与公司总部异地办公的，公司总部应当派驻合规人员，并通过增加合规检查和稽核审计次数等手段加强管控。

（四）加强债券交易风险监测监控。公司应当具备专门风险控制系统对各类债券交易实施集中监控。自营或资产管理业务参与各类债券交易，应当纳入公司全面风险管理体系，并重点加强流动性风险、交易对手方信用风险的评估监控，健全应急处置机制；对于定向资管计划等“一对一”产品，应当切实履行管理人职责；提供投资顾问服务时涉及债券交易的，应当建立健全相应合规与风控制度，并应当对自营、资管账户及提供投资顾问服务的账户之间的交易实施有效监控，防范利益输送、冲突和风险传导。

二、辖区各证券基金经营机构应当加强各类债券交易的业务管理和人员管理，强化关键环节管控。

（一）加强用印管理。签订债券交易协议应当使用公司公章或者经公司书面明确授权的业务专用章，并以书面或电子形式集中存档。

（二）建立完善债券投资交易管理系统。所有债券交易均应当纳入系统管理，并在符合监管要求的前提下，审慎设置规模、杠杆、集中度及价格偏离度等指标，实现阀值控制和全程留痕，并向中后台部门开放管理和监测权限。

（三）完善交易监控。公司应当主动建立多指标、差异化的债券交易价格和利率的比较基准体系，避免过度依赖单一比较基准。除通过证券交易所集中交易外，债券现券交易价格偏离比较基准超过1%或者回购利率偏离比较基准超过50个基点（BP）的，应当向风险管理部门备案并作出合理说明（公募基金另有规定的，从其规定）。债券投资交易人员应当使用公司统一配置的电话、邮件、即时通讯等系统开展债券交易询价等活动，其工作邮件、通话记录、即时通讯信息等应当监测留痕，并接受合规部门监督检查，严禁债券交易人员使用个人的邮箱、社交网络账户、即时通讯工具等进行交易询价等活动。

（四）加强债券交易人员管理。参与债券投资交易的人员，应当具有交易员资格等相应执业资格。在职人员名单、权限以及公司中后台部门债券交易核对专岗人员的联系方式应当在本公司、证券业协会或证券投资基金业协会网站公示，离职信息应当在2个工作日内更新。参与债券投资交易的人员薪酬与激励合计超过100万元人民币的，超过部分应当按照等分原则递延发放，递延周期不少于2年。

三、辖区各证券基金经营机构应当严格遵守债券市场各项制度规则，规范开展债券现券、债券回购和债券远期等各类交易。不得违反规定在债券交易场所和系统以外开展线下债券现券、债券回购或债券远期等各类交易，为应对流动性风险且事先向证监会机构部报备的除外。

（一）各类交易的双方均应当按照实质重于形式的原则，按规定签订交易合同及相关协议。严禁任何形式的“抽屉协议”或通过变相交易、组合交易等方式规避监管要求。

（二）建立交易对手方白名单和额度管理制度，并由中后台部门设置专岗负责每个交易日日终核对交易明细及与对手方的回购（返售）或远期交易安排（如有）。

（三）开展债券回购交易的，交易双方应当按照会计准则要求将交易纳入表内核算，计入“买入返售金融资产”或“卖出回购金融资产”科目。

（四）约定由他人暂时持有但最终须返售、或者为他人暂时持有但最终须由其购回等债券交易，均属于买断式回购，但债券发行分销期间代申购、代缴款交易除外。开展买断式回购交易的，正回购方应当将逆回购方暂时持有的债券继续按照自有债券进行会计核算，以此计算相应风险资本准备、表内外资产总额等风险控制指标，并统一纳入规模、杠杆、集中度等指标控制。

（五）逆回购方对回购标的券、交易对手方等风险管理要求不得低于公司自营业务或资管产品投资约定的资质要求。

四、辖区各证券基金经营机构及其从业人员应当依法合规开展各类债券交易业务。

（一）不得私下或在表外开展债券

交易。

（二）按规定应当签订书面合同的，不得以邮件、即时通讯信息等替代书面合同。

（三）不得指定协议双方以外的第三方作为交易对手方开展债券回购交易。

（四）不得以人员挂靠、业务包干等承包方式开展业务，或以其他形式实施过度激励。

（五）不得通过任何交易形式进行利益输送、内幕交易、操纵市场、规避监管，或者为规避监管提供服务、便利。

五、本通知印发之日起，辖区各证券基金经营机构应当严格按照本通知要求规范开展各类债券交易。

目前尚未了结的不符合本通知要求的各类债券交易，可以按合同继续履行，并应当按照本通知要求入表规范，同时向我局报告；因入表造成公司相关交易规模、杠杆、集中度等指标不达标的，2018 年之内予以豁免，但不得继续扩大规模。

2018 年以后新发生违反本通知要求行为的，依法从严处理；情节严重的，依法暂停公司部分或全部业务，并追究直接责任人、分管负责人、合规负责人及总经理的责任。

辖区各证券基金经营机构现有制度体系、岗位设置、合规风控管理等不符合本通知要求的，应当开展自查自纠并于 2018 年 1 月底前提交整改计划、2018 年底前完成整改并提交报告。整改计划应包括但不限于债券交易业务现状、存在问题、具体整改安排等。

辖区各证券基金经营机构在执行中遇到新情况、新问题及重大事项的，应当及时向我局报告。

特此通知。

二〇一八年一月八日

关于北京辖区创业投资基金享受财税 38 号文税收试点政策的通知

京证监发〔2018〕42 号

北京辖区各创业投资基金：

为落实《关于创业投资企业和天使投资个人有关税收试点政策的通知》（财税〔2017〕38 号）和《关于创业投资企业和天使投资个人税收试点政策有关问题的公告》（国家税务总局公告 2017 年第 20 号），推进创业投资基金享受税收试点政策有效落地，现将有关事项通知如下。

一、税收试点政策范围

根据《关于创业投资企业和天使投资个人有关税收试点政策的通知》（财税〔2017〕38 号）精神，此次税收试点政策范围包括北京辖区。注册地在北京的采取股权投资方式直接投资于种子期、初创期科技型企业的公司制创业投资基金和采取股权投资方式直接投资于初创期科技型企业的有限合伙制创业投资基金（以下简称创业投资基金），可以享受财税 38 号文税收试点政策。

二、工作标准和流程

（一）材料接收

1. 经自行比对符合享受税收试点政策条件的创业投资基金，由基金管理人于每年4月底前，填报《享受税收试点政策的创业投资基金证明材料申请表》（格式见附件），向北京证监局提出书面申请并提交其他相关材料。（对确因客观原因导致申请时间延误的，应由基金管理人在提交书面申请的同时，提交关于申请时间延误的相关说明）。

2. 申请材料不齐全的，北京证监局一次性告知需补充的有关材料。

（二）出具意见

1. 北京证监局根据基金管理人的申请材料、基金管理人注册地证监局（如涉及）和中国证券投资基金业协会的反馈意见，结合日常监管情况，对创业投资基金是否符合享受税收试点政策进行认定。

2. 对于创业投资基金符合享受税收优惠条件的，且基金管理人不存在不予出具无异议意见的情形，北京证监局自接收申请材料后20个工作日内（基金管理人补充申请材料的时间不计算在内）作出无异议意见的决定，并在《享受税收试点政策的创业投资基金证明材料申请表》“证券监督管理部门意见”一栏加盖公章。

3. 对于创业投资基金不符合享受税收优惠条件或者基金管理人未规范运作的，北京证监局不出具无异议意见，并说明理由。

（三）不予出具无异议意见的情形

对于发现创业投资基金或基金管理人存在以下情况的，不予出具无异议意见：

1. 创业投资基金不符合《私募基金监管问答——关于享受财税38号文税收试点政策创业投资基金认定标准及流程》规定的相关条件。

2. 基金管理人在最近一年内受到刑事处罚。

3. 基金管理人在最近一年内受到证监会的行政处罚。

4. 基金管理人在最近一年内被证监会立案调查（调查结束并已有明确结论基金管理人不存在违法违规行为的除外）。

5. 基金管理人在最近一年内被证监会采取行政监管措施且尚未整改完毕。

6. 基金管理人在最近一年内受到中国证券投资基金业协会纪律处分且尚未整改完毕。

7. 基金管理人应提交的申请材料不符合规定。

三、监督检查

北京证监局可视情况对创业投资基金享受税收试点政策资格情况及投资运作情况进行事后抽查。对于提供虚假材料、发生重大风险或存在严重违法违规行为的，北京证监局将及时采取相应措施并计入诚信档案。

对创业投资基金提供虚假资料，违规享受税收试点政策，且已被纳入失信纳税人名单的，由中国证券投资基金业协会按规定实施联合惩戒。

四、执行时间

本通知自发布之日起执行。

特此通知。

附件：享受税收试点政策的创业投资基金证明材料申请表

二〇一八年三月五日

附件：

享受税收试点政策的创业投资基金证明材料申请表（略）

北京市金融工作局
中国人民银行营业管理部
中国银行业监督管理委员会北京监管局

北京市金融工作局
中国人民银行营业管理部
中国银行业监督管理委员会北京监管局
关于进一步优化金融信贷营商环境的意见

京金融〔2018〕52号

为进一步优化本市金融信贷营商环境，提升金融信贷服务水平，加强金融信贷产品创新，发展与大国首都地位相匹配的现代金融业，现提出以下意见：

一、降低金融信贷成本

规范金融机构收费和信贷行为，推动在京法人银行自主减免1—2项收费项目，保证总体收费水平逐年降低。降低企业融资担保成本，鼓励在京融资担保机构不收取企业客户保证金，确需收取的，确保还贷解保时及时退还。大力发展融资租赁和商业保理业务，引入海外低成本资金。

二、压缩金融信贷审批时间

鼓励银行业金融机构建立针对同一类型小微企业客户的金融信贷专业化分类、批量化营销、标准化审贷、差异化授权机制。行业自律组织不定期邀请行业专家、金融律师组成信贷咨询小组，为金融机构信贷审批人员提供行业分析、授信方案、客户营销难点等问题咨询辅导，每季度至少开展一次，提高信贷审批效率。

三、创新绿色金融信贷模式

银行业监管部门在其网站定期披露辖区内银行绿色信贷情况。鼓励银行业金融机构针对绿色、低碳、循环经济等项目信贷业务开辟授信审批的快速通道。引导辖区内金融机构发行绿色金融债券和绿色信贷资产支持证券。推动将辖区内企业环境信息纳入金融信用信息基础数据库。

四、拓展贷款抵（质）押物范围

支持银行业金融机构大力开展与环境相关的收益权、排放权、排污权抵押贷款等业务。推动银行业金融机构知识产权、应收账款等质押融资业务发展。

五、定制小微企业针对性金融服务

推动在京银行机构对于小微企业信贷审批实行单独管理和业绩专项考评，根据监管部门考核要求设定小微企业贷款增速、贷款户数等考核指标。针对小微企业信贷业务制定奖励政策，尤其是对500万元以下的小微企业贷款重点给予奖励倾斜。

六、完善政策性农业信贷担保体系

创新财政和金融协同支农机制，支持北京市农业融资担保有限公司发展，逐步扩大区级农业信贷担保分支机构设立，完成涉农区“全覆盖”。引导辖区内银行业金融机构在大兴区、平谷区开展农村承包土地的经营权抵押贷款试点，开展农业生产设施抵押等业务。

七、提高公积金信贷审核效率

通过系统对接，推动北京住房公积金管理中心实现与市规划国土委共享不动产权属信息、抵押登记信息，以提高贷款审核效率。

八、实现公积金贷款登记变更“不跑路”

北京住房公积金管理中心将办理住房公积金贷款的住房等相关信息发送给不动产登记部门，由不动产登记部门根据北京市公积金管理中心发送的相关信息添加贷款所购房屋抵押登记标识或解除抵押登记标识，通过信息共享，借款人贷款结清后借款人无需前往市住房贷款担保中心或受托银行、不动产登记中心办理解除抵押的相关手续，真正做到信息多跑路，群众少跑路。

九、实现动产抵押登记“一次办结”服务

逐步实现动产抵押登记全程电子化，通过“外网申报、内网审核、现场提交、一次办结”的方式，为银行业金融机构办理抵押融资业务提供便利。及时将动产抵押登记信息通过国家企业信用信息公示平台向社会公示，方便社会公众查询。积极配合全国统一的“动产抵押网上登记系统”在京试点工作。

十、加强信用信息归集共享

推进北京市公积金信贷信息、各类信贷机构信用信息以及公用事业缴费等非银行信息向金融信用信息基础数据库报送工作，提高金融信用信息基础数据库的完整性。推动本市小额贷款公司和融资担保公司与央行征信系统对接。

十一、实现社会信用信息“一站式”查询

完善和丰富“信用北京”及北京市企业信用信息系统网站服务功能。加大银税互动，银商合作力度。

十二、鼓励信用服务新业态发展

推动全国领先、科技创新应用能力强、具有较强社会公信力的品牌信用服务机构在京发展。

十三、建立面向国际的金融政策发布平台

统筹各部门、各区金融产业发展和扶持政策，在“首都金融”网站以双语方式为境内外投资者提供包括本地区经济、金融发展规划、政策法规、投资项目、风险提示等专业服务，为企业更好的“走出去”“引进来”提供支持，促进金融市场交流合作、互联互通，开展双向投资提供更多途径和便利。

十四、规范金融执法行为

有关金融监管部门应规范对金融机构的行政执法行为，在依法行政、依法监督的同时，鼓励采取联合执法检查等方式，提升监督效能，降低对其经营活动的影响。全面落实行政执法责任制，严格执行执法责任追究机制，维护公平竞争的金融信贷营商环境。

本意见自2018年3月15日起施行。

二〇一八年三月十四日

北京市金融工作局
中关村科技园区管理委员会
西城区人民政府
海淀区人民政府

北京市金融工作局　中关村科技园区管理委员会 西城区人民政府　海淀区人民政府 关于印发《关于首都金融科技创新发展的指导意见》的通知

京金融〔2018〕212 号

各相关单位：

《关于首都金融科技创新发展的指导意见》已经市政府审议通过，现印发给你们，请结合实际认真贯彻执行。

二〇一八年十月二十二日

关于首都金融科技创新发展的指导意见

为深入贯彻落实全国金融工作会议精神和《“十三五”现代金融体系规划》，按照《北京市“十三五”时期加强全国科技创新中心建设规划》、《北京市“十三五”时期金融业发展规划》以及《北京市促进金融科技发展规划（2018 年－2022 年）》等规划部署，更好服务全国科技创新中心和国家金融管理中心功能建设，支持首都金融科技创新发展，制定如下政策措施：

一、总体思路和发展目标

金融科技是金融与科技融合发展形成的新技术、新模式、新业态，是首都金融发展的核心竞争力，推动金融科技创新发展是首都金融的战略选择。要立足首都“四个中心”城市战略定位，充分发挥全国科技创新中心和国家金融管理中心的资源优势、技术优势、人才优势、环境优势，在西城区和海淀区相邻地区建设北京金融科技与专业服务创新示范区，加强专业化公共服务平台建设和支撑，加强金融科技前沿技术和关键核心技术开发应用，大力发展金融科技产业，促进科技创新与金融发展深度融合，以科技创新提高金融服务实体经济能力，以金融发展促进科技创新成果转化应用。加强对金融科技行业的技术引领、标准制定、规范创新与国际合作，建设国际化的金融科技全产业链，加强金融科技风险防控和监管，牢牢守住不发生系统性区域性金融风险底线，建设国际一流的金融科技生态，培育形成具有全球影响力的金融科技产业。

二、主要内容

（一）支持金融科技底层技术研发

充分发挥首都科技创新中心资源优势，整合高等院校、科研院所、大型金融机构、国有企业、互联网领军企业等各方优势，支持设立金融科技类研究机构、实验室或博士后工作站，开展联合技术研发。鼓励人工智能、区块链、大数据、云计算等技术在支付、征信、风险管理、投资、交易、清算、登记、供应链金融、身份认证、反欺诈、反洗钱等领域应用。支持金融科技底层关键核心技术、前沿技术、应用型新技术的研发。鼓励金融科技类项目申报本市金融创新奖励，加大对金融科技领域的奖励支持力度。

（二）支持金融机构借助金融科技创新发展

发挥大型金融机构的示范效应，支持金融机构与国内外金融科技企业开展战略合作，支持金融机构与科技企业共享资源，共建平台，共防风险，开展广泛深度合作。支持银行业金融机构积极运用金融科技丰富信贷审批手段、完善信用风险评估模型，提高风险管理能力；发展网上银行、电子银行、直销银行业务，建设线上缴费、消费等平台，提升远程开户服务，扩大金融服务覆盖范围，提高中间业务收入占比；支持证券业机构运用金融科技建设智能化线上客户服务终端，发展智能投顾等业务；支持保险业机构运用金融科技发展线上保险产品销售，创新基于特定场景的保险产品，提高保险产品定价水平；支持基金业机构运用金融科技开发量化投资模型，发展精细化资产配置和财富管理服务；支持信托、租赁等非银行金融机构运用金融科技开发面向特定客户的个性化金融产品。支持各金融市场和交易平台运用金融科技创新资产交易、登记和信息披露方式。支持各金融机构软件研发、信息科技、电子银行等部门独立运营，设立金融科技子公司。支持金融机构建立内部孵化机制，培育金融科技创新项目和创业人才团队。

（三）加强金融科技基础设施建设

支持国家金融基础设施提升科技功能，支持开展数字货币、支付清算、登记托管、征信评级、资产交易、投资者保护等领域金融科技研发相关试点示范和项目落地。按照市场化原则，推动政务数据、社会数据、商业数据与金融数据的开放共享和互联互通，推动建设服务金融科技行业发展的金融大数据服务平台，规范发展金融数据交易。推动金融科技企业接入人民银行征信系统，纳入金融业综合统计范围。支持金融科技企业发起设立金融科技类产业联盟、行业协会等社会组织，在行业自律、共性技术研发、标准制定等方面发挥更大作用。鼓励开展金融科技行业信用评价。加强金融科技领域数据安全、网络安全、系统安全能力建设，积极维护国家金融安全，依法保护个人隐私。积极支持专业化的数据存储、公共云、专有云平台建设，发展分布式架构。

（四）发展金融科技产业

落实促进互联网金融健康发展的指导意见，通过深入开展互联网金融风险专项整治提升金融科技行业发展质量。积极支持业务合规、声誉良好的金融科技企业健康发展，引导其更好服务实体经济。强化金融科技的创新性、普惠性，在依法依规、风险可控的前提下，鼓励探索各类商业模式，构建以金融科技为核心的产业链。鼓励物联网技术、分布式账本、大数据分析等技术在普惠金融、绿色金融、文化金融、财富管理等领域应用，更好服务小微企业、“三农”和社会民生。

（五）建设市场化专业服务体系

推动建立涵盖技术研发、项目评估、知识产权、企业孵化、投融资、产业培育、市场应用和财务、法律、审计、人力资源等全链条的金融科技专业服务体系。积极鼓励金融科技领域天使投资、创业投资、孵化器等机构发展，大力培育金融科技领域独角兽企业和上市挂牌公司。支持金融科技企业并购重组，打造金融科技全产业链。积极发展基于大数据的第三方征信、投资咨询、资产评估、信用评级等专业服务。鼓励金融科技领军企业通过建设园区或孵化器等方式进行能力输出，营造金融科技产业生态。

（六）加强金融科技场景应用

鼓励在线下零售、电子商务、批发物流、供应链融资、知识产权金融、融资租赁、产权登记、公共服务等领域推广应用金融科技。支持金融科技在智慧城市建设中的应用。深化“放管服”改革，完善招标采购、经营许可等相关标准，加大金融科技政府采购力度。

（七）建设金融科技示范区

北京金融科技与专业服务创新示范区是全市金融科技发展的重要产业孵化和支撑平台，发挥西城、海淀两区比较优势，创新服务模式，设立金融科技孵化器、加速器、众创空间和产业投资基金，集中承载金融科技业态。北京金融科技与专业服务创新示范区核心区涵盖西城区北展地区和海淀区北下关地区及中关村大街，在“统一规划、统一设计、统一监管准入政策、统一公共空间管理、统一公共服务标准”原则下，赋予西城区、海淀区自主经营权，以市场化方式提供优质低成本办公场所和专业服务，主要发展监管科技、风险管理、金融安全和专业服务。

（八）支持全市金融科技产业多点布局

以北京金融科技与专业服务创新示范区为引领，支持市场化、专业化运营的金融科技类园区和孵化器在本市发展。支持在北京城市副中心建设金融科技国际产业园，支持国际金融科技企业和项目落户城市副中心，深化金融科技国际合作，助推财富管理、绿色金融发展，促进高端服务资源要素聚集；支持海淀区北清路沿线发展金融科技底层技术，建设金融科技协同创新中心；支持北京银行保险产业园发展银行保险科技，拓展金融科技应用与实践；支持北京互联网金融安全示范产业园发展金融安全产业，规划建设金融科技小镇。支持各区设立综合服务平台，提供优质办公楼宇和孵化空间，为金融科技企业入驻提供代办工商登记、年报报送等“一站式”服务。支持各园区综合运用房租补贴、人才激励、引导基金等多种方式积极支持金融科技企业、组织、平台入驻。

（九）积极防控金融科技风险

坚持一切金融活动持牌经营的原则，依法依规将金融科技活动纳入监管。建立完善金融科技技术标准、行业规范和监管框架，加强市场准入管理，加强事中事后监管，符合监管规定、经金融管理部门同意的，允许在企业名称中使用金融信息、金融科技等字样。充分运用大数据、金融云、区块链等手段，建立完善覆盖各类金融科技业态的风险监测预警系统，积极争取监管部门监管科技相关政策试点。推动在北京金融科技与专业服务创新示范区探索“沙盒机制”和“金融风险管理实验区”，完善金融科技监管协同机制和沟通渠道，建立金融科技监管国际合作机制，提升区域监管科技水平，有效防范金融风险。

（十）加强金融科技国际合作

加强北京与国际金融科技领先地区的产业合作、技术合作、监管合作、服务合作，发挥好金融街论坛、中关村论坛等交流平台功能，金融街论坛设立金融科技专业分论坛，定期开展金融科技研讨。吸引国际知名金融科技投资机构、专业服务投资机构在京设立中国中心或孵化器，带动金融科技创新企业进入中国市场。支持各类机构举办金融科技领域国际研讨会、展会和交流论坛，积极引入国际知名金融科技论坛在京常态化举办，搭建中外金融科技与专业服务交流核心平台。把握金融业开放机遇，积极引进全球领先金融科技企业，支持符合条件的外资金融科技企业参股中资金融机构。支持成立国际金融科技合作平台，举办国际金融科技创业比赛，定期发布金融科技行业发展报告，积极创制金融科技领域国际标准和行业规范。

（十一）大力培养引进金融科技人才

积极鼓励在京高校和科研机构发挥跨学科优势，采取多种形式设立金融科技研究机构，建设金融科技人才培养基地，培养专业化金融科技人才。加大力度引进国际金融科技领域权威科学家和高级人才。优化金融科技人才服务，符合条件的金融科技人才可申请办理人才引进落户。支持各区在工作居住证、教育医疗、子女入学、出入境等方面给予金融科技人才必要的服务保障。

三、保障措施

（一）加强组织协调。在市金融服务工作领导小组领导下，市金融局、中关村管委会、西城区政府、海淀区政府共同牵头，组建北京市金融科技与专业服务创新示范区理事会，建立全市金融科技工作推进机制，研究解决示范区规划建设中重大问题。各区金融办、中关村各分园在本意见指导下加强各区、各分园金融科技的规划布局和政策引导。

（二）加强激励扶持。用好本市支持现代金融服务业和科技创新相关激励政策，符合条件的金融科技企业视同金融机构给予一次性资金补助、购租房补贴、高级人才激励政策支持，支持符合条件的金融科技企业申请获得高新技术企业资格并按规定享受相关政策支持，加大对成长性好、资质优良的金融科技企业和项目的扶持力度。积极发挥本市科技创新基金、融资担保基金等政策性资金作用，以股权投资、担保、贴息等方式加大对金融科技产业的支持力度。

（三）加强宣传引领。充分利用各类媒体宣传金融科技回归本源、服务实体，引导社会舆论明晰合规金融创新与非法金融活动的界限，去伪存真支持金融科技发展。

（四）完善服务体系。加快完善新型公共服务体系，服务对接金融监管部门、大型金融机构及科研机构，畅通信息沟通渠道，密切关注金融科技及专业服务业动态及应用，加大专业化、精细化服务力度。

（五）加强风险防控。充分发挥本市金融风险防控体系和工作机制作用，落实各方金融科技风险防控责任。理事会加强金融科技风险防控工作的领导，定期组织研判金融科技业态风险。各区按照“谁引进、谁负责”的原则，落实各金融科技园区、平台、孵化器、楼宇物业、企业属地责任，建立金融科技风险报告制度，加强入驻企业风险评估，及时处置化解金融科技风险事件，坚决打击假借金融科技名义的违法违规金融活动。

附

2018 年文件与规章目录选编

中国人民银行营业管理部

1. 中国人民银行营业管理部关于开展金融广告治理工作的通知

银管发〔2018〕31 号

2. 中国人民银行营业管理部关于启用“央行北京·现金服务”小程序的通知

银管发〔2018〕33 号

3. 中国人民银行营业管理部关于 2018 年北京市电子清分服务平台运行维护窗口时间安排的通知

银管发〔2018〕35 号

4. 中国人民银行营业管理部关于进一步加强假币堵截能力的通知

银管发〔2018〕44 号

5. 中国人民银行营业管理部　中国银行业监督管理委员会北京监管局　北京市金融工作局关于开展 2018 年“金融消费者权益日”活动的通知

银管发〔2018〕54 号

6. 中国人民银行营业管理部关于做好北京市社会保险基金管理中心通过北京市电子清分服务平台办理批量代扣业务相关准备工作的通知

银管发〔2018〕62 号

7. 中国人民银行营业管理部关于做好大额支付系统调整运行时间有关工作的通知

银管发〔2018〕70 号

8. 北京市金融工作局　中国人民银行营业管理部　中国银行业监督管理委员会北京监管局关于印发《关于进一步优化金融信贷营商环境的意见》的通知

银管发〔2018〕71 号

9. 关于印发《北京市创业担保贷款借款人资格认定细则》的通知

银管发〔2018〕78 号

10. 中国人民银行营业管理部关于做好北京地区第四套人民币部分券别兑换工作的通知

银管发〔2018〕94 号

11. 中国人民银行营业管理部关于进一步加强北京市储蓄国债管理有关事宜的通知

银管发〔2018〕110 号

12. 中国人民银行营业管理部关于开展辖区内银行企业开户服务工作专项督导的通知

银管发〔2018〕119 号

13. 中国人民银行营业管理部关于进一步完善移动支付便民示范工程受理环境建设及加强支付安全风险防控工作的通知

银管发〔2018〕129 号

14. 中国人民银行营业管理部　中国银行业监督管理委员会北京监管局　北京市规划和国土资源管理委员会　北京市住房和城乡建设委员会　北京住房公积金管理中心关于明确北京市共有产权住房购房人使用个人住房贷款有关事项的通知

银管发〔2018〕140 号

15. 中国人民银行营业管理部　中国

人民银行天津分行　中国人民银行石家庄中心支行关于发挥京津冀三地金融协同优势支持河北省脱贫攻坚的意见

银管发〔2018〕142 号

16. 中国人民银行营业管理部关于做好 2018 年度信息安全工作的通知

银管发〔2018〕144 号

17. 中国人民银行营业管理部　中国人民银行天津分行　中国人民银行石家庄中心支行关于进一步做好 2018 年金融支持京津冀协同发展工作的通知

银管发〔2018〕161 号

18. 中国人民银行营业管理部关于进一步完善再贷款再贴现管理支持小微企业发展的通知

银管发〔2018〕165 号

19. 中国人民银行营业管理部关于做好中国高铁普通纪念币发行工作有关事项的通知

银管发〔2018〕175 号

20. 中国人民银行营业管理部关于进一步加强硬币兑换自助服务网络建设管理的通知

银管发〔2018〕180 号

21. 中国人民银行营业管理部关于进一步做好北京市金融标准化相关工作的通知

银管发〔2018〕200 号

22. 中国人民银行营业管理部关于开展 2018 年北京市反假货币宣传月活动的通知

银管发〔2018〕222 号

23. 中国人民银行营业管理部　中国银行业监督管理委员会北京监管局　中国保险监督管理委员会北京监管局　北京市金融工作局关于开展北京市 2018 年“金融知识普及月　金融知识进万家”暨“提升金融素养　争做金融好网民”金融知识普及活动的通知

银管发〔2018〕230 号

24. 北京银监局　人行营管部　北京团市委　北京市委教工委关于进一步深化北京地区“送金融知识进校园”活动的通知

银管发〔2018〕278 号

25. 关于印发《北京市创业担保贷款担保基金管理办法》和《北京市创业担保贷款财政贴息资金管理办法》的通知

银管发〔2018〕279 号

26. 中国人民银行营业管理部关于进一步完善再贷款再贴现管理支持小微企业和民营企业发展的通知

银管发〔2018〕312 号

27. 中国人民银行营业管理部　中国银行保险监督管理委员会北京监管局筹备组　中国证券监督管理委员会北京监管局　北京市发展和改革委员会　北京市财政局　北京市金融工作局关于进一步深化北京市小微企业金融服务的实施意见

银管发〔2018〕313 号

28. 中国人民银行营业管理部关于 2018 年度国家债券兑付工作有关事项的通知

银管发〔2018〕328 号

29. 中国人民银行营业管理部关于做好庆祝改革开放 40 周年普通纪念币发行工作的通知

银管发〔2018〕332 号

30. 中国人民银行营业管理部关于做好人民币发行 70 周年纪念钞发行工作的通知

银管发〔2018〕333 号

31. 中国人民银行营业管理部关于进一步完善信贷政策支持再贷款政策的通知

银管发〔2018〕338 号

32. 中国人民银行营业管理部关于进一步加强辖区现金流通管理的通知

银管发〔2018〕356 号

中国银行保险监督管理委员会北京监管局

1. 北京银监局　北京市文资办关于促进首都文化金融发展的意见

京银监发〔2018〕5 号

2. 北京保监局关于统一规范北京地区保险分支机构高级管理人员任职资格考试工作的通知

京保监发〔2018〕37 号

3. 北京保监局关于修订《北京地区人身保险经营行为管理办法》的通知

京保监发〔2018〕81 号

中国证券监督管理委员会北京监管局

1. 关于进一步加强证券基金经营机构债券交易监管的通知

京证监发〔2018〕4 号

2. 关于做好投资者适当性管理办法实施有关工作的通知

京证监发〔2018〕5 号

3. 关于做好股票质押式回购交易风险防范有关工作的通知

京证监发〔2018〕18 号

4. 关于开展公司债券业务及资产证券化业务全面自查的通知

京证监发〔2018〕32 号

5. 关于北京辖区创业投资基金享受财税 38 号文税收试点政策的通知

京证监发〔2018〕42 号

6. 关于召开 2018 年北京辖区上市公司监管工作会的通知

京证监发〔2018〕43 号

7. 关于开展北京辖区期货分支机构 2017 年度自查自纠工作的通知

京证监发〔2018〕76 号

8. 关于召开北京辖区公司债券业务及挂牌公司业务 2018 年监管工作会的通知

京证监发〔2018〕101 号

9. 北京证监局关于做好 2018 年辖区公司债券监管工作的通知

京证监发〔2018〕107 号

10. 关于进一步加强辖区挂牌公司持续督导工作的通知

京证监发〔2018〕108 号

11. 关于开展 2018 年期货公司资产管理业务专项自查有关工作的通知

京证监发〔2018〕111 号

12. 关于进一步做好证券公司组织架构规范整改工作的通知

京证监发〔2018〕114 号

13. 关于加强北京辖区股转系统挂牌公司 2018 年度监管工作的通知

京证监发〔2018〕115 号

14. 关于开展“明规则、识风险，理性投资戊戌年”专项活动的通知

京证监发〔2018〕116 号

15. 关于做好基础审计程序（函证）专项检查准备工作的通知

京证监发〔2018〕122 号

16. 关于召开 2018 年北京辖区证券基金机构监管工作会的通知

京证监发〔2018〕123 号

17. 关于做好外国证券类机构驻华代表机构 2017 年度工作报告及相关工作的通知

京证监发〔2018〕124号

18. 关于开展辖区挂牌公司年报检查工作的通知

京证监发〔2018〕126号

19. 关于落实2018年北京辖区期货监管工作会议精神的通知

京证监发〔2018〕146号

20. 关于开展北京辖区2017年证券公司分支机构自评工作的通知

京证监发〔2018〕152号

21. 关于开展北京辖区2018年投资者教育基地考核工作的通知

京证监发〔2018〕156号

22. 关于进一步加强证券公司场外期权业务监管的通知

京证监发〔2018〕179号

23. 关于开展防范非法集资宣传月活动的通知

京证监发〔2018〕180号

24. 关于开展2018年度北京辖区期货公司分类评价工作的通知

京证监发〔2018〕185号

25. 关于开展2018年证券评级机构现场检查工作的通知

京证监发〔2018〕187号

26. 关于做好2018年证券公司分类评价工作的通知

京证监发〔2018〕190号

27. 关于加强网络安全风险防范的通知

京证监发〔2018〕191号

28. 关于印发王建平同志及林雯同志在2018年北京辖区机构监管工作会上讲话的通知

京证监发〔2018〕193号

29. 关于督促辖区公募基金管理机构落实《关于规范金融机构资产管理业务的指导意见》做好规范整改工作的通知

京证监发〔2018〕196号

30. 关于进一步加强证券公司关联交易监管有关事项的通知

京证监发〔2018〕200号

31. 关于落实《关于规范金融机构资产管理业务的指导意见》并做好规范整改工作的通知

京证监发〔2018〕201号

32. 关于督促期货经营机构落实《关于规范金融机构资产管理业务的指导意见》做好规范整改工作的通知

京证监发〔2018〕202号

33. 关于落实《2018年北京市防范非法集资宣传教育暨宣传月活动工作方案》要求的通知

京证监发〔2018〕219号

34. 关于开展辖区律师事务所证券法律业务及内控情况调研工作的通知

京证监发〔2018〕249号

35. 关于转发李超同志在证券公司客户管理专题培训开班仪式上讲话的通知

京证监发〔2018〕251号

36. 关于开展《证券公司投资银行类业务内部控制指引》落实情况自查的通知

京证监发〔2018〕283号

37. 关于加强证券评级业务管理的通知

京证监发〔2018〕314号

38. 关于转发《中国人民银行　中国银行保险监督管理委员会　中国证券监督管理委员会关于印发〈互联网金融从业机构反洗钱和反恐怖融资管理办法（试行）〉的通知》的通知

京证监发〔2018〕371号

39. 关于召开2018年北京辖区证券

公司合规风控现场检查动员会的通知

京证监发〔2018〕372 号

40. 关于转发《会计监管风险提示第8号——商誉减值》的通知

京证监发〔2018〕387 号

41. 关于开展证券期货多元纠纷化解机制相关宣传活动的通知

京证监发〔2018〕391 号

42. 北京证监局关于开展北京辖区2018年“12·4”国家宪法日宣传活动的通知

京证监发〔2018〕393 号

43. 关于转发《金融机构资产管理产品统计制度》和《金融机构资产管理产品统计模板》的通知

京证监发〔2018〕415 号

44. 关于做好证券公司大集合产品新规落实工作的通知

京证监发〔2018〕420 号

45. 关于金融行业标准规范声纹识别技术金融应用的通知

京证监发〔2018〕424 号

46. 北京辖区 2017 年证券投资咨询机构监管情况报告

京证监字〔2018〕8 号

47. 北京证监局关于辖区上市公司“党建入章”工作实施情况调研报告

京证监字〔2018〕11 号

48. 北京证监局关于 2017 年期货监管工作的报告

京证监字〔2018〕24 号

49. 北京证监局关于 2017 年投资者保护工作的总结报告

京证监字〔2018〕33 号

50. 北京证监局关于证监会系统 2018 年工作会议精神的报告

京证监字〔2018〕35 号

51. 北京证监局关于 2017 年度反洗钱工作总结的报告

京证监字〔2018〕37 号

52. 北京证监局关于 2017 年投资者诉求处理工作总结报告

京证监字〔2018〕38 号

53. 北京证监局关于促进北京证券基金期货业扩大开放有关情况的报告

京证监字〔2018〕51 号

54. 北京证监局关于 2017 年证券市场融资情况的报告

京证监字〔2018〕54 号

55. 北京证监局关于辖区五家机构流动性新规专项核查的报告

京证监字〔2018〕89 号

56. 关于部分证券基金经营机构私募资管业务有关情况的核查报告

京证监字〔2018〕96 号

57. 关于北京辖区期货公司 2017 年度年报的分析报告

京证监字〔2018〕97 号

58. 关于北京辖区外国证券类机构驻华代表机构 2017 年度工作报告的汇总分析报告

京证监字〔2018〕99 号

59. 北京辖区创业投资基金享受财税38号文税收试点政策落实情况的报告

京证监字〔2018〕112 号

60. 北京证监局关于北京地区证券基金行业机构异地经营情况的报告

京证监字〔2018〕119 号

61. 关于北京辖区上市公司大股东股权质押情况的报告

京证监字〔2018〕130 号

62. 关于 2018 年辖区创新层挂牌公司数量变动情况的报告

京证监字〔2018〕141 号

63. 关于北京辖区证券公司2017年年报分析及审计监管情况的报告

京证监字〔2018〕150号

64. 关于北京辖区民营中小型上市公司融资风险的报告

京证监字〔2018〕157号

65. 关于北京辖区公募基金管理人2017年度合规管理情况的总结报告

京证监字〔2018〕163号

66. 北京辖区证券基金经营机构“一对多”非标资管产品风险核查报告

京证监字〔2018〕224号

67. 关于北京辖区投资者适当性监管情况的报告

京证监字〔2018〕226号

68. 北京证监局关于挂牌公司2017年年报检查的报告

京证监字〔2018〕234号

北京市地方金融监督管理局

1. 关于进一步优化金融信贷营商环境的意见

京金融〔2018〕52号

2. 关于印发《关于加快培育发展首都现代金融服务业的若干意见》的通知

京金融〔2018〕110号

3. 关于印发《关于首都金融科技创新发展的指导意见》的通知

京金融〔2018〕212号

七、专题与调研

关于北京地区银行小微企业贷款定价情况的调研报告

中国人民银行营业管理部　货币信贷管理处

中国人民银行营业管理部（以下简称人民银行营业管理部）就《关于深化小微企业金融服务的意见》贯彻落实情况，对辖内82家①商业银行进行了调研。调研结果显示：54.9%的银行已制订小微企业贷款差异化考核激励办法，实施内部资金转移价格的银行中有43.9%的银行推行了小微企业贷款内部优惠价格。但也存在个别银行未进行考核激励政策配套、仅硬性压降小微企业贷款利率的做法，小微企业贷款亏损经营不利于业务长期持续发展等问题需要关注。

一、银行小微企业贷款优惠定价和差异化考核情况

（一）近半数实施内部资金转移定价的银行推行小微企业贷款内部优惠价格

调研中，57家实施内部资金转移价格的银行中，已有25家推行了小微企业贷款内部资金转移优惠价格，占43.9%。其中，15家银行直接针对小微企业贷款业务制定了较为优惠的内部资金价格，优惠幅度为10~100个基点；10家银行在利润考核时给予小微企业贷款业务一定的内部资金价格补偿，间接调降其内部资金价格，价格补偿幅度为15~110个基点；个别银行不设具体补偿幅度，而是按照业务部门实际给予小微企业贷款利率优惠幅度进行全额或比例补偿，或者在计算部门利润时通过调减小微企业贷款经济资本成本方式给予补偿。

（二）超过半数银行制订了小微企业贷款差异化考核激励办法

调研中，有45家银行对小微企业贷款业务制订了差异化的考核激励办法，占被调查银行的54.9%。差异化考核主要可以分为以下七大类。

一是对小微企业贷款发放额和户数进行考核激励。采用此类考核激励的银行数量最多，为24家，占29.3%。

二是提高小微企业贷款业务整体考核权重。例如，在考核办法中，对小微条线利润给予系数调整，加大对小微条线的计奖比例，即在计算机构整体经济利润时，小微条线的考核利润按照1.2倍计算。

三是安排小微企业贷款专项额度或对小微条线单列预算。例如，在绩效考核中针对小微企业贷款单列全年预算，并且按月推进额度使用进度，持续支持小微企业信贷需求。

四是在风险管理考核中提高小微贷款不良容忍度。例如，在综合绩效考核办法中规定，分支机构小微企业不良贷款率计划目标高于机构各项贷款不良贷款计划指标2个百分点，在考核机构整体不良贷款

① 其中，政策性银行3家，国有商业银行4家，股份制商业银行14家，城市商业银行15家，农村商业银行1家，村镇银行11家，外资银行34家。

率时，允许该机构不良贷款总额扣除小微不良贷款中占该机构小微贷款不超过2%的部分。

五是放宽小微贷款效益考核或将降价作为考核指标。例如，规定新发放的小型及微型企业贷款专项效益工资配置条件，从基准利率要求上浮30%下调至26%，政策有效期暂定至2018年末，同时，下调普惠型小微企业贷款投放额度申请时的利率水平要求。

六是配置小微贷款战略专项激励费用。例如，在小微企业信贷客户拓展、业务发展、专营机构建设等方面配置战略专项激励费用。

七是下放小微企业贷款价格审批权限。例如，优化法人贷款的利率审批流程，将1 000万元以下的法人贷款价格审批权限完全授予分行，增强了分行对于小微企业贷款定价管理的灵活性。

（三）积极借助支小再贷款降低小微企业贷款资金成本

在调研中，一家城市商业银行由于吸收存款能力较弱成本较高，其主要资金来源为吸收3年期定期存款，付息率为4%。其小微企业贷款定价超过7%。为了积极拓展小微企业贷款业务，该银行于2018年8月30日向人民银行营业管理部申请了3.49亿元6个月期的支小再贷款，利率为2.65%，小微企业贷款利率降为5.65%。通过申请支小再贷款，降低了内部资金成本，进而降低了小微企业贷款融资成本。

总体来看，各银行积极贯彻落实《关于深化小微企业金融服务的意见》的要求，在内部推行多种针对小微企业贷款的绩效激励措施，取得明显成效。北京地区小微企业贷款加权平均利率自6月起显著下降，贷款内部优惠定价和差异化考核政策效果已经传导至小微企业。6月，平均利率为5.5131%，环比、同比分别下降54个、6个基点；7月，平均利率为5.3904%，环比、同比分别下降12个、37个基点；8月，平均利率为5.4264%，虽然环比略升3个基点，但同比大幅下降40个基点。

二、银行小微企业贷款定价中存在的相关问题

（一）未建立健全配套考核激励机制，仅硬性压降小微企业贷款利率

调研发现，个别股份制商业银行和少数城市商业银行还存在政策执行不到位的情况，未实施考核激励配套政策。如未在绩效考核时给予小微企业贷款业务差异化激励，仅在利率定价方面硬性要求分支行2018年下半年对于小微企业贷款投放利率水平不高于第一季度分支行小微贷款加权平均利率水平。简单的利率定价“一刀切”做法虽然能够降低小微企业贷款利率，但也削弱了相关业务人员拓展小微企业贷款的积极性，不利于解决小微企业融资难问题。

（二）小微企业贷款亏损经营不利于业务长期持续发展

多数银行反映现行小微企业贷款利率价格无法完全覆盖相关成本。以国有商业银行为例，其小微企业贷款平均风险成本为1.675%，平均内部资金转移成本为3%，平均费用成本为0.3%，平均税收成本为0.75%①，如果要覆盖上述成本，其小微企业贷款平均利率价格应为5.725%，而8月国有商业银行实际小微企业贷款加权平均利率仅为4.8423%，二者缺口为88个基点，造成小微企业贷款实际亏损经营，不

① 税收成本指企业所得税，税率为25%，按照平均息差3%作为税基计算，两者相乘得出0.75%。

利于业务持续发展。

（三）小微企业贷款“控成本”监管指标未考虑抵押担保方式变化情况

在调研中，部分银行反映，年初发放的小微企业贷款多数为抵押或担保方式，且抵押品担保方式安全等级较高，所以利率相对较低。但随着小微贷款业务量的不断拓展、市场竞争加剧，2018 年第二、第三季度发放的小微贷款多数为信用类或抵押品、担保方式安全等级降低。上述抵押担保方式变化会引起贷款风险溢价的上升，导致利率定价会相应升高。但小微贷款“控成本”监管指标并未区分抵押担保方式变化情况，要求小微贷款加权平均利率逐季下降。银行在积极拓展小微企业业务的同时，风险定价面临的挑战也在增加。

（四）只针对强抵押、强担保小微企业贷款进行绩效考核激励

如某股份制商业银行虽在小微企业主个人经营性贷款内部资金转移定价中给予20 个基点优惠，但在小微企业对公贷款方面，仅针对能提供房产抵押和担保公司担保的强抵押、强担保“快捷贷”授信业务进行绩效激励。激励方式为“快捷贷”业务利润以 3 倍计入利润考核。“快捷贷”产品定价为基准利率上浮 30%。此种针对强抵押、强担保小微企业贷款进行绩效激励的方式，会将众多无法提供房产抵押和担保公司担保的小微企业挡在门外，使小微企业融资难问题更加凸显。虽然“快捷贷”产品利率定价较低，但由于需要提供担保公司担保，又额外增加了企业的担保费用，间接地提高了小微企业融资成本。

（五）季度末贷款余额增速考核易引发银行小微企业放贷集中“冲时点”行为

监管部门小微贷款“两增两控”监管指标和宏观审慎评估（MPA）中针对小微企业贷款增速的考核均以季度末时点贷款余额为计算标准。银行内部小微贷款绩效考核也随之以季度末余额为参照。上述考核方式容易引发银行业务部门将小微企业贷款推迟至季度末放款，季度初和季度中的小微企业贷款需求难以得到及时满足。在调研中，某国有商业银行北京市分行反映，其总行在 7 月初出台了针对小微企业贷款业务差异化绩效考核办法，但由于是以季度末贷款余额为计算标准，所以 7 月和 8 月小微贷款增长缓慢，而 9 月贷款量集中增长。

（六）外资银行在开展小微企业贷款业务方面积极性有待提高

在调研的 34 家外资银行中，仅有 9 家对小微企业贷款业务制订了差异化的考核激励办法，且激励力度较弱。如虽在考核激励办法中规定根据小微企业贷款客户数以及贷款余额与上年相比的增长率情况进行评分，但此项目在对各分行进行的表彰制度考核项目 100 分中仅占 1 分，激励效果不明显。调研中多数外资银行反映其目标客户为大型企业。由于其整体规模偏小，小微企业业务利润率低，在资源有限的情况下发展大企业客户是最优选择。加之监管机构并未对其提出小微企业服务方面的监管要求，其发展小微企业贷款的外部动力也不强烈。

三、相关政策建议

（一）继续推进商业银行内部资金转移定价机制建设

一是对于尚未实现内部资金转移定价的银行，人民银行、监管部门和行业协会可以通过组织专题培训、业内交流等方式，提供技术支持，帮助其提升内部定价技术。二是对于已实现内部资金转移定价

的银行，人民银行应督促其根据政策导向动态调整内部定价，为小微企业贷款业务定价作好内部导向性指引。

（二）加强对商业银行小微企业贷款内部考核激励机制建设跟踪督导

人民银行联合监管部门，对于未进行考核激励而硬性压降小微贷款利率或只针对强抵押、强担保小微贷款考核激励的银行加强指导，督促其完善小微业务内部考核激励机制，有效提升业务条线和分支机构开展小微业务的积极性。

（三）通过“几家抬”的方式支持银行小微企业贷款业务可持续发展

一是建议财政部门加大专项资金扶持力度，对于小微企业贷款特别是单户授信500万元及以下小微企业贷款达到一定比例的银行给予业务补助或专项奖励，同时加大风险补偿分担力度。二是建议税务部门将“小微企业主经营性贷款”纳入金融机构小微企业贷款利息收入免征增值税范围。三是金融管理部门推动银行有效利用金融科技手段，进一步压缩运营成本，提升风险控制能力，为持续发展小微贷款业务提供保障。

（四）综合考虑小微企业贷款抵押担保方式增加利率变化容忍度

建议人民银行协调监管部门，在指导银行小微企业贷款降利率过程中，充分考虑“抵押担保方式变化”这一因素，对于信用类或弱抵押、弱担保方式的小微企业贷款增加利率变化容忍度，引导和支持银行创新小微企业贷款方式，避免一味追究“降利率”导致贷款方式简单化。

（五）调整小微企业贷款考核方式

建议人民银行和监管部门调整小微企业贷款“两增两控”监管指标和MPA中针对小微企业贷款增速的考核计算标准，将季度末时点贷款余额修改为季度贷款发生额或日均额，抑制银行季度末集中放贷“冲时点”行为。

（六）完善支小再贷款管理

一是建议放宽支小再贷款机构申请范围。将申请资格改为主要考核业务是否达标，不区分主体“出身”，地方法人银行或全国性银行省级分行小微企业贷款达到一定比例，则具备支小再贷款申请资格。二是支持外资银行申请支小再贷款，增强其小微企业贷款能力，提高其服务小微企业的积极性。

（魏海滨　周丹　张英男）

中美贸易摩擦对北京地区进出口形势的影响分析

中国人民银行营业管理部　经常项目管理处

2018年3月23日，特朗普政府宣布对中国的301调查结果高调挑起中美贸易争端，同时宣布三项可能实施的制裁，其中包括对总额600亿美元左右的中国进口产品征收高额关税等。中美贸易摩擦升级，争端愈演愈烈。本文基于对近6年北京地区与美国贸易往来特点的分析，结合当前中美贸易争端的最新情况，对今后一段时间对美贸易形势进行预判，提出监测建议。

一、北京地区与美国贸易往来的特点

（一）贸易规模呈"N"形震荡走势，从规模占比看贸易地位有下降趋势

2012年以来，北京地区对美贸易规模呈"N"形震荡走势（见图1），最低点在2012年，进出口贸易规模为122.8亿美元，最高点在2014年，规模为296.2亿美元，2016年贸易规模快速萎缩至259.5亿美元，2017年贸易量有所回升；对美贸易占地区进出口贸易总额的比重由2012年的6.15%上升至2015年的9.3%，2016年、2017年贸易占比略有下降，分别为8.5%、8.7%；按贸易收付汇量排名，美国基本保持第5位。

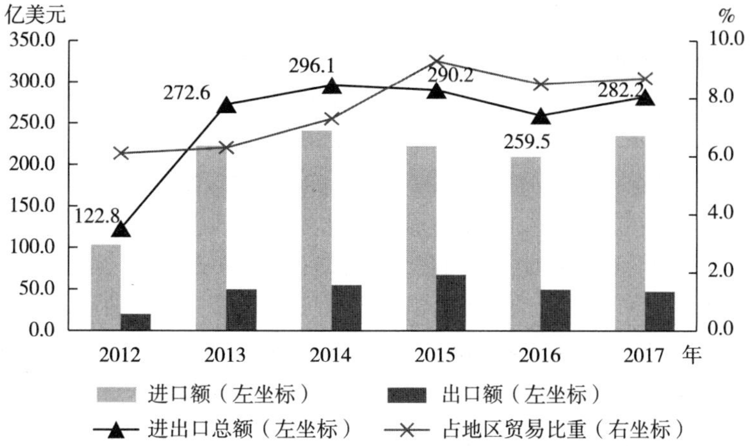

图1　北京地区对美进出口贸易走势

（二）长期呈现大逆差格局，占地区逆差规模比重低于10%

不同于全国整体顺差格局，由于北京地区云集了涉及石油石化、煤炭、钢铁、民航、农林等行业的大型央企、国企，长期以来呈现进口额高于出口额的逆差格局。北京地区对美贸易特征与地区整体贸易特征相吻合，进口额高于出口额，长期处于大逆差格局。如图2所示，对美贸易逆差占地区总体逆差规模比重并不大，2012年以来，占比最高点为2017年（9.72%），最低点为2013年（5.68%）。

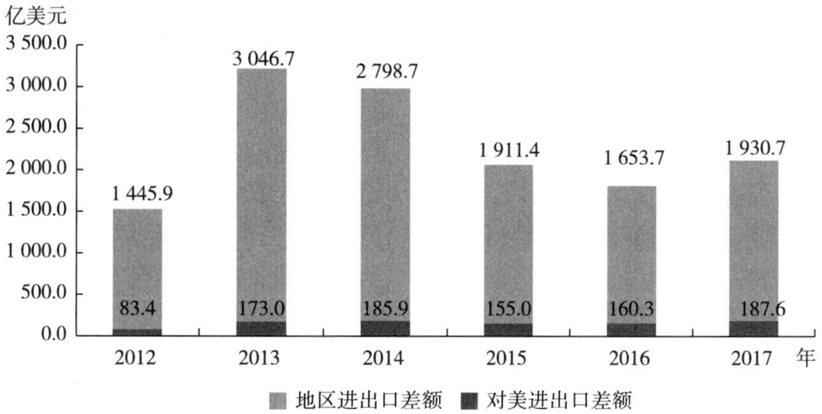

图2　北京地区对美贸易差额

（三）进口产品结构稳定，出口产品由中低端向中高端产品转变

2012年以来，北京地区从美国进口产品的结构较稳定，主要集中于高附加值的工业产品，如飞机、汽车、电子设备等，以及资源性商品，如大豆、谷物、原木等。以2017年为例（见表1），交易额排前五位的主要产品大类为载人机动车辆（42.1%）、原油及成品油（9.6%）、大豆油脂（6.8%）、飞机（5.6%）、天然气（2.4%）。

受低端制造业转移、非首都功能政策调整影响，近6年北京地区对美出口产品结构发生了“润物细无声”式的变化，初级化工制品、纺织品、钢铁制品及铜铝制品等出口规模占比逐年减少，电机电气设备、航空器及其零部件、有机化合物等出口规模占比逐年递增，由中低端产品出口向中高端产品出口转变。以2017年为例，北京地区对美国的出口产品交易额排前五位的主要产品大类是机电产品和机器零部件（26.9%）、有机化合物（7.9%）、钢铁制品（5.9%）、光学医疗精密仪器（5.3%）、车辆及零部件（4.9%）。

表1　2017年北京出口至美国、进口自美国交易额前五位的产品

单位:%

出口至美国	占地区出口	进口自美国	占地区进口
机电产品和机器零部件	26.9	载人机动车辆	42.1
有机化合物	7.9	原油及成品油	9.6
钢铁制品	5.9	大豆油脂	6.8
光学医疗精密仪器	5.3	飞机	5.6
车辆及零部件	4.9	天然气	2.4

二、中美贸易摩擦升级对地区进出口形势的影响

（一）对地区总体出口形势深度影响不大，部分出口企业信心打击大于实质冲击

虽然美国市场对于北京地区出口企业而言仍然很重要，但对于地区外向型经济增长的相对重要性继续缩小，对出口企业造成的实质冲击也不会太大。2017年，对美一般贸易出口总额为33.8亿美元，仅占地区出口总额的5.7%。如果中美贸易摩擦升级为贸易战，部分企业在美国市场的拓展将面临较大的困难。

一是部分中低端制造型出口企业将承受“短痛”。由于国内企业出口商品在价格方面已没有压缩空间，美国惩罚性关税政策将直接提高美国从中国进口商品成本价，使中低端中国制造产品价格竞争力大幅下降，市场份额进一步被其他发展中国家瓜分，承受短期“阵痛”，失去美国市场。

二是高新技术出口企业在美国市场的拓展难度加大面临“长痛”。对于高端装备制造、电子设备制造、人工智能、航空航天领域等高新技术企业来说，不仅面临加征关税导致商品价格上涨、失去价格优势的困境，新产品进入美国市场或扩大市场份额也会遇到越来越多的阻力，将接受更严格的审查、非正常的限制，市场拓展举步维艰，更有可能个别高科技企业完全被美国拒之门外。

（二）对地区总体进口形势深远影响有限，对美进口量将在2018年下半年有所下降

近日，商务部发布公告将对原产于美国的大豆等农产品、汽车、化工品、飞机等进口商品对等采取加征25%的关税。

北京地区从美国进口的产品主要是汽车、原油、大豆、飞机、天然气，对美进口额占地区进口总额的9%。如果该公告正式实施，北京地区对美进口量将明显下降。但由于大豆等农产品、飞机都可寻求替代供应商，对北京地区整体进口形势深远影响有限。

一是部分类别对美进口额下降明显，如大豆油脂、玉米、种子等农产品。作为对美国关税制裁的回击，中国拟对自美进口的大豆加征25%的关税。虽然目前政策还没有实施，但大豆进口企业表示会加大从巴西等南美国家进口大豆，或者通过其他国家大豆贸易商从美国进口大豆经他国中转后再运回国内，预计2018年下半年自美国进口的大豆进口量同比下降明显，但大豆进口总量不会下降。

二是对占地区进口绝对比重的原油进口影响较小。就目前形势来看，中美贸易摩擦对原油、成品油、天然气进口尚未造成影响。后续将高度关注我国商务部门对美贸易的政策回应，鉴于原油进口涉及战略资源储备，预计提高从某一地区进口原油关税的可能性不大，中美贸易战升级对原油的进口影响有限。而中东地区的地缘局势紧张对国际油价的影响较大，局势恶化将导致原油供应链中断，降低原油供给的预期，推动国际油价上涨。

三是汽车进口方面受关税政策变动影响较大。从习近平主席在博鳌亚洲论坛演讲中得到信号，中国对美国进口加征关税的可能性变小，未来将会降低美国进口汽车关税。汽车贸易商预计若降低关税正式实施，将刺激美国进口高端车在中国的销量，整体汽车进口量将大幅增长，关税政策变动对汽车进口量影响较大。

三、加强对美贸易形势监测分析的建议

一是密切关注贸易争端的走向和趋势，及时收集贸易摩擦引发的新情况、新问题。如反倾销与反补贴调查等非关税贸易壁垒对中国产品在美国市场竞争力的影响，对地区出口贸易和相关行业的影响，及时反馈微观主体在财务运作方面的新变化以及收付汇方面遇到的困难。

二是重点关注由进出口贸易摩擦转向服务贸易、资本投资领域的摩擦对跨境资金流动的综合影响。预计中美贸易摩擦升级后，美国针对中国买家的审查可能会更加严格，对购买知识产权等技术引进影响较大，同时，限制中国在美国的投资和收购交易，使部分企业对美投资计划短期受阻，应高度警惕局部摩擦对跨境资金流动的综合影响。

三是跟踪监测贸易争端对国际金融市场、大宗商品价格及汇率波动的局部反应。加强对中美贸易战对跨境资金流动影响的分析与预判，关注贸易战过程中人民币汇率走势与大宗商品价格的波动，掌握涉外主体的汇率预期与资金摆布动向，警惕人民币汇率波动与贸易摩擦对跨境资金流动的叠加效应，防范市场主体一致性操作造成的跨境资金流动风险。

四是引导银行优化金融服务，为企业提供更多政策支持和便利化服务。积极为涉美贸易企业提供贸易融资、外汇结算等全方位的支持与服务，理顺特殊业务的政策执行路径，帮助企业规避政策风险。强化与市场主体的沟通，提示企业针对贸易合同调整提前做好资金运作安排，尽可能地降低贸易战带来的负面影响。

（黄玲畅）

大型银行践行普惠金融战略的实践和思考

中国银行保险监督管理委员会北京监管局

中国银行保险监督管理委员会北京监管局以推进普惠金融事业部建设为抓手，督导辖内大型银行发挥“头雁”效应，大力探索首都银行业践行普惠金融战略的最佳路径。截至2018年第三季度末，辖内大型银行普惠金融贷款余额为386.22亿元，较年初增长42.92%，高于各项贷款增速32.45个百分点。

一、主要做法和成效

（一）完善普惠金融机构设置

在分行层面设立普惠金融事业部的基础上，2018年，辖内大型银行继续在一级支行设立普惠金融事业部、服务中心、服务团队，部分银行还设立了小微企业特色网点，进一步将普惠金融专营服务渠道下伸、权力下放、业务下沉。

（二）优化普惠金融激励约束机制

一是将普惠金融考核指标纳入对支行和主管行领导的年度绩效考评，考核分值占各项经营指标的权重最高达10%。二是对小微企业不良贷款率设置0.5%～3.5%的容忍度，显著高于各项贷款0.28%的不良贷款率水平。三是单列普惠金融信贷计划，专项配置贷款规模和业务费用，开通绿色审批通道，建立普惠金融信贷业务限时办结制度，普惠金融贷款利率最低达4.32%。

（三）创新普惠金融产品和服务

一是借助互联网和大数据，先后推出“小微快贷”“经营快贷”“微捷贷”等全流程线上小微信贷产品，基本实现“客户准入有白名单、授信审批靠评分卡、贷款支用可随借随还”，较好地满足小微企业“短、小、急、频”资金需求。二是在网点未覆盖的郊区行政村累计设立“惠农通”“裕农通”等金融服务点并布放智能设备2 778台，乡镇和行政村覆盖率均超过80%。这些金融服务点为远郊区农民提供存取款、转账汇款和账户查询等服务，打通了金融服务“最后一公里”。三是积极助力扶贫攻坚战，通过“公益中国”“善融商务”等电商平台购买定点扶贫地区产品达575.54万元；联合北京市对口支援和经济合作工作领导小组办公室，为北京市对口支援、帮扶、协作的89个贫困县设立电商农产品销售专区。

（四）加强普惠金融风险防控

借助内部审计资源对普惠金融贷款增速最快的机构进行专项审计，及时向总行反映审计发现的线上贷款IT系统重要信息录入缺乏刚性控制、关联关系识别不充分等问题。在市场乱象整治工作中重点关注普惠金融贷款资金使用情况，及时收回被挪入股市、房市和购买理财的信贷资金。

二、几点思考

（一）进一步提高责任担当，解决“干不干”的问题

普惠金融是国家战略，国有大型银行

发展普惠金融，是推进全面建设小康社会的政治任务，也是自身转型发展的现实需要。基层监管发现，总行重视程度越高，分行普惠金融就发展得越好。但即使在普惠金融战略推进较深入的银行，仍有相当部分的基层经营单位负责人对发展普惠金融存在“成本高、风险大、赚钱少”等抵制情绪，对员工的干劲产生了负面影响。建议督导大型银行进一步提高站位，统一思想，强化政策传导，充分发挥“大机构集中力量办大事”的优势，持续探索“大银行服务小客户”的可复制、可推广经验。

（二）将发展普惠金融与区域经济定位相结合，解决“干什么”的问题

一是根据北京科技创新中心和文化中心的战略定位，积极设立科技文化金融服务专营部门和特色支行，探索符合科技文化企业特点的信贷管理模式，满足不同成长阶段的科技文化企业金融需求。二是发挥北京“总部经济”优势，发展有效整合物流、资金流和信息流的供应链金融，实现与核心企业的上下游小微集群批量对接。三是针对首都市民人均收入高、消费能力强的情况，将金融产品与教育、旅游、租房、婚庆、日常消费等居民消费场景有机融合，深耕消费金融“蓝海”。四是结合首都“大城市小农村”“大生态小农业”的特点，通过重点支持农业产业园、农业合作社、乡村旅游等领域带动农民增收，努力实现远郊区金融服务点“村村通”，助力乡村振兴。

（三）恰当使用金融科技探索商业可持续模式，解决“怎么干”的问题

由于普惠金融客户小而分散，违约概率高，传统信贷管理方式下“普遍”“优惠”“风险”之间不可避免存在“三元悖论”，商业可持续性也一直是金融机构发展普惠金融面临的最大挑战。大数据、云计算、区块链、人工智能等技术的应用在相当程度上缓解了这一难题，数字普惠金融模式也获得业内广泛认可。但由于数字普惠金融高度依赖先进的 IT 系统、庞大的数据基础和丰富的数据挖掘应用经验，各行在推出相关产品前应充分评估自身能力，推出产品后要做好信息系统安全控制和数据质量管理，防止盲目“一哄而上”多头授信、过度授信，为后续发展埋下风险隐患。此外，要注重线上和线下有机融合，线上产生贷款预警信号后线下应及时响应处理，线上监测信贷资金被挪用后线下应及时清收，不能因为高度依赖技术而忽略人的作用。

（四）进一步完善普惠金融发展的政策环境，解决“放心干”的问题

一是线上普惠金融贷款在资金缺口测算、“面谈”、贷款用途凭证收集等信贷管理多个环节不符合目前监管规定，存在较大的合规风险和法律风险。建议明确数字普惠金融监管标准，促进业务规范发展。二是研究设立科技文化金融服务特色化监管评价指标体系，联合北京市人民政府相关部门通过科技文化风险补偿基金、现金奖励等方式，优先对标杆机构给予资金激励。三是加强与税务、工商等政府部门沟通，借助技术手段扩大信息共享范围、减少共享信息传递时滞，为普惠金融发展创造更好的生态环境。

（陈阳）

北京地区车险欺诈案件突出特点及反欺诈建议

中国银行保险监督管理委员会北京监管局

车险欺诈一直是车险业务中的一颗“毒瘤”，不仅侵害消费者合法权益，也影响车险市场的健康可持续发展。本文研究分析了北京地区车险欺诈案件的突出特点，提出了开展反保险欺诈工作的意见建议。

一、北京地区车险欺诈案件的突出特点

（一）单案牟利大额化

自2010年起，北京地区在全国率先实施商业车险费率浮动机制，将车辆出险情况与次年保费挂钩。2016年6月，北京地区启动商业车险条款费率管理制度改革试点工作，进一步加大了商业车险费率浮动的范围。目前，不出险车主最高可享受到4折的保费优惠，而一旦出险，无论赔款金额大小，均不再享受折扣费率，1年内多次出险的车辆保费上浮最高达到3倍。每次出险都对应一定的保费上涨，一方面抬高了车险欺诈特别是小额欺诈案件的直接成本，另一方面引导消费者更关注自身的出险理赔记录，间接增加了欺诈人员利用消费者车辆实施欺诈的难度。由于单次欺诈成本的提高，欺诈人员逐渐减少了小额欺诈作案，而转向提高单案欺诈获利，即尽可能地减少单车出险次数，扩大单案损伤金额，如人为制造自燃、水淹等车辆全损案件。综合来看，当前北京地区欺诈案件呈现单案牟利金额大额化的趋势。

（二）机会型欺诈隐蔽化

近年来，北京市公安交管部门加大对于酒后驾驶的检查和处罚力度，市区各类监控摄像更加密集，信息化设备大量应用。保险公司也加大了信息技术手段在反欺诈工作中的应用，例如，通过调取监控摄像、读取车载电子设备或元件数据等方式，核实事故时间、地点、车辆行驶轨迹、驾驶人员及状态等。在信息化手段日益增强这一大背景下，市区等监控设备密集的区域酒后换驾及隐瞒事故信息等机会型欺诈案件逐年减少。目前这类案件更多发生在执法人员少、监控设备密度相对较小的偏僻道路、郊区及北京周边地区。由于缺少对案件真实性进行判断的参考证据，这类欺诈案件较之以前更为隐蔽。

（三）“代办”类欺诈规模化

北京地区车险经营模式与全国其他地区存在差异，一是承保方面，高度依赖传统渠道，4S店、各类修理厂等兼业代理机构代理出单占比达83%，而全国车险业务兼业代理渠道占比仅39%[①]；二是理赔方面，受交通条件限制，北京地区车险理赔一直有轻查勘、重定损的特点，保险事故的现场查勘比例不高。受上述特点影响，车辆发生事故后，北京的消费者大多

---

① 数据来源：2016年统计信息系统。

习惯委托出单修理厂在代办理赔的同时维修车辆，修理厂将收取的保险赔款直接冲减消费者应交的修车款。这种代办模式下，部分修理厂及从业人员利用客户车辆编造事故、夸大损失，进行保险诈骗获利，或怂恿客户配合保险诈骗，将骗取的保险金用于车辆保养、改装或维修非保险事故的损伤等。修理厂从业人员相比普通消费者更加熟悉保险理赔流程，能够发现公司理赔规则漏洞，制造虚假赔案较为专业。代办理赔中的保险欺诈以修理厂为中心，呈现规模化的特征。

（四）“道具车”使用碎片化

职业型车险欺诈往往指使用“道具车”拼凑或编造虚假事故，道具车一般呈现多次出险的明显特征。随着商业车险市场化改革和保险行业反欺诈能力的提升，道具车辆的使用得到了明显遏制。一是北京地区自 2010 年起实施商业车险费率浮动，对多次出险的车辆实施费率上浮，最高上浮系数达到 3 倍，大大提高了“道具车”欺诈成本。二是目前各公司车险理赔系统均有一定的欺诈风险预警功能，能够通过历史赔案中的车辆信息提示“道具车”欺诈风险，因此同一车辆在同一公司多次出险的情况大幅减少。三是全国车险反欺诈信息系统的上线和行业协会反欺诈部门的沟通机制，极大地方便了各公司车辆出险信息互通，“道具车”在不同公司间重复理赔或互为责任主体的现象也逐步得到控制。在这一背景下，北京地区“道具车”逐渐由高频率、集中式使用转变为零星、交叉，甚至过户更改车牌号、拓宽至京津冀等更大区域内使用等，使用形式碎片化，发现和打击的难度更大。

（五）欺诈手法拟真化

近年来随着北京保险行业反欺诈能力的提升，不法分子在车险欺诈中也逐渐抛弃原始的低端手法，欺诈手法越来越“真”。一是单证“真”。北京地区已基本形成了理赔单证验真常态化机制，能够通过畅通的渠道查验维修发票、交通事故责任认定书等单证的真伪，极大地挤压了虚假单证的存活空间。目前车险欺诈案件很少直接使用假单证，而是使用购买发票、套打发票等更隐蔽的方式。二是损伤“真”。部分欺诈人员故意制造维修成本低、赔付金额高的损伤，进行虚假理赔，以赚取实际维修成本与赔款的差价。例如，人为制造车辆多幅油漆损伤，人为碰撞高价值“黄金角”（如大灯、前杠和前叶子板交叉部位），制造碰撞面积小、配件价值高的损伤等。三是事故“真”。部分欺诈人员将“加工”处理后的车辆行驶到正常路段故意碰撞大货车等大型车辆，既造成标的车损伤严重，又无须维修三者车辆，使事故最大限度拟真，谋取利益。

二、北京地区车险反欺诈存在的问题

（一）理赔人员综合素质有待提高

一线理赔人员是车险反欺诈的第一道关口，对能否事前防范保险欺诈具有决定性的作用。目前保险公司理赔人员的综合素质仍有待提高。一是反欺诈能力不足。部分理赔人员缺乏基本的反欺诈意识和能力，对理赔风险认识不足，执行操作流程不到位，在单证核验、疑点调查、损伤复勘等工作中流于形式，对潜在的欺诈风险熟视无睹，给车险欺诈提供了空间。二是职业操守须增强。车险理赔欺诈的长期存在，不仅考验理赔人员的能力，也拷问着理赔人员的职业道德。当前个别理赔人员丧失职业操守，轻则在理赔审核中“放水”，为不法分子浑水摸鱼提供便利，重则勾结修理厂、4S 店甚至合作第三方制造虚假赔案直接获利。例如，在北京地区破获的“长达汽修”特大团伙车险诈骗案中，数名保险理赔人员因参与保险诈骗被追究刑事责任。

（二）公司理赔风险管控仍须加强

一是理赔管控模式粗放。部分保险公司仍停留在盲目追求保费规模的发展阶段，未树立科学的经营思路，理赔管控更是粗放，甚至仅使用整体赔付率管控合作修理厂、4S 店的业务品质，对于个案的理赔风险视而不见，变相“允许”修理厂实施保险欺诈。二是反欺诈岗位设置不合理。反欺诈工作涉及内部审计、赔案调查、外部协作、信息技术等多个方面，对于岗位人员素质和岗位独立性都有较高的要求。目前各保险公司从事反欺诈工作的人员相对较少，部分公司甚至未设立反欺诈专岗，由理赔人员兼职反欺诈工作，或由理赔部门管辖反欺诈岗位，岗位交叉、人力不足等导致目前反欺诈岗位未能充分发挥作用。三是对新模式的风险管控滞后。随着信息技术的发展和保险行业服务能力的提高，不少保险公司利用电话、微信、客户端等渠道开通了线上自助理赔服务和小额快赔服务，简化了理赔手续，方便了消费者。但需要关注的是，针对这类理赔新模式，风险管控措施并未实时跟进，可能产生新生系统“裸奔”的问题。例如，个别修理厂可能以消费者名义在客户端进行操作，制造虚假赔案或利用现有赔案编造虚假的维修信息以套取差价。

（三）行业数据共享和应用不够深入

北京保险行业已通过反欺诈信息系统和行业协会沟通机制初步实现了车险数据信息的共享和应用，但仍须进一步完善。一是数据采集的准确性和丰富性有待提高。目前车险信息平台收集的被保险车辆信息比较完整准确，但三者车辆信息、保险事故人员信息、维修单位信息的质量相对较差，少数公司信息录入随意，如将案件中的身份证号录为 18 个“1”，数据质量亟待提高，而理赔代办人员等辅助信息目前尚未纳入收集范围。基础数据的不准确、不全面将直接影响数据应用的有效性，对反欺诈数据分析产生干扰。二是数据应用模式过于单一。目前行业数据的共享和应用主要是针对单一风险点的数据检索和预警提示，但随着欺诈手法的隐蔽化、碎片化和拟真化，针对单一风险点的反欺诈手段效用递减。部分保险公司总公司开发了面向全国的网络化风控模型，但其地区适应性偏低，在北京地区应用效果不强。

（四）跨行业跨地区协作不够密切

车险理赔欺诈行为长期存在，保险业外围绕车险欺诈已形成损失鉴定、车辆维修、残值拍卖、索赔诉讼等一整条产业链，保险业在反欺诈工作中也不能单打独斗。一是需更多借助公安交管部门的侦查支持。公安交管部门掌握的道路监控、交通事故现场及车辆信息对欺诈证据的锁定往往有着决定性作用，目前北京保险行业与交管部门的协作主要集中在查询事故处理单真伪和车辆行驶轨迹，距离车险反欺诈的需求仍有一定差距。二是车辆维修信息不够完整准确。车辆维修的具体信息是判断车辆是否重复理赔、分析欺诈风险的重要依据。但目前只有部分品牌专修店能够准确录入维修信息并支持品牌系统内的联网查询，多数修理厂对车辆维修情况的记录参差不齐，难以准确核实。甚至还有少数修理厂对外出售发票，严重干扰了对车辆维修信息的获取。三是跨地区信息共享薄弱。目前保险行业反欺诈工作地区性仍较强，对跨省迁移的风险车辆和人员缺少信息共享，对跨省出险的案件调查手段不足，不法分子往往利用这种信息不对称实施保险欺诈。例如，有在北京投保的高价车辆，报案称在河北省、天津市等异地出险损失巨大，但不配合保险公司查勘或复勘，无法确定车辆事故和损失真实情况，同时自行联系评估机构出具损失鉴定并直接通过诉讼获取赔款；经保险公司跨省排查，发现相关人员在其他地区存在多起类似赔案，涉嫌欺诈。

三、对于车险反欺诈工作的建议

车险反欺诈是一项长期工作，保险行业对内应苦练“内功”、强化风险管控手段，对外应加强协作、营造良好的社会环境，构建起“惩防结合、以防为主”的反欺诈风险防控体系。

（一）建立符合北京特点的车险反欺诈指标体系

综合上述分析，北京地区车险欺诈行为有明显异于其他地区的特点，全国“一刀切”的指标无法准确筛查出北京地区车险欺诈风险点。建议建立符合北京特点的反欺诈风险指标体系，在全面分析北京地区车险数据的基础上，梳理理赔流程，查找风险因子，准确设定风险阈值，确保对欺诈风险精确预警、防范和打击。

（二）进一步强化信息技术手段的应用

一是继续提高行业理赔基础数据采集的全面性和准确性，为信息共享和预警打好基础。行业应加强理赔人员培训，增强理赔人员数据意识，推动应用科技手段开展数据采集和管控数据质量。二是加强对行业数据的网络化分析。通过对随车、随人、随厂等多方面信息的交叉分析，以及网络化关联寻找和发现欺诈线索，提高欺诈风险预警的准确性和反欺诈工作的针对性。

（三）加强京津冀跨地区反欺诈合作

针对跨区域车险欺诈风险，京津冀三地保险行业协会已建立反欺诈协同工作机制，建议在该机制下进一步明确“黑灰名单”共享、跨区域数据筛查、欺诈案件协查、联合教育宣传等具体合作内容，充分发挥区域协同作用，做好京津冀跨区域车险欺诈案件的防范和打击工作。

（四）进一步加强跨部门反欺诈协作

建议拓宽与公安机关的合作范围，争取公安机关对反保险欺诈工作给予侦查手段支持和立案指导等；探索建立与检察院、法院的反保险欺诈合作机制，争取司法机关对预防和打击保险欺诈的更大支持。

（五）营造更为诚信的反欺诈环境

建议定期开展反保险欺诈专题宣传活动，震慑业内、业外不法分子，提高消费者风险防范意识和法律意识；定期开展反欺诈业务交流和培训，指导保险公司强化欺诈风险管控，营造更为诚信的内外部环境。

（詹智团）

北京辖区非金融类民营企业公司债券融资情况报告

中国证券监督管理委员会北京监管局

近年来，北京辖区交易所公司债券市场快速发展，辖区非金融民营企业逐渐成为辖区公司债券市场的重要发行主体。为全面了解辖区非金融类民营企业利用公司债券融资基本情况，本文对辖区非金融民营企业公司债券融资基本情况、违约基本情况和信用风险情况进行了研究。

一、辖区非金融民营企业公司债券融资基本情况

根据辖区2010年1月至2018年10月底发行的非金融企业发行的公司债券数据，304家非金融发行人共发行829只公司债券，发行总额共计1.44万亿元，其中，128家非金融民营企业发行人发行了240只公司债券，发行总额共计2 061亿元。本部分统计分析了辖区非金融民营企业公司债券融资的基本情况[①]，总体来看，交易所公司债券市场一度成为辖区非金融民营企业新增融资的重要渠道，但受多种因素影响，这一渠道的融资功能急剧下降；相比于国有企业，民营企业发行公司债券在发行利率、债券期限、债券评级等方面都有一定劣势；相比于其他融资工具，公司债券在期限、利率等方面还是具有一定优势。

（一）发行规模在2016年达到峰值，近两年下滑明显

2010～2011年，由于发行主体限于上市公司及流程较为复杂，辖区非金融民营企业发行公司债券规模较小，其中，2010年没有发行；2011年1家发行人发行了2只公司债券，发行总额为28亿元。2012年，随着沪深交易所推出中小企业私募债品种，民营企业发债数量和规模略有增长，18家发行人发行了19只公司债券，发行总额为31.75亿元；2013年，24家发行人发行了25只公司债券，发行总额为41.77亿元；2014年，11家发行人发行了14只公司债券，发行总额为19.83亿元。2015年初，中国证券监督管理委员会（以下简称中国证监会）发布《公司债券发行与交易管理办法》，对公司债券架构安排进行了大规模调整，公司债券出现大幅扩容，辖区非金融民营企业发行公司债券规模显著增长。2015年，辖区21家发行人发行了36只公司债券，发行总额为581.6亿元，发行总额是过去五年之和的4.5倍。2016年，辖区发行规模继续扩大，46家发行人发行81只公司债券，发行总额达987.3亿元。2017年，受市场环境和中国证监会调整地产债发行政策影响，辖区民营企业公司债券发行规模较2016年大幅萎缩，当年32家发行人发行36只公司债券，发行规模为160.95亿元，发行数量和规模分别较上年下降55.6%和83.7%。2018年，受市

① 除特殊说明外，数据均来自Wind。

场环境影响，辖区民营企业公司债券发行规模仍未恢复，1～10月，18家发行人发行了27只公司债券，发行规模为209.64亿元。

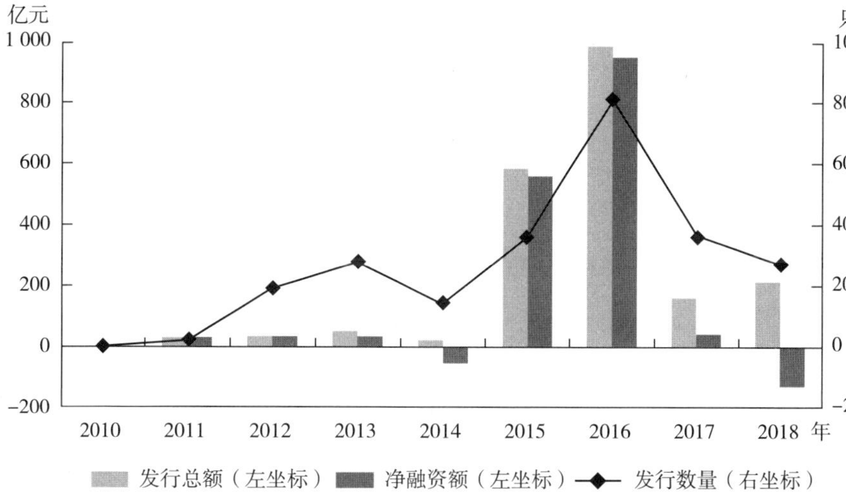

图1　辖区非金融类民营企业近年公司债券融资情况

（二）净融资在2016年达到峰值，2018年前10个月为负值

从辖区非金融民营企业公司债券净融资情况看，2011～2013年均保持正值，但由于发行规模和到期规模都很小，净融资额每年均为30亿元左右。2014年，主要由于3家公司发行的较大金额公司债券到期或回售，当年的净融资额首次成为负值，为－54.8亿元。2015年和2016年，由于发行量较大以及到期规模较小，净融资额分别高达558.3亿元和949.9亿元，公司债券成为辖内民营实体企业新增融资的重要渠道。2017年，由于2015年发行的“2＋1”年期的公司债券出现较大规模回售，当年偿还总额达到120.6亿元，净融资额则下降到只有40.4亿元。2018年，随着2015年发行的3年期公司债券到期以及2016年发行的“2＋1”年期公司债券回售，当年的偿还总额达到339.6亿元，而由于发行总额只有209.6亿元，导致净融资额变为负值，达到－129.6亿元。

（三）发行额和净融资额占辖区比例呈现“倒V”形

2010年，辖区民营企业无发行。2011～2013年，辖区非金融民营企业公司债券发行总额和净融资额占辖区比例均处于10%以下。2014年，由于国有企业发行规模很小，民营企业发行总额和净融资额占比均出现上升。2015年，虽然国有企业发行总额和净融资额也出现了大幅增长，但由于民营企业增长更快，当年民营企业发行总额和净融资额占比均达到近几年最高值，分别为34.2%和38.7%。2016年之后，随着市场逐渐倾向于国有企业，民营企业占比逐步下滑。到2018年，民营企业发行总额占比已经下跌到6.92%，已经低于2011～2013年的平均水平；净融资额占比则下跌到－6.6%。

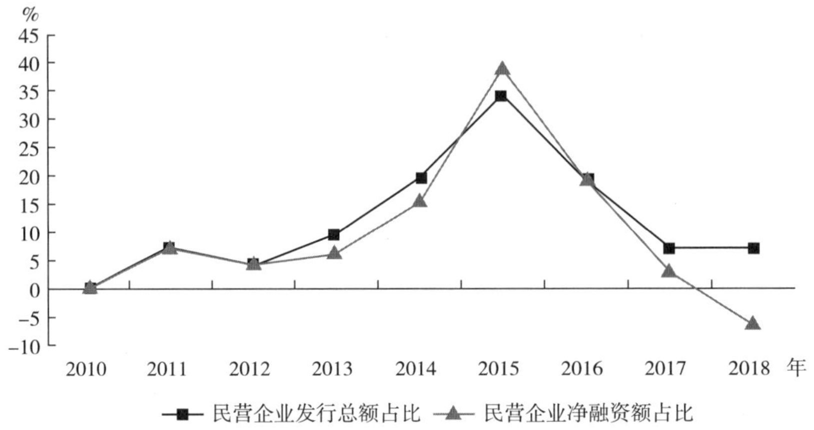

图 2　辖区非金融类民营企业公司债券融资占比情况

（四）债项评级和发行人评级显著低于国有企业

从发行时债券评级分布来看，辖区非金融国有企业公司债券评级分布集中在AAA 评级，AAA 评级债券占比高达72.3%，另外，AA + 评级债券占比为10.5%，AA 及以下评级债券占比为4.7%，无评级债券占比为12.4%。相比较而言，辖区非金融民营企业公司债券评级中枢在AA 评级，要比国有企业低两个级别。其中，AAA 评级债券只有10.4%，AA + 评级债券只有17.1%，AA 及以下评级债券占比40%，无评级债券占比为32.5%。

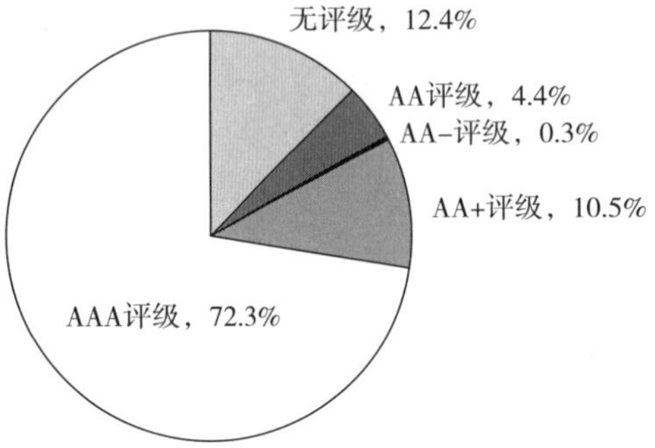

（1）国有企业债券债项评级分布

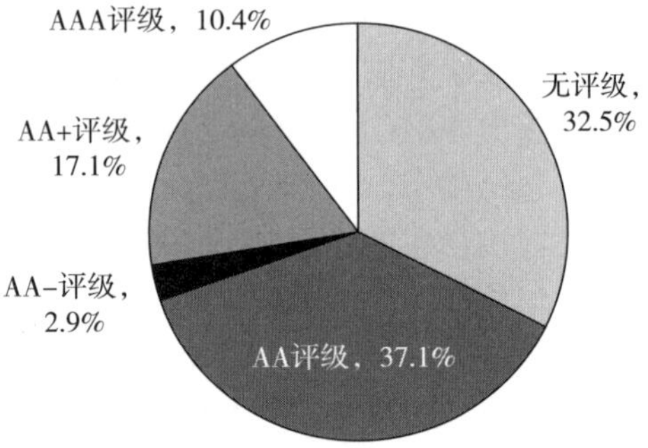

（2）民营企业债券债项评级分布

注：由于四舍五入，各项加总之和可能不等于100%，下同。

图 3　辖区非金融公司债券债项评级分布

从债券发行时发行人评级分布来看，辖区非金融国有企业公司债券发行人评级集中在AAA 评级，占比达到72.3%，另外，AA + 评级债券发行人占比为17%，AA 及以下评级债券发行人占比为9.7%，无评级债券发行人占比为1%。辖区非金融民营企业公司债券发行人评级集中在AA 评级，要比国有企业低两个级别，其中，AAA 评级债券发行人占比为5%，AA + 评级债券发行人占比15.8%，AA 评级债券发行人占比47.5%，AA - 及以下评级债券发行人占比9.6%，另有无评级债券发行人占比22.1%。

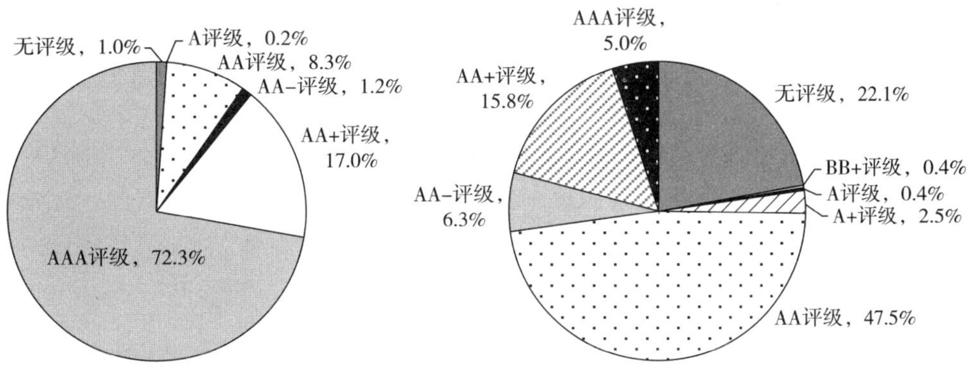

（1）国有企业债券发行人评级分布　　（2）民营企业债券发行人评级分布

图4　辖区非金融公司债券发行人评级分布

（五）债券期限显著更短

从债券期限来看，辖区非金融民营企业发行的公司债券期限显著更短。国有企业债券期限分布集中在4～6年期，占比高达52.3%，另外，1～3年期债券占比为31.6%，7年及以上期限债券占比也有16.1%。而辖区非金融民营企业发行的公司债券期限集中在1～3年期，占比达到62.1%，4～6年期限的债券占比为35.8%，7年及以上期限的债券占比只有2.1%。虽然非金融民营企业发行的债券期限比国有企业短，但是，相比于主要是1年期流动贷款的银行资金，公司债券还是能为民营企业提供1～3年的中期资金。

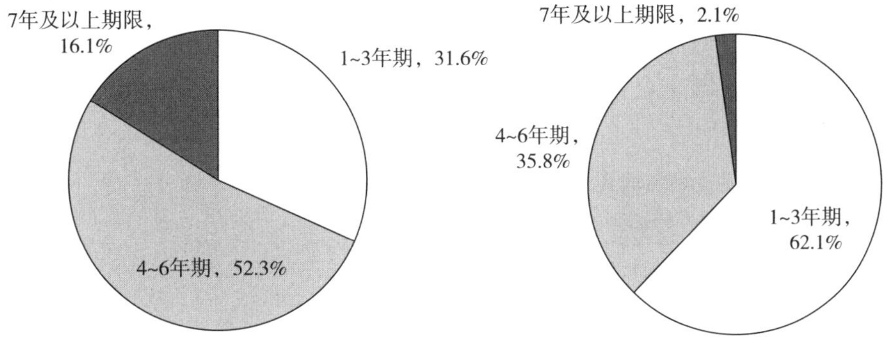

（1）国有企业债券期限分布　　（2）民营企业债券期限分布

图5　辖区非金融公司债券期限分布

（六）发行利率高于国有企业，近两年提高明显

剔除可交换债券和可转换债券，2011～2018年，辖区非金融民营企业公司债券加权平均利率为6.14%，而辖区非金融国有企业公司债券加权平均利率为4.38%，民营企业公司债券加权平均利率比国有企业高176个基点。

分年份看，2011年两类主体的加权平均利率差距最小，民营企业只比国有企业高72个基点；2012～2014年，两者利差保持在300个基点左右；之后，随着市场整体利率下行，两者利差也一定幅度缩小到不到 200 个基点。2018 年，民营企业利率显著上行，但国有企业利率与 2017 年基本无变化，导致二者的利差进一步上行，二者利差达到 274 个基点，已经接近 2011 ~2014 年的水平。

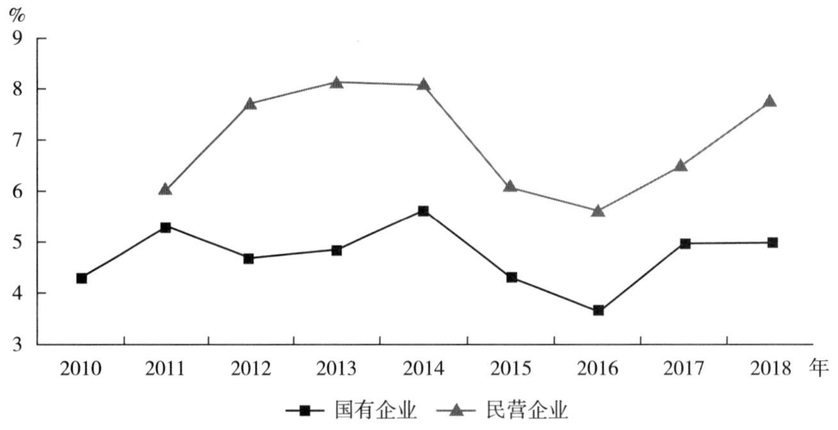

图 6　国有企业与民营企业加权平均发行利率对比

分评级来看，相同评级的辖区非金融民营企业发行利率均显著高于国有企业，且评级越低，利差越大。以 2018 年为例，AA 级民营企业债券加权平均利率较国有企业高 212 个基点，但 AAA 级民营企业债券加权平均利率较国有企业只高 31 个基点。

表 1　分评级国有企业与民营企业债券发行利率对比　单位：%

单位	债项评级	2015 年	2016 年	2017 年	2018 年
国有企业利率	AA	4.95	4.64	5.67	5.9
	AA +	4.63	4.61	5.66	5.77
	AAA	3.82	3.36	4.87	4.82
民营企业利率	AA	6.61	5.9	6.99	8.02
	AA +	6.09	5.45	6.29	7.25
	AAA	4.2	3.68	5.71	5.13
民营企业—国有企业利差	AA	1.65	1.26	1.32	2.12
	AA +	1.47	0.83	0.63	1.49
	AAA	0.38	0.32	0.84	0.31

辖区非金融民营企业公司债券发行利率近两年明显升高。剔除可交换债券和可转换债券，2011 年，民营企业加权平均发行利率为 6%；2012 ~2014 年，由于市场利率走高以及一些高利率的中小企业私募债发行，民营企业加权平均利率保持在 8% 左右。2015 ~2016 年，由于市场流动性较为充裕，利率较前几年有了一定程度下滑，民营企业在 2015 年和 2016 年的加权平均利率分别为 6.06% 和 5.63%。2017 年，随着金融形势和监管政策变化，民营企业发行利率出现显著提高，2018 年前 10 个月的加权发行利率已经达到 7.72%，较 2016 年的平均值上升了 209 个基点。虽然 2018 年民营企业的发行利率已达到 7.72%，高于同期银行基准贷款利率 60%，但考虑到公司债券是信用融资，而且也没有其他附加要求，最主要的是还具有一定可得性，因此还是能为缓解民营企业融资难作出一定贡献。

（七）行业集中在房地产业等四大行业

从行业分布看，辖区非金融国有企业发行人集中在电力、煤气及水的生产和供应业，采掘业，制造业和房地产业，这四大行业发行金额占比合计达到67.9%。辖区非金融民营企业发行人集中在房地产业、制造业、综合类、批发和零售贸易业，这四大行业发行金额占比达到78.8%，其中，房地产业发行金额占比高达36.2%。

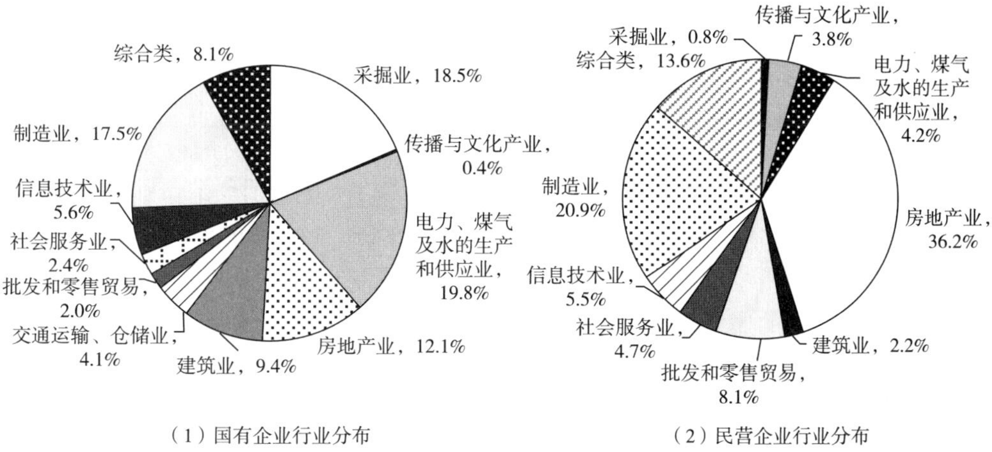

图7　辖区非金融公司债券发行人行业分布（按金额占比）

二、辖区非金融民营企业公司债券违约情况分析

债券市场的民营企业违约是当前各方面关注的焦点，本部分对辖区非金融民营企业公司债券违约情况及原因进行了分析。总体来看，辖区公司债券违约主体的违约原因，虽然都与流动性收缩不无关系，但是更核心的原因还是该主体自身经营存在着难以克服的问题，基本表现就是违约主体的经营性现金流和投资性现金流出现了根本性问题。

（一）违约基本情况

2010～2017年，辖区先后发生了3起民营企业公司债券违约或风险事件，均得到妥善处置。2014年，华锐风电科技（集团）股份有限公司发行的“11华锐01”出现回售风险事件，涉及本金24亿元，之后通过股权转让和应收款转让等实现了按期足额兑付。2015年，中科云网科技集团股份有限公司发行的“ST湘鄂债”发生回售违约，涉及本金4.8亿元，之后通过引入战略投资者等实现足额兑付。2015～2016年，中成新星油田工程技术服务股份有限公司发行的“12中成债”先后发生回售及到期违约，涉及本金3 660万元，之后通过债转股化解相关风险。

2018年，辖区非金融民营企业公司债券违约风险不断爆发，已有4家发行人的5只公司债券违约，涉及本金35亿元，涉及的民营企业发行人数量和债券规模已超过过去几年之和。2018年3月14日，神雾环保技术股份有限公司（以下简称神雾环保）发行的“16环保债”发生回售违约，涉及本金4.5亿元。2018年4月27日，神雾科技集团股份有限公司

（以下简称神雾集团）发行的“16 神雾E1”补担保品违约，涉及本金 18 亿元。2018 年 6 月 13 日，中融双创（北京）科技集团有限公司（以下简称中融双创）发行的“16 长城 01”利息违约，涉及本金 6 亿元；9 月 8 日，该公司发行的“16 长城 02”利息违约，涉及本金 6 亿元。2018 年 8 月 3 日，乐视网信息技术（北京）股份有限公司（以下简称乐视网）发行的“15 乐视 01”兑付违约，涉及本金 0.73 亿元。

（二）辖区 2018 年民营企业公司债券违约的主要原因

辖区前几年出现的违约，大多是行业下行和公司盈利下滑导致的，其中，华锐风电违约风险主要是因为风电行业的下行，湘鄂情违约是因为高端餐饮消费受限，中成新星违约是因为油服行业下行。相比较而言，辖区 2018 年违约主体所处的行业并没有出现行业性的普遍下滑，2018 年的违约原因呈现出新的特点。

1. 主营业务创现能力弱

辖区 2018 年违约的几家民营企业主体的普遍特点是，虽然净利润数据尚可，但是经营性现金流状况较差，现金流与利润之间存在持续的差异。由于相关债务的偿付需要货币资金，而不是记在账上但难以变现的应收账款、预付账款和其他应收款等款项，经营现金流持续较差导致相关主体流动性日趋紧张，并最终出现违约。神雾集团 2014 ~ 2017 年的经营活动现金流净额均为负，且都远远小于同期净利润。神雾环保除 2014 年外，2015 ~ 2017 年的经营活动现金流净额均远小于同期净利润。而且，在 2017 年净利润达到 3.55 亿元的同时，经营活动现金流净流出却高达 13.58 亿元。乐视网 2014 年和 2015 年经营活动现金流净额高于同期净利润，但在 2016 年则要远小于同期净利润。

几家违约主体净利润与经营活动现金流净额存在持续差异的一个主要表现是销售商品、提供劳务收到的现金持续少于同期的营业收入。神雾集团除 2017 年该比例略超过 100% 以外，其余年份均低于 80%；神雾环保除 2014 年外，其余年份均低于 80%，2017 年甚至只有 43.4%；乐视网除 2014 年略高于 80% 以外，其余年份均低于 80%。

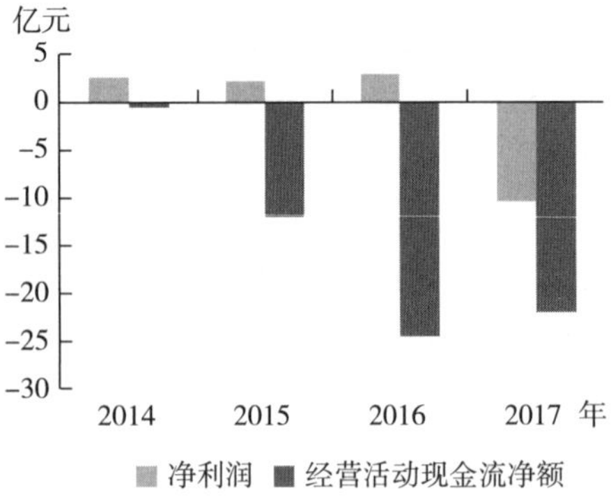

（1）神雾集团

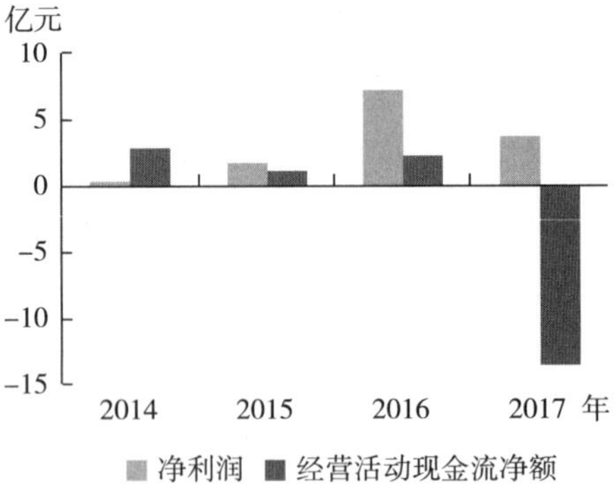

（2）神雾环保

图 8　辖区四家民营企业违约主体净利润和经营活动现金流净额

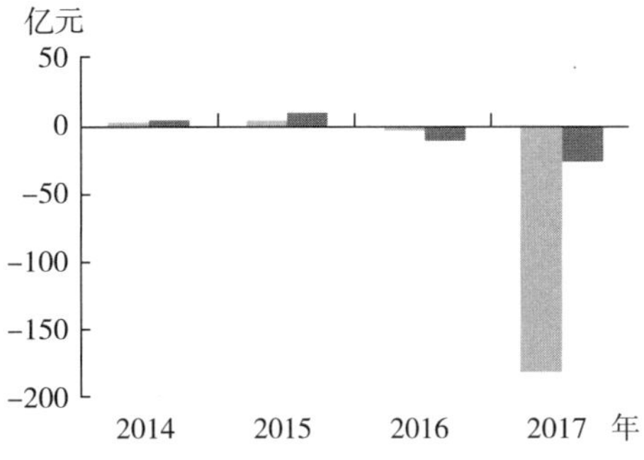

（3）乐视网

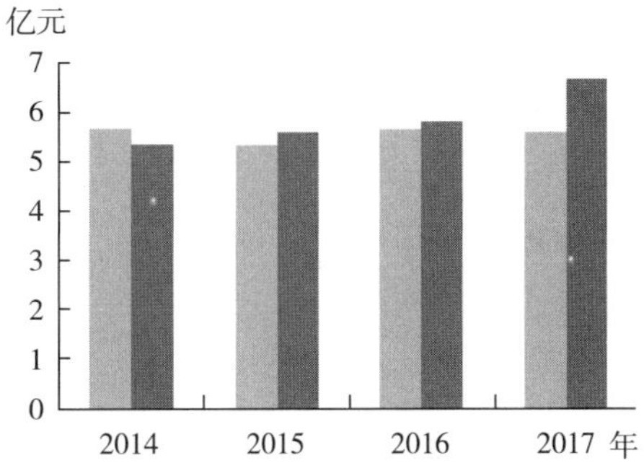

（4）中融双创

图 8　辖区四家民营企业违约主体净利润和经营活动现金流净额（续）

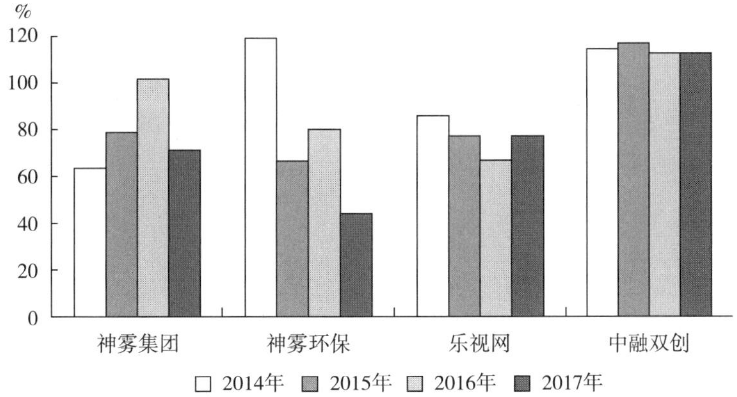

图 9　辖区四家民营企业违约主体销售商品、提供劳务收到的现金/营业收入

2. 以负债推动激进扩张

从辖区 2018 年违约的主体来看，全都存在高速扩张的情况，四家主体中，2014～2017 年资产复合增长率最高的为神雾集团，达 43.6%，资产复合增长率最低的是中融双创，为 14.6%。与此同时，这四家违约主体全都是以负债推动高速扩张，表现为负债复合增长率大幅高于资产复合增长率，其中，乐视网近四年的负债复合增长率高达 58.5%，高出资产复合增长率 21 个百分点。

高速扩张的企业应对风险的能力相对会更弱，这主要是因为高速扩张一般是由高速增长的负债支撑，一旦有某些方面没有达到预期，负债就会对企业形成刚性约束。第一，一旦融资环境发生变化，负债端的维系将面临很大困难。第二，高速扩张的绩效显现需要时间，项目开发建设、市场拓展和团队建设等都需要时间，一旦产生绩效的时间比预期长，则可能会面临资金链压力。第三，新进入领域需要较大学习成本，不确定性较高，一旦投资不及预期，将形成持续的债务硬约束。

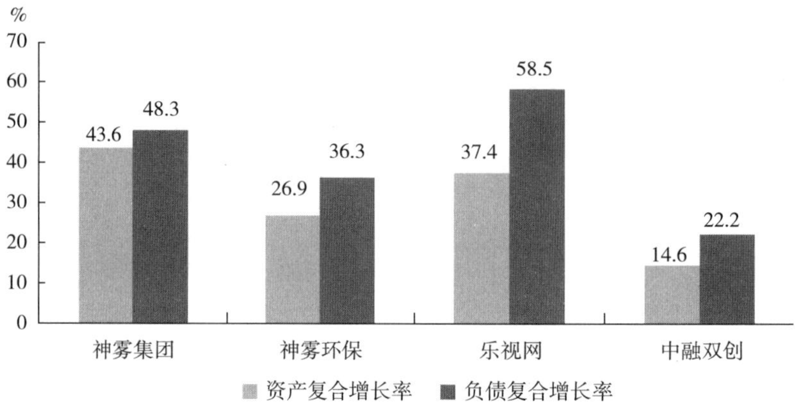

图10 2014~2017年辖区四家民营企业违约主体资产负债复合增长率

3. 负债结构不合理

在违约前，相关主体的负债结构都出现了显著恶化。一方面，资产负债率持续大幅提高。例如，神雾集团资产负债率由2014年末的72.5%提高到2017年末的88.3%，提高了15.8个百分点；神雾环保同期资产负债率提高了23.8个百分点，乐视网甚至提高了41.5个百分点，最低的中融双创也提高了8个百分点。

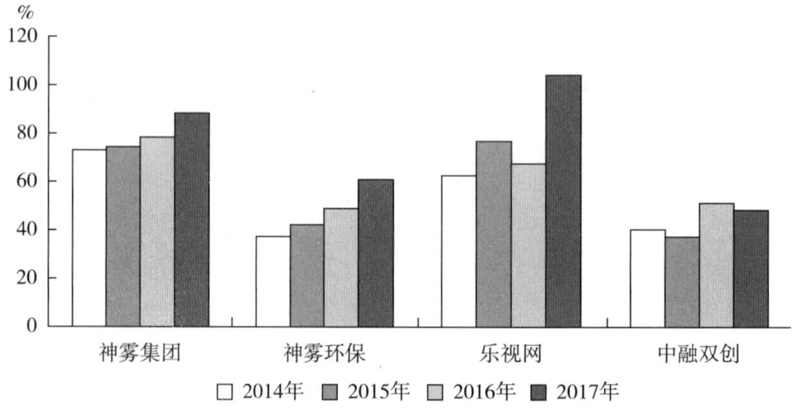

图11 辖区四家民营企业违约主体资产负债率

另一方面，相关主体违约前由于债务的集中到期，出现了短期债务比例的显著提高。例如，神雾集团的短期债务占比从2016年末的51.2%提高到2017年的63.6%，提高了12.4个百分点，神雾环保同期提高了36.1个百分点，乐视网提高了24.6个百分点，中融双创提高了19.5个百分点。这种短期债务的集中到期，使债务问题集中爆发，并最终导致违约的出现。

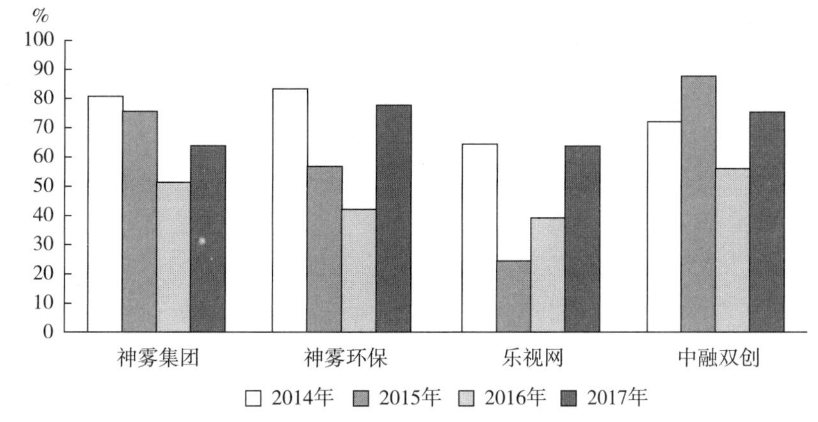

图 12　辖区四家民营企业违约主体短期债务占比

三、辖区民营企业公司债券发行人信用风险不容小觑

依据辖区存续的 80 家非金融民营企业公司债券发行人和 158 家非金融国有企业公司债券发行人相关财务数据①，分析发现，受自身经营状况和融资环境不佳等多重因素影响，辖区非金融民营企业债券发行人面临一定的信用风险，主要体现在以下几个方面。

（一）经营承压

2016～2018 年，辖区非金融民营企业公司债券发行人在营业收入保持增长的同时，却增收不增利，净利润持续下滑，其中，2017 年平均净利润较 2016 年下降 14.6%，2018 年上半年较上年同期下降 1.1%。而与之形成明显对比的是，辖区非金融国有企业公司债券发行人净利润则保持高速增长，其中，2017 年平均净利润同比增长 9.9%，2018 年上半年同比增长 26.8%。

辖区非金融民营企业公司债券发行人平均净利润下降的同时，亏损面持续扩大。

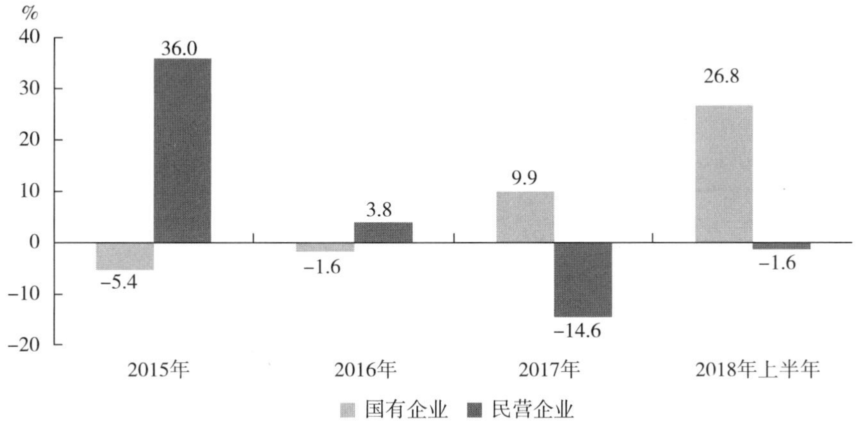

图 13　辖区公司债券发行人平均净利润增速

① 由于个别主体没有公开披露的财务资料，所以剔除了相关数据。

2016 年，净利润为负的民营企业发行人占比只有 2.3%，2017 年，亏损比例大幅提高到 9%，而到了 2018 年上半年，亏损比例进一步扩大到 11.5%。与之相比，辖区非金融国有企业公司债券发行人在 2017 年的亏损比例只有 2.6%，到了 2018 年中期也只有 6.6%。

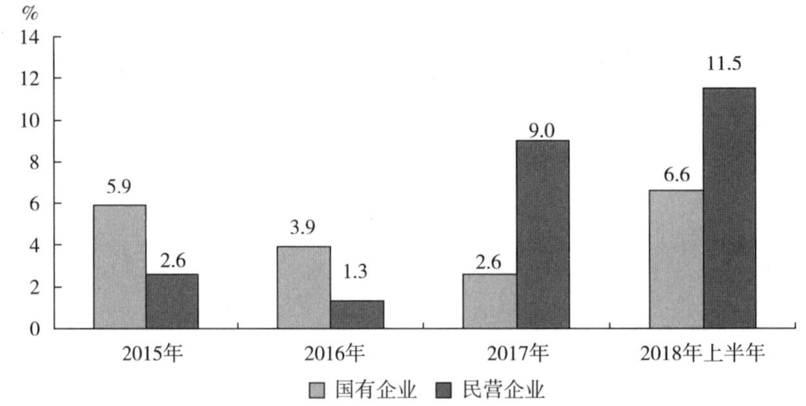

图 14　辖区公司债券发行人亏损比例

辖区非金融民营企业债券发行人经营承压的原因是多方面的，主要有自身经营不善、上游国有企业主导行业涨价而民营企业主导的中下游行业无法传导、环保限产等行政因素、税费增速较高、财务费用持续高企等。2015 ~ 2018 年，辖区非金融民营企业债券发行人财务费用保持高速增长，其中，2015 ~ 2017 年的增速均在 30% 以上。这种高速增长一方面是由于负债规模扩大，另一方面是由于融资成本上升。持续快速增长的财务费用造成的结果之一便是财务费用率的持续上升，这给民营企业经营带来了较大压力。2017 年和 2018 年上半年，辖区非金融民营企业债券发行人财务费用率高达 4.3%，比 2015 年提高 1.4 个百分点，而同期辖区非金融国有企业债券发行人的财务费用率只有 1.8%。

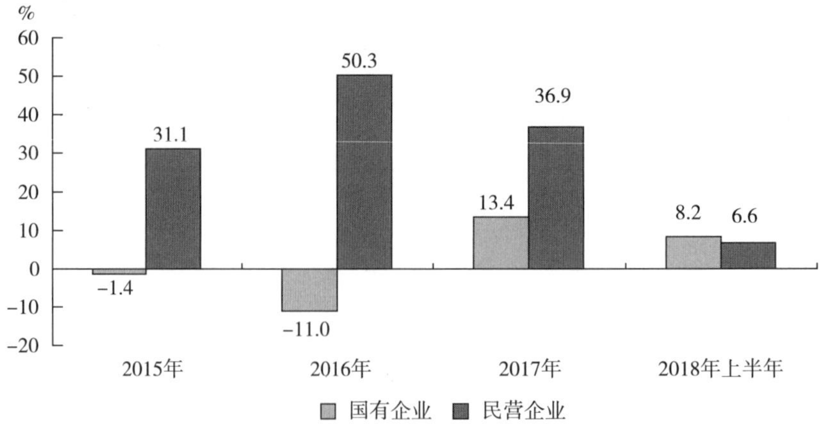

图 15　辖区公司债券发行人财务费用增速

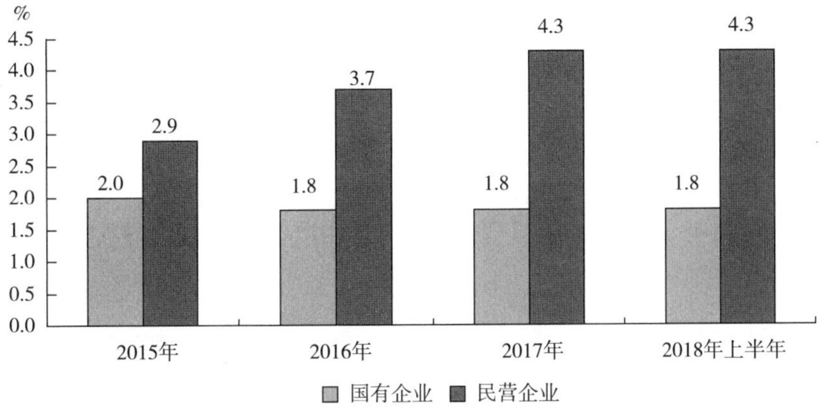

图16　辖区公司债券发行人财务费用率

（二）筹资受限

2015年和2016年，市场流动性相对宽松，辖区非金融民营企业公司债券发行人筹资情况相对较好，筹资现金流净额分别达到20亿元和23亿元。2017年，受市场环境和监管政策影响，辖区非金融民营企业公司债券发行人筹资性现金流净额显著下滑至7.3亿元，2018年上半年，筹资性现金流净额下降至只有0.3亿元。与此同时，辖区非金融国有企业公司债券发行人筹资性现金流净额2018年上半年甚至高于2017年全年的水平。

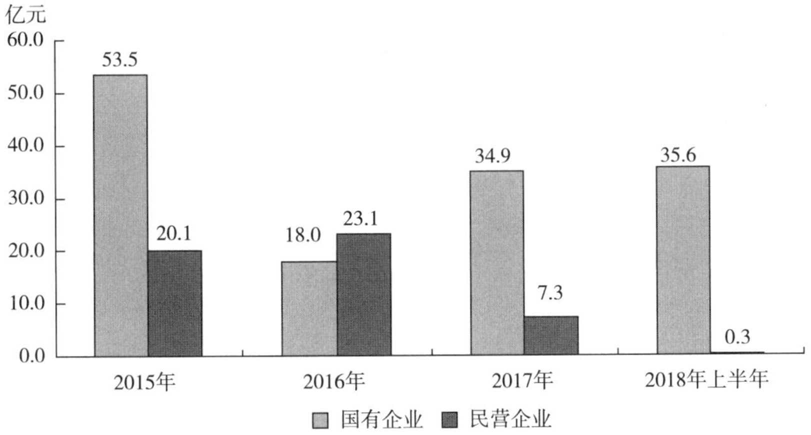

图17　辖区公司债券发行人筹资现金流净额

从筹资性现金流净额小于零的主体占比来看，目前辖区非金融民营企业融资受限已成为普遍状况。2015年和2016年，辖区非金融民营企业公司债券发行人筹资性现金流净额小于零的主体占比只有20%左右；2017年，这一指标显著上升到33.3%；2018年上半年，这一指标更是提高到52.6%。也就是说，目前有超过一半的辖区非金融民营企业公司债券发行人存在筹资现金流净流出的情况。在经营压力和债务偿付压力较大的同时，筹资情况的大幅恶化给民营企业借新还旧造成了极大影响，民营企业极容易因而陷入流动性困境。

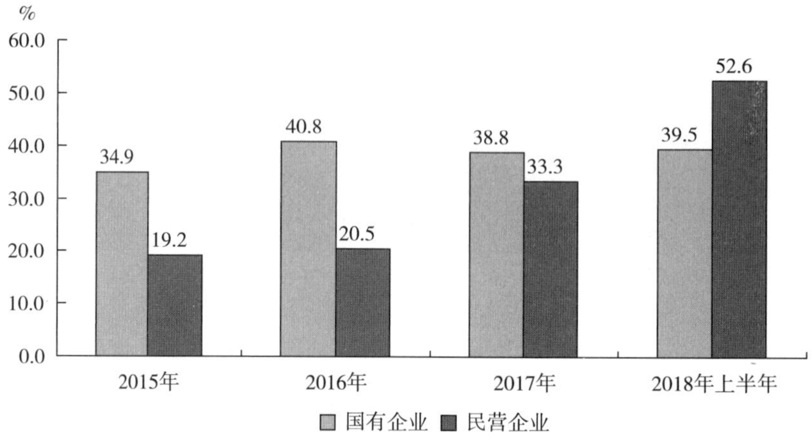

图 18　辖区公司债券发行人筹资性现金流净额小于零的主体占比

（三）债务结构恶化

一是负债率走高。受多方面因素影响，2015～2018 年，辖区非金融民营企业公司债券发行人资产负债率持续走高，已经由 2015 年的 50% 上升到 2018 年中期的 55%，上升了 5 个百分点。与此同时，辖区非金融国有企业公司债券发行人资产负债率则一直稳定在 65% 左右。此外，65.4% 的辖区非金融民营企业公司债券发行人 2018 年中期的资产负债率高于 2015 年末水平，而只有 44.1% 的国有企业在同时期内出现了资产负债率的提升，显示出更大比例的民营企业在这期间内加了杠杆。

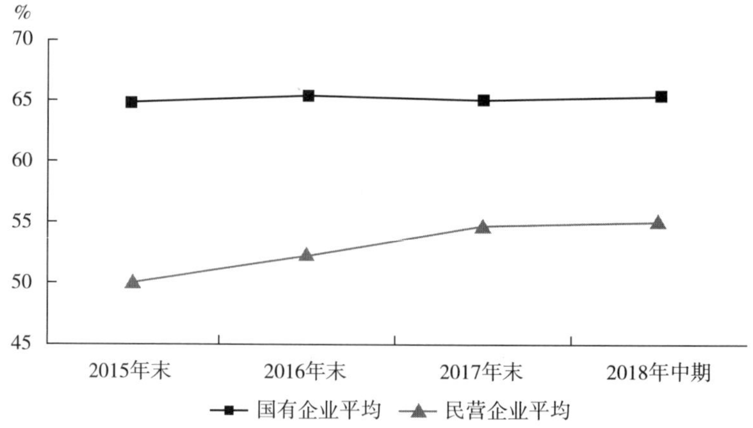

图 19　辖区公司债券发行人资产负债率

二是短期债务占比上升。辖区非金融民营企业公司债券发行人短期债务在 2018 年上半年出现了上升，由 2017 年末的 46.7% 提高到 2018 年中期的 48.1%。

值得指出的是，如果2018年、2019年可能面临投资者回售的债券从长期债务划到短期债务，则民营企业短期债务占比提高的趋势将更为明显。

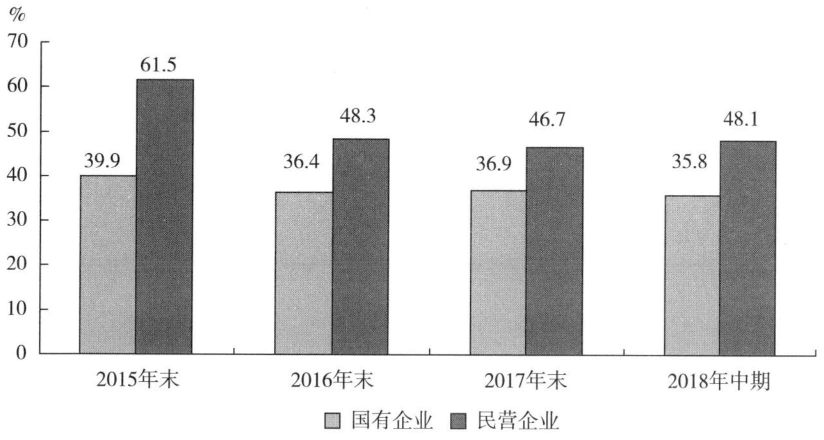

图20　辖区公司债券发行人短期债务占比

此外，更高比例的民营企业出现了短期债务占比的上升。2016年短期债务占比相比2015年上升的民营企业比例只有25.6%，而2017年相比2016年短期债务占比上升的民营企业比例则显著提高到55.1%，2018年中期相比2017年末占比上升的民营企业比例则进一步提高到60.3%。与此同时，国有企业短期债务占比上升的比例在2018年上半年甚至出现了下降。

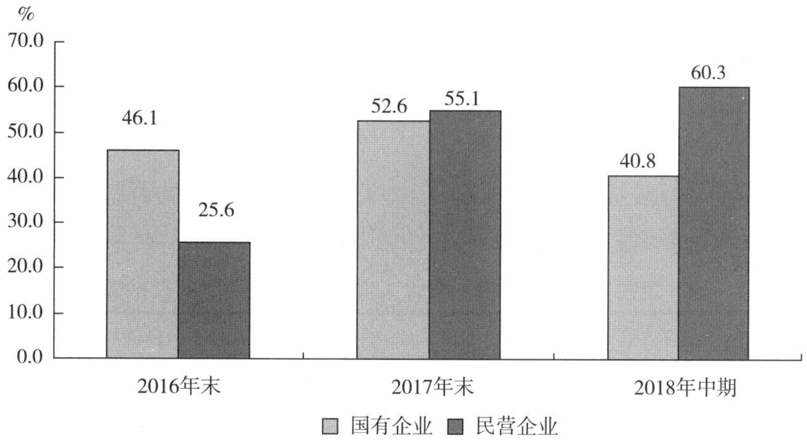

图21　辖区公司债券发行人短期债务占比上升主体比例

三是债务集中到期。最悲观地估计，2019年末前辖区非金融民营企业公司债券发行人尚须偿还近1 000亿元公司债券。假设回售的债券均选择全额回售，辖区非金融民营企业公司债券偿付金额在2019年高达798亿元，属于历史最高水平；2020年尚有286亿元需要偿付。鉴于2017年和2018年前10个月的发行规模均为200亿元左右，如果到2019年末的市场环境仍维持近两年的状况，辖内民营企业公司债券偿付压力将非常大。国有企业的偿债高峰则分布在2019~2021年，这几年每年需要偿还的金额在2 500亿元左右；由于近三年每年国有企业的发行金额都超过2 500亿元，整体来看偿付风险不大。

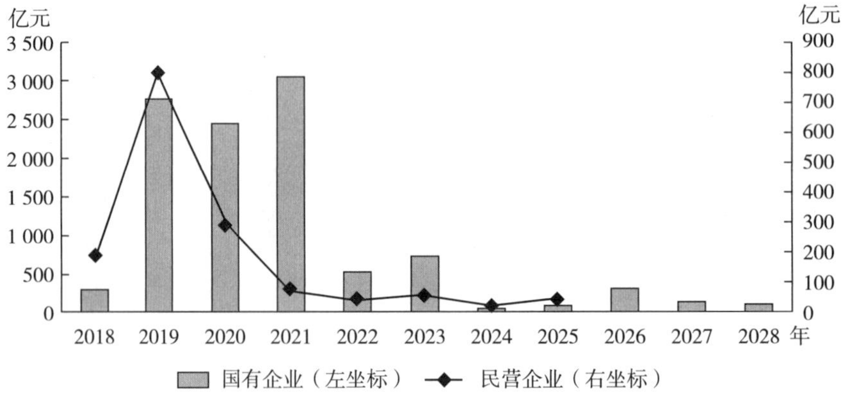

图22　辖区非金融公司债券发行人未来到期回售金额测算

（四）流动性紧张

受融资性货币资金流入减少以及债务集中到期影响，非金融民营企业债券发行人的短期债务规模增长的同时货币资金积累状况不佳，造成辖区非金融民营企业债券发行人货币资金对短期债务的覆盖情况趋于恶化，短期流动性明显恶化。

从货币资金/短期债务这一指标来看，辖区非金融民营企业公司债券发行人中，2016年末只有2.6%的发行人该指标低于0.3；2017年末有11.5%的发行人该指标低于0.3；2018年中期有高达20.5%的发行人该指标低于0.3。2016年末，只有10.3%的发行人该指标低于0.5；2017年末有24.4%的发行人该指标低于0.5；2018年中期有高达34.5%的发行人该指标低于0.5。这个指标反映出，受多方面因素影响，辖区非金融民营企业公司债券发行人短期流动性显著恶化，越来越多的辖区民营企业存在不容忽视的债务偿付压力。

表2　辖区非金融公司债券发行人货币资金/短期债务占比情况　　单位:%

企业类别	指标	2015年末	2016年末	2017年末	2018年中期
国有企业	货币资金/短期债务 <0.3	10.6	14.6	13.9	9.9
民营企业	货币资金/短期债务 <0.3	3.9	2.6	11.5	20.5
国有企业	货币资金/短期债务 <0.5	21.7	19.1	22.4	19.7
民营企业	货币资金/短期债务 <0.5	16.7	10.3	24.4	34.6

四、相关建议

一是高度重视目前辖区非金融民营企业面临的信用风险问题，加大降成本力度，优化营商环境，进一步提高民营企业盈利能力，从根本上为优化民营企业融资环境创造条件；推动金融体系加大对民营企业的支持力度，发挥政府和政府扶持的平台在缓解民营企业融资困难中的作用。

二是通盘设计，将交易所债券市场打造为各级政府缓解民营企业融资问题的重要平台。充分宣传交易所债券市场投资者多元、交易机制灵活的优势和民营企业债券融资主平台的地位，推动相关平台提高利用公司债券市场的意识；推动相关平台在交易所债券市场发行纾困债券、提供担保、提供信用保护工具等方式，提高相关资金放大倍数和使用效率；充分利用交易所债券市场多重约束有效的优势，推动地方政府相关平台通过债券购买等方式为企业提供资金支持，利用外部约束提升相关资金使用的安全性。

三是充分发挥券商作用。要求券商做好信用风险监测排查工作，督促发行人聚焦主业和积极自救；推动券商开展产品创新，包括但不限于创设风险缓释工具、设计债券特殊条款约束等。

四是支持存在暂时性困难的发行人通过新发公司债券再融资，通过发行企业资产支持债券（ABS）盘活存量资产；支持发行人通过在募集说明书中加入特殊条款等方式，强化对自身投资和资金拆借行为的约束。

五是强化监管执法力度，建立季度报表披露制度，进一步提高信息披露的质量和频率，提振投资者对信息披露的信心。

六是鉴于部分民营企业存在债务负担过重、难以持续运营的压力，建议推动完善债务重组、破产重整等制度安排，通过有效措施既重构相关企业债务，又合理合法保护债权人合法权益，为企业继续发展创造良好条件。

七是鉴于部分民营企业被市场主体广泛质疑，建议加大行政监管和刑事侦查的配合力度，严惩恶意逃废债务、欺诈发行、信息披露违法等违法犯罪行为，净化市场环境。

（陆倩　侯凤坤　金义　唐诗磊）

关于辖区主板上市公司中小投资者保护制度建立情况的调研报告

中国证券监督管理委员会北京监管局

保护投资者尤其是中小投资者合法权益是证券期货监管的根本使命，是贯彻落实党的十九大精神，坚持以人民为中心发展理念的具体体现。中国证券监督管理委员会北京监管局（以下简称北京证监局）公司一处以中证中小投资者服务中心有限责任公司（以下简称投服中心）持股行权为契机，以公司章程为切入点，对投资者保护制度在辖区主板上市公司的建立和执行情况进行了摸底调研，对发现的问题进行了深入分析，并提出了政策建议。

一、调研背景及基本情况

经统计，近期辖区共有 135 家主板上市公司收到投服中心发出的股东建议函，约占截至 2018 年 3 月底辖区主板上市公司总数的 83.33%。北京证监局公司一处对此高度重视并就上述公司中小投资者保护情况进行了专项调研，依据《中华人民共和国公司法》《上市公司收购管理办法》《上市公司治理准则》《关于在上市公司建立独立董事制度的指导意见》《上市公司章程指引（2016 年修订）》《上市公司股东大会议事规则（2016 年修订）》《国务院办公厅关于进一步加强资本市场中小投资者合法权益保护工作的意见》等相关规则及政策文件，重点关注了公司章程中中小投资者保护条款的补充完善及其他违反现行规则条款的废止调整。在调研中，部分公司提出虽未在公司章程中设置相关条款，但在实际操作已予以执行；或反恶意收购条款的设置是为了维护上市公司的合法权益等，相关解释虽具有一定的合理性，但不足以否认现实存在的问题。

二、调研中发现的主要问题

具体来说，本次调研主要发现了以下五个方面的问题。一是累积投票制度不完善。主要是控股股东持股超过 30% 的上市公司，未在其公司章程中规定选举两名以上董事应当而非可以采取累积投票制度，或虽已建立累积投票制度，但未制定实施细则等问题。二是利润分配制度不完善。主要是未在公司章程中规定现金分红的优先顺序，利润分配尤其是现金分红事项的决策程序和机制，调整的具体条件、程序和机制，充分听取中小股东意见采取的措施等问题。三是股东权利保护制度存在瑕疵。一方面，公司章程的相关条款直接剥夺了股东对董事、监事（不含职工董事、监事）的提名权和罢免权，以提高持股比例、增加连续持股时间、根据持股数量确定可提名人数、延长临时提案提出时间与股东大会召开时间的间隔、设置经董事会或监事会同意后才可提交股东大会议案的前置程序等方式予以限制。另一方面，反恶意收购条款违反现行规则，主要表现为限定每年或每届董事更换比例以及拟提名董事的资历，例如，更换比例不能超过 1/3；具有至少 5 年以上与公司目前主营业务相同的业务管理经验；提高审议通过新晋股东提案所需的同意票数；需要经出席股东大会的有表决权股东的 3/4 以上通过；增加增持股份的事前报告及同意程序，当持股达到 3% 及后续每增加或减少 3%，均须向公司报告，持股达到 10% 拟继续增持时，应当经公司股东大会同意，未获同意的不得提名董事、监事候选人等。四是中小投资者单独计票制度不完善。主要是未在公司章程中规定股东大会审议影响中小投资者利益的重大事项时，对中小投资者表决应当单独计票。五是股东征集投票权制度不完善。主要是未在公司章程中规定不得对股东征集投票权提出最低持股比例限制。

三、原因分析

本次调研发现的相关问题具有很强的代表性，既反映了部分公司投资者保护工作水平，也反映了其内部管理制度建设的现状。尤其是公司章程作为上市公司运行的最为重要的纲领性文件，与现行规则不一致、与实际操作不同步，应当引起高度关注，深入剖析问题根源，全面摸排潜在风险。

（一）制度体系尚不完善，存在一定制度空白

一是部分条款不够细化，操作性不强。对于累积投票权制度，控股股东持股比例达到 30% 以上的，股东大会选举监事是否应当采用累积投票方式尚不明确，在公司章程中规定累积投票实施细则的必

要性尚需讨论；对于征集投票权制度，现行规则规定“符合相关规定条件的股东可以公开征集股东投票权”，同时规定不得设定最低持股比例，但未明确其他可以设定的条件及需要履行的审批程序；对于股东权利的保护，当公司章程中设定的股东提出股东大会议案的持股比例要求低于3%的现行规定，能否基于更有利于保护中小投资者的原则确认其合规性尚不明确；对于中小投资者单独计票制度，未充分考虑境内外资本市场差异情况，如H股股东尚无法参与网络投票，且H股股东多委托香港中央结算（代理人）有限公司代表持有，对H股中小投资者进行单独计票存在一定障碍，为避免产生对A股和H股股东区别对待的误解，不宜将相关条款载入公司章程。二是部分规则存在滞后，针对性不强。近年来上市公司控制权之争频发，部分上市公司在公司章程中设置了反恶意收购条款，用以限制新晋股东增持公司股份以及提前更换公司董事、监事等。但现行规则对反恶意收购监管的导向不明，甚至未对恶意收购行为进行明确界定，导致反恶意收购行为的正当性与合法性难以准确判断，实践中设置的反恶意收购条款主要着眼于维护现有控股股东等大股东的利益，并未充分考虑收购方的收购意图，以及中小股东和上市公司的整体利益。

（二）投保意识较为淡薄，被动满足监管要求

一是缺乏内生动力，投资者保护积极性不高。修订公司章程是股东大会的权限，相关议案应由董事会、监事会和满足一定持股比例条件的股东提出，但从董事会、监事会的层面来看，非独立董事、监事代表了主要股东或公司职工的利益，对中小投资者的关注先天不足，而独立董事虽与上市公司及其主要股东不存在可能妨碍其进行独立客观判断的关系，其职责也被定位为维护公司整体利益，尤其要关注中小投资者的合法权益不受损害，但在监管实践中独立董事的选任仍取决于大股东，偏重于为公司运营提供专业意见，对于维护中小投资者利益的积极性不高。从股东层面来看，满足提案条件的股东多为控股股东等公司大股东，中小股东征集投票权的成功案例较少，缺乏主动维护中小股东利益的内生动力。二是被动满足监管要求，投保流于形式。相关主体认为没有必要单独为了完善中小投资者保护条款而修订公司章程或召开股东大会，造成公司章程迟迟未修订，仅为了满足交易所股东大会决议公告的格式要求，在实际操作中实施了网络投票、中小投资者单独计票等措施。即使迫于监管压力提出相关议案的，又仅以被动满足监管要求为标准，采取照抄规则原文的方式，对适用范围、操作流程等不够细化。

（三）中小投资者行权不畅，存在主客观障碍

一是主动行权意愿较低，短期逐利倾向明显。资本市场中小投资者众多，其投资行为具有快进快出、短期逐利的特点，盈利模式较为单一，理性、价值、长期的投资理念尚未形成，中小投资者在行权中“搭便车”现象突出或直接采取“以脚投票”的行权方式，通过公司章程修订维护自身长远利益的意愿不足。二是囿于持股比例较低，行权存在客观障碍。中小投资者通常无法单独或合并提出修订公司章程的股东大会议案，且相关议案的通过仍须获得控股股东等大股东的支持，议案提出的难度和通过的不确定性，形成了中小

投资者行权的客观障碍。

（四）监管手段不够丰富，监管威慑明显不足

一是全面检查方式难以为继，公司自查效果不佳。目前，在日常监管中对公司章程等公司内部制度的监管主要以延伸检查为主，通常基于办理举报事项、媒体质疑，以及查处信息披露、财务核算等违规事项时发现的线索，有重点地关注相关内部制度制订和实际执行情况，同时以发放中小投资者保护调查问卷、要求公司自查等方式作为补充手段。但本次调研显示，公司前期上报的自查信息并不完全准确，现有的监管手段未能有效地督促相关上市公司切实履行中小投资者保护义务。二是约束惩戒手段不足，适用情形严重受限。对于已发现的中小投资者保护等内部制度不健全的情况，除了个别规定外，目前只能依据《上市公司现场检查办法》第二十一条的规定，对在现场检查中发现的上市公司规范运作等方面的问题采取责令改正措施，由于严格限定了问题发现的途径，大多数情况下无法适用。

（五）中介机构履职不到位，专业把关能力不足

经统计，2017 年新上市的 12 家公司中共有 8 家公司的公司章程存在中小投资者保护制度不完善的问题，但保荐机构、律师事务所等中介机构未能发现相关条款不符合中国证监会和交易所有关规定的情况并督促整改，在持续督导期内也未能督导上市公司履行有关规范运作的义务，未能起到“看门人”的专业把关作用。此外，部分上市公司在修订公司章程时，已提前征求律师意见甚至由律师代为起草，但仍存在违规情况，即使未书面征求律师意见，由于上市公司召开股东大会时应当聘请律师出席，但参会律师也未对明显违反现行规则的公司章程修订方案作出提示，在一定程度上放任了侵害了中小投资者合法权益的行为。

四、工作建议

保护中小投资者的合法权益，不仅是资本市场健康运行的内在要求，也是维护社会公平正义的有效途径，但中小投资者保护又是一项长期的系统性工作，需要市场主体各就其位、各尽其责，不断健全投资者保护和教育机制，共同促进良好市场氛围的形成。

（一）更新完善规则体系，明确监管导向

一是及时修订现行规则。建议尽快修订《上市公司治理准则》《关于在上市公司建立独立董事制度的指导意见》《上市公司与投资者关系工作指引》等相关规定，结合实际需要进一步明确监事的累积投票制度及实施细则；对征集投票权股东可以设定的条件和应履行的审批程序，并为中小股东征集投票权提供信息披露、沟通联系等必要的便利条件；进一步强调独立董事维护中小投资者合法权益的职责，并为其行权提供便利条件；明确存在 H 股等境外股东的上市公司，可以根据中小投资者单独计票等制度对境外投资者的适用情况，豁免在公司章程中载入相关条款；增加关于投资者保护的兜底条款，允许上市公司设定更有利于保护中小投资者权益的相关条款；提高对未建立或执行中小投资者保护制度的惩戒力度，取消对问题发现途径的限定，拓展惩戒方式。二是研究恶意收购防控条款。建议从公司自治和市场力量平衡的角度在《上市公司收购管理办法》中为反恶意收购预留制度空间，同时立足于现行规则，研究超比例

增持所获股份的处理措施，在认可新晋股东已经取得股票所有权的前提下，考虑在一定期间内限制超额增持股份对应的投票权，情节严重的还可以责令在相应期间内暂停或停止收购。由于恶意收购的目的是夺取公司控制权，因此，在一定期限内限制违规方的投票权及继续增持资格，能够有效延缓恶意收购的进程，在相应期限内原股东也可以通过增持等方式进一步巩固控制权，反思公司管理层尽职履责情况，从而有利于维护资本市场交易秩序，发掘上市公司的潜在价值，使中小投资也可以分享相关收益。

（二）严格投保主体责任，防范违规风险

基于股东的出资地位，上市公司应当作为投资者保护的第一责任人，切实承担主体责任。一是压实董事会的牵头职责。公平对待所有股东是董事会应尽的勤勉义务，在中小股东明显处于弱势的情况下，董事会应当推动上市公司主动完善中小股东保护制度，从信息披露、公司治理、利润分配等方面保障投资者知情权、监督权，健全投资者回报机制，合理安排投资者回报方式，加强投资者关系管理，以平衡股东之间的利益。同时，应当明确董事会对上市公司负有勤勉义务，不应在反恶意收购条款中规定董事会只能为原有股东服务，这偷换了个别股东与上市公司的概念。二是强化控股股东等大股东的中小投资者保护意识。上市公司应及时向大股东传达监管要求，督促其主导完善并切实执行中小投资者保护机制，及时履行大股东的信息披露、承诺履行等义务，防止以操纵市场、内幕交易等方式扰乱二级市场秩序，或直接通过关联交易、资金占用等方式侵占上市公司利益。

（三）加强投资者保护宣教工作，增强行权能力

一是培育健康的股权投资文化，改善市场生态。以强化中小投资者股东意识，形成长期、价值、理性的投资理念为目标，充分调动各市场主体力量，持续开展投资者教育和走进上市公司等专项活动，大力建设投资者教育基地，探索将财经素养教育纳入国民教育体系，并积极运用纸质、影视、网络等各类媒体，通过图文、视频、音频等各种形式扩大舆论影响，进一步提高中小投资者的专业知识水平和风险防范意识，引导中小投资者全面知权、积极行权、依法维权。二是畅通中小投资者行权渠道，提升行权效果。针对中小投资者行权意愿提升但行权效果不佳的情况，建议明确要求上市公司设立专门的投资者咨询电话，咨询电话由熟悉情况的专人负责，保证在工作时间线路畅通、认真接听、及时反馈，并做好相关记录；加大交易所网络沟通平台建设，中小投资者日常的提问与反馈、重大事项的投资者说明会、股东大会的股东质询等统一通过交易所平台进行，沟通记录由交易所统一存储；拓展间接行权方式，鼓励投资者通过“12386”热线、举报等方式向监管部门反映行权渠道不畅的问题，并定期公布典型案例。

（四）充分发挥监管合力，提升监管效能

一是行政监管做好工作衔接。在首次公开发行、重组上市等审核过程中，重点关注中小投资者保护制度的建立情况，在后续日常监管中持续关注相关制度的完善和执行情况，在上市公司实施再融资、重大资产重组时出具中小投资者保护情况的专项持续监管意见；加强与机构、法律等

监管条线的信息共享，及时通报中介机构未勤勉尽责、出具意见明显违规的问题线索，严格监管中介机构执业质量的过程。二是自律组织等形成有益补充。上海、深圳证券交易所应加大科技投入，拓展中小投资者与上市公司沟通途径、拓展网络行权方式，并通过自律监管措施及时惩戒损害中小投资者合法权益的行为；上市公司协会应提高活动频次，通过开展董监事培训、投资者关系管理经验交流、协助开展专项调研等方式服务会员、辅助监管，倡导形成中小投资保护良好氛围；投服中心应提高行权力度，规范行权行为，提高股东建议的准确性和一致性，拓展行权结果运用，及时移送行权中发现的违规线索，并对行权中存在的问题障碍提出合理化建议。

（班波　董汉）

首都金融业高质量发展研究

北京市地方金融监督管理局

高质量发展是 2018 年国务院政府工作报告首次提出的新表述，表明中国经济由高速增长阶段转向高质量发展阶段。党的十九大报告指出，“我国经济已由高速增长阶段转向高质量发展阶段，正处在转变发展方式、优化经济结构、转换增长动力的攻关期”，必须坚持质量第一、效益优先，推动经济发展质量变革、效率变革、动力变革。

金融业高质量发展，应当坚持党的十九大报告提出的“质量第一、效益优先”原则，紧紧围绕首都城市战略定位，把握“舍”与“得”的辩证关系，深入实施非首都功能疏解，大力优化调整金融产业结构，加快从聚集资源求增长到疏解功能谋发展的重大转变，服务构建高精尖经济结构。具体来说，应包含几个方面：一是有效服务实体经济，满足人民日益增长的美好生活需要；二是保持金融系统安全稳定，降低风险的发生概率；三是具备与时俱进的现代性。

一、首都金融业发展现状及京沪深三地比较分析

（一）首都金融业的基本情况

20 世纪 90 年代以来，北京金融业取得了长足发展。目前北京已形成全业态的金融机构体系、多层次的金融市场体系、立体化的金融服务体系，金融业发展独具特色。2013～2017 年，金融业增加值年均增长 13%，对首都经济贡献率达 26.4%，快于全市 GDP 增速（见图 1）。2017 年，北京金融业增加值已达 4 634.5 亿元，占全市地区生产总值的比重达 16.6%，对全市经济增长贡献率达 17.6%；2017 年末北京金融业资产总计达 136.6 万亿元。2017 年，第 9 期中国金融中心指数北京排名第 2 位，综合竞争力得分 178.38 分。第 22 期全球金融中心指数（GFCI）北京排名第 10 位，综合得分 703 分，较上年同期上升 16 位（见图 2）。金融业已成为带动北京经济和财政收入增长、构建“高精尖”经济结构的第一支柱产业。

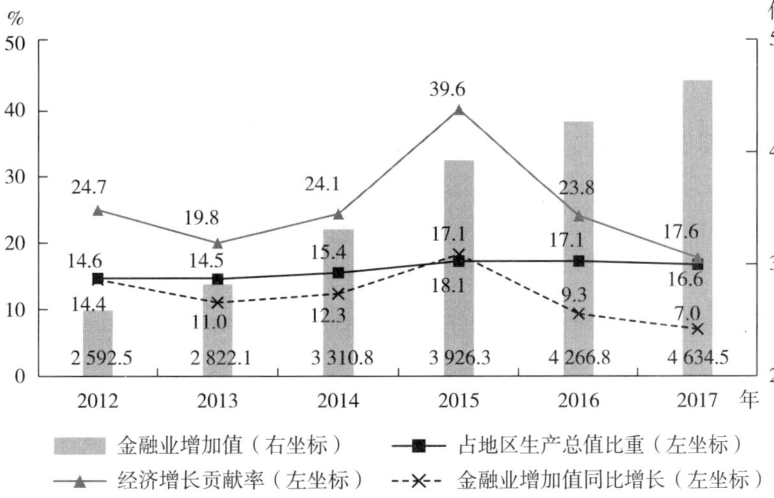

图 1　2012～2017 年金融业增加值占 GDP 比重

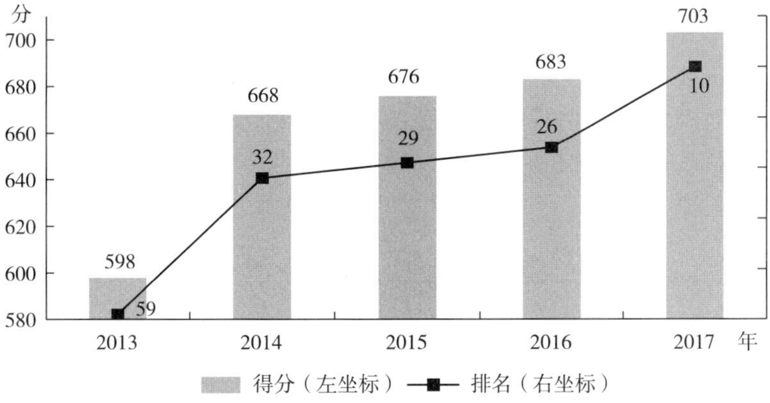

图 2　2013～2017 年北京 GFCI 得分及排名

（二）京沪深三地金融业发展的比较分析

2018 年 9 月，第 24 期全球金融中心指数发布会在广州召开。该指数从营商环境、人力资源、基础设施、发展水平、声誉等方面对全球重要金融中心进行了评分和排名。其中，上海排名第 5 位，北京排名第 8 位，深圳排名第 12 位。可以说，目前上海、北京和深圳都已跻身全球金融中心城市，是国内金融行业聚集度高、业态成熟的主要城市。下面，主要从金融发展环境和金融发展水平两方面比较三地的金融业。

1. 金融发展环境比较

影响金融发展环境的因素较多，这里仅列举几项比较重要的金融发展环境因素：GDP 同比增速、第三产业增加值占比、地方财政收入、固定资产投资、普通高校毕业生数量、每万人拥有医生数量、居民消费价格。以 2017 年为例，三地上述因素指标见表 1。

表1　2017年北京、上海、深圳金融发展环境因素指标

指标 / 城市	GDP（万亿元）	GDP同比增速（%）	第三产业增加值占比（%）	普通高校毕业生数量（万人）	每千人拥有卫生技术人员（人）	空气质量优良率（%）	居民消费价格水平上涨（%）
北京	2.8	6.7	80.6	23.8	12.76	61.9	1.9
上海	3.1	6.9	69	17.5	7.77	75.3	1.7
深圳	2.24	8.8	58.6	2.53	6.8	94	1.4

数据来源：三地统计公报。

从表1可以看出，在金融业发展环境上，北京的整体发展环境较为良好，经济总量虽略低于上海，但第三产业增加值的占比具有绝对优势，服务业整体发展水平较高，为金融业的高质量发展提供了广阔的空间。同时，北京在教育、医疗等公共服务和保障方面也具备较为明显的优势，教育优势为金融行业高质量发展提供了大量的人才资源，而医疗卫生优质资源则解决了金融行业从业者的后顾之忧。

从经济增长的活力上看，深圳的GDP增速依然保持强劲态势，经济发展活力充沛，这也是北京推动高质量发展、探索新动能的原因之一。此外，上海、深圳在消费价格、居住（办公）成本和环境质量方面也较北京更为优越，为了提供更好的金融发展环境，北京在这些方面仍须下大力气，争取切实的改善。

2. 金融发展水平比较

影响金融发展水平的因素十分复杂，以2017年末数据为例，主要通过以下几个方面的比较来作初步的判断。

表2　2017年北京、上海、深圳金融发展水平指标

指标		北京	上海	深圳
整体指标	金融业增加值（亿元）	4 634.5	5 330.54	3 059.98
	金融业增加值增速（%）	7	11.8	5.7
	金融业贡献率（%）	16.6	17.69	13.6
	持牌金融机构数量（家）	707	1 537	—
	金融机构总资产（万亿元）	137	14.8	—
	社会融资规模（亿元）	8 255.3	11 748.4	10 247.4
银行业	本外币存款余额（万亿元）	14.4	11.25	6.97
	本外币存款余额增速（%）	4.1	1.8	8.2
	本外币贷款余额（万亿元）	6.96	6.72	4.63
	本外币贷款余额增速（%）	9.1	12	14.3
	不良贷款率（%）	0.37	0.57	1.07
	法人机构数量（家）	118	207	35
	资产总额（万亿元）	22.2	14.7	8.4

续表

指标		北京	上海	深圳
证券业	上市公司数量（家）	306	279	273
	证券公司数量（家）	18	20	22
	基金公司数量（家）	32	44	27
	期货公司数量（家）	19	28	14
	证券市场各类证券成交额（万亿元）	44.63	420.88	81.43
保险业	保险机构数量（家）	46	55	25
	保险密度（元/人）	9 085.3	6 562.8	8 219
	保险深度（%）	7.1	5.3	5
开放性	外资法人银行数量（共39家）	9	20	5
	外资法人金融机构	42	—	—
普惠性	小微企业贷款余额同比增长（%）	16.9	15.6	23.2
	小微贷款占全部企业贷款比重（%）	—	29.9	9.7
	新型农村金融机构数量（家）	39	154	47
	新型农村金融机构资产（亿元）	244	273	357
金融科技	金融科技企业数（家）	3 431	2 776	2 525
	毕马威中国金融科技50强企业数量（家）	21	14	8
绿色金融	绿色贷款余额占比（%）	13.1	—	27.1
	当年绿色债券发行金额（亿元）	935	220	83（广东省）
	碳市场配额累计成交量（万吨）	2 013	2 694	2 427
人才	金融从业人员（万人）	52.6	36	16

数据来源：三地统计公报、人民银行金融运行报告2018及中国金融科技企业数据库、北京碳市场年度报告2017等公开数据。

从表2不难看出，上海金融业增加值、增速、GDP占比均居三地之首，北京次之。上海金融业能在体量庞大的情况下保持高速的增长，说明其仍具备较强的创新活力。在社会融资规模方面，参考近年来数据发现，北京社会融资规模逐年下降，但上海逐年上升，导致2017年上海和深圳社会融资规模均已超过北京。可喜的是，北京的金融资产总额远高于上海和深圳，总部优势显著。

银行业方面，北京在银行业总资产方面有明显优势，但法人机构数量仍远少于上海。北京存贷款规模高于上海和深圳且整体杠杆较低。同时，北京的不良贷款率远低于上海和深圳，银行拨备覆盖率较高，抵御风险能力较强。

证券业方面，上海的基金、期货业规模优势明显，北京的证券、基金与期货业较上海和深圳差距较大。虽然北京的上市公司数量最多，但北京在各类机构数量、证券公司总资产、基金公司资产管理规模、期货代理交易额等方面均不占优势。北京在证券业与上海和深圳两地的差距对整体金融发展水平产生了较大影响。

保险业方面，北京保险深度、保险密度均远高于上海和深圳，保险业发展成熟度较高。

金融市场方面，北京在产权交易市场发展方面走在全国前列，2010 以来，北京金融资产交易所、中小企业股份转让系统（“新三板”）、北京股权交易中心（“四板”）陆续挂牌成立，北京的多层次资本市场逐步完善，但与上海相比，北京的金融市场层次仍然较为单一。

上海在金融市场方面的比较优势十分明显。一方面，上海拥有包括货币、债券、股票、外汇、期货、黄金和金融衍生品在内的各类市场，是全球金融要素市场最齐备的城市之一；另一方面，上海各类要素市场发展较为全面，在国际上也具备了较强的竞争力。截至 2017 年末，上海金融市场交易总额达 1 428 万亿元，直接融资总额 7.6 万亿元，占全国直接融资总额的 85% 以上。

深圳金融市场的比较优势主要体现在股票市场，形成了主板市场、中小企业板市场、创业板市场以及非上市公司股份报价转让系统（OTC）市场协调发展的多层次资本市场体系架构，较上海股票市场更为完备。其中，中小企业板市场、创业板市场和 OTC 市场为深圳独有，成长十分迅速。

金融开放程度方面，由于上海、深圳多年自由贸易区的历史条件，加之上海打造国际金融中心的城市定位，使上海在金融开放方面表现得更为出色，集中了全国超过一半的外资法人银行和众多外资金融机构在华总部。

新金融方面，北京在金融科技、绿色金融方面实力较强，尤其是在金融科技方面，不仅在总体数量上占优势，还聚集了众多“独角兽”企业，规划了数个金融科技产业园区，为国内外金融科技机构聚集发展提供了优渥土壤。而深圳则在普惠金融方面作了许多有益尝试，值得北京借鉴学习。

在人才保障方面，北京有全国最多的高等院校，有极强的人才吸引力，金融从业人员数量也居全国首位，为金融业高质量发展输送了高质量的人才资源。

二、推动首都金融业高质量发展的政策建议

（一）提高金融服务实体经济的效率与水平

第一，积极完善国家金融管理中心功能。做好对国家金融管理部门、国家金融基础设施和中央金融机构的服务。办好金融街论坛等品牌活动，促进金融同业深入交流合作。

第二，全面推进金融服务京津冀协同发展。发挥金融对生产要素配置的促进作用，服务北京非首都功能疏解。支持金融机构设立京津冀协同发展事业部，形成覆盖全区域、全功能的金融服务网络。

第三，加大金融对首都城市发展建设的支持力度。围绕北京城市副中心、北京新机场、2022 年北京冬季奥林匹克运动会及冬季残疾人奥林匹克运动会等重大建设项目，进一步完善投融资项目对接和综合服务机制。

第四，建设中关村国家科技金融创新中心。建设覆盖全市、服务京津冀、辐射全国的科技金融服务体系。深化投贷联动试点，大力发展天使投资、创业投资、股权投资基金和母基金，发展产业投资基金，鼓励保险机构开发适合科技创新特点的保险产品。

第五，积极引领金融科技创新。规范

发展大数据征信、云金融、智能金融等金融科技新业态，培育发展一批运作规范、内控良好、技术领先的国际一流金融科技公司。支持金融机构运用金融科技提升风险识别能力、产品研发能力和业务拓展能力，构筑首都金融新优势。

第六，构建绿色金融服务体系。支持金融机构设立绿色金融专营机构，发展绿色担保体系，支持发行绿色债券，推动环境污染责任保险试点。设立绿色发展基金，支持以政府和社会资本合作（PPP）模式操作的相关项目。大力发展碳金融，发展排污权、水权等环境权益交易和融资工具创新。

（二）有效防控金融风险

第一，加强地方金融监管。坚持所有金融业务都要纳入监管，实现监管全覆盖。加强“7+4”监管职责，提高准入门槛，严格限定经营范围。加强行业制度规则、行业标准和监管制度规则建设，丰富完善监管手段。支持各行业建立风险准备金、投资者保护基金等风险缓释制度安排，强化市场化、法治化的地方准入金融机构风险处置和退出机制。

第二，完善金融风险监测预警体系。加强地方金融监管基础设施建设，建立地方金融监管系统和全息大数据可视化的金融风险监测预警平台，积极对接国家金融监管部门监管信息平台。加强对地方金融运行和风险状况的统计分析，运用“冒烟指数”开展区域金融安全稳定评价。加强对交叉性金融业务和跨市场跨区域跨业态的金融产品的监测分析。

第三，建立互联网金融风险防范长效机制。建立以产品登记、信息披露、资金托管为主要内容的互联网金融风险防控体系。支持行业自律，制订行业标准，完善惩戒机制。开发建设网络借贷业务监管系统。加强互联网金融安全产业发展，高水平建设互联网金融安全产业园，开展监管科技创新。

第四，规范交易场所行业秩序。调整优化各类交易场所结构，加强交易场所日常监管和规范发展，建立健全交易场所多维度监管体系。发挥行业协会在风险提示、投资者教育等方面的作用。完善全市统一登记结算平台功能，实现交易产品全面登记、交易过程实时监控、资金交易统一结算。

第五，严厉打击非法集资。按照“谁审批、谁监管，谁主管、谁监管”和“管行业必管风险”的原则，落实金融监管部门、行业主管部门和属地政府责任。坚持打早打小，加强对非法集资案件线索的侦办、起诉和审判工作。开展群防群治，完善群众举报涉嫌非法集资线索奖励制度，加大对被举报线索核查处置力度，全面构建打击非法集资社会共治体系。

第六，强化金融消费者权益保护。坚持“卖者尽责，买者自负”原则，进一步规范理财产品销售行为，加强风险提示和信息披露。探索建立互联网金融消费者权益保护组织，坚决打击销售误导等侵害消费者合法权益的行为。

（三）深入推进金融改革开放

第一，深化地方金融管理改革。按照中央关于深化金融管理体制改革的统一部署，积极推进地方金融管理体制改革，完善地方金融监管机构，履行地方金融监管职责，加强监管力量，充实人员队伍，赋予监管手段，负责地方金融机构的风险防范处置。

第二，完善首都金融组织体系。发展金融控股集团，发展大数据金融和金融云服务平台，支持金融机构完善公司治理，提升资产质量，强化内部控制，提高运营效率，打造国际影响力和行业竞争力。推动设立民营银行，引导民营银行差异化定位、特色化发展。

第三，完善首都多层次金融市场体系。服务好“新三板”市场创新发展，完善市场功能，提高“新三板”市场服务创新创业能力。积极支持本市区域性股权市场规范健康发展，参与多层次资本市场建设。支持机构间私募产品报价与服务系统创新发展，发挥债券市场基础设施平台优势，强化债券市场功能。

第四，全面扩大首都金融对外开放。服务国际交往中心建设，把握国家金融业扩大开放新机遇，深化服务业扩大开放综合试点，按照国家金融开放统一部署，实行“产业开放 + 园区开放”模式，放宽金融业外资持股比例，支持国际金融机构在京设立独资或合资机构，支持支付清算、信用评级等国际金融组织在京发展，为外资金融机构进入国内市场提供优质高效服务。

附

中国人民银行营业管理部 2018 年优秀调研成果评比结果

一等奖

1. 北京住房租赁市场价格上升原因分析及建议（调查统计处）

2. “租金贷”的危害、野蛮生长原因及治理建议（调查统计处）

3. 关于自美进口商品加征关税政策对地区重点进口企业影响的快速调查（经常项目管理处）

二等奖

1. 关于中美贸易摩擦对北京地区影响情况的报告（国际收支处）

2. 基于空间经济学的金融资源分布与产业发展（金融研究处）

3. 北京地区民营企业融资现状及风险分析（金融稳定处）

4. 京沪深金融业对比及前景展望（金融研究处）

5. 金融支持首都产业发展探索（金融研究处）

6. 2017 年北京市“新三板”挂牌企业融资情况分析报告（中关村中心支行）

7. 调查显示：金融业务注册地与经营地分离较普遍（金融稳定处）

8. “营改增”后北京地区银行业金融机构税负变化情况（国库处）

9. 全方位建设金融稳定会商协调机制积极构筑内部防范化解重大金融风险合力（金融稳定处）

10. 快速调查显示：中兴事件短期将冲击高端及核心技术进口企业发展　相关企业正积极寻求替代、加大研发投入及合规管理（中关村中心支行）

11. 货币政策冲击、外汇干预与汇率波动的动态关系——基于 SVAR 模型的实证检验（支付结算处）

12. 我国保险公司风险处置机制研究——基于安邦集团风险事件的分析（法律事务处）

13. 关于北京地区银行小微企业贷款定价情况的调研报告（货币信贷管理处）

14. 中国住户部门债务测度及结构分析（调查统计处）

15. 中美贸易摩擦对高新技术企业影响调查——以中关村企业为例（中关村中心支行）

16. 中美贸易摩擦对北京地区进出口形势的影响分析（经常项目管理处）

17. 大数据征信在商业银行小微企业融资服务的实践与探索（征信管理处）

18. 京津冀地区企业债券融资效率及影响因素研究（货币信贷管理处）

19. “一带一路”沿线人民币跨境使用路径研究（跨境办）

20. 北京市政府融资平台融资情况及存在问题研究（国库处）

21. “债券通”业务发展现状、问题及建议（跨境办）

三等奖

1. 丹麦反洗钱工作经验、问题及对我国的启示——FATF 互评估视角（反洗钱处）

2. 逃税犯罪反洗钱监管的国际经验及启示（反洗钱处）

3. 我国反洗钱监管分工与合作机制研究（反洗钱处）

4. 完善子公司对母公司跨境担保管理思路探析（资本项目管理处）

5. 发行基金代理业务模式下会计信息处理存在的问题及其应对（会计财务处）

6. 个人特殊目的公司及返程投资长臂管辖监管探讨（资本项目管理处）

7. 借鉴商业银行科技外包管理经验提升人民银行信息化外包风险管理水平（清算中心）

8. 对举报案件应诉相关问题的思考（法律事务处）

9. 通过约谈调查锁定银行违规证据实例分析（外汇检查处）

10. 对外汇信访制度的思考（外汇检查处）

11. 中美贸易摩擦持续背景下北京地区外贸发展情况的调查（经常项目管理处）

12. 无现金化对人民币法偿地位的挑战及对策分析（货币金银处）

13. 美国市政收益债券发展经验及对我国的启示（国库处）

14. 债券通运行情况分析及监管思路建议（资本项目管理处）

15. 我国支付清算体系发展研究及供给侧改革背景下发展建议（清算中心）

16. 网络炒汇现状调查（外汇检查处）

17. 人民银行向社会购买采购专业服务问题研究（会计财务处）

18. 中央银行内部控制体系构建浅析（会计财务处）

19. 财务人员面临的廉政风险及防范措施（后勤服务中心）

20. 美元汇率变化对国际资本流动的影响（国际收支处）

21. 各国监管沙盒的应用对我国金融科技监管的启示（清算中心）

22. 融资租赁支持首都经济高质量发展的相关建议研究（货币信贷管理处）

23. 北京地区银行业对外金融资产负债变化、原因及未来趋势分析（国际收支处）

24. 我国外汇衍生品市场发展的现状、问题及建议（外汇综合业务处）

25. 奋进新时代　开启新征程　营业管理部多措并举　确保基层党建落地有声（人事处）

26. 关于北京地区支付机构开展跨境电子商务人民币结算业务的研究（跨境办）

27. 非金融企业杠杆率：事实、影响、动因与对策（外汇综合业务处）

28. 财政性存款业务对市场流动性的影响路径及对策（营业室）

29. 人工智能在支付监管领域的应用——基于机器学习算法的风险管理和投

诉咨询处理（支付结算处）

30. 新时代创新思想政治工作的理念和路径探究（宣传群工部）

31. 对营业管理部探索开展巡察监督工作的思考（纪检监察办公室）

32. 重点金融标准落地调研及贯彻实施建议（科技处）

33. 基层人行行政事业单位内部控制报告相关问题研究（内审处）

34. 关于进一步落实消防安全责任的思考（保卫处）

35. 关于加强和改进人民银行营业管理部离退休干部党建工作的调查与思考（离退休干部处）

八、统计资料

（一）金融业务综合统计

表 1.1　北京市金融机构（含外资）本外币信贷收支统计

单位：亿元

项目名称	余额	比年初	项目名称	余额	比年初
一、各项存款	157 092	13 376	一、各项贷款	70 484	7 191
（一）境内存款	155 116	13 088	（一）境内贷款	68 354	7 100
1. 住户存款	34 019	3 637	1. 住户贷款	17 868	1 401
（1）活期存款	13 835	1 027	（1）短期贷款	2 297	465
（2）定期及其他存款	20 184	2 609	消费贷款	1 319	348
2. 非金融企业存款	56 829	912	经营贷款	978	117
（1）活期存款	19 280	340	（2）中长期贷款	15 571	935
（2）定期及其他存款	37 549	572	消费贷款	13 349	657
3. 广义政府存款	39 896	4 920	经营贷款	2 222	278
（1）财政性存款	1 682	-641	2. 非金融企业及机关团体贷款	50 043	5 932
（2）机关团体存款	38 214	5 560	（1）短期贷款	19 928	1 190
4. 非银行业金融机构存款	24 372	3 620	（2）中长期贷款	27 378	3 821
（二）境外存款	1 977	288	（3）票据融资	2 237	737
二、金融债券	1 619	-361	（4）融资租赁	421	124
其中：境外发行			（5）各项垫款	78	61
三、卖出回购资产	1	-15	3. 非银行业金融机构贷款	444	-233
四、借款及非银行业金融机构拆入	672	70	（二）境外贷款	2 129	91
五、联行往来（净）			二、债券投资	9 671	457
六、应付及暂收款	3 213	534	其中：境外债券	123	46
七、各项准备	1 422	60	三、股权及其他投资	10 167	85
八、所有者权益	5 436	799	四、买入返售资产	598	105
其中：实收资本	1 313	127	五、存放非银行业金融机构款项	33	5
九、其他	10 756	2 845	六、联行往来（净）	87 624	9 324
			其中：境内存放二级准备金	3 775	-275
			七、金银占款		
			八、外汇占款		
			九、应收及预付款	1 050	77
			十、投资性房地产	28	
			十一、固定资产	558	64
资金来源总计	180 213	17 308	资金运用总计	180 213	17 308

表 1.2 北京市中资金融机构本外币信贷收支统计

单位：亿元

项目名称	余额	比年初	项目名称	余额	比年初
一、各项存款	154 237	13 593	一、各项贷款	69 071	7 244
（一）境内存款	152 498	13 248	（一）境内贷款	67 017	7 144
1. 住户存款	33 722	3 585	1. 住户贷款	17 652	1 401
（1）活期存款	13 706	1 017	（1）短期贷款	2 290	463
（2）定期及其他存款	20 016	2 568	消费贷款	1 319	348
2. 非金融企业存款	54 589	1 129	经营贷款	971	115
（1）活期存款	18 801	444	（2）中长期贷款	15 362	938
（2）定期及其他存款	35 788	684	消费贷款	13 145	659
3. 广义政府存款	39 896	4 920	经营贷款	2 217	279
（1）财政性存款	1 682	-641	2. 非金融企业及机关团体贷款	48 921	5 976
（2）机关团体存款	38 213	5 561	（1）短期贷款	19 286	1 218
4. 非银行业金融机构存款	24 292	3 615	（2）中长期贷款	26 956	3 814
（二）境外存款	1 739	345	（3）票据融资	2 181	760
二、金融债券	1 619	-361	（4）融资租赁	421	124
其中：境外发行			（5）各项垫款	77	60
三、卖出回购资产	1	-15	3. 非银行业金融机构贷款	444	-233
四、借款及非银行业金融机构拆入	666	99	（二）境外贷款	2 054	100
五、联行往来（净）			二、债券投资	9 668	455
六、应付及暂收款	3 167	528	其中：境外债券	120	44
七、各项准备	1 399	61	三、股权及其他投资	10 167	85
八、所有者权益	5 120	751	四、买入返售资产	598	105
其中：实收资本	1 313	127	五、存放非银行业金融机构款项	23	4
九、其他	11 037	2 427	六、联行往来（净）	86 116	9 050
			其中：境内存放二级准备金	3 772	-274
			七、金银占款		
			八、外汇占款		
			九、应收及预付款	1 020	76
			十、投资性房地产	28	
			十一、固定资产	556	64
资金来源总计	177 247	17 083	资金运用总计	177 247	17 083

表 1.3 北京市外资银行本外币信贷收支统计

单位：亿元

项目名称	余额	比年初	项目名称	余额	比年初
一、各项存款	2 961	-195	一、各项贷款	1 866	-409
（一）境内存款	2 723	-137	（一）境内贷款	1 791	-401
1. 个人存款	297	52	1. 短期贷款	933	-322
其中：活期储蓄存款	128	11	（1）个人贷款及透支	7	2
定期储蓄存款	94	14	其中：个人消费贷款		
结构性存款	58	18	（2）单位贷款及透支	643	-29
2. 单位存款	2 240	-217	经营贷款及透支	466	4
其中：活期存款	479	-105	固定资产贷款	2	-17
定期存款	533	31	并购贷款		
保证金存款	38	-5	贸易融资	174	-16
结构性存款	566	24	（3）非存款类金融机构贷款	284	-296
3. 国库定期存款			2. 中长期贷款	800	-56
4. 非存款类金融机构存款	186	28	（1）个人贷款	209	-3
（二）境外存款	238	-58	其中：个人消费贷款	204	-2
二、代理财政性存款			（2）单位贷款	421	7
三、金融债券			经营贷款	138	-14
其中：境外发行			固定资产贷款	240	8
四、卖出回购资产			并购贷款	11	11
五、向中央银行借款			贸易融资	32	2
六、银行业存款类金融机构往来	79	-34	（3）非存款类金融机构贷款	170	-61
七、借款及非存款类金融机构拆入	6	-29	3. 票据融资	56	-24
八、联行往来（净）			4. 融资租赁		
九、应付及暂收款	46	6	5. 各项垫款	1	1
其中：应付利息	22	4	（二）境外贷款	75	-8
十、其他负债	523	32	二、债券投资	3	2
十一、所有者权益	316	48	三、股权及其他投资		
其中：实收资本			四、买入返售资产		
			五、存放中央银行存款	22	-11
			六、缴存中央银行财政性存款		
			七、银行业存款类金融机构往来	87	-65
			八、存放非存款类金融机构款项	10	
			九、联行往来	1 508	274
			其中：境内存放二级准备金	3	-2
			十、库存现金	1	
			十一、应收及预付款	30	1
			其中：应收利息	20	1
			十二、投资性房地产		
			十三、固定资产	2	
			十四、其他资产	424	37
			十五、减：各项准备	21	-1
			其中：贷款减值准备	21	
资金来源总计	3 932	-171	资金运用总计	3 932	-171

表 1.4　北京市金融机构（含外资）人民币信贷收支统计

单位：亿元

项目名称	余额	比年初	项目名称	余额	比年初
一、各项存款	150 430	12 797	一、各项贷款	66 767	7 355
（一）境内存款	149 896	12 860	（一）境内贷款	66 670	7 340
1. 住户存款	32 508	3 541	1. 住户贷款	17 864	1 401
（1）活期存款	13 085	1 012	（1）短期贷款	2 294	465
（2）定期及其他存款	19 423	2 529	消费贷款	1 316	348
2. 非金融企业存款	54 139	844	经营贷款	978	117
（1）活期存款	18 199	170	（2）中长期贷款	15 570	935
（2）定期及其他存款	35 940	674	消费贷款	13 348	657
3. 广义政府存款	39 648	4 911	经营贷款	2 222	278
（1）财政性存款	1 682	-641	2. 非金融企业及机关团体贷款	48 362	6 172
（2）机关团体存款	37 965	5 552	（1）短期贷款	18 877	1 129
4. 非银行业金融机构存款	23 602	3 565	（2）中长期贷款	26 750	4 122
（二）境外存款	534	-63	（3）票据融资	2 237	737
二、金融债券	1 619	-361	（4）融资租赁	421	124
其中：境外发行			（5）各项垫款	76	61
三、卖出回购资产	1	-15	3. 非银行业金融机构贷款	444	-233
四、借款及非银行业金融机构拆入	322	19	（二）境外贷款	97	15
五、联行往来（净）			二、债券投资	9 517	387
六、应付及暂收款	3 172	561	其中：境外债券	4	-2
七、各项准备	1 302	37	三、股权及其他投资	10 167	98
八、所有者权益	5 275	836	四、买入返售资产	598	105
其中：实收资本	1 311	127	五、存放非银行业金融机构款项	10	5
九、其他	8 445	2 650	六、联行往来（净）	81 933	8 446
			其中：境内存放二级准备金	3 738	-275
			七、金银占款		
			八、外汇买卖		
			九、应收及预付款	990	63
			十、投资性房地产	28	
			十一、固定资产	557	64
资金来源总计	170 567	16 523	资金运用总计	170 567	16 523

表 1.5　北京市中资金融机构人民币信贷收支统计

单位：亿元

项目名称	余额	比年初	项目名称	余额	比年初
一、各项存款	148 136	12 954	一、各项贷款	65 520	7 359
（一）境内存款	147 668	13 009	（一）境内贷款	65 434	7 345
1. 住户存款	32 347	3 515	1. 住户贷款	17 649	1 401
（1）活期存款	13 012	1 003	（1）短期贷款	2 287	463
（2）定期及其他存款	19 335	2 511	消费贷款	1 316	348
2. 非金融企业存款	52 140	1 027	经营贷款	971	115
（1）活期存款	17 937	280	（2）中长期贷款	15 362	938
（2）定期及其他存款	34 203	747	消费贷款	13 145	659
3. 广义政府存款	39 647	4 911	经营贷款	2 217	279
（1）财政性存款	1 682	-641	2. 非金融企业及机关团体贷款	47 341	6 177
（2）机关团体存款	37 965	5 552	（1）短期贷款	18 292	1 125
4. 非银行业金融机构存款	23 534	3 556	（2）中长期贷款	26 371	4 108
（二）境外存款	469	-55	（3）票据融资	2 181	760
二、金融债券	1 619	-361	（4）融资租赁	421	124
其中：境外发行			（5）各项垫款	76	61
三、卖出回购资产	1	-15	3. 非银行业金融机构贷款	444	-233
四、借款及非银行业金融机构拆入	322	19	（二）境外贷款	86	14
五、联行往来（净）			二、债券投资	9 517	387
六、应付及暂收款	3 060	489	其中：境外债券	4	-2
七、各项准备	1 284	36	三、股权及其他投资	10 167	98
八、所有者权益	5 052	797	四、买入返售资产	598	105
其中：实收资本	1 311	127	五、存放非银行业金融机构款项	10	5
九、其他	8 546	2 276	六、联行往来（净）	80 655	8 115
			其中：境内存放二级准备金	3 736	-274
			七、金银占款		
			八、外汇买卖		
			九、应收及预付款	969	62
			十、投资性房地产	28	
			十一、固定资产	556	64
资金来源总计	168 020	16 195	资金运用总计	168 020	16 195

表1.6　北京市外资银行人民币信贷收支统计

单位：亿元

项目名称	余额	比年初	项目名称	余额	比年初
一、各项存款	2 400	-134	一、各项贷款	1 641	-304
（一）境内存款	2 335	-126	（一）境内贷款	1 630	-306
1. 个人存款	161	26	1. 短期贷款	823	-260
其中：活期储蓄存款	73	8	（1）个人贷款及透支	7	2
定期储蓄存款	25	-6	其中：个人消费贷款		
结构性存款	47	14	（2）单位贷款及透支	585	4
2. 单位存款	2 000	-183	经营贷款及透支	430	28
其中：活期存款	262	-110	固定资产贷款	2	-17
定期存款	512	65	并购贷款		
保证金存款	37	-5	贸易融资	152	-7
结构性存款	566	28	（3）非存款类金融机构贷款	232	-267
3. 国库定期存款			2. 中长期贷款	750	-23
4. 非存款类金融机构存款	174	31	（1）个人贷款	208	-3
（二）境外存款	65	-8	其中：个人消费贷款	203	-2
二、代理财政性存款			（2）单位贷款	379	14
三、金融债券			经营贷款	123	4
其中：境外发行			固定资产贷款	214	-3
四、卖出回购资产			并购贷款	11	11
五、向中央银行借款			贸易融资	32	2
六、银行业存款类金融机构往来	69	-28	（3）非存款类金融机构贷款	162	-34
七、借款及非存款类金融机构拆入			3. 票据融资	56	-24
八、联行往来（净）			4. 融资租赁		
九、应付及暂收款	113	71	5. 各项垫款		
其中：应付利息	20	3	（二）境外贷款	11	2
十、其他负债	1 096	387	二、债券投资		
十一、所有者权益	223	39	三、股权及其他投资		
其中：实收资本			四、买入返售资产		
			五、存放中央银行存款	19	-9
			六、缴存中央银行财政性存款		
			七、银行业存款类金融机构往来	15	4
			八、存放非存款类金融机构款项		
			九、联行往来	1 278	331
			其中：境内存放二级准备金	3	-1
			十、库存现金	1	
			十一、应收及预付款	21	1
			其中：应收利息	18	1
			十二、投资性房地产		
			十三、固定资产	1	
			十四、其他资产	942	313
			十五、减：各项准备	18	1
			其中：贷款减值准备	18	1
资金来源总计	3 901	335	资金运用总计	3 901	335

表 1.7 北京市金融机构（含外资）外汇信贷收支统计

单位：亿美元

项目名称	余额	比年初	项目名称	余额	比年初
一、各项存款	971	40	一、各项贷款	542	-52
（一）境内存款	760	-3	（一）境内贷款	245	-49
1. 住户存款	220	4	1. 住户贷款	1	
（1）活期存款	109	-3	（1）短期贷款		
（2）定期及其他存款	111	7	消费贷款		
2. 非金融企业存款	392	-9	经营贷款		
（1）活期存款	157	18	（2）中长期贷款		
（2）定期及其他存款	234	-27	消费贷款		
3. 广义政府存款	36	-1	经营贷款		
（1）财政性存款			2. 非金融企业及机关团体贷款	245	-49
（2）机关团体存款	36	-1	（1）短期贷款	153	2
4. 非银行业金融机构存款	112	3	（2）中长期贷款	92	-51
（二）境外存款	210	43	（3）票据融资		
二、金融债券			（4）融资租赁		
其中：境外发行			（5）各项垫款		
三、卖出回购资产			3. 非银行业金融机构贷款		
四、借款及非银行业金融机构拆入	51	5	（二）境外贷款	296	-3
五、联行往来（净）			二、债券投资	22	10
六、应付及暂收款	6	-4	其中：境外债券	17	7
七、外汇买卖	17	3	三、股权及其他投资		-2
八、各项准备	24	-7	四、买入返售资产		
九、所有者权益			五、存放非银行业金融机构款项	3	
其中：实收资本	337	13	六、联行往来（净）	829	93
十、其他			其中：境内存放二级准备金	5	
			七、应收及预付款	9	2
			八、投资性房地产		
			九、固定资产		
资金来源总计	1 405	49	资金运用总计	1 405	49

表1.8　北京市中资金融机构外汇信贷收支统计

单位：亿美元

项目名称	余额	比年初	项目名称	余额	比年初
一、各项存款	889	53	一、各项贷款	517	-44
（一）境内存款	704	1	（一）境内贷款	231	-42
1. 住户存款	200	1	1. 住户贷款		
（1）活期存款	101	-3	（1）短期贷款		
（2）定期及其他存款	99	4	消费贷款		
2. 非金融企业存款	357	-2	经营贷款		
（1）活期存款	126	19	（2）中长期贷款		
（2）定期及其他存款	231	-21	消费贷款		
3. 广义政府存款	36		经营贷款		
（1）财政性存款			2. 非金融企业及机关团体贷款	230	-42
（2）机关团体存款	36		（1）短期贷款	145	7
4. 非银行业金融机构存款	110	3	（2）中长期贷款	85	-49
（二）境外存款	185	52	（3）票据融资		
二、金融债券			（4）融资租赁		
其中：境外发行			（5）各项垫款		
三、卖出回购资产			3. 非银行业金融机构贷款		
四、借款及非银行业金融机构拆入	50	10	（二）境外贷款	287	-1
五、联行往来（净）			二、债券投资	22	9
六、应付及暂收款	16	5	其中：境外债券	17	6
七、各项准备	17	3	三、股权及其他投资		-2
八、所有者权益	10	-8	四、买入返售资产		
其中：实收资本			五、存放非银行业金融机构款项	2	
九、其他	363	5	六、联行往来（净）	796	103
			其中：境内存放二级准备金	5	
			七、应收及预付款	8	2
			八、投资性房地产		
			九、固定资产		
资金来源总计	1 344	68	资金运用总计	1 344	68

表 1.9　北京市外资银行外汇信贷收支统计

单位：亿美元

项目名称	余额	比年初	项目名称	余额	比年初
一、各项存款	82	-13	一、各项贷款	33	-18
（一）境内存款	57	-5	（一）境内贷款	23	-16
1. 个人存款	20	3	1. 短期贷款	16	-10
其中：活期储蓄存款	8		（1）个人贷款及透支		
定期储蓄存款	10	2	其中：个人消费贷款		
结构性存款	2	1	（2）单位贷款及透支	8	-5
2. 单位存款	35	-7	经营贷款及透支	5	-4
其中：活期存款	32	-1	固定资产贷款		
定期存款	3	-5	并购贷款		
保证金存款			贸易融资	3	-2
结构性存款		-1	（3）非存款类金融机构贷款	8	-5
3. 国库定期存款			2. 中长期贷款	7	-6
4. 非存款类金融机构存款	2	-1	（1）个人贷款		
（二）境外存款	25	-9	其中：个人消费贷款		
二、代理财政性存款			（2）单位贷款	6	-1
三、金融债券			经营贷款	2	-3
其中：境外发行			固定资产贷款	4	2
四、卖出回购资产			并购贷款		
五、向中央银行借款			贸易融资		
六、银行业存款类金融机构往来	1	-1	（3）非存款类金融机构贷款	1	-4
七、借款及非存款类金融机构拆入	1	-4	3. 票据融资		
八、联行往来（净）			4. 融资租赁		
九、应付及暂收款	-10	-9	5. 各项垫款		
其中：应付利息			（二）境外贷款	9	-2
十、其他负债	12	-27	二、债券投资		
十一、所有者权益	14	1	三、股权及其他投资		
其中：实收资本			四、买入返售资产		
			五、存放中央银行存款		
			六、缴存中央银行财政性存款		
			七、银行业存款类金融机构往来	11	-11
			八、存放非存款类金融机构款项	1	
			九、联行往来	33	-10
			其中：境内存放二级准备金		
			十、库存现金		
			十一、应收及预付款	1	
			其中：应收利息		
			十二、投资性房地产		
			十三、固定资产		
			十四、其他资产	20	-16
			十五、减：各项准备	1	
			其中：贷款减值准备		
资金来源总计	100	-55	资金运用总计	100	-55

表 1.10　北京市金融机构本外币存贷款总量情况

单位：亿元、亿美元、%

项目名称	本期余额		比年初增减	
	2018 年	同比增长	2018 年	2017 年
一、金融机构存款				
（一）本外币存款	157 092	9.3	13 376	5 989
（二）人民币存款	150 430	9.3	12 797	5 476
其中：中资金融机构	148 136	9.6	12 954	5 169
外资金融机构	2 400	-5.3	-134	356
（三）外币存款	971	4.3	40	128
其中：中资金融机构	889	6.4	53	142
外资金融机构	82	-14.1	-13	-14
二、金融机构贷款				
（一）本外币贷款	70 484	11.7	7 191	6 532
（二）人民币贷款	66 767	12.5	7 355	6 349
其中：中资金融机构	65 520	12.8	7 359	6 164
外资金融机构	1 641	-15.6	-304	219
（三）外币贷款	542	-5.6	-52	60
其中：中资金融机构	517	-4.4	-44	53
外资金融机构	33	-35.2	-18	10

表 1.11　北京市金融机构存贷款总量全国占比情况

单位：亿元、亿美元、%

项目名称	北京		全国		占比	
	比年初累计增加	余额同比增长	比年初累计增加	余额同比增长	余额占比	增量占比
本外币存款	13 376.0	9.3	132 299.0	7.8	8.6	10.1
其中：人民币存款	12 797.1	9.3	134 049.3	8.2	8.5	9.5
外币存款	39.7	4.3	-634.2	-8.0	13.3	-6.3
本外币贷款	7 191.4	11.7	161 501.9	12.9	5.0	4.5
其中：人民币贷款	7 355.2	12.5	161 704.9	13.5	4.9	4.5
外币贷款	-52.3	-5.6	-431.3	-5.2	6.8	12.1

表 1.12　北京市金融机构贷款行业分布

单位：亿元、亿美元

项目名称	本外币		人民币		外币	
	余额	比年初增减	余额	比年初增减	余额	比年初增减
A. 农、林、牧、渔业	380.3	44.8	375.7	46.1	0.7	-0.2
B. 采矿业	1 178.2	-34.6	1 099.5	-14.5	11.5	-3.7
C. 制造业	6 599.8	157.1	6 205.7	274.8	57.4	-20.9
D. 电力、热力、燃气及水的生产和供应业	4 187.8	488.5	4 166.1	495.9	3.2	-1.3
E. 建筑业	2 715.8	842.7	2 541.7	799.0	25.4	5.4
F. 批发和零售业	4 520.5	189.9	4 064.8	331.5	66.4	-25.0
G. 交通运输、仓储和邮政业	7 455.3	976.0	7 394.0	1 008.3	8.9	-5.4
H. 住宿和餐饮业	246.7	-20.0	246.7	-20.0		
I. 信息传输、软件和信息技术服务业	1 859.0	256.6	1 812.0	249.1	6.9	0.8
J. 金融业	3 785.1	-315.1	3 350.1	-468.0	63.4	20.2
K. 房地产业	7 624.8	941.7	7 602.1	972.1	3.3	-4.8
L. 租赁和商务服务业	6 824.9	670.7	6 641.9	652.9	26.7	1.4
M. 科学研究和技术服务业	382.1	105.5	380.2	104.2	0.3	0.2
N. 水利、环境和公共设施管理业	1 017.1	231.0	1 013.6	231.0	0.5	
O. 居民服务、修理和其他服务业	75.2	-24.8	75.2	-15.1		-1.5
P. 教育	86.3	33.2	86.3	33.5		
Q. 卫生和社会工作	97.0	27.9	97.0	27.9		
R. 文化、体育和娱乐业	358.1	21.2	354.0	54.6	0.6	-5.1
S. 公共管理、社会保障和社会组织	791.4	-61.6	787.6	-64.1	0.5	0.4
T. 国际组织						
对境外贷款	2 129.3	91.4	97.2	15.3	296.1	-3.3
个人贷款及透支	17 867.7	1 400.9	17 864.0	1 400.8	0.5	
贷款总计	70 182.3	6 022.8	66 255.4	6 115.4	572.2	-43.0

注：贷款总计不包括委托贷款、票据融资。

表 1.13　北京市存款类金融机构大中小企业贷款情况

单位：亿元

项目名称	本外币		人民币	
	余额	比年初增减	余额	比年初增减
境内大型企业				
一般贷款	25 967. 6	3 100. 1	24 853. 8	3 338. 8
票据贴现	251. 7	6. 9	251. 7	6. 9
表外授信	12 603. 6	253. 7	8 458. 3	-44. 0
其中：票据承兑	1 758. 3	1. 7	1 758. 3	1. 7
境内中型企业				
一般贷款	11 577. 5	1 257. 5	11 135. 1	1 212. 3
票据贴现	240. 2	33. 4	240. 2	33. 4
表外授信	4 603. 9	-20. 5	3 234. 0	-124. 2
其中：票据承兑	1 039. 5	158. 2	1 039. 5	158. 2
境内小型企业				
一般贷款	6 165. 4	559. 4	6 104. 3	581. 6
票据贴现	205. 2	84. 8	205. 2	84. 8
表外授信	1 601. 4	-37. 3	1 306. 6	85. 0
其中：票据承兑	399. 4	94. 8	399. 4	94. 8
境内微型企业				
一般贷款	2 159. 2	375. 5	2141. 8	385. 2
票据贴现	24. 4	8. 6	24. 4	8. 6
表外授信	331. 0	37. 0	249. 1	51. 9
其中：票据承兑	50. 7	-16. 9	50. 7	-16. 9

表 1.14　北京市银行业（含外资）人民币房地产信贷情况

单位：亿元、%

项目名称	余额		比年初增减	
	2018 年	同比增长	2018 年	2017 年
合计	**17 302.1**	**5.9**	**970.8**	**1 944.6**
一、房地产开发贷款	5 794.5	12.2	632.9	417.7
1. 地产开发贷款	2 074.2	6.1	135.3	25.0
其中：政府土地储备机构贷款	11.7	-84.3	-2.2	-464.0
2. 房产开发贷款	3 720.4	15.9	497.6	392.7
（1）住房开发贷款	2 288.9	43.5	694.2	125.1
其中：保障性住房开发贷款	1 002.8	65.0	398.1	235.4
（2）商业用房开发贷款	1 404.7	14.7	180.3	190.3
（3）其他房产开发贷款	26.7	-93.2	-376.9	77.2
二、购房贷款	11 392.0	3.3	360.3	1 539.4
1. 企业购房贷款	732.7	36.5	191.9	63.4
（1）商业用房贷款	651.1	30.8	149.2	58.9
（2）住房贷款	81.6	110.1	42.8	4.5
2. 机关团体购房贷款				
（1）商业用房贷款				
（2）住房贷款				
3. 个人购房贷款	10 659.3	1.6	168.4	1 476.0
（1）个人商业用房贷款	749.0	-9.4	-77.4	109.7
（2）个人住房贷款	9 910.2	2.5	245.7	1 366.3
a. 新建房贷款	4 065.6	-0.6	-26.3	277.0
其中：抵押贷款	4 028.2	-0.5	-20.0	286.8
b. 再交易房贷款	5 844.7	4.9	272.1	1 089.3
三、证券化的房地产贷款	115.6	-16.2	-22.3	-12.5
1. 证券化个人住房贷款	114.4	-5.9	-7.2	4.9
2. 其他证券化房地产贷款	1.2	-92.6	-15.1	-17.4
附：个人购买保障性住房贷款	67.7	1.2	0.8	11.0
附：企业收购、租赁保障性住房贷款	29.5	-7.4	-2.3	3.0

表 1.15　北京市银行业个人住房贷款发放、偿还情况

单位：亿元、笔

项目名称	累计	
	2018 年	2017 年
个人住房贷款发放总额	1 073.4	2 120.9
其中：发放新建房贷款	363.9	615.1
发放再交易房贷款	709.5	1 505.8
住房贷款偿付总额	818.7	782.6
其中：正常还款	346.6	299.5
部分提前还款	127.7	126.7
全额提前还款	344.3	356.4
批准笔数	65 933	84 999

注：以上统计表由中国人民银行营业管理部调查统计处提供。

表 1.16　北京辖区直接外债余额

单位：亿美元、%

年份	总计	为上年	中长期债务	占总计	短期债务	占总计
2008	1 332	105.22	889	66.74	443	33.26
2009	1 443	108.33	972	67.36	471	32.64
2010	1 950	135.14	1 027	52.67	923	47.33
2011	3 114	159.69	1 154	37.06	1 960	62.94
2012	3 299	105.94	1 257	38.10	2 042	61.90
2013	4 922	149.21	1 205	24.49	3 717	75.51
2014	5 956	121.01	1 309	21.98	4 647	78.02
2015	4 142	69.55	1 276	30.81	2 866	69.20
2016	4 218	101.83	1 533	36.34	2 685	63.66
2017	5 466	129.59	1 904	34.83	3 562	65.17
2018	5 905	108.04	1 906	32.28	3 999	67.72

注：本统计表由国家外汇管理局北京外汇管理部资本项目管理处根据外汇局资本项目信息系统数据提供。

表 1.17　2018 年北京地区储蓄国债统计（凭证式）

单位：亿元

期数	金额
一期	24.81
二期	26.34
三期	24.59
四期	25.87
五期	30.33
六期	31.25
七期	31.37
八期	23.93
合计	218.49

表 1.18　2018 年北京地区储蓄国债统计（电子式）　　单位：亿元

期数	金额
一期	30.35
二期	41.61
三期	34.13
四期	44.33
五期	38.88
六期	46.21
七期	44.85
八期	48.82
九期	34.34
十期	43.00
合计	406.52

注：以上统计表由中国人民银行营业管理部国库处提供。

表 1.19　北京辖区上市公司情况统计　　单位：亿元、家

项目	2014 年	2015 年	2016 年	2017 年	2018 年
股票市价总值	158 109.31	133 059.03	122 303.34	137 764.24	115 833.63
其中：股票流通市值	108 491.60	115 451.13	107 584.50	122 448.64	103 081.93
境内上市公司数	235	264	281	306	316
其中：A 股	207	238	255	278	285
A + B 股	1	1	1	1	1
A + H 股	27	25	25	27	30

表 1.20　北京地区基金管理公司业务综合统计

指标	2018 年		2017 年		2016 年	
	绝对值	同比增长（%）	绝对值	同比增长（%）	绝对值	同比增长（%）
主要经营地在辖区基金管理公司数（家）	32	0.00	32	3.23	31	24.00
其中：中外合资基金管理公司数（家）	11	0.00	11	0.00	11	0.00
辖区法人基金管理公司数（家）	19	0.00	19	0.00	19	11.76
其中：中外合资基金管理公司数（家）	8	0.00	8	0.00	8	0.00
辖区法人基金管理公司管理基金数（只）	712	14.10	624	21.40	514	42.78
其中：封闭式基金数（只）	7	-22.22	9	-71.88	32	300.00
开放式基金数（只）	705	14.63	615	27.59	482	36.93
辖区法人基金管理公司管理基金季末总规模（亿份）	19 502.95	17.73	16 565.22	14.39	14 481.11	-2.56
其中：封闭式基金总规模（亿份）	153.26	192.93	52.32	-96.53	1 507.76	3 360.55
开放式基金总规模（亿份）	19 349.69	17.18	16 512.90	23.48	13 373.15	-9.75
辖区法人基金管理公司管理基金资产季末净值（亿元）	19 776.74	14.29	17 303.36	11.42	15 529.43	-5.13
其中：封闭式基金资产净值（亿元）	149.68	184.73	52.57	-96.56	1529.65	2 723.80
开放式基金资产净值（亿元）	19 627.06	13.77	17 250.79	23.22	13 999.78	-14.19
辖区法人基金管理公司 QDII 总规模（亿份）	111.16	-9.71	123.12	-10.25	137.18	87.79
辖区法人基金管理公司 QDII 总净值（亿元）	123.99	-21.17	157.28	11.87	140.59	65.21
辖区法人基金管理公司当年新发行基金数（只）	236	81.54	130	-23.98	171	27.61
辖区法人基金管理公司新发行基金首次募集规模（亿份）	2 376.03	42.30	1 669.70	-49.14	3 282.78	4.63
辖区法人基金管理公司新发行基金首次募集金额（亿元）	2 376.03	42.30	1 669.70	-49.18	3 285.78	4.72
辖区法人基金管理公司新发行基金年末净值（亿元）						

注：以上统计表由中国证券监督管理委员会北京监管局提供。

表 1.21　2018 年北京市保险业务统计

单位：万元、%

指标项目	2018 年	2017 年	增长率
一、原保险保费收入	**17 933 406.77**	**19 731 532.74**	**-9.11**
1. 财产险	4 226 694.01	4 043 848.82	4.52
其中：机动车辆保险	2 719 429.49	2 721 564.69	-0.08
2. 意外伤害保险	645 030.35	585 748.08	10.12
3. 健康保险	3 159 007.75	3 018 305.64	4.66
4. 人寿保险	9 902 674.66	12 083 630.20	-18.05
二、赔付支出	**6 293 528.02**	**5 777 425.66**	**8.93**
1. 财产保险	2 458 531.27	2 124 912.89	15.70
其中：机动车辆保险	1 702 479.67	1 521 885.80	11.87
2. 意外伤害保险	164 833.96	141 288.91	16.66
3. 健康保险	935 770.28	796 311.25	17.51
4. 人寿保险	2 734 392.51	2 714 912.61	0.72

注：1. “原保险保费收入”为按《企业会计准则（2006）》设置的统计指标，指保险企业确认的原保险合同保费收入。

2. “原保险赔付支出”为按《企业会计准则（2006）》设置的统计指标，指保险企业支付的原保险合同赔付款项。

3. 原保险保费收入、原保险赔付支出为本年累计数。

4. 上述数据来源于各公司报送的保险数据，未经审计。

表 1.22　北京市各财产保险公司业务统计（按公司）

单位：万元、%

保费收入	公司名称	2018 年累计			
		原保险保费收入	同比	赔款支出	同比
中资	人保股份京分	1 560 846.92	5.43	1 028 408.68	19.03
	平安财京分	1 051 991.28	4.68	513 829.29	13.60
	太保财京分	615 096.72	4.90	351 503.47	9.88
	国寿财产京分	242 663.08	-2.91	139 206.04	6.40
	阳光财产京分	91 140.58	23.08	36 596.46	28.07
	华泰京分	86 321.24	-15.93	56 461.87	0.09
	中华联合京分	82 951.06	-13.95	66 348.74	11.97
	大地财产京分	80 203.74	51.22	28 322.85	2.98
	英大财产京分	63 758.53	-11.59	25 409.63	-0.21
	太平保险京分	63 333.72	24.89	27 383.21	-2.93
	中石油专属保险京分（虚拟）	52 662.83	5.79	21 981.56	58.84
	中银保险京分	43 955.14	11.19	16 833.85	-12.64
	众安财产京分（虚拟）	33 529.73	-5.14	16 323.34	44.29
	众惠相互京分（虚拟）	30 184.17	1 154.38	925.44	1 791.21
	华安京分	26 267.56	13.80	14 464.79	30.76
	永诚京分	23 251.62	77.92	11 876.71	17.80
	天安京分	22 319.15	90.89	13 464.13	67.53
	永安京分	22 286.03	6.91	8 620.87	-22.32

续表

保费收入	公司名称	2018 年累计			
		原保险保费收入	同比	赔款支出	同比
中资	建信财产京分	22 043.62	160.29	6 875.24	389.91
	国任财险京分	20 700.37	25.44	7 305.07	42.21
	安心财产京分（虚拟）	16 721.56	-40.41	20 206.41	1 011.47
	易安财产京分（虚拟）	15 981.30	14.52	3 731.91	265.47
	阳光信用京分（虚拟）	15 865.95	62.19	4 337.58	307.02
	亚太财险京分	14 604.46	56.32	5 149.10	65.42
	珠峰财险京分	14 425.63	-5.58	8 110.69	116.97
	渤海京分	13 344.05	59.41	5 850.54	153.01
	中铁自保京分（虚拟）	11 732.31	27.29	1 897.56	141.55
	长安责任京分	8 407.59	-10.84	4 772.65	-12.56
	安邦京分	8 185.42	-40.36	7 005.03	-23.85
	紫金财产京分	7 338.40	5.21	3 762.73	-29.58
	安华农业京分	7 316.04	-1.88	6 554.80	-8.76
	富德财险京分	6 211.31	84.78	3 624.58	-41.61
	华农京分	5 887.28	-18.64	7 372.14	72.98
	泰康在线京分（虚拟）	5 870.04	87.40	4 677.71	208.57
	合众财产京分（虚拟）	5 815.08	-42.14	4 363.07	18.36
	汇友互助京分（虚拟）	3 547.92	662.49	68.32	2 731.17
	安诚京分	1 523.37	-57.73	2 440.45	34.32
	长江财险京分	1 380.53	-67.89	1 832.85	6.40
	浙商财产京分	918.71	-40.69	893.19	18.41
	泰山财险京分	753.77	82.87	2 057.50	-2.49
	都邦京分	394.91	-69.58	815.42	-46.90
	久隆财产京分				
小计		4 401 732.73	5.85	2 491 665.45	15.98
外资	利宝京分	60 002.48	6.43	48 307.38	1.37
	苏黎世京分	36 560.09	-4.26	11 505.64	-36.87
	中意财产京分（虚拟）	26 216.57	27.14	8 367.28	-5.70
	安盛天平京分	11 235.97	-15.07	9 255.93	13.24
	美亚京分	9 533.02	8.80	2 611.34	42.91
	现代财产京分（虚拟）	7 466.09	-14.79	2 643.91	12.75
	东京海上京分	7 321.76	0.08	4 392.06	50.36
	三井京分	6 535.07	6.96	3 329.22	91.13
	三星京分	5 899.06	3.68	3 334.32	59.87
	史带财产京分	4 046.26	56.85	1 066.61	1.44
	瑞再企商京分	3 447.47	35.69	73.65	-68.17
	国泰财产京分	2 855.50	-53.30	3 593.40	-15.24
	安联京分	2 457.04	2 664.60	21.07	0.00
	中航安盟京分	1 541.75	84.32	852.63	1 718.05
	日本财产京分	1 522.43	-3.07	864.02	129.53
	安达保险京分	686.90	310.37	82.38	173.57
	劳合社京分	9.17	-80.92	10.73	-5.77
小计		187 336.62	4.66	100 311.58	0.48
合计		4 589 069.35	5.80	2 591 977.02	15.29

注：虚拟是指在北京开展业务但未设立北京分公司的保险公司。

表1.23　北京市各财产保险公司业务统计（按险种）

单位：万元、%

险　种	原保险保费收入	同比	赔款支出	同比
1. 企业财产保险	391 661. 39	11. 07	231 957. 34	40. 37
2. 家庭财产保险	61 038. 19	53. 69	23 260. 16	17. 99
其中：投资型家庭财产保险	153. 45	0. 34	3. 99	-65. 88
3. 机动车辆保险	2 719 429. 49	-0. 08	1 702 479. 67	11. 87
其中：交强险	463 334. 29	3. 95	239 136. 99	-1. 57
4. 工程保险	87 227. 53	-15. 54	39 119. 78	30. 71
5. 责任保险	451 456. 98	9. 86	224 779. 78	10. 73
6. 信用保险	43 540. 97	267. 09	18 316. 80	103. 59
7. 保证保险	168 648. 90	19. 28	67 683. 07	310. 26
其中：机动车辆消费贷款保证保险	1 970. 12	-21. 43	1 964. 41	3 383. 98
个人贷款抵押房屋保证保险	-54. 59	4. 54	6. 06	-62. 83
8. 船舶保险	7 005. 57	-11. 88	9 321. 19	85. 23
9. 货物运输保险	113 756. 62	14. 00	51 654. 95	-3. 15
10. 特殊风险保险	92 556. 37	14. 13	25 582. 77	-45. 03
11. 农业保险	77 720. 26	21. 68	59 783. 02	17. 15
12. 健康保险	134 510. 42	1. 21	91 162. 02	7. 39
其中：投资型健康保险				
13. 意外伤害保险	227 864. 92	41. 82	42 283. 73	9. 87
其中：投资型意外伤害保险	1. 57	1 007. 84	894. 74	-4. 55
14. 其他保险	12 651. 73	29. 44	4 592. 74	23. 39
合计	4 589 069. 35	5. 80	2 591 977. 02	15. 29

表 1.24　北京市各人身保险公司业务统计（按公司）

单位：万元、%

公司	原保险保费收入	同比	退保金	同比	赔款支出	同比	死伤医疗给付	同比	满期给付	同比	年金给付	同比
平安寿京分	2 312 808.72	13.66	138 973.77	-4.76	5 841.55	9.08	98 640.36	21.48	160 583.01	-40.25	148 994.72	73.26
新华京分	945 061.19	1.38	291 854.15	-19.02	31 642.43	18.10	40 885.16	33.22	237 725.35	32.98	112 194.59	5.71
国寿股份京分	872 296.44	-7.94	339 413.11	16.48	109 691.10	10.95	23 558.44	18.49	274 417.88	-24.21	47 099.34	5.08
华夏人寿京分	830 229.17	11.73	19 511.82	181.18	4 257.99	76.65	5 867.22	44.10	189.97	-93.96	29 214.15	61.93
泰康京分	663 549.47	0.36	61 703.21	-21.26	2 811.23	7.61	14 382.90	38.10	31 045.22	-71.53	80 084.14	12.46
天安人寿京分（虚拟）	639 758.16	7.22	72 313.03	-60.69	598.21	8.93	1 960.87	211.43	7 331.86	-16.42	46 509.31	45.29
太平人寿京分	603 681.95	-4.87	150 593.85	-35.97	1 788.16	93.65	8 972.16	32.65	99 445.00	43.21	52 252.42	2.93
太保寿京分	568 699.95	7.48	45 826.03	-24.28	8 099.72	28.22	20 684.89	24.74	121 050.06	20.98	46 343.79	14.25
友邦京分	539 379.83	40.64	9 299.36	27.51	13 846.98	39.52	17 332.53	62.75	3 619.79	-82.25	17 941.23	79.41
人保寿险京分	483 806.48	-37.25	353 199.90	-10.53	42 317.87	3.11	92 888.02	22.41	117 244.13	-45.33	11 512.14	203.03
中信保诚京分	441 939.14	31.71	9 393.64	102.14	15 966.70	34.66	9 435.77	40.55	5 203.87	-63.63	637.60	49.40
工银安盛京分	370 746.82	-15.15	285 801.36	34.41	12 017.23	3.75	3 399.10	33.67	124 823.47	134.38	3 074.46	-2.65
中美联泰京分	293 721.37	-0.61	18 697.16	51.90	2 678.03	-17.16	10 157.07	10.76	27 559.99	-35.30	1 746.07	95.24
招商信诺京分	272 775.86	11.02	66 338.99	190.02	21 671.01	36.20	2 482.98	10.01	26 008.90		2 320.88	121.81
君康人寿京分	271 957.24	-12.20	11 233.34	-83.60	30.08	-96.52	466.18	1 109.03	1 393.45	-49.75	1 725.28	1 584.07
弘康人寿京分（虚拟）	249 743.31	82.50	78 197.40	-31.87	30.12		1 849.31	122.49	2 654.60	45 200.33	86.29	27.07
中意京分	225 041.59	24.96	118 707.04	54.68	32 221.99	18.73	3 831.69	104.79	140.87	-28.39	174 674.74	1.29
中荷人寿京分	187 557.89	45.23	8 036.73	-4.92	85.79	-51.98	1 349.62	22.29	55 808.51	96.82	2 535.33	139.48
平安养老京分	173 837.50	16.05	91.47	115.78	121 338.36	16.21	118.07	156.00			298.94	-14.30
富德生命人寿京分	155 567.47	-35.48	94 418.96	-57.37	2 428.68	-4.20	1 417.67	16.71	20 662.80	-56.71	9.54	131.50
泰康养老京分	153 065.86	34.19	1 737.83	286.64	29 309.05	15.14	4 198.99	48.25	640.49		804.05	260.85
光大永明京分	140 433.99	32.11	9 075.78	-40.14	11 868.13	20.52	1 780.92	42.44	6 378.73	-53.53	2 008.87	39.77
百年人寿京分	137 729.75	128.19	41 602.45	-16.19	1 229.49	44.04	330.76	78.82	12 672.99	102.44	4 730.63	59.43
中邮人寿京分	129 917.53	12.58	38 639.22	35.96	5 623.53	218.21	354.08	26.89	31 018.79	50.63	1 555.56	2 585.68
交银康联京分	112 830.77	-41.05	215 584.00	365.42	6.07	-87.91	968.75	46.28	21 363.45	46 047.52	131.68	28.27
建信人寿京分	111 141.05	-9.32	232 646.00	123.40	3 940.06	94.12	672.56	11.72	59 767.86	-31.51	1 881.96	-83.57
阳光人寿京分	95 936.67	-28.18	65 105.94	122.67	8 112.57	69.99	4 333.27	64.23	40 307.25	30.37	15.10	
国华人寿京分	95 473.74	-37.33	77 525.52	354.68	1.48	-42.89	514.47	225.78	16 024.17	5.46	3 620.79	24.11
中英人寿京分	90 508.98	-4.26	23 352.50	483.09	10 628.86	35.26	2 670.43	60.00	9 623.05	-61.92	3 231.32	21.09
农银人寿京分	86 823.81	-26.36	41 916.80	4.47	835.84	-15.31	728.52	4.99	48 974.47	64.61	1 017.18	4.90
中德安联京分	75 199.22	26.19	2 474.92	122.57	2 918.51	6.01	653.75	177.14	2.09	-98.95	4 640.48	6.86
中华人寿京分	67 939.31	107.64	6 643.05	20 595.71	2 993.01	62.93	3 232.21	237.48			348.69	
平安健康京分	64 131.03	20.37	0.52	-95.30	35 296.38	4.86	174.55	-80.96				
汇丰人寿京分	61 045.04	8.31	3 956.41	107.46			8.24	-98.03			2 739.00	53.89

续表

公司	原保险保费收入	同比	退保金	同比	赔款支出	同比	死伤医疗给付	同比	满期给付	同比	年金给付	同比
同方全球人寿京分	56 601.63	24.96	1 610.41	80.62	16 515.36	6.74	1 258.65	82.02	1 241.12	-76.92	753.26	-2.90
信美人寿京分（虚拟）	53 869.92	13.64	119.61	336.20	1 508.53		244.18					
英大人寿京分	49 487.00	-11.43	4 172.38	-83.44	4 302.01	-28.90	131.67	-35.29	3 048.49	-46.57	1 195.92	16.37
复星保德信京分	48 489.55	71.04	913.91	405.68	1 410.88	378.44	197.74	402.32			568.71	-3.22
利安人寿京分	43 358.38	44.43	14 232.67	4.60	104.20	-58.71	34.00	5.51			716.78	43.91
中银三星京分	42 503.96	-9.43	19 209.96	-11.23	3 193.86	9.08	537.10	132.71	6 073.12	-7.37	1 002.41	-3.04
人保健康京分	39 560.69	-62.73	15 195.25	-65.93	35 243.54	-38.36	517.81	19.51	7 349.89	716.92		
太平养老京分	34 931.03	-22.28	3 274.69	-30.87	15 036.91	48.20	3 456.99	18.61	4.22		21.67	416.93
长生人寿京分	33 110.97	-36.37	69 728.48	3 172.04	913.61	4.41	173.60	1 101.32	5 138.50	-22.10		
合众人寿京分	31 638.99	-68.65	34 053.81	116.19	1 125.39	-18.46	616.76	16.26	7 675.10	-22.00	2 203.71	47.66
幸福人寿京分	31 510.35	-76.78	88 802.81	89.07	3 952.72	14.65	740.25	14.21	81 512.12	194.41	624.77	10.57
爱心人寿京分	30 346.21	584.45	79.50		1 742.88	1 107 092.22	160.00					
昆仑健康京分	30 313.94	-4.48	647.03	224.05	4 766.19	-10.91	6.87	-91.26	35.74	87.71		
长城京分	28 028.78	2.29	4 363.21	11.25	1 069.32	-18.65	563.00	128.50	12 565.88	-47.20	2 864.34	35.19
安邦人寿京分	27 870.42	-98.61	1 368 483.53	221.26	290.40	1 316.39	5 648.20	59.05	15 561.44	251.90	3 668.28	2 184.53
中宏人寿京分	27 614.99	32.93	1 239.38	100.68	984.47	13.42	496.10	80.83	303.24	9.14	591.41	25.06
珠江人寿京分	27 372.39	2.02	49 958.85	6 567.00	964.82	925.56	59.50				2 032.23	
瑞泰人寿京分（虚拟）	23 276.02	112.60	8 132.71	18.85	1 974.38	21.23	395.51	118.87	106.80	790.00	175.88	-54.96
陆家嘴国泰人寿京分	21 952.46	99.76	171.84	665.76	1 316.30	11.08	71.87	76.31			115.29	58.61
民生人寿京分	20 785.28	-23.52	5 529.10	-44.01	407.58	-33.81	1 247.70	77.31	4 320.85	79.14	2 230.02	2.47
北京人寿京分	19 086.84		22.54		75.64		33.31					
信泰京分	18 150.73	-15.33	26 001.78	4 090.81	3.35	44.37	59.04	-69.22	1 278.31	-59.34	121.79	-17.89
恒安标准京分	17 805.97	41.64	638.75	-56.61	1 288.62	0.20	358.10	5.21	3 386.98	-81.37	725.45	3.46
太保安联健康京分	12 734.68	71.08	4.18	101.57	9 329.91	222.89	388.21	52.26				
华泰人寿京分	11 864.29	23.82	630.22	-33.88	668.65	0.88	531.56	80.10	12 473.25	-32.51	595.14	13.64
北大方正人寿京分	10 097.70	17.95	139.32	35.70	3 544.83	27.61	284.29	344.21			103.05	92.11
复星联合健康京分	8 135.81		6.02		1 078.13		1.36					
中融人寿京分	6 071.33	-68.56	993.83	-56.74	9.10	16.79	8.00	2 253.20	929.91	21.95		
国寿存续京分	4 961.84	-67.63	1 772.92	28.11	53.77	6.38	4 903.16	20.92	22 521.10	179.78	50 806.23	46.76
安邦养老京分	4 340.30	-88.23	1 941.59	9 574.57	1.76	-91.55	31.13					
新光海航京分（虚拟）	3 382.06	-4.17	1 051.46	-6.82		-100.00	276.36	17.10	13 854.49	5.08	289.89	13.61
和谐健康京分	735.28	-99.75	230 820.84	181.12	176.31	-62.21	1 290.92	-4.62				
中法人寿京分	11.30	-37.43	344.68	-94.39			1.20	-96.56	874.22	-80.91	22.32	-91.84
合计	13 344 337.42	-13.32	4 888 152.51	37.12	655 179.66	12.64	405 025.66	29.12	1 763 936.85	-7.84	877 408.83	21.90

注：虚拟指已在北京开展业务但未设立北京分公司的保险公司。

表 1.25　北京市各人身保险公司业务统计（按险种）

单位：万元

险种	原保险保费收入	赔款支出	死伤医疗给付	满期给付	年金给付	退保金
一、寿险小计	9 902 674.66		95 987.26	1 760 996.42	877 408.83	4 509 761.61
1. 普通寿险	4 810 753.25		57 308.66	128 167.43	358 128.56	3 714 644.52
（1）定期寿险	97 754.00		13 726.88	360.86		1 846.71
（2）两全寿险	718 898.75		16 978.49	89 214.49	26 721.66	1 423 355.23
（3）终身寿险	758 346.40		15 948.53	24 631.54		11 749.73
（4）年金保险	3 235 754.10		10 654.76	13 960.53	331 406.90	2 277 692.85
2. 分红寿险	5 051 901.22		32 511.17	1 629 233.65	518 752.62	795 010.39
（1）定期寿险						
（2）两全寿险	2 132 306.32		22 649.02	1 619 564.81	67 593.11	604 931.10
（3）终身寿险	382 353.20		4 038.01	61.75		15 132.75
（4）年金保险	2 537 241.70		5 824.13	9 607.08	451 159.51	174 946.54
3. 投资连结保险	4 046.28		373.38	127.76	0.01	6.93
4. 万能保险	35 973.91		5 794.05	3 467.58	527.64	99.77
二、意外伤害险小计	417 165.42	122 550.24				
1. 一年期以内业务	36 128.68	2 662.13				
2. 一年期业务	281 212.12	119 888.11				
3. 一年期以上业务	99 824.62					
三、健康险小计	3 024 497.33	532 629.42	309 038.40	2 940.43		378 390.90
1. 短期业务	749 844.76	532 629.42				
2. 长期业务	2 274 652.57		309 038.40	2 940.43		378 390.90
合计	13 344 337.42	655 179.66	405 025.66	1 763 936.85	877 408.83	4 888 152.51

注：以上统计表由中国银行保险监督管理委员会北京监管局提供。

表 1.26　中国人民银行对金融机构存款利率

单位：年利率%

时间	2002－02－21	2003－12－21	2005－03－17	2008－11－27
一、金融机构存款				
准备金存款	1.89	1.89	1.89	1.62
超额准备金	1.89	1.62	0.99	0.72
欠交准备金①	按日利率万分之六计收利息	同前		
二、保险公司存款	1.89	1.89	1.89	
三、邮政储蓄转存款②	4.347	4.131		

注：① 2004 年 12 月 30 日银发〔2004〕302 号文，规定金融机构未按照中国人民银行规定交存存款准备金的，按照相关法规规定处罚；依法减轻处罚的，对其欠交存款准备金不足部分按每日万分之六的比例处以罚款。

② 2002 年 12 月 31 日银发〔2002〕393 号文，规定从 2003 年 1 月 1 日起邮政储蓄转存款利率暂调整为 4.131%。2003 年 9 月 1 日银发〔2003〕177 号文，规定自 2003 年 8 月 1 日起，邮政储蓄新增存款转存人民银行的部分，按照金融机构准备金存款利率（年利率为 1.89%）计息；此前的邮政储蓄在人民银行的转存款暂按现行转存款利率计息（年利率为 4.131%）。

表 1.27　中国人民银行对金融机构贷款利率

单位：年利率%

项目①	2010－12－26	2014－03－20	2014－12－19	2015－05－28	2015－11－05
一、流动性再贷款②					
1个月	3.25				2.9
3个月	3.55				3.2
6个月	3.75				3.4
1年	3.85				3.5
二、信贷政策支持再贷款					
（一）支农再贷款③					
3个月	3.05		2.8	2.55	2.45
6个月	3.25		3.0	2.75	2.65
1年	3.35		3.1	2.85	2.75
（二）支小再贷款					
3个月		3.7	3.3	3.05	2.95
6个月		3.9	3.5	3.25	3.15
1年		4.0	3.6	3.35	3.25
三、再贴现	2.25	同前	同前	同前	同前
四、逾期贷款	按日利率万分之五计收利息	同前	同前	同前	同前

注：① 2014年2月7日银发〔2014〕36号文，决定对再贷款分类予以调整，将流动性再贷款划分为流动性再贷款和信贷政策支持再贷款，金融稳定再贷款和专项政策性再贷款分类总体不变。流动性再贷款利率执行人民银行总行确定的流动性再贷款利率，信贷政策支持再贷款执行人民银行总行确定的信贷政策支持再贷款利率。

② 2014年2月7日银发〔2014〕36号文指出，人民银行对全国性存款类金融机构发放的流动性再贷款，期限设置为1个月、3个月、6个月、1年四个档次。在此之前流动性再贷款期限为20天以内、3个月以内、6个月以内和1年。

③ 该时点利率为对农村信用社再贷款（不含紧急贷款）利率。2014年12月29日银发〔2014〕396号文指出，将正常支农再贷款各期限档次利率分别下调0.25个百分点，贫困地区支农再贷款利率再调整后的正常支农再贷款利率基础上下调1个百分点。

表 1.28 金融机构存款利率

单位：年利率%

项目	2002-02-21	2004-10-29	2006-04-28	2006-08-19	2007-03-18	2007-05-19	2007-07-21	2007-08-22	2007-09-15	2007-12-21	2008-10-09	2008-10-30	2008-11-27	2008-12-23	2009-12-31
一、活期存款	0.72	0.72	0.72	0.72	0.72	0.72	0.81	0.81	0.81	0.72	0.72	0.72	0.36	0.36	0.36
二、定期存款															
1. 整存整取															
三个月	1.71	1.71	1.71	1.80	1.98	2.07	2.34	2.61	2.88	3.33	3.15	2.88	1.98	1.71	1.71
半年	1.89	2.07	2.07	2.25	2.43	2.61	2.88	3.15	3.42	3.78	3.51	3.24	2.25	1.98	1.98
一年	1.98	2.25	2.25	2.52	2.79	3.06	3.33	3.60	3.87	4.14	3.87	3.60	2.52	2.25	2.25
二年	2.25	2.70	2.70	3.06	3.33	3.69	3.96	4.23	4.50	4.68	4.41	4.14	3.06	2.79	2.79
三年	2.52	3.24	3.24	3.69	3.96	4.41	4.68	4.95	5.22	5.40	5.13	4.77	3.60	3.33	3.33
五年	2.79	3.60	3.60	4.14	4.41	4.95	5.22	5.49	5.76	5.85	5.58	5.13	3.87	3.60	3.60
2. 零存整取、整存零取、存本取息															
一年	1.71	1.71	1.71	1.80	1.98	2.07	2.34	2.61	2.88	3.33	3.15	2.88	1.98	1.71	1.71
三年	1.89	2.07	2.07	2.25	2.43	2.61	2.88	3.15	3.42	3.78	3.51	3.24	2.25	1.98	1.98
五年	1.98	2.25	2.25	2.52	2.79	3.06	3.33	3.60	3.87	4.14	3.87	3.60	2.52	2.25	2.25
3. 定活两便	按一年以内定期整存整取同档次利率60%执行	按一年以内定期整存整取同档次利率60%执行	同前	同前	同前	同前	同前	同前	同前	同前	同前	同前	同前	同前	同前
三、协定存款	1.44	1.44	1.44	1.44	1.44	1.44	1.53	1.53	1.53	1.53	1.53	1.53	1.17	1.17	1.17
四、通知存款															
一天	1.08	1.08	1.08	1.08	1.08	1.08	1.17	1.17	1.17	1.17	1.17	1.17	0.81	0.81	0.81
七天	1.62	1.62	1.62	1.62	1.62	1.62	1.71	1.71	1.71	1.71	1.71	1.71	1.35	1.35	1.35

续表

项目	2010－10－20	2010－12－26	2011－02－09	2011－04－06	2011－07－07	2012－06－08	2012－07－06①	2014－11－22②	2015－03－01③	2015－05－11④	2015－06－28	2015－08－26⑤	2015－10－24⑥
一、活期存款	0.36	0.36	0.40	0.50	0.50	0.40	0.35	0.35	0.35	0.35	0.35	0.35	0.35
二、定期存款													
1. 整存整取													
三个月	1.91	2.25	2.60	2.85	3.10	2.85	2.60	2.35	2.10	1.85	1.60	1.35	1.10
半年	2.20	2.50	2.80	3.05	3.30	3.05	2.80	2.55	2.30	2.05	1.80	1.55	1.30
一年	2.50	2.75	3.00	3.25	3.50	3.25	3.00	2.75	2.50	2.25	2.00	1.75	1.50
二年	3.25	3.55	3.90	4.15	4.40	4.10	3.75	3.35	3.10	2.85	2.60	2.35	2.10
三年	3.85	4.15	4.50	4.75	5.00	4.65	4.25	4.00	3.75	3.50	3.25	3.00	2.75
五年	4.20	4.55	5.00	5.25	5.50	5.10	4.75						
2. 零存整取、整存零取、存本取息													
一年	1.91	2.25	2.60	2.85	3.10	2.85	2.60	2.35	2.10	1.85	1.60	1.35	1.10
三年	2.20	2.50	2.80	3.05	3.30	3.05	2.80	2.55	2.30	2.05	1.80	1.55	1.30
五年	2.50	2.75	3.00	3.25	3.50	3.25	3.00						
3. 定活两便	同前	同前	同前	同前	同前	同前	同前	同前	同前	同前	同前	同前	
三、协定存款	1.17	1.17	1.21	1.31	1.31	1.21	1.15	1.15	1.15	1.15	1.15	1.15	1.15
四、通知存款													
一天	0.81	0.81	0.85	0.95	0.95	0.85	0.80	0.80	0.80	0.80	0.80	0.80	0.80
七天	1.35	1.35	1.39	1.49	1.49	1.39	1.35	1.35	1.35	1.35	1.35	1.35	1.35

注：①自2012年6月8日起，金融机构存款利率浮动区间由基准利率的（0，1］倍调整为（0，1.1］倍。
②自2014年11月22日起，存款利率浮动区间的上限由基准利率的1.1倍调整为1.2倍。并且人民银行不再公布人民币五年期定期存款基准利率。
③自2015年3月1日起，人民币存款利率浮动区间的上限由基准利率的1.2倍调整为1.3倍。
④自2015年5月11日起，存款利率浮动区间上限由基准利率的1.3倍调整为1.5倍。
⑤自2015年8月26日起，一年以上（不含一年）定期存款利率浮动上限放开，其余期限品种存款利率浮动上限仍为基准利率的1.5倍。
⑥自2015年10月24日起，活期存款、一年以内（含）定期存款、协定存款、通知存款利率上限放开。

表 1.29　金融机构贷款利率

单位：年利率%

项目	2002-02-21	2004-10-29	2005-03-17	2006-04-28	2006-08-19[①]	2007-03-18	2007-05-19	2007-07-21	2007-08-22	2007-09-15	2007-12-21	2008-09-16	2008-10-09	2008-10-30	2008-11-27	2008-12-23	2009-12-31
一、短期贷款																	
六个月以内（含六个月）	5.04	5.22	5.22	5.40	5.58	5.67	5.85	6.03	6.21	6.48	6.57	6.21	6.12	6.03	5.04	4.86	4.86
六个月至一年（含一年）	5.31	5.58	5.58	5.85	6.12	6.39	6.57	6.84	7.02	7.29	7.47	7.20	6.93	6.66	5.58	5.31	5.31
二、中长期贷款																	
一至三年（含三年）	5.49	5.76	5.76	6.03	6.30	6.57	6.75	7.02	7.20	7.47	7.56	7.29	7.02	6.75	5.67	5.40	5.40
三至五年（含五年）	5.58	5.85	5.85	6.12	6.48	6.75	6.93	7.20	7.38	7.65	7.74	7.56	7.29	7.02	5.94	5.76	5.76
五年以上	5.76	6.12	6.12	6.39	6.84	7.11	7.20	7.38	7.56	7.83	7.83	7.74	7.47	7.20	6.12	5.94	5.94
三、贴现	在再贴现利率基础上，按不超过同期贷款利率（含浮动）加点	在再贴现利率基础上，按不超过同期贷款利率（含浮动）加点	同前	同前	同前	同前	同前	同前	同前	同前	同前	同前	同前	同前	同前	同前	
四、个人住房贷款																	
1. 个人住房公积金贷款																	
五年以下（含五年）	3.60	3.78	3.96	4.14	4.14	4.32	4.41	4.50	4.59	4.77	4.77	4.59	4.32	4.05	3.51	3.33	3.33
五年以上	4.05	4.23	4.41	4.59	4.59	4.77	4.86	4.95	5.04	5.22	5.22	5.13	4.86	4.59	4.05	3.87	3.87
2. 自营性个人住房贷款[①]																	
五年以下（含五年）	4.77	4.95	取消优惠利率，改按商业性贷款利率执行	同前	同前	同前	同前	同前	同前	同前	同前	同前	同前	同前	同前	同前	同前
五年以上	5.04	5.31															

续表

项目	2010-10-20	2010-12-26	2011-02-09	2011-04-06	2011-07-07	2012-06-08②	2012-07-06③	2013-07-20④	2014-11-22⑤	2015-03-01	2015-05-11	2015-06-28	2015-08-26	2015-10-24
一、短期贷款														
六个月以内（含六个月）	5.10	5.35	5.60	5.85	6.10	5.85	5.60	同前	5.60	5.35	5.10	4.85	4.60	4.35
六个月至一年（含一年）	5.56	5.81	6.06	6.31	6.56	6.31	6.00		5.60	5.35	5.10	4.85	4.60	4.35
二、中长期贷款														
一年至三年（含三年）	5.60	5.85	6.10	6.40	6.65	6.40	6.15	同前	6.00	5.75	5.50	5.25	5.00	4.75
三年至五年（含五年）	5.96	6.22	6.45	6.65	6.90	6.90	6.40		6.00	5.75	5.50	5.25	5.00	4.75
五年以上	6.14	6.40	6.60	6.80	7.05	6.80	6.55		6.15	5.90	5.65	5.40	5.15	4.90
三、贴现	同前	同前	同前	同前	同前	同前	同前	改变贴现利率在再贴现利率基础上加点确定的方式，由金融机构自主确定	同前	同前	同前	同前	同前	同前
四、个人住房贷款														
1. 个人住房公积金贷款														
五年以下（含五年）	3.50	3.75	4.00	4.20	4.45	4.20	4.00	同前	3.75	3.50	3.25	3.00	2.75	2.75
五年以上	4.05	4.30	4.50	4.70	4.90	4.70	4.50		4.25	4.00	3.75	3.50	3.25	3.25
2. 自营性个人住房贷款①														
五年以下（含五年）	同前	同前	同前	同前	同前	同前	同前	同前	同前	同前	同前	同前	同前	同前
五年以上														

注：①自 2006 年 8 月 19 日起，商业银行个人住房贷款利率的下限扩大为贷款基准利率的 0.85 倍，自 2008 年 10 月 27 日起，商业银行个人住房贷款利率的下限扩大为贷款基准利率的 0.7 倍，其他商业性贷款利率下限仍保持 0.9 倍不变。

②自 2012 年 6 月 8 日起，金融机构贷款利率的下限由基准利率的 0.9 倍调整为 0.8 倍。

③自 2012 年 7 月 6 日起，金融机构贷款利率的下限由基准利率的 0.8 倍调整为 0.7 倍。

④自 2013 年 7 月 20 日起，取消金融机构贷款利率 0.7 倍的下限，个人住房贷款利率仍保持原区间不变；取消票据贴现利率管制，改变贴现利率在再贴现利率基础上加点确定的方式，由金融机构自主确定；取消农村信用社贷款利率 2.3 倍的上限。

⑤自 2014 年 11 月 22 日起，贷款基准利率期限档次简并为一年以内（含一年）、一至五年（含五年）和五年以上三个档次。

以上统计表由中国人民银行营业管理部货币信贷管理处提供。

表 1.30　2018 年中国人民银行发行普通纪念币、纪念钞一览

名称	发行日期	材质	规格	面值（元）	图案		发行数量
					正面	背面	
2018 年贺岁普通纪念币	2018－02－02	双色铜合金	直径 27mm	10	正面刊“中国人民银行”“10 元”、汉语拼音字母“SHIYUAN”及年号“2018”，底纹衬以团花图案	背面主景图案为一只中国传统剪纸艺术与装饰年画元素相结合造型的小花狗，其上方为宫灯和荷花图案，币面左侧刊“戊戌”字样	3.5 亿枚
中国高铁普通纪念币	2018－09－03	双色铜合金	直径 27mm	10	正面图案为中华人民共和国国徽，其上方刊“中华人民共和国”国名，下方刊年号“2018”字样	背面图案主景为“复兴号”动车组，背景为大胜关长江大桥、背景南站、“复兴号·中国高铁”文字及高山、梯田、沙漠等。主景上方刊有面额“10 元”字样	2 亿枚
人民币发行 70 周年纪念钞	2018－12－28	纸	长 150mm 宽 70mm	50	正面主景图案为树木年轮与第一套至第五套人民币代表性局部图案。左上方为国徽图案、“中国人民银行”行名，其下为“人民币发行 70 周年纪念”与“1948－2018”文字。票面左下方为面额数字“50”，右上方为面额数字“50”与汉字“伍拾圆”	背面主景图案为中国人民银行大楼，辅以牡丹花、中国人民银行旧址、第一套人民币发行布告及城市建筑剪影图案。票面左上角为面额数字“50”，中国人民银行汉语拼音字母和蒙、藏、维、壮四种民族文字的“中国人民银行”字样与面额票面下方为行长章与年号文字“2018 年”。票面右下角为面额数字“50”，汉语拼音字母“YUAN”	1.2 亿张
庆祝改革开放 40 周年普通纪念币	2018－12－28	双色铜合金	直径 27mm	10	正面图案为中华人民共和国国徽，国徽上方刊“中华人民共和国”国名，下方刊“2018”字样，左右两侧为果实图案	背面主景图案为阿拉伯数字“40”，背景图案为牡丹花、飘带和礼花。主景图案上方刊“庆祝改革开放 40 周年”字样，右下方刊面额“10 元”字样	1.8 亿枚

注：普通纪念币发行日期为首次对公众办理预约兑换日期。

本表由北京市钱币学会提供。

（二）金融机构业务统计

表 2.1　国家开发银行北京市分行人民币信贷收支统计

单位：万元

项目名称	余额	比年初	项目名称	余额	比年初
一、各项存款	5 894 249	2 118 206	一、各项贷款	29 839 973	2 380 903
（一）境内存款	5 894 246	2 118 206	（一）境内贷款	29 839 973	2 380 903
1. 个人存款			1. 短期贷款	7 452 144	-343 038
其中：活期储蓄存款			（1）个人贷款及透支		
定期储蓄存款			其中：个人消费贷款		
结构性存款			（2）单位贷款及透支	7 452 144	-343 038
2. 单位存款	2 874 393	-865 119	经营贷款及透支	1 177 000	-376 200
其中：活期存款	2 202 571	-600 241	固定资产贷款	6 275 144	33 162
定期存款	169 378	11 307	并购贷款		
保证金存款	2 026	-1 226	贸易融资		
结构性存款			（3）非存款类金融机构贷款		
3. 国库定期存款			2. 中长期贷款	22 387 829	2 723 941
4. 非存款类金融机构存款	3 019 854	2 983 325	（1）个人贷款		
（二）境外存款	3		其中：个人消费贷款		
二、代理财政性存款			（2）单位贷款	22 387 829	2 723 941
三、金融债券			经营贷款	852 590	240 390
其中：境外发行			固定资产贷款	21 242 540	2 193 351
四、卖出回购资产			并购贷款		
五、向中央银行借款			贸易融资	292 700	290 200
六、银行业存款类金融机构往来	27 435	66	（3）非存款类金融机构贷款		
七、借款及非存款类金融机构拆入			3. 票据融资		
八、联行往来（净）	23 166 750	405 718	4. 融资租赁		
九、应付及暂收款	46 162	5 032	5. 各项垫款		
其中：应付利息	6 109	-59	（二）境外贷款		
十、其他负债	52 739	-1 847	二、债券投资		
十一、所有者权益	347 890	43 878	三、股权及其他投资		
其中：实收资本			四、买入返售资产		
			五、存放中央银行存款	51 336	20 548
			六、缴存中央银行财政性存款		
			七、银行业存款类金融机构往来		
			八、存放非存款类金融机构款项		
			九、联行往来		
			其中：境内存放二级准备金		
			十、库存现金		
			十一、应收及预付款	216 070	86 320
			其中：应收利息	211 908	85 604
			十二、投资性房地产		
			十三、固定资产	16 008	-738
			十四、其他资产	161 628	49 794
			十五、减：各项准备	749 791	-34 228
			其中：贷款减值准备	749 791	-34 228
资金来源总计	29 535 225	2 571 054	资金运用总计	29 535 225	2 571 054

表 2.2 中国进出口银行北京分行人民币信贷收支统计

单位：万元

项目名称	余额	比年初	项目名称	余额	比年初
一、各项存款	173 720	80 685	一、各项贷款	4 426 190	796 681
（一）境内存款	168 533	80 666	（一）境内贷款	4 372 705	801 025
1. 个人存款			1. 短期贷款	808 766	433 512
其中：活期储蓄存款			（1）个人贷款及透支		
定期储蓄存款			其中：个人消费贷款		
结构性存款			（2）单位贷款及透支	808 766	433 512
2. 单位存款	168 533	80 666	经营贷款及透支	450 600	155 130
其中：活期存款	142 515	67 022	固定资产贷款		
定期存款	9 200	9 200	并购贷款		
保证金存款	10 735	-1 639	贸易融资	358 166	278 382
结构性存款			（3）非存款类金融机构贷款		
3. 国库定期存款			2. 中长期贷款	3 563 939	367 513
4. 非存款类金融机构存款			（1）个人贷款		
（二）境外存款	5 187	19	其中：个人消费贷款		
二、代理财政性存款			（2）单位贷款	3 563 939	367 513
三、金融债券			经营贷款	1 770 142	566 287
其中：境外发行			固定资产贷款	814 220	80 340
四、卖出回购资产			并购贷款	495 187	-135 614
五、向中央银行借款			贸易融资	484 390	-143 500
六、银行业存款类金融机构往来			（3）非存款类金融机构贷款		
七、借款及非存款类金融机构拆入			3. 票据融资		
八、联行往来（净）	4 174 819	707 315	4. 融资租赁		
九、应付及暂收款	15 199	1 548	5. 各项垫款		
其中：应付利息	5 022	939	（二）境外贷款	53 485	-4 344
十、其他负债	24 253	697	二、债券投资		
十一、所有者权益	-39 041	-39 041	三、股权及其他投资		
其中：实收资本			四、买入返售资产		
			五、存放中央银行存款	14 014	9 134
			六、缴存中央银行财政性存款		
			七、银行业存款类金融机构往来		
			八、存放非存款类金融机构款项		
			九、联行往来		
			其中：境内存放二级准备金		
			十、库存现金	1	
			十一、应收及预付款	19 897	14 186
			其中：应收利息	8 298	2 858
			十二、投资性房地产		
			十三、固定资产	147	-47
			十四、其他资产	89	8
			十五、减：各项准备	111 388	68 759
			其中：贷款减值准备	111 027	68 533
资金来源总计	4 348 950	751 204	资金运用总计	4 348 950	751 204

表 2.3　中国农业发展银行北京市分行人民币信贷收支统计

单位：万元

项目名称	余额	比年初	项目名称	余额	比年初
一、各项存款	1 323 066	8 818	一、各项贷款	4 993 361	1 809 788
（一）境内存款	1 323 066	8 818	（一）境内贷款	4 993 361	1 809 788
1. 个人存款			1. 短期贷款	1 776 756	492 785
其中：活期储蓄存款			（1）个人贷款及透支		
定期储蓄存款			其中：个人消费贷款		
结构性存款			（2）单位贷款及透支	1 776 756	492 785
2. 单位存款	1 323 066	8 818	经营贷款及透支	1 776 756	502 785
其中：活期存款	906 536	-98 621	固定资产贷款		-10 000
定期存款	289 137	40 069	并购贷款		
保证金存款	42 330	32 541	贸易融资		
结构性存款			（3）非存款类金融机构贷款		
3. 国库定期存款			2. 中长期贷款	949 105	532 272
4. 非存款类金融机构存款			（1）个人贷款		
（二）境外存款			其中：个人消费贷款		
二、代理财政性存款	108 477	9 152	（2）单位贷款	949 105	532 272
三、金融债券			经营贷款	3 564	3 564
其中：境外发行			固定资产贷款	945 541	528 708
四、卖出回购资产			并购贷款		
五、向中央银行借款			贸易融资		
六、银行业存款类金融机构往来	21	21	（3）非存款类金融机构贷款		
七、借款及非存款类金融机构拆入			3. 票据融资	2 267 499	784 731
八、联行往来（净）	3 996 792	1 726 569	4. 融资租赁		
九、应付及暂收款	10 621	1 285	5. 各项垫款		
其中：应付利息	4 117	253	（二）境外贷款		
十、其他负债	27 745		二、债券投资	441 378	-54 100
十一、所有者权益	10 741	-16 612	三、股权及其他投资		
其中：实收资本			四、买入返售资产		
			五、存放中央银行存款	3 143	-2 045
			六、缴存中央银行财政性存款		
			七、银行业存款类金融机构往来	540	-50
			八、存放非存款类金融机构款项		
			九、联行往来		
			其中：境内存放二级准备金		
			十、库存现金		-207
			十一、应收及预付款	11 570	913
			其中：应收利息	9 901	914
			十二、投资性房地产		
			十三、固定资产	85 204	-1 248
			十四、其他资产	1 331	447
			十五、减：各项准备	59 065	24 266
			其中：贷款减值准备	59 065	24 266
资金来源总计	5 477 462	1 729 232	资金运用总计	5 477 462	1 729 232

表 2.4 中国工商银行北京市分行人民币信贷收支统计

单位：万元

项目名称	余额	比年初	项目名称	余额	比年初
一、各项存款	389 265 342	49 381 134	一、各项贷款	80 695 148	9 185 196
（一）境内存款	388 459 504	49 351 056	（一）境内贷款	80 628 342	9 175 075
1. 个人存款	87 060 664	5 881 500	1. 短期贷款	11 136 155	-3 298 156
其中：活期储蓄存款	34 534 535	1 154 056	（1）个人贷款及透支	222 230	-62 824
定期储蓄存款	36 321 151	-3 910 495	其中：个人消费贷款	189 124	-87 757
结构性存款	7 020 914	5 440 592	（2）单位贷款及透支	10 913 925	-3 235 332
2. 单位存款	279 049 953	38 904 437	经营贷款及透支	9 113 371	-3 353 080
其中：活期存款	59 097 614	1 989 014	固定资产贷款	212 628	188 318
定期存款	146 188 721	26 672 556	并购贷款	146 300	146 300
保证金存款	207 317	9 674	贸易融资	1 441 626	-216 871
结构性存款	3 017 155	448 969	（3）非存款类金融机构贷款		
3. 国库定期存款	1 012 000	-591 000	2. 中长期贷款	68 347 147	12 301 802
4. 非存款类金融机构存款	21 336 887	5 156 119	（1）个人贷款	19 811 748	1 939 411
（二）境外存款	805 838	30 078	其中：个人消费贷款	18 109 281	1 669 433
二、代理财政性存款	6 956 409	-2 164 706	（2）单位贷款	48 535 399	10 362 390
三、金融债券			经营贷款	9 971 770	5 746 367
其中：境外发行			固定资产贷款	36 388 764	4 166 085
四、卖出回购资产			并购贷款	1 466 758	533 067
五、向中央银行借款	30 647	15 294	贸易融资	708 107	-83 128
六、银行业存款类金融机构往来	11 853 603	811 761	（3）非存款类金融机构贷款		
七、借款及非存款类金融机构拆入			3. 票据融资	1 145 041	171 430
八、联行往来（净）			4. 融资租赁		
九、应付及暂收款	6 372 508	1 289 602	5. 各项垫款		
其中：应付利息	3 341 495	271 339	（二）境外贷款	66 805	10 121
十、其他负债	756 079	-78 607	二、债券投资	24 785 441	1 470 570
十一、所有者权益	4 644 868	1 129 351	三、股权及其他投资	48 039 643	19 434 081
其中：实收资本			四、买入返售资产		
			五、存放中央银行存款	13 426	98
			六、缴存中央银行财政性存款	5 962 364	-3 265 915
			七、银行业存款类金融机构往来		
			八、存放非存款类金融机构款项	12 257	568
			九、联行往来	257 551 538	22 026 331
			其中：境内存放二级准备金		
			十、库存现金	358 406	-37 180
			十一、应收及预付款	2 005 725	1 230 089
			其中：应收利息	961 677	354 428
			十二、投资性房地产		
			十三、固定资产	705 034	162 989
			十四、其他资产	584 573	181 199
			十五、减：各项准备	834 098	4 197
			其中：贷款减值准备	825 590	4 578
资金来源总计	419 879 456	50 383 828	资金运用总计	419 879 456	50 383 828

表2.5　中国农业银行北京市分行人民币信贷收支统计

单位：万元

项目名称	余额	比年初	项目名称	余额	比年初
一、各项存款	86 631 980	840 782	一、各项贷款	38 523 665	5 215 213
（一）境内存款	86 479 219	865 657	（一）境内贷款	38 481 183	5 273 382
1. 个人存款	28 383 874	1 805 516	1. 短期贷款	12 450 245	1 421 208
其中：活期储蓄存款	13 406 304	590 833	（1）个人贷款及透支	676 595	203 959
定期储蓄存款	9 961 024	-1 370 223	其中：个人消费贷款	644 237	184 550
结构性存款	1 009 589	831 373	（2）单位贷款及透支	11 773 650	1 217 248
2. 单位存款	40 468 299	-828 567	经营贷款及透支	11 343 264	882 967
其中：活期存款	15 482 112	-544 346	固定资产贷款	9 867	9 867
定期存款	11 886 747	675 395	并购贷款	409 000	409 000
保证金存款	1 550 857	-42 389	贸易融资	11 519	-84 586
结构性存款	589 100	-161 900	（3）非存款类金融机构贷款		
3. 国库定期存款	937 000	-126 000	2. 中长期贷款	25 516 078	3 679 408
4. 非存款类金融机构存款	16 690 045	14 709	（1）个人贷款	8 355 155	-168 795
（二）境外存款	152 761	-24 876	其中：个人消费贷款	8 232 323	-137 749
二、代理财政性存款	4 877	4 692	（2）单位贷款	17 160 923	3 848 203
三、金融债券			经营贷款	3 752 394	1 155 071
其中：境外发行			固定资产贷款	12 970 994	2 555 326
四、卖出回购资产			并购贷款	437 535	137 806
五、向中央银行借款			贸易融资		
六、银行业存款类金融机构往来	8 361 737	6 372 742	（3）非存款类金融机构贷款		
七、借款及非存款类金融机构拆入			3. 票据融资	494 589	172 767
八、联行往来（净）			4. 融资租赁		
九、应付及暂收款	2 019 798	239 276	5. 各项垫款	20 271	
其中：应付利息	1 126 410	-19 831	（二）境外贷款	42 483	-58 169
十、其他负债	240 129	10 456	二、债券投资	213 862	-32 996
十一、所有者权益	793 135	75 922	三、股权及其他投资		
其中：实收资本			四、买入返售资产		
			五、存放中央银行存款		
			六、缴存中央银行财政性存款	5 170	-216
			七、银行业存款类金融机构往来		
			八、存放非存款类金融机构款项		
			九、联行往来	58 454 554	2 421 876
			其中：境内存放二级准备金		
			十、库存现金	175 050	-44 150
			十一、应收及预付款	139 739	21 039
			其中：应收利息	58 535	9 281
			十二、投资性房地产		
			十三、固定资产	914 008	-26 675
			十四、其他资产	209 848	15 156
			十五、减：各项准备	584 239	25 378
			其中：贷款减值准备	569 383	24 690
资金来源总计	98 051 656	7 543 868	资金运用总计	98 051 656	7 543 868

表 2.6 中国银行北京市分行人民币信贷收支统计

单位：万元

项目名称	余额	比年初	项目名称	余额	比年初
一、各项存款	81 456 222	12 237 078	一、各项贷款	44 472 071	5 343 992
（一）境内存款	80 328 730	12 287 256	（一）境内贷款	44 027 544	5 176 439
1. 个人存款	19 559 677	1 515 512	1. 短期贷款	17 243 042	2 268 985
其中：活期储蓄存款	7 787 314	1 131 360	（1）个人贷款及透支	1 636 804	230 779
定期储蓄存款	7 569 181	-1 023 981	其中：个人消费贷款	1 633 912	229 067
结构性存款			（2）单位贷款及透支	15 353 161	1 791 909
2. 单位存款	48 791 899	4 851 186	经营贷款及透支	14 760 461	1 732 590
其中：活期存款	13 509 267	1 587 588	固定资产贷款		-6 208
定期存款	14 091 495	-710 096	并购贷款		
保证金存款	480 424	85 752	贸易融资	592 701	65 528
结构性存款	231 000	-219 000	（3）非存款类金融机构贷款	253 077	246 297
3. 国库定期存款	988 000	-342 000	2. 中长期贷款	26 325 346	2 779 137
4. 非存款类金融机构存款	10 989 154	6 262 558	（1）个人贷款	7 813 071	201 562
（二）境外存款	1 127 492	-50 178	其中：个人消费贷款	7 176 619	294 335
二、代理财政性存款	41	-19	（2）单位贷款	18 512 275	2 577 575
三、金融债券			经营贷款	2 932 473	1 574 491
其中：境外发行			固定资产贷款	14 028 238	1 011 511
四、卖出回购资产			并购贷款	882 005	-138 658
五、向中央银行借款			贸易融资	669 559	130 232
六、银行业存款类金融机构往来	5 916 456	1 935 809	（3）非存款类金融机构贷款		
七、借款及非存款类金融机构拆入			3. 票据融资	459 156	128 316
八、联行往来（净）			4. 融资租赁		
九、应付及暂收款	1 636 038	-163 068	5. 各项垫款		
其中：应付利息	1 082 418	-9 559	（二）境外贷款	444 528	167 553
十、其他负债	527 225	-234 812	二、债券投资		-3 570
十一、所有者权益	868 729	868 729	三、股权及其他投资		
其中：实收资本			四、买入返售资产		
			五、存放中央银行存款		
			六、缴存中央银行财政性存款	7 752	-6 785
			七、银行业存款类金融机构往来		
			八、存放非存款类金融机构款项		
			九、联行往来	45 626 242	9 164 749
			其中：境内存放二级准备金		
			十、库存现金	165 356	-33 597
			十一、应收及预付款	402 020	163 250
			其中：应收利息	112 458	20 102
			十二、投资性房地产		
			十三、固定资产	267 794	-6 517
			十四、其他资产	51 438	443
			十五、减：各项准备	587 961	-21 750
			其中：贷款减值准备	545 171	-19 761
资金来源总计	90 404 712	14 643 715	资金运用总计	90 404 712	14 643 715

表 2.7　中国建设银行北京市分行人民币信贷收支统计

单位：万元

项目名称	余额	比年初	项目名称	余额	比年初
一、各项存款	156 098 617	15 708 267	一、各项贷款	71 505 459	9 811 591
（一）境内存款	155 718 073	15 658 407	（一）境内贷款	71 469 535	9 804 811
1. 个人存款	41 137 902	4 537 871	1. 短期贷款	24 844 125	1 121 987
其中：活期储蓄存款	17 658 684	1 742 955	（1）个人贷款及透支	2 554 058	530 477
定期储蓄存款	14 410 115	404 796	其中：个人消费贷款	2 510 097	487 462
结构性存款	1 519 885	373 709	（2）单位贷款及透支	22 290 067	591 510
2. 单位存款	79 741 939	3 323 584	经营贷款及透支	19 999 785	-891 725
其中：活期存款	35 527 584	6 143 327	固定资产贷款	783 000	573 000
定期存款	14 975 432	1 019 636	并购贷款		
保证金存款	1 130 104	-123 501	贸易融资	1 507 283	910 235
结构性存款	4 681 176	-1 366 004	（3）非存款类金融机构贷款		
3. 国库定期存款	901 000	-528 000	2. 中长期贷款	43 620 515	5 821 781
4. 非存款类金融机构存款	33 937 232	8 324 951	（1）个人贷款	16 145 213	733 098
（二）境外存款	380 544	49 860	其中：个人消费贷款	15 389 923	816 504
二、代理财政性存款	307 349	72 948	（2）单位贷款	27 475 302	5 088 683
三、金融债券			经营贷款	7 174 420	2 391 046
其中：境外发行			固定资产贷款	18 798 879	2 725 458
四、卖出回购资产			并购贷款	798 800	-217 400
五、向中央银行借款			贸易融资	703 203	189 580
六、银行业存款类金融机构往来	15 240 490	7 338 011	（3）非存款类金融机构贷款		
七、借款及非存款类金融机构拆入	783 000	783 000	3. 票据融资	2 996 742	2 896 607
八、联行往来（净）			4. 融资租赁		
九、应付及暂收款	3 454 954	726 007	5. 各项垫款	8 152	-35 564
其中：应付利息	1 377 511	62 098	（二）境外贷款	35 924	6 780
十、其他负债	1 276 942	515 742	二、债券投资	47 161	-2 513
十一、所有者权益	288 291	-47 987	三、股权及其他投资	278 000	-1 897 269
其中：实收资本			四、买入返售资产		
			五、存放中央银行存款		
			六、缴存中央银行财政性存款	296 447	-247 260
			七、银行业存款类金融机构往来	10 064	-2 412 344
			八、存放非存款类金融机构款项		
			九、联行往来	101 198 892	17 202 860
			其中：境内存放二级准备金	16 213 316	-3 437 209
			十、库存现金	278 618	15 970
			十一、应收及预付款	598 784	102 472
			其中：应收利息	345 545	4 510
			十二、投资性房地产		
			十三、固定资产	546 619	47 190
			十四、其他资产	2 692 678	2 474 379
			十五、减：各项准备	3 079	-914
			其中：贷款减值准备		-4
资金来源总计	177 449 643	25 095 989	资金运用总计	177 449 643	25 095 989

表 2.8　交通银行北京市分行人民币信贷收支表统计

单位：万元

项目名称	余额	比年初	项目名称	余额	比年初
一、各项存款	66 200 972	-10 494 048	一、各项贷款	36 062 187	523 929
（一）境内存款	66 024 525	-10 444 100	（一）境内贷款	36 020 955	523 515
1. 个人存款	14 632 584	1 182 438	1. 短期贷款	17 105 390	1 374 071
其中：活期储蓄存款	6 078 762	635 676	（1）个人贷款及透支	101 833	12 365
定期储蓄存款	3 189 710	-524 313	其中：个人消费贷款	70 945	15 024
结构性存款	3 313 797	-34 885	（2）单位贷款及透支	13 103 557	1 400 782
2. 单位存款	29 422 754	-2 351 328	经营贷款及透支	12 492 307	1 095 133
其中：活期存款	6 302 079	-919 371	固定资产贷款		-43 935
定期存款	6 143 498	-898 223	并购贷款		
保证金存款	321 377	-84 255	贸易融资	611 250	349 584
结构性存款	7 727 039	-56 112	（3）非存款类金融机构贷款	3 900 000	-39 077
3. 国库定期存款	575 000	-279 000	2. 中长期贷款	18 178 613	-944 680
4. 非存款类金融机构存款	21 394 188	-8 996 209	（1）个人贷款	7 738 295	46 139
（二）境外存款	176 447	-49 948	其中：个人消费贷款	6 899 439	83 588
二、代理财政性存款	19	19	（2）单位贷款	10 273 706	-805 123
三、金融债券			经营贷款	2 842 511	-599 780
其中：境外发行			固定资产贷款	7 193 865	-167 292
四、卖出回购资产			并购贷款	9 935	-2 979
五、向中央银行借款			贸易融资	227 395	-35 072
六、银行业存款类金融机构往来	5 394 615	-2 437 153	（3）非存款类金融机构贷款	166 612	-185 696
七、借款及非存款类金融机构拆入			3. 票据融资	736 952	94 124
八、联行往来（净）			4. 融资租赁		
九、应付及暂收款	1 421 231	127 650	5. 各项垫款		
其中：应付利息	1 288 044	150 924	（二）境外贷款	41 232	414
十、其他负债	260 968	28 639	二、债券投资		
十一、所有者权益	1 291 571	261 533	三、股权及其他投资		
其中：实收资本			四、买入返售资产		
			五、存放中央银行存款		-562 431
			六、缴存中央银行财政性存款	3 615	-405
			七、银行业存款类金融机构往来	5 981	-6 632
			八、存放非存款类金融机构款项		
			九、联行往来	37 205 121	-11 891 440
			其中：境内存放二级准备金	3 638 794	
			十、库存现金	81 037	-4 977
			十一、应收及预付款	106 293	-27 377
			其中：应收利息	101 319	-26 191
			十二、投资性房地产	276 045	1 545
			十三、固定资产	308 772	-13 299
			十四、其他资产	1 055 765	-431 629
			十五、减：各项准备	535 438	100 643
			其中：贷款减值准备	520 271	87 233
资金来源总计	74 569 377	-12 513 360	资金运用总计	74 569 377	-12 513 360

表 2.9 招商银行北京分行人民币信贷收支统计

单位：万元

项目名称	余额	比年初	项目名称	余额	比年初
一、各项存款	63 942 541	7 393 942	一、各项贷款	27 543 163	6 131 585
（一）境内存款	62 958 851	7 451 614	（一）境内贷款	27 523 910	6 135 417
1. 个人存款	21 316 885	3 307 863	1. 短期贷款	10 150 831	3 412 849
其中：活期储蓄存款	15 062 884	1 801 378	（1）个人贷款及透支	468 800	-10 389
定期储蓄存款	2 773 465	-453 031	其中：个人消费贷款	280 219	36 130
结构性存款	1 459 406	431 111	（2）单位贷款及透支	9 682 031	3 423 238
2. 单位存款	33 661 085	2 377 282	经营贷款及透支	8 512 857	3 734 720
其中：活期存款	13 327 414	224 489	固定资产贷款	71	-4 285
定期存款	5 941 601	-247 007	并购贷款		-183 000
保证金存款	428 949	-251 634	贸易融资	1 169 103	-124 197
结构性存款	3 246 489	-1 377 472	（3）非存款类金融机构贷款		
3. 国库定期存款	252 000	-105 000	2. 中长期贷款	16 838 502	2 779 124
4. 非存款类金融机构存款	7 728 881	1 871 469	（1）个人贷款	10 833 613	888 211
（二）境外存款	983 690	-57 672	其中：个人消费贷款	7 672 309	446 187
二、代理财政性存款	14	-1	（2）单位贷款	6 004 889	1 890 913
三、金融债券			经营贷款	1 775 786	641 620
其中：境外发行			固定资产贷款	3 289 432	725 016
四、卖出回购资产		-21 240	并购贷款	588 159	259 018
五、向中央银行借款	73 754	-25 640	贸易融资	351 512	265 259
六、银行业存款类金融机构往来	1 790 782	-1 670 022	（3）非存款类金融机构贷款		
七、借款及非存款类金融机构拆入			3. 票据融资	534 577	-56 556
八、联行往来（净）			4. 融资租赁		
九、应付及暂收款	752 061	-7 992	5. 各项垫款		
其中：应付利息	416 790	65 925	（二）境外贷款	19 253	-3 832
十、其他负债	91 399	-190	二、债券投资	29 999	-30 299
十一、所有者权益	873 785	-104 390	三、股权及其他投资	2 638 000	-3 495 149
其中：实收资本			四、买入返售资产		
			五、存放中央银行存款		
			六、缴存中央银行财政性存款	6 499	-720
			七、银行业存款类金融机构往来	1 211	347
			八、存放非存款类金融机构款项	2	
			九、联行往来	37 163 471	3 033 891
			其中：境内存放二级准备金		
			十、库存现金	108 062	-26 781
			十一、应收及预付款	74 595	146
			其中：应收利息	63 727	15 582
			十二、投资性房地产		
			十三、固定资产	33 009	-3 593
			十四、其他资产	91 246	-12 852
			十五、减：各项准备	164 921	32 108
			其中：贷款减值准备	159 411	34 110
资金来源总计	67 524 336	5 564 467	资金运用总计	67 524 336	5 564 467

表 2.10　上海浦东发展银行北京分行人民币信贷收支统计

单位：万元

项目名称	余额	比年初	项目名称	余额	比年初
一、各项存款	37 094 897	-5 371 634	一、各项贷款	13 990 758	-1 196 509
（一）境内存款	36 968 553	-5 381 330	（一）境内贷款	13 972 952	-1 196 033
1. 个人存款	3 704 743	1 134 366	1. 短期贷款	3 722 109	-288 219
其中：活期储蓄存款	1 535 598	144 076	（1）个人贷款及透支	734 491	252 774
定期储蓄存款	407 271	-169 672	其中：个人消费贷款	341 383	-17 238
结构性存款	941 836	693 919	（2）单位贷款及透支	2 898 618	-629 993
2. 单位存款	21 458 812	2 701 731	经营贷款及透支	2 028 645	-171 976
其中：活期存款	7 483 200	634 547	固定资产贷款	10 000	7 500
定期存款	2 732 428	336 883	并购贷款		
保证金存款	341 085	-22 468	贸易融资	859 973	-465 517
结构性存款	6 538 125	2 375 346	（3）非存款类金融机构贷款	89 000	89 000
3. 国库定期存款	321 000	19 000	2. 中长期贷款	8 968 230	-1 693 693
4. 非存款类金融机构存款	11 483 998	-9 236 427	（1）个人贷款	4 885 335	166 370
（二）境外存款	126 344	9 696	其中：个人消费贷款	3 996 741	-361 635
二、代理财政性存款	9	1	（2）单位贷款	4 082 895	-860 063
三、金融债券			经营贷款	1 851 771	-1 186 764
其中：境外发行			固定资产贷款	1 923 478	296 300
四、卖出回购资产		-150 653	并购贷款	307 646	30 401
五、向中央银行借款	20 639	20 639	贸易融资		
六、银行业存款类金融机构往来	2 940 711	-5 837 429	（3）非存款类金融机构贷款		-1 000 000
七、借款及非存款类金融机构拆入			3. 票据融资	1 282 613	785 879
八、联行往来（净）			4. 融资租赁		
九、应付及暂收款	471 062	190 163	5. 各项垫款		
其中：应付利息	422 457	196 411	（二）境外贷款	17 806	-476
十、其他负债	66 277	-1 798	二、债券投资		-41 916
十一、所有者权益	419 942	-25 008	三、股权及其他投资	55 237	-12 376 710
其中：实收资本			四、买入返售资产		
			五、存放中央银行存款		
			六、缴存中央银行财政性存款	964	736
			七、银行业存款类金融机构往来	1 756	-153 705
			八、存放非存款类金融机构款项		
			九、联行往来	26 930 487	4 795 636
			其中：境内存放二级准备金		
			十、库存现金	28 358	-15 534
			十一、应收及预付款	68 958	-2 299 440
			其中：应收利息	27 989	-118 039
			十二、投资性房地产		
			十三、固定资产	19 066	-721
			十四、其他资产	5 346	-914
			十五、减：各项准备	87 393	-113 358
			其中：贷款减值准备	81 905	-79 481
资金来源总计	41 013 537	-11 175 719	资金运用总计	41 013 537	-11 175 719

表 2.11　广发银行北京分行人民币信贷收支统计

单位：万元

项目名称	余额	比年初	项目名称	余额	比年初
一、各项存款	26 370 001	5 669 315	一、各项贷款	5 386 747	1 037 507
（一）境内存款	26 329 770	5 645 186	（一）境内贷款	5 385 032	1 035 964
1. 个人存款	1 553 768	357 575	1. 短期贷款	2 630 785	107 788
其中：活期储蓄存款	692 831	144 410	（1）个人贷款及透支	266 620	151 272
定期储蓄存款	169 506	-35 518	其中：个人消费贷款	158 480	148 682
结构性存款	476 464	52 002	（2）单位贷款及透支	2 364 165	-43 484
2. 单位存款	16 396 393	1 692 469	经营贷款及透支	2 349 446	-28 079
其中：活期存款	3 159 488	-120 618	固定资产贷款		
定期存款	3 732 325	-389 513	并购贷款		
保证金存款	353 219	-96 973	贸易融资	14 718	-15 406
结构性存款	5 104 269	1 177 191	（3）非存款类金融机构贷款		
3. 国库定期存款	51 000	-42 000	2. 中长期贷款	2 527 575	736 420
4. 非存款类金融机构存款	8 328 609	3 637 142	（1）个人贷款	921 286	245 098
（二）境外存款	40 231	24 129	其中：个人消费贷款	615 434	100 685
二、代理财政性存款			（2）单位贷款	1 606 289	491 322
三、金融债券			经营贷款	794 090	107 458
其中：境外发行			固定资产贷款	812 199	383 864
四、卖出回购资产			并购贷款		
五、向中央银行借款	3 746	3 746	贸易融资		
六、银行业存款类金融机构往来	1 577 346	-1 176 939	（3）非存款类金融机构贷款		
七、借款及非存款类金融机构拆入			3. 票据融资	211 708	191 756
八、联行往来（净）			4. 融资租赁		
九、应付及暂收款	460 248	142 041	5. 各项垫款	14 964	
其中：应付利息	425 604	129 751	（二）境外贷款	1 716	1 544
十、其他负债	60 968	3 804	二、债券投资	4 475	-774
十一、所有者权益	582 526	132 082	三、股权及其他投资		
其中：实收资本			四、买入返售资产		
			五、存放中央银行存款		-66 194
			六、缴存中央银行财政性存款	1	-160
			七、银行业存款类金融机构往来	22	-2
			八、存放非存款类金融机构款项		
			九、联行往来	23 619 941	3 806 740
			其中：境内存放二级准备金		
			十、库存现金	14 774	-6 020
			十一、应收及预付款	16 565	3 414
			其中：应收利息	12 806	3 047
			十二、投资性房地产		
			十三、固定资产	24 942	-1 773
			十四、其他资产	18 446	-9
			十五、减：各项准备	31 077	-1 321
			其中：贷款减值准备	31 077	-1 321
资金来源总计	29 054 835	4 774 049	资金运用总计	29 054 835	4 774 049

表 2.12　兴业银行北京分行人民币信贷收支统计

单位：万元

项目名称	余额	比年初	项目名称	余额	比年初
一、各项存款	39 640 284	7 591 920	一、各项贷款	17 887 227	3 753 986
（一）境内存款	39 627 685	7 592 434	（一）境内贷款	17 886 523	3 754 051
1. 个人存款	2 872 213	678 243	1. 短期贷款	5 009 344	1 453 184
其中：活期储蓄存款	1 332 173	207 402	（1）个人贷款及透支	329 831	-193 600
定期储蓄存款	792 321	-147 698	其中：个人消费贷款	99 984	-28 063
结构性存款	335 208	330 933	（2）单位贷款及透支	4 634 513	1 667 538
2. 单位存款	22 052 433	4 338 172	经营贷款及透支	4 591 004	1 651 778
其中：活期存款	5 755 484	792 125	固定资产贷款		
定期存款	7 441 888	1 716 641	并购贷款		
保证金存款	437 941	235 537	贸易融资	43 509	15 759
结构性存款	4 161 720	900 120	（3）非存款类金融机构贷款	45 000	-20 754
3. 国库定期存款	213 000	-70 000	2. 中长期贷款	12 311 960	1 743 539
4. 非存款类金融机构存款	14 490 040	2 646 020	（1）个人贷款	6 464 139	1 379 547
（二）境外存款	12 598	-514	其中：个人消费贷款	3 900 397	-187 878
二、代理财政性存款			（2）单位贷款	5 747 822	263 992
三、金融债券			经营贷款	2 185 137	-8 313
其中：境外发行			固定资产贷款	2 582 585	67 862
四、卖出回购资产			并购贷款	515 160	112 560
五、向中央银行借款			贸易融资	464 939	91 883
六、银行业存款类金融机构往来	13 453 919	-1 356 072	（3）非存款类金融机构贷款	100 000	100 000
七、借款及非存款类金融机构拆入			3. 票据融资	565 219	557 328
八、联行往来（净）			4. 融资租赁		
九、应付及暂收款	593 083	222 948	5. 各项垫款		
其中：应付利息	484 879	201 031	（二）境外贷款	704	-65
十、其他负债	113 716	-247 598	二、债券投资	3 113	-8 290 948
十一、所有者权益	419 764	-125 946	三、股权及其他投资	325 315	-1 222
其中：实收资本			四、买入返售资产		
			五、存放中央银行存款		
			六、缴存中央银行财政性存款	7 710	3 684
			七、银行业存款类金融机构往来	32 746	4 302
			八、存放非存款类金融机构款项	1	
			九、联行往来	35 716 169	10 897 356
			其中：境内存放二级准备金		
			十、库存现金	33 084	5 246
			十一、应收及预付款	263 029	-11 052
			其中：应收利息	56 013	-6 675
			十二、投资性房地产		
			十三、固定资产	157 758	3 977
			十四、其他资产	82 388	-241 436
			十五、减：各项准备	287 773	38 641
			其中：贷款减值准备	205 182	18 825
资金来源总计	54 220 766	6 085 253	资金运用总计	54 220 766	6 085 253

表2.13 平安银行北京分行人民币信贷收支统计

单位：万元

项目名称	余额	比年初	项目名称	余额	比年初
一、各项存款	19 494 299	-2 943 643	一、各项贷款	6 801 369	512 145
（一）境内存款	19 470 016	-2 949 558	（一）境内贷款	6 798 277	512 646
1. 个人存款	2 415 089	637 082	1. 短期贷款	1 365 936	237 831
其中：活期储蓄存款	1 123 399	151 982	（1）个人贷款及透支	340 797	39 948
定期储蓄存款	151 372	-11 581	其中：个人消费贷款	50 726	4 684
结构性存款	244 524	178 456	（2）单位贷款及透支	1 025 139	197 883
2. 单位存款	11 306 488	-1 356 555	经营贷款及透支	560 542	-266 714
其中：活期存款	3 270 121	-222 829	固定资产贷款	44 406	44 406
定期存款	3 072 522	-575 840	并购贷款		
保证金存款	476 898	-768 287	贸易融资	420 191	420 191
结构性存款			（3）非存款类金融机构贷款		
3. 国库定期存款	106 000	-28 000	2. 中长期贷款	5 240 389	319 122
4. 非存款类金融机构存款	5 642 438	-2 202 086	（1）个人贷款	3 523 813	762 509
（二）境外存款	24 284	5 916	其中：个人消费贷款	2 511 738	63 414
二、代理财政性存款			（2）单位贷款	1 716 575	-443 387
三、金融债券			经营贷款	307 272	-303 994
其中：境外发行			固定资产贷款	1 351 007	-143 231
四、卖出回购资产			并购贷款	55 000	4 000
五、向中央银行借款	29 326	9 735	贸易融资	3 296	-163
六、银行业存款类金融机构往来	661 687	-428 417	（3）非存款类金融机构贷款		
七、借款及非存款类金融机构拆入			3. 票据融资	40 629	-182 227
八、联行往来（净）			4. 融资租赁		
九、应付及暂收款	307 170	2 740	5. 各项垫款	151 323	137 921
其中：应付利息	227 673	-9 819	（二）境外贷款	3 093	-501
十、其他负债	59 002	4 764	二、债券投资		
十一、所有者权益	141 609	90 009	三、股权及其他投资		-679 854
其中：实收资本			四、买入返售资产		
			五、存放中央银行存款		
			六、缴存中央银行财政性存款	430	-72
			七、银行业存款类金融机构往来	540 091	-24 909
			八、存放非存款类金融机构款项		
			九、联行往来	13 470 364	-3 033 823
			其中：境内存放二级准备金		
			十、库存现金	27 277	-4 166
			十一、应收及预付款	96 947	7 780
			其中：应收利息	71 850	4 920
			十二、投资性房地产		
			十三、固定资产	14 597	-1 355
			十四、其他资产	38 964	-15 501
			十五、减：各项准备	296 947	25 057
			其中：贷款减值准备	266 572	-2 784
资金来源总计	20 693 092	-3 264 811	资金运用总计	20 693 092	-3 264 811

表 2.14　中信银行总行营业部人民币信贷收支统计

单位：万元

项目名称	余额	比年初	项目名称	余额	比年初
一、各项存款	62 776 322	8 972 124	一、各项贷款	21 318 112	-6 069 080
（一）境内存款	62 489 635	9 342 400	（一）境内贷款	21 279 737	-6 061 704
1. 个人存款	7 845 373	2 508 910	1. 短期贷款	2 839 042	-4 797 210
其中：活期储蓄存款	3 306 316	558 062	（1）个人贷款及透支	122 579	11 259
定期储蓄存款	1 813 694	393 809	其中：个人消费贷款	111 648	30 243
结构性存款	1 199 833	774 987	（2）单位贷款及透支	2 666 463	164 940
2. 单位存款	39 192 035	1 711 937	经营贷款及透支	2 664 893	223 565
其中：活期存款	9 916 987	242 887	固定资产贷款		
定期存款	12 604 421	1 751 141	并购贷款		
保证金存款	648 072	-119 435	贸易融资	1 570	-58 625
结构性存款	6 424 860	2 667 176	（3）非存款类金融机构贷款	50 000	-4 973 409
3. 国库定期存款	312 000	-23 000	2. 中长期贷款	17 415 978	-1 779 166
4. 非存款类金融机构存款	15 140 226	5 144 552	（1）个人贷款	9 437 682	-1 253 536
（二）境外存款	286 687	-370 276	其中：个人消费贷款	4 469 367	-516 415
二、代理财政性存款	943	-269	（2）单位贷款	7 478 296	-1 025 631
三、金融债券			经营贷款	1 301 938	-640 395
其中：境外发行			固定资产贷款	3 955 811	-38 158
四、卖出回购资产		-26 632	并购贷款	1 620 203	366 153
五、向中央银行借款	4 977	1 989	贸易融资	600 345	-713 231
六、银行业存款类金融机构往来	2 014 493	-1 204 765	（3）非存款类金融机构贷款	500 000	500 000
七、借款及非存款类金融机构拆入			3. 票据融资	1 023 721	514 673
八、联行往来（净）			4. 融资租赁		
九、应付及暂收款	1 574 423	324 918	5. 各项垫款	997	
其中：应付利息	639 507	123 773	（二）境外贷款	38 375	-7 376
十、其他负债	161 111	-33 161	二、债券投资	114	-12
十一、所有者权益	966 649	121 017	三、股权及其他投资		
其中：实收资本			四、买入返售资产		
			五、存放中央银行存款		
			六、缴存中央银行财政性存款	2 669	-766
			七、银行业存款类金融机构往来	561	-2 162 383
			八、存放非存款类金融机构款项		
			九、联行往来	46 113 600	16 374 628
			其中：境内存放二级准备金		
			十、库存现金	73 965	4 092
			十一、应收及预付款	197 858	-98 261
			其中：应收利息	145 385	-51 206
			十二、投资性房地产		
			十三、固定资产	25 670	-2 905
			十四、其他资产	71 761	5 034
			十五、减：各项准备	305 392	-104 873
			其中：贷款减值准备	300 565	-97 172
资金来源总计	67 498 918	8 155 222	资金运用总计	67 498 918	8 155 222

表 2.15　中国光大银行北京分行人民币信贷收支统计

单位：万元

项目名称	余额	比年初	项目名称	余额	比年初
一、各项存款	38 736 816	455 760	一、各项贷款	10 829 252	-108 128
（一）境内存款	38 587 619	413 848	（一）境内贷款	10 811 013	-108 521
1. 个人存款	6 723 931	1 615 510	1. 短期贷款	3 578 917	-713 530
其中：活期储蓄存款	2 106 633	304 816	（1）个人贷款及透支	74 556	48 924
定期储蓄存款	914 298	-184 478	其中：个人消费贷款	72 700	53 571
结构性存款	2 465 279	658 884	（2）单位贷款及透支	3 504 361	38 714
2. 单位存款	23 689 011	1 765 090	经营贷款及透支	2 449 666	-239 846
其中：活期存款	4 347 112	249 006	固定资产贷款		-7 000
定期存款	10 324 867	660 933	并购贷款		
保证金存款	517 180	-24 085	贸易融资	1 054 695	285 560
结构性存款	5 093 582	1 448 527	（3）非存款类金融机构贷款		-801 168
3. 国库定期存款	401 000	70 000	2. 中长期贷款	7 139 043	517 191
4. 非存款类金融机构存款	7 773 677	-3 036 751	（1）个人贷款	3 766 574	178 476
（二）境外存款	149 196	41 912	其中：个人消费贷款	3 232 805	300 834
二、代理财政性存款			（2）单位贷款	3 372 469	338 714
三、金融债券			经营贷款	721 265	73 665
其中：境外发行			固定资产贷款	2 056 978	209 741
四、卖出回购资产			并购贷款	262 667	14 047
五、向中央银行借款			贸易融资	331 558	41 262
六、银行业存款类金融机构往来	2 888 839	-1 260 568	（3）非存款类金融机构贷款		
七、借款及非存款类金融机构拆入			3. 票据融资	81 519	77 195
八、联行往来（净）			4. 融资租赁	15	
九、应付及暂收款	920 344	182 296	5. 各项垫款	11 519	10 623
其中：应付利息	823 098	163 136	（二）境外贷款	18 239	394
十、其他负债	181 108	38 045	二、债券投资	70 868	-108 750
十一、所有者权益	229 563	-93 415	三、股权及其他投资		
其中：实收资本			四、买入返售资产		
			五、存放中央银行存款	38	
			六、缴存中央银行财政性存款	584	109
			七、银行业存款类金融机构往来	2 133	-3 205
			八、存放非存款类金融机构款项		
			九、联行往来	30 553 434	-1 686 083
			其中：境内存放二级准备金	1 885 130	124 015
			十、库存现金	41 032	-10 017
			十一、应收及预付款	41 522	4 642
			其中：应收利息	34 466	872
			十二、投资性房地产		
			十三、固定资产	15 687	-1 890
			十四、其他资产	1 612 276	1 300 734
			十五、减：各项准备	210 155	65 293
			其中：贷款减值准备	209 570	65 238
资金来源总计	42 956 671	-677 882	资金运用总计	42 956 671	-677 882

表 2.16　华夏银行北京分行人民币信贷收支统计

单位：万元

项目名称	余额	比年初	项目名称	余额	比年初
一、各项存款	28 444 154	3 315 663	一、各项贷款	16 424 937	2 277 926
（一）境内存款	28 411 562	3 332 802	（一）境内贷款	16 417 625	2 277 098
1. 个人存款	3 595 491	－222 396	1. 短期贷款	6 942 498	1 336 894
其中：活期储蓄存款	1 360 813	－989 472	（1）个人贷款及透支	466 832	371 686
定期储蓄存款	993 048	－125 259	其中：个人消费贷款	203 920	200 409
结构性存款	516 983	443 839	（2）单位贷款及透支	5 525 666	215 208
2. 单位存款	15 669 196	1 333 913	经营贷款及透支	5 376 422	302 606
其中：活期存款	6 251 726	－75 340	固定资产贷款		
定期存款	3 108 609	889 802	并购贷款		
保证金存款	683 617	145 300	贸易融资	149 244	－87 398
结构性存款	1 129 200	150 900	（3）非存款类金融机构贷款	950 000	750 000
3. 国库定期存款	151 000	－37 000	2. 中长期贷款	9 371 285	910 053
4. 非存款类金融机构存款	8 995 875	2 258 286	（1）个人贷款	1 906 066	28 390
（二）境外存款	32 593	－17 139	其中：个人消费贷款	1 433 097	－58 075
二、代理财政性存款	107	107	（2）单位贷款	7 465 219	881 663
三、金融债券			经营贷款	2 701 324	894 477
其中：境外发行			固定资产贷款	4 681 895	－7 814
四、卖出回购资产	1 113	1 113	并购贷款		
五、向中央银行借款			贸易融资	82 000	－5 000
六、银行业存款类金融机构往来	535 326	110 017	（3）非存款类金融机构贷款		
七、借款及非存款类金融机构拆入			3. 票据融资	102 349	31 730
八、联行往来（净）			4. 融资租赁		
九、应付及暂收款	504 746	81 405	5. 各项垫款	1 494	－1 578
其中：应付利息	205 299	30 241	（二）境外贷款	7 312	828
十、其他负债	87 896	967	二、债券投资	225 000	51 000
十一、所有者权益	348 285	－18 895	三、股权及其他投资	1 233 735	－1 203 443
其中：实收资本			四、买入返售资产		
			五、存放中央银行存款		
			六、缴存中央银行财政性存款	3 338	－603
			七、银行业存款类金融机构往来	112 611	－240 208
			八、存放非存款类金融机构款项		
			九、联行往来	11 911 245	2 571 004
			其中：境内存放二级准备金	1 383 600	10 939
			十、库存现金	36 318	－1 224
			十一、应收及预付款	229 393	57 893
			其中：应收利息	12 675	－2 455
			十二、投资性房地产		
			十三、固定资产	23 938	－1 884
			十四、其他资产	13 737	3 050
			十五、减：各项准备	292 624	23 133
			其中：贷款减值准备	279 716	33 803
资金来源总计	29 921 628	3 490 378	资金运用总计	29 921 628	3 490 378

表 2.17　中国民生银行北京分行人民币信贷收支统计

单位：万元

项目名称	余额	比年初	项目名称	余额	比年初
一、各项存款	61 495 651	6 734 631	一、各项贷款	24 174 527	644 606
（一）境内存款	61 305 197	6 673 367	（一）境内贷款	24 152 072	634 463
1. 个人存款	7 729 619	1 492 855	1. 短期贷款	10 469 478	-1 326 314
其中：活期储蓄存款	2 487 313	203 418	（1）个人贷款及透支	4 071 727	-197 063
定期储蓄存款	957 980	-237 408	其中：个人消费贷款	557 102	-138 886
结构性存款	1 595 978	804 392	（2）单位贷款及透支	6 397 752	-1 129 251
2. 单位存款	40 331 620	2 747 102	经营贷款及透支	5 917 549	-1 277 953
其中：活期存款	10 701 647	545 406	固定资产贷款		
定期存款	5 659 343	-3 233 148	并购贷款	1 754	1 754
保证金存款	2 009 450	-415 235	贸易融资	478 448	146 948
结构性存款	11 080 337	4 811 198	（3）非存款类金融机构贷款		
3. 国库定期存款	247 000	-43 000	2. 中长期贷款	13 157 205	2 992 703
4. 非存款类金融机构存款	12 996 958	2 476 411	（1）个人贷款	3 333 734	21 941
（二）境外存款	190 455	61 264	其中：个人消费贷款	2 835 571	-127 677
二、代理财政性存款	6	5	（2）单位贷款	9 823 471	2 970 761
三、金融债券			经营贷款	3 349 966	369 103
其中：境外发行			固定资产贷款	4 628 840	1 419 042
四、卖出回购资产	88 387	-476 387	并购贷款	1 413 038	840 902
五、向中央银行借款	77 097	-20 313	贸易融资	431 627	341 714
六、银行业存款类金融机构往来	575 407	-283 505	（3）非存款类金融机构贷款		
七、借款及非存款类金融机构拆入			3. 票据融资	518 580	-1 027 438
八、联行往来（净）			4. 融资租赁		
九、应付及暂收款	821 796	-215 301	5. 各项垫款	6 808	-4 487
其中：应付利息	686 577	66 485	（二）境外贷款	22 455	10 143
十、其他负债	222 363	-41 782	二、债券投资		
十一、所有者权益	1 215 602	130 575	三、股权及其他投资		
其中：实收资本			四、买入返售资产	31 367	31 367
			五、存放中央银行存款		
			六、缴存中央银行财政性存款	1 406	879
			七、银行业存款类金融机构往来	19 305	-8 057
			八、存放非存款类金融机构款项		
			九、联行往来	39 969 389	5 071 231
			其中：境内存放二级准备金		
			十、库存现金	88 287	-20 889
			十一、应收及预付款	426 707	35 236
			其中：应收利息	166 249	26 772
			十二、投资性房地产		
			十三、固定资产	29 220	-6 435
			十四、其他资产	86 323	-3 157
			十五、减：各项准备	330 223	-83 141
			其中：贷款减值准备	320 908	-88 960
资金来源总计	64 496 309	5 827 924	资金运用总计	64 496 309	5 827 924

表 2.18　渤海银行北京分行人民币信贷收支统计

单位：万元

项目名称	余额	比年初	项目名称	余额	比年初
一、各项存款	6 175 124	-546 337	一、各项贷款	5 034 890	499 299
（一）境内存款	6 173 771	-546 222	（一）境内贷款	5 034 059	499 656
1. 个人存款	294 961	23 564	1. 短期贷款	591 019	-276 632
其中：活期储蓄存款	171 967	39 537	（1）个人贷款及透支	17 601	3 705
定期储蓄存款	41 310	-42 957	其中：个人消费贷款	13 123	1 817
结构性存款	47 901	12 775	（2）单位贷款及透支	573 418	-280 337
2. 单位存款	2 250 370	-1 515 632	经营贷款及透支	573 418	-280 337
其中：活期存款	487 460	-1 149 563	固定资产贷款		
定期存款	354 590	7 930	并购贷款		
保证金存款	704 097	481 282	贸易融资		
结构性存款	219 200	26 900	（3）非存款类金融机构贷款		
3. 国库定期存款			2. 中长期贷款	4 398 558	748 108
4. 非存款类金融机构存款	3 628 440	945 846	（1）个人贷款	2 050 624	-91 771
（二）境外存款	1 353	-115	其中：个人消费贷款	1 773 387	-62 347
二、代理财政性存款			（2）单位贷款	2 347 934	839 879
三、金融债券			经营贷款	1 034 035	631 375
其中：境外发行			固定资产贷款	1 207 913	241 845
四、卖出回购资产			并购贷款		
五、向中央银行借款	2 957	-9 954	贸易融资	105 986	-33 341
六、银行业存款类金融机构往来	58 043	39 167	（3）非存款类金融机构贷款		
七、借款及非存款类金融机构拆入			3. 票据融资	38 391	23 214
八、联行往来（净）	352 913	-1 516 676	4. 融资租赁		
九、应付及暂收款	179 874	49 446	5. 各项垫款	6 091	4 966
其中：应付利息	157 929	48 236	（二）境外贷款	830	-357
十、其他负债	15 127	-3 796	二、债券投资		
十一、所有者权益	247 411	-225 974	三、股权及其他投资	1 928 191	-2 706 245
其中：实收资本			四、买入返售资产		
			五、存放中央银行存款		
			六、缴存中央银行财政性存款	30	-51
			七、银行业存款类金融机构往来	11 127	5 483
			八、存放非存款类金融机构款项		
			九、联行往来		
			其中：境内存放二级准备金		
			十、库存现金	4 320	-361
			十一、应收及预付款	35 366	-13 571
			其中：应收利息	26 393	-9 913
			十二、投资性房地产		
			十三、固定资产	13 623	-1 675
			十四、其他资产	3 901	2 998
			十五、减：各项准备		
			其中：贷款减值准备		
资金来源总计	7 031 448	-2 214 123	资金运用总计	7 031 448	-2 214 123

表 2.19　浙商银行北京分行人民币信贷收支统计

单位：万元

项目名称	余额	比年初	项目名称	余额	比年初
一、各项存款	11 874 252	2 264 941	一、各项贷款	7 359 196	4 486 024
（一）境内存款	11 873 800	2 264 886	（一）境内贷款	7 359 196	4 486 024
1. 个人存款	554 456	279 960	1. 短期贷款	2 300 634	867 580
其中：活期储蓄存款	179 254	51 577	（1）个人贷款及透支	476 352	162 923
定期储蓄存款	342 295	197 395	其中：个人消费贷款	862	-1 360
结构性存款	1 441	1 441	（2）单位贷款及透支	1 824 283	704 658
2. 单位存款	10 294 718	1 654 639	经营贷款及透支	1 805 284	689 702
其中：活期存款	2 207 094	-355 465	固定资产贷款		
定期存款	3 023 179	-49 923	并购贷款		
保证金存款	3 534 037	1 822 431	贸易融资	18 999	14 955
结构性存款	457 900	457 900	（3）非存款类金融机构贷款		
3. 国库定期存款	6 000	-9 000	2. 中长期贷款	4 765 861	3 416 921
4. 非存款类金融机构存款	1 018 625	339 287	（1）个人贷款	187 990	-27 390
（二）境外存款	452	55	其中：个人消费贷款	61 717	-983
二、代理财政性存款			（2）单位贷款	4 577 872	3 444 312
三、金融债券			经营贷款	1 323 686	722 199
其中：境外发行			固定资产贷款	3 224 385	2 692 313
四、卖出回购资产			并购贷款	29 800	29 800
五、向中央银行借款	109 195	105 220	贸易融资		
六、银行业存款类金融机构往来	140 913	120 104	（3）非存款类金融机构贷款		
七、借款及非存款类金融机构拆入			3. 票据融资	292 550	201 522
八、联行往来（净）			4. 融资租赁		
九、应付及暂收款	33 775	7 462	5. 各项垫款	150	
其中：应付利息	362	-457	（二）境外贷款		
十、其他负债	26 317	16 317	二、债券投资		
十一、所有者权益	-19 852	-44 990	三、股权及其他投资		
其中：实收资本			四、买入返售资产		-831 447
			五、存放中央银行存款		
			六、缴存中央银行财政性存款	2	2
			七、银行业存款类金融机构往来	5 946	-12 191
			八、存放非存款类金融机构款项		
			九、联行往来	4 034 866	-1 885 181
			其中：境内存放二级准备金		-260 296
			十、库存现金	2 320	1 064
			十一、应收及预付款	586 796	570 713
			其中：应收利息	49 843	41 742
			十二、投资性房地产		
			十三、固定资产	151 449	149 685
			十四、其他资产	24 026	-9 616
			十五、减：各项准备		
			其中：贷款减值准备		
资金来源总计	12 164 601	2 469 054	资金运用总计	12 164 601	2 469 054

表 2.20 恒丰银行北京分行人民币信贷收支统计

单位：万元

项目名称	余额	比年初	项目名称	余额	比年初
一、各项存款	5 779 528	-2 552 559	一、各项贷款	2 781 282	-177 382
（一）境内存款	5 778 986	-2 552 516	（一）境内贷款	2 780 562	-178 102
1. 个人存款	29 614	-25 474	1. 短期贷款	651 175	-350 335
其中：活期储蓄存款	22 906	-19 488	（1）个人贷款及透支	10 195	-6 577
定期储蓄存款	3 986	-3 636	其中：个人消费贷款	870	-2 100
结构性存款			（2）单位贷款及透支	640 979	-343 758
2. 单位存款	5 159 257	-1 777 845	经营贷款及透支	527 956	-55 558
其中：活期存款	1 010 720	-309 678	固定资产贷款	483	-3 286
定期存款	3 450 298	-475 093	并购贷款		-20 000
保证金存款	286 066	-533 998	贸易融资	112 540	-264 914
结构性存款		-12 000	（3）非存款类金融机构贷款		
3. 国库定期存款			2. 中长期贷款	1 739 485	-128 113
4. 非存款类金融机构存款	590 115	-749 198	（1）个人贷款	54 027	-11 811
（二）境外存款	543	-43	其中：个人消费贷款	38 566	-8 412
二、代理财政性存款			（2）单位贷款	1 685 458	-116 303
三、金融债券			经营贷款	586 029	-82 605
其中：境外发行			固定资产贷款	693 346	8 921
四、卖出回购资产			并购贷款	180 000	
五、向中央银行借款	5 056	5 056	贸易融资	226 083	-42 618
六、银行业存款类金融机构往来	881 869	232 509	（3）非存款类金融机构贷款		
七、借款及非存款类金融机构拆入			3. 票据融资	68 280	-11 306
八、联行往来（净）			4. 融资租赁		
九、应付及暂收款	127 676	-9 398	5. 各项垫款	321 622	311 651
其中：应付利息	113 831	-13 133	（二）境外贷款	720	720
十、其他负债	14 000		二、债券投资		
十一、所有者权益	16 215	16 215	三、股权及其他投资		
其中：实收资本			四、买入返售资产		
			五、存放中央银行存款		-60 678
			六、缴存中央银行财政性存款		
			七、银行业存款类金融机构往来	1 385	551
			八、存放非存款类金融机构款项		
			九、联行往来	4 081 784	-2 056 629
			其中：境内存放二级准备金	1 142 877	-746 126
			十、库存现金	1 272	-1 500
			十一、应收及预付款	16 238	1 473
			其中：应收利息	9 668	22
			十二、投资性房地产		
			十三、固定资产	818	-240
			十四、其他资产	558	8 728
			十五、减：各项准备	58 992	22 500
			其中：贷款减值准备	58 949	22 463
资金来源总计	6 824 345	-2 308 177	资金运用总计	6 824 345	-2 308 177

表 2.21　中国邮政储蓄银行北京分行人民币信贷收支统计

单位：万元

项目名称	余额	比年初	项目名称	余额	比年初
一、各项存款	26 168 062	-1 518 520	一、各项贷款	14 886 029	2 304 263
（一）境内存款	26 151 366	-1 531 578	（一）境内贷款	14 886 029	2 304 263
1. 个人存款	15 133 061	1 101 081	1. 短期贷款	8 344 717	1 853 791
其中：活期储蓄存款	5 807 296	24 573	（1）个人贷款及透支	910 501	263 088
定期储蓄存款	1 937 003	-674 945	其中：个人消费贷款	219 630	125 549
结构性存款			（2）单位贷款及透支	7 434 216	1 590 703
2. 单位存款	8 074 497	-4 513 879	经营贷款及透支	7 154 410	1 492 469
其中：活期存款	3 337 850	-332 897	固定资产贷款	40 000	40 000
定期存款	1 481 297	-459 662	并购贷款		
保证金存款	162 133	-11418	贸易融资	239 805	58 234
结构性存款			（3）非存款类金融机构贷款		
3. 国库定期存款	195 000	-128 000	2. 中长期贷款	5 151 309	52 817
4. 非存款类金融机构存款	2 748 808	2 009 219	（1）个人贷款	1 945 488	90 866
（二）境外存款	16 696	13 059	其中：个人消费贷款	1 869 842	69 309
二、代理财政性存款	22	21	（2）单位贷款	3 205 821	-38 049
三、金融债券			经营贷款	561 469	-19 743
其中：境外发行			固定资产贷款	2 644 352	-18 307
四、卖出回购资产			并购贷款		
五、向中央银行借款			贸易融资		
六、银行业存款类金融机构往来	1 422 702	-706 457	（3）非存款类金融机构贷款		
七、借款及非存款类金融机构拆入			3. 票据融资	1 390 004	397 656
八、联行往来（净）			4. 融资租赁		
九、应付及暂收款	345 707	-2 703	5. 各项垫款		
其中：应付利息	202 815	-13 911	（二）境外贷款		
十、其他负债	47 931	11 048	二、债券投资		
十一、所有者权益	883 332	364 366	三、股权及其他投资		
其中：实收资本			四、买入返售资产		
			五、存放中央银行存款		-28 124
			六、缴存中央银行财政性存款	78	-803
			七、银行业存款类金融机构往来	1 457	-188
			八、存放非存款类金融机构款项		
			九、联行往来	14 021 297	-7 788 772
			其中：境内存放二级准备金		
			十、库存现金	108 330	9 459
			十一、应收及预付款	102 465	72 404
			其中：应收利息	26 928	3 103
			十二、投资性房地产		
			十三、固定资产	265 805	-8 315
			十四、其他资产	-337 790	3 606 585
			十五、减：各项准备	179 915	18 751
			其中：贷款减值准备	179 653	18 674
资金来源总计	28 867 755	-1 852 244	资金运用总计	28 867 755	-1 852 244

表 2.22 北京银行人民币信贷收支统计（全国）

单位：万元

项目名称	余额	比年初	项目名称	余额	比年初
一、各项存款	164 463 229	16 830 730	一、各项贷款	123 951 609	16 970 448
（一）境内存款	164 351 644	16 846 050	（一）境内贷款	123 818 531	16 943 803
1. 个人存款	28 609 415	4 122 907	1. 短期贷款	45 071 132	6 542 415
其中：活期储蓄存款	8 929 735	1 727 101	（1）个人贷款及透支	4 039 258	804 849
定期储蓄存款	7 185 366	-676 175	其中：个人消费贷款	1 082 775	234 929
结构性存款	7 798 846	649 046	（2）单位贷款及透支	37 014 074	4 792 463
2. 单位存款	102 990 348	7 681 687	经营贷款及透支	34 830 433	3 815 361
其中：活期存款	41 447 921	1 711 276	固定资产贷款	402 067	381 545
定期存款	19 057 916	2 038 750	并购贷款		-6 000
保证金存款	5 632 388	1 069 942	贸易融资	1 781 573	601 556
结构性存款	11 904 840	2 851 108	（3）非存款类金融机构贷款	4 017 800	945 103
3. 国库定期存款	2 069 300	74 300	2. 中长期贷款	77 234 946	10 154 311
4. 非存款类金融机构存款	30 682 581	4 967 155	（1）个人贷款	32 028 889	4 624 408
（二）境外存款	111 585	-15 320	其中：个人消费贷款	25 188 960	3 293 835
二、代理财政性存款		-35	（2）单位贷款	43 308 756	6 206 215
三、金融债券	10 793 907	-3 996 199	经营贷款	9 122 579	756 796
其中：境外发行			固定资产贷款	29 387 086	4 923 445
四、卖出回购资产	2 130 005	-965 522	并购贷款	1 577 949	378 408
五、向中央银行借款	6 412 570	1 060 937	贸易融资	3 221 141	147 566
六、银行业存款类金融机构往来	38 372 436	7 177 534	（3）非存款类金融机构贷款	1 897 300	-676 313
七、借款及非存款类金融机构拆入			3. 票据融资	1 512 454	249 326
八、联行往来（净）	44 108	35 849	4. 融资租赁		
九、应付及暂收款	3 477 510	601 902	5. 各项垫款		-2 250
其中：应付利息	1 972 535	185 649	（二）境外贷款	133 078	26 645
十、其他负债	482 142	-44 206	二、债券投资	46 089 404	5 045 035
十一、所有者权益	19 114 218	1 688 010	三、股权及其他投资	43 990 717	4 709 781
其中：实收资本	3 898 411		四、买入返售资产	4 065 486	-2 176 691
			五、存放中央银行存款	20 852 703	3 004 729
			六、缴存中央银行财政性存款	9 440	1 633
			七、银行业存款类金融机构往来	4 946 196	-5 722 534
			八、存放非存款类金融机构款项	44 013	18 965
			九、联行往来		
			其中：境内存放二级准备金		
			十、库存现金	305 402	-24 884
			十一、应收及预付款	1 921 075	139 364
			其中：应收利息	1 546 180	198 799
			十二、投资性房地产	45 994	-2 067
			十三、固定资产	1 583 572	423 951
			十四、其他资产	2 289 328	346 820
			十五、减：各项准备	4 804 814	345 551
			其中：贷款减值准备	3 927 130	496 357
资金来源总计	245 290 125	22 389 000	资金运用总计	245 290 125	22 389 000

表2.23　北京银行人民币信贷收支统计（北京）

单位：万元

项目名称	余额	比年初	项目名称	余额	比年初
一、各项存款	122 437 185	20 214 603	一、各项贷款	59 946 692	3 768 333
（一）境内存款	122 361 507	20 212 564	（一）境内贷款	59 923 501	3 759 634
1. 个人存款	23 753 441	3 335 137	1. 短期贷款	24 320 025	2 317 879
其中：活期储蓄存款	7 121 194	1 406 801	（1）个人贷款及透支	2 692 009	406 925
定期储蓄存款	6 402 677	-568 547	其中：个人消费贷款	753 018	38 345
结构性存款	5 896 814	225 616	（2）单位贷款及透支	17 610 216	897 850
2. 单位存款	68 948 997	5 193 788	经营贷款及透支	16 275 789	168 867
其中：活期存款	30 032 915	1 358 663	固定资产贷款	329 707	309 237
定期存款	12 450 096	1 135 206	并购贷款		-6 000
保证金存款	1 160 164	-29 039	贸易融资	1 004 719	425 746
结构性存款	7 968 740	2 103 613	（3）非存款类金融机构贷款	4 017 800	1 013 103
3. 国库定期存款	904 000	-173 000	2. 中长期贷款	35 377 077	1 371 728
4. 非存款类金融机构存款	28 755 069	11 856 639	（1）个人贷款	12 749 380	359 669
（二）境外存款	75 677	2038	其中：个人消费贷款	10 560 102	378 525
二、代理财政性存款			（2）单位贷款	20 730 396	1 688 372
三、金融债券	10 793 907	-3 996 199	经营贷款	2 598 913	-370 778
其中：境外发行			固定资产贷款	14 320 753	1 655 897
四、卖出回购资产	2 130 005	-965 522	并购贷款	1 052 769	233 567
五、向中央银行借款	6 409 200	1 059 200	贸易融资	2 757 962	169 685
六、银行业存款类金融机构往来	36 730 773	11 117 819	（3）非存款类金融机构贷款	1 897 300	-676 313
七、借款及非存款类金融机构拆入			3. 票据融资	226 399	70 027
八、联行往来（净）			4. 融资租赁		
九、应付及暂收款	2 893 203	660 491	5. 各项垫款		
其中：应付利息	1 571 509	291 266	（二）境外贷款	23 191	8 699
十、其他负债	583 940	111 727	二、债券投资	46 081 404	5 040 035
十一、所有者权益	19 189 215	2 529 267	三、股权及其他投资	42 961 734	5 190 916
其中：实收资本	3 898 411		四、买入返售资产	4 065 486	-2 176 691
			五、存放中央银行存款	20 852 703	3 004 729
			六、缴存中央银行财政性存款	9 397	1 628
			七、银行业存款类金融机构往来	4 812 369	-4 452 407
			八、存放非存款类金融机构款项	35 360	10 312
			九、联行往来	20 924 351	19 314 017
			其中：境内存放二级准备金	11 437 336	1 368 588
			十、库存现金	239 520	-14 935
			十一、应收及预付款	1 712 651	129 762
			其中：应收利息	1 370 035	208 105
			十二、投资性房地产	4 643	-453
			十三、固定资产	778 391	258 780
			十四、其他资产	2 178 926	320 973
			十五、减：各项准备	3 436 202	-336 388
			其中：贷款减值准备	2 561 014	-185 581
资金来源总计	201 167 427	30 731 386	资金运用总计	201 167 427	30 731 386

表 2.24　天津银行北京分行人民币信贷收支统计

单位：万元

项目名称	余额	比年初	项目名称	余额	比年初
一、各项存款	2 664 660	-1 102 338	一、各项贷款	1 131 491	-549 889
（一）境内存款	2 664 660	-1 102 338	（一）境内贷款	1 131 491	-549 889
1. 个人存款	130 355	-35 621	1. 短期贷款	199 381	-449 663
其中：活期储蓄存款	47 228	-6 347	（1）个人贷款及透支	14 208	-27 742
定期储蓄存款	76 389	-35 774	其中：个人消费贷款	6 521	-17 397
结构性存款			（2）单位贷款及透支	185 173	-421 921
2. 单位存款	1 963 639	-113 431	经营贷款及透支	176 373	-430 721
其中：活期存款	1 137 529	296 074	固定资产贷款	8 800	8 800
定期存款	463 468	-409 056	并购贷款		
保证金存款	144 693	-5 479	贸易融资		
结构性存款			（3）非存款类金融机构贷款		
3. 国库定期存款			2. 中长期贷款	932 110	-98 259
4. 非存款类金融机构存款	570 665	-953 286	（1）个人贷款	243 860	-35 595
（二）境外存款			其中：个人消费贷款	133 782	-13 697
二、代理财政性存款			（2）单位贷款	688 249	-62 663
三、金融债券			经营贷款	432 749	-208 224
其中：境外发行			固定资产贷款	255 500	145 561
四、卖出回购资产			并购贷款		
五、向中央银行借款			贸易融资		
六、银行业存款类金融机构往来	185 848	-522 193	（3）非存款类金融机构贷款		
七、借款及非存款类金融机构拆入			3. 票据融资		
八、联行往来（净）			4. 融资租赁		
九、应付及暂收款	71 122	-15 408	5. 各项垫款		-1 967
其中：应付利息	66 949	2 885	（二）境外贷款		
十、其他负债	16 063	-49	二、债券投资	159 635	-580 215
十一、所有者权益	-22 564	-71 450	三、股权及其他投资	500 000	500 000
其中：实收资本			四、买入返售资产		
			五、存放中央银行存款	37 975	13 802
			六、缴存中央银行财政性存款		
			七、银行业存款类金融机构往来	1 768	1 466
			八、存放非存款类金融机构款项		
			九、联行往来	1 070 821	-1 096 776
			其中：境内存放二级准备金		
			十、库存现金	1 914	68
			十一、应收及预付款	7 299	1 855
			其中：应收利息	5 352	1 513
			十二、投资性房地产		
			十三、固定资产	2 464	-151
			十四、其他资产	1 762	-1 598
			十五、减：各项准备		
			其中：贷款减值准备		
资金来源总计	2 915 129	-1 711 439	资金运用总计	2 915 129	-1 711 439

表2.25　大连银行北京分行人民币信贷收支统计

单位：万元

项目名称	余额	比年初	项目名称	余额	比年初
一、各项存款	4 291 638	-603 159	一、各项贷款	2 656 941	-84 364
（一）境内存款	4 291 434	-603 127	（一）境内贷款	2 656 941	-84 364
1. 个人存款	64 339	-12 090	1. 短期贷款	1 555 302	-308 606
其中：活期储蓄存款	16 342	-1 568	（1）个人贷款及透支	37 044	-551
定期储蓄存款	28 190	-26 165	其中：个人消费贷款	19 254	-2 608
结构性存款	10 171	7 611	（2）单位贷款及透支	1 517 808	-308 504
2. 单位存款	3 303 171	-135 146	经营贷款及透支	1 517 808	-308 504
其中：活期存款	1 125 470	447 610	固定资产贷款		
定期存款	712 493	-387 121	并购贷款		
保证金存款	209 625	-44 799	贸易融资		
结构性存款	436 849	205 149	（3）非存款类金融机构贷款	450	450
3. 国库定期存款			2. 中长期贷款	1 035 781	283 771
4. 非存款类金融机构存款	923 924	-455 890	（1）个人贷款	12 237	-19
（二）境外存款	204	-32	其中：个人消费贷款	12 237	-19
二、代理财政性存款			（2）单位贷款	1 023 544	283 790
三、金融债券			经营贷款	816 479	328 524
其中：境外发行			固定资产贷款	197 065	-54 734
四、卖出回购资产			并购贷款	10 000	10 000
五、向中央银行借款	4 036	-6 405	贸易融资		
六、银行业存款类金融机构往来	1		（3）非存款类金融机构贷款		
七、借款及非存款类金融机构拆入			3. 票据融资	65 857	-59 530
八、联行往来（净）			4. 融资租赁		
九、应付及暂收款	40 056	10 795	5. 各项垫款		
其中：应付利息	35 400	9 730	（二）境外贷款		
十、其他负债	17 027	-2 334	二、债券投资		-12
十一、所有者权益	59 372	129 415	三、股权及其他投资		
其中：实收资本			四、买入返售资产		
			五、存放中央银行存款		
			六、缴存中央银行财政性存款		
			七、银行业存款类金融机构往来	1 209	781
			八、存放非存款类金融机构款项		
			九、联行往来	1 780 334	-416 067
			其中：境内存放二级准备金	762 466	381 441
			十、库存现金	968	-397
			十一、应收及预付款	16 922	4 372
			其中：应收利息	14 889	4 348
			十二、投资性房地产		
			十三、固定资产	457	15
			十四、其他资产	1 262	-577
			十五、减：各项准备	45 963	-24 562
			其中：贷款减值准备	45 512	-24 558
资金来源总计	4 412 130	-471 688	资金运用总计	4 412 130	-471 688

表 2. 26 杭州银行北京分行人民币信贷收支统计

单位：万元

项目名称	余额	比年初	项目名称	余额	比年初
一、各项存款	5 546 713	684 420	一、各项贷款	3 142 447	1 170 406
（一）境内存款	5 545 936	684 306	（一）境内贷款	3 142 447	1 170 406
1. 个人存款	495 831	157 698	1. 短期贷款	1 376 860	717 312
其中：活期储蓄存款	128 477	47 909	（1）个人贷款及透支	184 141	61 176
定期储蓄存款	87 551	-29 666	其中：个人消费贷款	15 610	13 200
结构性存款	122 321	94 270	（2）单位贷款及透支	931 718	395 136
2. 单位存款	3 684 549	-29 220	经营贷款及透支	845 209	330 126
其中：活期存款	2 349 811	-398 589	固定资产贷款	2 000	1 980
定期存款	246 484	-398 354	并购贷款	9 080	6 720
保证金存款	104 275	-21 738	贸易融资	75 430	56 310
结构性存款	849 320	849 320	（3）非存款类金融机构贷款	261 000	261 000
3. 国库定期存款	55 000	13 000	2. 中长期贷款	1 694 233	508 290
4. 非存款类金融机构存款	1 310 556	542 827	（1）个人贷款	301 720	112 593
（二）境外存款	777	115	其中：个人消费贷款	204 091	78 538
二、代理财政性存款			（2）单位贷款	1 392 513	395 697
三、金融债券			经营贷款	630 026	32 788
其中：境外发行			固定资产贷款	508 082	230 128
四、卖出回购资产			并购贷款	171 712	101 934
五、向中央银行借款	2 567	2 567	贸易融资	82 693	30 848
六、银行业存款类金融机构往来	455 000	-318 300	（3）非存款类金融机构贷款		
七、借款及非存款类金融机构拆入			3. 票据融资	70 052	-50 032
八、联行往来（净）			4. 融资租赁		
九、应付及暂收款	184 589	98 705	5. 各项垫款	1 301	-5 164
其中：应付利息	55 695	1 323	（二）境外贷款		
十、其他负债	11 458	-1 424	二、债券投资		
十一、所有者权益	126 823	85 650	三、股权及其他投资	957 026	-558 830
其中：实收资本			四、买入返售资产		
			五、存放中央银行存款		
			六、缴存中央银行财政性存款	285	282
			七、银行业存款类金融机构往来	457 805	267 697
			八、存放非存款类金融机构款项		
			九、联行往来	1 670 738	-423 232
			其中：境内存放二级准备金	411 114	-104 299
			十、库存现金	5 538	-1 085
			十一、应收及预付款	140 584	102 078
			其中：应收利息	14 098	4 824
			十二、投资性房地产		
			十三、固定资产	402	128
			十四、其他资产	1 169	-1 272
			十五、减：各项准备	48 844	4 553
			其中：贷款减值准备	48 844	4 553
资金来源总计	6 327 150	551 619	资金运用总计	6 327 150	551 619

表 2.27 南京银行北京分行人民币信贷收支统计

单位：万元

项目名称	余额	比年初	项目名称	余额	比年初
一、各项存款	4 935 220	345 295	一、各项贷款	2 482 231	615 028
（一）境内存款	4 931 726	344 513	（一）境内贷款	2 482 231	615 028
1. 个人存款	632 946	122 093	1. 短期贷款	1 237 711	364 137
其中：活期储蓄存款	196 631	46 775	（1）个人贷款及透支	293 005	161 751
定期储蓄存款	223 163	-58 276	其中：个人消费贷款	240 000	148 270
结构性存款	48 599	48 599	（2）单位贷款及透支	944 706	202 386
2. 单位存款	3 339 147	81 414	经营贷款及透支	944 706	204 716
其中：活期存款	569 326	-300 875	固定资产贷款		-1 000
定期存款	1 073 313	-235 283	并购贷款		
保证金存款	66 325	-61 163	贸易融资		-1 330
结构性存款	822 900	638 000	（3）非存款类金融机构贷款		
3. 国库定期存款	58 000	-11 000	2. 中长期贷款	1 191 045	284 734
4. 非存款类金融机构存款	901 633	152 006	（1）个人贷款	774 207	200 170
（二）境外存款	3 494	782	其中：个人消费贷款	663 638	132 896
二、代理财政性存款			（2）单位贷款	416 838	84 564
三、金融债券			经营贷款	186 047	27 080
其中：境外发行			固定资产贷款	165 958	77 497
四、卖出回购资产			并购贷款		
五、向中央银行借款			贸易融资	64 833	-20 013
六、银行业存款类金融机构往来	309 596	136 339	（3）非存款类金融机构贷款		
七、借款及非存款类金融机构拆入			3. 票据融资	53 475	-31 918
八、联行往来（净）			4. 融资租赁		
九、应付及暂收款	124 590	14 635	5. 各项垫款		-1 925
其中：应付利息	112 910	18 068	（二）境外贷款		
十、其他负债	10 000	200	二、债券投资		
十一、所有者权益	-109 568	-109 568	三、股权及其他投资		
其中：实收资本			四、买入返售资产		
			五、存放中央银行存款		
			六、缴存中央银行财政性存款	24	22
			七、银行业存款类金融机构往来	220	-2 881
			八、存放非存款类金融机构款项		
			九、联行往来	2 795 638	-272 050
			其中：境内存放二级准备金		
			十、库存现金	4 907	1 129
			十一、应收及预付款	6 063	-13 097
			其中：应收利息	4 813	1 737
			十二、投资性房地产		
			十三、固定资产	103 921	102 763
			十四、其他资产	4 047	-1 149
			十五、减：各项准备	127 213	42 864
			其中：贷款减值准备	127 213	42 864
资金来源总计	5 269 838	386 901	资金运用总计	5 269 838	386 901

表 2.28　盛京银行北京分行人民币信贷收支统计

单位：万元

项目名称	余额	比年初	项目名称	余额	比年初
一、各项存款	3 505 529	-2 896 710	一、各项贷款	2 575 609	277 568
（一）境内存款	3 499 655	-2 902 584	（一）境内贷款	2 575 585	277 596
1. 个人存款	241 065	-11 072	1. 短期贷款	981 054	7 896
其中：活期储蓄存款	24 869	197	（1）个人贷款及透支	3 705	-17 444
定期储蓄存款	134 007	6 396	其中：个人消费贷款	235	-20 914
结构性存款	52 395	52 395	（2）单位贷款及透支	977 349	25 340
2. 单位存款	3 145 415	-804 461	经营贷款及透支	726 269	-59 240
其中：活期存款	967 149	-51 191	固定资产贷款	60 900	52 900
定期存款	576 705	-421 977	并购贷款		
保证金存款	619 439	-123 082	贸易融资	190 180	31 680
结构性存款	627 600	627 600	（3）非存款类金融机构贷款		
3. 国库定期存款	111 000	-877 000	2. 中长期贷款	1 580 349	255 518
4. 非存款类金融机构存款	2 175	-1 210 051	（1）个人贷款	46 799	-1 701
（二）境外存款	5 874	5 874	其中：个人消费贷款	45 049	-951
二、代理财政性存款			（2）单位贷款	1 533 550	257 219
三、金融债券			经营贷款	1 291 117	87 118
其中：境外发行			固定资产贷款	242 433	170 101
四、卖出回购资产			并购贷款		
五、向中央银行借款			贸易融资		
六、银行业存款类金融机构往来			（3）非存款类金融机构贷款		
七、借款及非存款类金融机构拆入			3. 票据融资		
八、联行往来（净）			4. 融资租赁		
九、应付及暂收款	49 785	-44 052	5. 各项垫款	14 182	14 182
其中：应付利息	45 404	-45 737	（二）境外贷款	24	-28
十、其他负债	5 629	-26 288	二、债券投资		
十一、所有者权益	75 816	75 816	三、股权及其他投资		
其中：实收资本			四、买入返售资产		
			五、存放中央银行存款		
			六、缴存中央银行财政性存款	2	-3
			七、银行业存款类金融机构往来	716	-5
			八、存放非存款类金融机构款项		
			九、联行往来	1 022 861	-3 146 708
			其中：境内存放二级准备金		-36 617
			十、库存现金	1 297	-501
			十一、应收及预付款	13 786	6 901
			其中：应收利息	11746	5 369
			十二、投资性房地产		
			十三、固定资产	18 035	-1 796
			十四、其他资产	4 453	-26 690
			十五、减：各项准备		
			其中：贷款减值准备		
资金来源总计	3 636 759	-2 891 234	资金运用总计	3 636 759	-2 891 234

表 2.29　上海银行北京分行人民币信贷收支统计

单位：万元

项目名称	余额	比年初	项目名称	余额	比年初
一、各项存款	8 668 440	2 783 658	一、各项贷款	6 757 497	1 018 613
（一）境内存款	8 667 281	2 783 569	（一）境内贷款	6 744 992	1 020 358
1. 个人存款	130 857	74 207	1. 短期贷款	2 664 670	149 440
其中：活期储蓄存款	71 201	38 993	（1）个人贷款及透支	1 220 034	387 066
定期储蓄存款	43 750	23 238	其中：个人消费贷款	1 219 411	389 441
结构性存款	6 454	6 454	（2）单位贷款及透支	1 444 636	-237 626
2. 单位存款	5 281 746	314 519	经营贷款及透支	1 341 636	303 374
其中：活期存款	2 261 781	577 396	固定资产贷款	100 000	-492 000
定期存款	829 805	-471 318	并购贷款		
保证金存款	854 869	38 886	贸易融资	3 000	-49 000
结构性存款	393 000	348 000	（3）非存款类金融机构贷款		
3. 国库　定期存款	55 000	-60 000	2. 中长期贷款	3 897 820	1 519 896
4. 非存款类金融机构存款	3 199 678	2 454 843	（1）个人贷款	166 405	40 971
（二）境外存款	1 159	89	其中：个人消费贷款	164 981	41 218
二、代理财政性存款			（2）单位贷款	3 731 415	1 478 925
三、金融债券			经营贷款	2 047 897	657 118
其中：境外发行			固定资产贷款	1 612 638	809 738
四、卖出回购资产			并购贷款	25 880	9 880
五、向中央银行借款	4 928	4 928	贸易融资	45 000	2 189
六、银行业存款类金融机构往来	1 170 671	349 305	（3）非存款类金融机构贷款		
七、借款及非存款类金融机构拆入			3. 票据融资	132 847	-698 633
八、联行往来（净）			4. 融资租赁		
九、应付及暂收款	125 223	55 734	5. 各项垫款	49 655	49 655
其中：应付利息	87 926	47 120	（二）境外贷款	12 505	-1 745
十、其他负债	12 537	-99	二、债券投资		
十一、所有者权益	150 483	103 708	三、股权及其他投资		
其中：实收资本			四、买入返售资产		
			五、存放中央银行存款		
			六、缴存中央银行财政性存款	2	2
			七、银行业存款类金融机构往来	118 899	-15
			八、存放非存款类金融机构款项		
			九、联行往来	3 237 770	2 273 936
			其中：境内存放二级准备金		
			十、库存现金	2 774	589
			十一、应收及预付款	62 453	40 455
			其中：应收利息	3 930	3 357
			十二、投资性房地产		
			十三、固定资产	1 048	263
			十四、其他资产	684	63
			十五、减：各项准备	48 845	36 672
			其中：贷款减值准备	39 345	29 672
资金来源总计	10 132 282	3 297 234	资金运用总计	10 132 282	3 297 234

表 2.30　江苏银行北京分行人民币信贷收支统计

单位：万元

项目名称	余额	比年初	项目名称	余额	比年初
一、各项存款	7 163 810	-1 978 923	一、各项贷款	6 656 337	490 518
（一）境内存款	7 162 594	-1 978 164	（一）境内贷款	6 653 451	490 243
1. 个人存款	373 356	43 529	1. 短期贷款	3 554 649	-123 408
其中：活期储蓄存款	111 086	13 951	（1）个人贷款及透支	638 587	306 117
定期储蓄存款	107 427	-25 170	其中：个人消费贷款	437 476	279 831
结构性存款	81 221	5 559	（2）单位贷款及透支	2 916 062	-429 525
2. 单位存款	4 508 588	-1 072 312	经营贷款及透支	2 885 952	-455 095
其中：活期存款	843 380	-794 398	固定资产贷款		
定期存款	361 562	-424 320	并购贷款		
保证金存款	408 712	-218 195	贸易融资	30 110	25 570
结构性存款	1 862 190	525 520	（3）非存款类金融机构贷款		
3. 国库定期存款	86 000	-83 000	2. 中长期贷款	2 634 008	330 895
4. 非存款类金融机构存款	2 194 650	-866 381	（1）个人贷款	446 968	-4 288
（二）境外存款	1 216	-759	其中：个人消费贷款	349 820	12 661
二、代理财政性存款			（2）单位贷款	2 187 040	335 183
三、金融债券			经营贷款	406 152	121 526
其中：境外发行			固定资产贷款	1 712 739	150 208
四、卖出回购资产			并购贷款	3 133	-1 567
五、向中央银行借款			贸易融资	65 016	65 016
六、银行业存款类金融机构往来	20 842	-697 037	（3）非存款类金融机构贷款		
七、借款及非存款类金融机构拆入			3. 票据融资	430 506	248 468
八、联行往来（净）			4. 融资租赁		
九、应付及暂收款	148 422	25 845	5. 各项垫款	34 288	34 288
其中：应付利息	117 478	16 183	（二）境外贷款	2 886	275
十、其他负债	16 864	917	二、债券投资		
十一、所有者权益	49 092	49 092	三、股权及其他投资		
其中：实收资本			四、买入返售资产		
			五、存放中央银行存款		
			六、缴存中央银行财政性存款	8	-315
			七、银行业存款类金融机构往来	1 067	-1 742
			八、存放非存款类金融机构款项		
			九、联行往来	779 410	-3 058 346
			其中：境内存放二级准备金	481 247	-41 036
			十、库存现金	3 716	1 023
			十一、应收及预付款	23 451	4 599
			其中：应收利息	12 387	1 397
			十二、投资性房地产		
			十三、固定资产	41 655	-2 745
			十四、其他资产	5 347	4 625
			十五、减：各项准备	111 961	37 723
			其中：贷款减值准备	111 803	37 670
资金来源总计	7 399 030	-2 600 106	资金运用总计	7 399 030	-2 600 106

表2.31 宁波银行北京分行人民币信贷收支统计

单位：万元

项目名称	余额	比年初	项目名称	余额	比年初
一、各项存款	4 513 247	891 335	一、各项贷款	1 889 666	714 207
（一）境内存款	4 482 575	861 304	（一）境内贷款	1 889 666	714 207
1. 个人存款	234 387	70 257	1. 短期贷款	1 301 145	429 874
其中：活期储蓄存款	81 317	10 356	（1）个人贷款及透支	609 502	195 194
定期储蓄存款	41 703	-15 786	其中：个人消费贷款	521 996	180 052
结构性存款	40 532	40 532	（2）单位贷款及透支	691 643	234 680
2. 单位存款	3 750 530	722 558	经营贷款及透支	584 601	155 173
其中：活期存款	1 175 593	93 182	固定资产贷款		
定期存款	869 952	351 262	并购贷款		
保证金存款	235 557	78 934	贸易融资	107 042	79 507
结构性存款	251 110	133 407	（3）非存款类金融机构贷款		
3. 国库定期存款	69 000	-10 000	2. 中长期贷款	342 545	50 963
4. 非存款类金融机构存款	428 658	78 489	（1）个人贷款	71 012	35 029
（二）境外存款	30 672	30 031	其中：个人消费贷款	34 353	13 818
二、代理财政性存款			（2）单位贷款	271 533	15 934
三、金融债券			经营贷款	174 584	20 359
其中：境外发行			固定资产贷款	92 649	-4 425
四、卖出回购资产			并购贷款	4 300	
五、向中央银行借款	7 942	7 942	贸易融资		
六、银行业存款类金融机构往来	19 429	5 434	（3）非存款类金融机构贷款		
七、借款及非存款类金融机构拆入			3. 票据融资	239 986	227 543
八、联行往来（净）			4. 融资租赁		
九、应付及暂收款	86 274	33 489	5. 各项垫款	5 990	5 827
其中：应付利息	56 330	19 799	（二）境外贷款		
十、其他负债	10 021	2	二、债券投资		
十一、所有者权益	-53 738	-19 404	三、股权及其他投资		
其中：实收资本			四、买入返售资产		
			五、存放中央银行存款		
			六、缴存中央银行财政性存款	65	-39
			七、银行业存款类金融机构往来	1 276	-380
			八、存放非存款类金融机构款项		
			九、联行往来	2 681 060	258 888
			其中：境内存放二级准备金		
			十、库存现金	2 868	-340
			十一、应收及预付款	3 949	-38 739
			其中：应收利息	3 124	1 187
			十二、投资性房地产		
			十三、固定资产	43 339	-2 572
			十四、其他资产	2 885	1 145
			十五、减：各项准备	41 933	13 372
			其中：贷款减值准备	41 921	13 366
资金来源总计	4 583 175	918 798	资金运用总计	4 583 175	918 798

表 2.32　包商银行北京分行人民币信贷收支统计

单位：万元

项目名称	余额	比年初	项目名称	余额	比年初
一、各项存款	4 791 826	-1 002 388	一、各项贷款	1 586 108	-514 679
（一）境内存款	4 789 521	-1 001 710	（一）境内贷款	1 586 108	-514 679
1. 个人存款	135 925	327	1. 短期贷款	427 397	-311 904
其中：活期储蓄存款	64 847	-12 762	（1）个人贷款及透支	95 617	6 457
定期储蓄存款	38 537	1 684	其中：个人消费贷款	3 791	843
结构性存款	3 512	3 512	（2）单位贷款及透支	331 780	-318 361
2. 单位存款	2 116 262	-434 602	经营贷款及透支	331 780	-312 361
其中：活期存款	207 818	-361 651	固定资产贷款		
定期存款	800 539	-562 737	并购贷款		
保证金存款	99 953	-216 022	贸易融资		-6 000
结构性存款	719 130	719 130	（3）非存款类金融机构贷款		
3. 国库定期存款			2. 中长期贷款	1 151 703	-133 344
4. 非存款类金融机构存款	2 537 334	-567 435	（1）个人贷款	807 743	-95 065
（二）境外存款	2 305	-678	其中：个人消费贷款	512 751	-40 972
二、代理财政性存款			（2）单位贷款	343 960	-38 279
三、金融债券			经营贷款	331 800	8 921
其中：境外发行			固定资产贷款	3 600	-42 500
四、卖出回购资产			并购贷款	8 560	-4 700
五、向中央银行借款			贸易融资		
六、银行业存款类金融机构往来			（3）非存款类金融机构贷款		
七、借款及非存款类金融机构拆入			3. 票据融资		-65 942
八、联行往来（净）			4. 融资租赁		
九、应付及暂收款	198 482	66 269	5. 各项垫款	7 008	-3 489
其中：应付利息	194 488	66 391	（二）境外贷款		
十、其他负债	9 700	-2 728	二、债券投资		
十一、所有者权益	12 586	12 586	三、股权及其他投资		
其中：实收资本			四、买入返售资产		
			五、存放中央银行存款	4 647	-332
			六、缴存中央银行财政性存款		-22
			七、银行业存款类金融机构往来	1	1
			八、存放非存款类金融机构款项		
			九、联行往来	3 335 227	-407 360
			其中：境内存放二级准备金		
			十、库存现金	2 693	452
			十一、应收及预付款	9 864	2 121
			其中：应收利息	7 080	2 081
			十二、投资性房地产		
			十三、固定资产	73 074	-4 652
			十四、其他资产	15 446	-2 549
			十五、减：各项准备	14 466	-759
			其中：贷款减值准备	14 466	-759
资金来源总计	5 012 594	-926 261	资金运用总计	5 012 594	-926 261

表 2.33　锦州银行北京分行人民币信贷收支统计

单位：万元

项目名称	余额	比年初	项目名称	余额	比年初
一、各项存款	9 112 032	1 666 310	一、各项贷款	2 871 775	1 263 296
（一）境内存款	9 109 328	1 717 542	（一）境内贷款	2 871 775	1 263 296
1. 个人存款	1 714 017	510 837	1. 短期贷款	909 491	143 269
其中：活期储蓄存款	93 489	44 257	（1）个人贷款及透支	3 144	-565
定期储蓄存款	1 583 722	430 450	其中：个人消费贷款	495	-464
结构性存款			（2）单位贷款及透支	906 347	143 834
2. 单位存款	5 478 356	843 791	经营贷款及透支	904 126	141 613
其中：活期存款	275 536	-369 605	固定资产贷款		
定期存款	1 408 550	-82 960	并购贷款		
保证金存款	3 033 959	1 401 538	贸易融资	2 221	2 221
结构性存款	390 000	-33 000	（3）非存款类金融机构贷款		
3. 国库定期存款			2. 中长期贷款	1 882 495	1 040 238
4. 非存款类金融机构存款	1 916 955	362 914	（1）个人贷款	17 560	-6 629
（二）境外存款	2 704	-51 232	其中：个人消费贷款	12 268	14
二、代理财政性存款			（2）单位贷款	1 864 935	1 046 867
三、金融债券			经营贷款	1 807 458	1 048 859
其中：境外发行			固定资产贷款	57 477	-1 992
四、卖出回购资产			并购贷款		
五、向中央银行借款			贸易融资		
六、银行业存款类金融机构往来	1	-418	（3）非存款类金融机构贷款		
七、借款及非存款类金融机构拆入			3. 票据融资		
八、联行往来（净）			4. 融资租赁		
九、应付及暂收款	276 869	112 987	5. 各项垫款	79 789	79 789
其中：应付利息	272 149	112 423	（二）境外贷款		
十、其他负债	10 265	100	二、债券投资		
十一、所有者权益	98 841	98 841	三、股权及其他投资		
其中：实收资本			四、买入返售资产		
			五、存放中央银行存款		
			六、缴存中央银行财政性存款	8	
			七、银行业存款类金融机构往来	510	-1 117
			八、存放非存款类金融机构款项		
			九、联行往来	6 577 131	611 716
			其中：境内存放二级准备金		
			十、库存现金	1 719	491
			十一、应收及预付款	9 751	4 638
			其中：应收利息	8 962	4 442
			十二、投资性房地产		
			十三、固定资产	33 959	-1 205
			十四、其他资产	3 155	1
			十五、减：各项准备		
			其中：贷款减值准备		
资金来源总计	9 498 008	1 877 820	资金运用总计	9 498 008	1 877 820

表 2.34 厦门国际银行北京分行人民币信贷收支统计

单位：万元

项目名称	余额	比年初	项目名称	余额	比年初
一、各项存款	9 120 557	530 158	一、各项贷款	4 363 364	748 813
（一）境内存款	9 078 126	735 426	（一）境内贷款	4 356 197	743 095
1. 个人存款	433 657	130 916	1. 短期贷款	901 498	166 330
其中：活期储蓄存款	58 230	16 158	（1）个人贷款及透支	278 701	58 032
定期储蓄存款	18 261	-47 617	其中：个人消费贷款		
结构性存款	345 515	160 110	（2）单位贷款及透支	622 797	108 298
2. 单位存款	7 401 595	-29 368	经营贷款及透支	622 797	108 298
其中：活期存款	1 122 199	-446 803	固定资产贷款		
定期存款	319 388	-66 311	并购贷款		
保证金存款	2 207 621	-596 479	贸易融资		
结构性存款	3 124 044	939 428	（3）非存款类金融机构贷款		
3. 国库定期存款	20 000	2 000	2. 中长期贷款	3 446 487	574 127
4. 非存款类金融机构存款	1 222 874	631 878	（1）个人贷款	64 315	39 282
（二）境外存款	42 432	-205 269	其中：个人消费贷款	3 906	-1 746
二、代理财政性存款			（2）单位贷款	3 382 172	534 844
三、金融债券			经营贷款	2 282 227	459 658
其中：境外发行			固定资产贷款	1 099 945	75 186
四、卖出回购资产			并购贷款		
五、向中央银行借款			贸易融资		
六、银行业存款类金融机构往来	3		（3）非存款类金融机构贷款		
七、借款及非存款类金融机构拆入			3. 票据融资		
八、联行往来（净）			4. 融资租赁		
九、应付及暂收款	154 734	88 693	5. 各项垫款	8 212	2 639
其中：应付利息	162 793	87 722	（二）境外贷款	7 168	5 718
十、其他负债	54 945	10 850	二、债券投资		
十一、所有者权益	17 581	-6 064	三、股权及其他投资	110 000	-257 930
其中：实收资本			四、买入返售资产		
			五、存放中央银行存款		-15 565
			六、缴存中央银行财政性存款		
			七、银行业存款类金融机构往来	2 609	570
			八、存放非存款类金融机构款项		
			九、联行往来	4 841 784	144 363
			其中：境内存放二级准备金		
			十、库存现金	1 179	-824
			十一、应收及预付款	26 101	4 809
			其中：应收利息	21 818	3 443
			十二、投资性房地产		
			十三、固定资产	1 147	-201
			十四、其他资产	1 635	-398
			十五、减：各项准备		
			其中：贷款减值准备		
资金来源总计	9 347 819	623 637	资金运用总计	9 347 819	623 637

表 2.35　北京农商银行人民币信贷收支统计

单位：万元

项目名称	余额	比年初	项目名称	余额	比年初
一、各项存款	63 765 251	4 495 726	一、各项贷款	36 835 409	4 524 570
（一）境内存款	63 759 101	4 495 935	（一）境内贷款	36 835 409	4 524 570
1. 个人存款	29 018 590	1 938 066	1. 短期贷款	13 190 848	-474 285
其中：活期储蓄存款	7 290 688	597 342	（1）个人贷款及透支	321 957	11 649
定期储蓄存款	19 192 898	809 190	其中：个人消费贷款	274 215	10 492
结构性存款	55 441	-120 499	（2）单位贷款及透支	8 691 191	418 855
2. 单位存款	31 586 848	2 028 883	经营贷款及透支	8 498 320	340 966
其中：活期存款	19 409 918	1 155 920	固定资产贷款	26 784	1 178
定期存款	4 317 393	2 626	并购贷款		
保证金存款	113 728	-13 911	贸易融资	166 088	76 710
结构性存款	1 433 234	-286 085	（3）非存款类金融机构贷款	4 177 700	-904 788
3. 国库定期存款	487 000	61 000	2. 中长期贷款	17 583 522	2 344 871
4. 非存款类金融机构存款	2 666 663	467 986	（1）个人贷款	1 864 867	45 145
（二）境外存款	6 150	-209	其中：个人消费贷款	1 822 388	43 041
二、代理财政性存款	14 247	-7 454	（2）单位贷款	14 568 655	1 149 726
三、金融债券	1 000 000		经营贷款	2 269 925	894 816
其中：境外发行			固定资产贷款	11 552 237	402 666
四、卖出回购资产	8 154 288	3 143 920	并购贷款	455 364	-80 549
五、向中央银行借款	4 455 838	-319 313	贸易融资	291 128	-67 208
六、银行业存款类金融机构往来	2 856 534	-1 904 719	（3）非存款类金融机构贷款	1 150 000	1 150 000
七、借款及非存款类金融机构拆入		-20 000	3. 票据融资	6 054 065	2 653 984
八、联行往来（净）	166 726	148 933	4. 融资租赁		
九、应付及暂收款	1 660 177	274 654	5. 各项垫款	6 975	
其中：应付利息	1 097 534	130 746	（二）境外贷款		
十、其他负债	256 227	-75 707	二、债券投资	22 700 499	6 494 881
十一、所有者权益	5 126 774	637 528	三、股权及其他投资	1 163 968	-319 638
其中：实收资本	1 214 847		四、买入返售资产	3 576 702	-820 672
			五、存放中央银行存款	8 139 337	-753 927
			六、缴存中央银行财政性存款	19 081	-5 284
			七、银行业存款类金融机构往来	14 501 776	-2 575 047
			八、存放非存款类金融机构款项	45 050	27 705
			九、联行往来		
			其中：境内存放二级准备金		
			十、库存现金	170 760	-11 350
			十一、应收及预付款	612 337	123 693
			其中：应收利息	489 196	86 631
			十二、投资性房地产		-17
			十三、固定资产	584 036	-14 954
			十四、其他资产	805 009	58 492
			十五、减：各项准备	1 697 902	354 883
			其中：贷款减值准备	1 200 079	297 230
资金来源总计	87 456 061	6 373 569	资金运用总计	87 456 061	6 373 569

表 2.36　北京密云汇丰村镇银行人民币信贷收支统计

单位：万元

项目名称	余额	比年初	项目名称	余额	比年初
一、各项存款	10 343	2 275	一、各项贷款	12 596	2 578
（一）境内存款	10 343	2 281	（一）境内贷款	12 596	2 578
1. 个人存款	2 736	-23	1. 短期贷款	11 433	2 524
其中：活期储蓄存款	356	-645	（1）个人贷款及透支	5 034	1 460
定期储蓄存款	2 175	553	其中：个人消费贷款		
结构性存款			（2）单位贷款及透支	6 399	1 064
2. 单位存款	7 606	2 304	经营贷款及透支	6 399	1 064
其中：活期存款	5 896	1 602	固定资产贷款		
定期存款	910	16	并购贷款		
保证金存款			贸易融资		
结构性存款			（3）非存款类金融机构贷款		
3. 国库定期存款			2. 中长期贷款	1 163	55
4. 非存款类金融机构存款			（1）个人贷款	1 163	55
（二）境外存款		-6	其中：个人消费贷款	1 163	72
二、代理财政性存款			（2）单位贷款		
三、金融债券			经营贷款		
其中：境外发行			固定资产贷款		
四、卖出回购资产			并购贷款		
五、向中央银行借款			贸易融资		
六、银行业存款类金融机构往来	6 000	6 000	（3）非存款类金融机构贷款		
七、借款及非存款类金融机构拆入			3. 票据融资		
八、联行往来（净）			4. 融资租赁		
九、应付及暂收款	217	-106	5. 各项垫款		
其中：应付利息	68	-101	（二）境外贷款		
十、其他负债	2		二、债券投资		
十一、所有者权益	4 091	-148	三、股权及其他投资		
其中：实收资本	5 000		四、买入返售资产		
			五、存放中央银行存款	1 144	84
			六、缴存中央银行财政性存款		
			七、银行业存款类金融机构往来	6 881	5 322
			八、存放非存款类金融机构款项		
			九、联行往来		
			其中：境内存放二级准备金		
			十、库存现金	125	52
			十一、应收及预付款	86	23
			其中：应收利息	63	23
			十二、投资性房地产		
			十三、固定资产	65	-5
			十四、其他资产	100	49
			十五、减：各项准备	344	83
			其中：贷款减值准备	344	83
资金来源总计	20 653	8 021	资金运用总计	20 653	8 021

表2.37　北京延庆村镇银行人民币信贷收支统计

单位：万元

项目名称	余额	比年初	项目名称	余额	比年初
一、各项存款	76 267	5 077	一、各项贷款	58 935	6 554
（一）境内存款	76 267	5 077	（一）境内贷款	58 935	6 554
1. 个人存款	54 711	7 908	1. 短期贷款	39 943	10 250
其中：活期储蓄存款	2 801	990	（1）个人贷款及透支	38 192	8 599
定期储蓄存款	48 780	6 546	其中：个人消费贷款	10	10
结构性存款			（2）单位贷款及透支	1 751	1 651
2. 单位存款	21 556	-2 832	经营贷款及透支	1 751	1 651
其中：活期存款	16 841	-5 435	固定资产贷款		
定期存款	188	-446	并购贷款		
保证金存款	328		贸易融资		
结构性存款			（3）非存款类金融机构贷款		
3. 国库定期存款			2. 中长期贷款	18 992	-3 697
4. 非存款类金融机构存款			（1）个人贷款	18 562	-3 767
（二）境外存款			其中：个人消费贷款	34	-88
二、代理财政性存款			（2）单位贷款	430	70
三、金融债券			经营贷款	430	70
其中：境外发行			固定资产贷款		
四、卖出回购资产			并购贷款		
五、向中央银行借款			贸易融资		
六、银行业存款类金融机构往来		-4 000	（3）非存款类金融机构贷款		
七、借款及非存款类金融机构拆入			3. 票据融资		
八、联行往来（净）			4. 融资租赁		
九、应付及暂收款	3 255	675	5. 各项垫款		
其中：应付利息	2 261	300	（二）境外贷款		
十、其他负债	43	4	二、债券投资		
十一、所有者权益	10 394	1 242	三、股权及其他投资		
其中：实收资本	3 000		四、买入返售资产		
			五、存放中央银行存款	8 907	339
			六、缴存中央银行财政性存款		
			七、银行业存款类金融机构往来	22 727	-3 439
			八、存放非存款类金融机构款项		
			九、联行往来		
			其中：境内存放二级准备金		
			十、库存现金	249	-188
			十一、应收及预付款	313	-77
			其中：应收利息	312	1
			十二、投资性房地产		
			十三、固定资产	91	28
			十四、其他资产	501	72
			十五、减：各项准备	1 766	291
			其中：贷款减值准备	1 759	290
资金来源总计	89 959	2 998	资金运用总计	89 959	2 998

表 2.38　北京怀柔村镇银行人民币信贷收支统计

单位：万元

项目名称	余额	比年初	项目名称	余额	比年初
一、各项存款	153 943	-71 813	一、各项贷款	97 290	-27 958
（一）境内存款	153 943	-71 813	（一）境内贷款	97 290	-27 958
1. 个人存款	23 088	-14	1. 短期贷款	70 706	-26 018
其中：活期储蓄存款	9 732	-1 619	（1）个人贷款及透支	18 449	-11 110
定期储蓄存款	12 785	1 380	其中：个人消费贷款	186	-81
结构性存款			（2）单位贷款及透支	52 257	-14 909
2. 单位存款	130 816	-71 838	经营贷款及透支	52 257	-14 909
其中：活期存款	94 794	-77 883	固定资产贷款		
定期存款	35 101	6 786	并购贷款		
保证金存款	221	-1 441	贸易融资		
结构性存款			（3）非存款类金融机构贷款		
3. 国库定期存款			2. 中长期贷款	26 574	-427
4. 非存款类金融机构存款	39	39	（1）个人贷款	15 924	-1 432
（二）境外存款			其中：个人消费贷款	2 555	-500
二、代理财政性存款			（2）单位贷款	10 650	1 005
三、金融债券			经营贷款	10 650	1 005
其中：境外发行			固定资产贷款		
四、卖出回购资产			并购贷款		
五、向中央银行借款			贸易融资		
六、银行业存款类金融机构往来	17 000	-3 000	（3）非存款类金融机构贷款		
七、借款及非存款类金融机构拆入			3. 票据融资	10	-1 512
八、联行往来（净）			4. 融资租赁		
九、应付及暂收款	1 858	304	5. 各项垫款		
其中：应付利息	1 029	105	（二）境外贷款		
十、其他负债			二、债券投资		
十一、所有者权益	40 328	3 781	三、股权及其他投资		
其中：实收资本	20 000		四、买入返售资产		
			五、存放中央银行存款	16 142	551
			六、缴存中央银行财政性存款	1	1
			七、银行业存款类金融机构往来	84 168	-22 547
			八、存放非存款类金融机构款项	9 000	-11 000
			九、联行往来	5 938	-11 650
			其中：境内存放二级准备金		
			十、库存现金	638	217
			十一、应收及预付款	1 410	516
			其中：应收利息	391	32
			十二、投资性房地产		
			十三、固定资产	289	91
			十四、其他资产	684	15
			十五、减：各项准备	2 432	-1 037
			其中：贷款减值准备	2 432	-1 037
资金来源总计	213 129	-70 727	资金运用总计	213 129	-70 727

表 2.39　北京大兴华夏村镇银行人民币信贷收支统计

单位：万元

项目名称	余额	比年初	项目名称	余额	比年初
一、各项存款	101 432	19 709	一、各项贷款	76 583	-1 364
（一）境内存款	101 432	19 709	（一）境内贷款	76 583	-1 364
1. 个人存款	17 514	-767	1. 短期贷款	38 022	46
其中：活期储蓄存款	4 547	-2 661	（1）个人贷款及透支	15 143	2 135
定期储蓄存款	12 389	2 475	其中：个人消费贷款	404	-946
结构性存款			（2）单位贷款及透支	22 879	-2 089
2. 单位存款	83 918	20 476	经营贷款及透支	22 879	-2 089
其中：活期存款	39 738	15 281	固定资产贷款		
定期存款	8 760	5 760	并购贷款		
保证金存款	4 227	-682	贸易融资		
结构性存款			（3）非存款类金融机构贷款		
3. 国库定期存款			2. 中长期贷款	38 561	-1 410
4. 非存款类金融机构存款			（1）个人贷款	10 579	1 003
（二）境外存款			其中：个人消费贷款	3 052	-70
二、代理财政性存款			（2）单位贷款	27 982	-2 413
三、金融债券			经营贷款	27 982	-2 413
其中：境外发行			固定资产贷款		
四、卖出回购资产			并购贷款		
五、向中央银行借款	6 027	4 100	贸易融资		
六、银行业存款类金融机构往来	12 000		（3）非存款类金融机构贷款		
七、借款及非存款类金融机构拆入			3. 票据融资		
八、联行往来（净）	1	1	4. 融资租赁		
九、应付及暂收款	2 960	458	5. 各项垫款		
其中：应付利息	2 027	680	（二）境外贷款		
十、其他负债			二、债券投资		
十一、所有者权益	12 646	436	三、股权及其他投资		
其中：实收资本	12 500		四、买入返售资产		
			五、存放中央银行存款	52 019	22 812
			六、缴存中央银行财政性存款		
			七、银行业存款类金融机构往来	6 971	3 145
			八、存放非存款类金融机构款项		
			九、联行往来		-71
			其中：境内存放二级准备金		
			十、库存现金	612	304
			十一、应收及预付款	506	251
			其中：应收利息	452	199
			十二、投资性房地产		
			十三、固定资产	168	-20
			十四、其他资产	1 067	-218
			十五、减：各项准备	2 860	135
			其中：贷款减值准备	2 860	135
资金来源总计	135 066	24 704	资金运用总计	135 066	24 704

表 2.40　北京昌平包商村镇银行人民币信贷收支统计

单位：万元

项目名称	余额	比年初	项目名称	余额	比年初
一、各项存款	56 320	-1 009	一、各项贷款	52 768	1 795
（一）境内存款	56 320	-1 009	（一）境内贷款	52 768	1 795
1. 个人存款	41 150	2 498	1. 短期贷款	32 685	1 197
其中：活期储蓄存款	5 446	-3 637	（1）个人贷款及透支	17 787	-1 174
定期储蓄存款	35 704	6 135	其中：个人消费贷款	583	-405
结构性存款			（2）单位贷款及透支	14 898	2 372
2. 单位存款	15 170	-3 507	经营贷款及透支	14 898	2 372
其中：活期存款	13 406	-2 816	固定资产贷款		
定期存款	1 594	-512	并购贷款		
保证金存款	170	-179	贸易融资		
结构性存款			（3）非存款类金融机构贷款		
3. 国库定期存款			2. 中长期贷款	20 083	598
4. 非存款类金融机构存款			（1）个人贷款	14 186	793
（二）境外存款			其中：个人消费贷款	6 078	48
二、代理财政性存款			（2）单位贷款	5 897	-195
三、金融债券			经营贷款	5 897	-195
其中：境外发行			固定资产贷款		
四、卖出回购资产			并购贷款		
五、向中央银行借款	500	-150	贸易融资		
六、银行业存款类金融机构往来	38 700	3 700	（3）非存款类金融机构贷款		
七、借款及非存款类金融机构拆入			3. 票据融资		
八、联行往来（净）			4. 融资租赁		
九、应付及暂收款	6 961	838	5. 各项垫款		
其中：应付利息	2 324	1 007	（二）境外贷款		
十、其他负债		-3	二、债券投资		
十一、所有者权益	14 608	-1 175	三、股权及其他投资		
其中：实收资本	17 200		四、买入返售资产		
			五、存放中央银行存款	5 597	-232
			六、缴存中央银行财政性存款		
			七、银行业存款类金融机构往来	53 522	1 110
			八、存放非存款类金融机构款项		
			九、联行往来		
			其中：境内存放二级准备金		
			十、库存现金	489	-1 017
			十一、应收及预付款	2 108	1 230
			其中：应收利息	1 810	1 229
			十二、投资性房地产		
			十三、固定资产	839	-140
			十四、其他资产	3 086	-500
			十五、减：各项准备	1 319	45
			其中：贷款减值准备	1 319	45
资金来源总计	117 090	2 201	资金运用总计	117 090	2 201

表 2.41 北京大兴九银村镇银行人民币信贷收支统计

单位：万元

项目名称	余额	比年初	项目名称	余额	比年初
一、各项存款	340 673	-73 032	一、各项贷款	204 035	25 585
（一）境内存款	340 673	-73 032	（一）境内贷款	204 035	25 585
1. 个人存款	65 155	-34 334	1. 短期贷款	115 007	720
其中：活期储蓄存款	32 608	-22 915	（1）个人贷款及透支	83 011	2 997
定期储蓄存款	30 336	-5 225	其中：个人消费贷款	3 789	-1 156
结构性存款			（2）单位贷款及透支	31 996	-2 277
2. 单位存款	275 518	-38 698	经营贷款及透支	31 996	-2 277
其中：活期存款	234 960	-37 638	固定资产贷款		
定期存款	38 090	-1 497	并购贷款		
保证金存款	1 088	-943	贸易融资		
结构性存款			（3）非存款类金融机构贷款		
3. 国库定期存款			2. 中长期贷款	78 112	26 374
4. 非存款类金融机构存款			（1）个人贷款	66 872	25 303
（二）境外存款			其中：个人消费贷款	35 660	18 437
二、代理财政性存款			（2）单位贷款	11 240	1 070
三、金融债券			经营贷款	10 900	730
其中：境外发行			固定资产贷款	341	341
四、卖出回购资产			并购贷款		
五、向中央银行借款	7 000	4 906	贸易融资		
六、银行业存款类金融机构往来	8	-350	（3）非存款类金融机构贷款		
七、借款及非存款类金融机构拆入			3. 票据融资	10 916	-1 164
八、联行往来（净）			4. 融资租赁		
九、应付及暂收款	6 114	2 198	5. 各项垫款		-345
其中：应付利息	1 143	-200	（二）境外贷款		
十、其他负债	63	-158	二、债券投资		
十一、所有者权益	20 604	3 940	三、股权及其他投资		
其中：实收资本	12 000		四、买入返售资产		
			五、存放中央银行存款	51 879	-110 903
			六、缴存中央银行财政性存款		
			七、银行业存款类金融机构往来	125 760	26 173
			八、存放非存款类金融机构款项	307	307
			九、联行往来		
			其中：境内存放二级准备金		
			十、库存现金	1 052	-535
			十一、应收及预付款	485	1
			其中：应收利息	369	58
			十二、投资性房地产		
			十三、固定资产	653	-48
			十四、其他资产	518	-76
			十五、减：各项准备	10 227	3 000
			其中：贷款减值准备	10 227	3 000
资金来源总计	374 462	-62 496	资金运用总计	374 462	-62 496

表 2.42　北京顺义银座村镇银行人民币信贷收支统计

单位：万元

项目名称	余额	比年初	项目名称	余额	比年初
一、各项存款	771 017	116 231	一、各项贷款	409 582	63 758
（一）境内存款	770 967	116 181	（一）境内贷款	409 582	63 758
1. 个人存款	283 957	19 265	1. 短期贷款	294 122	35 023
其中：活期储蓄存款	92 504	-12 868	（1）个人贷款及透支	271 682	28 268
定期储蓄存款	190 845	32 103	其中：个人消费贷款	10 948	-1 192
结构性存款			（2）单位贷款及透支	22 440	6 755
2. 单位存款	487 011	96 917	经营贷款及透支	22 440	6 755
其中：活期存款	211 287	89 754	固定资产贷款		
定期存款	274 758	7 385	并购贷款		
保证金存款	966	577	贸易融资		
结构性存款			（3）非存款类金融机构贷款		
3. 国库定期存款			2. 中长期贷款	109 252	29 753
4. 非存款类金融机构存款			（1）个人贷款	108 583	29 284
（二）境外存款	50	49	其中：个人消费贷款	60 989	10 359
二、代理财政性存款			（2）单位贷款	669	469
三、金融债券			经营贷款	669	469
其中：境外发行			固定资产贷款		
四、卖出回购资产			并购贷款		
五、向中央银行借款			贸易融资		
六、银行业存款类金融机构往来			（3）非存款类金融机构贷款		
七、借款及非存款类金融机构拆入			3. 票据融资	6 208	-1 019
八、联行往来（净）	208	-311	4. 融资租赁		
九、应付及暂收款	23 991	1 697	5. 各项垫款		
其中：应付利息	21 397	962	（二）境外贷款		
十、其他负债	71	-25	二、债券投资	10 014	10 014
十一、所有者权益	67 868	15 711	三、股权及其他投资		
其中：实收资本	25 000		四、买入返售资产		
			五、存放中央银行存款	75 125	11 187
			六、缴存中央银行财政性存款		
			七、银行业存款类金融机构往来	369 370	48 286
			八、存放非存款类金融机构款项		
			九、联行往来		
			其中：境内存放二级准备金		
			十、库存现金	2 994	664
			十一、应收及预付款	4 362	203
			其中：应收利息	3 849	250
			十二、投资性房地产		
			十三、固定资产	183	32
			十四、其他资产	1 830	72
			十五、减：各项准备	10 304	912
			其中：贷款减值准备	10 240	902
资金来源总计	863 155	133 303	资金运用总计	863 155	133 303

表 2.43　北京通州中银富登村镇银行人民币信贷收支统计

单位：万元

项目名称	余额	比年初	项目名称	余额	比年初
一、各项存款	15 399	-6 025	一、各项贷款	13 397	2 636
（一）境内存款	15 399	-6 025	（一）境内贷款	13 397	2 636
1. 个人存款	3 523	2 855	1. 短期贷款	9 620	1 120
其中：活期储蓄存款	153	143	（1）个人贷款及透支	2 036	1 540
定期储蓄存款	3 370	2 712	其中：个人消费贷款	70	70
结构性存款			（2）单位贷款及透支	7 584	-420
2. 单位存款	11 876	-8 880	经营贷款及透支	7 584	-420
其中：活期存款	11 341	-6 914	固定资产贷款		
定期存款	475	-2 025	并购贷款		
保证金存款	60	59	贸易融资		
结构性存款			（3）非存款类金融机构贷款		
3. 国库定期存款			2. 中长期贷款	3 777	1 516
4. 非存款类金融机构存款			（1）个人贷款	1 762	1 495
（二）境外存款			其中：个人消费贷款	5	5
二、代理财政性存款			（2）单位贷款	2 015	21
三、金融债券			经营贷款	2 015	21
其中：境外发行			固定资产贷款		
四、卖出回购资产			并购贷款		
五、向中央银行借款			贸易融资		
六、银行业存款类金融机构往来			（3）非存款类金融机构贷款		
七、借款及非存款类金融机构拆入			3. 票据融资		
八、联行往来（净）			4. 融资租赁		
九、应付及暂收款	249	19	5. 各项垫款		
其中：应付利息	49	-19	（二）境外贷款		
十、其他负债	5	5	二、债券投资		
十一、所有者权益	13 717	-640	三、股权及其他投资		
其中：实收资本	10 000		四、买入返售资产		
			五、存放中央银行存款	1 060	-2 921
			六、缴存中央银行财政性存款		
			七、银行业存款类金融机构往来	14 901	-6 205
			八、存放非存款类金融机构款项		
			九、联行往来		
			其中：境内存放二级准备金		
			十、库存现金	141	135
			十一、应收及预付款	34	-129
			其中：应收利息	33	-126
			十二、投资性房地产		
			十三、固定资产	72	25
			十四、其他资产	650	237
			十五、减：各项准备	885	420
			其中：贷款减值准备	885	420
资金来源总计	29 370	-6 641	资金运用总计	29 370	-6 641

表 2.44　北京门头沟珠江村镇银行人民币信贷收支统计

单位：万元

项目名称	余额	比年初	项目名称	余额	比年初
一、各项存款	296 002	-88 074	一、各项贷款	123 531	33 641
（一）境内存款	296 002	-88 074	（一）境内贷款	123 531	33 641
1. 个人存款	37 946	10 558	1. 短期贷款	100 449	20 556
其中：活期储蓄存款	3 204	-2 988	（1）个人贷款及透支	30 761	1 401
定期储蓄存款	34 148	13 580	其中：个人消费贷款	450	152
结构性存款			（2）单位贷款及透支	56 188	5 655
2. 单位存款	258 052	-98 635	经营贷款及透支	56 188	5 655
其中：活期存款	117 429	-123 420	固定资产贷款		
定期存款	115 081	26 539	并购贷款		
保证金存款	1 847	172	贸易融资		
结构性存款			（3）非存款类金融机构贷款	13 500	13 500
3. 国库定期存款			2. 中长期贷款	13 778	4 851
4. 非存款类金融机构存款	4	4	（1）个人贷款	10 488	2 311
（二）境外存款			其中：个人消费贷款	3 799	578
二、代理财政性存款			（2）单位贷款	3 290	2 540
三、金融债券			经营贷款	3 290	2 540
其中：境外发行			固定资产贷款		
四、卖出回购资产			并购贷款		
五、向中央银行借款			贸易融资		
六、银行业存款类金融机构往来			（3）非存款类金融机构贷款		
七、借款及非存款类金融机构拆入			3. 票据融资	9 303	8 234
八、联行往来（净）		-3	4. 融资租赁		
九、应付及暂收款	12 416	3 550	5. 各项垫款		
其中：应付利息	9 080	3 457	（二）境外贷款		
十、其他负债			二、债券投资		
十一、所有者权益	19 378	3 988	三、股权及其他投资	28 000	-2 000
其中：实收资本	10 000		四、买入返售资产		
			五、存放中央银行存款	60 982	-145 503
			六、缴存中央银行财政性存款		
			七、银行业存款类金融机构往来	113 886	31 759
			八、存放非存款类金融机构款项		
			九、联行往来	23	23
			其中：境内存放二级准备金		
			十、库存现金	574	-351
			十一、应收及预付款	3 415	2 342
			其中：应收利息	3 316	2 325
			十二、投资性房地产		
			十三、固定资产	103	-58
			十四、其他资产	840	19
			十五、减：各项准备	3 560	412
			其中：贷款减值准备	3 560	412
资金来源总计	327 795	-80 539	资金运用总计	327 795	-80 539

表 2.45　北京房山沪农商村镇银行人民币信贷收支统计

单位：万元

项目名称	余额	比年初	项目名称	余额	比年初
一、各项存款	154 434	48 669	一、各项贷款	59 356	-14 276
（一）境内存款	154 434	48 669	（一）境内贷款	59 356	-14 276
1. 个人存款	28 397	-621	1. 短期贷款	54 001	-13 466
其中：活期储蓄存款	3 046	-523	（1）个人贷款及透支	8 544	-4 003
定期储蓄存款	25 333	-116	其中：个人消费贷款	78	-176
结构性存款			（2）单位贷款及透支	45 457	-9 463
2. 单位存款	126 037	49 290	经营贷款及透支	45 457	-9 463
其中：活期存款	70 043	13 867	固定资产贷款		
定期存款	21 611	3 414	并购贷款		
保证金存款		-28	贸易融资		
结构性存款			（3）非存款类金融机构贷款		
3. 国库定期存款			2. 中长期贷款	5 355	-810
4. 非存款类金融机构存款			（1）个人贷款	4 340	435
（二）境外存款			其中：个人消费贷款	2 426	1 165
二、代理财政性存款			（2）单位贷款	1 015	-1 245
三、金融债券			经营贷款	1 015	-1 245
其中：境外发行			固定资产贷款		
四、卖出回购资产			并购贷款		
五、向中央银行借款			贸易融资		
六、银行业存款类金融机构往来			（3）非存款类金融机构贷款		
七、借款及非存款类金融机构拆入			3. 票据融资		
八、联行往来（净）	3	-5	4. 融资租赁		
九、应付及暂收款	2 647	168	5. 各项垫款		
其中：应付利息	2 041	438	（二）境外贷款		
十、其他负债			二、债券投资		
十一、所有者权益	21 354	1 153	三、股权及其他投资		
其中：实收资本	10 000		四、买入返售资产		
			五、存放中央银行存款	36 888	23 977
			六、缴存中央银行财政性存款		
			七、银行业存款类金融机构往来	82 421	39 872
			八、存放非存款类金融机构款项		
			九、联行往来		
			其中：境内存放二级准备金		
			十、库存现金	281	-130
			十一、应收及预付款	1 132	537
			其中：应收利息	676	418
			十二、投资性房地产		
			十三、固定资产	27	-26
			十四、其他资产	729	99
			十五、减：各项准备	2 397	68
			其中：贷款减值准备	2 397	68
资金来源总计	178 438	49 984	资金运用总计	178 438	49 984

表 2.46　北京平谷新华村镇银行人民币信贷收支统计

单位：万元

项目名称	余额	比年初	项目名称	余额	比年初
一、各项存款	67 946	1 403	一、各项贷款	25 688	3 836
（一）境内存款	67 946	1 403	（一）境内贷款	25 688	3 836
1. 个人存款	3 594	976	1. 短期贷款	3 726	-652
其中：活期储蓄存款	2 160	660	（1）个人贷款及透支	676	-404
定期储蓄存款	1 394	306	其中：个人消费贷款	29	17
结构性存款			（2）单位贷款及透支	3 050	-248
2. 单位存款	64 352	427	经营贷款及透支	3 050	-248
其中：活期存款	58 973	261	固定资产贷款		
定期存款	5 029	29	并购贷款		
保证金存款	350	137	贸易融资		
结构性存款			（3）非存款类金融机构贷款		
3. 国库定期存款			2. 中长期贷款	21 962	4 578
4. 非存款类金融机构存款			（1）个人贷款	9 002	111
（二）境外存款			其中：个人消费贷款	4 475	-1 046
二、代理财政性存款			（2）单位贷款	12 960	4 467
三、金融债券			经营贷款	12 960	4 467
其中：境外发行			固定资产贷款		
四、卖出回购资产			并购贷款		
五、向中央银行借款			贸易融资		
六、银行业存款类金融机构往来			（3）非存款类金融机构贷款		
七、借款及非存款类金融机构拆入			3. 票据融资		-90
八、联行往来（净）			4. 融资租赁		
九、应付及暂收款	414	200	5. 各项垫款		
其中：应付利息	115	86	（二）境外贷款		
十、其他负债			二、债券投资		
十一、所有者权益	23 042	1 733	三、股权及其他投资		
其中：实收资本	20 000		四、买入返售资产		
			五、存放中央银行存款	9 111	3 522
			六、缴存中央银行财政性存款		
			七、银行业存款类金融机构往来	56 759	-3 893
			八、存放非存款类金融机构款项		
			九、联行往来		-3
			其中：境内存放二级准备金		
			十、库存现金	223	-64
			十一、应收及预付款	133	-43
			其中：应收利息		-112
			十二、投资性房地产		
			十三、固定资产	63	-27
			十四、其他资产	282	7
			十五、减：各项准备	858	
			其中：贷款减值准备	858	
资金来源总计	91 402	3 336	资金运用总计	91 402	3 336

表 2.47　中信百信银行人民币信贷收支统计

单位：万元

项目名称	余额	比年初	项目名称	余额	比年初
一、各项存款	1 531 530	1 465 904	一、各项贷款	2 835 934	2 636 110
（一）境内存款	1 531 530	1 465 904	（一）境内贷款	2 835 934	2 636 110
1. 个人存款	1 001 462	1 001 378	1. 短期贷款	1 667 009	1 485 596
其中：活期储蓄存款	252	191	（1）个人贷款及透支	1 666 338	1 488 055
定期储蓄存款	885 985	885 962	其中：个人消费贷款	1 653 870	1 475 587
结构性存款	115 225	115 225	（2）单位贷款及透支	670	-2 459
2. 单位存款	273 315	267 773	经营贷款及透支	670	-2 459
其中：活期存款	158 391	158 349	固定资产贷款		
定期存款	87 455	87 455	并购贷款		
保证金存款	1 470	1 470	贸易融资		
结构性存款	26 000	26 000	（3）非存款类金融机构贷款		
3. 国库定期存款			2. 中长期贷款	1 168 925	1 150 514
4. 非存款类金融机构存款	256 752	196 752	（1）个人贷款	1 168 925	1 150 514
（二）境外存款			其中：个人消费贷款	1 164 920	1 146 509
二、代理财政性存款			（2）单位贷款		
三、金融债券			经营贷款		
其中：境外发行			固定资产贷款		
四、卖出回购资产			并购贷款		
五、向中央银行借款			贸易融资		
六、银行业存款类金融机构往来	1 507 133	757 133	（3）非存款类金融机构贷款		
七、借款及非存款类金融机构拆入			3. 票据融资		
八、联行往来（净）	73 703	73 703	4. 融资租赁		
九、应付及暂收款	153 730	143 154	5. 各项垫款		
其中：应付利息	27 648	26 407	（二）境外贷款		
十、其他负债	117	117	二、债券投资	5 000	5 000
十一、所有者权益	322 853	152 087	三、股权及其他投资	87 587	-656 389
其中：实收资本	400 000	200 000	四、买入返售资产		
			五、存放中央银行存款	233 579	233 426
			六、缴存中央银行财政性存款		
			七、银行业存款类金融机构往来	125 058	89 215
			八、存放非存款类金融机构款项		
			九、联行往来		-10
			其中：境内存放二级准备金		
			十、库存现金		
			十一、应收及预付款	390 024	376 601
			其中：应收利息	27 739	25 703
			十二、投资性房地产		
			十三、固定资产	3 956	3 734
			十四、其他资产	33 165	19 788
			十五、减：各项准备	125 237	115 375
			其中：贷款减值准备	124 570	118 637
资金来源总计	3 589 067	2 592 100	资金运用总计	3 589 067	2 592 100

表 2.48　北京中关村银行人民币信贷收支统计

单位：万元

项目名称	余额	比年初	项目名称	余额	比年初
一、各项存款	616 823	153 622	一、各项贷款	747 520	601 891
（一）境内存款	616 823	153 622	（一）境内贷款	747 520	601 891
1. 个人存款	1 138	237	1. 短期贷款	594 009	458 423
其中：活期储蓄存款	29	29	（1）个人贷款及透支	4 112	4 064
定期储蓄存款	1 109	209	其中：个人消费贷款	3 965	3 917
结构性存款			（2）单位贷款及透支	409 897	334 359
2. 单位存款	615 554	153 260	经营贷款及透支	399 263	323 725
其中：活期存款	234 700	-117 299	固定资产贷款		
定期存款	332 315	312 714	并购贷款		
保证金存款	11 623	11 608	贸易融资	10 634	10 634
结构性存款			（3）非存款类金融机构贷款	180 000	120 000
3. 国库定期存款			2. 中长期贷款	153 511	143 468
4. 非存款类金融机构存款	130	124	（1）个人贷款	41 664	41 635
（二）境外存款			其中：个人消费贷款	31 004	30 975
二、代理财政性存款			（2）单位贷款	111 846	101 833
三、金融债券			经营贷款	71 198	71 198
其中：境外发行			固定资产贷款		
四、卖出回购资产			并购贷款	29 471	29 471
五、向中央银行借款	48 684	48 684	贸易融资	11 178	1 165
六、银行业存款类金融机构往来	210 000	170 000	（3）非存款类金融机构贷款		
七、借款及非存款类金融机构拆入			3. 票据融资		
八、联行往来（净）	4 349	4 317	4. 融资租赁		
九、应付及暂收款	26 048	21 515	5. 各项垫款		
其中：应付利息	14 347	14 035	（二）境外贷款		
十、其他负债	493	470	二、债券投资		
十一、所有者权益	409 625	8 989	三、股权及其他投资	344 079	-234 238
其中：实收资本	400 000		四、买入返售资产		
			五、存放中央银行存款	192 005	162 517
			六、缴存中央银行财政性存款		
			七、银行业存款类金融机构往来	25 116	-116 125
			八、存放非存款类金融机构款项	1	1
			九、联行往来		
			其中：境内存放二级准备金		
			十、库存现金	89	44
			十一、应收及预付款	9 084	2 267
			其中：应收利息	7 885	2 134
			十二、投资性房地产		
			十三、固定资产	2 272	-29
			十四、其他资产	13 615	6 804
			十五、减：各项准备	17 759	15 536
			其中：贷款减值准备	16 508	14 367
资金来源总计	1 316 021	407 597	资金运用总计	1 316 021	407 597

表 2.49　昆仑银行国际业务结算中心人民币信贷收支统计

单位：万元

项目名称	余额	比年初	项目名称	余额	比年初
一、各项存款	165 528	-185 763	一、各项贷款	37 914	-84 015
（一）境内存款	165 457	-185 763	（一）境内贷款	37 914	-84 015
1. 个人存款			1. 短期贷款	35 485	-85 846
其中：活期储蓄存款			（1）个人贷款及透支		
定期储蓄存款			其中：个人消费贷款		
结构性存款			（2）单位贷款及透支	35 485	-85 846
2. 单位存款	165 201	-155 986	经营贷款及透支	16 022	-33 418
其中：活期存款	77 272	-145 450	固定资产贷款		
定期存款	7 195	2 093	并购贷款		
保证金存款	76 040	26 980	贸易融资	19 463	-52 429
结构性存款	3 000	-20 000	（3）非存款类金融机构贷款		
3. 国库定期存款			2. 中长期贷款	1 549	1 549
4. 非存款类金融机构存款	255	-29 778	（1）个人贷款		
（二）境外存款	71		其中：个人消费贷款		
二、代理财政性存款			（2）单位贷款	1 549	1 549
三、金融债券			经营贷款		
其中：境外发行			固定资产贷款		
四、卖出回购资产			并购贷款		
五、向中央银行借款			贸易融资	1 549	1 549
六、银行业存款类金融机构往来	1	1	（3）非存款类金融机构贷款		
七、借款及非存款类金融机构拆入			3. 票据融资	881	283
八、联行往来（净）			4. 融资租赁		
九、应付及暂收款	1 852	403	5. 各项垫款		
其中：应付利息	224	-81	（二）境外贷款		
十、其他负债	10 150	-431	二、债券投资		
十一、所有者权益	6 142	6 142	三、股权及其他投资		
其中：实收资本			四、买入返售资产		
			五、存放中央银行存款	2 672	1 617
			六、缴存中央银行财政性存款		
			七、银行业存款类金融机构往来	583	138
			八、存放非存款类金融机构款项		
			九、联行往来	142 296	-98 117
			其中：境内存放二级准备金		
			十、库存现金		
			十一、应收及预付款	739	-619
			其中：应收利息	739	-619
			十二、投资性房地产		
			十三、固定资产	311	-160
			十四、其他资产		
			十五、减：各项准备	842	-1 507
			其中：贷款减值准备	842	-1 507
资金来源总计	183 673	-179 649	资金运用总计	183 673	-179 649

表 2.50 国家开发银行北京市分行外汇信贷收支统计

单位：万美元

项目名称	余额	比年初	项目名称	余额	比年初
一、各项存款	192 367	-24 080	一、各项贷款	2 555 115	92 455
（一）境内存款	131 941	-8 222	（一）境内贷款	232 703	-21 161
1. 个人存款			1. 短期贷款	13 301	-393
其中：活期储蓄存款			（1）个人贷款及透支		
定期储蓄存款			其中：个人消费贷款		
结构性存款			（2）单位贷款及透支	13 301	-393
2. 单位存款	131 941	-8 222	经营贷款及透支		-13 694
其中：活期存款	34 343	18 480	固定资产贷款		
定期存款	97 598	-26 702	并购贷款		
保证金存款			贸易融资	13 301	13 301
结构性存款			（3）非存款类金融机构贷款		
3. 国库定期存款			2. 中长期贷款	219 402	-20 768
4. 非存款类金融机构存款			（1）个人贷款		
（二）境外存款	60 426	-15 858	其中：个人消费贷款		
二、代理财政性存款			（2）单位贷款	219 402	-20 768
三、金融债券			经营贷款		
其中：境外发行			固定资产贷款	188 042	-14 108
四、卖出回购资产			并购贷款	31 360	-6 660
五、向中央银行借款			贸易融资		
六、银行业存款类金融机构往来			（3）非存款类金融机构贷款		
七、借款及非存款类金融机构拆入	13 300	13 300	3. 票据融资		
八、联行往来（净）	2 246 562	188 845	4. 融资租赁		
九、应付及暂收款	172	-434	5. 各项垫款		
其中：应付利息	172	-434	（二）境外贷款	2 322 412	113 616
十、其他负债	17 148	7 195	二、债券投资		
十一、所有者权益	2 596	-111 141	三、股权及其他投资		
其中：实收资本			四、买入返售资产		
			五、存放中央银行存款		
			六、缴存中央银行财政性存款		
			七、银行业存款类金融机构往来		
			八、存放非存款类金融机构款项		
			九、联行往来		
			其中：境内存放二级准备金		
			十、库存现金		
			十一、应收及预付款	18 561	4 156
			其中：应收利息	20 242	3 253
			十二、投资性房地产		
			十三、固定资产		
			十四、其他资产	114	1
			十五、减：各项准备	101 644	22 927
			其中：贷款减值准备	101 644	22 927
资金来源总计	2 472 146	73 685	资金运用总计	2 472 146	73 685

表 2.51　中国进出口银行北京分行外汇信贷收支统计

单位：万美元

项目名称	余额	比年初	项目名称	余额	比年初
一、各项存款	17 405	1 923	一、各项贷款	78 537	-69 447
（一）境内存款	15 789	1 923	（一）境内贷款	70 321	-61 055
1. 个人存款			1. 短期贷款	9 294	-21 386
其中：活期储蓄存款			（1）个人贷款及透支		
定期储蓄存款			其中：个人消费贷款		
结构性存款			（2）单位贷款及透支	9 294	-21 386
2. 单位存款	15 789	1 923	经营贷款及透支	4 000	-14 300
其中：活期存款	11 289	-577	固定资产贷款		
定期存款	4 500	2 500	并购贷款		
保证金存款			贸易融资	5 294	-7 086
结构性存款			（3）非存款类金融机构贷款		
3. 国库定期存款			2. 中长期贷款	61 027	-39 669
4. 非存款类金融机构存款			（1）个人贷款		
（二）境外存款	1 616	1	其中：个人消费贷款		
二、代理财政性存款			（2）单位贷款	61 027	-39 669
三、金融债券			经营贷款	3 900	-20 000
其中：境外发行			固定资产贷款	37 613	-13 472
四、卖出回购资产			并购贷款	17 200	-6 198
五、向中央银行借款			贸易融资	2 313	
六、银行业存款类金融机构往来			（3）非存款类金融机构贷款		
七、借款及非存款类金融机构拆入			3. 票据融资		
八、联行往来（净）	56 310	-72 626	4. 融资租赁		
九、应付及暂收款	104	-31	5. 各项垫款		
其中：应付利息	95	-31	（二）境外贷款	8 216	-8 392
十、其他负债	2 362	81	二、债券投资		
十一、所有者权益	438	438	三、股权及其他投资		
其中：实收资本			四、买入返售资产		
			五、存放中央银行存款		
			六、缴存中央银行财政性存款		
			七、银行业存款类金融机构往来	42	37
			八、存放非存款类金融机构款项		
			九、联行往来		
			其中：境内存放二级准备金		
			十、库存现金		
			十一、应收及预付款	833	508
			其中：应收利息	833	508
			十二、投资性房地产		
			十三、固定资产		
			十四、其他资产		
			十五、减：各项准备	2 792	1 312
			其中：贷款减值准备	2 792	1 312
资金来源总计	76 619	-70 214	资金运用总计	76 619	-70 214

表 2.52 中国农业发展银行北京市分行外汇信贷收支统计

单位：万美元

项目名称	余额	比年初	项目名称	余额	比年初
一、各项存款	63	-255	一、各项贷款		
（一）境内存款	63	-255	（一）境内贷款		
1. 个人存款			1. 短期贷款		
其中：活期储蓄存款			（1）个人贷款及透支		
定期储蓄存款			其中：个人消费贷款		
结构性存款			（2）单位贷款及透支		
2. 单位存款	63	-255	经营贷款及透支		
其中：活期存款	63	-255	固定资产贷款		
定期存款			并购贷款		
保证金存款			贸易融资		
结构性存款			（3）非存款类金融机构贷款		
3. 国库定期存款			2. 中长期贷款		
4. 非存款类金融机构存款			（1）个人贷款		
（二）境外存款			其中：个人消费贷款		
二、代理财政性存款			（2）单位贷款		
三、金融债券			经营贷款		
其中：境外发行			固定资产贷款		
四、卖出回购资产			并购贷款		
五、向中央银行借款			贸易融资		
六、银行业存款类金融机构往来			（3）非存款类金融机构贷款		
七、借款及非存款类金融机构拆入			3. 票据融资		
八、联行往来（净）			4. 融资租赁		
九、应付及暂收款			5. 各项垫款		
其中：应付利息			（二）境外贷款		
十、其他负债			二、债券投资		
十一、所有者权益	1	-1	三、股权及其他投资		
其中：实收资本			四、买入返售资产		
			五、存放中央银行存款		
			六、缴存中央银行财政性存款		
			七、银行业存款类金融机构往来		
			八、存放非存款类金融机构款项		
			九、联行往来	64	-256
			其中：境内存放二级准备金		
			十、库存现金		
			十一、应收及预付款		
			其中：应收利息		
			十二、投资性房地产		
			十三、固定资产		
			十四、其他资产		
			十五、减：各项准备		
			其中：贷款减值准备		
资金来源总计	64	-256	资金运用总计	64	-256

表 2.53　中国工商银行北京市分行外汇信贷收支统计

单位：万美元

项目名称	余额	比年初	项目名称	余额	比年初
一、各项存款	1 516 166	192 070	一、各项贷款	562 477	-124 314
（一）境内存款	1 360 308	194 884	（一）境内贷款	465 601	-96 176
1. 个人存款	467 032	-19 373	1. 短期贷款	420 481	-63 959
其中：活期储蓄存款	278 068	-10 484	（1）个人贷款及透支		
定期储蓄存款	187 000	-7 342	其中：个人消费贷款		
结构性存款		-98	（2）单位贷款及透支	420 481	-63 959
2. 单位存款	450 817	56 835	经营贷款及透支	40 810	-24 315
其中：活期存款	112 523	-44 526	固定资产贷款		
定期存款	294 906	60 545	并购贷款		
保证金存款	2 088	-484	贸易融资	379 672	-39 644
结构性存款			（3）非存款类金融机构贷款		
3. 国库定期存款			2. 中长期贷款	45 120	-32 216
4. 非存款类金融机构存款	442 459	157 422	（1）个人贷款		
（二）境外存款	155 858	-2 815	其中：个人消费贷款		
二、代理财政性存款			（2）单位贷款	45 120	-32 216
三、金融债券			经营贷款	11 600	-28 470
其中：境外发行			固定资产贷款	26 070	-8 893
四、卖出回购资产			并购贷款		
五、向中央银行借款			贸易融资	7 450	5 146
六、银行业存款类金融机构往来	650 107	204 034	（3）非存款类金融机构贷款		
七、借款及非存款类金融机构拆入	17 483	-3 688	3. 票据融资		
八、联行往来（净）			4. 融资租赁		
九、应付及暂收款	37 328	18 546	5. 各项垫款		
其中：应付利息	12 493	6 371	（二）境外贷款	96 876	-28 138
十、其他负债	111 641	56 583	二、债券投资		
十一、所有者权益	30 121	24 767	三、股权及其他投资		
其中：实收资本			四、买入返售资产		
			五、存放中央银行存款		
			六、缴存中央银行财政性存款		
			七、银行业存款类金融机构往来	648	-212
			八、存放非存款类金融机构款项	1 559	254
			九、联行往来	1 724 425	594 382
			其中：境内存放二级准备金		
			十、库存现金	24 069	5 546
			十一、应收及预付款	5 571	727
			其中：应收利息	5 131	1 911
			十二、投资性房地产		
			十三、固定资产		
			十四、其他资产	51 812	9 155
			十五、减：各项准备	7 715	-6 774
			其中：贷款减值准备	7 306	-6 858
资金来源总计	2 362 846	492 311	资金运用总计	2 362 846	492 311

表 2.54 中国农业银行北京市分行外汇信贷收支统计

单位：万美元

项目名称	余额	比年初	项目名称	余额	比年初
一、各项存款	595 999	68 552	一、各项贷款	128 528	2 751
（一）境内存款	582 552	58 963	（一）境内贷款	128 528	2 751
1. 个人存款	33 117	-850	1. 短期贷款	9 198	2 315
其中：活期储蓄存款	18 501	441	（1）个人贷款及透支	697	99
定期储蓄存款	14 507	-1 274	其中：个人消费贷款	697	99
结构性存款			（2）单位贷款及透支	8 500	2 217
2. 单位存款	480 422	68 348	经营贷款及透支		
其中：活期存款	19 338	-17 850	固定资产贷款		
定期存款	132 807	-99 959	并购贷款		
保证金存款	324 826	184 207	贸易融资	8 500	2 217
结构性存款			（3）非存款类金融机构贷款		
3. 国库定期存款			2. 中长期贷款	119 330	435
4. 非存款类金融机构存款	69 013	-8 535	（1）个人贷款		
（二）境外存款	13 446	9 589	其中：个人消费贷款		
二、代理财政性存款			（2）单位贷款	119 330	435
三、金融债券			经营贷款		
其中：境外发行			固定资产贷款	104 798	-2 188
四、卖出回购资产			并购贷款		
五、向中央银行借款			贸易融资	14 532	2 624
六、银行业存款类金融机构往来	26 424	17 942	（3）非存款类金融机构贷款		
七、借款及非存款类金融机构拆入		-11 909	3. 票据融资		
八、联行往来（净）			4. 融资租赁		
九、应付及暂收款	14 023	-1 059	5. 各项垫款		
其中：应付利息	9 993	5 362	（二）境外贷款		
十、其他负债	8 148	1	二、债券投资		
十一、所有者权益	-8 303	-11 549	三、股权及其他投资		
其中：实收资本			四、买入返售资产		
			五、存放中央银行存款		
			六、缴存中央银行财政性存款		
			七、银行业存款类金融机构往来		
			八、存放非存款类金融机构款项		
			九、联行往来	511 073	70 543
			其中：境内存放二级准备金		
			十、库存现金	2 576	-73
			十一、应收及预付款	5 122	-2 006
			其中：应收利息	1 551	607
			十二、投资性房地产		
			十三、固定资产		
			十四、其他资产	140	139
			十五、减：各项准备	11 148	9 377
			其中：贷款减值准备	11 148	9 377
资金来源总计	636 290	61 978	资金运用总计	636 290	61 978

表2.55　中国银行北京市分行外汇信贷收支统计

单位：万美元

项目名称	余额	比年初	项目名称	余额	比年初
一、各项存款	1 221 404	137 924	一、各项贷款	307 083	-2 129
（一）境内存款	1 162 294	113 921	（一）境内贷款	205 994	-2 230
1. 个人存款	516 758	-16 210	1. 短期贷款	188 598	14 430
其中：活期储蓄存款	291 465	-860	（1）个人贷款及透支	2 219	-72
定期储蓄存款	222 755	-15 750	其中：个人消费贷款	2 219	-72
结构性存款			（2）单位贷款及透支	186 378	14 502
2. 单位存款	573 300	120 961	经营贷款及透支	22 444	18 506
其中：活期存款	454 135	179 456	固定资产贷款		
定期存款	88 986	-77 008	并购贷款		
保证金存款	30 179	19 014	贸易融资	163 934	-4 004
结构性存款			（3）非存款类金融机构贷款		
3. 国库定期存款			2. 中长期贷款	17 397	-16 492
4. 非存款类金融机构存款	72 237	9 170	（1）个人贷款	112	-41
（二）境外存款	59 110	24 003	其中：个人消费贷款	112	-41
二、代理财政性存款			（2）单位贷款	17 284	-16 452
三、金融债券			经营贷款		
其中：境外发行			固定资产贷款	11 947	-20 805
四、卖出回购资产			并购贷款		
五、向中央银行借款			贸易融资	5 337	4 353
六、银行业存款类金融机构往来	965 093	-78 866	（3）非存款类金融机构贷款		
七、借款及非存款类金融机构拆入		-12 664	3. 票据融资		
八、联行往来（净）			4. 融资租赁		
九、应付及暂收款	3 450	1 280	5. 各项垫款		-168
其中：应付利息	2 579	933	（二）境外贷款	101 088	101
十、其他负债	1 712 508	-166 212	二、债券投资		
十一、所有者权益	57 856	57 856	三、股权及其他投资		
其中：实收资本			四、买入返售资产		
			五、存放中央银行存款		
			六、缴存中央银行财政性存款		
			七、银行业存款类金融机构往来		
			八、存放非存款类金融机构款项		
			九、联行往来	3 636 157	-59 513
			其中：境内存放二级准备金		
			十、库存现金	12 219	-2 470
			十一、应收及预付款	5 221	1 936
			其中：应收利息	4 509	2 049
			十二、投资性房地产		
			十三、固定资产		
			十四、其他资产	3 094	912
			十五、减：各项准备	3 463	-581
			其中：贷款减值准备	3 316	-447
资金来源总计	3 960 311	-60 682	资金运用总计	3 960 311	-60 682

表 2.56　中国建设银行北京市分行外汇信贷收支统计

单位：万美元

项目名称	余额	比年初	项目名称	余额	比年初
一、各项存款	689 025	-20 693	一、各项贷款	380 969	52 130
（一）境内存款	624 927	-81 948	（一）境内贷款	380 969	52 130
1. 个人存款	139 323	-3 104	1. 短期贷款	225 653	101 632
其中：活期储蓄存款	68 933	835	（1）个人贷款及透支	991	-129
定期储蓄存款	66 981	-2 657	其中：个人消费贷款	991	-129
结构性存款			（2）单位贷款及透支	224 662	101 761
2. 单位存款	278 987	-7 191	经营贷款及透支	22 553	8 214
其中：活期存款	98 456	-179	固定资产贷款	164 970	120 641
定期存款	172 139	-9 340	并购贷款		
保证金存款	6 887	1 555	贸易融资	37 138	-27 094
结构性存款			（3）非存款类金融机构贷款		
3. 国库定期存款			2. 中长期贷款	155 304	-49 503
4. 非存款类金融机构存款	206 618	-71 653	（1）个人贷款		
（二）境外存款	64 098	61 255	其中：个人消费贷款		
二、代理财政性存款			（2）单位贷款	155 304	-49 503
三、金融债券			经营贷款	35 072	-53 002
其中：境外发行			固定资产贷款	64 184	-12 304
四、卖出回购资产			并购贷款	8 283	-2 390
五、向中央银行借款			贸易融资	47 766	18 193
六、银行业存款类金融机构往来	327 333	87 364	（3）非存款类金融机构贷款		
七、借款及非存款类金融机构拆入	176 668	90 629	3. 票据融资		
八、联行往来（净）			4. 融资租赁		
九、应付及暂收款	4 549	-2 285	5. 各项垫款	11	
其中：应付利息	3 279	-919	（二）境外贷款		
十、其他负债	804	179	二、债券投资		
十一、所有者权益	14 497	6 870	三、股权及其他投资		
其中：实收资本			四、买入返售资产		
			五、存放中央银行存款		
			六、缴存中央银行财政性存款		
			七、银行业存款类金融机构往来	257	-192 520
			八、存放非存款类金融机构款项		
			九、联行往来	810 962	303 517
			其中：境内存放二级准备金	23 225	-4 171
			十、库存现金	4 313	-1 009
			十一、应收及预付款	15 768	405
			其中：应收利息	2 701	407
			十二、投资性房地产		
			十三、固定资产		
			十四、其他资产	607	-459
			十五、减：各项准备		
			其中：贷款减值准备		
资金来源总计	1 212 876	162 064	资金运用总计	1 212 876	162 064

表 2.57　交通银行北京市分行外汇信贷收支统计

单位：万美元

项目名称	余额	比年初	项目名称	余额	比年初
一、各项存款	242 716	-62 401	一、各项贷款	39 561	23 444
（一）境内存款	192 777	-104 433	（一）境内贷款	26 617	15 102
1. 个人存款	89 724	-9 066	1. 短期贷款	25 857	15 160
其中：活期储蓄存款	39 804	2 140	（1）个人贷款及透支		
定期储蓄存款	41 462	14 812	其中：个人消费贷款		
结构性存款	7 412	-25 938	（2）单位贷款及透支	25 857	15 160
2. 单位存款	97 225	-73 674	经营贷款及透支	1 450	1 450
其中：活期存款	60 863	-25 241	固定资产贷款		
定期存款	34 946	-28 192	并购贷款		
保证金存款	1 416	-20 240	贸易融资	24 407	13 710
结构性存款			（3）非存款类金融机构贷款		
3. 国库定期存款			2. 中长期贷款	760	-58
4. 非存款类金融机构存款	5 827	-21 693	（1）个人贷款		
（二）境外存款	49 939	42 032	其中：个人消费贷款		
二、代理财政性存款			（2）单位贷款	760	-58
三、金融债券			经营贷款		
其中：境外发行			固定资产贷款	760	-58
四、卖出回购资产			并购贷款		
五、向中央银行借款			贸易融资		
六、银行业存款类金融机构往来	6 815	-15 889	（3）非存款类金融机构贷款		
七、借款及非存款类金融机构拆入			3. 票据融资		
八、联行往来（净）			4. 融资租赁		
九、应付及暂收款	8 916	-2 613	5. 各项垫款		
其中：应付利息	1 574	-19	（二）境外贷款	12 944	8 342
十、其他负债	16 697	13 384	二、债券投资		
十一、所有者权益	2	2	三、股权及其他投资		
其中：实收资本			四、买入返售资产		
			五、存放中央银行存款		
			六、缴存中央银行财政性存款		
			七、银行业存款类金融机构往来	2 495	-181
			八、存放非存款类金融机构款项	1 285	-581
			九、联行往来	228 981	-85 817
			其中：境内存放二级准备金		
			十、库存现金	4 021	515
			十一、应收及预付款	263	54
			其中：应收利息	262	57
			十二、投资性房地产		
			十三、固定资产		
			十四、其他资产	47	-3 653
			十五、减：各项准备	1 506	1 297
			其中：贷款减值准备	1 497	1 288
资金来源总计	275 146	-67 517	资金运用总计	275 146	-67 517

表 2.58　招商银行北京分行外汇信贷收支统计

单位：万美元

项目名称	余额	比年初	项目名称	余额	比年初
一、各项存款	455 150	-28 987	一、各项贷款	39 018	-65 518
（一）境内存款	433 219	-25 784	（一）境内贷款	35 410	-65 033
1. 个人存款	260 433	-30 571	1. 短期贷款	35 410	-65 033
其中：活期储蓄存款	186 619	-21 121	（1）个人贷款及透支		
定期储蓄存款	72 826	-10 226	其中：个人消费贷款		
结构性存款			（2）单位贷款及透支	35 410	-65 033
2. 单位存款	155 715	-6 894	经营贷款及透支		
其中：活期存款	149 500	58 762	固定资产贷款		
定期存款	2 948	-6 881	并购贷款		
保证金存款	3 267	-58 775	贸易融资	35 410	-65 033
结构性存款			（3）非存款类金融机构贷款		
3. 国库定期存款			2. 中长期贷款		
4. 非存款类金融机构存款	17 071	11 681	（1）个人贷款		
（二）境外存款	21 931	-3 203	其中：个人消费贷款		
二、代理财政性存款			（2）单位贷款		
三、金融债券			经营贷款		
其中：境外发行			固定资产贷款		
四、卖出回购资产			并购贷款		
五、向中央银行借款			贸易融资		
六、银行业存款类金融机构往来	12 651	-1 917	（3）非存款类金融机构贷款		
七、借款及非存款类金融机构拆入	458	-59 855	3. 票据融资		
八、联行往来（净）			4. 融资租赁		
九、应付及暂收款	351	-1 642	5. 各项垫款		
其中：应付利息	264	-1 668	（二）境外贷款	3 608	-485
十、其他负债	2 710	2 478	二、债券投资		
十一、所有者权益	9 213	-2 848	三、股权及其他投资		
其中：实收资本			四、买入返售资产		
			五、存放中央银行存款		
			六、缴存中央银行财政性存款		
			七、银行业存款类金融机构往来	1 624	-470
			八、存放非存款类金融机构款项		
			九、联行往来	435 727	-26 252
			其中：境内存放二级准备金		
			十、库存现金	3 537	807
			十一、应收及预付款	75	-798
			其中：应收利息	55	-803
			十二、投资性房地产		
			十三、固定资产		
			十四、其他资产	591	-524
			十五、减：各项准备	39	16
			其中：贷款减值准备	27	5
资金来源总计	480 533	-92 771	资金运用总计	480 533	-92 771

表 2.59　上海浦东发展银行北京分行外汇信贷收支统计

单位：万美元

项目名称	余额	比年初	项目名称	余额	比年初
一、各项存款	78 697	15 624	一、各项贷款	5 015	1 898
（一）境内存款	78 456	15 554	（一）境内贷款	5 015	1 898
1. 个人存款	33 240	3 026	1. 短期贷款	4 715	2 018
其中：活期储蓄存款	17 218	-593	（1）个人贷款及透支		
定期储蓄存款	7 220	-1 318	其中：个人消费贷款		
结构性存款	8 720	4 942	（2）单位贷款及透支	4 715	2 018
2. 单位存款	9 971	-17 758	经营贷款及透支	2 785	1 325
其中：活期存款	9 172	-1 831	固定资产贷款		
定期存款	662	-15 878	并购贷款		
保证金存款	137	-49	贸易融资	1 930	693
结构性存款			（3）非存款类金融机构贷款		
3. 国库定期存款			2. 中长期贷款	300	-120
4. 非存款类金融机构存款	35 245	30 286	（1）个人贷款		
（二）境外存款	241	70	其中：个人消费贷款		
二、代理财政性存款			（2）单位贷款	300	-120
三、金融债券			经营贷款		
其中：境外发行			固定资产贷款	300	-120
四、卖出回购资产			并购贷款		
五、向中央银行借款			贸易融资		
六、银行业存款类金融机构往来	1 851	-1 616	（3）非存款类金融机构贷款		
七、借款及非存款类金融机构拆入			3. 票据融资		
八、联行往来（净）			4. 融资租赁		
九、应付及暂收款	677	498	5. 各项垫款		
其中：应付利息	669	500	（二）境外贷款		
十、其他负债	647	143	二、债券投资		
十一、所有者权益	442	-18	三、股权及其他投资		
其中：实收资本			四、买入返售资产		
			五、存放中央银行存款		
			六、缴存中央银行财政性存款		
			七、银行业存款类金融机构往来	600	147
			八、存放非存款类金融机构款项		
			九、联行往来	75 808	12 606
			其中：境内存放二级准备金		
			十、库存现金	668	75
			十一、应收及预付款	223	17
			其中：应收利息	27	17
			十二、投资性房地产		
			十三、固定资产		
			十四、其他资产	46	-66
			十五、减：各项准备	46	46
			其中：贷款减值准备	46	46
资金来源总计	82 314	14 631	资金运用总计	82 314	14 631

表 2.60　广发银行北京分行外汇信贷收支统计

单位：万美元

项目名称	余额	比年初	项目名称	余额	比年初
一、各项存款	125 388	-60 162	一、各项贷款	48 234	16 338
（一）境内存款	125 271	-47 362	（一）境内贷款	48 234	16 338
1. 个人存款	15 520	3 172	1. 短期贷款	43 234	11 338
其中：活期储蓄存款	2 190	-463	（1）个人贷款及透支		
定期储蓄存款	13 243	3 640	其中：个人消费贷款		
结构性存款			（2）单位贷款及透支	43 234	11 338
2. 单位存款	38 130	-51 275	经营贷款及透支	38 961	13 287
其中：活期存款	20 345	-2 725	固定资产贷款		
定期存款	3 035	-57 550	并购贷款		
保证金存款	14 751	9 001	贸易融资	4 273	-1 949
结构性存款			（3）非存款类金融机构贷款		
3. 国库定期存款			2. 中长期贷款	5 000	5 000
4. 非存款类金融机构存款	71 621	741	（1）个人贷款		
（二）境外存款	117	-12 800	其中：个人消费贷款		
二、代理财政性存款			（2）单位贷款	5 000	5 000
三、金融债券			经营贷款	5 000	5 000
其中：境外发行			固定资产贷款		
四、卖出回购资产			并购贷款		
五、向中央银行借款			贸易融资		
六、银行业存款类金融机构往来	7	7	（3）非存款类金融机构贷款		
七、借款及非存款类金融机构拆入			3. 票据融资		
八、联行往来（净）			4. 融资租赁		
九、应付及暂收款	1 342	216	5. 各项垫款		
其中：应付利息	1 341	216	（二）境外贷款		
十、其他负债	51	34	二、债券投资		
十一、所有者权益	6 887	899	三、股权及其他投资		
其中：实收资本			四、买入返售资产		
			五、存放中央银行存款		
			六、缴存中央银行财政性存款		
			七、银行业存款类金融机构往来	2 654	1 866
			八、存放非存款类金融机构款项		
			九、联行往来	82 288	-77 203
			其中：境内存放二级准备金		
			十、库存现金	284	-68
			十一、应收及预付款	215	135
			其中：应收利息	190	135
			十二、投资性房地产		
			十三、固定资产		
			十四、其他资产		-74
			十五、减：各项准备		
			其中：贷款减值准备		
资金来源总计	133 675	-59 006	资金运用总计	133 675	-59 006

表 2.61　兴业银行北京分行外汇信贷收支统计

单位：万美元

项目名称	余额	比年初	项目名称	余额	比年初
一、各项存款	192 555	73 168	一、各项贷款	48 174	-159 396
（一）境内存款	76 720	-39 917	（一）境内贷款	48 174	-159 396
1. 个人存款	52 667	16 925	1. 短期贷款	12 331	12 331
其中：活期储蓄存款	4 817	-1 042	（1）个人贷款及透支		
定期储蓄存款	45 243	23 693	其中：个人消费贷款		
结构性存款	2 606	-5 726	（2）单位贷款及透支	7 831	7 831
2. 单位存款	22 777	-17 457	经营贷款及透支	7 831	7 831
其中：活期存款	9 198	5 748	固定资产贷款		
定期存款	11 508	-25 276	并购贷款		
保证金存款	71	71	贸易融资		
结构性存款			（3）非存款类金融机构贷款	4 500	4 500
3. 国库定期存款			2. 中长期贷款	35 844	-171 726
4. 非存款类金融机构存款	1 276	-39 385	（1）个人贷款		
（二）境外存款	115 835	113 085	其中：个人消费贷款		
二、代理财政性存款			（2）单位贷款	35 844	-171 726
三、金融债券			经营贷款	9 500	9 500
其中：境外发行			固定资产贷款		
四、卖出回购资产			并购贷款	26 344	-181 226
五、向中央银行借款			贸易融资		
六、银行业存款类金融机构往来	146	-28 233	（3）非存款类金融机构贷款		
七、借款及非存款类金融机构拆入			3. 票据融资		
八、联行往来（净）		-54 887	4. 融资租赁		
九、应付及暂收款	2 828	2 245	5. 各项垫款		
其中：应付利息	2 797	2 225	（二）境外贷款		
十、其他负债	27	16	二、债券投资		
十一、所有者权益	492	-3 893	三、股权及其他投资		
其中：实收资本			四、买入返售资产		
			五、存放中央银行存款		
			六、缴存中央银行财政性存款		
			七、银行业存款类金融机构往来	3 489	2 419
			八、存放非存款类金融机构款项		
			九、联行往来	144 272	144 272
			其中：境内存放二级准备金		
			十、库存现金	471	146
			十一、应收及预付款	73	-670
			其中：应收利息	73	-670
			十二、投资性房地产		
			十三、固定资产		
			十四、其他资产	5	5
			十五、减：各项准备	437	-1 639
			其中：贷款减值准备	437	-1 639
资金来源总计	196 048	-11 584	资金运用总计	196 048	-11 584

表 2.62 平安银行北京分行外汇信贷收支统计

单位：万美元

项目名称	余额	比年初	项目名称	余额	比年初
一、各项存款	288 638	99 134	一、各项贷款	27 130	-48 304
（一）境内存款	274 530	104 564	（一）境内贷款	27 130	-36 304
1. 个人存款	15 984	6 140	1. 短期贷款	27 130	-11 808
其中：活期储蓄存款	2 966	925	（1）个人贷款及透支		
定期储蓄存款	13 003	5 228	其中：个人消费贷款		
结构性存款			（2）单位贷款及透支	27 130	-11 808
2. 单位存款	167 325	63 907	经营贷款及透支	5 151	-13 235
其中：活期存款	75 694	45 260	固定资产贷款		
定期存款	9 192	3 393	并购贷款		
保证金存款	82 440	15 254	贸易融资	21 980	1 427
结构性存款			（3）非存款类金融机构贷款		
3. 国库定期存款			2. 中长期贷款		-24 350
4. 非存款类金融机构存款	91 220	34 516	（1）个人贷款		
（二）境外存款	14 108	-5 430	其中：个人消费贷款		
二、代理财政性存款			（2）单位贷款		-24 350
三、金融债券			经营贷款		-24 350
其中：境外发行			固定资产贷款		
四、卖出回购资产			并购贷款		
五、向中央银行借款			贸易融资		
六、银行业存款类金融机构往来	1	-27 000	（3）非存款类金融机构贷款		
七、借款及非存款类金融机构拆入			3. 票据融资		
八、联行往来（净）			4. 融资租赁		
九、应付及暂收款	23 537	16 309	5. 各项垫款		-147
其中：应付利息	3 239	1 297	（二）境外贷款		-12 000
十、其他负债	45	9	二、债券投资		
十一、所有者权益	-4 726	-3 191	三、股权及其他投资		
其中：实收资本			四、买入返售资产		
			五、存放中央银行存款		
			六、缴存中央银行财政性存款		
			七、银行业存款类金融机构往来	153	-13
			八、存放非存款类金融机构款项		
			九、联行往来	279 433	133 011
			其中：境内存放二级准备金		
			十、库存现金	440	77
			十一、应收及预付款	402	143
			其中：应收利息	349	121
			十二、投资性房地产		
			十三、固定资产		
			十四、其他资产		
			十五、减：各项准备	64	-348
			其中：贷款减值准备	36	-259
资金来源总计	307 495	85 261	资金运用总计	307 495	85 261

表 2.63 中信银行总行营业部外汇信贷收支统计

单位：万美元

项目名称	余额	比年初	项目名称	余额	比年初
一、各项存款	615 031	-110 186	一、各项贷款	90 739	-143 366
（一）境内存款	525 394	-81 133	（一）境内贷款	4 148	-57 905
1. 个人存款	137 686	31 693	1. 短期贷款	3 954	-1 844
其中：活期储蓄存款	33 770	-3 514	（1）个人贷款及透支		
定期储蓄存款	93 688	66 595	其中：个人消费贷款		
结构性存款	6 519	-34 291	（2）单位贷款及透支	3 954	-1 844
2. 单位存款	381 692	-82 840	经营贷款及透支	1 373	1 373
其中：活期存款	123 176	-131 481	固定资产贷款		
定期存款	254 364	58 145	并购贷款		
保证金存款	4 152	-9 504	贸易融资	2 581	-3 216
结构性存款			（3）非存款类金融机构贷款		
3. 国库定期存款			2. 中长期贷款	194	-56 061
4. 非存款类金融机构存款	6 017	-29 985	（1）个人贷款		
（二）境外存款	89 637	-29 053	其中：个人消费贷款		
二、代理财政性存款			（2）单位贷款	194	-56 061
三、金融债券			经营贷款		-30 526
其中：境外发行			固定资产贷款		
四、卖出回购资产			并购贷款		-24 000
五、向中央银行借款			贸易融资	194	-1 535
六、银行业存款类金融机构往来	27 343	-35 904	（3）非存款类金融机构贷款		
七、借款及非存款类金融机构拆入			3. 票据融资		
八、联行往来（净）			4. 融资租赁		
九、应付及暂收款	5 763	2 509	5. 各项垫款		
其中：应付利息	5 484	3 683	（二）境外贷款	86 591	-85 461
十、其他负债	3 605	2 059	二、债券投资		
十一、所有者权益	-4 154	-10 686	三、股权及其他投资		
其中：实收资本			四、买入返售资产		
			五、存放中央银行存款		
			六、缴存中央银行财政性存款		
			七、银行业存款类金融机构往来	1 156	277
			八、存放非存款类金融机构款项		-96
			九、联行往来	554 174	-8 575
			其中：境内存放二级准备金		
			十、库存现金	2 263	1 015
			十一、应收及预付款	1 039	154
			其中：应收利息	863	57
			十二、投资性房地产		
			十三、固定资产		
			十四、其他资产		-4 617
			十五、减：各项准备	1 782	-3 001
			其中：贷款减值准备	1 777	-2 994
资金来源总计	647 588	-152 208	资金运用总计	647 588	-152 208

表 2.64 中国光大银行北京分行外汇信贷收支统计

单位：万美元

项目名称	余额	比年初	项目名称	余额	比年初
一、各项存款	301 911	6 643	一、各项贷款	14 260	-6 818
（一）境内存款	280 604	-4 493	（一）境内贷款	13 142	-6 252
1. 个人存款	98 370	13 024	1. 短期贷款	13 142	-6 252
其中：活期储蓄存款	24 383	2 097	（1）个人贷款及透支		
定期储蓄存款	10 091	-22	其中：个人消费贷款		
结构性存款	63 593	11 035	（2）单位贷款及透支	13 142	-6 252
2. 单位存款	28 094	-45 592	经营贷款及透支	11 686	-5 180
其中：活期存款	11 601	1 293	固定资产贷款		
定期存款	15 022	-46 822	并购贷款		
保证金存款	1 471	-62	贸易融资	1 456	-1 072
结构性存款			（3）非存款类金融机构贷款		
3. 国库定期存款			2. 中长期贷款		
4. 非存款类金融机构存款	154 140	28 075	（1）个人贷款		
（二）境外存款	21 307	11 135	其中：个人消费贷款		
二、代理财政性存款			（2）单位贷款		
三、金融债券			经营贷款		
其中：境外发行			固定资产贷款		
四、卖出回购资产			并购贷款		
五、向中央银行借款			贸易融资		
六、银行业存款类金融机构往来	24	-6	（3）非存款类金融机构贷款		
七、借款及非存款类金融机构拆入			3. 票据融资		
八、联行往来（净）			4. 融资租赁		
九、应付及暂收款	5 593	2 952	5. 各项垫款		
其中：应付利息	5 590	2 951	（二）境外贷款	1 118	-566
十、其他负债	4 008	715	二、债券投资		
十一、所有者权益	-5 466	-3 510	三、股权及其他投资		
其中：实收资本			四、买入返售资产		
			五、存放中央银行存款		
			六、缴存中央银行财政性存款		
			七、银行业存款类金融机构往来	1 029	-108
			八、存放非存款类金融机构款项		
			九、联行往来	289 539	13 586
			其中：境内存放二级准备金	22 938	39
			十、库存现金	1 214	64
			十一、应收及预付款	196	53
			其中：应收利息	196	53
			十二、投资性房地产		
			十三、固定资产		
			十四、其他资产	4	1
			十五、减：各项准备	171	-17
			其中：贷款减值准备	171	-17
资金来源总计	306 070	6 795	资金运用总计	306 070	6 795

表 2.65　华夏银行北京分行外汇信贷收支统计

单位：万美元

项目名称	余额	比年初	项目名称	余额	比年初
一、各项存款	86 287	5 446	一、各项贷款	13 980	3 440
（一）境内存款	68 619	-11 917	（一）境内贷款	8 980	3 440
1. 个人存款	10 105	1 122	1. 短期贷款	3 407	-799
其中：活期储蓄存款	5 293	281	（1）个人贷款及透支		
定期储蓄存款	4 258	791	其中：个人消费贷款		
结构性存款			（2）单位贷款及透支	3 407	-799
2. 单位存款	51 314	1 411	经营贷款及透支	2 182	1 182
其中：活期存款	20 361	7 717	固定资产贷款		
定期存款	26 467	-1 636	并购贷款		
保证金存款	1 486	-4 670	贸易融资	1 225	-1 981
结构性存款			（3）非存款类金融机构贷款		
3. 国库定期存款			2. 中长期贷款	5 573	4 239
4. 非存款类金融机构存款	7 201	-14 450	（1）个人贷款		
（二）境外存款	17 668	17 363	其中：个人消费贷款		
二、代理财政性存款			（2）单位贷款	5 573	4 239
三、金融债券			经营贷款	4 400	4 400
其中：境外发行			固定资产贷款	1 173	-161
四、卖出回购资产			并购贷款		
五、向中央银行借款			贸易融资		
六、银行业存款类金融机构往来	108	-2 873	（3）非存款类金融机构贷款		
七、借款及非存款类金融机构拆入	30 996	2 272	3. 票据融资		
八、联行往来（净）			4. 融资租赁		
九、应付及暂收款	1 491	111	5. 各项垫款		
其中：应付利息	919	653	（二）境外贷款	5 000	
十、其他负债	109	27	二、债券投资		
十一、所有者权益	515	509	三、股权及其他投资		
其中：实收资本			四、买入返售资产		
			五、存放中央银行存款		
			六、缴存中央银行财政性存款		
			七、银行业存款类金融机构往来	6 123	5 694
			八、存放非存款类金融机构款项		
			九、联行往来	98 566	-3 634
			其中：境内存放二级准备金		
			十、库存现金	377	-93
			十一、应收及预付款	600	118
			其中：应收利息	83	83
			十二、投资性房地产		
			十三、固定资产		
			十四、其他资产		
			十五、减：各项准备	140	34
			其中：贷款减值准备	140	34
资金来源总计	119 506	5 491	资金运用总计	119 506	5 491

表 2.66　中国民生银行北京分行外汇信贷收支统计

单位：万美元

项目名称	余额	比年初	项目名称	余额	比年初
一、各项存款	737 806	35 126	一、各项贷款	155 981	-43 762
（一）境内存款	349 782	-19 199	（一）境内贷款	76 655	-21 171
1. 个人存款	62 802	4 474	1. 短期贷款	54 013	8 794
其中：活期储蓄存款	19 689	361	（1）个人贷款及透支		
定期储蓄存款	10 611	63	其中：个人消费贷款		
结构性存款	29 660	4 035	（2）单位贷款及透支	54 013	8 794
2. 单位存款	284 605	-25 060	经营贷款及透支	9 092	-1 094
其中：活期存款	27 480	5 795	固定资产贷款		
定期存款	224 239	30 877	并购贷款	341	341
保证金存款	32 886	-49 362	贸易融资	44 579	9 546
结构性存款			（3）非存款类金融机构贷款		
3. 国库定期存款			2. 中长期贷款	21 785	-29 964
4. 非存款类金融机构存款	2 375	1 387	（1）个人贷款		
（二）境外存款	388 024	54 324	其中：个人消费贷款		
二、代理财政性存款			（2）单位贷款	21 785	-29 964
三、金融债券			经营贷款	21 785	-26 743
其中：境外发行			固定资产贷款		
四、卖出回购资产			并购贷款		
五、向中央银行借款			贸易融资		-3 221
六、银行业存款类金融机构往来	12	-56	（3）非存款类金融机构贷款		
七、借款及非存款类金融机构拆入	20 857	5 688	3. 票据融资		
八、联行往来（净）			4. 融资租赁		
九、应付及暂收款	10 858	2 578	5. 各项垫款	858	
其中：应付利息	10 157	2 277	（二）境外贷款	79 325	-22 592
十、其他负债	470	-315	二、债券投资		
十一、所有者权益	-1 540	-7 858	三、股权及其他投资		
其中：实收资本			四、买入返售资产		
			五、存放中央银行存款		
			六、缴存中央银行财政性存款		
			七、银行业存款类金融机构往来	908	-58 711
			八、存放非存款类金融机构款项		
			九、联行往来	607 269	140 393
			其中：境内存放二级准备金		
			十、库存现金	2 817	1 202
			十一、应收及预付款	2 805	31
			其中：应收利息	2 792	26
			十二、投资性房地产		
			十三、固定资产		
			十四、其他资产	2 670	-7 440
			十五、减：各项准备	3 988	-3 451
			其中：贷款减值准备	3 982	-3 448
资金来源总计	768 462	35 163	资金运用总计	768 462	35 163

表 2.67 渤海银行北京分行外汇信贷收支统计

单位：万美元

项目名称	余额	比年初	项目名称	余额	比年初
一、各项存款	19 525	-44 585	一、各项贷款	70 901	-13 412
（一）境内存款	18 851	-45 259	（一）境内贷款	50 074	-34 239
1. 个人存款	111	-4	1. 短期贷款	1 541	-9 527
其中：活期储蓄存款	47	3	（1）个人贷款及透支		
定期储蓄存款	65	-6	其中：个人消费贷款		
结构性存款			（2）单位贷款及透支	1 541	-9 527
2. 单位存款	18 713	-45 255	经营贷款及透支		
其中：活期存款	1 184	-783	固定资产贷款		
定期存款	17 529	-44 472	并购贷款		
保证金存款			贸易融资	1 541	-9 527
结构性存款			（3）非存款类金融机构贷款		
3. 国库定期存款			2. 中长期贷款	48 533	-24 712
4. 非存款类金融机构存款	27		（1）个人贷款		
（二）境外存款	674	674	其中：个人消费贷款		
二、代理财政性存款			（2）单位贷款	48 533	-24 712
三、金融债券			经营贷款	48 533	-24 712
其中：境外发行			固定资产贷款		
四、卖出回购资产			并购贷款		
五、向中央银行借款			贸易融资		
六、银行业存款类金融机构往来	2		（3）非存款类金融机构贷款		
七、借款及非存款类金融机构拆入		-531	3. 票据融资		
八、联行往来（净）	50 172	31 989	4. 融资租赁		
九、应付及暂收款	144	-629	5. 各项垫款		
其中：应付利息	85	-636	（二）境外贷款	20 827	20 827
十、其他负债			二、债券投资		
十一、所有者权益	1 394	213	三、股权及其他投资		
其中：实收资本			四、买入返售资产		
			五、存放中央银行存款		
			六、缴存中央银行财政性存款		
			七、银行业存款类金融机构往来	221	-52
			八、存放非存款类金融机构款项		
			九、联行往来		
			其中：境内存放二级准备金		
			十、库存现金	10	2
			十一、应收及预付款	104	-81
			其中：应收利息	104	-81
			十二、投资性房地产		
			十三、固定资产		
			十四、其他资产		
			十五、减：各项准备		
			其中：贷款减值准备		
资金来源总计	71 236	-13 543	资金运用总计	71 236	-13 543

表 2.68　浙商银行北京分行外汇信贷收支统计

单位：万美元

项目名称	余额	比年初	项目名称	余额	比年初
一、各项存款	112 802	37 618	一、各项贷款	1 155	-8 834
（一）境内存款	29 978	-7 989	（一）境内贷款	1 155	-8 834
1. 个人存款	528	456	1. 短期贷款	1 155	-8 834
其中：活期储蓄存款	148	91	（1）个人贷款及透支		
定期储蓄存款	380	365	其中：个人消费贷款		
结构性存款			（2）单位贷款及透支	1 155	-8 834
2. 单位存款	28 947	-8 748	经营贷款及透支		-9 536
其中：活期存款	4 999	2 431	固定资产贷款		
定期存款	22 380	-11 418	并购贷款		
保证金存款	1 567	239	贸易融资	1 155	702
结构性存款			（3）非存款类金融机构贷款		
3. 国库定期存款			2. 中长期贷款		
4. 非存款类金融机构存款	504	304	（1）个人贷款		
（二）境外存款	82 824	45 607	其中：个人消费贷款		
二、代理财政性存款			（2）单位贷款		
三、金融债券			经营贷款		
其中：境外发行			固定资产贷款		
四、卖出回购资产			并购贷款		
五、向中央银行借款			贸易融资		
六、银行业存款类金融机构往来	73	-381	（3）非存款类金融机构贷款		
七、借款及非存款类金融机构拆入			3. 票据融资		
八、联行往来（净）			4. 融资租赁		
九、应付及暂收款			5. 各项垫款		
其中：应付利息			（二）境外贷款		
十、其他负债	160	23	二、债券投资		
十一、所有者权益	-1 566	-2 297	三、股权及其他投资		
其中：实收资本			四、买入返售资产		
			五、存放中央银行存款		
			六、缴存中央银行财政性存款		
			七、银行业存款类金融机构往来	64	
			八、存放非存款类金融机构款项		
			九、联行往来	110 229	43 928
			其中：境内存放二级准备金		
			十、库存现金	13	8
			十一、应收及预付款	8	-139
			其中：应收利息	8	-139
			十二、投资性房地产		
			十三、固定资产		
			十四、其他资产		
			十五、减：各项准备		
			其中：贷款减值准备		
资金来源总计	111 469	34 963	资金运用总计	111 469	34 963

表 2.69　恒丰银行北京分行外汇信贷收支统计

单位：万美元

项目名称	余额	比年初	项目名称	余额	比年初
一、各项存款	70 763	-15 059	一、各项贷款	97 238	-21 474
（一）境内存款	22 421	-45 064	（一）境内贷款	25 250	-29 574
1. 个人存款	101	55	1. 短期贷款	3 500	-3 282
其中：活期储蓄存款	5	-28	（1）个人贷款及透支		
定期储蓄存款	96	82	其中：个人消费贷款		
结构性存款			（2）单位贷款及透支	3 500	-3 282
2. 单位存款	22 320	-45 118	经营贷款及透支	3 500	-1 835
其中：活期存款	587	-6 391	固定资产贷款		
定期存款	21 733	-38 727	并购贷款		
保证金存款			贸易融资		-1 447
结构性存款			（3）非存款类金融机构贷款		
3. 国库定期存款			2. 中长期贷款	21 750	-26 292
4. 非存款类金融机构存款			（1）个人贷款		
（二）境外存款	48 342	30 005	其中：个人消费贷款		
二、代理财政性存款			（2）单位贷款	21 750	-26 292
三、金融债券			经营贷款	21 750	-26 292
其中：境外发行			固定资产贷款		
四、卖出回购资产			并购贷款		
五、向中央银行借款			贸易融资		
六、银行业存款类金融机构往来		-293	（3）非存款类金融机构贷款		
七、借款及非存款类金融机构拆入			3. 票据融资		
八、联行往来（净）	23 421	-7 545	4. 融资租赁		
九、应付及暂收款	271	-364	5. 各项垫款		
其中：应付利息	271	-364	（二）境外贷款	71 988	8 101
十、其他负债	12	-12	二、债券投资		
十一、所有者权益	2 112	2 112	三、股权及其他投资		
其中：实收资本			四、买入返售资产		
			五、存放中央银行存款		
			六、缴存中央银行财政性存款		
			七、银行业存款类金融机构往来	12	12
			八、存放非存款类金融机构款项		
			九、联行往来		
			其中：境内存放二级准备金		
			十、库存现金	10	
			十一、应收及预付款	283	99
			其中：应收利息	283	99
			十二、投资性房地产		
			十三、固定资产		
			十四、其他资产	10	-13
			十五、减：各项准备	972	-215
			其中：贷款减值准备	972	-215
资金来源总计	96 580	-21 162	资金运用总计	96 580	-21 162

表 2.70　中国邮政储蓄银行北京分行外汇信贷收支统计

单位：万美元

项目名称	余额	比年初	项目名称	余额	比年初
一、各项存款	6 363	-1 573	一、各项贷款	136 559	-12 986
（一）境内存款	6 363	-1 573	（一）境内贷款	96 559	-17 986
1. 个人存款	5 594	-793	1. 短期贷款	12 202	-19 844
其中：活期储蓄存款	2 818	-502	（1）个人贷款及透支		
定期储蓄存款	2 767	-294	其中：个人消费贷款		
结构性存款			（2）单位贷款及透支	12 202	-19 844
2. 单位存款	769	-780	经营贷款及透支	12 202	-19 844
其中：活期存款	769	-280	固定资产贷款		
定期存款		-500	并购贷款		
保证金存款			贸易融资		
结构性存款			（3）非存款类金融机构贷款		
3. 国库定期存款			2. 中长期贷款	84 357	1 857
4. 非存款类金融机构存款			（1）个人贷款		
（二）境外存款			其中：个人消费贷款		
二、代理财政性存款			（2）单位贷款	84 357	1 857
三、金融债券			经营贷款	18 107	10 107
其中：境外发行			固定资产贷款		
四、卖出回购资产			并购贷款	66 250	-8 250
五、向中央银行借款			贸易融资		
六、银行业存款类金融机构往来			（3）非存款类金融机构贷款		
七、借款及非存款类金融机构拆入			3. 票据融资		
八、联行往来（净）	673	368	4. 融资租赁		
九、应付及暂收款	23	-6	5. 各项垫款		
其中：应付利息	24	-6	（二）境外贷款	40 000	5 000
十、其他负债	1 454	1 454	二、债券投资		
十一、所有者权益	214	-1 575	三、股权及其他投资		
其中：实收资本			四、买入返售资产		
			五、存放中央银行存款		
			六、缴存中央银行财政性存款		
			七、银行业存款类金融机构往来		
			八、存放非存款类金融机构款项		
			九、联行往来		
			其中：境内存放二级准备金		
			十、库存现金	174	21
			十一、应收及预付款	1 381	893
			其中：应收利息	1 381	893
			十二、投资性房地产		
			十三、固定资产		
			十四、其他资产	-108 901	26 453
			十五、减：各项准备	20 487	15 712
			其中：贷款减值准备	20 487	15 712
资金来源总计	8 727	-1 332	资金运用总计	8 727	-1 332

表 2.71 北京银行外汇信贷收支统计（全国）

单位：万美元

项目名称	余额	比年初	项目名称	余额	比年初
一、各项存款	644 465	10 320	一、各项贷款	818 599	201 047
（一）境内存款	541 822	-44 372	（一）境内贷款	616 807	153 304
1. 个人存款	50 901	-877	1. 短期贷款	616 807	155 904
其中：活期储蓄存款	15 835	1 152	（1）个人贷款及透支	170	-56
定期储蓄存款	21 307	-1 930	其中：个人消费贷款	170	-56
结构性存款	13 759	-90	（2）单位贷款及透支	404 723	-4 554
2. 单位存款	485 890	-37 997	经营贷款及透支	43 438	34 849
其中：活期存款	54 825	5 804	固定资产贷款		
定期存款	124 803	-28 924	并购贷款		
保证金存款	306 262	-14 877	贸易融资	361 285	-39 402
结构性存款			（3）非存款类金融机构贷款	211 914	160 514
3. 国库定期存款			2. 中长期贷款		-2 600
4. 非存款类金融机构存款	5 031	-5 499	（1）个人贷款		
（二）境外存款	102 643	54 692	其中：个人消费贷款		
二、代理财政性存款			（2）单位贷款		-2 600
三、金融债券			经营贷款		-2 600
其中：境外发行			固定资产贷款		
四、卖出回购资产			并购贷款		
五、向中央银行借款			贸易融资		
六、银行业存款类金融机构往来	504 173	94 785	（3）非存款类金融机构贷款		
七、借款及非存款类金融机构拆入	110 840	-32 203	3. 票据融资		
八、联行往来（净）	15	7	4. 融资租赁		
九、应付及暂收款	20 496	2 988	5. 各项垫款		
其中：应付利息	12 461	4 718	（二）境外贷款	201 792	47 743
十、其他负债	56 070	2 437	二、债券投资	242 684	115 039
十一、所有者权益	8 844	8 299	三、股权及其他投资	15	-19 355
其中：实收资本			四、买入返售资产		
			五、存放中央银行存款	40 050	2 222
			六、缴存中央银行财政性存款		
			七、银行业存款类金融机构往来	218 025	-213 964
			八、存放非存款类金融机构款项	14 700	-1 903
			九、联行往来		
			其中：境内存放二级准备金	2 499	2
			十、库存现金	14 825	4 862
			十一、应收及预付款	14 823	4 863
			其中：应收利息		
			十二、投资性房地产		
			十三、固定资产		
			十四、其他资产		-18
			十五、减：各项准备	6 493	1 299
			其中：贷款减值准备	6 493	1 299
资金来源总计	1 344 903	86 634	资产运用总计	1 344 903	86 634

表 2.72 北京银行外汇信贷收支统计（北京）

单位：万美元

项目名称	余额	比年初	项目名称	余额	比年初
一、各项存款	212 089	43 091	一、各项贷款	248 409	180 807
（一）境内存款	146 983	-669	（一）境内贷款	248 409	184 600
1. 个人存款	45 640	-1 424	1. 短期贷款	248 409	184 600
其中：活期储蓄存款	13 776	792	（1）个人贷款及透支	170	-56
定期储蓄存款	19 796	-2 432	其中：个人消费贷款	170	-56
结构性存款	12 068	217	（2）单位贷款及透支	36 325	9 142
2. 单位存款	99 665	4 236	经营贷款及透支	3 991	-24
其中：活期存款	39 032	7 669	固定资产贷款		
定期存款	60 422	-3 240	并购贷款		
保证金存款	212	-192	贸易融资	32 334	9 166
结构性存款			（3）非存款类金融机构贷款	211 914	175 514
3. 国库定期存款			2. 中长期贷款		
4. 非存款类金融机构存款	1 678	-3 482	（1）个人贷款		
（二）境外存款	65 106	43 760	其中：个人消费贷款		
二、代理财政性存款			（2）单位贷款		
三、金融债券			经营贷款		
其中：境外发行			固定资产贷款		
四、卖出回购资产			并购贷款		
五、向中央银行借款			贸易融资		
六、银行业存款类金融机构往来	182 724	67 343	（3）非存款类金融机构贷款		
七、借款及非存款类金融机构拆入	68 500	35 659	3. 票据融资		
八、联行往来（净）	290 766	287 235	4. 融资租赁		
九、应付及暂收款	9 475	-283	5. 各项垫款		
其中：应付利息	2 526	1 328	（二）境外贷款		-3 792
十、其他负债	10 566	-123	二、债券投资	220 328	92 683
十一、所有者权益	7 990	-1 815	三、股权及其他投资	15	-19 355
其中：实收资本			四、买入返售资产		
			五、存放中央银行存款	36 509	1 677
			六、缴存中央银行财政性存款		
			七、银行业存款类金融机构往来	213 361	152 370
			八、存放非存款类金融机构款项	14 700	-1 903
			九、联行往来		
			其中：境内存放二级准备金		
			十、库存现金	1 614	-37
			十一、应收及预付款	9 561	7 626
			其中：应收利息	9 559	7 627
			十二、投资性房地产		
			十三、固定资产		
			十四、其他资产	38 426	17 347
			十五、减：各项准备	813	108
			其中：贷款减值准备	813	108
资金来源总计	782 109	431 107	资金运用总计	782 109	431 107

表2.73　天津银行北京分行外汇信贷收支统计

单位：万美元

项目名称	余额	比年初	项目名称	余额	比年初
一、各项存款	90 327	-1 049	一、各项贷款	38 069	7 943
（一）境内存款	87 778	-3 557	（一）境内贷款	38 069	7 943
1. 个人存款	161	-42	1. 短期贷款	38 069	7 943
其中：活期储蓄存款	7	-1	（1）个人贷款及透支		
定期储蓄存款	154	-41	其中：个人消费贷款		
结构性存款			（2）单位贷款及透支	38 069	7 943
2. 单位存款	87 617	-3 516	经营贷款及透支		
其中：活期存款	19	-4	固定资产贷款		
定期存款	49 650	-11 462	并购贷款		
保证金存款	37 948	7 950	贸易融资	38 069	7 943
结构性存款			（3）非存款类金融机构贷款		
3. 国库定期存款			2. 中长期贷款		
4. 非存款类金融机构存款			（1）个人贷款		
（二）境外存款	2 549	2 508	其中：个人消费贷款		
二、代理财政性存款			（2）单位贷款		
三、金融债券			经营贷款		
其中：境外发行			固定资产贷款		
四、卖出回购资产			并购贷款		
五、向中央银行借款			贸易融资		
六、银行业存款类金融机构往来	37 948	7 950	（3）非存款类金融机构贷款		
七、借款及非存款类金融机构拆入			3. 票据融资		
八、联行往来（净）			4. 融资租赁		
九、应付及暂收款	910	-23	5. 各项垫款		
其中：应付利息	910	-23	（二）境外贷款		
十、其他负债	49		二、债券投资		
十一、所有者权益	17	956	三、股权及其他投资		
其中：实收资本			四、买入返售资产		
			五、存放中央银行存款		
			六、缴存中央银行财政性存款		
			七、银行业存款类金融机构往来	3	-30
			八、存放非存款类金融机构款项		
			九、联行往来	91 170	-79
			其中：境内存放二级准备金		
			十、库存现金	9	-1
			十一、应收及预付款		
			其中：应收利息		
			十二、投资性房地产		
			十三、固定资产		
			十四、其他资产		
			十五、减：各项准备		
			其中：贷款减值准备		
资金来源总计	129 251	7 834	资金运用总计	129 251	7 834

表 2.74　大连银行北京分行外汇信贷收支统计

单位：万美元

项目名称	余额	比年初	项目名称	余额	比年初
一、各项存款	15 291	13 610	一、各项贷款		
（一）境内存款	144	79	（一）境内贷款		
1. 个人存款	41	-20	1. 短期贷款		
其中：活期储蓄存款	13	-3	（1）个人贷款及透支		
定期储蓄存款	28	-18	其中：个人消费贷款		
结构性存款			（2）单位贷款及透支		
2. 单位存款	102	99	经营贷款及透支		
其中：活期存款	102	99	固定资产贷款		
定期存款			并购贷款		
保证金存款			贸易融资		
结构性存款			（3）非存款类金融机构贷款		
3. 国库定期存款			2. 中长期贷款		
4. 非存款类金融机构存款			（1）个人贷款		
（二）境外存款	15 147	13 531	其中：个人消费贷款		
二、代理财政性存款			（2）单位贷款		
三、金融债券			经营贷款		
其中：境外发行			固定资产贷款		
四、卖出回购资产			并购贷款		
五、向中央银行借款			贸易融资		
六、银行业存款类金融机构往来			（3）非存款类金融机构贷款		
七、借款及非存款类金融机构拆入			3. 票据融资		
八、联行往来（净）			4. 融资租赁		
九、应付及暂收款		-8	5. 各项垫款		
其中：应付利息		-8	（二）境外贷款		
十、其他负债	100		二、债券投资		
十一、所有者权益	-22	-5	三、股权及其他投资		
其中：实收资本			四、买入返售资产		
			五、存放中央银行存款		
			六、缴存中央银行财政性存款		
			七、银行业存款类金融机构往来	2	2
			八、存放非存款类金融机构款项		
			九、联行往来	15 326	13 599
			其中：境内存放二级准备金		
			十、库存现金	21	-3
			十一、应收及预付款	20	
			其中：应收利息		
			十二、投资性房地产		
			十三、固定资产		
			十四、其他资产		
			十五、减：各项准备		
			其中：贷款减值准备		
资金来源总计	15 369	13 598	资金运用总计	15 369	13 598

表 2.75　杭州银行北京分行外汇信贷收支统计

单位：万美元

项目名称	余额	比年初	项目名称	余额	比年初
一、各项存款	56 506	969	一、各项贷款	7 599	2 525
（一）境内存款	31 604	-23 918	（一）境内贷款	7 599	2 525
1. 个人存款	3 153	724	1. 短期贷款	7 599	2 525
其中：活期储蓄存款	85	48	（1）个人贷款及透支		
定期储蓄存款	3 068	675	其中：个人消费贷款		
结构性存款			（2）单位贷款及透支	3 319	-1 755
2. 单位存款	28 451	-24 642	经营贷款及透支		
其中：活期存款	1 625	-800	固定资产贷款		
定期存款	22 386	-27 451	并购贷款		
保证金存款	4 440	3 609	贸易融资	3 319	-1 755
结构性存款			（3）非存款类金融机构贷款	4 280	4 280
3. 国库定期存款			2. 中长期贷款		
4. 非存款类金融机构存款			（1）个人贷款		
（二）境外存款	24 902	24 887	其中：个人消费贷款		
二、代理财政性存款			（2）单位贷款		
三、金融债券			经营贷款		
其中：境外发行			固定资产贷款		
四、卖出回购资产			并购贷款		
五、向中央银行借款			贸易融资		
六、银行业存款类金融机构往来		-898	（3）非存款类金融机构贷款		
七、借款及非存款类金融机构拆入	2 482	550	3. 票据融资		
八、联行往来（净）			4. 融资租赁		
九、应付及暂收款	750	191	5. 各项垫款		
其中：应付利息	750	191	（二）境外贷款		
十、其他负债			二、债券投资		
十一、所有者权益	-1 087	-385	三、股权及其他投资		
其中：实收资本			四、买入返售资产		
			五、存放中央银行存款		
			六、缴存中央银行财政性存款		
			七、银行业存款类金融机构往来	275	180
			八、存放非存款类金融机构款项		
			九、联行往来	50 440	-2 360
			其中：境内存放二级准备金		
			十、库存现金	247	2
			十一、应收及预付款	90	79
			其中：应收利息	90	79
			十二、投资性房地产		
			十三、固定资产		
			十四、其他资产		
			十五、减：各项准备		
			其中：贷款减值准备		
资金来源总计	58 650	426	资金运用总计	58 650	426

表 2.76　南京银行北京分行外汇信贷收支统计

单位：万美元

项目名称	余额	比年初	项目名称	余额	比年初
一、各项存款	52 180	12 951	一、各项贷款	7 325	1 562
（一）境内存款	41 339	6 002	（一）境内贷款	7 325	1 562
1. 个人存款	4 115	3 385	1. 短期贷款	7 325	1 562
其中：活期储蓄存款	95	32	（1）个人贷款及透支		
定期储蓄存款	4 020	3 478	其中：个人消费贷款		
结构性存款		-125	（2）单位贷款及透支	7 325	1 562
2. 单位存款	37 224	2 617	经营贷款及透支	7 325	1 904
其中：活期存款	150	-293	固定资产贷款		
定期存款	37 072	2 995	并购贷款		
保证金存款	2	-85	贸易融资		-342
结构性存款			（3）非存款类金融机构贷款		
3. 国库定期存款			2. 中长期贷款		
4. 非存款类金融机构存款			（1）个人贷款		
（二）境外存款	10 841	6 949	其中：个人消费贷款		
二、代理财政性存款			（2）单位贷款		
三、金融债券			经营贷款		
其中：境外发行			固定资产贷款		
四、卖出回购资产			并购贷款		
五、向中央银行借款			贸易融资		
六、银行业存款类金融机构往来		-60	（3）非存款类金融机构贷款		
七、借款及非存款类金融机构拆入			3. 票据融资		
八、联行往来（净）			4. 融资租赁		
九、应付及暂收款	910	163	5. 各项垫款		
其中：应付利息	904	424	（二）境外贷款		
十、其他负债	36	12	二、债券投资		
十一、所有者权益	-1 596	-1 596	三、股权及其他投资		
其中：实收资本			四、买入返售资产		
			五、存放中央银行存款		
			六、缴存中央银行财政性存款		
			七、银行业存款类金融机构往来	539	522
			八、存放非存款类金融机构款项		
			九、联行往来	43 549	9 210
			其中：境内存放二级准备金		
			十、库存现金	221	89
			十一、应收及预付款	171	162
			其中：应收利息	171	162
			十二、投资性房地产		
			十三、固定资产		
			十四、其他资产		
			十五、减：各项准备	275	75
			其中：贷款减值准备	275	75
资金来源总计	51 530	11 470	资金运用总计	51 530	11 470

表 2.77　盛京银行北京分行外汇信贷收支统计

单位：万美元

项目名称	余额	比年初	项目名称	余额	比年初
一、各项存款	2 989	-4 478	一、各项贷款	8 202	-7 024
（一）境内存款	2 185	-5 282	（一）境内贷款	8 202	-7 024
1. 个人存款	193	-3	1. 短期贷款	8 202	-4 849
其中：活期储蓄存款	51	-21	（1）个人贷款及透支		
定期储蓄存款	142	18	其中：个人消费贷款		
结构性存款			（2）单位贷款及透支	8 202	-4 849
2. 单位存款	1 992	-5 279	经营贷款及透支	5 540	-4 215
其中：活期存款	1 992	-5 207	固定资产贷款		
定期存款			并购贷款		
保证金存款		-72	贸易融资	2 662	-634
结构性存款			（3）非存款类金融机构贷款		
3. 国库定期存款			2. 中长期贷款		-2 175
4. 非存款类金融机构存款			（1）个人贷款		
（二）境外存款	804	804	其中：个人消费贷款		
二、代理财政性存款			（2）单位贷款		-2 175
三、金融债券			经营贷款		-2 175
其中：境外发行			固定资产贷款		
四、卖出回购资产			并购贷款		
五、向中央银行借款			贸易融资		
六、银行业存款类金融机构往来	55	55	（3）非存款类金融机构贷款		
七、借款及非存款类金融机构拆入			3. 票据融资		
八、联行往来（净）	5 094	-2 710	4. 融资租赁		
九、应付及暂收款	14	-1	5. 各项垫款		
其中：应付利息	14	-1	（二）境外贷款		
十、其他负债	2	-5	二、债券投资		
十一、所有者权益	141	141	三、股权及其他投资		
其中：实收资本			四、买入返售资产		
			五、存放中央银行存款		
			六、缴存中央银行财政性存款		
			七、银行业存款类金融机构往来	8	-2
			八、存放非存款类金融机构款项		
			九、联行往来		
			其中：境内存放二级准备金		
			十、库存现金	42	21
			十一、应收及预付款	41	7
			其中：应收利息	41	7
			十二、投资性房地产		
			十三、固定资产		
			十四、其他资产	2	
			十五、减：各项准备		
			其中：贷款减值准备		
资金来源总计	8 295	-6 998	资金运用总计	8 295	-6 998

表 2.78　上海银行北京分行外汇信贷收支统计

单位：万美元

项目名称	余额	比年初	项目名称	余额	比年初
一、各项存款	389 990	126 881	一、各项贷款	228 339	91 915
（一）境内存款	214 088	93 536	（一）境内贷款	224 263	88 580
1. 个人存款	280	11	1. 短期贷款	221 441	95 158
其中：活期储蓄存款	241	6	（1）个人贷款及透支		
定期储蓄存款	39	5	其中：个人消费贷款		
结构性存款			（2）单位贷款及透支	221 441	95 158
2. 单位存款	213 774	93 600	经营贷款及透支	13 866	10 779
其中：活期存款	839	516	固定资产贷款		
定期存款		-30	并购贷款		
保证金存款	207 275	87 454	贸易融资	207 575	84 379
结构性存款			（3）非存款类金融机构贷款		
3. 国库定期存款			2. 中长期贷款	2 822	-6 578
4. 非存款类金融机构存款	34	-75	（1）个人贷款		
（二）境外存款	175 902	33 345	其中：个人消费贷款		
二、代理财政性存款			（2）单位贷款	2 822	-6 578
三、金融债券			经营贷款	2 822	-6 578
其中：境外发行			固定资产贷款		
四、卖出回购资产			并购贷款		
五、向中央银行借款			贸易融资		
六、银行业存款类金融机构往来	44 975	26 566	（3）非存款类金融机构贷款		
七、借款及非存款类金融机构拆入	161 359	56 514	3. 票据融资		
八、联行往来（净）			4. 融资租赁		
九、应付及暂收款	7 421	4 931	5. 各项垫款		
其中：应付利息	7 066	4 725	（二）境外贷款	4 076	3 335
十、其他负债			二、债券投资		
十一、所有者权益	-10 577	-7 409	三、股权及其他投资		
其中：实收资本			四、买入返售资产		
			五、存放中央银行存款		
			六、缴存中央银行财政性存款		
			七、银行业存款类金融机构往来	44	-40
			八、存放非存款类金融机构款项		
			九、联行往来	362 619	114 267
			其中：境内存放二级准备金		
			十、库存现金	17	-15
			十一、应收及预付款	2 149	1 356
			其中：应收利息		
			十二、投资性房地产		
			十三、固定资产		
			十四、其他资产		
			十五、减：各项准备		
			其中：贷款减值准备		
资金来源总计	593 168	207 483	资金运用总计	593 168	207 483

表 2.79　江苏银行北京分行外汇信贷收支统计

单位：万美元

项目名称	余额	比年初	项目名称	余额	比年初
一、各项存款	40 723	-3 702	一、各项贷款	13 240	-1 853
（一）境内存款	32 109	-6 792	（一）境内贷款	13 240	-1 853
1. 个人存款	923	262	1. 短期贷款	13 240	-1 853
其中：活期储蓄存款	147	34	（1）个人贷款及透支		
定期储蓄存款	64	2	其中：个人消费贷款		
结构性存款	712	226	（2）单位贷款及透支	13 240	-1 853
2. 单位存款	31 186	-7 054	经营贷款及透支	2 255	-950
其中：活期存款	11 469	-7 029	固定资产贷款		
定期存款	8 929	-420	并购贷款		
保证金存款	10 788	6 027	贸易融资	10 985	-903
结构性存款		-5 632	（3）非存款类金融机构贷款		
3. 国库定期存款			2. 中长期贷款		
4. 非存款类金融机构存款			（1）个人贷款		
（二）境外存款	8 614	3 090	其中：个人消费贷款		
二、代理财政性存款			（2）单位贷款		
三、金融债券			经营贷款		
其中：境外发行			固定资产贷款		
四、卖出回购资产			并购贷款		
五、向中央银行借款			贸易融资		
六、银行业存款类金融机构往来			（3）非存款类金融机构贷款		
七、借款及非存款类金融机构拆入			3. 票据融资		
八、联行往来（净）			4. 融资租赁		
九、应付及暂收款	176	94	5. 各项垫款		
其中：应付利息	176	94	（二）境外贷款		
十、其他负债	808	628	二、债券投资		
十一、所有者权益	53	53	三、股权及其他投资		
其中：实收资本			四、买入返售资产		
			五、存放中央银行存款		
			六、缴存中央银行财政性存款		
			七、银行业存款类金融机构往来	87	-19
			八、存放非存款类金融机构款项		
			九、联行往来	28 305	-1 034
			其中：境内存放二级准备金	6 641	2 130
			十、库存现金	21	14
			十一、应收及预付款	107	-35
			其中：应收利息	107	-35
			十二、投资性房地产		
			十三、固定资产		
			十四、其他资产		
			十五、减：各项准备		
			其中：贷款减值准备		
资金来源总计	41 760	-2 927	资金运用总计	41 760	-2 927

表 2.80　宁波银行北京分行外汇信贷收支统计

单位：万美元

项目名称	余额	比年初	项目名称	余额	比年初
一、各项存款	137 173	50 639	一、各项贷款	9 426	7 680
（一）境内存款	91 951	31 185	（一）境内贷款	6 926	5 180
1. 个人存款	1 278	949	1. 短期贷款	6 926	5 180
其中：活期储蓄存款	139		（1）个人贷款及透支		
定期储蓄存款	1 139	949	其中：个人消费贷款		
结构性存款			（2）单位贷款及透支	6 926	5 180
2. 单位存款	90 453	30 016	经营贷款及透支	5 769	5 025
其中：活期存款	23 507	2 453	固定资产贷款		
定期存款	64 500	31 240	并购贷款		
保证金存款	1 967	1 902	贸易融资	1 157	155
结构性存款			（3）非存款类金融机构贷款		
3. 国库定期存款			2. 中长期贷款		
4. 非存款类金融机构存款	220	220	（1）个人贷款		
（二）境外存款	45 222	19 454	其中：个人消费贷款		
二、代理财政性存款			（2）单位贷款		
三、金融债券			经营贷款		
其中：境外发行			固定资产贷款		
四、卖出回购资产			并购贷款		
五、向中央银行借款			贸易融资		
六、银行业存款类金融机构往来			（3）非存款类金融机构贷款		
七、借款及非存款类金融机构拆入			3. 票据融资		
八、联行往来（净）			4. 融资租赁		
九、应付及暂收款	1 653	1 246	5. 各项垫款		
其中：应付利息	1 620	1 219	（二）境外贷款	2 500	2 500
十、其他负债	4	2	二、债券投资		
十一、所有者权益	-2 268	-1 352	三、股权及其他投资		
其中：实收资本			四、买入返售资产		
			五、存放中央银行存款		
			六、缴存中央银行财政性存款		
			七、银行业存款类金融机构往来	4	-30
			八、存放非存款类金融机构款项		
			九、联行往来	126 936	42 746
			其中：境内存放二级准备金		
			十、库存现金	183	129
			十一、应收及预付款	12	11
			其中：应收利息	12	11
			十二、投资性房地产		
			十三、固定资产		
			十四、其他资产	1	-1
			十五、减：各项准备		
			其中：贷款减值准备		
资金来源总计	136 562	50 535	资金运用总计	136 562	50 535

表 2.81　包商银行北京分行外汇信贷收支统计

单位：万美元

项目名称	余额	比年初	项目名称	余额	比年初
一、各项存款	870	-19 200	一、各项贷款		
（一）境内存款	870	-19 197	（一）境内贷款		
1. 个人存款	711	358	1. 短期贷款		
其中：活期储蓄存款	29	-20	（1）个人贷款及透支		
定期储蓄存款	682	378	其中：个人消费贷款		
结构性存款			（2）单位贷款及透支		
2. 单位存款	159	-19 555	经营贷款及透支		
其中：活期存款	159	33	固定资产贷款		
定期存款		-19 588	并购贷款		
保证金存款			贸易融资		
结构性存款			（3）非存款类金融机构贷款		
3. 国库定期存款			2. 中长期贷款		
4. 非存款类金融机构存款			（1）个人贷款		
（二）境外存款		-3	其中：个人消费贷款		
二、代理财政性存款			（2）单位贷款		
三、金融债券			经营贷款		
其中：境外发行			固定资产贷款		
四、卖出回购资产			并购贷款		
五、向中央银行借款			贸易融资		
六、银行业存款类金融机构往来			（3）非存款类金融机构贷款		
七、借款及非存款类金融机构拆入			3. 票据融资		
八、联行往来（净）			4. 融资租赁		
九、应付及暂收款	6	-207	5. 各项垫款		
其中：应付利息	6	-207	（二）境外贷款		
十、其他负债			二、债券投资		
十一、所有者权益	31	31	三、股权及其他投资		
其中：实收资本			四、买入返售资产		
			五、存放中央银行存款		
			六、缴存中央银行财政性存款		
			七、银行业存款类金融机构往来	163	90
			八、存放非存款类金融机构款项		
			九、联行往来	695	-19 469
			其中：境内存放二级准备金		
			十、库存现金	49	3
			十一、应收及预付款		
			其中：应收利息		
			十二、投资性房地产		
			十三、固定资产		
			十四、其他资产		
			十五、减：各项准备		
			其中：贷款减值准备		
资金来源总计	907	-19 376	资金运用总计	907	-19 376

表 2.82　锦州银行北京分行外汇信贷收支统计

单位：万美元

项目名称	余额	比年初	项目名称	余额	比年初
一、各项存款	3 453	501	一、各项贷款	1 552	-2 719
（一）境内存款	3 452	501	（一）境内贷款	1 552	-2 719
1. 个人存款	2 541	2 236	1. 短期贷款	1 552	-2 719
其中：活期储蓄存款	29	22	（1）个人贷款及透支		
定期储蓄存款	2 512	2 214	其中：个人消费贷款		
结构性存款			（2）单位贷款及透支	1 552	-2 719
2. 单位存款	911	-1 735	经营贷款及透支		
其中：活期存款	563	-78	固定资产贷款		
定期存款			并购贷款		
保证金存款	348	-257	贸易融资	1 552	-2 719
结构性存款			（3）非存款类金融机构贷款		
3. 国库定期存款			2. 中长期贷款		
4. 非存款类金融机构存款			（1）个人贷款		
（二）境外存款	1		其中：个人消费贷款		
二、代理财政性存款			（2）单位贷款		
三、金融债券			经营贷款		
其中：境外发行			固定资产贷款		
四、卖出回购资产			并购贷款		
五、向中央银行借款			贸易融资		
六、银行业存款类金融机构往来			（3）非存款类金融机构贷款		
七、借款及非存款类金融机构拆入			3. 票据融资		
八、联行往来（净）		-1 363	4. 融资租赁		
九、应付及暂收款	39	-14	5. 各项垫款		
其中：应付利息	38	-5	（二）境外贷款		
十、其他负债			二、债券投资		
十一、所有者权益	56	56	三、股权及其他投资		
其中：实收资本			四、买入返售资产		
			五、存放中央银行存款		
			六、缴存中央银行财政性存款		
			七、银行业存款类金融机构往来	10	-15
			八、存放非存款类金融机构款项		
			九、联行往来	1 909	1 909
			其中：境内存放二级准备金		
			十、库存现金	67	20
			十一、应收及预付款	10	-15
			其中：应收利息	10	-15
			十二、投资性房地产		
			十三、固定资产		
			十四、其他资产		
			十五、减：各项准备		
			其中：贷款减值准备		
资金来源总计	3 548	-820	资金运用总计	3 548	-820

表 2.83 厦门国际银行北京分行外汇信贷收支统计

单位：万美元

项目名称	余额	比年初	项目名称	余额	比年初
一、各项存款	317 530	37 807	一、各项贷款	7 317	-4 295
（一）境内存款	54 780	10 944	（一）境内贷款	17	
1. 个人存款	3 239	-24	1. 短期贷款		
其中：活期储蓄存款	36	18	（1）个人贷款及透支		
定期储蓄存款	3 203	-42	其中：个人消费贷款		
结构性存款			（2）单位贷款及透支		
2. 单位存款	51 541	10 969	经营贷款及透支		
其中：活期存款	14 481	8 283	固定资产贷款		
定期存款	37 059	3 037	并购贷款		
保证金存款		-352	贸易融资		
结构性存款			（3）非存款类金融机构贷款		
3. 国库定期存款			2. 中长期贷款		
4. 非存款类金融机构存款			（1）个人贷款		
（二）境外存款	262 750	26 862	其中：个人消费贷款		
二、代理财政性存款			（2）单位贷款		
三、金融债券			经营贷款		
其中：境外发行			固定资产贷款		
四、卖出回购资产			并购贷款		
五、向中央银行借款			贸易融资		
六、银行业存款类金融机构往来			（3）非存款类金融机构贷款		
七、借款及非存款类金融机构拆入			3. 票据融资		
八、联行往来（净）			4. 融资租赁		
九、应付及暂收款	12 232	5 901	5. 各项垫款	17	
其中：应付利息	1 949	458	（二）境外贷款	7 300	-4 295
十、其他负债	9 402		二、债券投资		
十一、所有者权益	964	-326	三、股权及其他投资		
其中：实收资本			四、买入返售资产		
			五、存放中央银行存款		
			六、缴存中央银行财政性存款		
			七、银行业存款类金融机构往来	102	10
			八、存放非存款类金融机构款项		
			九、联行往来	316 143	44 598
			其中：境内存放二级准备金		
			十、库存现金	40	4
			十一、应收及预付款	3	
			其中：应收利息	3	
			十二、投资性房地产		
			十三、固定资产		
			十四、其他资产	16 522	3 064
			十五、减：各项准备		
			其中：贷款减值准备		
资金来源总计	340 127	43 382	资金运用总计	340 127	43 382

表 2.84　北京农商银行外汇信贷收支统计

单位：万美元

项目名称	余额	比年初	项目名称	余额	比年初
一、各项存款	20 456	2 653	一、各项贷款	8 918	-3 674
（一）境内存款	4 034	-13 762	（一）境内贷款	8 918	-3 674
1. 个人存款	2 353	-272	1. 短期贷款		
其中：活期储蓄存款	701	56	（1）个人贷款及透支		
定期储蓄存款	1 651	-329	其中：个人消费贷款		
结构性存款			（2）单位贷款及透支		
2. 单位存款	1 681	-3 490	经营贷款及透支		
其中：活期存款	681	-622	固定资产贷款		
定期存款	1 000	-2 505	并购贷款		
保证金存款		-363	贸易融资		
结构性存款			（3）非存款类金融机构贷款		
3. 国库定期存款			2. 中长期贷款	8 918	-3 674
4. 非存款类金融机构存款		-10 000	（1）个人贷款		
（二）境外存款	16 422	16 415	其中：个人消费贷款		
二、代理财政性存款			（2）单位贷款	8 918	-3 674
三、金融债券			经营贷款		
其中：境外发行			固定资产贷款		-2 390
四、卖出回购资产			并购贷款		
五、向中央银行借款			贸易融资	8 918	-1 284
六、银行业存款类金融机构往来	99 961	22 170	（3）非存款类金融机构贷款		
七、借款及非存款类金融机构拆入	10 100	-19 400	3. 票据融资		
八、联行往来（净）	2 282	1 970	4. 融资租赁		
九、应付及暂收款	1 303	1 075	5. 各项垫款		
其中：应付利息	584	513	（二）境外贷款		
十、其他负债	7 045	4	二、债券投资		
十一、所有者权益	1 471	509	三、股权及其他投资		
其中：实收资本			四、买入返售资产		
			五、存放中央银行存款	1 032	627
			六、缴存中央银行财政性存款		
			七、银行业存款类金融机构往来	128 235	9 445
			八、存放非存款类金融机构款项	1 267	-86
			九、联行往来		
			其中：境内存放二级准备金		
			十、库存现金	280	17
			十一、应收及预付款	2 886	2 652
			其中：应收利息	640	614
			十二、投资性房地产		
			十三、固定资产		
			十四、其他资产		
			十五、减：各项准备		
			其中：贷款减值准备		
资金来源总计	142 618	8 980	资金运用总计	142 618	8 980

表2.85　昆仑银行国际业务结算中心外汇信贷收支统计

单位：万美元

项目名称	余额	比年初	项目名称	余额	比年初
一、各项存款	6 033	3 831	一、各项贷款		-25
（一）境内存款	5 065	2 864	（一）境内贷款		-25
1. 个人存款			1. 短期贷款		-25
其中：活期储蓄存款			（1）个人贷款及透支		
定期储蓄存款			其中：个人消费贷款		
结构性存款			（2）单位贷款及透支		-25
2. 单位存款	5 065	2 864	经营贷款及透支		
其中：活期存款	5 065	2 864	固定资产贷款		
定期存款			并购贷款		
保证金存款			贸易融资		-25
结构性存款			（3）非存款类金融机构贷款		
3. 国库定期存款			2. 中长期贷款		
4. 非存款类金融机构存款			（1）个人贷款		
（二）境外存款	967	967	其中：个人消费贷款		
二、代理财政性存款			（2）单位贷款		
三、金融债券			经营贷款		
其中：境外发行			固定资产贷款		
四、卖出回购资产			并购贷款		
五、向中央银行借款			贸易融资		
六、银行业存款类金融机构往来			（3）非存款类金融机构贷款		
七、借款及非存款类金融机构拆入			3. 票据融资		
八、联行往来（净）			4. 融资租赁		
九、应付及暂收款		-152	5. 各项垫款		
其中：应付利息			（二）境外贷款		
十、其他负债			二、债券投资		
十一、所有者权益	35	35	三、股权及其他投资		
其中：实收资本			四、买入返售资产		
			五、存放中央银行存款		
			六、缴存中央银行财政性存款		
			七、银行业存款类金融机构往来		
			八、存放非存款类金融机构款项		
			九、联行往来	6 067	3 739
			其中：境内存放二级准备金		
			十、库存现金		
			十一、应收及预付款		
			其中：应收利息		
			十二、投资性房地产		
			十三、固定资产		
			十四、其他资产		
			十五、减：各项准备		
			其中：贷款减值准备		
资金来源总计	6 067	3 714	资金运用总计	6 067	3 714

注：以上统计表由中国人民银行营业管理部调查统计处提供。

（三）机构、人员统计

表 3.1　北京辖区内金融管理机构数量与从业人员数量统计

2018 年 12 月 31 日

单位：家、人

机构名称	机构数量	职工人数
中国人民银行营业管理部	1	586
中国银行保险监督管理委员会北京监管局	1	331
中国证券监督管理委员会北京监管局	1	117
北京市地方金融监督管理局	1	73
合计	4	1 107

注：表中数据由表中各部门提供。

表 3.2　北京辖区内银行及其他金融机构数量与从业人员数量统计

2018 年 12 月 31 日

单位：家、人

机构名称	机构数			从业人员数	营业员工数
	法人机构	分行级（含总行营业部、办事处、代表处）	支行及支行以下营业网点		
国家开发银行在京营业机构		2		367	
国家开发银行企业局		1		229	
国家开发银行北京市分行		1		138	
政策性银行合计		3	13	540	310
中国进出口银行北京分行		1		70	
中国农业发展银行北京市分行		1	13	426	310
中国农业发展银行总行营业部		1		44	
国有商业银行合计		9	1 808	55 338	53 227
中国工商银行北京市分行		1	565	18 979	18 979
中国农业银行北京市分行		3	358	8 409	8 398
中国银行北京市分行		1	291	10 159	10 066
中国建设银行北京市分行		3	446	13 384	11 382
交通银行北京市分行		1	148	4 407	4 402
股份制商业银行合计		14	848	24 495	17 368
中信银行总行营业部		1	85	2 902	1 944
中国光大银行北京分行		1	107	2 646	1 920
华夏银行北京分行		1	77	2 135	1 458
广发银行北京分行		1	53	1 600	1 160
平安银行北京分行		1	53	1 828	1 486
招商银行北京分行		1	100	4 624	3 830

续表

机 构 名 称	机构数			从业人员数	营业员工数
	法人机构	分行级（含总行营业部、办事处、代表处）	支行及支行以下营业网点		
上海浦东发展银行北京分行		1	72	1 594	1 125
兴业银行北京分行		1	77	2 054	1 553
中国民生银行北京分行		2	180	3 354	1 982
浙商银行北京分行		1	27	724	312
渤海银行北京分行		1	12	781	484
恒丰银行北京分行		2	5	253	114
城市商业银行合计	1	17	397	11 374	7 412
北京银行	1	6	269	6 506	4 630
天津银行北京分行		1	16	417	275
大连银行北京分行		1	5	268	46
杭州银行北京分行		1	15	515	312
南京银行北京分行		1	14	528	345
盛京银行北京分行		1	7	246	164
上海银行北京分行		1	8	387	132
江苏银行北京分行		1	22	640	453
宁波银行北京分行		1	8	736	394
包商银行北京分行		1	15	290	184
锦州银行北京分行		1	6	228	141
厦门国际银行北京分行		1	12	613	336
民营银行合计	1			134	3
北京中关村银行	1			134	3
农村金融机构合计	12	11	699	10 117	8 362
北京农商银行	1		672	9 327	7 882
村镇银行	11	11	27	790	480
中国邮政储蓄银行北京分行		1	573	3 276	1 771
卡中心		11	11	13 016	
外资银行	9	46	61	5 571	1 046
外资银行代表处		61		167	
外资非银行代表处	13			58	
非银行金融机构合计	97	5		13 256	13 256
资产管理公司		4		282	282
企业集团财务公司	73	1		5 073	5 073
信托公司	12			3 851	3 851
金融租赁公司	3			361	361
汽车金融公司	7			3 216	3 216
消费金融公司	1			295	295
货币经纪公司	1			178	178
合计	133	180	4 410	137 709	102 755

注：1. 营业员工数指营业网点的所有员工数。

2. 中国工商银行票据营业部北京分部的数据计入“工商银行北京市分行”。

3. 本表由中国银行保险监督管理委员会北京监管局提供。

表 3.3　北京辖区内证券机构数量与从业人员数量统计

2018 年 12 月 31 日

单位：家、人、万户

<table>
<tr><th>机构类别</th><th>机构数量</th><th>从业人员数量</th><th>投资者开户数</th></tr>
<tr><td>证券公司</td><td>18</td><td>37 458</td><td>2 400</td></tr>
<tr><td>证券分公司</td><td>91</td><td rowspan="2">10 394</td><td>1 283</td></tr>
<tr><td>证券营业部</td><td>539</td><td></td></tr>
<tr><td>基金管理公司</td><td>32</td><td>6 434</td><td></td></tr>
<tr><td>基金分公司</td><td>61</td><td>829</td><td></td></tr>
<tr><td>期货公司</td><td>19</td><td>4 241</td><td>73. 2</td></tr>
<tr><td>期货分支机构</td><td>108</td><td>873</td><td>15. 9</td></tr>
<tr><td>证券投资咨询公司</td><td>18</td><td>4 125</td><td>36. 28</td></tr>
<tr><td>外资代表处</td><td>16</td><td>33</td><td></td></tr>
</table>

注：本表由中国证券监督管理委员会北京监管局提供。

表 3.4　北京辖区内保险机构数量与从业人员数量统计

2018 年 12 月 31 日

单位：家、人

机构类别	总公司	分公司	支公司	营业部	营销服务部	专属机构（电销中心）	公司职工	保险营销员
中资产险	13	32	144	43	68			
中资寿险	22	40	104	14	174	10		
中资再保险	4							
外资产险	2	15	4	1	3			
外资寿险	8	22	3		34	9		
外资再保险		3						
政策性保险	1							
资产管理公司	9							
保险集团	8							
相互保险组织	2							
合计	71	109	255	58	279	20		
中介法人机构								
其中：代理公司	171	416					175 618	
经纪公司	183	113					66 109	
公估公司	50	14					2 416	
总计	404	543					244 143	179 144

注：1. 总公司指注册地在北京的保险公司总公司。

2. 本表由中国银行保险监督管理委员会北京监管局提供。

九、大 事 记

1月

1月1日 中国工商银行北京市分行正式入驻“北京市反电信网络诈骗犯罪中心”并开展业务，成为北京市首家入驻的银行业机构。

1月4日 包商银行北京分行营业部智能厅堂项目正式上线。

1月18日 中国农业银行北京市分行与北京市保障住房建设投资中心、首创置业股份有限公司、北京城建投资发展股份有限公司、北京首都开发股份有限公司、北京建工集团有限责任公司、中铁置业集团有限公司签署《集体建设用地租赁住房业务银企合作协议》，累计提供意向性授信额度2 000亿元，用于支持北京市集体建设用地租赁住房项目开发。

中国证券监督管理委员会北京监管局（以下简称北京证监局）举办北京辖区省级投资者教育基地授牌仪式。

1月25~28日 2017北京国际金融博览会在北京展览馆举行，本届展会的主题为“新时代、新金融、新发展”。

2月

2月1日 北京农商银行与北京房地集团有限公司签署银企战略合作协议，为该集团非经营性资产处置、重点开发项目建设和直接融资工具承销等提供融资支持，打造综合化的一揽子金融服务。

2月12日 新华人寿保险公司北京分公司员工赴光爱学校开展“华满光爱、臻爱相伴”公益慰问活动，为该校捐赠了日用品、学习用品及新春礼包。

2~5月 中国金融工会北京工作委员会开展2018年北京金融系统评先创优活动，共评选出“北京金融五一劳动奖状”4个、“北京金融五一劳动奖章”7人、“北京金融先锋号”9个、“北京金融模范职工之家”4个、“北京金融道德模范（集体）”6个、“北京金融道德模范（个人）”8人、“北京金融系统先进工会组织”7个、“北京金融优秀工会工作者”6人、“北京金融优秀工会积极分子”7人。同时，向中国金融工会推荐2个集体获评“全国金融先锋号”和“全国金融系统职工代表大会示范单位”，推荐4人获评“全国金融五一劳动奖章”和“全国优秀工会积极分了”。

3月

3月5日 交通银行北京市分行启动“雷峰金融驿站”公益项目。该项目是交通银行北京市分行与中国志愿服务基金会雷锋传承专项基金共同设立，将助力于北京城市副中心发展和和谐社区建设。

3月16日 中国建设银行北京市分行与北京交通大学签署战略合作协议，将在各类结算服务、资金运作及保值增值、项目建设专业化服务、校园信息化建设、住房租赁等方面提供专业化服务，并为北京交通大学教职员工、在校学生、校友等提供个人金融服务。

3月22日 中国平安财产保险公司北京分公司收到最后一笔由国际保赔协会支付的费用赔款，标志着历时7年的“CAPE BONNY”共损索赔案件收官。2017年12月，英国高等法院判决中国平安财产保险公司北京分公司胜诉，免予承担共损分摊金额及原告律师费用约523万美元，并获得原告费用赔偿约128万美元。

3月23日 华泰财产保险公司北京分公司正式上线“机动车第三者责任保险附加法定节假日限额翻倍险”。

中国人民财产保险公司北京市分公司启动“空地一体”救援，利用AW－139专业医疗型救援直升机，仅用21分钟，将患者从延庆区运至中日友好医院救治。这是北京市保险行业首例空中救援行动。

上海浦东发展银行北京分行首个互联网贷款项目“灵芝快贷”正式上线。“浦银快贷—灵芝快贷”是该行与中国投融资担保股份有限公司、芝麻信用管理有限公司合作开展的为全国小微企业主提供的一种实时在线融资服务。

4月

4月8日 北京农商银行首家智能银行金融旗舰店在朝阳区十八里店开业。该网点通过改造传统服务模式，将各类创新型金融产品和服务以全新的形式在线下展示，整合自助签约、自助交易、业务预填单、联网排队及营销宣传等功能，提供服务区智能导航，为客户提供“一站式”服务。

4月13日 中国人民财产保险公司北京市分公司与北京市第三中级人民法院举行《执行悬赏保险协作协议》签约仪式。在今后的执行案件中，申请执行人可向保险公司缴纳悬赏金额10%的保费，购买“悬赏保险”，向社会悬赏征集执行案件线索。

4月19日 中国民生银行北京分行正式上线“党员党费收缴查询系统”，实现了线上实时查看党员本人党费应缴标准及实缴金额情况。

4月27日 兴业银行北京分行成功落地9.7亿元北京新机场建设投放项目。

4月28日 交通银行北京市分行与华智众创（北京）投资管理有限责任公司签署全面战略合作协议，双方将在国家平台系统建设、知识产权质押融资等方面展开深入合作。

5月

5月2日 中国邮政储蓄银行北京分行迁址至北京市丰台区北甲地2号院6甲1玺萌大厦。

5月8日 北京农商银行与北京市红十字会启动公益项目平台合作，发布北京红十字会员卡——凤凰红卡，并与北京市红十字会联合开发了“北京红十字会员之家”微信公众号。

5月11日 中国农业银行北京市分行首家轻型化网点——北京万寿路五棵松储蓄所正式营业。该网点通过超级柜台、自助机具、边柜打印机、普通低柜等搭配组合，实现了“自助操作＋专业指导”业务办理模式。

5月12日 天津银行北京分行携手北京国际和平文化基金会绿色公益基金共同举办“同在蓝天下，快乐每一天”关爱儿童大型公益活动，并向“北京365晨光宝贝之家”收养的患病孤儿们捐赠了资金、电脑和打印机等钱物。

5月18日 中国邮政储蓄银行北京分行上线ATM“刷脸取款”功能。“刷脸取款”采取红外双目摄像头活体检测技术，精准识别，有效防范照片、视频等诈骗风险。

5月27日 中国平安财产保险公司北京分公司携手中国青少年发展基金会共

同发起“平安道路事故教育发展基金”项目，并捐赠120万元，用于帮助因道路交通事故造成特大伤残的经济特困青少年群体及其家庭。

5月28日 华夏银行北京分行与北京故宫文化服务中心签署战略合作协议，双方将筹资成立“故宫文创华夏产业基金”，发行故宫联名信用卡，并就故宫IP的开发与推广开展全面战略合作。

5月29日 中国银行北京市分行与龙源电力集团股份有限公司举行战略合作协议签署仪式，双方将在融资、结算、资金等方面开展合作。

6月

6月6日 中国工商银行北京市分行在西单大悦城成功投产人脸识别支付系统，为消费者带来了全新的支付体验。

6月7日 中国建设银行北京市分行首家智能POS机版“裕农通”普惠金融服务点在怀柔区喇叭沟门满族乡对角沟门村挂牌。

6月11日 上海浦东发展银行北京分行按照总行3.0版本建设的首家综合性支行——雍和支行开业，成为入驻中关村雍和航星科技园的第一家金融企业。

6月20日 北京银行成立科技金融创新中心，同时发布支持前沿技术企业的金融服务方案，推出专属产品“前沿科技贷”。发布会上，北京银行与龙头企业、投资机构、协会联盟等7家合作机构签署《支持前沿技术企业发展合作备忘录》，4家支行分别与前沿科技企业签署“前沿科技贷”贷款协议。

6月 北京保险业建立人身险销售品质关键指标披露制度。

7月

7月9日 北京农商银行成立文创金融服务中心，并结合北京市“一核一城三带两区”规划、区域发展方向以及管辖支行经营情况，设立东城、西城、朝阳、怀柔四家文创金融特色支行。

7月17日 北京保险行业协会发布“2017年度北京保险业十大典型赔案”，财产保险和人身保险赔案各10个，其中理赔金额最高赔案达2 800多万元。涵盖了车损保险、公众责任保险、政策性农业保险、企业财产一切险、太阳能发电指数保险、雇主责任保险，以及疾病保险、失能保险、高端医疗保险等。

7月24日 受台风“安比”北上影响，北京、天津地区遭受严重灾害损失。华泰财产保险北京分公司车险理赔部启动自然灾害应急响应机制，派驻专人团队，对在北京、天津两地承保的车辆进行救援、排水、定损工作，8月底全部完成结案支付工作，共计赔付590.90万元。

7月31日 中国太平洋财产保险公司北京分公司与西城区安全生产监督管理局联合举办西城区安全生产责任保险投保企业应急物资发放仪式，向八大行业重点投保企业发放安全生产应急柜，为全部投保企业发放安全生产责任保险消防应急包。

7月 北京保险业推出“理赔夜市”服务试点。

8月

8月3日 盛京银行北京分行与北京市文创金融服务网络平台签署《盛京银行北京分行—文创金服平台战略合作协

议》，盛京银行正式进驻文创金服平台。

8月9日 中国建设银行北京市分行与北京环境卫生工程集团有限公司签署《战略合作框架协议暨“劳动者港湾”合作协议》，为环卫工人、出租车司机、交通警察、城管人员、快递员、志愿者等户外工作者、老弱病残孕等不同群体提供多种便民惠民服务。

8月21日 中国邮政储蓄银行北京分行成立三农金融部/零售信贷部，负责全行“三农”金融业务和个人消费贷款业务的营销和产品推广，统筹推进金融扶贫工作。

8月23日 中国银联北京分公司与北京市政交通一卡通有限公司的公交移动支付项目试点上线。截至年末，通州等6个郊区及市区祥龙公交近6 000辆公交、1.3万台车载终端完成非接受理改造。

8月28日 北京首个文化金融服务中心在北京朝阳国家文化产业创新实验区正式投入使用。杭州银行北京分行与国家文创实验区管理委员会签订服务协议书，正式入驻文化金融服务中心。

9月

9月2日 中信银行总行营业部为客户成功办理首笔自助式贴现——“信秒贴”业务，实现了贴现资金秒级到账、贴现价格智能核定、贴现全流程自动化处理。

9月6日 泰康人寿保险公司北京分公司与北京朝阳医院举办“健保通”服务项目签约仪式。北京朝阳医院是北京地区首家采取系统整合模式，实现与商保深度对接合作、窗口直赔的三甲医院，凡符合条件的泰康客户将可在住院治疗结束办理出院结算时获得理赔款，实现保险理赔的“免申请”“零等待”。

9月13日 中国民生银行任命杨毓为中共中国民生银行北京分行委员会委员、书记；12月20日，聘任杨毓为中国民生银行北京分行行长。

9月14日 刘建军任交通银行北京市分行行长、党委书记。因职务调整，郭莽不再担任交通银行北京市分行行长、党委书记职务。

9月18日 中国光大银行免去武健中国光大银行北京分行行长职务（兼）；9月27日，聘任曲亮为中国光大银行北京分行行长（兼）。

9月20日 中华联合财产保险股份公司北京分公司正式启动12项服务新举措。本次服务升级的亮点是正式启动“理赔夜市”、万元以下案件即时赔付、全国100公里无限次免费非事故道路救援。

9月21日 由中国人民银行营业管理部（以下简称人民银行营业管理部）、中国银行业监督管理委员会北京监管局、中国保险监督管理委员会北京监管局、北京市金融工作局主办，中国工商银行北京市分行、北京航空航天大学承办的2018年“金融知识普及月　金融知识进万家”暨“提升金融素养　争做金融好网民”进校园大型宣传展演活动拉开帷幕。该活动主要面向大学新生，重点普及基本金融知识，引导其理性选择金融产品和服务，提高金融风险防范意识、责任意识和诚信意识。

9月 人民银行营业管理部与北京市金融学会联合举办北京市金融学会秋季学术报告会暨三里河大讲堂。清华大学金融与发展研究中心主任、中国人民银行货币政策委员会委员、中国金融学会绿色金融专业委员会主任马骏博士围绕发展绿色金融的现实意义、我国绿色金融的政策框架，勾勒出了我国绿色金融发展的现状，并给出了绿色金融研究的12个热点领域。来自人民银行营业管理部、北京市金融学会的近200余名代表参加了报告会。

中国银行北京市分行通过中国银行数据中心和外审机构现场审核，获得ISO 20000/27001国际体系认证。

10月

10月8日　北京农商银行成功上线纸电票据交易融合项目，并与招商银行深圳分行完成一笔转贴现交易。

10月15日　北京证券业协会组织北京地区证券、基金经营机构签署《北京辖区证券基金经营机构投资者诉求处理承诺书》。截至年末，共收到640家机构的承诺书。

10月16日　杭州银行北京分行在与北京商报社共同举办的第十届中国北京文化创意产业投融资论坛期间发布了两款专门服务于首都地区文化产业的产品——“园区一站通”“教育直通车”。

10月17日　“第十一届中国期货高管年会”在北京新世纪日航酒店举行。本届年会的主题是“新时代对外开放背景下期货公司发展之路”。

10月23日　中国农业发展银行北京市分行营业部作为试点机构，办理了第一笔中国农业发展银行企业网上银行转账业务。10月29日，中国农业发展银行北京市分行等9家首批试点分行正式上线该业务。

10月24日　由人民银行营业管理部、北京市文化创意产业促进中心、北京农商银行共同举办的“第七届中国文化金融创新峰会暨北京文化创意产业投融资项目推介会”在北京举行。北京市文化创意产业促进中心联合清科集团共同发布了《北京最具投资价值文化创意企业榜单（第七榜）》，推出了50家最具投资价值文化创意企业；北京农商银行与中国有线电视网络有限公司签署银企全面战略合作协议；2家参加2018北京文化创意大赛的外地优秀企业计划落户北京。

10月26日　平安银行北京分行5家零售智能新门店开业，分别为金融街支行、官园支行、东直门支行、光华路支行、房山支行。北京市场上兼有“不排队”和“综合金融服务”功能的银行零售智能新门店面世。

10月　北京银保监局筹备组推动开展“农民工薪金保险保障卡”试点工作。

11月

11月1～4日　第十四届北京国际金融博览会在北京展览馆举行。本届展会以“金融开放　金融改革　金融创新”为主题，共有银行、基金、证券、保险等150余家金融机构展示其在金融风险防控、智慧金融服务、普惠金融创新等领域的最新成果。

11月6日　北京国际信托有限公司与北京房地集团有限公司签署战略合作协议，双方将在资产经营和金融服务领域整合各自优势资源，建立战略合作伙伴关系。

11月8日　北京市金融工作局正式加挂北京市地方金融监督管理局牌子，成为北京市机构改革首批10家新挂牌组建的机构之一。

江苏银行北京分行与海淀区国有资产

监督管理委员会签署战略合作协议。根据协议，江苏银行北京分行将积极参与海淀区国有资产监督管理委员会发起的支持优质科技企业发展行动，为单一优质科技上市公司的股东提供最高2亿元的配套贷款，向海淀区优质科技企业提供总计200亿元的融资额度，完善海淀区“股＋债”的支持体系，纾困民营企业，支持科技创新。

11月9日 北京证监局与北京市地方金融监督管理局、全国中小企业股份转让系统有限责任公司共同举办2018年北京辖区“监管第一课”培训，辖区30余家新挂牌公司、80名高管参加了此次培训。

11月20日 中国建设银行北京市分行与北京静态交通投资运营有限公司签署战略合作框架协议，双方将在授信业务、停车资源平台、金融科技等领域开展深入合作。

11月27日 中国银行北京市分行成功投产中银金融e链供应链金融综合服务平台2.0版本。

11月30日 北京银行举办北京银行文化创客中心成立大会。该中心定位于“孵化器＋加速器”，突出对文化创业创新类企业，尤其是创意设计、媒体融合、广播影视、出版发行、动漫游戏、演艺娱乐、文博非遗等重点领域企业的服务，同时也涵盖对高成长创新企业的支持。

11月 北京地区实施车险保单电子化全流程一周年。北京地区共出具交强险电子保单1 181.9万件，商业险电子保单1 112.7万件，通过电子投保的车险保单共1 950万件，车险电子投保率同比上升3%。

12月

12月6日 中国金融工会北京工作委员会、北京市金融工会、北京市银行业协会举办北京银行业2018年度工资专项集体合同签字仪式暨北京金融系统企业集体协商推进工作会议，工会职工方和企业行政方代表正式签订了《北京银行业2018年度工资专项集体合同书》，北京金融系统73家单位约150人参加了会议。

12月7日 中华联合财产保险公司北京分公司以首席身份承保长征二号丁型火箭搭载卫星发射及在轨保险。

12月17日 中国银行保险监督管理委员会北京监管局正式挂牌成立，将根据中国银行保险监督管理委员会的授权和统一领导，依法依规独立对辖内银行业和保险业实行统一监督管理。

12月18日 北京农商银行主承销的北京未来科学城发展集团有限公司双创定向债务融资工具，首期2亿元完成发行。这是北京地区首单用于支持创新型企业股权投资的双创债务融资工具。

12月19日 中国银行北京冬奥支行正式对外营业。

12月25日 北京证监局与北京市高级人民法院正式签署《北京辖区证券期货纠纷诉调对接工作合作备忘录》。

12月28日 交通银行北京市分行正式推出新版“智融通”知识产权质押贷款产品，以创新知识产权评价体系、创新风险处置模式、创新质押贷款流程三大举措，推进知识产权与金融有效融合，助力民营小微企业发展。

12月29日 上海浦东发展银行北京分行与京东金融联合打造的“京浦e商贷”业务成功落地。

十、附　　录

（一）北京市金融机构名录

（2018 年 12 月 31 日）

1. 金融管理机构

机构名称	地　址	邮　编	电　话
中国人民银行营业管理部	西城区月坛南街 79 号	100045	68559550
（国家外汇管理局北京外汇管理部）	（海淀区莲花池东路 39 号西金大厦）	100036	68559550
中国银行保险监督管理委员会北京监管局	西城区金融大街 20 号交通银行大厦 B 座	100033	58391797
中国证券监督管理委员会北京监管局	西城区金融街 26 号金阳大厦 6 层	100033	88088060
北京市地方金融监督管理局	西城区槐柏树街 2 号市府大楼 2 号楼	100053	63020601

2. 银行业机构

（1）中资银行

机构名称	地　址	邮　编	电　话
国家开发银行北京市分行	西城区复兴门内大街 158 号远洋大厦 8 层	100031	63223100
国家开发银行企业局	西城区太平桥大街 16 号丰融国际大厦 11 层	100032	88303829
中国进出口银行北京分行	东城区北河沿大街 77 号	100009	64099656
中国农业发展银行北京市分行	丰台区南四环西路 186 号一区 1 号楼 5 层	100045	68081842
中国农业发展银行总行营业部	西城区月坛北街甲 2 号月坛大厦南楼	100045	68081456

中国工商银行股份有限公司北京市分行	西城区复兴门南大街2号天银大厦B座	100031	66410579
中国农业银行股份有限公司北京市分行	东城区朝阳门北大街13号	100027	68365208
中国农业银行股份有限公司北京中关村分行	海淀区知春路6号	100091	82270080-1038
中国农业银行股份有限公司北京通州分行	通州区八里桥南街1号院9号楼	101199	69542656
中国银行股份有限公司北京市分行	东城区朝阳门内大街2号凯恒中心C座、E座	100010	85121717
中国建设银行股份有限公司北京市分行	西城区宣武门西大街28号楼4门	100053	63603682
中国建设银行股份有限公司北京中关村分行	海淀区知春路96号	100086	82118322
中国建设银行股份有限公司北京通州分行	通州区玉带河西街25号	101100	69546921
交通银行股份有限公司北京市分行	西城区金融大街22号	100033	88669795
中信银行股份有限公司总行营业部	西城区金融大街甲27号投资广场A座	100033	66211809
中国光大银行股份有限公司北京分行	西城区宣武门内大街1号	100031	66566874
华夏银行股份有限公司北京分行	西城区金融大街11号	100033	58598600
广发银行股份有限公司北京分行	东城区东长安街甲2号广发银行大厦	100005	65169135
平安银行股份有限公司北京分行	西城区复兴门内大街158号远洋大厦F5	100031	66292021
招商银行股份有限公司北京分行	西城区复兴门内大街156号A座	100031	66426878
上海浦东发展银行股份有限公司北京分行	西城区太平桥大街18号丰融国际大厦	100032	84085589
兴业银行股份有限公司北京分行	朝阳区朝阳门北大街20号兴业银行大厦	100020	59886119
中国民生银行股份有限公司北京分行	西城区复兴门内大街2号民生银行大厦6层	100031	58560341
渤海银行股份有限公司北京分行	西城区复兴门内大街28号凯晨世贸中心东C座1~3层	100031	66270902
浙商银行股份有限公司北京分行	西城区金融大街甲1号-1	100033	88006088
恒丰银行股份有限公司北京分行	西城区金融大街8号中国华融大厦C座	100033	50961810
中国邮政储蓄银行股份有限公司北京分行	丰台区北甲地路2号院6甲1	100068	86353456
北京中关村银行股份有限公司	海淀区知春路65号院1号楼中国卫星通信大厦	100190	83023264
北京银行股份有限公司	西城区金融大街丙17号	100033	66426500

北京银行股份有限公司北京分行	西城区复兴门内大街 156 号 D 座 7 层	100031	66426114
北京银行股份有限公司城市副中心分行	朝阳区广渠路 28 号甲 201 号楼 3 层	100022	67767809
北京银行股份有限公司中关村分行	海淀区彩和坊路 6 号朔黄发展大厦 4 层	100080	60190019
天津银行股份有限公司北京分行	西城区东河沿胡同 73 号宣武门大厦	100052	83175899
大连银行股份有限公司北京分行	朝阳区建国路 93 号万达广场 B 座	100022	65812731
杭州银行股份有限公司北京分行	东城区建国门内大街 26 号新闻大厦 11 层	100005	64088100
盛京银行股份有限公司北京分行	朝阳区光华路 4 号院 4 号楼	100026	85597777－5035
南京银行股份有限公司北京分行	海淀区阜成路 101 号 B 座	100092	56879595
上海银行股份有限公司北京分行	朝阳区建国门外大街丙 12 号宝钢大厦	100020	57610173
江苏银行股份有限公司北京分行	朝阳区光熙家园 1 号楼	100028	56986006
宁波银行股份有限公司北京分行	海淀区西三环北路 100 号 1～2 层、11～15 层	100037	53266262
包商银行股份有限公司北京分行	朝阳区北四环东路 115 号	100101	64816089
锦州银行股份有限公司北京分行	东城区建国门北大街 5 号	100005	85072111
厦门国际银行股份有限公司北京分行	西城区三里河东路 5 号中商大厦	100045	68533333－200
北京农村商业银行股份有限公司	西城区月坛南街 1 号院 2 号楼	100045	63229161
北京延庆村镇银行股份有限公司	延庆区高塔街 73 号	102199	69178738
北京密云汇丰村镇银行有限责任公司	密云区新东路 126－1 号	101500	58120710
北京怀柔融兴村镇银行有限责任公司	怀柔区南华园二区甲 41 号楼	101400	61620106
北京大兴九银村镇银行股份有限公司	大兴区西红门镇欣荣北大街 18 号院 3 号	100162	80255566
北京昌平包商村镇银行有限责任公司	昌平区水南路 9－22 号商业 1 层底商	102200	60783888
北京大兴华夏村镇银行股份有限公司	大兴区康庄路 52 号院 14 号楼	102600	69221122
北京顺义银座村镇银行股份有限公司	顺义区西辛南区乙 62 号	101300	61408713
北京通州中银富登村镇银行股份有限公司	通州区杨庄南里甲 66 号	101121	52998500
北京门头沟珠江村镇银行股份有限公司	门头沟区永定镇石龙南路 8 号	102308	60865137
北京房山沪农商村镇银行股份有限公司	房山区良乡拱辰北大街 1 号 2 号楼	102488	61378796

北京平谷新华村镇银行股份有限公司	平谷区迎宾花园4号楼1~3层	101200	89999790

（2）中资银行分支机构

中国农业发展银行北京市分行

机构名称	地址	邮编	电话
分行营业部	丰台区南四环西路186号汉威国际广场一区1号楼5层	100060	68081051
天坛支行	东城区广渠门内大街11号	100062	87103181
西三环支行	海淀区西三环北路87号国际财经中心1层	100089	88568363
门头沟支行	门头沟区滨河路87号	102300	69828640
房山区支行	房山区良乡西路乙28号	102488	69373003
通州区支行	通州区新华北路55号	101100	69518973
昌平区支行	昌平区北环路4号	102200	89784518
顺义区支行	顺义区新顺南大街27号	101300	69449488
大兴区支行	大兴区黄村西大街51号	102622	69209352
平谷区支行	平谷区平谷镇太和园甲7号楼	101200	89980042
怀柔区支行	怀柔区后横街15号	101400	69684840
密云区支行	密云区新南路73号	101500	69043434
延庆区支行	延庆区妫水南街33号1幢-1至3层102室	102100	69188337

中国工商银行股份有限公司北京市分行

机构名称	地址	邮编	电话
分行营业部	西城区复兴门南大街2号天银大厦B座	100031	66411138

东城支行	东城区东四十条 24 号	100007	81026009
王府井支行	东城区金宝街 18 号	100008	65272100
和平里支行	东城区安定门东大街 28 号	100007	64289844
长安支行	西城区宣内大街乙 6 号	100031	66064152
新街口支行	西城区西直门内大街 143 号	100035	62263632
南礼士路支行	西城区阜外大街 8 号	100037	68039710
金融街支行	西城区太平桥大街 11 号	100032	58362263
地安门支行	西城区德胜门外大街 77 号 D 座	100088	82066288
崇文支行	东城区永外大街 86 号	100075	87205518
宣武支行	西城区菜市口大街 1 号	100052	63570938
广安门支行	西城区广外南滨河路 3 号	100055	63480653
珠市口支行	东城区珠市口东大街 15 号	100050	67020823
朝阳支行	朝阳区朝外大街 1 号	100020	65993723
九龙山支行	朝阳区广渠路甲 40 号	100022	67732423
亚运村支行	朝阳区慧忠北里 407 号	100012	64863542
望京支行	朝阳区酒仙桥路甲 10 号	100015	64388313
商务中心区支行	朝阳区建国路 108 号	100022	85215929
海淀支行	海淀区中关村东路甲 100 号	100190	62542643
海淀西区支行	海淀区北四环西路 65 号	100080	82886391
中关村支行	海淀区上地信息路 2 号	100085	82896250
翠微路支行	海淀区阜成路 79 号	100142	88126486
西客站支行	海淀区莲花池东路 39 号	100036	63955379
丰台支行	丰台区文体路 19 号	100071	63815968
方庄支行	丰台区蒲芳路 5 号	100022	67670626
经济技术开发区支行	北京经济技术开发区荣昌东街甲 5 号	100176	67862119

石景山支行	石景山区政达路2号	100040	68865773
门头沟支行	门头沟区新桥大街16号	102300	69843145
房山支行	房山区良乡西潞北大街32号	102488	89350717
通州支行	通州区新华西街47号	101100	69545118
大兴支行	大兴区兴政街24号	102600	69243009
顺义支行	顺义区仓上街1号	101300	69466538
昌平支行	昌平区鼓楼西街35号	102200	69709347
怀柔支行	怀柔区商业街23号	101400	69645762
密云支行	密云区鼓楼南大街7号	101500	69024414
平谷支行	平谷区府前西街14号	101200	69962074
延庆支行	延庆区东街28号	102100	69142425

中国农业银行股份有限公司北京市分行

机构名称	地址	邮编	电话
分行营业部	东城区朝阳门北大街13号	100010	68358266
东城支行	东城区金宝街58号华丽大厦	100005	65283536
西城支行	西城区车公庄北街16号院1号楼	100044	88319655
崇文支行	东城区珠市口东大街1号新阳商务楼A座	100062	67089993－8686
宣武支行	西城区宣武门外大街甲1号环球财讯中心D座	100052	53266781
朝阳支行	朝阳区朝外工体路东2号	100020	65522914
海淀支行	海淀区海淀大街37号	100080	62533651
丰台支行	丰台区东大街9号	100071	63811911
石景山支行	石景山区八角南路18号	100043	68885947
万寿路支行	海淀区西四环中路16号院6号楼	100039	68276732

亚运村支行	朝阳区安定路 33 号化信大厦 A 座	100029	64411280
开发区支行	北京经济技术开发区中和街 3 号	100176	56965304
海淀东区支行	海淀区学院路丁 11 号	100083	82376481
朝阳东区支行	朝阳区建外大街 8 号 IFC 大厦 B 座 31 层	100022	85660026
顺义支行	顺义区府前西街 2 号	101300	69444435
昌平支行	昌平区西环路 25 号蓝郡嘉苑 13 号楼	102200	69740107
大兴支行	大兴区兴丰南大街 128 号	102600	69243488
房山支行	房山区良乡拱辰北大街 19 号	102488	81389559
怀柔支行	怀柔区青春路 39 号	101400	69644982
平谷支行	平谷区府前街 23 号	101200	69961393
密云支行	密云区滨河路 24 号	101500	69041923
延庆支行	延庆区东外大街 73 号	102100	69141625
中关村分行	海淀区知春路 6 号锦秋国际大厦 A 座 3 层	100191	82961104
北京城市副中心分行	通州区八里桥南街 1 号院 9 号楼	101100	69542656

中国银行股份有限公司北京市分行

机构名称	地　　址	邮　编	电　话
分行营业部	东城区朝阳门内大街 2 号凯恒中心大厦	100010	85121491
雅宝路支行	朝阳区雅宝路 8 号	100020	85662950
王府井支行	东城区东长安街 1 号	100738	85190600
奥运村支行	朝阳区北辰东路 8 号院 1 号楼	100101	64818079
金融中心支行	西城区金融大街 7 号英蓝国际中心 1 层	100033	66555033
中银大厦支行	西城区复兴门内大街 1 号 1 层 G 区	100818	66591141
石景山支行	石景山区八角西街 57 号	100043	68864969

国际贸易中心支行	朝阳区建国门外大街1号	100004	65058027
使馆区支行	朝阳区三里屯路五号	100027	84429005
世纪财富中心支行	朝阳区建国门外大街光华东里8号中海广场商业楼1层	100020	85875213
中关村支行	海淀区海淀大街8号中钢国际广场	100080	62687060
方庄中心支行	丰台区南三环东路23号	100078	59763751
东城支行	东城区交道口东大街81号	100007	64065271
西城支行	西城区阜外大街5号	100037	68001383
崇文支行	东城区广渠门内大街47号	100062	87550686
宣武支行	西城区南新华街1号	100052	63916155
朝阳支行	朝阳区东三环北路霞光里18号佳程广场A座	100027	59207001
商务区支行	朝阳区北三环东路8号	100028	64689535
海淀支行	海淀区北四环西路58号	100080	82607380
丰台支行	丰台区西三环南路14号院1号楼	100073	53256988
首都机场支行	顺义区首都机场四纬路9号	100621	64558010－156
通州支行	通州区车站路44号	101100	80506514
经济技术开发区支行	大兴区荣京东街3号	100176	67825908
大兴支行	大兴区黄村镇兴丰大街（三段）199号	102600	81291679
昌平支行	昌平区南环路57号	102200	69745394
顺义支行	顺义区府前西街4号	101300	69420847
平谷支行	平谷区林荫北街11号	101200	69973914
密云支行	密云区密云镇鼓楼南大街24号	101500	69043791
怀柔支行	怀柔区开放路33号	101400	69658329
延庆支行	延庆区延庆镇庆园街12号	102100	69144079
房山支行	房山区良乡拱辰北大街3号	102488	89354126

中银营业部	西城区复兴门内大街1号1层	100818	66596688

中国建设银行股份有限公司北京市分行

机构名称	地　址	邮　编	电　话
分行营业部	西城区闹市口大街1号院1号楼	100033	63603260
中关村分行	海淀区知春路96号	100086	51998353
通州分行	通州区玉带河西街25号	101100	69546921
东四支行	东城区美术馆后街8号	100010	51997802
西四支行	西城区阜外大街甲26号	100037	51999817
前门支行	东城区西打磨厂街1号	100062	51992008
城建支行	丰台区方庄蒲芳路28号	100078	51999175
宣武支行	西城区广内大街314号	100053	63553958
铁道专业支行	丰台区莲花池东路114－1号	100055	51996539
朝阳支行	朝阳门外大街乙10号楼	100020	51995613
丰台支行	丰台区西四环南路54号	100161	63811316
石景山支行	石景山区石景山路22号	100043	51993506
长安支行	海淀区复兴路33号翠微大厦西配楼	100036	68151098
开发区支行	北京经济技术开发区景园北街2号55栋	100176	67881039
安华支行	朝阳区安定路35号	100029	51993427
西单支行	西城区西单北大街34号	100032	66035636
安慧支行	朝阳区北辰东路8号汇欣大厦B座1层、2层	100101	84970820
光华支行	朝阳区光华路7号汉威大厦	100004	65614009
月坛支行	西城区金融大街19号富凯大厦B座	100033	66573046
鼎昆支行	西城区黄寺大街23号	100120	51996260

保利支行	东城区朝阳门北大街1号新保利大厦G103号	100010	65263453
苏州桥支行	海淀区北三环西路99号西海国际中心118号	100086	82194459
阜成路支行	海淀区阜成路19号	100048	68726207
东大街支行	丰台区东大街25号	100071	63818305
望京支行	朝阳区花家地北里1号	100102	64729808
华贸支行	朝阳区建国路89号院18号楼北座	100025	51996592
地坛支行	东城区安定门外大街138号皇城国际大厦1层	100011	64268439
房山支行	房山区良乡拱辰北大街1号	102488	81389777
门头沟支行	门头沟区双峪路22号	102300	69835874
顺义支行	顺义区府前中街7号	101300	69443295
昌平支行	昌平区东环路95号	102200	69742953
延庆支行	延庆区东外大街97号	102100	69189302
怀柔支行	怀柔区南大街22号	101400	69644594
密云支行	密云区新南路71号	101500	69044996
平谷支行	平谷区文化南街19号	101200	69961565
大兴支行	大兴区兴政街25号	102600	69244497

交通银行股份有限公司北京市分行

机构名称	地　址	邮　编	电　话
分行营业部	西城区金融大街33号	100033	66102323
金融大街支行	西城区金融大街22号、20号	100033	88668030
东单支行	东城区大雅宝胡同8号	100005	65125868
东单北大街支行	东城区东单北大街乙112号	100005	65274814
王府井支行	东城区王府井大街200号	100005	65289470

工体北路支行	东城区新中街68号	100027	65521157
东大桥支行	朝阳区工体东路20号百富国际大厦南侧1层	100020	65862053
亚运村支行	朝阳区安慧里2区4号楼	100101	64912548
慧忠北里支行	朝阳区慧忠北里小区111号	100012	64800993
亚北支行	朝阳区安立路60号院润丰花园6号楼	100101	64820724
北苑支行	朝阳区北苑6号院1区102号楼公建04号首层	100012	84945329
媒体村支行	朝阳区北辰绿色家园天朗园C座1层	110107	84932021
和平里支行	朝阳区外馆东街51号柳清居裙房	100011	64408085
胜古园支行	朝阳区胜古西庄胜古家园3号楼	100029	64426223
兴化路支行	东城区和平里兴化路11号	100013	64283083
中轴路支行	朝阳区安贞西里3区26楼	100029	84134538
西坝河支行	朝阳区西坝河西里28号英特公寓首层及3层	100028	64476041
太阳宫支行	朝阳区太阳宫火星园10号楼	100028	84158643
阜外支行	西城区车公庄大街9号院1号楼	100044	88395396
西直门支行	海淀区高粱桥斜街59号院2号楼09号	100044	62239929
百万庄支行	西城区百万庄大街11号1层	100037	68342240
三里河支行	西城区三里河1区5号院8号楼首层	100034	68028553
时代之光支行	海淀区西直门北大街45号2号楼1层、2层	100082	82582582
海淀支行	海淀区苏州街16号神州数码大厦	100080	82608175
双榆树支行	海淀区中关村东路123号都市网景E座首层	100086	62142618
中关村支行	海淀区成府路蓝旗营高校住宅楼首层	100084	62768691
蓟门桥支行	海淀区西土城路1号院6~8号1~2层	100191	82589337
万柳支行	海淀区长春桥路11号万柳亿城大厦B座北侧1层、2层	100089	58816704

西区支行	海淀区复兴路40号中国铁道建筑总公司综合办公大厦1~5层	100039	52689830
永定路支行	海淀区永定路66号	100039	68230978
翠微路支行	海淀区翠微路12号1~2层	100036	68250874
定慧寺支行	海淀区定慧寺恩济庄2区北3号楼	100142	88119807
丰台东路支行	丰台区万芳园1区1号楼1层02号	100070	83683722
大成路支行	丰台区大成路25号1-1-2间	100141	88255570
三元支行	朝阳区曙光西里28号中冶大厦	100028	84493935
团结湖支行	朝阳区农展馆南路13号瑞辰国际中心首层1号	100125	85983575
麦子店支行	朝阳区农展馆北路甲5号	100125	65935314
水碓子支行	朝阳区水碓北里19号楼	100026	85960974
东润支行	朝阳区南十里居28号东润枫景底商首层	100016	64361088
八里庄北里支行	朝阳区八里庄北里128号楼1层23号	100025	85852528
天坛支行	东城区天坛东里北区12号	100061	67197198
华威路支行	朝阳区华威北里20号楼	100021	67785143
崇文门支行	东城区崇文门东兴隆街56号北京商界1层	100062	67022908
东方庄支行	丰台区芳城东里9号楼1层	100078	87623896
西单支行	西城区西长安街甲17号	100031	66229928
北蜂窝路支行	海淀区北蜂窝路乙15号	100038	63985269
经济技术开发区支行	北京经济技术开发区隆庆街3号	100176	67883551
东高地支行	丰台区南苑路警备东路6号方仕国际酒店1层、2层	100076	67063671
文化园西路支行	北京经济技术开发区文化园西路8号院30号楼1层108号	100176	87220063
旧宫支行	大兴区旧宫镇旧桥路1号院1号楼103号	100163	56407580
望京支行	朝阳区望京街9号	100102	59203677

望京中环路支行	朝阳区望京西园 3 区 304 楼	100102	64751171
望京南湖中园支行	朝阳区望京南湖中园 K3 –301 号楼	100102	84713883
望京西园支行	朝阳区望京西园 4 区 416 号楼	100102	64713569
酒仙桥支行	朝阳区酒仙桥路 10 号星城国际大厦 C 座	100016	64350991
望京东路支行	朝阳区望京东园 4 区 13 号楼 1 层 109 室	100102	84294760
顺义支行	顺义区仓上街 AMB 大厦 B 区 1 层	101300	89448050
顺义天竺支行	顺义区天竺花园天韵广场 109 –4 号	101312	64577282
顺义石门支行	顺义区石门街 6 号顺义供销社大厦	101300	60416538
东区支行	朝阳区广渠路 21 号	100124	58202964
广渠路支行	朝阳区双井 1 号优仕阁大厦 B 座和 C 座首层	100022	58614207
东三环中路支行	朝阳区东三环中路 61 号商用物业	100022	59037431
双井支行	朝阳区广渠路 36 号院 5 号楼 1 ~2 层	100022	67043110
金茂支行	朝阳区广渠路 23 号院 1 号楼 1 ~3 层	100124	67043878
林萃路支行	朝阳区林萃路倚林家园 24 号楼 108 –1 号	100192	82724866
安翔里支行	朝阳区安翔里 1 号	100101	64853141
清河支行	海淀区龙岗路清景园 4 号楼 1 层	100192	52718580
西三旗支行	昌平区建材城西路 87 号院 8 号楼新龙大厦	100096	82969332
建材城西路支行	海淀区建材城西路 27 号 1 层 116 号	100096	82463362
丰台支行	丰台区南四环西路 188 号 5 区 24 号楼	100070	63705569
玉泉营支行	丰台区草桥欣园 1 区 6 号楼 1 层 102 号	100070	87584450
长辛店支行	丰台区张郭庄南路 16 号	100072	83880276
丰台北路支行	丰台区丰台北路 36 号	100071	83897709
丰管路支行	丰台区东大街 20 号东南角楼 1 层	100071	52598201
丰台科技园支行	丰台区汽车博物馆东路 1 号院 4 号楼南座	100160	57327656
西三环支行	海淀区西三环北路 89 号	100089	88825870

紫竹桥支行	海淀区紫竹院路1号人济山庄D座裙房103号、203号	100044	88556270
阜成路支行	海淀区阜成路14号1层	100048	68768149
车公庄西路支行	海淀区车公庄西路20号	100044	68411979
通州分行	通州区九棵树街1层、2层	101100	81511871
通州梨园支行	通州区九棵树东路156号	101100	60553287
临河里支行	通州区临河里53号楼1层116~118号	101101	81595602
世纪星支行	通州区通朝大街305号	101100	56865645
世纪城支行	海淀区蓝靛厂世纪城小区金夕园甲1号楼4段	100097	88467105
闵庄路支行	海淀区闵庄南路9号玉泉馨苑服务楼首层	100195	88403062
田村路支行	海淀区畅茜园景宜里7号楼	110143	88181633
观山园支行	海淀区蓝靛厂观山园5号楼	100097	88879878
半壁店支行	海淀区永定路2号院5号楼1层5-4号	100143	57797303
青年路支行	朝阳区青年路27号院1号楼	100025	56089566
常营支行	朝阳区丽景园底商6号楼	100024	56303350
朝阳北路支行	朝阳区朝阳北路99号楼	100123	85526505
朝阳路支行	朝阳区八里庄西里99号1~2层	100025	85795583
常通路支行	朝阳区常通路3号院2号楼1层112号	100024	85094930
八里庄支行	朝阳区八里庄北里219号楼1层101号	100025	85511566
宣武支行	西城区广安门内大街319号1~2层	100055	83131682
马连道支行	西城区广外大街248号机械大厦	100055	63327912
右安门支行	西城区白纸坊东街10号	100054	63513255
政务中心支行	丰台区西三环南路1号	100161	89151024
东直门支行	东城区东直门外大街48号东方银座大厦	100027	84476501
春秀路支行	朝阳区春秀路甲1号	100027	64152845

和平里东街支行	东城区和平里东街民旺园 31 号楼 1 层	100013	84252417
上地支行	海淀区上地科技路甲 2 号	100085	62964297
北清路支行	昌平区北清路 1 号院 5 号楼	102209	80700789
学府树支行	海淀区学府树家园 2 区 8－1～8－21 号 1 层 8－6 号	100085	60603286
北三环中路支行	西城区北三环中路 29 号院 2 号楼 1 层	100029	82251033
马甸支行	西城区德胜门外大街 5 号	100088	62381996
北太平庄支行	海淀区花园东路 32 号	100191	62352647
德胜门支行	西城区德外关厢地区中交大厦 1～2 层	100088	82015220
黄寺大街支行	西城区黄寺大街 23 号院 1 号楼 1 层 1010 号	100120	82235085
大望路支行	朝阳区西大望路 3 号蓝堡北区写字楼 101～103 号	100026	85997420
光华路支行	朝阳区光华路甲 8 号	100026	65832085
建国路支行	朝阳区建国路 90 号	100022	85891257
兴华大街支行	大兴区兴华大街 2 段 13 号院 3 号楼－2 号	102600	80220731
西红门支行	大兴区西红门北一街 1 号院 3 号楼 1 层 106 号	100162	80220725
清城支行	大兴区富强路 106 号	102600	89293108
中关村园区支行	海淀区中关村新科祥园甲 6 号楼 1 层、2 层	100190	82523200
五道口支行	海淀区中关村东路 16 号院 1 号楼 1 层 108 号	100083	62423913
五棵松支行	海淀区复兴路 69 号 A1－02 号	100036	88213725
西四环中路支行	丰台区靛厂路 26 号 12 号楼底商 6－1 号	100039	68265676
慧忠里支行	朝阳区慧忠北里 413 号楼	100012	64924239
宝盛里支行	海淀区黑泉路 8 号 1 幢康健宝盛广场 A 座 1 层 1002 号	100192	62999986
来广营支行	朝阳区来广营西路 7 号院 18 号楼 1～2 层 111～112 号	100012	84363511
奥运村支行	朝阳区清林路 1 号院 7 号楼 1 层 103 号	100107	84940897

华贸天地支行	朝阳区清河营南街7号院7号楼1层	100012	84870662
芳群园支行	丰台区芳群园4区23号	100078	67672631
东三环支行	朝阳区东三环北路19号嘉盛中心B2座中青大厦1～2层	100020	65869818
朝外支行	朝阳区朝阳门外大街16号	100021	85253857
天通苑支行	昌平区天通苑小区203B－4单元	102218	84826491
石景山支行	石景山区石景山路29号京燕饭店东配楼2层	100043	68871196
永安里支行	朝阳区建外永安东里甲3号通用时代国际中心首层	100022	65699303
回龙观支行	昌平区回龙观镇天龙苑25号1层01号	102208	81748371
育惠东路支行	朝阳区小营路12号亚运花园1层	100101	84624402
农科院支行	海淀区学院南路55号6号楼	100081	62119831
松榆里支行	朝阳区弘燕路周庄山水文园2期201号楼103号	100022	67328200
木樨园支行	丰台区东木樨园9号	100075	87299717
福海国际支行	丰台区南苑5号金泰彤翔商厦2号楼1层1009号	100075	87202341
彩虹城支行	丰台区光彩路65号1号楼101－C号	100075	87866609

招商银行股份有限公司北京分行

机构名称	地　址	邮　编	电　话
润枫欣尚社区支行	昌平区东小口镇中东路5号院7号楼1层	102208	64127326
回龙观支行	昌平区回龙观西大街16号龙冠商务中心东侧1层	100085	59548108
天通苑支行	昌平区天通中苑F区华联商厦东北角1层	102218	57859588
北苑路支行	朝阳区安慧东里36号4号楼2层	100101	84468546
亚运村支行	朝阳区北辰东路8号国际会议中心地下1层	100101	84987476
立水桥支行	朝阳区北苑路13号院领地OFFICE大厦1号楼1层	100012	52086577

嘉铭桐城社区支行	朝阳区北苑路86号215号楼1层	100101	84830772
常营支行	朝阳区常惠路6号V中心B座2层	100024	65406701
朝外大街支行	朝阳区朝外大街26号朝外门写字中心B座1层	100020	85653253
万通中心支行	朝阳区朝外大街甲6号万通中心C座1层	100020	59070211
朝阳公园支行	朝阳区朝阳公园路19号佳隆国际大厦1层	100125	65398883
大屯路支行	朝阳区大屯路南沙滩66号华源冠军城	100089	82884290
东三环支行	朝阳区东三环北路1号	100027	64623026
京广桥支行	朝阳区东三环北路38号院泰康金融大厦1层	100026	85879760
十里河支行	朝阳区东三环南路19号院联合国际大厦	100122	87667094
建外大街支行	朝阳区东三环中路39号建外SOHO小区6号楼0668号	100022	59000510
富力城支行	朝阳区东三环中路55号富力双子座B座1层	100022	58767070
财富中心支行	朝阳区东三环中路5号楼财富金融中心3期2层201室	100102	65969957
阳光上东支行	朝阳区东四环北路6号阳光上东2区1号楼1层	100016	52509479
东四环支行	朝阳区东四环中路56号远洋国际中心A座1层	100025	59080172
光华路支行	朝阳区光华路1号嘉里中心2层	100020	85296382
广渠路支行	朝阳区广渠路36号院5号楼首城国际C座1层	100022	61655881
富力又一城支行	朝阳区黄厂南里2号院12号楼8～10号	100121	59643762
小关支行	朝阳区惠新东街2号北京国际珠宝交易中心1层	100101	64822450
慧忠北里支行	朝阳区慧忠北里305号楼1层	100012	64880995
建国路支行	朝阳区建国路116号招商局大厦R2楼	100022	65660168
华贸中心支行	朝阳区建国路81号北京华贸中心3号楼1层、2层	100025	65981757
万达广场支行	朝阳区建国路93号万达广场7号楼1层	100022	58203546
建国门支行	朝阳区建外大街24号京华公寓	100022	65150612

望京利泽支行	朝阳区利泽西街8号院1号楼1层	100102	84676819
科荟路支行	朝阳区林萃西里16号楼	100192	57761780
望京支行	朝阳区南湖南路15号院甲1号	100102	64799870
青年路支行	朝阳区青年路西里5号院15号楼2层	100123	85563076
晨光家园社区支行	朝阳区石佛营路晨光家园326号楼1层	100025	85852764
三元桥支行	朝阳区曙光西里甲1号第三置业大厦D座2层	100028	58220767
华贸城支行	朝阳区水岸南街8号院2号楼	100012	64187166
太阳宫支行	朝阳区太阳宫南街21号楼	100028	84158938
望京融科支行	朝阳区望京东园523号融科望京中心A座	100102	64140953
望京西路支行	朝阳区望京南湖中园316号思源大厦1层	100102	64728174
望京西园支行	朝阳区望京西园134号炫彩嘉轩1层	100102	64789785
大望路支行	朝阳区西大望路15号3号楼外企大厦1层	100022	87723210
工体支行	朝阳区新东路10号逸盛阁A座1层	100006	65272067
姚家园支行	朝阳区星火西路17号	100123	85855171
静安里支行	朝阳区左家庄北里58号天虹商场1层	100028	57622875
亦庄文化园支行	北京经济技术开发区荣华中路8号院力宝广场8号楼1层	100176	87520584
旧宫东路支行	大兴区旧宫镇旧桥路富力盛悦居1号院3号楼1层	100076	57862361
西红门支行	大兴区西红门鸿坤广场购物中心1层	100041	50927475
北三环支行	东城区北三环东路36号环球贸易中心D座1层	100086	59575075
朝阳门支行	东城区朝阳门北大街6号首创大厦1层	100027	85282349
崇文门支行	东城区东兴隆街58号北京商界2期1层	100062	67089468
东方广场支行	东城区东长安街1号东方广场E3座安永大楼	100005	85150201
东直门支行	东城区东直门外大街46号天恒大厦1层	100027	84608015
长安街支行	东城区东总布胡同58号天润财富中心1层	100736	65292024

广渠门支行	东城区广渠门内大街27号鼎新大厦1层	100062	87103306
公益西桥支行	丰台区城南嘉园益城园16号楼1层	100068	67525031
大成路支行	丰台区大成路8号翠微商场1层	100141	68291432
方庄支行	丰台区方庄芳古园1区29号楼通润商务会馆B座1层	100078	87656923
三环新城支行	丰台区丰桥路7号院8号楼	100070	83615332
西客站支行	丰台区广安路9号国投财富广场1层	100073	63301781
六里桥支行	丰台区华源四里甲4号	100161	63634346
丰台科技园支行	丰台区科学城中核路1号赛欧科园3号楼1层	100070	83816865
莱户营支行	丰台区丽泽路5号	100073	63384813
海淀支行	海淀区北四环西路56号辉煌时代大厦1层	100080	62695363
北太平庄支行	海淀区北太平庄路18号城建大厦A座1层	100083	82274783
海淀黄庄支行	海淀区丹棱街6号1层	100080	57569765
西三环支行	海淀区阜成路67号银都大厦1层	100036	68716009
世纪城支行	海淀区蓝靛厂垂虹园甲1号	100089	88876703
上地支行	海淀区农大南路1号硅谷亮城2号楼B座1层	100085	62667340
清河支行	海淀区清河中街68号华润五彩城L175C号	100085	82810951
清华园支行	海淀区清华科技园科技大厦B座G层	100084	62793655
西二旗支行	海淀区上地十街1号院6号楼辉煌国际大厦1层	100085	62410167
万泉河支行	海淀区万柳阳春光华家园甲5号	100089	82573007
万寿路支行	海淀区万寿路西街2号文博大厦1层	100036	68286557
玉泉路支行	海淀区西翠路17号院24号楼	100039	68170065
西翠路支行	海淀区西翠路17号院24号楼	100036	68277623
西直门支行	海淀区西直门北大街32号枫蓝国际A座1层	100082	62252085
首体支行	海淀区西直门外大街168号腾达大厦裙楼1层	100044	88577116

清华东路支行	海淀区学院路6号1号楼	100083	62313361
大运村支行	海淀区知春路27号量子芯座大厦1层	100086	82357645
清华科技园支行	海淀区中关村东路1号院紫光大厦1层、2层	100086	62602911
中关村支行	海淀区中关村南大街2号数码大厦A座2层	100086	52786212
双榆树支行	海淀区中关村南大街9号理工科技大厦1层	100081	62467183
亦庄支行	经济技术开发区文化园西路8号院30号楼	100176	57862359
鲁谷支行	石景山区玉泉西里1区2号楼1层	100040	68547146
石景山支行	石景山区政达路6号院3号楼1层	100040	57796493
通州北苑支行	通州区北苑一路1号院3号楼116号	100022	60565811
通州支行	通州区九棵树中路1~9号1层	101121	56865615
甘家口支行	西城区百万庄大街甲39号	100037	68365433
德胜门支行	西城区德胜门外大街81号德胜国际中心C座1层	100088	82065228
阜外大街支行	西城区阜外大街22号外经贸大厦	100037	68784023
分行营业部	西城区复兴门内大街156号A座1层	100031	66426622
金融街中心支行	西城区金融大街16号中国人寿广场西南1层	100033	66290749
金融街支行	西城区金融大街35号国际企业大厦C座1层	100033	88091265
金融大街支行	西城区金融大街乙9号	100032	83064755
陶然亭支行	西城区南纬路39号	100050	59362234
宣武门支行	西城区宣武门外大街30号富卓大厦2层	100052	63164385
月坛支行	西城区月坛南街1号院3号楼1层	100045	86493169

上海浦东发展银行股份有限公司北京分行

机构名称	地址	邮编	电话
分行营业部	西城区太平桥大街18号丰融国际大厦	100032	57395588

金融街支行	西城区金融大街35号国际企业大厦A座	100033	88091847
宣武支行	西城区广安门内大街316号	100053	63585776
雍和支行	东城区和平里东街11号1－C1号	100013	84138423
中关村支行	海淀区海淀南路15号	100080	62550747
朝阳支行	朝阳区朝阳门外大街19号	100020	65802602
建国路支行	朝阳区建国路99号中服大厦	100020	65819177
万寿路支行	海淀区万寿路西街2号	100036	68233372
安外支行	东城区安外大街甲88号	100011	64264903
阜成支行	西城区车公庄大街3号	100044	88383590
雅宝路支行	东城区建国门北大街8号	100005	85192337
海淀园支行	海淀区北四环西路62号中国化工集团公司大厦1层	100080	82660900
西直门支行	西城区西直门外大街18号楼金贸大厦1单元	100044	88026239
东三环支行	朝阳区曙光西里甲6号时间国际中心	100028	84584729
亚运村支行	朝阳区媒体村天畅园8号楼底商1层、2层	100107	84891031
知春路支行	海淀区知春路9号蓟门坤讯大厦	100083	82319520
安华桥支行	朝阳区安贞西里3区15号凯康海油大厦	100029	64417341
东长安街支行	东城区建国门内大街28号民生金融中心B座1层、2层	100000	85116060
电子城支行	朝阳区酒仙桥路10号	100016	64350556
经济技术开发区支行	北京经济技术开发区荣华南路10号院2号楼1层、2层	100176	67890993
永定路支行	海淀区永定路甲51号	100039	68152005
复兴路支行	海淀区北蜂窝路5号1号楼	100038	51932666
花园路支行	海淀区花园东路10号高德大厦C座1层	100191	82030630

菜户营支行	丰台区丽泽路1号院16号楼北侧1层、2层	100073	63470661
紫竹院支行	海淀区紫竹院路116号嘉豪国际中心C座	100097	51709797
通州宋庄支行	通州区小堡村南3号楼1号院	101118	56673335
和平里支行	朝阳区和平西苑20号楼B座101－1号、101－2号	100013	52081598
马家堡支行	丰台区马家堡西路15号时代风帆大厦	100068	67562966
世纪城支行	海淀区蓝靛厂晨月园甲1号楼	100097	88895800
清华园支行	海淀区中关村东路1号院5号楼文津国际酒店1层	100084	62618572
富丰路支行	丰台区西四环南路1号	100070	83208200
三里屯支行	朝阳区工体北路甲6号中宇大厦	100027	59752555
望京支行	朝阳区望京花园西区101号楼	100102	84780661
北沙滩支行	朝阳区北沙滩1号院31号楼B座	100083	64866883
德胜支行	西城区德胜门外大街乙10号1层、2层	100088	82063208
东四支行	东城区东四十条68号平安发展大厦	100007	84086436
富力城支行	朝阳区东三环中路61号万丽酒店	100022	59037768
通州支行	通州区梨园镇云景东路432号隆孚大厦	101101	57902222
广渠门支行	东城区广渠门内大街27号1层101号	100062	87102681
通惠支行	朝阳区广渠路17号院1号楼－3至14层101内1层102室	100022	85997995
慧忠支行	朝阳区慧忠北里小区214号楼北京中奥华美达酒店	100012	64872366
金台路支行	朝阳区水碓子北里1号楼	100026	59079680
丰台支行	丰台区万柳西园8号楼1层、2层	100070	63259702
方庄支行	丰台区紫芳园4区5号楼	100078	87557088
顺义支行	顺义区怡馨家园1号楼集美家具城	101300	61429550
大兴支行	大兴区兴华大街2号1幢1层	102600	80220031
天华园支行	北京经济技术开发区天华园二里19号	100176	67891180

昌平支行	昌平区南环东路 24 号 1～3 层	102200	69741599
回龙观支行	昌平区回龙观镇龙域北街 8 号院 1 号楼 112 室、113 室	100085	82830359
陶然亭支行	西城区陶然亭路 2 号 9 号楼 1 层 111 号	100050	83989166
远洋自然小微支行	丰台区马家堡东路 108 号院 10－108 号	100068	58032620
赛洛城小微支行	朝阳区百子湾东里 110 号楼 1 层 104 号	100124	87776557
雍景四季社区支行	石景山区西黄村西里 7 号商业楼	100144	88701778
雅世合金小微支行	海淀区永定路 2 号院 6 号楼 1 层 6－1 号	100039	57797199
科南路小微支行	海淀区科学院南路 55 号	100086	62566775
流星花园社区支行	昌平区流星花园 3 区 39 号楼 1 层 05 号	102208	81733342
龙跃苑社区支行	昌平区回龙观东大街 336 号院 2 号楼 1 层 101 号	102208	80746853
橡树湾小微支行	海淀区学府家园 2 区	100085	82156706
今典花园小微支行	海淀区文慧园北路 9 号今典花园 9 号楼空间蒙太奇 1 层	100082	62235088
科兴佳园小微支行	丰台区靛厂路 26 号 12 号楼底商 10－1 号	100036	68260095
彩虹城小微支行	丰台区光彩路 65 号楼 1 至 2 层商业 03 号	100075	87260629
华业东方玫瑰小微支行	通州区临河里 33 号楼 106 号	101100	56865787
南湖中园小微支行	朝阳区南湖中园 130 号楼 1 层	100102	84787660
远洋一方社区支行	朝阳区双桥东路 5 号院 1 号楼 1 层 103 第 1 层	100121	56649255
华贸天地小微支行	朝阳区清河营南街 7 号院 7 号楼 －1 层 136 号	100012	84870781
万年花城小微支行	丰台区樊羊路 15 号院 11 号楼 1 层	100070	63760266
北工大软件园小微支行	北京经济技术开发区地盛北街 1 号院 43 号楼 1 层 101 号	100176	67896090
融泽嘉园社区支行	昌平区回龙观镇回龙观村龙域中路 1 号院 7 号楼 105 号	100085	82817820

增光路小微支行	海淀区增光路37号中海馥园3号楼108号	100037	88586283
远洋山水社区支行	石景山区玉泉西里2区4号楼1层D号	100040	68650511
胜古誉园社区支行	朝阳区胜古中路甲1号院4楼400815号	100029	64450550
大成路小微支行	丰台区大成南里3区4号楼1层02号	100141	68165060
融科橄榄城小微支行	朝阳区望京东园513号楼20号	100102	84781956

广发银行股份有限公司北京分行

机构名称	地　址	邮　编	电　话
分行营业部	东城区东长安街甲2号	100005	65169303
月坛支行	西城区月坛北街2号	100045	68083556
中关村支行	海淀区中关村大街45号	100086	62510783
亚运村支行	朝阳区北辰东路8号	100101	64993863
西三环支行	海淀区西三环北路72号A座1层	100037	88415097
国展支行	朝阳区西坝河东里18号	100028	84603165
朝阳门支行	东城区朝阳门内大街288号院1号楼	100010	65255322
新外支行	海淀区新街口外大街19号	100875	62202585
西客站支行	西城区广莲路1号	100055	63954853
魏公村支行	海淀区中关村南大街甲18号院A座2层商业02－202号	100081	82481015
东直门支行	东城区东中街9号东环广场A座首层	100027	64182989
车公庄支行	海淀区车公庄西路乙19号	100044	88018701
科学园支行	海淀区科学院南路2号院1号楼融科资讯中心B座1层	100190	82169687
方庄支行	丰台区方庄路5号	100078	87681097

安贞支行	朝阳区安定路39号	100029	64445660
太阳宫支行	朝阳区夏家园11号楼1层03号、04号	100028	64253052
金融街支行	西城区金融大街16号	100033	63190613
京广支行	朝阳区朝外大街甲6号万通中心1层	100020	59070890
知春路支行	海淀区知春路希格玛大厦49号	100190	88099482
王府井支行	东城区王府井大街301-1号	100006	65271103
奥运村支行	朝阳区北沙滩甲1号中科电大厦首层	100083	64836760
黄寺支行	西城区德外大街12号	100011	62039133
天通苑支行	昌平区天通苑北1区甲6号楼	102218	81758219
大望路支行	朝阳区西大望路15号4号楼外企大厦B座	100022	87723795
潘家园支行	朝阳区华威里10号	100021	87785266
上地支行	海淀区农大南路1号院4号楼	100084	82349373
东四环支行	朝阳区慈云寺北里118号楼1层	100025	85782060
中轴路支行	东城区鼓楼外大街甲56号	100011	84130503
广渠门支行	东城区广渠门内大街27号	100062	87103902
五棵松支行	海淀区西四环中路16号院1号楼	100039	68285001
广渠路支行	朝阳区广渠路21号3号楼1层03号	100022	59693929
宣武门支行	西城区宣武门外大街甲1号	100052	83151388
学院路支行	海淀区学院路30号	100083	62660291
日坛支行	朝阳区建国门外大街17号38-39栋	100020	85306905
西单支行	西城区复兴门内大街45号1号楼西南侧配楼	100801	88088268
安立路支行	朝阳区慧忠北里105号楼B段	100012	84504056
东二环支行	东城区南竹杆胡同2号	100010	65206522
石景山支行	石景山区实兴大街30号院15号楼1层102室	100144	68809228
西直门支行	西城区西直门外大街18号楼金贸大厦1层	100044	88333595

工体支行	朝阳区新东路12号院3号楼1层	100027	84004115
世纪城支行	海淀区远大路1号居然之家1层	100097	88862281
朝阳北路支行	朝阳区朝阳北路99号1层107号	100123	85516207
顺义支行	顺义区仁和镇新顺南大街8号院1幢	101300	61429587
双井支行	朝阳区广渠门外大街9号3号楼1层裙房	100022	67711879
玉泉路支行	石景山区鲁谷路74号中国瑞达大厦1层	100040	68705936
来广营支行	朝阳区来广营西路5号院3号楼101A号、101B号	100012	84360268
朝外支行	朝阳区朝外大街16号1幢1层107室	100020	85728830
夕照寺街社区支行	东城区夕照寺街16号院1层16－5号、16－6号	100061	87167574

兴业银行股份有限公司北京分行

机构名称	地　　址	邮　编	电　话
分行营业部	朝阳区朝阳门北大街20号	100020	59886666
积水潭支行	西城区新街口外大街冰窖口胡同8号院首层	100088	66035292
广安门支行	西城区广安门内大街315号信息大厦A座首层	100053	63691537
西单支行	西城区宣武门内大街甲6号	100031	66035292
月坛支行	西城区车公庄大街9号院五栋大楼A－A03室	100044	88395672
丽泽支行	西城区马连道中新佳园二区商业楼南侧1～2层	100055	59560221
金融街支行	西城区金城坊街1号C106号	100033	63134483
东城支行	东城区鼓楼外大街26号荣宝大厦1～2层	100120	84110095
东单支行	东城区东单3条8－2号	100005	65212373
永定门支行	东城区永定门外大街101－3号楼1层	100077	87803747
崇文门支行	东城区珠市口东大街5号首层	100062	67016186
东四支行	东城区朝阳门北大街5号第五广场B座	100010	64088698

东长安街支行	东城区灯市口大街50号1层底商B单元	100005	65980023
朝阳支行	朝阳区朝外大街22号2层及首层西侧03单元	100020	65883385
朝外支行	朝阳区朝外大街77号	100020	65522429
亚运村支行	朝阳区亚运村安慧里16号楼	100101	84885261
东外支行	朝阳区东直门外大街23号	100600	64688102
安华支行	朝阳区北三环安华桥福建大厦	100029	64450941
三元桥支行	朝阳区霄云路21号1层、4层	100027	84540815
光华路支行	朝阳区东三环中路25号住总大厦1～2层	100020	65082570
望京支行	朝阳区望京阜荣街15号院3号楼首层	100102	68638798
海淀支行	海淀区海淀南路30号东侧1～3层	100080	82607709
甘家口支行	海淀区三里河路19号甘家口大厦1层北侧	100037	88392787
中关村支行	海淀区中关村南大街32号中关村科技发展大厦A座	100081	62140577
上地支行	海淀区农大南路1号院2号楼B座102室、103室	100084	62960282
西客站支行	海淀区复兴路12号恩菲科技大厦1层	100038	63959951
长安支行	海淀区复兴路65号北京电信实业大厦首层	100036	68130944
西直门支行	海淀区西直门北大街42号1号楼节能大厦1层	100082	62226738
知春路支行	海淀区北四环西路9号1层109室、2层208室	100190	62617230
花园路支行	海淀区花园东路19号配楼1层、3层	100191	82247800
世纪坛支行	海淀区复兴路甲1号水利指挥中心南1～3层南	100038	68525871
中关村西区支行	海淀区丹棱街3号1层	100080	82607656
金源支行	海淀区蓝靛厂东路2号院2号楼	100080	88894051
首体支行	海淀区首体南路9号主语商务中心2号楼1层、2层东侧	100048	68790567
魏公村支行	海淀区中关村南大街17号韦伯时代中心首层	100081	88571330

丰台支行	丰台区方庄路5号	100078	87527090
方庄支行	丰台区方庄紫芳园三区5号楼	100078	87660014
石景山支行	石景山区玉泉西里二区1号楼-1至2层商业05号	100040	68638798
鲁谷支行	石景山区政达路6号院2号楼1层117~118号	100043	57796805
经济技术开发区支行	北京经济技术开发区荣京东街3号1幢1层102号	100040	67870507
大兴支行	大兴区黄村镇兴华中路9号1-2层	102600	81297431
房山支行	房山区长阳镇昊天北大街15号1幢1~2层	102041	89363966
大兴瀛海支行	大兴区瀛海镇南海家园六里5号楼101~102室	100076	50927003
通州支行	通州区车站路39号1栋、2栋	101100	69530061
顺义支行	顺义区仁和地区裕龙花园西区9号楼1~层	101300	64583310
通州运河支行	通州区玉带河东街2号院1号楼明珠大厦1层	101100	80542072
顺义天竺支行	顺义区天竺地区小天竺路1号埃力生商厦甲2首层	100621	64571358
昌平支行	昌平区城南街道龙水路26号	102200	57700011
怀柔支行	怀柔区青春路4号楼1062号、2107号	101499	69640988
万柳支行	海淀区万泉庄路21号1层	100089	58297260
大兴庞各庄支行	大兴区庞各庄镇御园小区民生路2号院1号楼底商	102601	89258603
大兴礼贤支行	大兴区礼贤镇拆迁综合指挥部大楼1层、2层	102604	89290107
大兴榆垡支行	大兴区榆垡新城嘉园D区1层	102602	89290015
西城支行	西城区西直门南大街6号国二招宾馆1层	100035	66001882
望京南湖支行	朝阳区南湖南路15号院甲2号楼	100028	56923523
化工路支行	朝阳区化工路59号焦奥中心1号楼底层	100124	87399664
安立路支行	朝阳区慧忠北里309号楼104~106室	100101	64837802
陶然亭支行	西城区陶然亭路2号9号楼1层108室	100050	83953697
菜市口支行	西城区菜市口大街6号院4号楼1层109-5号	100120	83985636
国瑞城社区支行	东城区西花市大街39号	100062	67116791

新奥洋房社区支行	东城区景泰西里东区 1 号楼 1 层 B07	100075	87863968
富力城社区支行	朝阳区广渠门外大街 5 号院 13 号楼 11 号	100022	58764588
安立花园社区支行	朝阳区安立路 66 号安立花园首层	100101	64907570
媒体村支行	朝阳区天溪园 20 号楼商业 17 号	100107	84920906
华纺易城社区支行	朝阳区青年路 29 号院 20 号楼 1 层	100123	58764588
沿海赛洛城社区支行	朝阳区百子湾东里 314－07 号	100124	87213689
太阳宫社区支行	大兴区旧宫镇旧忠路 12 号院旧宫新苑 2 号楼 17 门	100028	84298494
碧水云天社区支行	海淀区挽留星标家园 11 号楼 1 层底商	100089	82566980
大成郡支行	丰台区大成南里四区 2 号楼 101 号	100141	68291031
怡海花园支行	丰台区怡海花园内怡海路 3 号四区 6 号铺位	100070	63710071
彩虹城社区支行	丰台区光彩路 68 号院西区 1 号楼 1 层 08 号	100079	87862126
海户路社区支行	丰台区骏景园中区 10 号楼 4－106 室	100068	87870237
珠江帝景社区支行	朝阳区广渠路 28 号院 401 号楼 106 室	100022	58633151
广渠路社区支行	朝阳区广渠路 36 号院乙 6 号楼 22 号	100022	87789986
橡树湾社区支行	海淀区学府树家园二区橡树湾二期底商 7－13 号	100085	82815766
宋家庄社区支行	丰台区宋庄路 26 号院 10 号楼 102 室	100079	87165805

平安银行股份有限公司北京分行

机构名称	地　址	邮　编	电　话
分行营业部	西城区复兴门内大街 158 号首层	100031	66292375
神华支行	东城区安德路 16 号洲际大厦首层	100011	64485661
花园路支行	海淀区花园东路 11 号泰兴大厦首层	100029	57625289
西三环支行	海淀区复兴路甲 14 号华鹰大厦首层	100036	63954901
中关村支行	海淀区苏州街 1 号首层	100080	62547455

三元桥支行	朝阳区新源南路 9 号首层	100027	84538105
朝阳门支行	朝阳区关东店北街国安宾馆首层	100020	65061188
官园支行	西城区车公庄大街乙 1 号首层	100044	68334240
建国门支行	东城区建国门内大街 18 号首层	100005	65188100
知春路支行	海淀区知春路 113 号首层	100086	62637549
海淀支行	海淀区中关村南大街甲 32 号首层	100081	62185355
东直门支行	东城区东直门外大街 48 号首层	100027	84477761
东城支行	东城区金宝街 58 号首层	100005	65127792
和平支行	东城区和平里 9 区甲 4 号首层	100013	64464970
宣武支行	西城区南新华街甲 1 号首层	100051	67085906
亚运村支行	朝阳区安立路 66 号 1 号楼首层	100101	64907719
万柳支行	海淀区万柳中路 35 号万柳蜂鸟家园 2 号楼首层	100089	82871700
德胜门支行	西城区安德路 81 号首层	100011	82061004
光华路支行	朝阳区光华路 4 号东方梅地亚中心 A 座首层	100026	65832350
望京支行	朝阳区望京新城南湖西园 125 号首层	100101	84721377
花园桥支行	海淀区西三环北路 87 号首层	100089	88825851
东四环支行	朝阳区八里庄西里 100 号 1 号楼首层	100102	85866189
开阳桥支行	丰台区开阳路 1 号瀚海花园大厦首层	100069	83973756
亚奥支行	朝阳区北辰东路 8 号 5 号楼 2 层	100101	84982996
清华园支行	海淀区成府路 113 号首层	100084	62760580
丰台支行	丰台区华源四里甲 4 号楼首层	100073	63252082
财满街支行	朝阳区朝阳路 67 号 5 号楼首层	100084	85752317
朝外支行	朝阳区朝外大街 18 号首层	100020	65881991
广渠门支行	东城区广渠家园 5 号楼首层	100022	87512336
方庄支行	丰台区紫芳园 4 区 5 号楼 5－03 号首层	100078	87669591

世纪金源支行	海淀区蓝靛厂东路2号院2号楼首层	100097	88877366
国贸支行	朝阳区光华路5号院2号楼首层	100020	50949248
天通苑支行	昌平区东小口镇立汤路186号甲5幢首层	102218	84675783
亦庄支行	北京经济技术开发区文化园西路6号院18号楼首层	100176	87927816
总部基地支行	丰台区南四环西路188号16区18号楼首层	100028	50949301
大红门支行	丰台区石榴庄西街232号1幢首层	100075	87862752
北苑支行	朝阳区天畅园5号楼首层	100107	84829006
金融街支行	西城区金融大街23号首层	100033	50949295
十里河支行	朝阳区东三环南路19号院1号楼首层	100122	87667376
首体南路支行	海淀区首体南路甲20号首层	100044	88356976
双井支行	朝阳区广渠门39号院2号楼首层	100022	50916385
石景山支行	石景山区石景山路2号北京台湾街C－02－10号楼首层	100040	66171701
木樨园支行	丰台区果园8号楼首层	100068	50868350
崇文门支行	东城区崇文门外大街7号、9号1幢南段首层	100062	67085906
学院南路支行	海淀区学院南路15号院10号楼首层	100082	62440786
白云路支行	西城区莲花池东路甲5号院1号楼首层	100038	63377326
大兴新航城支行	大兴区榆垡镇南十路3号首层	102602	89219451
上地支行	海淀区上地西路41号院1号楼首层	100085	50960878
通州支行	通州区临河里33号楼首层	101101	50838739
东三环支行	朝阳区新源南路1号首层	100027	57309415
大兴支行	大兴区兴华大街3段25号1层101号	102600	81290306

中信银行股份有限公司总行营业部

机构名称	地　　址	邮　编	电　话
营业结算部	西城区金融大街甲27号投资广场A座	100033	66293012
国际大厦支行	朝阳区建国门外大街19号	100004	65008673
京城大厦支行	朝阳区新源里南路6号	100004	84865386
富华大厦支行	东城区朝阳门北大街8号富华大厦E座1层	100027	65558375
朝阳支行	朝阳区农展馆南里12号	100026	65389585
中关村支行	海淀区中关村南大街1号友谊宾馆苏园公寓13－1328号	100086	62187401
富力支行	朝阳区双花园南里2区13号楼1至2层	100022	65687832
广安门支行	西城区广安门外南滨河路1号	100055	63288594
海淀支行	海淀区海淀北1街2号首创拓展大厦1至3层	100190	62613870
东大桥支行	朝阳区工体东路18号	100020	65030016－8004
知春路支行	海淀区知春路14号	100088	62369830
新兴支行	海淀区西三环中路17号新兴宾馆写字楼首层	100036	68212510
交大支行	海淀区上园村3号交大科技大厦1层南侧102室	100044	66579713
奥运村支行	朝阳区大屯路慧忠北里309号楼D首层	100012	64802811
酒仙桥支行	朝阳区酒仙桥路14号兆维大厦1层	100016	64319780
崇文支行	东城区东花市南里富贵园3区底商裙房	100062	67151793－868
西单支行	西城区复兴门内大街45号	100801	66035426
万达广场支行	朝阳区建国路93号北京万达广场东区商业B座	100022	58208405
首体南路支行	海淀区首体南路22号国兴大厦首层	100044	88354767
中粮广场支行	东城区建国门内大街8号	100005	65228710

金运大厦支行	海淀区西直门北大街甲43号1号楼	100044	62294403
上地支行	海淀区上地东里1区4号楼科贸大厦1层	100085	62969970
经济技术开发区支行	北京经济技术开发区天华园一里3区14号楼1层	100176	67875909
安贞支行	朝阳区安贞西里3区26号浙江大厦1层、5层	100029	64417162
广渠路支行	朝阳区东三环外广渠路九龙商厦1层	100022	87768422
望京支行	朝阳区望京利泽中园2区208号院内B座1层	100102	64391220
清华科技园支行	海淀区中关村东路1号清华科技园9号楼威新国际大厦1层	100084	58722190
三元桥支行	朝阳区曙光西里甲1号首层	100028	58221129
世纪城支行	海淀区蓝靛厂居住区世纪城3期垂虹园甲2号	100097	88862232
尚都国际中心支行	朝阳区东大桥路8号尚都国际中心	100020	58700914
紫竹桥支行	海淀区北洼路9号世纪新景园7号楼	100089	88583982
花园路支行	海淀区塔院志新村2号飞利信大厦1层	100031	62082701
万柳支行	海淀区万柳星标家园5－32号、5－31号、5－217号	100089	82567560
来福士支行	东城区东直门南大街1号来福士中心1层、2层	100007	64008610
财富中心支行	朝阳区东三环中路7号北京财富中心1期商铺E101号、E205号	100020	65309351
长安支行	朝阳区广渠路23号院6号楼底商	100022	61654807
北辰支行	朝阳区慧忠里320号住总大厦	100101	84837995
出国中心支行	朝阳区小亮马桥西路6号院7号楼1层	100016	84551178
福码大厦支行	朝阳区广顺路北大街33号院1号楼福码大厦办公楼B座1层	100102	84729168
观湖国际支行	朝阳区姚家园路105号3号楼万企控股大厦	100025	59623402
太阳宫支行	朝阳区夏家园12号楼半岛国际公寓102号底商	100028	84419878

媒体村支行	朝阳区红军营南路北辰绿色家园天朗园C座1层	100012	84915068
国奥村支行	朝阳区林萃东路2号楼甲3号楼1层、2层	100101	84374633
通州支行	通州区翠景北里7号楼底商	101101	81593096
金泰国际支行	朝阳区广渠路11号院1号楼	100022	87213757
瑞城中心支行	朝阳区亮马桥路48号院4号楼1层	100125	60837010
丰台支行	丰台区太平路桥华源四里甲7号楼1层底商	100073	63252018
顺义支行	顺义区后沙峪镇双裕东区丁1号楼1层	101318	60416939
回龙观支行	昌平区回龙观西大街北侧北店时代广场宜尚百货1层	102208	60728100
北苑支行	朝阳区水岸南街8号院6号楼B1－01号、1F－01号、2F－01号	100012	84360115
中信城支行	西城区菜市口大街甲2号院6号楼	100052	83194420
房山支行	房山区西潞街道良乡西路26号西路时代大厦1层、2层	102488	69389317
珠市口支行	东城区珠市口东大街5号楼光明日报社办公楼西侧1楼	100062	67029851
密云支行	密云区鼓楼东大街19号院19－10号	101500	61094656
怀柔支行	怀柔区青春路21号慧友大厦	101400	61628741
方庄支行	丰台区方庄紫芳园4区3号楼	100164	87153978
石景山支行	石景山区政达路6号4号楼、5号楼	100041	68705670
和平里支行	东城区和平里六区8号1段	100013	84504966
德外支行	西城区德胜门外大街甲10号中轻大厦	100011	62426501
八里庄支行	朝阳区八里庄东里1号A区1号楼	100025	65501791
三里屯支行	朝阳区新东路8号院3号楼	100027	84185830
大兴支行	大兴区金星西路6号兴创大厦	102627	60260012

高碑店支行	朝阳区高碑店兴隆街2号兴隆小区综合楼潮青汇百货1层	100005	85787801
天桥支行	西城区天桥南大街1号天桥艺术大厦B座	100050	83132981－8006
十里河支行	朝阳区周庄山水文园201号楼101房	100122	67480452
翠微路支行	海淀区复兴路20号	100840	68267133
西红门支行	大兴区西红门鸿坤广场购物中心F1－18C号、F2－16C号	100162	80225561
南新仓支行	东城区朝阳门北大街9号东方文化大厦1层	100010	89936588
橡树湾支行	海淀区学府树家园3号楼3－1号至3－12号	100085	62845296
宝盛广场支行	海淀区黑泉路8号宝盛广场A座1001号	100192	62740968
门头沟支行	门头沟区石龙工业区18号骏洋国际大厦1层	102308	60868120
西山壹号院支行	海淀区德惠路1号院13号楼1层2－101号	100094	62730587
枫丹壹号支行	大兴区亦庄镇鹿华路5号院13号楼	100076	87927698

中国光大银行股份有限公司北京分行

机构名称	地　址	邮　编	电　话
分行营业部	西城区宣武门内大街1号	100031	66567688
朝内支行	东城区朝阳门北大街17号人保大厦1层	100010	65279078
宣武支行	西城区广安门外大街1号深圳大厦1层	100055	63271188－8697
德胜门支行	西城区黄寺大街23号北广大厦1层	100011	82236900
海淀支行	海淀区中关村大街18号科贸电子城1层	100190	82598021－800
朝阳支行	朝阳区朝外大街16号中国人寿大厦1层	100020	85252009
建国门支行	朝阳区建国门外大街甲6号中环世贸中心D座1层	100022	65630255
复兴路支行	海淀区复兴路47号天行建商务大厦	100036	51921033

学院路支行	海淀区西直门北大街56号生命人寿大厦1层	100082	63018827
天宁寺支行	西城区莲花池东路1号	100045	63489739
西城支行	西城区车公庄大街甲4号－1物华大厦	100044	68002194
中关村支行	海淀区知春路63号	100190	62563410
东城支行	东城区东四北大街337号	100010	64079747
新源支行	朝阳区新源西里中街12号	100027	64648252
安定门支行	东城区安定门外大街208号三利大厦	100011	64280003
礼士路支行	西城区南礼士路66号建威大厦	100045	68025382
亚运村支行	朝阳区慧忠路5号远大中心C座1层	100101	84891160
交大支行	海淀区西直门外上园村3号交大知行大厦	100044	62249612
阜成路支行	海淀区西三环北路100号金玉大厦1层	100037	68727490
花园路支行	海淀区花园东路10号高德大厦B段1层	100191	82038352
三里河支行	西城区月坛南街71号1层配楼1～3层	100045	68519372
工体路支行	东城区东中街46号鸿基大厦1～2层	100027	64171771
定慧桥支行	海淀区阜成路99号	100142	88504835
西直门支行	西城区德宝新园22号德宝饭店1层	100044	68332338
方庄支行	丰台区方庄芳古园1区29号楼	100078	87673414
长安支行	西城区复兴门外大街6号光大大厦	100045	68561246
长虹桥支行	朝阳区东三环北路17号恒安大厦	100027	65958221
世纪城支行	海淀区板井路59号	100097	88508844
万柳支行	海淀区万柳中路11号	100089	82362712
北太平庄支行	海淀区北太平庄路18号城建大厦B座1层	100088	62091421
惠新西街支行	朝阳区安外小关东里14号	100029	64417446
望京支行	朝阳区望京中环南路花家地街花家地商业1号楼	100102	84723281
金源支行	海淀区蓝靛厂垂虹园甲5号	100097	88878901

光华路支行	朝阳区光华路2号阳光100G座	100026	65063528
亦庄支行	北京经济技术开发区天宝园5里2区1－C2号	100176	67820492
金融街支行	西城区金融大街28号院2号楼1层	100032	66578055
石景山支行	石景山区阜石路166号泽洋大厦北座1层	100043	52638610
京广桥支行	朝阳区东三环中路7号北京财富中心写字楼A座1层	100020	65309889
崇文支行	东城区广渠门内大街27号	100062	87103728
苏州街支行	海淀区苏州街18号长远天地D座1层	100080	82609760
丰台支行	丰台区南四环西路168号汉威国际广场4区6号楼1层	100070	83368199
劲松桥支行	朝阳区东三环南路甲52号	100022	67727118
清华园支行	海淀区双青路88号华园世纪商务楼1层	100083	82527673
上地支行	海淀区上地三街9号嘉华大厦B座1层	100085	62978318
顺义支行	顺义区站前西街3号顺鑫国际商务中心1层	101300	61409500
东高地支行	丰台区东高地万源西里36栋—甲44栋航天万源广场1层	100076	68753688
东长安街支行	朝阳区建国门外大街乙12号LG双子座大厦	100022	51208555
西坝河支行	朝阳区西坝河北里23号恒川广场1层	100028	64473806
丽泽支行	丰台区丰台北路18号恒泰中心C座1层	100071	83733385
金融街丰盛支行	西城区太平桥大街25号	100032	63639100
奥运支行	朝阳区南沙滩66号院1号楼1－2－1号	100101	84097001
五棵松支行	海淀区西四环中路16号院1号楼	100143	59739704
望京西支行	朝阳区望京新城南湖西园125号楼	100102	64751830
和平里支行	东城区和平里东街10号院1号楼	100013	64212258
姚家园路支行	朝阳区星火西路19号楼	100025	85855778

马连道西支行	丰台区华源四里甲4号楼	100073	63259978
经济技术开发区支行	北京经济技术开发区景园北街2号59幢	100176	87163918
安慧支行	朝阳区安慧北里逸园29号楼	100101	84860620
建国门内大街支行	东城区建国门内大街18号恒基中心1层	100005	65188876
大兴金星路支行	大兴区金星路12院3号楼	102628	69221131
大兴支行	大兴区兴华南路1号	102628	81281531
通州支行	通州区新华东街296号1层	101100	80882801
双井桥支行	朝阳区广渠路39号院2号楼汉督国际中心1层02单元	100022	87759599
科技园支行	丰台区科学城恒富街2号院5号楼阳光四季1层	100070	63712533
顺义后沙浴支行	顺义区后沙浴镇安富街8号院1号楼1层103号	101300	60408695
四季青支行	海淀区通惠路12号	100195	56081878
西客站支行	西城区莲花池东路甲5号院白云时代大厦1层	100045	63385690
怀柔支行	怀柔区南大街3号	101400	56877454

华夏银行股份有限公司北京分行

机构名称	地址	邮编	电话
分行营业部	西城区金融大街11号	100034	58598428
石景山支行	石景山区石景山路66号	100041	88294148
和平门支行	西城区前门西大街14号	100052	63163290
紫竹桥支行	海淀区广源闸5号	100081	68703275
东四支行	东城区东四十条21号北京一商集团大厦1层	100007	64019779
长安支行	西城区三里河东路5号	100045	68535115
中关村支行	海淀区北四环56号	100080	62695278

知春支行	海淀区知春路 111 号理想大厦 1 层	100086	82665348
灯市口支行	东城区灯市口大街 33 号	100006	65261075
平安支行	西城区平安里西大街 16 号	100035	66187120
安定门支行	东城区安定门外大街甲 68 号	100011	84287858
建国门支行	东城区建国门内大街 5 号	100005	65132004
朝阳门支行	朝阳区工体西路 18 号光彩国际公寓 S107 号	100020	65536200
京广支行	朝阳区东三环中路 7 号北京财富中心	100020	65330559
首体支行	海淀区西直门外大街 168 号腾达大厦 1 层	100044	88576283
亮马河支行	朝阳区东三环北路 3 号幸福大厦 B 座	100027	64688003
东直门支行	朝阳区东土城路 14 号	100013	85271101
中轴路支行	东城区鼓楼外大街 45 号	100011	62361848
奥运村支行	朝阳区慧忠北里 410 号楼 1 层	100101	64858139
万柳支行	海淀区万柳中路 29 号	100089	82577095
两广支行	东城区东珠市口 1 号	100062	67086078
国贸支行	朝阳区双花园南里三区合生国际花园 24 号楼1～2 层	100022	65667131
光华支行	朝阳区光华路 8 号	100026	65832410
魏公村支行	海淀区中关村南大街甲 12 号	100081	62109308
东单支行	东城区建内大街 22 号	100005	85237918
北沙滩支行	朝阳区德胜门外北沙滩 1 号	100083	64848676
德外支行	西城区德外大街 3 号	100088	82011388
西直门支行	海淀区西直门北大街 60 号	100088	82295260
望京支行	朝阳区望京广顺大街 222 号	100102	84725997
世纪城支行	海淀区蓝靛厂 2 号金源时代商务中心 2 号楼 A 座	100089	88861768
车公庄支行	西城区车公庄大街 12 号核建大厦首层	100037	88306398

东外支行	东城区东外大街35号	100027	84511042
上地支行	海淀区信息路甲28号科实大厦	100085	82771598
丰台科技园支行	丰台区航丰路1号时代财富天地大厦	100070	58090566
广外支行	西城区广安门外大街甲397号	100055	63328322
青年路支行	朝阳区青年路雅成一里19号世丰国际大厦1层	100025	85521533
通州支行	通州区梨园北杨洼25号商务楼	101100	81537960
北三环支行	西城区北三环中路6号	100011	58572871
亦庄支行	北京经济技术开发区荣昌东街甲5号隆盛大厦A座1层	100176	67806862
顺义支行	顺义区石园南区33号楼首层	101300	89443092
房山支行	房山区良乡苏庄东街9号	102488	69369931
怀柔支行	怀柔区青春路26号工会综合楼	101400	61604075
大望路支行	朝阳区百子湾南2路70号1层102室	100124	87724593
天通苑支行	昌平区天通苑北一区甲4号	102218	80782905
玉泉路支行	石景山区鲁谷路74号中国瑞达大厦1层	100040	68608568
方庄支行	丰台区方庄芳古园一区28号楼-2号	100078	84827482
菜户营支行	丰台区菜户营58号	100054	63356771
姚家园支行	朝阳区姚家园路105号观湖国际大厦	100025	59282276
学院路支行	海淀区学院路30号科技园大厦	100083	62660706
媒体村支行	朝阳区红军营南路媒体村天畅园8号楼1层	100107	84827683
新发地支行	丰台区新发地锦程园19号楼	100045	83790335
四道口支行	海淀区四道口2号	100081	82481231
陶然支行	西城区太平街8号院朱雀门30号	100050	83197751
永安支行	朝阳区建国门外大街3号京伦饭店1层	100020	56765757
朝内支行	东城区朝内大街南竹杆胡同2号银河SOHO一层	100010	56765293

西客站支行	丰台区广安路9号国投财富广场1号楼1～2层	100055	83665598
大兴支行	大兴区金星西路绿地中央广场D座1层	102600	59513215
门头沟支行	门头沟区大峪新桥大街57号	102300	61807782
运河支行	通州区通胡大街1号院2号楼武夷花园商业楼	101199	56760055
惠新西街支行	朝阳区安苑路18号1层	100029	64920832

中国民生银行股份有限公司北京分行

机构名称	地　址	邮　编	电　话
木樨地支行	海淀区复兴路甲3号	100038	68579345
阜成门支行	西城区阜外大街2号万通新世界广场B座	100037	68588449
建国门支行	朝阳区建国门外大街21号国际俱乐部	100020	65325937
中关村支行	海淀区知春路113号银网中心	100086	62619096
西坝河支行	朝阳区西坝河北里甲24号首层	100028	64474590
工体北路支行	朝阳区工体北路9号	100027	64155280
安定门支行	朝阳区安外大街1号信义大厦	100011	58295809
万寿路支行	海淀区复兴路甲65号	100036	68169091
西客站支行	丰台区西客站南广场中盐大厦	100055	63485530
正义路支行	东城区正义路3号共青团中央综合楼	100006	65262023
上地支行	海淀区上地东里1区4号楼科贸大厦	100085	62971290
国贸支行	朝阳区建国路128号一航大厦	100022	65676300
首体支行	西城区西直门外大街甲143号凯旋大厦	100044	68310386
金融街支行	西城区金融街33号通泰大厦B座	100140	88087334
什刹海支行	东城区地安门东大街56号	100009	84050115
北太平庄支行	西城区新街口外大街2号金辉科技楼	100088	62382766
广安门支行	西城区广内大街338号港中旅大厦	100053	83512515

方庄支行	丰台区芳古园1区28－3号通润会馆	100078	67670385
朝阳门支行	朝阳区朝外大街22号泛利大厦	100020	65884529
紫竹支行	海淀区紫竹院路31号华澳中心嘉慧苑	100089	88510821
魏公村支行	海淀区中关村南大街16号科技出版社	100081	68937489
东单支行	东城区金鱼胡同18号丽苑公寓	100006	85110682
亚运村支行	朝阳区北四环东路131号中国藏学研究中心	100101	64916864
苏州街支行	海淀区海淀南路32号中信国安数码港	100080	62526249
西直门支行	海淀区西直门大街45号时代之光名苑	100044	62266015
和平里支行	东城区青龙胡同1号歌华大厦B座	100007	84186208
崇文门支行	东城区崇外大街9号正仁大厦	100062	67089851
奥运村支行	朝阳区北辰西路8号院2号楼北辰世纪中心A座2层	100101	84377376
三元支行	朝阳区东三环北路甲2号京信大厦西南配楼	100027	84489520
西单支行	西城区西单北大街107号北京电信综合楼	100032	58503909
劲松支行	朝阳区劲松三区甲302号华腾大厦	100021	87730408
成府路支行	海淀区成府路298号中关村方正大厦	100080	82529408
德胜门支行	西城区德外大街新风街2号天成科技大厦	100088	82271439
电子城支行	朝阳区酒仙桥路14号兆维大厦	100015	58671027
首都机场支行	朝阳区航安路首都机场职工之家综合楼	100621	64595916
西二环支行	西城区平安里西大街26号新时代大厦首层	100034	88009826
空港支行	顺义区天竺空港工业区经纬四街9号院办公楼	101318	64595916
复兴门支行	西城区太平桥大街111号1～2层	100032	66178450
南二环支行	东城区永定门外大街101号百荣世贸商城A区	100077	87804382
建国门外支行	朝阳区建国门外大街甲12号新华保险大厦	100022	65693081
京广支行	朝阳区西大望路3号院2号楼	100026	65974216

航天桥支行	海淀区西三环北路 100 号 1～2 层	100048	88516466－600
双清路支行	海淀区双清路 77 号院 1 号楼 1 层 101 号	100085	62684317
望京支行	朝阳区南湖东园 122 号博泰国际 B 座	100102	64755278
环保园支行	海淀区地锦路 5 号中关村环保园原动力空间 1 号楼	100095	59738716
首体南路支行	海淀区首体南路 9 号中国电工大厦	100048	68790947
大兴支行	大兴区黄村镇永华路 1 号兴政家园	102600	69228357
东二环支行	东城区东直门南大街甲 3 号居然大厦	100007	64012217
顺义支行	顺义区仁和镇顺平东路 7 号院 1 号楼 1～2 层	101300	81487783
总部基地支行	丰台区丰台镇富丰路 2 号星火科技大厦 2－6 幢	100070	83739712
世纪金源支行	海淀区蓝靛厂垂虹园甲 4 号楼	100097	88877430
国奥支行	朝阳区安立路 66 号 4 号楼	100101	64906808
朝阳北路支行	朝阳区朝阳北路 107 号院 58 号楼	100025	58626018
亦庄支行	北京经济技术开发区隆庆街 7 号 1 幢	100076	67879915
通州支行	通州区九棵树西路京洲园 195 号楼 1～2 层	101121	81595959
长椿街支行	西城区宣武门西大街 97 号 2 号楼	100031	88086601
光华支行	朝阳区金桐西路 10 号 1 层、2 层	100020	85906828
华威支行	朝阳区松榆南路 38 号院 1 号楼 1～2 层	100122	87328256
顺义新城支行	顺义区顺安南路 68 号首层	101300	56360188
万柳支行	海淀区万柳中路 6 号院 2 号楼	100089	82362533
广渠门支行	东城区广渠家园 10 号楼 1 层 101 室	100022	85003233
昌平支行	昌平区白浮泉路 26 号院 2 号楼	102200	80112288－8018
房山支行	房山区拱辰街道政通路 12 号 1 号楼首层大厅	102488	60305550
陶然桥支行	东城区永定门西滨河路 8 号院 7 楼 101 号	100077	57837821
石景山支行	石景山区银河南街 2 号院 1 号楼 1 层 2 单元	100040	68633588
西大望路支行	朝阳区西大望路 19 号院 1 号楼 1 层、2 层	100022	87756735

回龙观支行	昌平区回龙观西大街16号院1号楼首层、2层	102208	60779375
媒体村支行	朝阳区天朗园C座1层01商业	100107	84923352－600
亮马桥支行	朝阳区亮马桥路48号院4号楼1层101号	100125	84401191
万丰路支行	丰台区万丰路303号梦都酒家首层	100161	63858550
林萃路支行	朝阳区林萃西里16号楼1层F1－27号	100085	50866206
常营支行	朝阳区常惠路4号楼1至2层122号	100024	65774955
杏石口支行	海淀区杏石口路80号益园文化创意产业基地A区1号楼	100095	65884508
东坝支行	朝阳区朝新嘉园东里6区1号楼1～3层	100018	65676308
大兴新城支行	大兴区枣园东巷1号院1号楼1至2层	102611	60280088
榆垡支行	大兴区榆垡镇今荣街9号首层、2层	102602	89210011
香山支行	海淀区闵庄路3号清华科技园玉泉慧谷2期1号楼1层	100097	88405400
望京科技园支行	朝阳区望京东园5区502号楼1至2层精品店	100102	64799009
东四支行	东城区东四北大街265号	100007	64025688
南苑支行	丰台区马家堡东路189号院2号楼首层	100077	56678898
天通苑支行	昌平区东小口镇立汤路181号院6号楼1层	102218	62382704
知春路支行	海淀区知春路13号航南大厦首层	100083	82310055
中关村软件园支行	海淀区西北旺东路10号院16号楼1层102号	100094	56647098
太阳宫支行	朝阳区太阳宫中路16号院1号楼冠捷大厦101室	100028	84629097
丽泽商务区支行	丰台区丽泽路5号1层101号－2室	100073	63384900
门头沟支行	门头沟区滨河路115号滨河大厦1层	102399	61809096
新源里支行	朝阳区新源南路8号院4号楼1层103单元	100027	85952619
东三环支行	朝阳区东三环北路甲26号楼1～2层	100026	85952689
新街口支行	西城区新街口北大街3号1～2层	100035	62269792

渤海银行股份有限公司北京分行

机构名称	地　址	邮　编	电　话
分行营业部	西城区复兴门内大街 28 号凯晨世贸中心东 C 座 F1 层	100031	66270781
魏公村支行	海淀区中关村南大街 31 号神舟科技大厦	100081	68729077
商务中心区支行	朝阳区光华路 15 号泰达时代中心 1 号楼	100600	85885416
亚运村支行	朝阳区慧忠里 318 号	100101	64953799
万柳支行	海淀区长春桥路 11 号亿城中心 4 号楼	100089	62416917
望京支行	朝阳区广顺南大街 21 号	100102	64775011
德胜门支行	西城区德外大街 36 号楼德胜凯旋大厦 A 座	100120	82069650
京广支行	朝阳区呼家楼京广中心商务楼首层	100020	65973500
东二环支行	东城区南竹杆胡同 2 号银河 SOHO 商业中心	100010	65206625
航天桥支行	西城区莲花池东路 106 号汇融大厦底商	100055	63943100
西客站支行	海淀区西三环北路 100 号光耀东方中心底商	100048	68729121
中关村支行	海淀区海淀大街 3 号 1 幢 1 层 101 北侧及 2 层 201 号	100080	82696321
总部基地支行	丰台区南四环西路 188 号 1 区 31 号楼 1～2 层	100070	83203087
首体南路支行	海淀区首体南路 20 号 4 号、5 号楼 1 层 102 号	100044	88357178
安贞支行	朝阳区安定路 35 号 1 层餐厅	100029	64443055
万寿路支行	海淀区万寿路西街 2 号 1 层	100036	88175373
经济技术开发区支行	北京经济技术开发区天华北街 11 号院 2 号楼	100176	67866885
通州支行	通州区新华西街 60 号院 1 号楼 1 层	101100	50952500
东单支行	东城区建国门内大街 28 号 1 幢 1～2 层	100005	85175051

远洋风景社区支行	海淀区德胜门西大街15号1号楼D3区	100082	82290301
双井社区支行	朝阳区天力街16号楼8号房屋	100022	58621559
橡树湾社区支行	海淀区学府树家园2区7-1号至7-20号7-5房屋	100085	82815613
远洋山水社区支行	石景山区玉泉西里2区3号楼1层D号房屋	100073	68636908
林肯公园社区支行	北京经济技术开发区文化园西路8号院30号楼1层	100176	87925275
广顺北大街社区支行	朝阳区利泽西园306号楼1层109号房间	100102	64190260
百子湾社区支行	朝阳区百子湾路16号百子园后现代城社区5号楼1层	100124	87765688
国贸社区支行	朝阳区东柏街9号院2号楼1层103号房屋	100022	87751631

浙商银行股份有限公司北京分行

机构名称	地　址	邮　编	电　话
中关村支行	海淀区中关村南大街甲12号寰太大厦1层103室	100081	62189330
丰台支行	丰台区南四环西路188号17区1号楼	100070	83739405
五方支行	朝阳区王四营甲2号观68号	100023	87661355
北京十里河支行	朝阳区十八里店乡大羊坊路闽龙广场	100122	67278667
朝阳支行	朝阳区朝新嘉园东里5区18号楼D101号	100018	65432522
大兴支行	大兴区兴华大街3段25-1号1至2层	102600	61210030
长虹桥支行	朝阳区工人体育场北路甲2号裙房1层	100027	65391080
通州支行	通州区中山大街59号院1号楼1层102号	101149	60532310
金宝街支行	东城区金宝街2号雅安国际公寓底商	100005	57809492
顺义支行	顺义区站前东街2号1幢-1至3层101内1层	101300	59725346

方庄支行	丰台区方庄南路2号01层101－5号	100078	59544102
石景山支行	石景山区银河南街2号院1号楼1单元101号	100040	68606033
西直门支行	西城区西直门外大街18号楼3单元	100044	88006168

北京银行股份有限公司

机构名称	地　址	邮　编	电　话
总行营业部	西城区金融大街甲17号、乙17号	100033	66225025
北京分行	西城区复兴门内大街156号D座、B座	100031	66426708
中关村分行	海淀区彩和坊路6号首层	100080	60190041
城市副中心分行	通州区梨园南街326号2层	100121	67743600
车公庄支行	西城区车公庄大街乙8号	100044	68341546
德外支行	西城区德胜门外新风大街2号天成科技大厦A座	100120	82029815
西四支行	西城区西单北大街30号	100032	66072541
阜成支行	西城区阜外大街2号	100037	68032848
复兴支行	西城区月坛南街14号	100045	68525276
展览路支行	西城区西直门外南路8号	100044	68355049
三里河支行	西城区月坛南街85号	100045	68587528
月坛支行	西城区阜外大街27号1层	100037	68104632
华安支行	西城区地安门西大街171号	100034	66112950
西直门支行	西城区冠英园西区31号楼	100035	66537790
燕京支行	西城区复兴门外大街甲19号	100045	68561704
金融街支行	西城区金融大街丁26号	100033	88087441
官园支行	西城区平安里西大街22号1～2层	100034	66110674
慧园支行	西城区教场口街9号院7号楼及已9号楼1层	100120	82061216

西单支行	西城区复兴门内大街156号招商国际金融中心B座	100031	66426677
长安街支行	西城区真武庙1号中国职工之家C座首层	100045	68563182
西内大街支行	西黄城根北街甲2号	100035	82141644
北三环支行	西城区北三环中路6号1幢1~2层	100120	82087500
马连道支行	西城区马连道南街1号院2号楼	100055	63282060
百万庄社区支行	西城区百万庄大街21号院1号楼配套底商1~2号	100037	68104621
白塔寺支行	西城区太平桥大街8号院10号楼1~2层	100034	59352616
右安门支行	西城区右安门内大街65号	100054	63514476
前门支行	西城区前门西大街正阳市场1号楼	100051	63037838
琉璃厂支行	西城区南新华街48号	100052	63044326
广安支行	西城区广安门外白菜湾5号楼1层	100055	63486028
报国寺支行	西城区广安门内大街甲306-3号	100053	63547801
天宁支行	西城区核桃园西街36号	100053	63041992
滨河路支行	西城区枣林前街119号	100053	63517012
白云支行	西城区广安门外小马厂西里2号	100055	63408261
陶然支行	西城区永定门内西街5号	100050	83162495
宣武门支行	西城区广安门内大街6号	100053	83513740
广源支行	西城区广安门外大街305号院7号楼1层	100055	63459126
陶然亭路支行	西城区陶然亭路45号网信鸿玺宾馆1层	100052	83559985
永定门支行	西城区天桥南大街1号1座1层01单元	100050	67217268
南纬路支行	西城区南纬路35号1层	100050	83150491
车公庄大街社区支行	西城区车公庄大街9号院2号楼1层	100044	88312860
工体北路支行	东城区新中西里13号巨石大厦首层	100027	51909895
和平里支行	东城区和平里东街1号	100013	84232251
建国支行	东城区建国门内大街乙18号	100005	65265285

东四支行	东城区东四北大街 303－8 号	100007	64062934
长城支行	东城区金鱼胡同 18 号万富大厦首层	100006	65258088
灯市口支行	东城区灯市口大街 50 号	100006	65248163
景山支行	东城区东四十条 24 号青蓝大厦 1 层	100007	64016958
中轴路支行	东城区安德路 16 号洲际大厦首层	100011	84882626
沙滩支行	东城区北河沿大街 97 号	100006	65220219
东单支行	东城区建内大街 19 号中纺大厦 1 层	100005	65262730
安定门支行	东城区交道口南大街 16 号	100007	64075243
东直门支行	东城区东直门南大街 9 号 4 号楼 1 层	100007	84098610
海运支行	东城区东直门南大街 5 号	100007	58156081
雍和文创支行	东城区东直门北小街青龙胡同 1 号歌华大厦首层	100007	84186329
松榆里支行	朝阳区周庄山水文园 202 号楼 102 号	100023	67278353
天桥支行	东城区珠市口东大街 20 号	100050	67075138
天坛支行	东城区天坛东路 76 号	100061	67169114
花市支行	东城区东花市北里中区甲 27 号楼	100062	67189320
光明支行	东城区光明路 13－3 号	100061	67129144
广渠门支行	东城区夕照寺街 2 号电信工程局办公大楼 1 层	100061	67184883
广渠门外大街支行	东城区广渠家园 5 号首东国际大厦 1 层 101 号	100022	87521598
东直门外支行	东城区北二里庄 44 号迤南 1 层	100027	64606623
磁器口支行	东城区珠市口东大街 3 号 101 室	100062	67085430
白石桥支行	海淀区中关村南大街 48 号 A 座九龙商务中心	100081	62196712
北航支行	海淀区学院路 35 号世宁大厦首层 102 号	100191	82338398
北京大学支行	海淀区成府路 298 号方正大厦 1 层	100871	82529701
北清路支行	海淀区永丰路 9 号院 1 号楼	100094	82789960
北太平庄支行	海淀区北三环中路戊 40 号	100088	62043336－8205

北洼路支行	海淀区北洼路28号	100089	68451673
翠微路支行	海淀区复兴路33号翠微大厦1层	100036	68172288
大钟寺支行	海淀区中关村南大街12号培训中心01~02层	100081	62154096－8818
阜裕支行	海淀区阜成路28号航医大厦西侧1~2层	100142	51817100
甘家口支行	海淀区三里河路39号	100037	68349787
国兴家园支行	海淀区首体南路20号	100044	88355438
海淀路支行	海淀区中关村大街22号中科大厦B座1层	100190	62628358
航天支行	海淀区海淀南路30号航天精密大厦1层	100080	82671123
金运支行	海淀区西直门北大街甲43号金运大厦	100044	52129223
清华大学支行	海淀区清华大学校内照澜院商业楼1~2层	100084	62780101
清华园支行	海淀区双清路同方大厦A座	100084	62770461
上地支行	海淀区上地信息路1号	100085	82895594
世纪城支行	海淀区板井路69号世纪金源大饭店首层	100097	88462505
双秀支行	海淀区北三环中路31号泰思特大厦1层、凯奇大厦1层	100088	82005324
双榆树支行	海淀区双榆树东里甲22号	100086	82116611－152
四道口支行	海淀区西直门外大柳树路2号铁科院北区11号楼	100081	62243859
四季青支行	海淀区世纪城3区蓝靛厂时雨园甲1－1号	100097	88892385
万泉路支行	海淀区新建宫门路1号	100091	62872154
万寿路支行	海淀区万寿路17号综合楼B座	100036	68224508
魏公村支行	海淀区中关村南大街25号中扬大厦	100081	68937792
西客站支行	海淀区羊坊店路21号东北角	100038	63953594
新华支行	海淀区万柳中路15号1层	100089	82565337
新街口北大街支行	海淀区德胜门西大街15号远洋风景8号楼1单元	100082	82293543
学院路支行	海淀区学院路30号	100083	62313296

学知支行	海淀区北土城西路197号	100191	62074986
燕园支行	海淀区西草场1号硅谷电脑城南裙楼1至2层	100080	82852397
永定路支行	海淀区复兴路40号中国铁建科研大厦首层	100039	52689307
永丰支行	海淀区西北旺德政路南茉莉园甲19号楼2段	100094	82403379
友谊支行	海淀区中关村南大街3号海淀科技大厦1层	100081	68945858
中关村海淀园支行	海淀区北一街2号鸿城拓展大厦1至2层	100080	62699713
中关村科技园区支行	海淀区中关村大街甲28号海淀文化艺术大厦B座1层	100086	82533000
中关村支行	海淀区中关村科学院南路12号	100086	62563804
紫竹支行	海淀区车道沟路十号兵器大厦首层	100089	58830099
田村支行	海淀区田村路畅茜园圣华里小区9号楼1层	100049	68162290
橡树湾支行	海淀区学府树家园2区1号楼1层	100085	82816756
五棵松支行	海淀区复兴路75号中央广播电视大学五棵松业务楼B座首层	100850	56765771
温泉支行	海淀区温泉路临58号1层	100095	62407990
东升科技园支行	海淀区西小口路66号中关村东升科技园B区2号楼1层	100096	82830702
互联网金融中心支行	海淀区丹棱街甲1号	100080	82362040
玉渊潭支行	海淀区美丽园中路16号院5号楼	100097	88506911
西翠路社区支行	海淀区西翠路17号院1号楼	100036	68211927
中关村创业大街小微支行	海淀区海淀西大街29号院1层115号、117号	100080	61934677
苏家坨支行	海淀区苏家坨镇凤仪佳苑七里8号楼	100194	57809300
清河支行	海淀区清河清景园5号商业楼地上1层A区	100192	62990536
朝外支行	朝阳区朝外大街12号海蓝云天商城1层	100020	65993325

望京支行	朝阳区望京西园 429 号楼底商 101 号、102 号、201 号	100102	64775719
东大桥支行	朝阳区东直门外新东路甲 5 号	100027	64167514
酒仙桥支行	朝阳区酒仙桥路 3 号	100015	64382939
九龙山支行	朝阳区农光里 117 号	100021	67342062
芳草地支行	朝阳区东大桥路 10 号	100020	65867822
金台路支行	朝阳区团结湖路 52 号	100026	85985900
亚运村支行	朝阳区慧忠北里天创世缘 309 楼 A 座首层	100012	64802490
八里庄支行	朝阳区朝外红庙延静西里 2 号	100025	65949698
新源支行	朝阳区北三环东路 6 号	100028	64643177
安华路支行	朝阳区外馆东街 51 号商业楼首层	100011	64408638
樱花支行	朝阳区北三环东路 15 号	100029	64418052
关东店支行	朝阳区关东店 17 号楼 101 内 1 层	100020	65062512
北辰路支行	朝阳区北辰东路 8 号汇珍楼 1 层	100101	85803048
现代城支行	朝阳区建国路 88 号现代城 A 区 S 座 0101 室	100022	85803045
商务中心区支行	朝阳区光华路丙 12 号首层	100020	65083280
金海国际支行	朝阳区广渠路 21 号 2 号楼 1 层 04 号	100023	58906488
红星支行	朝阳区朝外大街 20 号	100020	65885738
北苑路支行	朝阳区北苑路 172 号万兴苑 11 号楼 1 层 04 室	100101	84854563
东长安街支行	朝阳区建国门外大街乙 12 号双子座大厦西塔 1 层	100022	65683696
健翔支行	朝阳区安翔北里甲 11 号北京创业大厦 B 座 1 层	100101	64889928
惠新支行	朝阳区惠新东街 4 号富盛大厦 1 层	100029	84663956
孙河支行	朝阳区孙河乡康营家园小区 KY15 区 D8R 号楼	100015	84591236
双桥支行	朝阳区双柳北街 39 号商业 2 层 203 号	100024	65734009
大望路文创支行	朝阳区广渠路 28 号甲 201 号楼 1 层	100022	57528618

燕莎支行	朝阳区东方东路19号亮马桥外交办公大楼1层	100125	85322826
望京科技园支行	朝阳区利泽西街8号院1号楼119~121号	100102	64789992
远洋国际中心支行	朝阳区东四环中路56号远洋国际中心A座	100025	85865177
奥北支行	朝阳区天乐园1号楼1层	100107	84927536
奥东支行	朝阳区惠新西街19号	100029	51300080
高碑店支行	朝阳区高碑店北路5号	100123	51361730
奥运村支行	朝阳区北辰西路8号院2号楼	100101	84378372
富力又一城支行	朝阳区黄厂南里2号院31号楼1层	100121	59643615
电子城支行	朝阳区来广营西路5号院诚盈中心6号楼1层	100012	64384806
朝阳北路支行	朝阳区朝阳北路102号楼	100123	85790459
姚家园支行	朝阳区星火西路19号楼1~2层	100025	85855636
太阳宫支行	朝阳区夏家园11号楼1层5号商业和2层11号商业	100028	84298352
国贸支行	朝阳区建国门外大街1号院1号楼58层01–25单元	100004	57068900
芍药居支行	朝阳区芍药居16号楼16–2–3号	100029	84648865
常营支行	朝阳区朝阳北路17号楼–1至3层109号	100024	50866270
力源里社区支行	朝阳区力源里北街2号院5号楼1层108号	100025	85757767
华侨城支行	朝阳区金蝉欢乐园2号院甲1号楼	100023	67366850
东四环支行	朝阳区慈云寺北里210号楼1层102号	100025	85886436
甘露园社区支行	朝阳区甘露园4号楼1层	100123	85773241
西坝河支行	朝阳区太阳宫火星园1号楼1层	100028	84299756
松榆南路社区支行	朝阳区松榆南路38号院1号楼B座	100021	87351792
西大望路社区支行	朝阳区西大望路19号院12号楼1层8单元101号	100022	57528618
崔各庄支行	朝阳区崔各庄乡京旺家园1区8号楼3–6门底商	100015	64358782

新城国际小微支行	朝阳区朝阳门外大街6号院22号楼1层商业103号	100020	65089280
丰台支行	丰台区丰台镇东安街1号	100071	63822841
西罗园支行	丰台区洋桥12号综合楼1层101室	100068	67253444
两桥支行	丰台区西四环南路31号	100071	63825045
方庄支行	丰台区方庄芳星园2区甲3号院6号	100078	67665046
成寿寺支行	丰台区南三环四方景园2区配套商业1－5号	100164	87647377
总部基地支行	丰台区南四环西路188号3区5号101～102号	100070	63701838
三环新城支行	丰台区丰桥路7号院8号楼28号	100070	83631804
金融港支行	丰台区南四环西路188号17区15号1层101号	100070	63298514
东高地支行	丰台区东高地万源西里41栋	100076	88524555
玉泉营支行	丰台区南三环西路16号3号楼1层101号	100068	87576150
马家堡支行	丰台区星河苑2号院9号楼	100068	67500706
太平桥支行	丰台区华源四里甲2号	100073	63380829
青塔支行	丰台区青塔西路9号	100141	68211713
丰体南路社区支行	丰台区丰体南路3号	100166	63876516
政务中心支行	丰台区西三环南路1号	100073	89151001
光彩路社区支行	丰台区贾家花园3号院13号楼112号	100076	87822559
西马场路社区支行	丰台区西马场路6号院3号楼1层105号	100068	87646359
长辛店支行	丰台区杜家坎南路9号	100072	83872332
马家堡东路社区支行	丰台区马家堡东路101号院4号楼1～2层	100077	87646359
美域家园社区支行	丰台区美域家园北区8号楼1层106号	100166	88609078
青塔西路社区支行	丰台区青塔西路52号院8号楼1～2层甲23号	100141	63878198
京源路支行	石景山区石景山路23号中础大厦1层	100049	88706621
石景山支行	石景山区石景山路42号	100043	88706585
远洋山水支行	石景山区玉泉西里2区18号楼1层	100040	68547511

杨庄中区社区支行	石景山区杨庄中区21号楼3单元101号	100043	88706368
银河大街社区支行	石景山区双锦园16号楼1层1－3号	100043	68635090
景阳东街社区支行	石景山区景阳东街66号院3号楼1层102号	100043	68640650
中关村石景山园支行	石景山区实兴大街30号院16号楼102号、201号	100043	68866384
昌平支行	昌平区政府街2号	102200	80103925
天通苑支行	昌平区东小口镇立汤路188号北方明珠大厦商业首层	102218	58608621
回龙观支行	昌平区回龙观镇北店时代广场商业综合楼E段1层	102208	80750306
龙水路支行	昌平区龙水路28－12号底商	102200	69711931
北七家支行	昌平区北七家镇立汤路58号王子大厦瑰宝商业中心	102209	89756452
西三旗支行	昌平区建材城西路87号2号楼1层	100096	82969620
宏福科技园支行	昌平区北七家镇宏福创业园商业街D栋	102209	81775199
顺义支行	顺义区站前街粮食局商办楼	101300	81482121
天竺支行	顺义区天竺地区天竺花园天韵阁1层	101312	64561937
石园支行	顺义区仁和镇石园南区33号楼102号	101300	89452683
首都国际机场支行	顺义区首都机场3号航站楼A2E3－1号	100621	64532594
新国展支行	顺义区天竺空港工业区B区空港融慧园4号楼	101318	80470186
绿港国际中心支行	顺义区首都机场四纬路2号绿港国际商务中心	100621	84169602
石门支行	顺义区仁和镇前进花园石门苑甲13号	101300	89418302
航港支行	顺义区南法信镇顺平路566号ACLP国际大厦	101300	69479250
裕龙支行	顺义区裕龙花园3区7号楼5号	101300	89430810
顺义新城支行	顺义区佳和宜园1号楼101号	101300	56441347
燕山支行	房山区燕山岗南路东一巷6号C座1层	102500	69344783
房山支行	房山区良乡月华大街3号龙建大厦首层	102488	81388783

加州水郡支行	房山区长阳镇昊天北大街48号加州水郡东区商业中心A座	102445	80393773
良乡支行	房山区西潞街道长虹西路71号	102488	60330575
通州支行	通州区新华西街59号4号楼1层	101100	89501576
瑞都支行	通州区九棵树街165号、167号、171号、175号	101100	89501820
运河支行	通州区通胡大街11号	101100	80853166
光机电园区支行	通州区次二村南6号1幢1层	101111	81509319
马驹桥支行	通州区马驹桥镇245号院12号商业楼105号	101100	60570929
国际新城支行	通州区梨园南大街326号	101100	81531790
新华联家园社区支行	通州区杨庄南里8号楼	101100	81511819
梨园西里社区支行	通州区梨园西里27号楼1层1单元	101121	81531895
玉桥西里社区支行	通州区玉桥西里72号院21号楼商8号	101121	81521808
怡乐北街社区支行	通州区怡乐北街92号1层	101121	51270080
大兴支行	大兴区永华南里1号楼	102600	69232938
经济技术开发区支行	北京经济技术开发区宏达北路12号	100176	67873396
黄村支行	大兴区黄村镇兴华路212号	102600	69237798
西红门支行	大兴区西红门镇北一街1号院24号楼1层103号	100162	80258233
亦庄支行	北京经济技术开发区文化园西路8号院25号楼1～2层	100176	87925534
大兴经济开发区支行	大兴区金星路12号院2号楼1层	102600	69261626
魏善庄支行	大兴区魏善庄镇魏北路28号院18号楼	102611	89232810
富强西路社区支行	大兴区黄村镇富强路155号1层	102600	89295219
利民西巷社区支行	大兴区黄村镇利民西巷5号1层	102600	81290176
兴华大街社区支行	大兴区兴华大街19号院16号楼1层102号	102600	80250351
怀柔支行	怀柔区府前西街2号楼	101400	69697032

门头沟支行	门头沟区双峪路 5 号	102300	69863186
石龙经济开发区支行	门头沟区石龙经济开发区永安路 20 号 3 号楼	102308	69802619
平谷支行	平谷区迎宾环岛东南角金谷园 21 号楼 1 层商铺	101200	89999875
府前街支行	平谷区平谷镇新平东路 13 号	101200	61995618
密云支行	密云区鼓楼东大街 19－5 号	101500	69087741
季庄支行	密云区果园新里北区综合楼 1 层	101500	69026772
延庆支行	延庆区延庆镇高塔街 67 号 2 幢	102100	61125600
杨宋支行	怀柔区杨宋镇怀耿路 120 号院 5 号楼 1 至 3 层 101 号	101400	56449061
龙乡支行	昌平区回龙观镇南店村东三旗百汇分市场 1 号楼	100096	82989032
窦店支行	房山区大窦路 257 号院 21 号楼 105～107 室	102402	80320426
城关支行	房山区城关东大街 4 号院 1 号楼 102 室	102400	61375285
向军北里社区支行	朝阳区向军北里 6 号楼 1 层 103 室	100020	85959287
蓝堡小微支行	朝阳区西大望路 3 号院 2 号楼 1 层 S－126 号	100026	85950811
瞰都国际社区支行	朝阳区东四环北路 10 号 1 号楼 1 层商业 01 号、02 号	100015	64346701
东坝支行	朝阳区朝新嘉园东里 7 区 4 号楼 1 层 03 号、04 号	100018	85095292
朝阳门小微支行	东城区南竹杆胡同 2 号 1 幢 1 层	100010	65206765
科兴佳园社区支行	丰台区靛厂路 26 号院科兴佳园 12 号楼底商第 8 门 1 层	100039	68271040
八家嘉园社区支行	海淀区八家嘉园小区商业配套 22－5 号	100084	62946150
万柳支行	海淀区万柳中路 7 号万柳医院医疗辅楼	100089	82560112
中关村软件园支行	海淀区西北旺东路 10 号院东区 1 号楼 106 号	100193	59403093
车站路支行	通州区车站路 22 号	101199	80882188
杨镇支行	顺义区杨镇阳洲鑫园 2 区 21 号 1～3 层 14～21 号	101399	61419020

东关支行	昌平区府学路 9 号	102200	80103702
将府家园社区支行	朝阳区将府家园北里 202 号楼 1 层 2 单元	100015	64363672
时代花园社区支行	石景山区时代花园东街 8 号院 1 号楼 1 层 109 号	100043	68809010
后沙峪支行	顺义区后沙峪镇双裕街 45 号地上 1 层 1－10 号	101318	80478816
青年路西里社区支行	朝阳区青年路西里 5 号院 100 幢等 6 幢 1 号楼 1 层	100123	85816818
宋庄支行	通州区小堡村南 3 号院 1 号楼 1～4 层 101 号	101118	80859772

天津银行股份有限公司北京分行

机构名称	地　　址	邮　编	电　话
分行营业部	西城区东河沿胡同 73 号宣武门大厦	100052	83175930
朝外支行	朝阳区朝外大街乙 6 号朝外 SOHO 0185 号、1133 号	100020	59004326
三元桥支行	朝阳区东三环北路乙 2 号圣元中心 A 座	100027	84471038
中关村支行	海淀区海淀中街 15 号远中悦来 1－E、1－F 底商	100080	58730423
新兴桥支行	海淀区复兴路 21 号 1 幢底商	100036	68573491
丰台支行	丰台区石榴庄西街 232 号商业楼 1 层 1F01、2 层 2F01	100075	63706631
金融街支行	西城区二龙路甲 33 号新龙大厦 B 座	100032	66227910
西直门支行	海淀区西直门北大街 52 号	100082	82206898
东城支行	东城区朝阳门内大街 8 号底商 105 号、106 号	100010	57929206
广渠门支行	东城区广渠家园 3 楼 1 层	100022	87521500
东直门支行	东城区东直门外大街 46 号 1 号楼	100027	84608981
航天桥支行	海淀区西三环北路 100 号	100048	68456337
房山支行	房山区良乡地区政通西里小区 1 号楼、2 号楼南侧	102488	60309553

大兴支行	大兴区兴业大街（三段）32 号 -3 -2 北侧	102600	89293614
通州支行	通州区新华西街 61 号 8 -1 -31 层东侧	101100	56865717
顺义支行	顺义区站前街 1 号院 1 号楼 1 层	101300	81487825

大连银行股份有限公司北京分行

机构名称	地　址	邮　编	电　话
分行营业部	朝阳区建国路 93 号万达广场 B 座	100022	65813121
西城支行	西城区金融大街甲 9 号	100033	66016356
海淀支行	海淀区中关村南大街 6 号中电信息大厦 1 层	100086	62308122
北京经济技术开发区支行	亦庄经济技术开发区宏达北路 16 号	100176	87220795
丰台支行	丰台区科学城中核路 1 号院	100070	63713132
朝阳支行	朝阳区阜通东大街 10 号楼 1 ~2 层	100102	87328618

杭州银行股份有限公司北京分行

机构名称	地　址	邮　编	电　话
分行营业部	东城区建国门内大街 26 号新闻大厦 1 层南侧	100005	64088117
安贞支行	朝阳区安定路 10 号中国有色大厦 1 层	100029	64423711
顺义支行	顺义区府前东街 10 号自来水公司 1 层	101300	60417021
朝阳支行	朝阳区甜水园东街 10 号	100026	65000847
中关村支行	海淀区彩和坊西小街 1 号中湾国际 1 层	100080	59260522
通州支行	通州区九棵树街 177 号	101100	89542750
丰台支行	丰台区望园东里 28 号楼	100161	63822337

大兴支行	大兴区兴华大街（二段）13号院2号楼－2号、－3号	102606	80255721
平谷支行	平谷区新平北路南侧紫贵庄园西侧9号楼10号	101200	61997288
房山支行	房山区良乡西潞南大街8号楼1－1号	102401	69389718
昌平支行	昌平区府学路1－3号	102200	89787271
上地支行	海淀区小营西路33号金山软件大厦1层	100085	57041785
石景山文创支行	石景山区石景山路45号	100043	88952010
次渠支行	通州区次渠南里120号	101111	80823357
东城支行	东城区北花市大街4号	100062	87167841
顺义裕龙支行	顺义区裕龙四区甲5号	101300	61426870

南京银行股份有限公司北京分行

机构名称	地　　址	邮　编	电　话
分行营业部	海淀区阜成路101号B座	100092	56872008
车公庄支行	海淀区首体南路20号4～5号楼	100044	88334001
万寿路支行	海淀区阜成路101号B座	100036	88619369
万柳支行	海淀区万泉庄路28号万柳新贵大厦A座1～2层	100089	58720008
中关村支行	海淀区中关村南三街6号中科资源大厦裙楼	100080	82649800
西坝河支行	朝阳区西坝河北里23号恒川广场	100028	64473898
朝阳门支行	东城区朝阳门南小街2号	100005	65267509
呼家楼支行	朝阳区呼家楼北街7号1～2层	100026	65860699
顺义支行	顺义区南法信镇华英园9号	101300	89425691
北辰支行	朝阳区北辰东路8号汇园公寓M座首层北侧	100101	84975583

通州支行	通州区滨河中路 249 号 1 层、251 号 1 层、253 号 1 层、253 号 2 层	101101	80570207
方庄支行	丰台区四方景园二区配套商业 1－3 号	100078	87656026
西客站支行	丰台区华源三里 1 号楼首科商务酒店	100073	63254707
金融街支行	西城区金融大街 10 号大厦 B 座 1 层	100033	83399112
劲松支行	朝阳区劲松四区 401 号楼 1 幢 1 层	100021	88119870

盛京银行股份有限公司北京分行

机构名称	地　址	邮　编	电　话
分行营业部	朝阳区光华路 4 号东方梅地亚中心 D 座	100026	85597777
中关村支行	海淀区海淀北二街 8 号 1 层 108 单元、109 单元	100080	82012999
官园支行	西城区车公庄大街 9 号院 1 号楼商业 5 号	100044	85251177
五棵松支行	海淀区复兴路 69 号 3 号楼	100038	88199777
顺义支行	顺义区仁和镇新顺南大街 8 号院 1 幢	101399	85886222
大兴支行	大兴区兴业大街三段 26 号楼	102600	69267591
石景山支行	石景山区玉泉西里一区 2 号楼 1 层 107 室	100040	68636855
望京支行	朝阳区望京东园四区绿地中心 A 座 D 区	100102	64391577

上海银行股份有限公司北京分行

机构名称	地　址	邮　编	电　话
分行营业部	朝阳区建国门外大街丙 12 号 1 层	100022	57610106
中关村支行	海淀区北四环西路 66 号	100080	62418659
安贞支行	东城区安定路 20 号	100029	84109289

学院南路支行	海淀区学院南路 15 号	100088	82418630
复兴门支行	西城区鲍家街 43 号	100031	66411223
金融街支行	西城区金融大街甲 9 号	100033	66528799
高碑店支行	朝阳区建国路 27 号	100124	85763072

江苏银行股份有限公司北京分行

机构名称	地 址	邮 编	电 话
分行营业部	朝阳区光熙家园 1 号楼	100028	56986950
德胜支行	西城区德胜门外大街 36 号德胜凯旋大厦 A 座	100120	82063188
东直门支行	东城区东直门南大街甲 3 号居然大厦	100007	64025328
宣武门支行	西城区宣武门外大街甲 1 号环球财讯中心大厦	100052	63039950
西三环支行	海淀区西三环北路 87 号国际财经中心	100089	88824955
朝阳门支行	东城区朝阳门内大街 8 号朝阳首府大厦	100010	57929210
东四环支行	朝阳区百子湾东里 101 号楼首层	100124	67048235
马连道支行	西城区红莲南路 28 号楼红莲大厦 A 座	100055	63325956
安定门支行	东城区安定门外大街丁 88 号	100000	64407800
石景山支行	石景山区石景山路 31 号盛景国际广场	100043	57537005
中关村支行	海淀区中关村南三街 6 号中科资源大厦 1 层	100190	62631232
中关村西区支行	海淀区善缘街 1 号立方庭大厦 1 层	100080	82483853
亚运村支行	朝阳区安慧北里秀园 16 号楼 118 室	100101	84468312
总部基地支行	丰台区南四环西路 128 号院 3 号楼诺德中心 1 层	100070	83816960
东三环支行	朝阳区东三环北路甲 26 号楼博瑞大厦	100011	65167590
望京支行	朝阳区望京园 601 号楼 1 层 102 室	100102	84766295

亦庄支行	北京经济技术开发区荣华南路 10 号院 4 号楼 1 层 106 室	100176	50949890
通州支行	通州区九棵树东路 152 号	101101	56175691
上地支行	海淀区马连洼北路亿城国际中心 1 层	100085	50955736
光华路支行	朝阳区光华路 5 号院世纪财富中心 3 号楼 1 层及夹层 103 单元	100026	50953462
广渠门支行	东城区东花市南里东区 8 号尼奥大厦 1 层	100062	50955239
西城文创支行	西城区三里河东路 30 号院 1 号楼 105 室、106 室	100045	68051080

包商银行股份有限公司北京分行

机构名称	地　　址	邮　编	电　话
分行营业部	朝阳区北四环东路 115 号	100101	64816060
中关村支行	海淀区彩和坊路 8 号	100080	60190675
大红门支行	丰台区马家堡东路 101 号阳光花园 2 –9 号	100070	57704006
通州支行	通州区九棵树东路 150 号	101100	60552315
望京支行	朝阳区望京西路 47 号	100102	64790081
国贸支行	朝阳区呼家楼新苑 4 号楼锐创大厦	100020	56175308
方庄支行	丰台区方庄紫芳园 4 区 5 号楼 102 号	100078	56175717
常营支行	朝阳区常惠路 6 号楼 1 层 116 号	110110	50959598
万科星园社区支行	朝阳区仰山路万科星园甲 3 号 1 层 C4 号	110105	64816226
芍药居社区支行	朝阳区芍药居北里 318 号楼 –1 至 1 层 318 –2 内 1 层	110105	84596754
惠新里社区支行	朝阳区惠新里 218 号、219 号楼 1 层	110101	64816235
大红门服装城小微支行	丰台区骏景园北区 29 号楼 1 层 101 室	110106	84596637

嘉园里社区支行	丰台区草桥东路14号楼商业1D号	110106	57704008
三环新城社区支行	丰台区丰桥路8号院甲14号1层16号	110106	84596682
颐瑞西里社区支行	通州区群芳中三街133号	110112	50959050
华纺易城社区支行	朝阳区青年路29号院20号楼1层20－7号	100101	84596726

宁波银行股份有限公司北京分行

机构名称	地　址	邮　编	电　话
分行营业部	海淀区西三环北路100号	100037	53266393
中关村支行	海淀区海淀大街1号1层、6层	100080	53239636
丰台支行	丰台区万丰路300号	100161	53239556
东城支行	东城区东兴隆街58号06号	100062	53239518
望京支行	朝阳区酒仙桥中路26号院1号楼1层	100015	53231700
亚运村支行	朝阳区慧忠北里214号	100012	53272233
石景山支行	石景山区石景山路2号北京台湾街B区1号楼	100040	53272323
顺义支行	顺义区怡馨家园1号楼1层	101300	53272282
通州支行	通州区车站路40号、42号	101199	53871168

北京农村商业银行股份有限公司

机构名称	地　址	邮　编	电　话
总行营业部	西城区月坛南街1号院2号楼5－102号、5－203号	100045	63229001
朝阳支行	朝阳区北苑路90号	100101	64945340
亚运村支行	朝阳区安外安立路甲56号	100012	84802802

将台支行	朝阳区酒仙桥路14号51号楼兆维华灯大厦1层A108号	100016	84799276
金盏支行	朝阳区金盏乡长店组团13号综合楼1层底商	100018	84334505
来广营支行	朝阳区望京北路18号	100102	64390762
高碑店支行	朝阳区建国路29号兴隆家园9号楼101号、201号	100025	85775446
和平支行	朝阳区来广营东路5号东郊农场综合服务楼	100103	84701914
光华路支行	朝阳区光华路甲14号诺安大厦1层	100020	51309953
新源支行	朝阳区新源里16号琨莎中心1座	100027	84682528
太阳宫支行	朝阳区西坝河北里15号楼	100028	64215209
姚家园支行	朝阳区平房乡政府北侧	100025	85574332
东坝支行	朝阳区东坝二条龙禹安达加油站北	100018	84315985
商务中心区支行	朝阳区朝阳门北大街16号1层、3层、4层	100020	85605330
十八里店支行	朝阳区周家庄中路7号院13号楼A段	100023	67355822
小红门支行	朝阳区小红门乡少角村142号院4号楼附属商业楼	100076	67632186
南磨房支行	朝阳区大望路平乐园路口南300米	100022	67311917
双桥支行	朝阳区朝阳路27号院1~2号楼	100021	65761658
京粮支行	朝阳区东三环中路16号	100022	51672307
黑庄户支行	朝阳区黑庄户乡政府旁边路南	100121	85382975
盛景园支行	朝阳区王四营乡观音景园小区双龙超市东侧	100023	87744560
丰台支行	丰台区西局南街101号	100161	63842592
成寿寺支行	丰台区四方景园2区配套商业2-11号	100078	87644286
花乡支行	丰台区看丹路甲15号	100070	63712293
六里桥支行	丰台区华源一街2号楼	100073	63334756
两广路支行	西城区广安门内大街311号院2号楼1层	100053	83130810
世界公园支行	丰台区丰葆路富锦嘉园综合服务楼1层北段	100070	83623032

新发地支行	丰台区新发地京新酒店西侧	100070	83727020
政务中心支行	丰台区西三环南路1号	100161	89151011
三环新城支行	丰台区丰台东路58号院1号楼	100070	83293061
未来城支行	丰台区益辰欣园小区10号楼	100075	83706909
明春苑支行	丰台区明春苑小区向南100米	100160	83701163
槐新支行	丰台区槐房西路316号院3号楼	100076	67912628
卢沟桥支行	丰台区丰台体育中心北路1号	100166	63814573
小井支行	丰台区丰北路81号1层1～4号	100161	63814548
小屯支行	丰台区卢沟桥张仪村路125号院18号	100071	63811247
王佐支行	丰台区云岗南宫路3号	100074	83318546
长辛店支行	丰台区长辛店杜家坎南路甲6号	100072	83840581
马连道支行	西城区马连道南街1号依莲轩小区D座	100055	63326122
丽泽支行	西城区北京西站南路80号院6号楼1层101号	100073	83062902
宛平支行	丰台区卢沟桥晓月中路5号楼B1层、B2层	100165	83896722
右安门支行	丰台区右安门外大街56号2号楼底商	100069	83974591
银河新区支行	丰台区王佐镇西王佐27号首层	100074	83312418
张郭庄支行	丰台区长辛店张郭庄南路4号	100072	83875244
石景山支行	石景山区杨庄东路78号	100043	68877815
八角支行	石景山区八角南路7号	100043	68872063
西山支行	石景山区西黄新村西里4号楼1层3单元103号	100144	88701303
京原支行	石景山区玉泉路玉泉大厦1层	100040	88255285
海淀支行	海淀区苏州街77号	100089	82518896
中关村支行	海淀区彩和坊路10号中关村瀚海国际大厦1层101～106室	100080	62680126
世纪城支行	海淀区蓝靛厂晴波园甲5号楼	100097	62881232

东升支行	海淀区清华东路甲 1 号	100083	62312130
志新路支行	海淀区志新路二里庄 35 号	100083	59862769
清河支行	海淀区西三旗花园三里 76 号 1 层	100192	62913272
玉渊潭支行	海淀区阜成路 81 号	100142	88152155
莲花路支行	丰台区莲花池西里 6 号院综合楼	100161	63957532
大钟寺支行	海淀区北三环西路甲 18 号中鼎大厦 B 座	100098	62123603
海淀新区支行	海淀区丰秀中路 3 号院 14 号楼	100094	62475162
上地支行	海淀区上地信息路 7 号	100085	62983467
西北旺支行	海淀区西北旺镇百旺新城 A4 地块 6 号综合办公楼	100094	82404104
上庄支行	海淀区上庄镇上庄路 72 号	100095	62478333
温泉支行	海淀区温泉镇温泉路 59 号	100095	62456901
苏家坨支行	海淀区苏家坨镇温阳路 18 号	100095	62454903
北安河支行	海淀区苏家坨镇北安河路 5 号	100095	62454950
四季青支行	海淀区板井路 81 号	100097	88432571
军博支行	海淀区会城门北口路东	100038	63264781
杏石路支行	海淀区杏石口路甲 29 号	100195	88431545
门头沟支行	门头沟区滨河路 115 号滨河大厦 1 层	102300	69820909
斋堂支行	门头沟区斋堂镇斋堂大街 43 号	102300	69816714
永定支行	门头沟区永兴小区 15 号楼底商	102300	69809509
城龙支行	门头沟区门头沟路 38 号	102300	69828008
龙泉支行	门头沟区滨河路 47 号 2 幢 1 层、2 层、B1 层	102300	69832079
昌平支行	昌平区昌平镇鼓楼南大街 19 号院	102200	69744185
兴昌支行	昌平区昌平镇东环路中医院对面	102200	69744889
南口支行	昌平区南口镇东大街保温瓶厂南侧	102201	69771185
小汤山支行	昌平区小汤山镇地税所西院	102211	61781226

兴寿支行	昌平区兴寿镇兴寿村709号	102211	61726064
阳坊支行	昌平区阳坊镇南阳路大都饭店北侧	102205	69760458
沙河支行	昌平区沙河镇兆丰家园12－1号回迁商业楼1层底商	102206	80700636
马池口支行	昌平区马池口镇马池口村新街347号	102202	60772425
崔村支行	昌平区崔村镇西崔村11号	102212	60721355
南邵支行	昌平区南邵镇张营小区底商	102200	60732142
十三陵支行	昌平区十三陵镇泰胡路20号	102213	89761489
北环支行	昌平区昌平镇北环路2号金兰大厦3单元地下1层	102200	69709340
百善支行	昌平区百善镇政府西侧	102200	61739209
天通苑支行	昌平区东小口镇中滩村东镇政府后面	102218	84811232
龙禧支行	昌平区回龙观镇北店嘉园小区21号	102208	81722368
燕丹支行	昌平区北七家镇燕丹村7号派出所西	102209	61758224
回龙观支行	昌平区回龙观镇昌平路410号	102200	62713086
北七家支行	昌平区北七家镇政府街八仙别墅北	102209	69751147
天通苑东区支行	昌平区东小口镇天通苑东苑东3区2号楼	102218	61765510
通州支行	通州区梨园北街63号、65号	101101	69526485
永顺支行	通州区新华北街31号	101100	69544516
宋庄支行	通州区宋庄文化创意产业集聚区京榆旧路南公共服务平台	101118	69595718
潞城支行	通州区潞城镇政府东侧	101117	89581155
西集支行	通州区西集镇国防路39号	101108	61576524
漷县支行	通州区漷县镇漷兴一街北侧	101109	80586191
永乐店支行	通州区永乐店镇永乐大街54号	101105	69568495
张家湾支行	通州区张家湾镇光华路西侧	101113	69572793

台湖支行	通州区台湖镇台湖小区集贸市场	101116	61532735
晶城支行	通州区通胡大街 11 号	101100	89526810
梨园支行	通州区梨园镇九棵树大街 17 号	101101	81514458
翠屏北里支行	通州区翠屏北里西区商 11 号、12 号	101100	81510142
马驹桥支行	通州区马驹桥镇兴华南街 245 号院 12 号楼	101102	60509385
光机电支行	通州区中关村科技园区光机电一体化产业基地政府路 8 号	101111	81500307
顺义支行	顺义区新顺南大街 15 号	101300	69443744
仁和支行	顺义区石园南区 33 号楼	101300	89448105
建新东街支行	顺义区建南东街 2 号	101300	69443034
平各庄支行	顺义区仁和镇平各庄村顺通路 27 号	101300	89492041
马坡支行	顺义区马坡地区西马坡村西	101300	69402009
赵全营支行	顺义区赵全营镇政府西侧	101300	60432619
杨镇支行	顺义区杨镇顺平路杨镇段 53 号	101300	61451286
南彩支行	顺义区南彩镇顺平路南彩段 45 号	101300	89469253
北小营支行	顺义区北小营府前街 11 号	101300	60483974
高丽营支行	顺义区高丽营镇顺沙路高丽营段 7 号	101300	69455929
光明街支行	顺义区光明北街 9 号	101300	69429097
空港支行	顺义区天竺镇府前街 37 号	101312	80467224
南法信支行	顺义区华英园 9 号	101300	69478100
李家桥支行	顺义区李桥中心街 53 号	101304	81473831
后沙峪支行	顺义区后沙峪镇双裕街 15 号	101318	80496752
机场南路支行	朝阳区首都机场南路 3 号	100621	64573633
牛栏山支行	顺义区牛栏山镇牛板路牛山段邮局东侧	101300	69411241
大兴支行	大兴区黄村东大街 9 号	102600	69255471

旧宫支行	大兴区旧宫镇旧宫东路90号	100076	87965968
西红门支行	大兴区西红门镇政府西侧1米	100162	60253045
北臧村支行	大兴区庆丰西路1号院17号楼104～105号	102609	61253449
庞各庄支行	大兴区庞各庄镇农行分理处南1米	102601	89287419
榆垡支行	大兴区榆垡镇卫生院东侧5米	102602	89217898
安定支行	大兴区安定镇农行分理处西侧1米	102607	80231261
青云店支行	大兴区青云店大东新村B区47号楼	102605	80281033
清澄支行	大兴区黄村镇清澄名苑南区31号楼政府综合服务大厅	102600	81296803
采育支行	大兴区采育镇育林街2号院5号楼1～2层	102606	80271469
金星支行	大兴区西红门镇金星庄村黄亦路50号1层	100162	61285905
黄村支行	大兴区黄村镇兴华路216号	102600	69266642
礼贤支行	大兴区礼贤镇派出所东侧10米	102604	89271252
孙村支行	大兴区海鑫北路15号院10号楼1层101号	102600	61267484
清源支行	大兴区兴丰大街2段146号	102600	69261797
经济技术开发区支行	北京经济技术开发区荣华南路10号院2号楼1～2层	100176	53269614
亦庄支行	大兴区亦庄镇政府内	100176	67881644
房山支行	房山区良乡长虹东路1号	102488	69367916
燕房支行	房山区城关镇南大街16号	102400	69313461
阎村支行	房山区阎村镇紫园路115号	102412	89318563
青龙湖支行	房山区青龙湖镇豆各庄村下四区43号	102447	60322343
琉璃河支行	房山区琉璃河镇东街28号	102403	89382853
河北镇支行	房山区河北镇李各庄村	102417	60377229
长阳支行	房山区长阳镇北广阳城村西5号	102445	80351557

窦店支行	房山区窦店镇窦店村	102433	69391813
张坊支行	房山区张坊镇张坊村2区61号	102409	61338351
长沟支行	房山区长沟镇长沟大街48号	102407	61362904
西潞支行	房山区良乡西路东里甲1号西潞商业大厦1层	102488	89368225
良乡支行	房山区良乡中路26号	102401	69361014
平谷支行	平谷区平乐街8号院1幢	101200	89989578
东高村支行	平谷区东高村镇东高村兴业路6号院1幢	101203	69900799
王辛庄支行	平谷区王辛庄镇齐各庄前街75号1幢	101209	89990798
马坊支行	平谷区马坊镇西大街17号	101204	60995562
金海湖支行	平谷区金海湖镇韩庄北街154号	101201	69992097
南独乐河支行	平谷区南独乐河镇同乐路128号1幢	101212	60920737
大华山支行	平谷区大华山镇大华山大街136号院2幢	101207	61948597
峪口支行	平谷区峪口镇峪口西大街2号院1幢	101206	61906024
大兴庄支行	平谷区大兴庄镇大兴庄村东	101205	89932423
新开街支行	平谷区平谷镇林荫北街13号第1～2层	101200	69975132
绿谷支行	平谷区光明西小区5号	101200	69961228
夏各庄支行	平谷区夏各庄镇安固村村东6号	101203	60913108
密云支行	密云区鼓楼南大街25号	101500	69045330
穆家峪支行	密云区穆家峪镇南穆家峪村南侧	101500	61051835
河南寨支行	密云区河南寨镇滨河工业开发区	101500	61086033
十里堡支行	密云区十里堡镇政府东侧	101500	89096276
溪翁庄支行	密云区溪翁庄镇溪翁庄村委会北楼	101500	69012347
巨各庄支行	密云区巨各庄镇巨各庄村南侧	101500	61030163
高岭支行	密云区高岭镇高岭村政府路东侧	101500	81081281
季庄支行	密云区果园西路21号	101500	89099803

檀州支行	密云区鼓楼东大街世豪大酒店对面	101500	69043475
太师屯支行	密云区太师屯镇永安街149号1~4层	101500	69032543
怀柔支行	怀柔区迎宾北路18号	101400	69626174
泉河支行	怀柔区迎宾北路32号	101400	69646145
杨宋支行	怀柔区杨宋镇凤翔科技开发区4园1号	101400	61679451
雁栖支行	怀柔区雁栖镇下庄村435号	101407	61641348
怀北支行	怀柔区怀北镇西庄村317号	101408	69662627
渤海支行	怀柔区渤海镇沙峪村350号	101405	61631741
庙城支行	怀柔区庙城镇庙城293号院3号楼1至2层	101401	60693356
桥梓支行	怀柔区桥梓镇桥梓村村北	101402	57496022
汤河口支行	怀柔区汤河口镇汤河口村16号	101411	89671055
富乐支行	怀柔区富乐大街乐红园小区1号楼	101400	89688706
青春路支行	怀柔区青春路8号	101400	69642910
延庆支行	延庆区东外大街109号	102100	69189202
夏都支行	延庆区高塔路62号	102100	69141623
张山营支行	延庆区张山营镇张山营村南	102115	69111994
永宁支行	延庆区永宁镇北门口	102104	60171284
八达岭支行	延庆区八达岭镇政府院内	102102	69129421
旧县支行	延庆区旧县镇村北侧	102109	61152932
南菜园支行	延庆区延庆镇南菜园开发区17号	102100	69171149
西城支行	西城区复兴门外大街4号迤东1至3层	100045	68066001
鼓楼支行	西城区旧鼓楼外大街甲1号	100011	82082572
陶然亭支行	西城区太平街6号1~2层	100044	59361651
北太平庄支行	西城区新街口外大街12号	100088	82083385
车公庄支行	海淀区首体南路9号主语家园17号楼	100048	68790579

宣武支行	西城区广安门南街6号广安大厦1层、4层	100053	83533578
牛街支行	西城区牛街20号和22号	100053	83530366
阜外支行	西城区车公庄大街9号院1号楼商业2号	100044	88312313
东城支行	东城区北三环东路37号A座	100013	52979440
王府井支行	东城区东单北大街3号	100005	65229768
工体支行	东城区工体西路工体综合楼1层2段、2层2段	100025	65515361
雍和宫支行	东城区安定门东大街28号2号楼B1号、B2号	100007	64097201
崇文支行	东城区崇文门外大街9号1层、7号	100062	67092273
建国门支行	朝阳区东三环中路39号建外SOHO12号楼	100022	58696373
尚都支行	朝阳区东大桥路8号	100020	59003249
广渠门支行	东城区东花市南里东区15号楼2－101号	100062	87103677
天坛支行	东城区光明路13号1层	100062	67161243
东四十条支行	东城区东四十条甲22号	100007	52185020

中国邮政储蓄银行股份有限公司北京分行

机构名称	地　址	邮　编	电　话
崇文支行	东城区崇文门外大街11号－7、11号－212	100078	67086252
交道口东大街支行	东城区交道口东大街10号楼底商B	100007	64003719
百荣支行	东城区永外大街101号	100077	87802003
建内大街支行	东城区站西路2号	100001	65196657
西外大街支行	西城区西外大街德宝新园甲22号	100044	68352749
南滨河路支行	西城区南滨河路27号	100055	51251400
牛街支行	西城区牛街4号	100053	83555017
西城区支行	西城区阜成门北大街17号	100047	68334197

金融大街支行	西城区金融大街3号A座1~2层	100808	66555571
广安门支行	西城区广安门外大街172号	100055	63279593
新华里支行	西城区新华里16号院2号楼商业02号	100044	88359239
真武庙支行	西城区真武庙路四条8号院4号楼	100045	68032808
永安路支行	西城区虎坊路21－7号、21－8号	100052	51251400
新街口支行	西城区西内大街32号	100035	66181633
西四支行	西城区西四南大街16号	100034	66179752
三里河支行	西城区月坛南街65号	100045	68539131
望京支行	朝阳区望京西园一区120号楼	100102	84718103
花家地支行	朝阳区花家地北里1号楼	100102	64737340
水碓子支行	朝阳区金台北街6号楼	100026	65005146
左家庄中街支行	朝阳区左家庄中街6号院9号楼1层111室、2层207室	100028	64628165
常营支行	朝阳区朝阳北路万象新天家园426号楼1层C、D	100024	65431812
吕家营支行	朝阳区观筑庭园801号楼1层104室、2层204室	100122	87641653
广渠门外大街支行	朝阳区广渠门外大街甲28号院16号楼1层西侧A5	100022	67740806
东城区支行	朝阳区光华路50号	100600	65217055
广顺北大街支行	朝阳区广顺北大街19号1层	100102	64724599
十里河支行	朝阳区东三环南路19号嘉多丽园A座京门综合楼1层底商	100122	87641653
吉庆里支行	朝阳区吉庆里6号楼102号A部分	100020	85871417
三间房支行	朝阳区三间房223号	100024	65762454
南湖南路支行	朝阳区南湖南路15号院甲2号楼	100102	59724555
农光里支行	朝阳区农光里102号楼	100021	67341867

万科星园支行	朝阳区仰山路万科星园甲 7 号	100107	84921227
垡头支行	朝阳区垡头一区 4 号楼东	100023	67385807
杨闸支行	朝阳区朝阳路 8 号杨闸环岛西南侧朗廷大厦底商	100024	85583351
朝阳区支行	朝阳区西大望路 59 号甲 3 号楼	100022	67753157
双龙南里支行	朝阳区双龙南里 204 号楼	100021	87321621
姚家园路支行	朝阳区姚家园路甲一号活力东方奥特莱斯购物广场	100123	51193713
大山子支行	朝阳区酒仙桥路 13 号	100015	64333112
工体东路支行	朝阳区工人体育场东路甲 2 号 1 层 101 室	100027	85871416
双井支行	朝阳区广渠东路 48 号楼	100022	67716753
亚运村支行	朝阳区安慧里 2 区 11 号楼	100101	64938202
北苑支行	朝阳区朝来绿色家园嬴秋苑 18 号楼底商	100012	84953875
开阳里支行	丰台区开阳里五区 3 号楼	100069	83559587
大瓦窑支行	丰台区大瓦窑新村住宅楼 A15 物管楼底商	100166	63910500
云岗支行	丰台区云岗南里 2 号	100074	83310974
长辛店支行	丰台区长辛店大街 1 号	100072	83876093
丰台区支行	丰台区西罗园 1 区 15 号楼	100077	87255517
大红门服装城支行	丰台区南苑路 15 号大红门服装商贸城 4 层	100068	87250655
右安南桥支行	丰台区北甲地路 2 号院	100068	86353008
角门支行	丰台区马家堡路 120 号	100068	67528604
丰台南路支行	丰台区风格与林苑甲 9 号楼 1 层 102 室	100070	83712880
菜户营支行	丰台区三路居路 88 号院 18 号楼 1 层 106 室	100073	83204657
彩虹城支行	丰台区光彩路 66 号院 5 号楼 1 层 103 号	100079	87255517
金融港支行	丰台区南四环西路 188 号 16 区 21 楼 1 层	100070	56097525
丰台大街支行	丰台区西四环南路 94 号	100071	63816717
方庄支行	丰台区蒲方路 22 号	100078	67628469

科学城支行	丰台区帝京路5号	100070	63714433
公益西桥支行	丰台区角门18号枫竹苑二区1号楼1层底商	100068	67500829
东高地支行	丰台区东高地斜街13号	100076	67994791
重兴园支行	石景山区重兴园甲1号	100040	68632039
新古城支行	石景山区古城南里2-3号楼	100043	68876125
金顶街支行	石景山区金顶街二区甲2栋	100041	88713029
鲁谷支行	石景山区鲁谷路39号	100040	88685282
石景山区支行	石景山区琅山苗圃南园子金辉苑小区C3配套服务楼底商	100041	52651257
苏州街支行	海淀区厂洼2号楼	100089	68423230
会城门支行	海淀区北蜂窝1号	100038	63952700
中关村西区支行	海淀区彩和坊路10号	100080	82483432
太阳园支行	海淀区大钟寺东路9号	100098	82310721
清河镇支行	海淀区清河三街	100085	62929688
知春路支行	海淀区知春路1号	100083	82310721
紫竹院路支行	海淀区紫竹院路116号嘉豪国际中心B座、E座首层	100097	88569680
永定路支行	海淀区永定路甲88号	100039	68285870
魏公村支行	海淀区中关村南大街17号	100081	88578918
上地支行	海淀区农大南路1号院2号楼	100085	62668380
德政路支行	海淀区西北旺德政路南百旺茉莉园底商	100094	82797470
首体南路支行	海淀区首体南路9号主语家园17号楼底商9-12号	100048	68790664
中关村南大街支行	海淀区中关村南大街甲27号	100081	82483432
文慧园西路支行	海淀区文慧园小区15~16号楼底商A段1层	100082	62029544
中关村支行	海淀区海淀路87号	100080	62610262

万寿寺支行	海淀区西三环北路 25 号	100089	88569680
世纪城支行	海淀区世纪城小区烟树园 1 号楼	100097	88874740
香山支行	海淀区北辛村 55 号	100093	82592744
学院路支行	海淀区成府路 17 号	100083	82373385
万寿路支行	海淀区万寿路 7 号	100036	68214390
海淀区支行	海淀区圆明园西路骚子营小区内	100091	62875156
上地信息产业开发区支行	海淀区上地信息产业开发区综合楼	100085	62976834
育新花园支行	海淀区西三旗东路育新花园小区	100096	82908575
北太平庄支行	海淀区马甸村 1 号	100088	62029544
晋元庄支行	海淀区建西苑晋元庄小区 33 号楼商业 9 号	100043	58971472
玲珑路支行	海淀区西四环北路 160 号 1 层二区 105 室	100039	88119067
滨河路支行	门头沟区滨河西区皓月园 6 号楼底商 11 -3 号	102300	69828692
门头沟区支行	门头沟区河滩路 6 号	102300	69842927
永定支行	门头沟区永定镇冯村商业街 1025 号、1027 号	102308	60804074
迎风街支行	房山区燕山迎风街 43 号	102500	69347148
良乡支行	房山区良乡昊天大街 47 号	102401	69351297
房山区支行	房山区良乡镇良乡西路 11 号	102488	89358306
窦店支行	房山区窦店镇山水汇豪苑 66 号 1 层底商	102433	80307698
农林路支行	房山区城关农林路燕宾鑫源商贸中心	102400	69323310
政通路支行	房山区拱辰街道政通路 23 号	102488	89352352
城关支行	房山区兴房大街 19 号	102400	69314309
长虹东路支行	房山区良乡地区鸿顺园商业 1 号楼 1 层	102488	69387298
永顺支行	通州区永顺西里 46 号楼	101100	81597149
通州区支行	通州区运河西大街 174 号	101100	81587584
通胡大街支行	通州区通胡大街 25 号院 -1 至 -10 号	101100	89537237

马驹桥支行	通州区马驹桥镇兴华西大街南侧潼关三区底商	101102	60597058
新华支行	通州区新华西街57号	101100	69554110
中仓支行	通州区中仓小区	101100	80882381
双裕街支行	顺义区后沙峪镇双裕街甲7号	101300	80479883
石园南区支行	顺义区石园南区花园路南侧新华书店1层底商	101300	89440898
国门支行	顺义区李桥镇李天路南半壁店段11号	101300	61496917
双阳南区支行	顺义区双阳南区甲14号楼	101300	61459196
东兴路支行	顺义区绿港家园1区9号楼120号、125号、126号	101300	89403270
顺义区支行	顺义区新顺南大街	101300	69424651
龙锦苑支行	昌平区回龙观龙锦苑五区	102208	80757025
回龙观西大街支行	昌平区回龙观西大街118号1幢	102208	59812456
黄平路支行	昌平区东小口镇上坡佳园黄平路202号院1号楼	102208	60788518
沙河支行	昌平区沙河镇	102206	69732648
天通北苑支行	昌平区天通北苑二区甲11号楼1门	102218	81771247
白浮泉路支行	昌平区白浮泉路26号院3号楼－1层－102室	102200	56914918
龙水路支行	昌平区畅春阁小区龙水路22号院1号楼1层101室	102200	60741046
东小口支行	昌平区中滩村6号院6号楼1层101～102室	102218	64127938
昌崔路支行	昌平区昌崔路201号大厦1层	102200	80107709
北七家支行	昌平区北七家镇定泗路北侧雅安商厦C号商业1层部分底商	102209	80126276
昌平区支行	昌平区政府街	102200	69746413
埝坛支行	大兴区天河西路19号	102629	61252695
黄村西大街支行	大兴区黄村镇兴华大街中段27号	102600	89295357
兴华路支行	大兴区黄村镇兴华路二段六号院	102627	60243749
经济技术开发区支行	大兴区经济技术开发区隆庆街4号	100179	67880943

大兴区支行	大兴区兴丰大街 22 号	102600	69243272
怀柔区支行	怀柔区青春路 18 号	101400	69626806
迎宾路支行	怀柔区滨湖小区 1 号	101400	60639501
平谷区支行	平谷区旧城街 16 号	101200	69962700
乐园支行	平谷区平谷镇乐园西小区乙 17 号	101200	69982710
紫贵支行	平谷区紫贵庄园 13 号楼	101200	89979702
密云区支行	密云区鼓楼东大街 36 号 1 号楼 1 层东大厅	101500	69042963
双燕街支行	密云区双燕街 6 号 1 幢	101500	61096063
密东广场支行	密云区鼓楼东大街 19－8 号	101500	
果园西路支行	密云区果园西路 42 号、44 号	101500	69099490
延庆区支行	延庆区城关东门外大街 79 号	102100	69185122

（3）专营机构

机构名称	地　址	邮　编	电　话
北京银行股份有限公司信用卡中心	丰台区南四环西路 188 号 17 区 15 号楼	100070	66426500
中国工商银行股份有限公司牡丹卡中心	西城区金融大街 5 号，甲 5 号	100033	66100123
中国工商银行股份有限公司票据营业部北京分部	西城区西单北大街 129 号工行智能银行 3 层	100031	83361841
中国银行股份有限公司银行卡中心	西城区宣武门内大街 8 号浩洋大厦 5 层	100031	83265518
中国光大银行股份有限公司信用卡中心	石景山区政达路 6 号院 1 号楼 B 座	100040	56963333
中国民生银行股份有限公司信用卡中心	丰台区海鹰路 6 号院 9 号楼	100070	63628787
中国民生银行股份有限公司信用卡中心北京第一分中心	朝阳区南磨房路 37 号华腾北搪商务大厦 12 楼	100022	53771822

中国民生银行股份有限公司信用卡中心北京第二分中心	海淀区西三环北路 91 号 7 号楼国图文化大厦 1 层 A18 室	100089	53102369
中国民生银行股份有限公司信用卡中心华北分中心	丰台区海鹰路 8 号院 3 号楼南楼 9 层	100070	63628888
华夏银行股份有限公司信用卡中心	石景山区政达路 6 号院 6 号楼	100040	63698001
华夏银行股份有限公司信用卡中心北京分中心	西城区月坛北街 26 号恒华国际商务中心 A 座 706 室	100045	56297755－6785
交通银行股份有限公司太平洋信用卡中心北京分中心	朝阳区望京阜荣街 10 号首开广场 8 层 A 区	100024	56676292
中信银行股份有限公司信用卡中心北京分中心	朝阳区夏家园半岛国际公寓 11 号楼	100028	64137777
北京银行股份有限公司资金运营中心	西城区金融大街丙 17 号北京银行大厦 21 层	100033	66223691
昆仑银行股份有限公司国际业务结算中心	西城区金融大街 1 号金亚光大厦 B 座 1 层	100033	89026272

（4）外资银行

机构名称	地　址	邮　编	电　话
德意志银行（中国）有限公司	朝阳区建国路 81 号德意志银行大厦 28 层	100025	59698888
摩根大通银行（中国）有限公司	西城区金融大街 7 号英蓝国际金融中心	100140	59318000
法国兴业银行（中国）有限公司	朝阳区新源南路 8 号院 4 号楼 12 层	100027	58513888
蒙特利尔银行（中国）有限公司	朝阳区建国路 77 号华贸中心 3 号写字楼 27 层	100025	85881671
友利银行（中国）有限公司	朝阳区望京东园四区 13 号楼 A 座、B 座	100102	84123000
韩亚银行（中国）有限公司	西城区西长安街 88 号中国人保大厦	100140	66581133
新韩银行（中国）有限公司	朝阳区工体北路甲 6 号中宇大厦	100027	85290101
国民银行（中国）有限公司	朝阳区建国门外大街甲 6 号 1 幢 19 层	100022	56712800
瑞士银行（中国）有限公司	西城区金融大街 7 号英蓝国际金融中心	100140	58327000

德意志银行（中国）有限公司北京分行	朝阳区建国路81号德意志银行大厦	100025	59698899
摩根大通银行（中国）有限公司北京分行	西城区金融大街7号英蓝国际金融中心19层	100034	59318800
法国兴业银行（中国）有限公司北京分行	朝阳区新源南路8号院4号楼12层	100027	58513888
蒙特利尔银行（中国）有限公司北京分行	朝阳区建国路77号华贸中心3号写字楼27层	100025	85881688
友利银行（中国）有限公司北京分行	朝阳区东三环北路丙2号天元港中心A座1层	100020	84538880
韩亚银行（中国）有限公司北京分行	朝阳区霄云路38号现代汽车大厦	100027	84581111
新韩银行（中国）有限公司北京分行	朝阳区工体北路甲6号中宇大厦首层	100027	85235555
国民银行（中国）有限公司北京分行	朝阳区建国门外大街甲6号1幢	100000	56712937
汇丰银行（中国）有限公司北京分行	朝阳区东三环中路5号财富金融中心	100005	59998888
渣打银行（中国）有限公司北京分行	朝阳区东三环中路1号环球金融中心东楼	100020	85188838
东亚银行（中国）有限公司北京分行	朝阳区光华路5号院1号楼东亚银行大厦	100020	65891000
花旗银行（中国）有限公司北京分行	西城区武定侯大街6号卓著中心	100020	59376000
瑞穗银行（中国）有限公司北京分行	朝阳区东三环中路1号环球金融中心西楼8层	100020	65251888
三菱日联银行（中国）有限公司北京分行	朝阳区东三环北路5号北京发展大厦	100004	65908888
星展银行（中国）有限公司北京分行	朝阳区东三环中路5号楼	100140	58397500
恒生银行（中国）有限公司北京分行	朝阳区光华路1号嘉里中心写字楼南楼1816～1828单元	100027	85293601
大华银行（中国）有限公司北京分行	朝阳区景华南街5号远洋光华国际C栋	100025	65051863
三井住友银行（中国）有限公司北京分行	朝阳区光华路1号嘉里中心北楼1601室，南楼1618室、1630室	100020	59204600
南洋商业银行（中国）有限公司北京分行	朝阳区东三环北路霞光里18号佳程广场B座	100027	58390888
澳新银行（中国）有限公司北京分行	朝阳区建国路77号华贸中心3号写字楼32层	100004	65998188
法国巴黎银行（中国）有限公司北京分行	朝阳区建国门外大街1号国贸大厦20层	100004	65350851
华侨永亨银行（中国）有限公司北京分行	朝阳区建国路91号金地中心B座28层2809～2818单元	100004	59315188

中信银行国际（中国）有限公司北京分行	朝阳区东三环中路5号财富金融中心4层01～04单元	100020	85911161
企业银行（中国）有限公司北京分行	朝阳区工人体育场北路8号院1号楼12层	100027	85270585
盘谷银行（中国）有限公司北京分行	朝阳区建国门外大街甲12号新华保险大厦1层东区	100022	65690059
东方汇理银行（中国）有限公司北京分行	朝阳区东三环中路5号财富金融中心19层1901单元、1902－01单元	100020	56514000
浦发硅谷银行有限公司北京分行	朝阳区建国门外大街1号（1期）16幢23层	100020	65350583
富邦华一银行有限公司北京分行	西城区金融大街35号国际企业大厦	100033	83329605
摩根士丹利国际银行（中国）有限公司北京分行	西城区太平桥大街18号丰融国际大厦11层	100032	83563019
奥地利奥合国际银行股份有限公司北京分行	朝阳区建国门外大街21号北京国际俱乐部200室	100020	65323388
加拿大皇家银行有限公司北京分行	西城区金融大街7号英蓝国际金融中心	100033	58399388
美国道富银行有限公司北京分行	朝阳区东三环中路1号环球金融中心东塔1501～1502单元	100033	66574501
美国北美信托银行有限公司北京分行	朝阳区建国门外大街2号北京银泰中心C座2106B	100022	85135300
美国银行有限公司北京分行	朝阳区建国门外大街1号国贸大厦35层01～21室	100004	58358888
美国纽约梅隆银行有限公司北京分行	西城区金融大街7号英蓝国际金融中心7层729～730室	100033	88007500
德国商业银行股份有限公司北京分行	朝阳区建国门外大街2号北京银泰中心C座26层2602单元	100022	85676888
荷兰合作银行有限公司北京分行	朝阳区东三环中路1号环球金融中心西楼21层14～15单元	100020	56951000
韩国产业银行北京分行	朝阳区建国门外大街乙12号双子座大厦西塔27层	100022	65688858
澳大利亚西太平洋银行有限公司北京分行	朝阳区东三环中路1号环球金融中心西楼14层09～11单元	100020	85877339

澳大利亚澳洲联邦银行公众股份有限公司北京分行	朝阳区建国门外大街1号国贸大厦46层	100004	56803000
马来西亚马来亚银行有限公司北京分行	朝阳区建国门外大街1号国贸大厦32层	100004	85351855
西班牙桑坦德银行有限公司北京分行	朝阳区东三环中路1号环球金融中心办公楼西楼16层13～14单元	100020	56511000
澳大利亚国民银行有限公司北京分行	朝阳区建国门外大街1号国贸写字楼1座23层	100004	65359800
荷兰安智银行股份有限公司北京分行	朝阳区建国门外大街1号国贸大厦A座23层07～12单元	100004	86434601
法国外贸银行股份有限公司北京分行	东城区东长安街1号东方广场东方经贸城东一办公楼12层2室、3室	100738	69000588
美国富国银行有限公司北京分行	西城区金融大街7号英蓝国际金融中心7层F721～F723单元	100033	59407888

（5）外资银行分支机构

大华银行（中国）有限公司

机构名称	地　址	邮　编	电　话
北京燕莎中心支行	朝阳区亮马桥路50号燕莎中心1号楼	100016	84893866

东亚银行（中国）有限公司

机构名称	地　址	邮　编	电　话
北京雅宝路支行	朝阳区朝外雅宝路12号G02	100020	85636566
北京望京支行	朝阳区望京中环南路甲2号1层首层4号	100102	84720036
北京富华支行	东城区朝阳门北大街8号富华大厦	100027	65543110

北京中关村支行	海淀区科学南路2号院1号楼融科资讯中心B座3层302单元	100080	62682151
北京金融街支行	西城区武定侯街2号泰康国际大厦首层106单元	100004	59315060
北京经济技术开发区支行	北京经济技术开发区荣华南路12号兴基铂尔曼饭店首层103号	100176	67885198
北京首体支行	海淀区西直门外大街168号腾达大厦23层	100000	65543110

汇丰银行（中国）有限公司

机构名称	地　址	邮　编	电　话
北京京伦支行	朝阳区建国门外大街3号京伦饭店1层西侧W－2－6单元	100020	58669866
北京中关村支行	海淀区中关村南大街2号北京科技会展中心数码大厦A座1层	100086	62159288
北京燕莎中心支行	朝阳区亮马桥路50号凯宾斯基饭店	100016	84519500
北京英蓝国际金融中心支行	西城区金融大街7号英蓝国际金融中心首层	100140	66555288
北京丽都广场支行	朝阳区将台路6号丽都A2商业楼首层商场208室	100016	64338800
北京中关村西区支行	海淀区丹棱街3号中国电子大厦B座1层	100080	59997288
北京北辰支行	朝阳区北辰东路8号北辰时代大厦首层0101单元	100101	59997711
北京远大路支行	海淀区远大路1号金源燕莎商厦首层1002单元	100097	59997888
北京华贸支行	朝阳区建国路89号院13号楼L09单元商铺地下1层及地上1层	100025	59997268
北京翠微路支行	海淀区翠微路17号B楼底商	100036	59997968
北京光华路支行	朝阳区光华路丙12号数码01大厦1层102号商铺	100020	59997999
北京中粮广场支行	东城区建国门内大街8号中粮广场A座	100005	59998859

北京东直门支行	东城区东直门南大街3号楼国华投资大厦1层102单元	100007	59996589
北京清华科技园支行	海淀区中关村东路1号院9号楼搜狐网络大厦1层07A单元	100084	59996566
北京望京支行	朝阳区望京街8号院3号楼101A单元	100102	59996500

花旗银行（中国）有限公司

机构名称	地　址	邮　编	电　话
北京嘉里中心支行	朝阳区光华路1号嘉里中心办公楼首层02单元、北办公楼2层201单元	100000	65009988
北京华贸支行	朝阳区建国路79号北京华贸购物中心1层L131号、2层L236号商铺	100025	59379500
北京盈科中心支行	朝阳区工体北路甲2号盈科中心商场1层	100027	59272300

恒生银行（中国）有限公司

机构名称	地　址	邮　编	电　话
北京中关村支行	海淀区丹棱街3号中国电子大厦A座103室	100080	62500000
北京酒仙桥支行	朝阳区酒仙桥路18号1层159单元	100005	85293507
北京工体北路支行	东城区工体北路66号1号楼L105单元、L205单元	100007	85293726
北京嘉里中心支行	朝阳区光华路1号嘉里中心写字楼南楼1829～1830单元	100020	85293556

韩亚银行（中国）有限公司

机构名称	地　址	邮　编	电　话
北京望京新城支行	朝阳区望京街9号望京国际商业中心A座212～213室	100102	59203780
北京中关村支行	海淀区海淀中街15号远中悦来15－15～17底商	100083	62666710
北京长安街支行	东城区建国门内大街18号恒基中心办公楼2座5层	100005	65183105
北京望京支行	朝阳区望京广顺北大街33号福码大厦1层101A	100102	64721111
北京顺义支行	顺义区站前街8号院1号楼101－2号	101300	61479711

南洋商业银行（中国）有限公司

机构名称	地　址	邮　编	电　话
北京中关村支行	海淀区海淀北二街8号中关村SOHO大厦1层105号、106号	100080	59718565
北京五路居支行	海淀区西四环北路160号二区106室	100000	65684728
北京东直门支行	东城区东中街29号商业南2层RB1J号	100027	64624200

瑞士银行（中国）有限公司

机构名称	地　址	邮　编	电　话
北京华贸支行	朝阳区建国路79号	100025	59696048

新韩银行（中国）有限公司

机构名称	地　址	邮　编	电　话
北京顺义支行	顺义区站前街三号顺鑫国际商务中心1层01号、2层01号	100005	60406008
北京望京支行	朝阳区望京西园429号楼1层103号	100102	64729866

星展银行（中国）有限公司

机构名称	地　址	邮　编	电　话
北京金地中心支行	朝阳区建国路91号金地中心A座1层101单元	100022	85713303
北京燕莎中心支行	朝阳区亮马桥路50号1号楼S103室、C317室	100027	57529201
北京中关村支行	海淀区海淀东三街2号欧美汇大厦1层102单元	100080	57529290
北京将台支行	朝阳区酒仙桥路18号183单元	100016	57529336
北京金融大街支行	西城区金融大街7号英蓝国际金融中心F105～106室	100032	57529130
北京亚运村支行	朝阳区北辰东路8号25号楼1层102单元	100101	57529051
北京东方广场支行	东城区东长安街1号东方广场东方新天地商场首层SS03号	100078	57529552

友利银行（中国）有限公司

机构名称	地　址	邮　编	电　话
北京望京支行	朝阳区阜荣街10号1层	100102	84718866

北京顺义支行	顺义区仓上街2号AMB大厦A区1层	101300	89452220
北京三元桥支行	朝阳区东三环北路丙2号天元港中心1层05号、2层09号	100027	84407177

渣打银行（中国）有限公司

机构名称	地址	邮编	电话
北京燕莎中心支行	朝阳区亮马桥路50号1号楼1层S102B/S124号展厅	100016	64668803
北京中关村支行	海淀区海淀中街6号中关村金融中心B座首层	100080	62569990
北京华贸支行	朝阳区建国路81号华贸中心L122号单元	100025	59627888
北京东方广场支行	东城区东长安街1号东方广场东方经贸城中一办公楼	100006	58172888
北京亚运村支行	朝阳区慧忠里103楼洛克时代中心1层	100101	59113728
北京东直门支行	东城区东直门南大街1号北京来福士中心办公楼2层03单元	100007	59185986
北京金融街支行	西城区金融大街7号英蓝国际金融中心F107单元、F930单元	100033	59188966
北京永定门支行	东城区永定门西滨河路8号院7楼中海地产广场西塔2层01单元	100077	59182530
北京亦庄支行	北京经济技术开发区荣华中路10号亦城国际中心1幢裙房底商1层103号	100000	59188339
北京西城支行	西城区西直门外大街112号阳光大厦1层105号商铺、2层203－1单元	100022	59185718

（6）资产管理公司

机构名称	地　址	邮　编	电　话
中国华融资产管理股份有限公司北京市分公司	西城区阜成门内大街293号	100034	66511186
中国长城资产管理股份有限公司北京市分公司	朝阳区工体南路东2号	100020	65528676
中国东方资产管理股份有限公司北京市分公司	东城区崇文门外大街44号大康大厦1~4层	100062	87559933
中国信达资产管理股份有限公司北京市分公司	东城区北三环东路36号环球贸易中心E座17~18层	100013	59025026

（7）信托公司

机构名称	地　址	邮　编	电　话
中诚信托有限责任公司	东城区安定门外大街2号安贞大厦	100013	84267168
中信信托有限责任公司	朝阳区新源南路6号京城大厦9层	100004	84861376
中国对外经济贸易信托有限公司	西城区复兴门内大街28号凯晨世贸中心中座6层	100031	59569228
中粮信托有限责任公司	东城区建国门内大街8号中粮广场B座11层	100005	85005188
中国金谷国际信托有限责任公司	西城区金融大街33号通泰大厦C座10层	100140	88086686
华鑫国际信托有限公司	西城区宣武门内大街2号中国华电大厦B座11层	100031	83568201
英大国际信托有限责任公司	东城区建国门内大街乙18号院1号楼英大国际大厦	100005	51960235
中国民生信托有限公司	东城区建国门内大街28号民生金融中心C座19层	100005	85259065

北京国际信托有限公司	朝阳区安立路30号院1号楼、2号楼	100012	59680888
国民信托有限公司	东城区西滨河路18号国民信托中心	100011	84268088
国投泰康信托有限公司	西城区阜成门北大街2号楼16～17层	100034	83321800
建信信托有限责任公司	西城区闹市口大街1号院长安兴融中心4号楼10层	100031	67596169

（8）金融租赁公司

机构名称	地　址	邮　编	电　话
建信金融租赁有限公司	西城区闹市口大街长安兴融中心1号院4号楼6层	100031	67594572
北银金融租赁有限公司	东城区东总布胡同58号天润财富中心	100031	66429099
中国外贸金融租赁有限公司	海淀区三里河路1号北京市西苑饭店11号楼	100044	68321925

（9）汽车金融公司

机构名称	地　址	邮　编	电　话
丰田汽车金融（中国）有限公司	朝阳区东三环中路1号环球金融中心西楼7层	100020	57639933
梅赛德斯－奔驰汽车金融有限公司	朝阳区望京街8号院3号楼	100102	84173745
沃尔沃汽车金融（中国）有限公司	朝阳区景华南街5号远洋光华中心C座11层	100020	65982199
大众汽车金融（中国）有限公司	朝阳区望京阜荣街15号院3号楼	100102	65897100
东风标致雪铁龙汽车金融有限公司	朝阳区光华路7号汉威大厦东区9层	100004	65628000
宝马汽车金融（中国）有限公司	朝阳区东三环北路霞光里18号佳程广场B座22层	100027	84147013
北京现代汽车金融有限公司	朝阳区望京东园七区19号楼20～25层	100102	13581931296

（10）财务公司

机构名称	地址	邮编	电话
大唐电信集团财务有限公司	海淀区学院路40号一区26号楼5层北区	100191	62303239
国电财务有限公司	西城区西直门外大街18号金贸大厦D座4层7单元501~502室	100044	58687297
国药集团财务有限公司	海淀区知春路20号中国医药大厦7层	100088	82092605
西门子财务服务有限责任公司	朝阳区望京中环南路7号17幢西门子北京中心裙楼2层	100102	64767255
北京首都旅游集团财务有限公司	朝阳区广渠路38号北京一轻大厦9层	100022	87953508
中煤财务有限责任公司	朝阳区黄寺大街1号中煤大厦6层	100120	82277107
中国移动通信集团财务有限公司	西城区月坛南街1号院3号楼19~20层	100045	52601555
三峡财务有限责任公司	海淀区玉渊潭南路1号	100038	57081345
中海石油财务有限责任公司	东城区朝阳门北大街25号	100010	84528257
国投财务有限公司	西城区阜成门北大街2号楼18层	100034	83325119
国机财务有限责任公司	海淀区丹棱街3号	100080	13901110758
海航集团财务有限公司	朝阳区霄云路甲26号海航大厦写字楼22层	100125	57583700
京能集团财务有限公司	朝阳区永安东里16号国际大厦23层	100022	85218500
神华财务有限公司	西城区西直门外大街18号楼2层7单元201室、202室	100011	57336263
首都机场集团财务有限公司	顺义区首都机场四纬路9号B区3层66室	100621	64557408
亿利集团财务有限公司	朝阳区光华路15号院1号楼19层1903室	100031	57387389－39054
中核财务有限责任公司	西城区三里河南四巷1号	100045	13581995182
北京控股集团财务有限公司	朝阳区化工路59号院2号楼5层	100023	65879800

北京金隅财务有限公司	东城区北三环东路36号B座2102室	100013	59575678
中油财务有限责任公司	东城区东直门北大街9号A座	100007	62096996
中国石化财务有限责任公司	朝阳区朝阳门北大街22号石化大厦7层	100728	13801098221
中航工业集团财务有限责任公司	朝阳区东三环中路乙10号艾维克大厦18层	100022	15801533007
五矿集团财务有限责任公司	海淀区三里河路5号	100044	68495845
航天科工财务有限责任公司	海淀区紫竹院路116号嘉豪国际中心B座12层	100097	58930256
中节能财务有限公司	西城区平安里西大街26号新时代大厦	100034	83496161
中国铁路财务有限责任公司	海淀区北蜂窝路5号院1-1号楼	100038	51848722
北京汽车集团财务有限公司	丰台区汽车博物馆东路6号院4号楼G座17~19层	100160	83362336
兵工财务有限责任公司	东城区安定门外青年湖南街19号	100011	84114795
兵器装备财务有限责任公司	海淀区车道沟10号院3号科研办公楼5层	100089	18618381160
诚通财务有限责任公司	西城区复兴门内大街158号远洋大厦12层	100070	83278179
中国电子财务有限责任公司	海淀区中关村东路66号甲1号楼20~21层	100190	62672051
中国航空集团财务有限责任公司	朝阳区霄云路36号国航大厦	100027	84609999
中国航油集团财务有限公司	顺义区后沙峪镇安福街6号3层	101318	80476276
中国化工财务有限公司	海淀区北四环西路62号	100080	82677958
中铝财务有限责任公司	西直门北大街62号7层	100082	82298679
供销集团财务有限公司	西城区宣武门外大街甲1号C座7层	100052	59338361
中国黄金集团财务有限公司	东城区安定门外大街9号1层	100011	56353751
物美商业财务有限责任公司	海淀区西四环北路158号慧科大厦	100142	88192008
首钢集团财务有限公司	石景山区古城大街36号院1号楼	100000	88295319
中船重工财务有限责任公司	海淀区昆明湖南路72号中船重工科技研发大厦3层	100000	88010372
中信财务有限公司	朝阳区新源南路6号京城大厦低层栋B座2层	100004	59668264
保利财务有限责任公司	东城区朝阳门北大街1号新保利大厦8C	100010	84192372
北大方正集团财务有限公司	海淀区成府路298号928室	100871	82529801

华联财务有限责任公司	西城区金融大街33号通泰大厦B座428室	100033	88086592
通用技术集团财务有限责任公司	丰台区西三环中路90号通用技术大厦6层	100055	63348327
国家电投集团财务有限公司	西直门外大街18号金茂大厦C1座15~18层	100044	56625824
中国大唐集团财务有限责任公司	西城区菜市口大街1号13层、14层	100053	83956810
中国华电集团财务公司	西城区宣武门内大街2号中国华电大厦B座10层	100031	83568000
中化工程集团财务有限公司	东城区东直门内大街2号化学工程大厦13层	100007	59765361
中铁财务有限责任公司	海淀区复兴路69号中国中铁大厦C座5层	100039	51952351
清华控股集团财务有限公司	海淀区中关村东路1号院8号楼清华科技园科技大厦A座10层	100084	82159898
中国核工业建设集团财务有限公司	西城区车公庄大街12号核建大厦	100037	88306225
中国电力财务有限公司	东城区建国门内大街乙18号院1号楼英大国际大厦	100005	63414216
中国华能财务有限责任公司	西城区复兴门南大街丙2号天银大厦C段西区7~8层	100031	63080850
航天科技财务有限责任公司	西城区平安里西大街31号	100035	66498800
中国电子科技财务有限公司	海淀区复兴路17号国海广场A座16层	100036	68589023
中国铁建财务有限责任公司	海淀区复兴路40号中国铁建大厦10层东	100855	52689072
中建财务有限责任公司	朝阳区安定路5号院3号楼30层01单元	100029	86496331
中冶集团财务有限公司	朝阳区曙光西里28号中冶大厦31层	100028	59869215
中国建材集团财务有限公司	海淀区复兴路17号国海广场2号楼B座9层	100102	68139266
中交财务有限公司	西城区德胜门外大街83号德胜国际中心B座16层	100088	82016177
北京金融街集团财务有限公司	西城区真武庙四条8号院10号楼202室	100045	68065876
中化集团财务有限责任公司	西城区复兴门内大街28号凯晨世贸中心中座F3层	100031	59569458
中粮财务有限责任公司	朝阳区朝阳门南大街8号中粮福临门大厦19层	100020	85006341
中国电建集团财务有限责任公司	海淀区西直门外大街168号腾达大厦8层	100044	58367900

新华联集团财务有限公司	通州区台湖镇政府大街新华联总部大厦4层	101116	80538426
北京粮食集团财务有限公司	西城区广安门大街316号京粮古船大厦5层	100053	83570638
联通集团财务有限公司	西城区金融大街21号中国联通大厦A座10层	100033	66258724
中车财务有限公司	丰台区芳城园一区15号楼附楼1~5层	100078	51897086
招商局集团财务有限公司	朝阳区安定路5号院10号楼B栋15层1501号	100082	52296332
中国航发集团财务有限公司	海淀区西三环北路甲2号7号楼7层	100081	68981833
国新集团财务有限责任公司	海淀区复兴路12号恩菲科技大厦B座1层	100038	83257400
中国电信集团财务有限公司	西城区西直门内大街118号冠华大厦8层	100035	56793200

（11）货币经纪公司

机构名称	地　址	邮　编	电　话
中诚宝捷思货币经纪有限公司	东城区崇文门外大街8号院1号楼12层西塔1201~1202号	100062	63195018

（12）消费金融公司

机构名称	地　址	邮　编	电　话
北银消费金融有限公司	海淀区中关村大街22号中科大厦B座	100080	60190750

（13）外国银行北京代表处

机构名称	地　址	邮　编	电　话
德国巴登—符腾堡州银行北京代表处	朝阳区东方东路19号院5号楼－3至24层101内01座11层1101B	100004	65900166

德国中央合作银行股份有限公司北京代表处	朝阳区建国门外大街19号国际大厦22－1B室	100004	85261162
德国迈世勒银行股份公司北京代表处	朝阳区亮马桥路50号燕莎中心C502室	100125	64600458
意大利联合圣保罗银行股份有限公司北京代表处	朝阳区新源南路6号京城大厦2108室	100004	84862108
意大利西雅那银行股份有限公司北京代表处	朝阳区建国门外大街1号（1期）16幢16层04～05单元	100004	65053136
意大利裕信银行股份有限公司北京代表处	朝阳区建国门外大街19号国际大厦2604室	100004	65003716
法国工商银行有限公司北京代表处	朝阳区建国门内大街7号光华长安大厦1座310室	100005	65102167
法国标致雪铁龙融资银行有限公司北京代表处	朝阳区亮马桥路50号1号楼3层C310B单元	100020	59275981
俄罗斯工业通讯银行公众式股份公司北京代表处	朝阳区建国门外大街22号赛特大厦1308室	100004	85120068
俄罗斯外贸银行公众股份公司北京代表处	朝阳区建国门外大街19号国际大厦21BC室	100020	85262800
俄罗斯开发与对外经济银行（外经银行）国有公司北京代表处	朝阳区建国门外大街19号国际大厦20A室	100004	65928905
俄罗斯天然气工业银行股份公司北京代表处	朝阳区建国门外大街甲6号中环世贸中心C座1205室	100022	65630516
俄罗斯欧洲金融莫斯科人民银行股份公司北京代表处	东城区东直门外大街35号5号楼A104	100027	64674091
俄罗斯储蓄银行公开股份公司北京代表处	朝阳区亮马桥路50号北京燕莎中心办公楼C305～306A室	100016	64627039
俄罗斯农业银行股份公司北京代表处	朝阳区建国门外大街22号赛特大厦809室	100004	65686880
白俄罗斯银行储蓄银行公开股份公司北京代表处	朝阳区建国路93号万达广场4号楼3103室	100022	59604290
瑞士苏黎世州银行北京代表处	朝阳区东三环北路38号3号楼6层705室	100125	64672539
瑞士信贷银行有限公司北京代表处	西城区金融大街甲9号金融街中心南楼11层1101B单元	100027	63916889

瑞典商业银行公共有限公司北京代表处	朝阳区麦子店街37号北京盛福大厦14层1410室	100004	65004310
瑞典北欧斯安银行有限公司北京代表处	朝阳区东三环北路8号亮马大厦1座603室	100004	65900913
西班牙对外银行有限公司北京代表处	东城区建国门内大街7号7层12号	100005	65170937
西班牙萨瓦德尔银行股份有限公司北京代表处	东城区东直门外大街46号天恒大厦8层805室	100027	84608366
西班牙巴塞罗那储蓄银行北京代表处	东城区建国门内大街7号光华长安大厦1座610室、611室	100005	59111199
英国巴克莱银行有限公司北京代表处	东城区建国门北大街8号华润大厦2108室	100005	58165023
英国高盛国际银行无限责任公司北京代表处	西城区金融大街7号英蓝国际金融中心17层1731室	100140	66273138
丹麦银行有限公司北京代表处	朝阳区东三环中路5号楼28层07－1单元	100020	18513730137
塞浦路斯银行公共有限公司北京代表处	朝阳区建国门外大街1号（1期）国贸写字楼1座10层06～08室	100004	65057723
巴基斯坦国民银行股份有限公司北京代表处	朝阳区新源南路2号昆仑饭店401室	100004	65903388－435
巴基斯坦哈比银行有限责任公司北京代表处	东城区东长安街1号东方广场东方经贸城西二办公楼12层12室	100738	85151500－104
巴基斯坦联合银行股份有限公司北京代表处	朝阳区建国路乙118号京汇大厦2110室	100022	65675560
巴基斯坦艾尔哈比银行有限公司北京代表处	西城区金融街甲9号金融街中心南楼10层1019室	100033	57379677
巴基斯坦阿斯卡利银行股份有限公司北京代表处	朝阳区建国门外大街1号（2期）24层2401－23单元	100004	59298655
菲律宾首都银行及信托有限公司北京代表处	东城区建国门内大街18号恒基中心办公1楼1座1410室	100005	65183359
菲律宾金融银行股份有限公司北京代表处	朝阳区建国门外大街1号（1期）16幢24层09～10单元	100004	65053793
哈萨克斯坦人民储蓄银行股份公司北京代表处	朝阳区东四环中路41号嘉泰国际大厦A座2006室	100025	84532708
韩国输出入银行北京代表处	朝阳区大望京科技商务园区宏泰东街浦项中心A栋29层2901室	100102	64653371

韩国农协银行股份公司北京代表处	朝阳区阜东大街6号院3号楼26层2608室	100102	84783510
日本三菱日联信托银行股份有限公司北京代表处	朝阳区建国门外大街甲26号长富宫办公楼304室	100022	65139016
日本住友信托银行股份有限公司北京代表处	朝阳区建国门外大街甲26号长富宫办公楼7009室	100022	65139020
日本农林中央金库有限公司北京代表处	朝阳区建国门外大街甲26号长富宫办公楼601室	100022	65130858
泰国开泰银行（大众）有限公司北京代表处	朝阳区建国门外大街19号国际大厦22层C室	100004	65008333
泰国汇商银行大众有限公司北京代表处	朝阳区建国门外大街1号（1期）16幢15层02~03单元	100004	57372681
合作金库商业银行股份有限公司北京代表处	东城区建国门内大街18号恒基中心办公室1座1805室	100005	65188175
中国信托商业银行股份有限公司北京代表处	朝阳区光华路甲8号和乔大厦B座111室	100026	65813700
伊朗德佳拉特银行北京代表处	朝阳区亮马桥路50号燕莎中心写字楼C208室	100125	84551116
蒙古国郭勒穆特银行有限公司北京代表处	朝阳区建国门外大街19号中信国际大厦1号楼第20层E号	100004	65033876
阿联酋国民银行股份有限公司北京代表处	朝阳区亮马桥路50号燕莎中心C519室	100125	64650056
摩洛哥外贸银行股份有限公司北京代表处	东城区建国门内大街18号恒基中心1座1203层	100005	65182364
喀麦隆非洲第一银行有限公司北京代表处	朝阳区光华路8号楼	100025	51149178
尼日利亚第一银行股份有限公司北京代表处	东城区建国门内大街8号中粮广场B座1431室	100005	65286820
尼日利亚詹尼斯银行股份有限公司北京代表处	朝阳区建国门外大街1号国贸大厦（3期）15层1559室	100004	57372661
加纳西非商业银行有限公司北京代表处	西城区武定侯街2号6层601~11室	100033	66290098
加拿大帝国商业银行有限公司北京代表处	朝阳区建国门外大街1号国贸大厦B座56层03单元	100022	65667071－103
加拿大丰业银行有限公司北京代表处	东城区建国门北大街8号华润大厦503室	100005	85192050
美国国泰银行有限公司北京代表处	海淀区首都体育馆南路6号3号楼1155室	100004	65159115

美国华美银行股份有限公司北京代表处	东城区建国门内大街7号光华长安大厦6楼609室	100005	65101551
古巴国民银行北京代表处	朝阳区建国门外大街丙24号京泰大厦706室和708室	100022	65156586
智利银行股份有限公司北京代表处	朝阳区建国门外大街乙12号双子座大厦西塔606室	100022	58794301
阿根廷国民银行北京代表处	朝阳区建国门外大街1号国贸写字楼2座7层719室	100004	65051661
巴基斯坦联盟银行有限公司北京代表处	朝阳区建国门外大街1号16号楼（1期）14层23室	100004	65350216
匈牙利储蓄商业银行公共有限公司北京代表处	朝阳区建国门外大街1号院16号楼23层2315室	100022	85098729

（14）外国非银行金融机构北京代表处

机构名称	地址	邮编	电话
美国万事达卡国际组织北京代表处	东城区建国门北大街8号华润大厦701～702室	100005	85199309
美国威士国际组织（亚太）有限公司北京代表处	朝阳区东三环中路5号财富金融中心48层	100020	85873018
日本国际信用卡公司北京代表处	朝阳区建国路乙118号京汇大厦2006室	100022	65675595
中银信用卡（国际）有限公司北京代表处	朝阳区永安东里8号华彬国际大厦901B	100022	85288366
宝捷思资本市场（香港）有限公司北京代表处	海淀区科学院南路2号5层506室	100190	59822102
昆仑国际（新西兰）有限公司北京代表处	朝阳区新源南路8号北京启皓中心西塔9层	100027	59222082
英国路透集团交易服务有限公司北京代表处	东城区东长安街1号东方广场东一办公楼18层5～12室	100738	66271192
韩国货币经纪株式会社北京代表处	朝阳区建国门外大街2号银泰写字楼C座1542号	100022	65637877

西联金融服务公司北京代表处	朝阳区建国门外大街乙 12 号双子座大厦东塔 22 层 2208A	100022	85165903
英国银星速汇有限公司北京代表处	朝阳区新源里 16 号琨莎中心 1 座 1003 室	100027	84683286
CMC Markets 英国公共有限公司北京代表处	东城区东方广场 E2 座 1901 室 22 单元	100738	85200021
比利时欧洲清算银行有限公司北京代表处	西城区武定侯街 6 号卓著中心 308 室	100032	58543212
美国嘉盛集团北京代表处	朝阳区广顺南大街 16 号东煌大厦 18－111 室	100102	13911626168

3. 证券业机构

（1）证券公司

机构名称	地　　址	邮　编	电　话
中信建投证券股份有限公司	东城区朝内大街 188 号	100010	95587
北京高华证券有限责任公司	西城区金融大街 7 号英蓝国际金融中心 18 层	100034	4006508356
高盛高华证券有限责任公司	西城区金融大街 7 号英蓝国际金融中心 18 层	100034	66273358
中国银河证券股份有限责任公司	西城区金融大街 35 号国际企业大厦 C 座	100035	4008888888
中国民族证券有限责任公司	朝阳区北四环中路 27 号院 5 号楼北京盘古大观写字楼 40～43 层	100140	4008895618
信达证券股份有限公司	西城区闹市口大街 9 号院 1 号楼信达金融中心	100031	4008008899
瑞银证券有限责任公司	西城区金融大街 7 号英蓝国际金融中心 15 层	100034	4008878827
国都证券股份有限公司	东城区东直门南大街 3 号国华投资大厦 9～10 层	100007	4008188118
新时代证券股份有限公司	海淀区北三环西路 99 号西海国际中心 1 号楼 15 层	100086	4006989898
第一创业证券承销保荐有限责任公司	西城区武定侯街 6 号卓著中心 10 层	100033	63212001
东兴证券股份有限公司	西城区金融大街 5 号新盛大厦 B 座 12～15 层	100033	66555835
国开证券有限责任公司	西城区阜成门外大街 29 号 1～9 层	100007	88300111

华融证券股份有限公司	西城区金融大街8号A座3层、5层	100033	95390
民生证券股份有限公司	东城区建国门内大街28号民生金融中心A座16～18层	100005	4006198888
瑞信方正证券有限责任公司	西城区金融大街甲9号金融街中心南楼15层	100033	66538666
首创证券有限责任公司	西城区德胜门外大街115号	100088	4006200620
中德证券有限责任公司	朝阳区建国路81号华贸中心写字楼1座22层	100025	59026663
中国国际金融股份有限公司	朝阳区建国门外1号国贸大厦2座27～28层	100022	65051166

（2）证券分公司

机构名称	地　址	邮　编	电　话
爱建证券有限责任公司北京分公司	朝阳区北辰西路8号院2号楼	100101	85112998
安信证券股份有限公司北京分公司	西城区阜成门北大街2号楼15层	100033	83321000
渤海证券股份有限公司北京分公司	西城区西直门外大街甲143号C座第F2层M单元	100044	88016467
财达证券股份有限公司北京分公司	海淀区花园路2号院牡丹科技楼B座3层B305室	100191	62355536
川财证券有限责任公司北京分公司	西城区平安里西大街28号12层	100034	66495971
长城国瑞证券有限公司北京分公司	大兴区庞各庄镇瓜乡路10号3号楼790室	102601	68081252
长城证券股份有限公司北京分公司	西城区西直门外大街112号阳光大厦8～9层	100044	4006666888
长江证券股份有限公司北京分公司	西城区金融大街33号B段15层	100033	95579
大同证券有限责任公司北京分公司	朝阳区光华东里8号院2号楼11层1101内1209室	100020	4007121212
德邦证券股份有限公司北京分公司	西城区西直门外大街1号楼15层	100044	8571527
第一创业证券股份有限公司北京分公司	西城区金融大街9号楼等2幢甲9号楼801C室	100033	63197866
东北证券股份有限公司北京第二分公司	东城区南竹杆胡同2号1幢12层	100033	4006000686
东北证券股份有限公司北京分公司	西城区锦什坊街28号楼5层501室	100033	4006000686
东北证券股份有限公司北京中关村分公司	东城区安德路甲61号2号楼3层	100011	64522798

东莞证券股份有限公司北京分公司	海淀区万柳中路 11 号派顿大厦 7 层 708 室	100089	58473661
东吴证券股份有限公司北京分公司	西城区金融大街 19 号 B1003 室	100033	66573700
东亚前海证券有限责任公司北京分公司	东城区朝阳门北大街 6 号 8 层 919 室	100005	85283511
方正证券股份有限公司北京分公司	西城区丰盛胡同 28 号楼 10 层 1001B	100032	68546967
方正证券股份有限公司北京资产管理分公司	西城区阜外大街 34 号	100037	95571
光大证券股份有限公司北京分公司	西城区月坛北街 2 号月坛大厦东配楼 2 层	100037	58452052
广发证券股份有限公司北京分公司	西城区月坛北街 2 号月坛大厦 18 层	100045	59136886
广州证券股份有限公司北京分公司	西城区武定侯街 2 号、4 号	100033	95396
国海证券股份有限公司北京第二分公司	海淀区西直门外大街 168 号腾达大厦 25 层 06 室	100044	64283099
国海证券股份有限公司北京分公司	海淀区西直门外大街 168 号主楼 15 层 1509 室	100044	88576898
国金证券股份有限公司北京场外证券业务分公司	怀柔区杨宋镇和平路甲 7 号楼 1 ~2 层	101400	95310
国联证券股份有限公司北京分公司	海淀区首体南路 9 号 4 楼 12 层 1203 室	100044	68798616
国融证券股份有限公司北京第二分公司	丰台区榴乡路 88 号院 21 号楼 1 层 101 室	100075	56762128
国融证券股份有限公司北京分公司	西城区闹市口大街 1 号院长安兴融中心 4 号楼 11 层	100020	65958678
国盛证券有限责任公司北京分公司	西城区锦什坊街 35 号院 1 号楼 302 -2 单元	100033	4008222111
国泰君安证券股份有限公司北京分公司	海淀区知春路 7 号致真大厦 202 室	100086	82311188
国信证券股份有限公司北京分公司	海淀区三里河路 13 号 12 层	100044	68330110
国元证券股份有限公司北京分公司	东城区东直门外大街 46 号 1 号楼 19 层 1901 ~09 室	100027	84608712
海通证券股份有限公司北京分公司	海淀区中关村南大街甲 56 号方圆大厦 6 层 601 室	100044	88027000
宏信证券有限责任公司北京分公司	大兴区庞各庄镇瓜乡路 10 号 3 号楼 588 室	100022	4008366366
华安证券股份有限公司北京分公司	朝阳区东三环中路 20 号楼 27 层	100022	56683577
华宝证券有限责任公司北京分公司	朝阳区建国门外大街丙 12 号楼	100020	57610088
华创证券有限责任公司北京分公司	西城区锦什坊街 26 号楼 4 层 401 室	100033	59370955

华福证券有限责任公司北京分公司	朝阳区朝阳门北大街20号	100027	95547
华金证券股份有限公司北京分公司	东城区建国门内大街28号4幢6层	100005	85721588
华菁证券有限公司北京分公司	朝阳区工人体育场北路甲2号B栋16层	100027	021－60156888
华林证券股份有限公司北京分公司	西城区金融大街35号1幢1501～1502室	100033	88091560
华龙证券股份有限公司北京分公司	西城区金融大街33号B段603室	100033	88086251
华融证券股份有限公司北京分公司	西城区金融大街8号3层	100000	58568028
华泰证券股份有限公司北京分公司	西城区丰盛胡同28号楼15层	100032	63211166
华鑫证券有限责任公司北京分公司	西城区阜成门外大街甲28号西楼10－01室	100037	88306678
华英证券有限责任公司北京分公司	朝阳区建国门外大街8号10层1002～1003单元	100020	58113000
汇丰前海证券有限责任公司北京分公司	朝阳区建国门外大街1号16幢35层21～25单元	100020	0755－88983292
江海证券有限公司北京分公司	朝阳区东三环南路58号2层202室	100022	58674977
金元证券股份有限公司北京分公司	海淀区花园东路11号泰兴大厦10层1001室	100088	62200539
九州证券股份有限公司北京分公司	西城区华远北街2号811室	100032	83988832
开源证券股份有限公司北京第二分公司	朝阳区建国门外大街8号楼16层1605单元	100022	85660036
开源证券股份有限公司北京第三分公司	丰台区榴乡路88号院18号楼6层601室	100075	83570866
开源证券股份有限公司北京分公司	西城区锦什坊街35号院1号楼2层201室	100033	58080588
联储证券有限责任公司北京分公司	东城区北三环东路36号环球贸易中心A座27层	100013	56177899
联讯证券股份有限公司北京分公司	朝阳区天畅园6号楼1～2层	100107	64408846
南京证券股份有限公司北京分公司	朝阳区东三环南路19号院1号楼－2至15层101内甲段4层	100021	87820580
平安证券股份有限公司北京分公司	西城区金融大街23号平安大厦10层1009室	100032	66299501
山西证券股份有限公司北京分公司	海淀区高粱桥斜街13号院甲33号楼2层201室	100044	62235588－8810
申港证券股份有限公司北京分公司	海淀区首体南路9号4楼5层501室	100044	021－80229999
申万宏源证券承销保荐有限责任公司北京分公司	西城区太平桥大街19号B座5层5B	100034	88085893

申万宏源证券有限公司北京分公司	西城区金融大街 20 号 B 座 6 层	100032	67707998
申万宏源证券有限公司北京资产管理分公司	西城区太平桥大街 19 号 2 层	100033	66210166
世纪证券有限责任公司北京分公司	东城区东四十条 68 号 3 层 312 室	100007	84085516
首创证券有限责任公司北京分公司	朝阳区北辰东路 8 号 8 号楼 2 层 212 室	100101	4006200620
太平洋证券股份有限公司北京分公司	西城区北展北街 5～17 号（单号）	100044	88321608
天风证券股份有限公司北京证券承销分公司	西城区佟麟阁路 36 号 1 幢 1201～1230 室	100031	65534527
万和证券股份有限公司北京分公司	东城区东直门外大街 48 号 1 幢 11 层办公楼 11H	100027	84367301
网信证券有限责任公司北京分公司	朝阳区建国门外大街 8 号楼 23 层 2305A	100022	56372178
五矿证券有限公司北京分公司	海淀区首体南路 9 号 4 楼 6 层 603 室	100048	56176258
西部证券股份有限公司北京第二分公司	西城区月坛南街 59 号 3 层 317 室	100045	95582
西部证券股份有限公司北京第一分公司	西城区月坛南街 59 号 1401－1 室	100086	95582
西藏东方财富证券股份有限公司北京分公司	海淀区西直门北大街 32 号院 2 号楼 13 层 1506 室	100082	82206300
西南证券股份有限公司北京分公司	西城区北三环中路 27 号 5 层 558 室	100022	62015677
湘财证券股份有限公司北京承销与保荐分公司	西城区丰盛胡同 28 号楼 9 层 901B 区	100032	95531
湘财证券股份有限公司北京资产管理分公司	西城区丰盛胡同 28 号楼 901 室	100032	95351
新时代证券股份有限公司北京分公司	海淀区中关村东路 66 号 1 号楼 21 层 2510 室	100190	62672771
信达证券股份有限公司北京分公司	石景山区八角西街 68 号 1～2 层	100043	68842015
兴业证券股份有限公司北京分公司	朝阳区朝外大街乙 12 号办公楼 12 层	100033	66290221
银河金汇证券资产管理有限公司北京分公司	西城区金融大街 35 号 1 号楼 626 室	100032	66568068
招商证券股份有限公司北京分公司	朝阳区建国路 118 号 8 层、9 层、11 层	100022	65684890
浙江浙商证券资产管理有限公司北京分公司	西城区广安门外大街 1 号 4 层 412 室	100708	65546300
中国银河证券股份有限公司北京分公司	西城区太平桥大街 111 号 5 层	100033	58872713
中国中投证券有限责任公司北京分公司	西城区太平桥大街 18 号 15 层	100032	63222800
中航证券有限公司北京分公司	朝阳区慧忠路 5 号 A 座 9 层 05 单元	100101	4008895335
中山证券有限责任公司北京分公司	西城区车公庄大街乙 1 号	100044	68340828

中泰证券股份有限公司北京分公司	朝阳区新源南路8号院4号楼13层1301内08单元	100027	65080757
中天国富证券有限公司北京分公司	西城区金融大街9号楼等2幢9号楼15层1501-01单元	100033	13902930883
中信证券股份有限公司北京分公司	东城区建国门北大街5号4层401室	100005	65128320
中银国际证券股份有限公司北京分公司	西城区西单北大街110号7层	100032	83199693
中邮证券有限责任公司北京证券资产管理分公司	西城区西直门内大街56号生命人寿大厦9层	100088	68858165
中原证券股份有限公司北京分公司	西城区广安门外大街168号1幢8~9层	100055	83065880

（3）证券营业部

机构名称	地　址	邮　编	电　话
爱建证券有限责任公司北京科学院南路证券营业部	海淀区中关村新科祥园甲3号楼2层	100080	61934401
安信证券股份有限公司北京北苑路证券营业部	朝阳区天溪园20号楼1层商业24号	100107	68616081
安信证券股份有限公司北京滨河路证券营业部	门头沟区滨河路115号滨河大厦1407室	102300	69828227
安信证券股份有限公司北京东升科技园证券营业部	海淀区西小口路66号中关村东升科技园北领地B-2号楼1层B102B-2室	100192	62928212
安信证券股份有限公司北京丰科路证券营业部	丰台区南四环西路186号1区1号楼4层17单元	100070	83688930
安信证券股份有限公司北京阜成门证券营业部	西城区阜成门北大街2号楼7层701~703号	100034	83321499
安信证券股份有限公司北京阜荣街证券营业部	朝阳区望京园601号楼9层1009室	100102	84766301
安信证券股份有限公司北京复兴门外大街证券营业部	西城区复兴门外大街A2号1号楼11层	100045	68616000
安信证券股份有限公司北京火沙路证券营业部	顺义区后沙峪镇裕民大街3号院1幢1层1071室	101318	61438832

安信证券股份有限公司北京建国门外大街证券营业部	朝阳区建国门外大街乙 24 号 1 层 N101 室	100021	88893661
安信证券股份有限公司北京青塔西路证券营业部	丰台区青塔西路 52 号院 10 号楼 1 至 2 层 2 单元甲 37 室	100071	68616020
安信证券股份有限公司北京石佛营路证券营业部	朝阳区八里庄北里 129 号院 10 号楼 115 室	100025	85815155
安信证券股份有限公司北京万柳华府北街证券营业部	海淀区万柳华府龙园 2 号楼 1 层 4 单元	100089	82565282
安信证券股份有限公司北京西关二巷证券营业部	通州区新华南二街 12 号院 2 号楼 1 层	101100	80884810
安信证券股份有限公司北京西环路证券营业部	昌平区城北街道西环路 16 号 1 幢 2 层 05 室、06 室	102200	60774588
安信证券股份有限公司北京霄云路证券营业部	朝阳区霞光里 15 号楼 18 层 1 单元 2101 室	100125	62923312
安信证券股份有限公司北京小武基北路证券营业部	朝阳区金蝉欢乐园 2 号院甲 1 号楼	100028	68616020
安信证券股份有限公司北京兴华大街证券营业部	大兴区丽园路 7 号 1~2 层	100070	89293310
安信证券股份有限公司北京远大路证券营业部	海淀区远大路 1 号金源时代购物中心 2 期 B 区 10G、10F	100097	88893680
安信证券股份有限公司北京政通路证券营业部	房山区拱辰街道政通路 12 号 501 室、502 室	102401	88874666
安信证券股份有限公司北京中关村东路证券营业部	海淀区中关村南一条甲 1 号 2 号楼 1 层 102 室	100190	62561606
安信证券股份有限公司北京中关村南大街证券营业部	海淀区中关村南大街甲 32 号 2 幢中关村科技发展大厦 B 座 2 层	100081	62140234
高华证券有限责任公司北京金融大街证券营业部	西城区金融大街 7 号英蓝国际金融中心 18 层	100034	66273000

渤海证券股份有限公司北京大兴三中西巷证券营业部	大兴区黄村镇三中西巷9号	102600	69224995
渤海证券股份有限公司北京广顺北大街证券营业部	朝阳区广顺北大街33号院1号楼1单元705~706室	100102	64776858
渤海证券股份有限公司北京慧忠里证券营业部	朝阳区北辰东路8号汇欣大厦1号楼1层	100101	64892168
渤海证券股份有限公司北京西外大街证券营业部	西城区西直门外大街甲143号凯旋大厦C座2层	100044	88016458
财达证券股份有限公司北京花园路证券营业部	海淀区花园路2号牡丹科技楼3层B307室	100083	62356660
财达证券股份有限公司北京首体南路证券营业部	海淀区首体南路20号国兴大厦D座	100044	88354677
财富证券有限责任公司北京德胜门外大街证券营业部	西城区德胜门外大街13号院1号楼305室	100037	68003001
财富证券有限责任公司北京朝阳东三环中路证券营业部	朝阳区东三环中路39号建外SOHO 7号楼3层SH－7302室	100020	85659245
财富证券有限责任公司北京中关村东路证券营业部	海淀区中关村东路89号3层301室	100080	62617176
财通证券股份有限公司北京北三环证券营业部	朝阳区安贞西里三区26楼9层906室	100025	85518655
财通证券股份有限公司北京宣武门证券营业部	西城区宣武门外大街26~30号（双号）2幢13层28号B1509室	100052	62666600
长城国瑞证券有限公司北京工体南路证券营业部	朝阳区朝外大街16号1幢7层703室	100020	50947395
长城国瑞证券有限公司北京远大路证券营业部	海淀区蓝靛厂东路2号院金源时代商务中心2号楼1单元A座17E	100097	88596635
长城国瑞证券有限公司北京月坛北街证券营业部	西城区月坛北街2号3层	100045	68086500

长城证券股份有限公司北京崇文门外大街证券营业部	东城区新怡家园甲3号楼11层1106B	100062	67089320
长城证券股份有限公司北京通胡大街证券营业部	通州区通胡大街25号10号楼2号	101100	89529069
长城证券股份有限公司北京望京西路证券营业部	朝阳区望京西路甲50号1号楼7层1-09内703~706室	100102	64561190
长城证券股份有限公司北京西直门外大街证券营业部	西城区西直门外大街18号金贸大厦1030~1031室	100037	68338376
长城证券股份有限公司北京小营路证券营业部	朝阳区北苑路86号院215号楼1层商业107号	100101	64964121
长城证券股份有限公司北京知春路证券营业部	海淀区知春路51号慎昌大厦2层201室	100086	82533229
长城证券股份有限公司北京中核路证券营业部	丰台区中核路一号3号楼2层201~203室	100070	83670069
长江证券股份有限公司北京百万庄大街证券营业部	西城区百万庄路22号1号楼2层	100037	68364388-118
长江证券股份有限公司北京北清路证券营业部	昌平区回龙观镇北清路1号院6号楼6-2-104室、6-2-105室	102206	80765318
长江证券股份有限公司北京鼓楼外大街证券营业部	朝阳区鼓楼外大街23号1层118室	100102	82209680
长江证券股份有限公司北京广渠门内大街证券营业部	东城区广渠门内大街80号11层1102室、1103室、1105室	100062	95579
长江证券股份有限公司北京国贸证券营业部	朝阳区光华东里8号院2号楼21层2101内2316室、2318室	100000	95579
长江证券股份有限公司北京万柳东路证券营业部	海淀区长春桥路11号万柳亿城大厦2号楼9层01号	100089	58818698
长江证券股份有限公司北京望京西路证券营业部	朝阳区南湖西园甲205号楼1层08室	100000	52091558

长江证券股份有限公司北京新源里证券营业部	朝阳区新源里16号B座3A号	100027	84682235
长江证券股份有限公司北京中关村东路证券营业部	海淀区北四环西路9号3层306室、308室	100190	62423429
大通证券股份有限公司北京建国路证券营业部	朝阳区建国路86号院1号楼8层04室	100022	58207416
大同证券有限责任公司北京西四环中路证券营业部	海淀区西四环中路39-7号	100039	68155388
德邦证券股份有限公司北京朝阳北路证券营业部	朝阳区朝阳北路237号楼16层1903室、1905室	100020	65085758
第一创业证券股份有限公司北京海淀证券营业部	海淀区蓝靛厂东路2号院金源时代商务中心2号楼15层	100097	88866799
第一创业证券股份有限公司北京西直门外大街证券营业部	西城区西直门外大街110号1层102室	100000	51658785
第一创业证券股份有限公司北京新街口北大街证券营业部	西城区新街口北大街3号6层605室、606室	100035	51651688
第一创业证券股份有限公司北京中关村证券营业部	海淀区海淀大街32号1号楼3层	100080	67627499
东北证券股份有限公司北京朝外大街证券营业部	朝阳区朝外大街乙6号20层2303室、2305室	100020	68573809
东北证券股份有限公司北京三里河东路证券营业部	西城区三里河东路5号中商大厦4层	100045	68573809
东方证券股份有限公司北京安苑路证券营业部	朝阳区小关北里45号	100029	84896400-410
东方证券股份有限公司北京大郊亭南街证券营业部	朝阳区大郊亭南街5号院1号楼1~2层	100020	80456114
东方证券股份有限公司北京学院路证券营业部	海淀区学院路30号科大天工大厦B座12层	100083	62666848
东莞证券股份有限公司北京西城太平街证券营业部	西城区太平街8号院30号楼3层301-01室	100031	63166002

东莞证券股份有限公司北京兴华大街证券营业部	大兴区黄村镇富强路97号1~2层	100000	62699600
东海证券股份有限公司北京安苑北里证券营业部	朝阳区安苑北里25号楼长白山国际酒店内3层	100101	64993238
东海证券股份有限公司北京西三环北路证券营业部	海淀区西三环北路87号9层4－902~906室	100089	84892358
东吴证券股份有限公司北京安德里北街证券营业部	东城区安德里北街21号	100120	84117711
东吴证券股份有限公司北京市陶然桥证券营业部	东城区永定门西滨河路8号院7楼10层1101室	102600	57724920
东吴证券股份有限公司北京宣武门证券营业部	西城区宣武门外大街6~18号	100052	63179388
东兴证券股份有限公司北京北四环中路证券营业部	海淀区北四环中路229号海泰大厦2层	100083	82884280
东兴证券股份有限公司北京大望路证券营业部	朝阳区西大望路15号4号楼4层	100022	67771888
东兴证券股份有限公司北京复兴路证券营业部	海淀区复兴路65号首层103室	100036	88218659
东兴证券股份有限公司北京知春路证券营业部	海淀区知春路甲63号中国卫星通信大厦西座1层01单元	100088	66555335
方正证券股份有限公司北京安定门外大街证券营业部	东城区安定门外大街66号3栋101室	100011	84216177
方正证券股份有限公司北京阜外大街证券营业部	西城区阜外大街甲34号泰阳大厦	100037	68518581
方正证券股份有限公司北京回龙观西大街证券营业部	昌平区回龙观西大街16号院1号楼1层A105室	102208	57766997
方正证券股份有限公司北京玉带河东街证券营业部	通州区玉带河东街105号1~2层	101100	57965907

光大证券股份有限公司北京大兴证券营业部	大兴区金星西路19号及19号院2号楼101室	102600	53221978
光大证券股份有限公司北京东中街证券营业部	东城区东中街29号东环广场B座2层	100027	64182899
光大证券股份有限公司北京光华路证券营业部	朝阳区光华路4号院3号楼15层1506室、1507室	100020	58607128
光大证券股份有限公司北京广顺北大街证券营业部	朝阳区广顺北大街17号2层A13室	100102	64182898
光大证券股份有限公司北京金融大街证券营业部	西城区武定侯街2号、4号	100026	66066895
光大证券股份有限公司北京丽泽路证券营业部	丰台区广安门外菜户营东街60号北京哈特商务酒店2层	100054	83067056
光大证券股份有限公司北京通州证券营业部	通州区新华西街58号院3号楼24层2407～2409室	101100	58554907
光大证券股份有限公司北京西直门证券营业部	西城区西直门外大街1号院2号楼8层8C12室	100044	58302858
光大证券股份有限公司北京小营路证券营业部	朝阳区小营路25号楼1层、7层	100029	59046206
光大证券股份有限公司北京玉渊潭证券营业部	海淀区晾果厂6号3层	100036	68081301
光大证券股份有限公司北京月坛北街证券营业部	西城区月坛北街2号月坛大厦东配楼2层、3层、5层	100045	68081286
光大证券股份有限公司北京中关村大街证券营业部	海淀区海淀北二街10号2层201室	100080	82484426
广发证券股份有限公司北京安立路证券营业部	朝阳区安立路68号3层D－375～379室	100027	63281999
广发证券股份有限公司北京朝阳门证券营业部	东城区南竹杆胡同2号1幢10201～10202室	100007	85282382
广发证券股份有限公司北京阜成门南大街证券营业部	西城区阜成门南大街甲3号	100037	68022088
广发证券股份有限公司北京广安门内大街证券营业部	西城区广安门内大街316号6层	100053	63547165
广发证券股份有限公司北京建外大街证券营业部	朝阳区建国门外大街19号1号楼3－01室	100004	65155163

广发证券股份有限公司北京鲁谷路证券营业部	石景山区鲁谷路74号中国瑞达大厦F608～F609室	100040	68609562
广发证券股份有限公司北京中关村东路证券营业部	海淀区中关村东路8号东升大厦A座6层	100083	82527515
广州证券股份有限公司北京海淀北二街证券营业部	海淀区海淀北二街8号2层102－2室	100080	95396
广州证券股份有限公司北京亮马桥路证券营业部	朝阳区亮马桥路39号1号楼1层C101号	100125	95396
广州证券股份有限公司北京三里河东路证券营业部	西城区月坛南街49号2幢2层201～212室	100036	68546175
广州证券股份有限公司北京武定侯街证券营业部	西城区武定侯街2号、4号1层F2－1（B）105室	100032	95396
国都证券股份有限公司北京北三环中路证券营业部	西城区北三环中路6号3幢13层1306室	100029	64890703
国都证券股份有限公司北京朝阳路证券营业部	朝阳区八里庄西里97号楼1506号	100025	65505078
国都证券股份有限公司北京大望路证券营业部	朝阳区建国路93号院10号楼3层306室	100022	56409125
国都证券股份有限公司北京东中街证券营业部	东城区东中街40号1号楼1层06号	100027	65533737
国都证券股份有限公司北京阜外大街证券营业部	西城区阜成门外大街22号1幢3层301室	100037	68329055
国都证券股份有限公司北京九棵树街证券营业部	通州区翠景北里2号楼2层九棵树街109号、113号、117号	101100	59392161
国都证券股份有限公司北京鲁谷路证券营业部	石景山区鲁谷路74号中国瑞达大厦10层F1008～F1010号	100040	68176013
国都证券股份有限公司北京门头沟滨河路证券营业部	门头沟区滨河霁月园8号楼滨河路153－15号1层	102300	69829800
国都证券股份有限公司北京三元西桥证券营业部	朝阳区曙光西里甲6号院9号楼2层10室	100025	59762885

国都证券股份有限公司北京西直门外大街证券营业部	西城区西直门外大街110号101室	100044	59812666
国都证券股份有限公司北京中关村南大街证券营业部	海淀区中关村南大街5号理工科技大厦303室	100081	68949680
国海证券股份有限公司北京和平街证券营业部	朝阳区和平街11区38号楼	100013	64283164
国海证券股份有限公司北京火沙路证券营业部	顺义区后沙峪镇裕民大街3号院1幢1层1080室	101300	61460370
国海证券股份有限公司北京西关南街证券营业部	通州区新华南二街12号院1号楼1层1~9室	101100	69559298
国海证券股份有限公司北京珠市口大街证券营业部	东城区珠市口东大街11号1层109室	100050	64283201
国金证券股份有限公司北京建外大街证券营业部	朝阳区建国门外大街甲6号1幢B座18层1－18内1806室	100020	95310
国金证券股份有限公司北京长椿街证券营业部	西城区长椿街3号2－101室	100033	66215599
国开证券股份有限公司北京西四环北路证券营业部	海淀区西四环北路15号15号楼1层102号、103号	100083	88869917
国开证券股份有限公司北京中关村南大街证券营业部	海淀区中关村南大街6号中电信息大厦5层	100086	82168398
国开证券股份有限公司北京珠市口东大街证券营业部	东城区珠市口东大街14号2层	100050	67072528
国联证券股份有限公司北京朝阳门南大街证券营业部	东城区南竹杆胡同2号银河SOHO中心1层D座	100010	59576205
国联证券股份有限公司北京建材城西路证券营业部	昌平区建材城西路87号2号楼	100096	57391101
国联证券股份有限公司北京马家堡东路证券营业部	丰台区马家堡东路168号院6号楼1层21号	100068	56158989

国联证券股份有限公司北京石景山路证券营业部	石景山区石景山路乙18号院2号楼12层1505~1509室	100040	88685951
国联证券股份有限公司北京首体南路证券营业部	海淀区首体南路9号4楼12层1202室	100048	63170199
国融证券股份有限公司北京北辰东路证券营业部	朝阳区北辰东路8号12号楼3层2号	100101	84981734
国融证券股份有限公司北京博物馆路证券营业部	丰台区汽车博物馆东路6号院2号楼3层3005室	100075	63734932
国融证券股份有限公司北京东四环中路证券营业部	朝阳区东四环中路82号2-2座1层101室	100022	52088310-803
国融证券股份有限公司北京金融大街证券营业部	西城区金融大街33号6层C616室	100033	88017777
国融证券股份有限公司北京三元桥证券营业部	朝阳区曙光西里甲1号1至2层商业06号	100028	56098057
国融证券股份有限公司北京宣武门西大街证券营业部	西城区宣武门西大街甲129号11层1107~1110室	100031	66418320
国融证券股份有限公司北京中关村大街证券营业部	海淀区中关村大街甲59号文化大厦203室	100086	82200303
国盛证券有限责任公司北京德胜门外大街证券营业部	西城区德胜门外大街83号德胜国际中心B座302室	100088	62631969
国盛证券有限责任公司北京乐园路证券营业部	大兴区乐园路4号院2号楼1单元301室	102600	80223383
国泰君安证券股份有限公司北京安贞门证券营业部	朝阳区安定路5号院9号楼1层105单元	100029	82263818
国泰君安证券股份有限公司北京朝内大街证券营业部	东城区南竹杆胡同2号银河SOHO中心2层	100010	50953121
国泰君安证券股份有限公司北京德外大街证券营业部	西城区德胜门外大街13号院1号楼109-A室	100088	62034788

国泰君安证券股份有限公司北京方庄路证券营业部	丰台区方庄路1号	100078	67638335
国泰君安证券股份有限公司北京光华路证券营业部	朝阳区光华路1号商业写字楼1层03单元	100020	82263797
国泰君安证券股份有限公司北京怀柔府前街证券营业部	怀柔区府前街3号	101400	69680344
国泰君安证券股份有限公司北京建国路证券营业部	朝阳区建国路93号院5号楼119室	100022	50953118
国泰君安证券股份有限公司北京金融街证券营业部	西城区金融大街28号院盈泰商务中心2号楼1～2层	100140	59312793
国泰君安证券股份有限公司北京鲁谷路证券营业部	石景山区银河大街6号院1号楼1层南塔106～108室	100040	68659759
国泰君安证券股份有限公司北京苏州桥证券营业部	海淀区北三环西路99号院1号楼1层105A、106A室	100086	82263808
国泰君安证券股份有限公司北京通州新华西街证券营业部	通州区新华西街60号院1号楼1层101室	101100	69542299
国泰君安证券股份有限公司北京望京阜通东大街证券营业部	朝阳区阜通东大街12号楼1层101内101A室、105内105A室	95521	100102
国泰君安证券股份有限公司北京亦庄宏达北路证券营业部	北京经济技术开发区宏达北路16号101室、518室	100176	51062201
国泰君安证券股份有限公司北京知春路证券营业部	海淀区知春路7号致真大厦B座1层105室、2层204室	100083	82311880
国泰君安证券股份有限公司北京中关村大街证券营业部	海淀区海淀北二街8号1层107室	100080	50953100
国信证券股份有限公司北京昌平西环路证券营业部	昌平区城北街道西环路29号楼4层29－4室	102299	95536

国信证券股份有限公司北京朝阳北路证券营业部	朝阳区朝阳北路199号摩码大厦0102号、0103号	100026	95536
国信证券股份有限公司北京丰台科技园证券营业部	丰台区马家堡西路15号1－1101室	100068	88315560
国信证券股份有限公司北京海淀苏州街证券营业部	海淀区成府路28号11层3－1107室	100083	82185635
国信证券股份有限公司北京三里河路证券营业部	海淀区三里河路13号1层、10层、11层	100034	95536
国信证券股份有限公司北京石景山路证券营业部	石景山区古城南街9号院2号楼1～2层	100043	88315710
国信证券股份有限公司北京顺义新顺南大街证券营业部	顺义区仁和镇新顺南大街18号	101320	95536
国信证券股份有限公司北京通州北苑证券营业部	通州区北苑一路1号院2号楼1层2－8室、2－9室	101101	88315763
国信证券股份有限公司北京亚运村证券营业部	朝阳区慧忠北里309号楼2层223－1室、226－1室	100101	95536
国元证券股份有限公司北京东直门外大街证券营业部	东城区东直门外大街46号天恒大厦9层907～908室	100027	84608168
国元证券股份有限公司北京通州新华大街证券营业部	通州区新华西街59号2层	101199	80885658
国元证券股份有限公司北京西坝河南路证券营业部	朝阳区西坝河南路1号4号楼8层805室、806室	100028	64402348
海通证券股份有限公司北京阜外大街证券营业部	西城区阜成门外大街2号A2010室	100037	88026896
海通证券股份有限公司北京工人体育场北路证券营业部	东城区工人体育场北路66号3层301单元	100028	64620913

海通证券股份有限公司北京光华路证券营业部	朝阳区光华路甲8号院1号楼3层3－302室	100026	65831381
海通证券股份有限公司北京亮马桥路证券营业部	朝阳区亮马桥路50号1号楼S109A室	100125	65831388
海通证券股份有限公司北京密云鼓楼东大街证券营业部	密云区鼓楼东大街19号	101500	88027006
海通证券股份有限公司北京平谷金乡路证券营业部	平谷区金乡路1号1层、3层	101200	89999236
海通证券股份有限公司北京知春路证券营业部	海淀区知春路甲63号卫星大厦5层	100080	89081218
海通证券股份有限公司北京中关村南大街证券营业部	海淀区中关村南大街甲56号	100044	88027676
恒泰证券股份有限公司北京北辰西路证券营业部	朝阳区北辰西路69号9至10层4单元1009室	100029	58872078
恒泰证券股份有限公司北京北辛庄路证券营业部	海淀区四季青镇北辛庄路北软双新科创园A座308房间	100093	62592609
恒泰证券股份有限公司北京东三环北路证券营业部	朝阳区东三环北路丙2号5层06A09室	100020	87798672
恒泰证券股份有限公司北京东三环中路证券营业部	朝阳区百子湾南二路76号院5号楼1层11A室、2层11B室	100022	87751481
恒泰证券股份有限公司北京东直门内北小街证券营业部	东城区东直门内北小街14号楼、18号楼101号、201号	100011	84128825
恒泰证券股份有限公司北京光华路证券营业部	朝阳区光华路8号30幢2层B207A室	100025	59603202
恒泰证券股份有限公司北京广安路证券营业部	丰台区广安路9号院3号楼4层0414室、0415室	100055	63361221
恒泰证券股份有限公司北京广安门外大街证券营业部	西城区广安门外大街1号深圳大厦2层240室	100055	63429711
恒泰证券股份有限公司北京建材城西路证券营业部	昌平区回龙观镇建材城西路87号2号楼10层2单元1005室	100085	13910708401

恒泰证券股份有限公司北京建国门内大街证券营业部	东城区建国门内大街19号中纺大厦0510室	100005	65269938
恒泰证券股份有限公司北京金融大街第二证券营业部	西城区金融大街17号楼10层1001室	100033	83270880
恒泰证券股份有限公司北京金融大街证券营业部	西城区金融大街33号C座5层507室	100041	56673868
恒泰证券股份有限公司北京榴乡路证券营业部	丰台区榴乡路88号院2号楼1层104室	100079	56762190
恒泰证券股份有限公司北京南湖南路证券营业部	朝阳区南湖南路16号院4号楼102室	100102	64738862
恒泰证券股份有限公司北京青年路证券营业部	朝阳区青年路7号院3号楼18层31804房	100020	85836277
恒泰证券股份有限公司北京上地三街证券营业部	海淀区上地信息产业基地三街3号楼1层3门102室	100085	57851503
恒泰证券股份有限公司北京万丰路证券营业部	丰台区万丰路316号万开中心A座2层A2－13单元	100161	83669825
恒泰证券股份有限公司北京新华大街证券营业部	通州区新华西街58号院3号楼23层2302室	101100	85772321
恒泰证券股份有限公司北京知春路证券营业部	海淀区知春路128号1号楼12层1293室	100080	62423585
红塔证券股份有限公司北京慧忠里证券营业部	朝阳区慧忠里103楼14层B座1402室	100101	84881879
红塔证券股份有限公司北京万泉庄路证券营业部	海淀区万泉庄路15号3层	100097	88464659
红塔证券股份有限公司北京兴怀大街证券营业部	怀柔区兴怀大街甲15号1层5－101室	101499	69642666
宏信证券有限责任公司北京朝阳门证券营业部	东城区朝阳门内大街8号2层208室	100000	59417641
宏信证券有限责任公司北京石佛营路证券营业部	朝阳区八里庄北里129号院10号楼1～2层	100026	64083612

宏信证券有限责任公司北京紫竹院路证券营业部	海淀区紫竹院路116号2层A座商业01－201室	100022	56088916
华安证券股份有限公司北京东三环中路证券营业部	朝阳区广渠路39号院2号楼3层1－2单元	100022	67765018
华安证券股份有限公司北京慧忠北里证券营业部	朝阳区安立路78号、80号9层901内905室	100012	64849373
华安证券股份有限公司北京太阳宫证券营业部	朝阳区太阳宫火星园10号楼2层205室	100028	84298021
华安证券股份有限公司北京万柳中路证券营业部	海淀区万柳中路11号609室	100089	82449958
华安证券股份有限公司北京中关村大街证券营业部	海淀区中关村大街27号13层1303室、1305室、1306室	100037	88820169
华创证券有限责任公司北京东三环中路证券营业部	朝阳区东三环中路24号楼15层15内03单元	100061	50917318
华创证券有限责任公司北京万寿路证券营业部	海淀区复兴路21号1幢6层606室	100036	53553968
华创证券有限责任公司北京新兴桥证券营业部	海淀区复兴路21号1幢6层、8层	100036	59370977
华福证券有限责任公司北京北四环东路证券营业部	朝阳区安慧里四区16号楼1层101室、103室	100101	4008896326
华福证券有限责任公司北京方庄路证券营业部	丰台区方庄路5号2层201～205室	100078	4008896326
华福证券有限责任公司北京海淀南路证券营业部	海淀区海淀南路30号1层	100080	89926933
华福证券有限责任公司北京南湖南路证券营业部	朝阳区南湖南路15号院甲2号楼1～2层2－1－105室	100102	56923595
华福证券有限责任公司北京农大南路证券营业部	海淀区农大南路1号院2号楼7层办公B－719－1室	100084	62963605
华福证券有限责任公司北京石景山路证券营业部	石景山区城通街26号院4号楼5层503室、504室	100043	95547

华福证券有限责任公司北京西直门南大街证券营业部	西城区西直门南大街6号国二招宾馆东楼2－6号	100044	66016352
华金证券股份有限公司北京呼家楼证券营业部	朝阳区东三环北路38号院1号楼1层101内3室、9层1001内15室	100061	85879639
华金证券股份有限公司北京万柳中路证券营业部	海淀区万柳蜂鸟家园2号楼3层103室	100089	82871515
华林证券股份有限公司北京北三环东路证券营业部	朝阳区北三环东路28号易亨大厦2层	100013	64405985
华林证券股份有限公司北京荣京东街证券营业部	北京经济技术开发区荣京东街3号1幢3层2单元317室	100176	87227921
华林证券股份有限公司北京石景山路证券营业部	石景山区石景山路证券营业部乙18号院3号楼20层2209室	100000	88690750
华林证券股份有限公司北京双峪路证券营业部	门头沟区双峪路35号院1号20层2207室	102300	69868099
华林证券股份有限公司北京太平桥大街证券营业部	西城区太平桥大街8号院2号楼1－2层17号	100034	59352968
华林证券股份有限公司北京新华西街证券营业部	通州区新华西街58号院1号楼1－2层140室	101199	60568891
华龙证券股份有限公司北京安外大街证券营业部	东城区安外大街191号	100101	64401588
华龙证券股份有限公司北京三元桥证券营业部	朝阳区静安东里12号院4号楼B110室	100028	64686886
华融证券股份有限公司北京朝外大街证券营业部	朝阳区朝阳门外大街甲6号2035室、3018室、3019室	100020	85619001
华融证券股份有限公司北京金融大街证券营业部	西城区金融大街8号楼1层	100033	58568052
华融证券股份有限公司北京太平桥路证券营业部	丰台区太平桥路华源四里2号楼2层22022号、22023号	100073	63380688

华融证券股份有限公司北京文慧园证券营业部	海淀区文慧园北路9号今典花园9号楼1层	100082	62440060
华融证券股份有限公司北京中关村证券营业部	海淀区丹棱街6号1幢1层101室	100080	53972235
华泰证券股份有限公司北京广渠门内大街证券营业部	东城区广渠门内大街43号4层43－（04）01室	100045	63433789
华泰证券股份有限公司北京苏州街证券营业部	海淀区苏州街29号18号楼维亚大厦9层901～903室	100080	62526229
华泰证券股份有限公司北京西三环北路证券营业部	海淀区西三环北路72号院A座3层	100037	68733706
华泰证券股份有限公司北京学院南路证券营业部	海淀区学院南路62号1层107室、3层309室	100082	68733903
华泰证券股份有限公司北京雍和宫证券营业部	东城区安定门东大街28号F座5层501室	100013	84273969
华泰证券股份有限公司北京月坛南街证券营业部	西城区月坛南街甲12号万丰怡和商务会馆3层	100045	68010996
华西证券股份有限公司北京广渠路证券营业部	朝阳区广渠路28号223号楼1层L109室	100124	56916465
华西证券股份有限公司北京马家堡东路证券营业部	丰台区马家堡东路121号院2号楼1层2－3室	100077	95584
华西证券股份有限公司北京彰化路证券营业部	海淀区彰化路5号楼1层5－1室	100000	4008888818
华西证券股份有限公司北京紫竹院路证券营业部	海淀区紫竹院路31号华澳中心嘉慧苑2层西侧	100089	68716366
华鑫证券有限责任公司北京菜市口大街证券营业部	西城区菜市口大街甲2号院1号楼201室	100052	88306959
华鑫证券有限责任公司北京平安大街证券营业部	西城区平安里西大街31号1层	100000	82830860
江海证券有限公司北京东三环南路证券营业部	朝阳区东三环南路58号富顿中心A座2层	100022	58674977
江海证券有限公司北京回龙观证券营业部	昌平区回龙观镇黄平路19号院1号楼A单元609室	100096	4006662288

江海证券有限公司北京慧忠里证券营业部	朝阳区慧忠里103楼7层B座707室	100101	58674977
江海证券有限公司北京团结湖证券营业部	朝阳区农展馆南路13号5层603室	100026	65915177
江海证券有限公司北京紫竹桥证券营业部	海淀区昌运宫7号楼南侧2层1号	100089	62695399
金元证券股份有限公司北京广渠门内大街证券营业部	东城区广渠门内大街121号1层106室	100062	67656001
金元证券股份有限公司北京花园东路证券营业部	海淀区花园东路11号泰兴大厦10层1002室	100191	57625868
开源证券股份有限公司北京西直门外大街证券营业部	西城区西直门外大街18号楼8层6单元908室	100044	88333633
开源证券股份有限公司北京振兴路证券营业部	昌平区科技园区振兴路28号绿创科技大厦6层B614室、B615室	102200	60716667
联储证券有限责任公司北京建国路证券营业部	朝阳区建国路93号院9号楼5~6层办公内510室	100025	51078626
联储证券有限责任公司北京望京阜安西路证券营业部	朝阳区望京西园一区134号楼2层	100102	64789928
联讯证券股份有限公司北京北辰东路证券营业部	朝阳区北辰东路8号3号楼8层	100101	62279238
联讯证券股份有限公司北京北苑证券营业部	朝阳区天畅园6号楼1层	100011	64408900
联讯证券股份有限公司北京房山西路证券营业部	房山区良乡地区西潞东里甲1号楼2层	102488	61378408
联讯证券股份有限公司北京金融大街证券营业部	西城区阜成门内大街410号楼1单元1301室	100034	66235729
民生证券股份有限公司北京北蜂窝路证券营业部	海淀区北蜂窝路5号院1号写字楼2层	100038	63980641
民生证券股份有限公司北京菜市口大街证券营业部	西城区菜市口大街1号院2号楼3层305室	100053	83555905

民生证券股份有限公司北京东单北大街证券营业部	东城区东单北大街1号1号楼4层409室	100070	65258631
民生证券股份有限公司北京密云花园路证券营业部	密云区花园路16号院5号楼	101500	69056662
民生证券股份有限公司北京顺义府前东街证券营业部	顺义区府前东街2号1号楼顺建大厦8层	101300	69465097
民生证券股份有限公司北京长虹桥证券营业部	朝阳区农展馆南路12号1号楼9层9001室	100125	85235706
南京证券股份有限公司北京东三环南路证券营业部	朝阳区东三环南路19号院1号楼–2至15层101内甲段4层	100021	64913500
南京证券股份有限公司北京南大街证券营业部	怀柔区南大街25号楼1层25–1室	100000	52412658
平安证券股份有限公司北京东花市证券营业部	东城区东花市北里西区23号B座	100062	67172171
平安证券股份有限公司北京望京证券营业部	朝阳区阜通东大街1号院3号楼7层1单元	110801	68878859
瑞银证券有限责任公司北京金融大街证券营业部	西城区金融大街7号英蓝国际金融中心15层	100140	58328320
山西证券股份有限公司北京建国门外大街证券营业部	朝阳区建国门外大街8号楼21层2103单元	110000	65020593
山西证券股份有限公司北京太平庄证券营业部	海淀区太平庄13号	100081	62235588
山西证券股份有限公司北京裕丰路证券营业部	顺义区空港街道裕丰路16号院8号楼1层103室	101300	58352192
上海华信证券有限责任公司北京证券营业部	西城区宣武门外大街6~18号（双号）6号楼15层1528室	100052	83150966
上海证券有限责任公司北京朝阳弘燕路证券营业部	朝阳区周庄山水文园5号楼1层	100112	67301168
上海证券有限责任公司北京和平里北街证券营业部	东城区和平里北街16号楼和平里大酒店1层	100007	84085505

上海证券有限责任公司北京万寿路证券营业部	海淀区万寿路翠微中里14楼	100036	68254012
申万宏源证券有限公司北京安定路证券营业部	朝阳区安定路39号	100029	64448210
申万宏源证券有限公司北京东四环中路证券营业部	朝阳区东四环中路56号楼2501内2503室	100025	82031568
申万宏源证券有限公司北京丰北路证券营业部	丰台区望园东里28号楼2层	100073	63898151
申万宏源证券有限公司北京金融大街证券营业部	西城区太平桥大街19号B座4层401室	100140	88085853
申万宏源证券有限公司北京劲松九区证券营业部	朝阳区劲松9区909号	100021	67736289
申万宏源证券有限公司北京紫竹院路证券营业部	海淀区紫竹院路116号3层A座商业01号	100089	88511326
世纪证券有限责任公司北京南礼士路证券营业部	西城区南礼士路66号1号楼2层205A室	100045	68085325
世纪证券有限责任公司北京平安大街证券营业部	东城区东四十条68号3层	100007	65869293
首创证券有限责任公司北京北辰东路证券营业部	朝阳区北辰东路8号Q座1层115号	100101	84976731
首创证券有限责任公司北京马甸证券营业部	西城区北三环中路23号楼1层1－1号	100088	4006200620
首创证券有限责任公司北京五道口证券营业部	海淀区五道口地区成府路蓝旗营1号楼东2层	100084	62793481
首创证券有限责任公司北京延庆东顺城街证券营业部	延庆区延庆镇东街2号南侧5层	102199	84976731
首创证券有限责任公司北京雍和宫证券营业部	东城区安定门东大街28号1号楼B单元507号	100013	84292611
首创证券有限责任公司北京长阳祥云街证券营业部	房山区长阳镇祥云街6号院2号楼2层202室	102442	59366063
太平洋证券股份有限公司北京北展北街证券营业部	西城区北展北街5～17号（单号）1层9～10室	100044	88321939

太平洋证券股份有限公司北京海淀大街证券营业部	海淀区彩和坊路11号18层1805室	100080	82602867
太平洋证券股份有限公司北京建国门内大街证券营业部	东城区建国门内大街7号光华长安大厦2座1120号	100000	65188606
太平洋证券股份有限公司北京金融大街证券营业部	西城区金融大街27号投资广场B1208室	100031	66080812
太平洋证券股份有限公司北京宣武门外大街证券营业部	西城区宣武门外大街6～18号（双号）6号楼15层1509室	100052	63101146
太平洋证券股份有限公司北京志新东路证券营业部	海淀区卧虎桥甲6号工作区南65号楼602室	100000	89056263
天风证券股份有限公司北京菜市口大街证券营业部	西城区菜市口大街6号院1号楼1层103室	100052	83557110
天风证券股份有限公司北京莲花桥证券营业部	海淀区莲花池东路39号6层602室	100089	58816940
万和证券股份有限公司北京亦庄证券营业部	北京经济技术开发区天华北街11号院2号楼8层807室	100176	67902755
万联证券股份有限公司北京上地创业路证券营业部	海淀区上地创业路17号1号楼北侧1层	100031	66062626
网信证券有限责任公司北京上地农大南路证券营业部	海淀区农大南路1号院5号楼5层505室	100020	60607040
网信证券有限责任公司北京霄云路证券营业部	朝阳区霄云路28号院2号楼1层108室	100027	89929917
五矿证券有限公司北京广安门外大街证券营业部	西城区广安门外大街168号1幢11层1－1209室	100055	63367231
五矿证券有限公司北京将台路证券营业部	朝阳区将台路甲2号燕翔饭店内2603室	100016	64373949
西部证券股份有限公司北京德胜门外大街证券营业部	西城区德胜门外大街乙10号泰富大厦4层	100088	62013151

西部证券股份有限公司北京学院南路证券营业部	海淀区大柳树富海中心2号楼3层301室	100081	62120091
西藏东方财富证券股份有限公司北京朝内大街证券营业部	东城区东水井胡同11号楼1层106室	100010	58641970
西藏东方财富证券股份有限公司北京海淀大街证券营业部	海淀区彩和坊路10号1层121室、122室	100082	95357
西藏东方财富证券股份有限公司北京航丰路证券营业部	丰台区航丰路1号院1号楼1至2层101内1层103室	100000	95357
西藏东方财富证券股份有限公司北京建国路证券营业部	朝阳区建国路93号院12楼1205号	100000	58208817
西藏东方财富证券股份有限公司北京金融大街证券营业部	西城区太平桥大街8号院10号楼1至2层34号	100031	59352829
西藏东方财富证券股份有限公司北京三元桥证券营业部	朝阳区曙光西里甲1号1层05号	100012	58220098
西藏东方财富证券股份有限公司北京陶然亭路证券营业部	西城区白纸坊东街2号院6号楼2层202室	100054	83537678
西藏东方财富证券股份有限公司北京望京北路证券营业部	朝阳区利泽中园208号1幢1层101内1104室	100102	53526041
西南证券股份有限公司北京北三环中路证券营业部	西城区北三环中路27号商房大厦4层416室	100011	62015677
西南证券股份有限公司北京昌平证券营业部	昌平区城北街道中山口路31号	102200	69725243
西南证券股份有限公司北京东城证券营业部	东城区朝阳门北大街8号富华大厦A座11层	100010	69720922
西南证券股份有限公司北京房山证券营业部	房山区天星街1号院8号楼903~905室	102488	56216462
西南证券股份有限公司北京海淀证券营业部	海淀区西杉创意园4区2号楼西段1层108室	100195	59217930
西南证券股份有限公司北京平谷证券营业部	平谷区府前西街18号院2号楼2-1室	101200	69717491

西南证券股份有限公司北京西城证券营业部	西城区太平街6号5层E－602－1室	100050	63180369
湘财证券股份有限公司北京北四环东路证券营业部	朝阳区芍药居北里101号1幢6层703室	100025	84646666
湘财证券股份有限公司北京朝外大街证券营业部	朝阳区朝外大街10号A1区8层	100020	85638510
湘财证券股份有限公司北京建国门内大街证券营业部	东城区建国门内大街7号16层17室	100025	65586162
湘财证券股份有限公司北京首体南路证券营业部	海淀区首体南路9号5楼3层0301室	100089	82518073
湘财证券股份有限公司北京顺义站前街证券营业部	顺义区仁和镇站前街1号院1号楼6层	101300	81496902
新时代证券股份有限公司北京北三环西路证券营业部	海淀区北三环西路99号院1号楼2层201室	100086	83561157
新时代证券股份有限公司北京朝外大街证券营业部	朝阳区朝外大街怡景园北里	100027	83561141
新时代证券股份有限公司北京车公庄大街证券营业部	西城区车公庄大街9号院5号楼303室、304室	100044	88312597
新时代证券股份有限公司北京马家堡西路证券营业部	丰台区星河苑2号院22号楼3层	100067	67528236
新时代证券股份有限公司北京南礼士路证券营业部	西城区南礼士路3号海通大厦A座3层、4层	100037	68025299
新时代证券股份有限公司北京天通苑证券营业部	昌平区东小口镇天通苑405号楼2层	102218	84819718
新时代证券股份有限公司北京新华北路证券营业部	通州区运河核心区IV－01地块绿地大厦1号楼9层901室	101100	80887484

新时代证券股份有限公司北京羊坊店路证券营业部	海淀区羊坊店路18号2幢4层	100049	63981660
新时代证券股份有限公司北京中关村东路证券营业部	海淀区中关村东路66号世纪科贸大厦B座	100190	62672766
信达证券股份有限公司北京北辰东路证券营业部	朝阳区北辰东路8号院1号楼12层1215~1217室	100100	85983698
信达证券股份有限公司北京朝阳路证券营业部	朝阳区朝阳路67号8号楼2层272室	100025	85786680
信达证券股份有限公司北京朝阳门证券营业部	东城区南竹杆胡同2号银河SOHO中心50210室	100010	59576718
信达证券股份有限公司北京古城路证券营业部	石景山区八角西街68号	100043	68843741
信达证券股份有限公司北京海淀西街证券营业部	海淀区善缘街1号1层07室	100080	62416202
信达证券股份有限公司北京科丰桥证券营业部	丰台区南四环西路188号15区17号楼1层101室	100070	68887451
信达证券股份有限公司北京前门证券营业部	东城区东交民巷28号红都商务会馆B座1~2层	100006	65285638
信达证券股份有限公司北京万寿路证券营业部	海淀区万寿路17号A座3层301~320室	100036	68252099
信达证券股份有限公司北京西单北大街证券营业部	西城区华远北街2号4层	100032	66127193
信达证券股份有限公司北京裕民路证券营业部	朝阳区裕民路12号元辰鑫国际酒店4层	100029	82253889
兴业证券股份有限公司北京朝阳公园路证券营业部	朝阳区朝阳公园路19号1幢12层10~11单元	100125	65397039
兴业证券股份有限公司北京建国门外大街证券营业部	海淀区西直门北大街32号院1号楼6层	100088	82000172
兴业证券股份有限公司北京青年路证券营业部	朝阳区朝阳北路103号第14层1712单元、1715单元	100123	85830850
兴业证券股份有限公司北京市西城区宣武门外大街证券营业部	西城区宣武门外大街26~30号（双号）2幢10层B1001室	100052	82000172

兴业证券股份有限公司北京太阳宫中路证券营业部	朝阳区太阳宫中路12号楼14层1402内1706室	100028	84299378
兴业证券股份有限公司北京西大望路证券营业部	朝阳区西大望路63号院7号楼1至2层107室、108室	100022	59544455
兴业证券股份有限公司北京中关村北二街证券营业部	海淀区海淀北二街8号1层105室	100080	82449626
银泰证券有限责任公司北京马甸路证券营业部	海淀区冠城园8号楼B座1层8－1室	100006	65287668
银泰证券有限责任公司北京南横东街证券营业部	西城区菜市口大街6号院2号楼1层102室	100052	4008505505
英大证券有限责任公司北京朝阳证券营业部	朝阳区呼家楼京广中心3层01室	100007	84002095
招商证券股份有限公司北京安立路证券营业部	朝阳区安立路甲56号2层3－8室	100088	89444871
招商证券股份有限公司北京安外大街证券营业部	东城区安定门外大街2号1层4023室	100013	64287707
招商证券股份有限公司北京北三环东路证券营业部	朝阳区西坝河东里18号8层801～808室	100028	84603492
招商证券股份有限公司北京北苑路证券营业部	朝阳区北苑路28号院1号楼01层103内F1－203室	100107	84920966
招商证券股份有限公司北京朝外大街证券营业部	朝阳区朝外大街6号5号楼2层301室、302室	100088	51603108
招商证券股份有限公司北京朝阳公园路证券营业部	朝阳区朝阳公园路19号1幢1层101室	1001250	82137209
招商证券股份有限公司北京朝阳路八里庄证券营业部	朝阳区八里庄西里100号3层301室	100025	85790299
招商证券股份有限公司北京车公庄西路证券营业部	海淀区车公庄西路甲19号83号楼华通大厦A座3层	100044	68488335

招商证券股份有限公司北京东三环北路证券营业部	朝阳区东三环北路19号楼2层201室	100020	65860272
招商证券股份有限公司北京东四十条证券营业部	东城区东四十条甲22号1号楼3层03号	100007	65951602
招商证券股份有限公司北京方庄路证券营业部	丰台区紫芳园四区2号楼1至2层202室	100078	87608097
招商证券股份有限公司北京光明路证券营业部	东城区光明路11号天玉大厦501室、502室、601室、602室	100006	67356565
招商证券股份有限公司北京广渠路证券营业部	朝阳区广渠路66号院22号楼1层101内105室	100022	82498057
招商证券股份有限公司北京建国路证券营业部	朝阳区建国路118号8层	100022	88087086
招商证券股份有限公司北京金融大街证券营业部	西城区金融大街33号通泰大厦C座605至607室	100140	62073868
招商证券股份有限公司北京酒仙桥路证券营业部	朝阳区酒仙桥路乙21号3幢5层5E	100016	62073538
招商证券股份有限公司北京平安大街证券营业部	西城区平安里西大街28号楼01层101-02室	100032	95565
招商证券股份有限公司北京上地农大南路证券营业部	海淀区农大南路1号院2号楼5层办公B-522室	100084	62667620
招商证券股份有限公司北京顺义仓上街证券营业部	顺义区仓上街2号智能大厦B区8层	101300	89452551
招商证券股份有限公司北京通州新华西街证券营业部	通州区北苑一路1号院2号楼1层	101101	65684890
招商证券股份有限公司北京望京阜安西路证券营业部	朝阳区阜通东大街1号院6号楼2层2218室	100102	64715286
招商证券股份有限公司北京西翠路证券营业部	海淀区西翠路17号院24号楼1层103室	100036	68156829
招商证券股份有限公司北京西直门北大街证券营业部	海淀区西直门北大街60号首钢国际大厦6层	100088	82291140

招商证券股份有限公司北京颐和园路证券营业部	海淀区颐和园路1号北京资源燕园宾馆1层、2层	100080	62641188
招商证券股份有限公司北京亦庄证券营业部	北京经济技术开发区荣华南路1号院2号楼1层101室	100176	65979590
招商证券股份有限公司北京远大路证券营业部	海淀区远大路39号1号楼418室	100000	65860272
招商证券股份有限公司北京知春东里证券营业部	海淀区知春东里15号楼	100086	82137708
招商证券股份有限公司北京中核路证券营业部	丰台区中核路3号院3号楼607室、608室	100070	82498058
浙商证券股份有限公司北京朝阳门北大街证券营业部	东城区朝阳门北大街8号富华大厦E座4层	100027	65546300
浙商证券股份有限公司北京广安门外大街证券营业部	西城区广安门外大街1号4层411室	100052	83555728
中国国际金融股份有限公司北京建国门外大街证券营业部	朝阳区建国门外大街甲6号爱思开大厦1层4～6室	100022	85679888
中国国际金融股份有限公司北京科学院南路证券营业部	海淀区科学院南路2号院1号楼13层1309～1311单元	100000	82861086
中国民族证券有限责任公司北京安慧东里证券营业部	朝阳区安慧东里36号4号楼	100101	64830266－609
中国民族证券有限责任公司北京彩和坊路证券营业部	海淀区彩和坊路8号天创科技大厦1层101～102室	100080	62698502
中国民族证券有限责任公司北京丰台西局欣园证券营业部	丰台区西局欣园南区3号楼	100071	63859115
中国民族证券有限责任公司北京佟麟阁路证券营业部	西城区佟麟阁路95号尚信大厦6层、7层	100031	66412303
中国民族证券有限责任公司北京望京证券营业部	朝阳区望京街9号商业楼3层	100028	84484501

中国银河证券股份有限公司北京安贞门证券营业部	朝阳区安定路33号1－3内11层1102号	100120	62352717
中国银河证券股份有限公司北京菜市口大街证券营业部	西城区菜市口大街甲2号院2号楼1至2层125室	100054	63566500
中国银河证券股份有限公司北京朝阳路证券营业部	朝阳区八里庄西里100号3层305室	100025	64088613
中国银河证券股份有限公司北京朝阳门北大街证券营业部	东城区朝阳门北大街5号第五广场写字楼B座6层	100037	68362033
中国银河证券股份有限公司北京翠林路证券营业部	丰台区西铁营中路1号院1号楼万达广场写字楼15层1509室	100069	63582096
中国银河证券股份有限公司北京大望路证券营业部	朝阳区建国路88号7~10号楼1至2层2303室	100022	58872641
中国银河证券股份有限公司北京东四环南路证券营业部	朝阳区十八里店乡周庄嘉园7号院16号楼底商11~12门	100020	58872711
中国银河证券股份有限公司北京方庄南路证券营业部	丰台区方庄南路2号103室	100078	57539008
中国银河证券股份有限公司北京丰科路证券营业部	丰台区六圈路2号院4号楼1至2层106室	100070	83626612
中国银河证券股份有限公司北京阜成路证券营业部	海淀区阜成路67号银都大厦1层、3层、4层	100036	88411327
中国银河证券股份有限公司北京阜外大街证券营业部	西城区阜成门外大街甲9号国宾酒店1层GBC－6号	100037	68292898
中国银河证券股份有限公司北京广安门证券营业部	西城区南滨河路27号7号楼4层405室	100055	58872653
中国银河证券股份有限公司北京后沙峪证券营业部	顺义区后沙峪镇裕庆路20号院9号楼1层107~108室	101318	15901338396

中国银河证券股份有限公司北京呼家楼证券营业部	朝阳区呼家楼向军北里甲6号楼2层	100020	65912966
中国银河证券股份有限公司北京建国路证券营业部	朝阳区建国路126号1号楼1层	100078	65662092
中国银河证券股份有限公司北京金融街证券营业部	西城区金融大街33号6层C616号	100032	58872889
中国银河证券股份有限公司北京来广营证券营业部	朝阳区来广营西路5号院诚盈中心2号楼2层201单元	100102	84931277
中国银河证券股份有限公司北京立通路证券营业部	朝阳区锦芳路1号院15号楼1层15－3号	100022	87101351
中国银河证券股份有限公司北京亮马桥路证券营业部	朝阳区亮马桥路42号院124号楼2至16层101内11层1113室	100125	64748888
中国银河证券股份有限公司北京上地证券营业部	海淀区信息路甲28号4层D座04B－C号	100085	62966811
中国银河证券股份有限公司北京太阳宫证券营业部	朝阳区夏家园11号楼2层9号	100013	64464775
中国银河证券股份有限公司北京陶然桥证券营业部	东城区马家堡路1号9层901～906室	100068	67578176
中国银河证券股份有限公司北京通州九棵树证券营业部	通州区九棵树街100号1～2层	101100	81599108
中国银河证券股份有限公司北京通州证券营业部	通州区新华南二街12号院2号楼1层2～6号	101100	60517520
中国银河证券股份有限公司北京望京证券营业部	朝阳区阜通东大街12号楼2层	100102	64748888
中国银河证券股份有限公司北京西三环南路证券营业部	丰台区西三环南路14号院1号楼201－1室	100073	63361296

中国银河证券股份有限公司北京兴华大街证券营业部	大兴区兴华大街19号院17号楼1层101室	102699	60256542
中国银河证券股份有限公司北京学清路证券营业部	海淀区学清路甲38号金码大酒店7层701~702号、712~718号	100083	82838908
中国银河证券股份有限公司北京学院南路证券营业部	海淀区学院南路34号2号楼1~3层	100082	62276491
中国银河证券股份有限公司北京亚运村证券营业部	朝阳区北辰东路8号院16号楼2层A203号	100101	64464763
中国银河证券股份有限公司北京颐和园路证券营业部	海淀区北四环西路65号13层1514室、1516室	100080	82169052
中国银河证券股份有限公司北京亦庄证券营业部	北京经济技术开发区荣华中路5号院1号楼1层103室	100176	58357979
中国银河证券股份有限公司北京雍和宫证券营业部	东城区和平里东街11号创新楼A座B1－A1号	100007	68731590
中国银河证券股份有限公司北京远大路证券营业部	海淀区蓝靛厂东路2号院金源时代商务中心2号楼A座2层1单元2B	100097	88890258
中国银河证券股份有限公司北京知春路证券营业部	海淀区知春路68号1号楼1层102－2室	100086	82102598
中国银河证券股份有限公司北京中关村大街证券营业部	海淀区中关村南大街甲18号院1－4号楼D座03－3D室	100081	62512318
中国银河证券股份有限公司北京珠市口大街证券营业部	东城区珠市口东大街2号1层110室	100062	87103627
中国中投证券有限责任公司北京北三环东路证券营业部	东城区北三环东路36号A座1~2层	100101	58257705
中国中投证券有限责任公司北京朝阳路证券营业部	朝阳区延静里中街3号2号楼300~316室	100025	65082922

中国中投证券有限责任公司北京阜成门外大街证券营业部	西城区阜成门外大街2号A1101室	100037	68019608
中国中投证券有限责任公司北京富丰路证券营业部	丰台区科技园富丰路4号A座1层04号	100070	83623790
中国中投证券有限责任公司北京花园路证券营业部	海淀区花园路1号1层107室	100016	64312866
中国中投证券有限责任公司北京丽泽路证券营业部	丰台区丽泽路5号3层301室	100073	63363666
中国中投证券有限责任公司北京顺义站前街证券营业部	顺义区仁和镇站前街3号院1号楼7层713室	101300	81460288
中国中投证券有限责任公司北京宋庄路证券营业部	丰台区宋庄路71号院1号楼11层、12层	100078	67642201
中国中投证券有限责任公司北京万寿路证券营业部	海淀区万寿路西街2号2号楼3层	100036	67642201
中国中投证券有限责任公司北京望京街证券营业部	朝阳区望京街9号商业楼2层211室	100040	88684886
中国中投证券有限责任公司北京中关村南大街证券营业部	海淀区中关村南大街乙12号院1号楼22层2601室	100081	82168126
中航证券有限公司北京东三环证券营业部	朝阳区曙光西里甲5号院22号楼1703B单元	100028	4008895335
中航证券有限公司北京慧忠路证券营业部	朝阳区慧忠路5号A座9层02单元、03单元	100012	84801300
中山证券有限责任公司北京南三环西路证券营业部	丰台区南三环西路91号院1号楼2层202－32室	100070	53356516
中山证券有限责任公司北京宣武门外大街证券营业部	西城区宣武门外大街6～18号（双号）6号楼320单元	100052	63109155
中泰证券股份有限公司北京安立路证券营业部	朝阳区慧忠里103楼1层103－2号	100101	84872166

中泰证券股份有限公司北京百万庄大街证券营业部	西城区百万庄大街16号1号楼1～2层	100040	66553309
中泰证券股份有限公司北京朝外大街证券营业部	朝阳区朝阳门外大街20号联合大厦2层202室、3层310室	100020	65882608
中泰证券股份有限公司北京大望路证券营业部	朝阳区西大望路63号院8号楼1～3层	100022	62985995
中泰证券股份有限公司北京丹棱街证券营业部	海淀区彩和坊路10号610室、611室	100080	62698612
中泰证券股份有限公司北京光华路证券营业部	朝阳区建国门外大街1号院1号楼53层13～19单元	100004	56793100
中泰证券股份有限公司北京广渠路证券营业部	朝阳区广渠路36号院5号楼2层206室	100022	87728790
中泰证券股份有限公司北京国贸证券营业部	朝阳区东三环中路乙10号艾维克大厦1层	100022	65158517
中泰证券股份有限公司北京苏州桥证券营业部	海淀区北三环西路99号1号楼2层203室、205室、206室	100086	82887698
中泰证券股份有限公司北京望京证券营业部	朝阳区望京东园四区6号楼3层303单元	100102	64789872
中泰证券股份有限公司北京学院南路证券营业部	海淀区学院南路62号中关村资本大厦308室	100044	83020177
中天证券股份有限公司北京北四环证券营业部	朝阳区将台乡驼房营路8号新华科技大厦14层1415室	100000	67607279
中天证券股份有限公司北京朝阳证券营业部	朝阳区百子湾西里403号楼2层206室	100124	57193918
中信建投证券股份有限公司北京安立路证券营业部	朝阳区安立路66号4号楼	100101	64906210
中信建投证券股份有限公司北京北辰西路证券营业部	朝阳区北土城西路7号1层6单元101室	100029	82994802
中信建投证券股份有限公司北京北三环东路证券营业部	朝阳区北三环东路28号1层101室	100013	89099066
中信建投证券股份有限公司北京北四环东路证券营业部	朝阳区惠新东街2号1层101内3号、5层501内D71号	100102	64304768

中信建投证券股份有限公司北京昌平昌崔路证券营业部	昌平区城北街道昌崔路203号楼1层、4层	102200	89787158
中信建投证券股份有限公司北京常惠路证券营业部	朝阳区常惠路6号楼1层114号	100024	64172768
中信建投证券股份有限公司北京朝外大街证券营业部	朝阳区朝外大街乙12号办公楼29号商铺	100020	50866396
中信建投证券股份有限公司北京朝阳公园南路证券营业部	朝阳区朝阳公园南路10号院2号楼2－3室	100026	64176065
中信建投证券股份有限公司北京朝阳路证券营业部	朝阳区八里庄西里99号1层102室内102－1室	100025	85868091
中信建投证券股份有限公司北京大柳树路证券营业部	海淀区上园村3号交大科技大厦101－1室、203－3室	100044	62440568
中信建投证券股份有限公司北京大屯路证券营业部	朝阳区南沙滩66号院1号楼1层	100101	58739503
中信建投证券股份有限公司北京大兴金星西路证券营业部	大兴区金星西路6号院1号楼1层102室、8层801室	102600	60295066
中信建投证券股份有限公司北京丹棱街证券营业部	海淀区丹棱街18号1层、2层	100030	82666938
中信建投证券股份有限公司北京德胜门外大街证券营业部	西城区德胜门外大街11号18幢1层107－1号	100088	82281653
中信建投证券股份有限公司北京东三环中路证券营业部	朝阳区东三环中路9号	100020	85911109
中信建投证券股份有限公司北京东直门南大街证券营业部	东城区东直门南大街6号	100027	64172758
中信建投证券股份有限公司北京方庄路证券营业部	丰台区紫芳园四区1号楼202室	100078	87161717

中信建投证券股份有限公司北京丰台北路证券营业部	丰台区丰台北路18号院1号楼0102室	100166	63872797
中信建投证券股份有限公司北京丰台东路证券营业部	丰台区丰台东路58号院1号楼	100070	68451373
中信建投证券股份有限公司北京阜安西路证券营业部	朝阳区望京西园一区134号楼1层107－1号	100102	84766768
中信建投证券股份有限公司北京富丰路证券营业部	丰台区富丰路2号	100070	83739065
中信建投证券股份有限公司北京广渠路证券营业部	朝阳区广渠路28号223号楼1层01内L112室、L113室	100022	64172805
中信建投证券股份有限公司北京广渠门内大街证券营业部	东城区广渠门内大街35号1层111A、112A号	100062	67187108
中信建投证券股份有限公司北京红军营南路证券营业部	朝阳区天溪园20号楼1层商业22号、2层商业45号	100107	56326111
中信建投证券股份有限公司北京厚金路证券营业部	朝阳区金蝉里22号院3号楼1层101室	100023	68759965
中信建投证券股份有限公司北京虎坊路证券营业部	西城区虎坊路17幢1~2层商业E06号	100052	83559860
中信建投证券股份有限公司北京怀柔府前街证券营业部	怀柔区府前街3号1层、2层	101499	60685098
中信建投证券股份有限公司北京回龙观西大街证券营业部	昌平区回龙观镇西大街85号130室、360~362室、349室	102208	57536727
中信建投证券股份有限公司北京金融大街证券营业部	西城区锦什坊街35号院1号楼11层1102－1单元	100033	66555976
中信建投证券股份有限公司北京酒仙桥路证券营业部	朝阳区酒仙桥路甲10号3号楼1层1108室	100015	53805898

中信建投证券股份有限公司北京良乡拱辰南大街证券营业部	房山区良乡拱辰南大街1号1层105室	102401	88980268
中信建投证券股份有限公司北京榴乡路证券营业部	丰台区榴乡路88号院22号楼1层103室、104室	100079	56762122
中信建投证券股份有限公司北京马家堡西路证券营业部	丰台区马家堡西路15号时代风帆大厦102号	100068	67578532
中信建投证券股份有限公司北京马连洼北路证券营业部	海淀区马连洼北路138号院1号楼1层102室	100193	62893193
中信建投证券股份有限公司北京南大红门路证券营业部	丰台区南大红门路15号梅源市场南段	100076	68759942
中信建投证券股份有限公司北京农大南路证券营业部	海淀区农大南路1号院2号楼	100084	82349798
中信建投证券股份有限公司北京青年路证券营业部	朝阳区青年路29号院11号楼1层	100123	58777809
中信建投证券股份有限公司北京三里河路证券营业部	海淀区三里河路39号	100037	88381545
中信建投证券股份有限公司北京时代花园南路证券营业部	石景山区时代花园南路17号1层102号	100043	88980277
中信建投证券股份有限公司北京顺义站前街证券营业部	顺义区站前街1号院1号楼7层725室	101300	56326285
中信建投证券股份有限公司北京松榆南路证券营业部	朝阳区松榆西里11号楼1层11－2号	100021	67278196
中信建投证券股份有限公司北京太平桥路证券营业部	丰台区华源四里13号楼F09号	100073	63259608
中信建投证券股份有限公司北京太阳宫中路证券营业部	朝阳区太阳宫火星园8号楼205号	100028	84150996

中信建投证券股份有限公司北京通州通朝大街证券营业部	通州区翠屏西路10号1~2层	101121	50952289
中信建投证券股份有限公司北京望京中环南路证券营业部	朝阳区望京中环南路9号2号楼1层、3号楼7层	100102	64723010
中信建投证券股份有限公司北京西翠路证券营业部	海淀区西翠路17号院20号楼1层商铺9号、10号	100036	68186626
中信建投证券股份有限公司北京宣武门外大街证券营业部	西城区宣武门外大街26号、28号、30号2幢A308室、A309室	100052	63175505
中信建投证券股份有限公司北京学院南路证券营业部	海淀区学院南路38号1层1－商业1号	100081	56326033
中信建投证券股份有限公司北京燕山燕房路证券营业部	房山区燕山燕房路临99号	102500	81337869
中信建投证券股份有限公司北京亦庄荣华中路证券营业部	北京经济技术开发区荣华中路10号A座106室、2201室	100176	57780069
中信建投证券股份有限公司北京玉泉路证券营业部	石景山区玉泉路63号1层115室	100040	68628807
中信建投证券股份有限公司北京远大路证券营业部	海淀区蓝靛厂金源时代购物中心B区2号B座5G室	100097	88871811
中信建投证券股份有限公司北京云岗路证券营业部	丰台区王佐镇长青路87号院2号商业楼西3号	100074	83378558
中信建投证券股份有限公司北京长阳昊天北大街证券营业部	房山区长阳镇昊天北大街48号加州水郡东区商业中心	102400	60306780
中信建投证券股份有限公司北京知春路证券营业部	海淀区知春路6号锦秋国际大厦1层B02单元	100015	82666371
中信建投证券股份有限公司北京中关村东路证券营业部	海淀区中关村东路66号2号楼商业8号	100190	82666909

中信建投证券股份有限公司北京中关村南大街证券营业部	海淀区中关村南大街1号北京友谊宾馆60911室	100080	82666929
中信证券股份有限公司北京安外大街证券营业部	朝阳区安定门外大街1号	100011	84122033
中信证券股份有限公司北京北三环中路证券营业部	海淀区北三环中路43号5区73号楼	100088	82013236
中信证券股份有限公司北京北苑证券营业部	朝阳区天朗园C座1层商业内1－015号	100107	84840192
中信证券股份有限公司北京东三环中路证券营业部	朝阳区广渠路39号院2号楼7层01单元	100078	87645762
中信证券股份有限公司北京东直门证券营业部	东城区东直门外大街48号1幢4层	100027	95548
中信证券股份有限公司北京复外大街证券营业部	西城区白云路1号	100045	63261166
中信证券股份有限公司北京国贸证券营业部	朝阳区建国路甲92号4～24层504号	100020	85890121
中信证券股份有限公司北京呼家楼证券营业部	朝阳区光华路9号楼1层125室、2层226室	100020	57602571
中信证券股份有限公司北京建外大街证券营业部	朝阳区建国门外大街19号1号楼20层	100022	59400588
中信证券股份有限公司北京金融大街证券营业部	西城区金融大街35号1层107单元	100033	95548
中信证券股份有限公司北京京城大厦证券营业部	朝阳区新源南路6号1号楼2404室	100027	13426324674
中信证券股份有限公司北京三元桥证券营业部	朝阳区曙光西里甲5号院16号楼102单元	100028	84554110
中信证券股份有限公司北京首体南路证券营业部	海淀区首体南路9号4楼1至2层101室	100044	65648858
中信证券股份有限公司北京天通苑证券营业部	昌平区天通北苑一区甲4号楼102室	102218	80127369
中信证券股份有限公司北京万柳证券营业部	海淀区万柳中路11号1层105室	100089	82560732

中信证券股份有限公司北京望京证券营业部	朝阳区望京东园七区17号楼1层17－2室	100102	84785403
中信证券股份有限公司北京远大路证券营业部	海淀区远大路1号1层J－1042号	100097	95548
中信证券股份有限公司北京中关村大街证券营业部	海淀区丹棱街1号院1号楼102单元	100071	52217106
中信证券股份有限公司北京中关村东路证券营业部	海淀区中关村东路8号东升大厦AB座503B、807B单元	100083	95548
中信证券股份有限公司北京紫竹院路证券营业部	海淀区紫竹院路69号中国兵器大厦9层	100089	68965201
中信证券股份有限公司北京总部证券营业部	朝阳区亮马桥路48号院4号楼1层101内A1室	100026	60838721
中银国际证券股份有限公司北京北四环西路证券营业部	海淀区北四环西路9号1502室	100190	66229265
中银国际证券股份有限公司北京东三环北路证券营业部	朝阳区东三环北路8号6号楼01层101室	100026	4006208888
中银国际证券股份有限公司北京荣京东街证券营业部	北京经济技术开发区荣京东街3号1幢4层1单元409室	100176	1067864100
中银国际证券股份有限公司北京通州九棵树证券营业部	通州区翠景北里21号楼20层2003室	101101	4006208888
中银国际证券股份有限公司北京宣外大街证券营业部	西城区宣武门外大街甲1号1层103室	100052	63109966
中邮证券有限责任公司北京宣武门东大街证券营业部	西城区宣武门东大街2号2幢1层、2层	100082	82291798
中原证券股份有限公司北京广安门外大街证券营业部	西城区广安门外大街168号1幢8层1－908室、1－909室	100055	83065722
中原证券股份有限公司北京酒仙桥路证券营业部	朝阳区酒仙桥路14号51号楼1层A158室	100016	58671108

（4）基金管理公司

机构名称	地　址	邮　编	电　话
华夏基金管理有限公司	西城区月坛南街1号院7号楼11层	100045	4008186666
嘉实基金管理有限公司	东城区建国门北大街8号华润大厦8层	100005	4006008800
长盛基金管理有限公司	海淀区北太平庄路18号城建大厦A座21层	100088	4008882666
银华基金管理股份有限公司	东城区东长安街1号东方广场C2座10层	100738	4006783333
泰达宏利基金管理有限公司	西城区金融大街7号英蓝国际金融中心南楼3层	100033	4006988888
东方基金管理有限责任公司	西城区锦什坊街28号	100033	4006285888
工银瑞信基金管理有限公司	西城区金融大街5号新盛大厦A座	100033	4008119999
建信基金管理有限责任公司	西城区金融大街7号英蓝国际金融中心16层	100033	4008195533
华商基金管理有限公司	西城区平安里西大街28号楼19层	100035	4007008880
益民基金管理有限公司	西城区宣武门外大街10号庄胜广场中央办公楼13A层	400011	4006508808
中邮创业基金管理股份有限公司	东城区和平里中街乙16号	100013	4008801618
方正富邦基金管理有限公司	西城区车公庄大街12号东侧8层	100037	4008180990
国金基金管理有限公司	海淀区西三环北路87号国际财经中心D座14层	100089	4000200018
英大基金管理有限公司	东城区东三环中路1号环球金融中心西塔22层	100020	4008905288
江信基金管理有限公司	海淀区北三环西路99号西海国际中心1号楼2001－A室	100086	57380888
中加基金管理有限公司	西城区南纬路35号	100050	4000095526
中融基金管理有限公司	朝阳区东风南路3号院中融信托北京园区C座4层、5层	100016	56517000
国开泰富基金管理有限责任公司	东城区朝阳门北大街7号五矿广场C座10层	100010	59363299

中信建投基金管理有限公司	东城区朝内大街2号凯恒中心B座19层、17层	100010	4009108108
国寿安保基金管理有限公司	西城区金融大街28号11层、12层	100033	50850888
中金基金管理有限公司	西城区太平桥大街18号丰融国际北楼17层	100032	63211122
北信瑞丰基金管理有限公司	海淀区首体南路9号主语国际4号楼3层	100048	68619400
九泰基金管理有限公司	朝阳区安立路30号仰山公园8号楼A栋	100012	52601666
泓德基金管理有限公司	西城区德胜门外大街125号德胜尚城B座3层	100088	59850188
新沃基金管理有限公司	海淀区丹棱街3号中国电子大厦B座16层	100080	58290600
汇安基金管理有限责任公司	东城区东直门南大街5号中青旅大厦1301室	100007	65711600
先锋基金管理有限公司	海淀区北太平庄路18号城建大厦A座24层	100088	58239898
中航基金管理有限公司	朝阳区安立路78号、80号11层1101内1105室	100101	56793180
鹏扬基金管理有限公司	西城区复兴门外大街A2号中化大厦16层	100045	4009686688
格林基金管理有限公司	西城区金融大街27号投资广场B座20层	100032	4001000501
南华基金管理有限公司	东城区东直门南大街甲3号居然大厦3层	100007	58965805
国融基金管理有限公司	海淀区西直门外大街168号腾达大厦2008室	100044	4008190098

（5）基金子公司

机构名称	地　址	邮　编	电　话
专户子公司			
华夏资本管理有限公司	西城区金融大街33号通泰大厦B座9层	100032	88066688
嘉实资本管理有限公司	东城区建国门北大街8号华润大厦2层	100005	65215588
工银瑞信投资管理有限公司	西城区金融大街5号新盛大厦A座6层	100033	4008119999
首誉光控资产管理有限公司	西城区平安里西大街28号中海国际中心601室	100034	83496800
银华财富资本管理（北京）有限公司	东城区东长安街1号东方广场C2座5层	100738	4006783333

国泓资产管理有限公司	西城区宣武门外大街10号庄胜广场中央办公楼13A层	100052	4006508808
北京千石创富资本管理有限公司	海淀区西三环北路87号国际财经中心B座8层	100089	4000200018
北京方正富邦创融资产管理有限公司	西城区车公庄大街12号西侧1幢8层	100032	4008180990
建信资本管理有限责任公司	西城区闹市口大街1号院长安兴融中心2号楼5B	100034	4008195533
东方汇智资产管理有限公司	西城区金融街23号平安大厦8层819室	100033	4006285888
中融（北京）资产管理有限公司	朝阳区东风南路3号院中融信托北京园区C座3层	100005	85003210
长盛创富资产管理有限公司	海淀区北太平庄路18号城建大厦A座20层	100088	4008882666
北银丰业资产管理有限公司	西城区南纬路35号	100070	4000095526
北京国开泰富资产管理有限公司	东城区朝阳门北大街7号五矿广场C座10层	100010	59363299
国寿财富管理有限公司	西城区金融街17号中国人寿中心17层	100033	66221116
元达信资本管理（北京）有限公司	东城区朝内大街2号凯恒大厦B座17层	100010	59100288
上海北信瑞丰资产管理有限公司	海淀区首体南路9号主语国际4号楼3层	100048	4000617297
深圳英大资本管理有限公司	朝阳区东三环中路1号环球金融中心西塔22层2201室	100020	59112013
销售子公司			
嘉实财富管理有限公司	上海自由贸易试验区世纪大道8号上海国金中心2期53层	100022	4000218850
上海国金理益财富基金销售有限公司	上海市浦东新区芳甸路1088号紫竹国际大厦601室	201204	021－60870952
九泰基金销售（北京）有限公司	朝阳区安立路30号仰山公园8号楼A栋121室、223室	100107	4006280606
上海华夏财富投资管理有限公司	西城区金融大街33号通泰大厦B座8层	100033	88066632

（6）基金分公司

机构名称	地　址	邮　编	电　话
国泰基金管理有限公司北京分公司	西城区金融大街7号英蓝国际金融中心5层525～530单元	100034	66553055
南方基金管理有限公司北京分公司	西城区武定侯街6号卓著中心1603室	100140	66573399
华夏基金管理有限公司北京分公司	西城区金融大街33号B座8层	100033	4008186666
华安基金管理有限公司北京分公司	西城区金融大街7号英蓝国际金融中心522室	100033	57635999
博时基金管理有限公司北京分公司	东城区建国门内大街18号恒基中心1～23层	100005	65171166
鹏华基金管理有限公司北京分公司	西城金融街甲9号南楼502室	100033	88082426
嘉实基金管理有限公司北京分公司	东城区建国门内8号华润大厦8层	100008	4006008800
长盛基金管理有限公司北京分公司	海淀区北太平庄路18号城建大厦A座20层	100088	4008882666
大成基金管理有限公司北京分公司	西城区平安里西大街28号13层1301室	100034	88009300
富国基金管理有限公司北京分公司	西城区武定侯街6号卓著中心1900室	100033	59315278
银华基金管理有限公司北京分公司	东城区东方广场东方经贸城中2号办公楼10层2～8室	100738	58163000
易方达基金管理有限公司北京分公司	西城区金融街19号富凯大厦B1703室	100033	4008818088
融通基金管理有限公司北京分公司	西城区丰汇园11号楼南翼515室、东翼502～507室	100033	66190999
国投瑞银基金管理有限公司北京分公司	西城区金融大街7号英蓝国际金融中心811～815室	100033	66555550
银河基金管理有限公司北京分公司	西城区月坛西街6号院3层	100045	56086900
泰达宏利基金管理有限公司北京分公司	西城区西直门外大街1号院3号楼18D13～15室	100044	66577730
金鹰基金管理有限公司北京分公司	西城区月坛南街1号月坛金融街中心7号楼	100085	68086288

华宝兴业基金管理有限公司北京分公司	朝阳区建国门外大街乙12号双子座大厦西塔2503室	100020	58260666
摩根士丹利华鑫基金管理有限公司北京分公司	西城区太平桥大街18号丰融国际大厦1005室	100032	66155568
海富通基金管理有限公司北京分公司	西城区金融大街7号英蓝国际金融中心南楼621室	100140	59379001
长信基金管理有限公司北京分公司	西城区金融大街17号中国人寿中心6层604室	100140	68042292
天治基金管理有限公司北京分公司	西城区金融大街19号富凯大厦B703A室	100032	66578008
景顺长城基金管理有限公司北京分公司	西城区金融大街7号英蓝国际金融中心608~610室	100033	66555001
广发基金管理有限公司北京分公司	西城区金融大街9号楼11层1101单元	100033	68083113
申万菱信基金管理有限公司北京分公司	西城区金融大街19号富凯大厦B座1006室	100033	66574388
中海基金管理有限公司北京分公司	西城区复兴门内大街158号1号楼F211B室	100031	66493582
光大保德信基金管理有限公司北京分公司	西城区武定侯街6号3层F2~1（A）301~300室	100020	66215307
上投摩根基金管理有限公司北京分公司	西城区金融大街7号英蓝大厦1925室	100033	4008894888
国海富兰克林基金管理有限公司北京分公司	西城区金融大街23号平安大厦10层1005室	100033	59315299
天弘基金管理有限公司北京分公司	西城区月坛北街2号月坛大厦A座20层	100140	83571789
华泰柏瑞基金管理有限公司北京分公司	西城区锦什坊街35号院1号楼2层208室	100032	66582808
新华基金管理有限公司北京分公司	海淀区西三环北路11号海通时代商务中心C1座	100089	68726666
汇添富基金管理股份有限公司北京分公司	西城区宣武门外大街甲1号环球财讯中心C座14层	100052	021－28932768
交银施罗德基金管理有限公司北京分公司	西城区金融大街20号13层1311~1312室	100033	66584999
益民基金管理有限公司北京分公司	西城区宣武门外大街10号庄胜广场中央办公楼南翼13A层	100052	63101218
信达澳银基金管理有限公司北京分公司	西城区阜成门外大街22号1幢11层1101－9至1101－11号	100037	58569988
泰信基金管理有限公司北京分公司	西城区广成街4号院1号楼305室、306室	100032	66215978

中银基金管理有限公司北京分公司	西城区西单北大街110号西单汇大厦8层	100032	88000688
招商基金管理有限公司北京分公司	西城区月坛南街1号院3号楼21层	100045	0755－83196666
建信基金管理有限公司北京分公司	西城区金融大街7号英蓝国际金融中心1630室	100033	66228888
长城基金管理有限公司北京分公司	西城区金融大街7号英蓝国际金融中心F916室、F917室	100033	88091157
中欧基金管理有限公司北京分公司	西城区复兴门南大街2号天银大厦A座9层A306室	100031	63082766
兴全基金管理有限公司北京分公司	西城区锦什坊街35号615室	100033	66290189
工银瑞信基金管理有限公司北京分公司	西城区金融大街5号新盛大厦A座	100033	66583239
安信基金管理有限公司北京分公司	西城区金融大街15号鑫茂大厦北楼406室	100033	4008088088
东方基金管理有限公司北京分公司	西城区锦什坊街28号2层201室	100033	66295888
东海基金管理有限北京分公司	海淀区西三环北路87号15层4－1502室	100048	88825682
前海开源基金管理有限公司北京分公司	东城区东长安街1号东方广场东1号办公楼1801～1802室	100738	4001666998
财通基金管理有限公司北京分公司	西城区西单北大街131号908室	100032	4008209888
宝盈基金管理有限公司北京办事处	西城区金融大街17号中国人寿中心908室内	100032	68083668
国联安基金管理有限公司北京办事处	西城区金融大街28号盈泰中心2号楼10层	100033	59312803
国寿安保基金管理有限公司北京分公司	西城区金融大街28号11层、12层	100033	50850888
万家基金管理有限公司北京分公司	西城区丰盛胡同28号楼4层401～09单元	100032	59013764
泓德基金管理有限公司北京分公司	西城区德胜门外大街125号3层301B－1室	100088	4009100888
兴银基金管理有限责任公司北京分公司	朝阳区朝阳门北大街20号兴业银行大厦22层	100027	4000096326
新沃基金管理有限公司北京分公司	海淀区丹棱街3号中国电子大厦B座16层	100080	58290600
嘉合基金管理有限公司北京分公司	西城区复兴门内大街158号远洋大厦F102－2室	100031	021－6016900
农银汇理基金管理有限公司北京分公司	东城区建国门内大街乙18号院2号楼1117室	100005	4006895599

西部利得基金管理有限公司北京分公司	东城区长安街1号东方广场东方经贸城西2号办公楼3层11室	100738	56300100
诺德基金管理有限公司北京分公司	海淀区中关村东路1号院3号楼7层708室	100084	4008880009
富荣基金管理有限公司北京分公司	西城区金融大街33号9层918单元	100033	4006855600
嘉实基金管理有限公司北京怀柔分公司	怀柔区梓镇八龙桥雅苑2号楼3层	101400	4006008800
兴业基金管理有限公司北京分公司	朝阳区朝阳门北大街20号1至25层101内25层2501室	100020	89926967
国融基金管理有限公司北京分公司	海淀区西直门外大街168号腾达大厦2008室	100044	68779199
鹏扬基金管理有限公司北京分公司	西城区复兴门外大街A2号1幢16层1601室	100045	68105888

（7）基金管理公司理财中心

机构名称	地　址	邮　编	电　话
华夏基金管理有限公司北京海淀投资理财中心	海淀区中关村南大街11号光大国信大厦1层	100081	68458598
华夏基金管理有限公司北京朝阳投资理财中心	朝阳区东三环中路39号建外SOHO－B座0104室	100022	67718453
华夏基金管理有限公司北京东中街投资理财中心	东城区东中街29号东环广场B座1层	100027	64185187
华夏基金管理有限公司北京科学院南路投资理财中心	海淀区中关村科学院南路新科祥园甲3号	100080	82523195
华夏基金管理有限公司北京崇文投资理财中心	东城区安化寺幸福家园1层	100062	67133687
华夏基金管理有限公司北京西三环投资理财中心	海淀区西三环北路甲35号	100089	52723129

华夏基金管理有限公司北京世纪城投资理财中心	海淀区蓝靛厂时雨园甲 2～4 号	100089	88892837
华夏基金管理有限公司北京望京投资理财中心	朝阳区望京南湖东园 122 楼博泰国际商业广场 1 层 F－36 号	100102	64742505
华夏基金管理有限公司北京亚运村投资理财中心	朝阳区慧忠里 103 号洛克时代中心 1 层	100101	84871039
华夏基金管理有限公司北京东四环投资理财中心	朝阳区八里庄西里 100 号 1 幢 103 号	100025	85869663
华夏基金管理有限公司北京朝外大街投资理财中心	朝阳区朝外大街 6 号新城国际 6 号楼 101 号	100020	65336597

（8）证券投资咨询公司

机构名称	地　址	邮　编	电　话
北京博星证券投资顾问有限公司	西城区西直门内国英园 1 号楼 1012 室	100035	53541896
鼎信汇金（北京）投资管理有限公司	海淀区太月园 3 号楼 5 层 521 室	100088	4008863311
北京东方高圣投资顾问有限公司	门头沟区妙峰山镇水丁路 1 号院 33 号	100026	65202002
北京海问咨询有限公司	朝阳区东大桥路 8 号 1 楼 1101 室	100020	60842107
北京和众汇富科技股份有限公司	海淀区上地三街金隅嘉华大厦 A806 室	100085	4006987677
北京首证投资顾问有限公司	丰台区榴乡路 88 号院 10 号楼 15 层 1501－1 室	100079	4001566699
北京股商信息科技有限公司	海淀区燕西台嘉苑甲 15 号楼 4 层 4026 室、4027 室	100093	87832666
北京金美林投资顾问有限公司	朝阳区久文路 6 号院 75 号楼 4 层 401－7 室	100033	84497361
天一星辰（北京）科技有限公司	东城区后永康胡同 17 号 A211 室	100007	82250620
北京中方信富投资管理咨询有限公司	朝阳区东三环北路甲 19 号楼 6 层 706 室	100020	59670815
北京中富金石咨询有限公司	朝阳区东大桥 8 号 1 号楼 15 层 1807 室	100020	58701668

北京中和应泰财务顾问有限公司	密云区西大桥路69号投资促进局办公楼316室	100081	62129358
北京中资北方投资顾问有限公司	朝阳区东四环中路82号2座2-1座01层101-2室	100022	4006220056
北京天相财富管理顾问有限公司	西城区金融街19号B701D室	100010	66045777
和讯信息科技有限公司	朝阳区朝外大街22号1002室	100022	85697400
北京指南针科技发展股份有限公司	昌平区北七家镇七北路42号院2号楼1单元501室	100020	82250620
盈亚科技发展有限公司	朝阳区东四环中路82号2座2-1座07层1单元803室	100044	4000919988
北部资产经营股份有限公司	西城区金融大街甲23号平房1~9单元	100033	66222268

（9）期货公司

机构名称	地址	邮编	电话
北京首创期货有限责任公司	西城区宣武门外大街甲1号3层301室、302室、314房间	100052	4007009595
第一创业期货有限责任公司	西城区新街口北大街3号6层603室、604室	100035	4001818811
方正中期期货有限公司	朝阳区东三环北路38号院1号楼泰康金融大厦22层2201室	100026	4008802277
格林大华期货有限公司	朝阳区建国门外大街8号楼21层2101单元	100022	4006537777
冠通期货股份有限公司	朝阳区朝阳门外大街甲6号万通中心4座18层	100020	4006678656
国都期货有限公司	东城区东直门南大街3号国华投资大厦8层、10层	100007	4006508822
国元期货有限公司	东城区东直门外大街46号1号楼19层1901室	100027	4008888218
宏源期货有限公司	西城区太平桥大街19号4层4B	100033	4006008899
金鹏期货经纪有限公司	西城区金融大街27号投资广场BZ座9层	100033	66212370
九州期货有限公司	海淀区西直门北大街甲43号1号楼1-26-1418号	100044	4006503265

民生期货有限公司	东城区建国门内大街28号民生金融中心D座7层	100005	85127599
首创京都期货有限公司	朝阳区北辰东路8号辰运大厦2层B区	100101	4000653019
银河期货有限公司	朝阳区朝外大街16号1幢11层1101单元	100020	4008867799
英大期货有限公司	朝阳区呼家楼京广中心6层605室	100020	4000188688
中钢期货有限公司	海淀区海淀大街8号A座19层	100080	4007006700
中国国际期货股份有限公司	朝阳区建国门外光华路14号1幢6层609号、610号	100020	95162
中粮期货有限公司	东城区东直门南大街5号中青旅大厦	100007	4007060158
中天期货有限责任公司	丰台区方庄芳古园1区29号楼	100078	4006963852
中衍期货有限公司	朝阳区东四环中路82号2座	100124	4006881117

（10）期货营业部

机构名称	地　址	邮　编	电　话
华闻期货有限公司北京营业部	通州区新华西街58号2号楼27层2713号	100005	84464135
华西期货有限责任公司北京营业部	东城区建国门内大街18号办一1104室	100005	65174391
华信期货股份有限公司华北分公司	西城区德胜门外大街125号2层201B－A室	100088	59321087
徽商期货有限责任公司北京分公司	东城区南竹杆胡同6号楼4层07室	100010	58641775
混沌天成期货股份有限公司北京营业部	丰台区广安路9号院3号楼1313号	100055	4001100166
建信期货有限责任公司北京营业部	西城区宣武门大街28号大成广场7门5层501室	100101	84970661
江海汇鑫期货有限公司北京营业部	海淀区西三环北路72号A座2906室	100020	58697671
金鹏期货经纪有限公司东城营业部	东城区灯市口大街33号916室	100005	66212370
金鹏期货经纪有限公司丰台营业部	丰台区汽车博物馆东路1号院4号楼北座902室	100070	66212370
金瑞期货股份有限公司北京营业部	朝阳区麦子店西路3号514室	100007	66555673
金石期货有限公司北京营业部	东城区建国门内大街18号办三921单元	100005	57297662

锦泰期货有限公司北京营业部	朝阳区日坛北路17号院1号楼9层925室、926室	100020	85653839
鲁证期货股份有限公司北京营业部	海淀区北三环西路99号院1号楼02层202室	100086	82194421
迈科期货股份有限公司北京营业部	东城区建国门内大街8号中粮广场B座10层1011室	100005	64082006
美尔雅期货有限公司北京长虹桥营业部	朝阳区农展馆南路12号通广大厦5012室	100125	84463679
民生期货有限公司北京营业部	西城区裕民路18号5层502室	100029	82270085
南华期货股份有限公司北京分公司	西城区宣武门外大街26号、28号、30号2幢5层A502室	100052	63155309
南华期货股份有限公司北京营业部	西城区宣武门外大街26号、28号、30号2幢5层A501室	100052	63161286
前海期货有限公司北京分公司	朝阳区望京东园四区11号楼16层1601－03室	100102	64728789
瑞达期货股份有限公司北京大柳树路营业部	海淀区大柳树路17号富海中心3号楼602室	100081	62156260
上海大陆期货有限公司北京营业部	海淀区知春路9号坤讯大厦3层301室	100086	65180889
上海东方财富期货有限公司北京分公司	海淀区西直门北大街32号院2号楼13层1506B室	100044	82206318
上海东证期货有限公司北京安苑路营业部	朝阳区小关北里45号世纪嘉园5号楼6层	100029	95503
上海东证期货有限公司北京朝阳门营业部	朝阳区朝外大街22号4层401～402室	100102	95503
上海中期期货股份有限公司北京营业部	丰台区广安路9号4号楼1711室、1712室、1713室	100055	82205991
申银万国期货有限公司北京劲松九区营业部	朝阳区劲松九区909楼4层	100021	59714689
神华期货有限公司北京营业部	海淀区苏州街18号院长远天地大厦4号楼3A01室	100080	67780608
晟鑫期货经纪有限公司北京营业部	昌平区东小口镇立汤路186甲4号楼11层1106室	100000	82613279
天风期货股份有限公司北京营业部	东城区南竹杆胡同1号9层1010室	100026	84608408
天富期货有限公司北京营业部	东城区安定门东大街28号1号楼C单元610号	100027	64414066
五矿经易期货有限公司北京分公司	海淀区首都体育馆南路6号3号楼12层1253室、1254室	100081	64178233

五矿经易期货有限公司北京广安路营业部	丰台区广安路9号院6号楼408室、409室	100055	64185322
西部期货有限公司北京分公司	东城区建国门内大街28号2幢2层202-1单元	100005	85116877
新湖期货有限公司北京分公司	朝阳区朝阳门外大街20号1幢06层610室	100007	68331355
新纪元期货股份有限公司北京东四十条营业部	东城区东四十条68号平安发展大厦4层407室	100027	64001136
信达期货有限公司北京营业部	朝阳区和平街东土城路12号院3号楼1606室	100029	84261653
兴业期货有限公司北京分公司	朝阳区朝阳门北大街20号1至25层101内2503室	100020	82252929
兴证期货有限公司北京分公司	西城区武定侯街2号、4号10层F2-1（B）1001-6室	100044	69000897
一德期货有限公司北京北三环东路营业部	东城区北三环东路36号E栋7层02室、03室	100013	62237670
银河期货有限公司北京朝外大街营业部	朝阳区朝外大街16号1幢11层1104单元	100102	68569786
银河期货有限公司北京分公司	朝阳区朝外大街16号1幢11层1105单元	100102	68569798
银河期货有限公司北京营业部	东城区广渠门内大街80号8层815号	100026	4008867799
英大期货有限公司北京东三环中路营业部	朝阳区呼家楼京广中心3层301室	100020	4008867799
永安期货股份有限公司北京分公司	东城区金宝街58号6层	100005	4000188688
云晨期货有限责任公司北京分公司	海淀区羊坊店路18号1幢5层533室、534室	100038	65120600
招金期货有限公司北京朝阳北路营业部	朝阳区朝阳北路237号楼26层3002室、3003室	100125	63942169
招商期货有限公司北京西直门北大街营业部	海淀区西直门北大街60号首钢国际大厦5层0507～0508号房间	100082	85951297
浙江新世纪期货有限公司北京营业部	东城区南竹杆胡同2号1幢2层10212室	100011	82292293
浙商期货有限公司北京光华路营业部	朝阳区光华路甲14号1幢12层1203室	100020	82232818
中财期货有限公司北京海淀营业部	海淀区莲花苑5号楼11层1117室、1119室、1120室、1121室	100044	65083926
中大期货有限公司北京营业部	东城区安定门外大街138号地坛大厦A0503室、A0505室、A0506室	100011	65086889
中电投先融期货股份有限公司北京营业部	朝阳区广渠路66号院8号楼1层104室	100020	53959831

中钢期货有限公司北京营业部	西城区广义街5号3－701室	100011	64251379
中国国际期货股份有限公司北京中关村大街营业部	海淀区中关村大街27号6层609号、610号	100080	51905951
中辉期货有限公司北京分公司	朝阳区东三环中路39号院6号楼12层1503室	100022	58699118
中金期货有限公司北京建外大街营业部	朝阳区建国门外大街1号7层21单元	100022	85679888
中粮期货有限公司北京北辰东路营业部	朝阳区亚运村北辰东路8号15号楼25层2509室	100101	4007060158
中粮期货有限公司北京分公司	东城区东滨河路甲1号大象投资大厦4层	100007	4007060158
中融汇信期货有限公司北京营业部	朝阳区北辰东路8号15号楼22层2203室	100101	67766685
中投天琪期货有限公司北京营业部	朝阳区朝外大街18号1501B室、1502A室	100020	65880648
中信建投期货有限公司北京北三环西路营业部	海淀区中关村南大街6号9层912室	100086	82129971
中信建投期货有限公司北京朝阳门北大街营业部	东城区朝阳门北大街6号首创大厦207室	100027	85282866
中信期货有限公司北京东城分公司	东城区广渠门内大街47号7层47－（07）702室	100007	57762888
中信期货有限公司北京分公司	东城区广渠门内大街47号7层47－（07）701室	100007	57762888

（11）外国证券类机构北京代表处

机构名称	地　址	邮　编	电　话
日本野村证券株式会社北京代表处	朝阳区东三环北路5号北京发展大厦1212室	100020	58661888
日本大和证券株式会社北京代表处	朝阳区光华路1号商业写字楼3层301～302单元	100026	65006688
三菱日联证券控股股份有限公司北京代表处	朝阳区东三环北路5号北京发展大厦1018室	100020	65908770
瑞士信贷（香港）有限公司北京代表处	西城区金融大街甲9号1101单元	100033	88090988
高盛（中国）有限责任公司北京代表处	西城区金融大街7号英蓝国际金融中心17层	100034	66273261

美林国际有限公司北京代表处	朝阳区建国门外大街1号院1号楼35层3501～3503室	100020	58780200
花旗环球金融中国有限公司北京代表处	西城区武定侯街6号18层1801室、1802A－1室、1802B－1室	100033	59376609
摩根士丹利亚洲有限公司北京代表处	西城区太平桥大街18号丰融国际中心1座12层3B单元	100034	83563858
瑞银证券亚洲有限公司北京代表处	西城区金融大街7号英蓝国际金融中心1119室	100034	58327618
法国巴黎资本（亚洲）有限公司北京代表处	朝阳区建国门外大街1号院1号楼20层2021C室	100020	65353336
中银国际控股有限公司北京代表处	西城区西单北大街110号8层	100032	83262151
汇富金融服务有限公司北京代表处	朝阳区东三环中路7号财富中心写字楼A座801室	100022	65308792
香港上海汇丰银行有限公司（证券业务）北京代表处	朝阳区东三环中路5号财富金融中心16层1604室	100022	59998235
台湾元大证券股份有限公司北京代表处	东城区建国门内大街7号光华长安大厦2座1722室	100005	65101266
香港摩根大通证券（亚太）有限公司北京代表处	西城区金融大街7号英蓝国际金融中心	100034	59318888
德意志银行股份有限公司（证券业务）北京代表处	朝阳区建国路81号德意志银行大厦28层	100025	59698008
日本瑞穗证券股份有限公司北京代表处	朝阳区建国门外大街甲26号长富宫办公楼8011室	100020	65234779
香港第一上海融资有限公司北京代表处	东城区建国门内大街7号光华长安大厦1座507B室	100005	65102588
蒙特利尔银行利时证券公司北京代表处	朝阳区建国路77号华贸中心3号写字楼27层02A和03A单元	100022	85881700
日本三井住友信托银行股份有限公司（证券业务）北京代表处	朝阳区建国门外大街26号长富宫办公楼5层5011室	100020	65598556
韩国未来资产大宇有限公司北京代表处	朝阳区东三环北路2号2层01～12室内A018室	100027	64136231

交银国际控股有限公司北京代表处	西城区平安里西大街28号10层	100035	88009788
美国科本资本市场公司北京代表处	朝阳区建国门外大街1号16幢12层26单元	100020	85098755
日本摩乃科斯证券股份有限公司北京代表处	朝阳区建国门外大街26号2号楼8007室	100022	65281955
台湾富邦综合证券股份有限公司北京代表处	朝阳区建国路81号华贸中心1座701C室	100022	59695800
韩国韩亚金融投资株式会社北京代表处	朝阳区景华南街5号远洋光华国际C1505室	100020	85906388
香港致富证券有限公司北京代表处	朝阳区建国门外大街1号16幢6层608室	100020	66555862
京华山一国际（香港）有限公司北京代表处	东城区建国门内大街18号办公楼1座1101室	100005	65182871
韩国三星证券公司北京代表处	朝阳区建国路乙118号京汇大厦910单元	100022	65221855
美国富瑞金融集团北京代表处	朝阳区建国门外大街1号国贸1期写字楼14层98室	100004	57379013
德国商业银行股份有限公司（证券业务）北京代表处	朝阳区建国门外大街乙12号双子座大厦东塔2507室	100022	65673233

（12）外国资产管理类机构北京代表处

机构名称	地　址	邮　编	电　话
宏富投资管理有限公司北京代表处	朝阳区光华路7号汉威大厦A座11A16室	100004	85261820
邓普顿国际股份有限公司北京代表处	朝阳区建国路79号26层26办公T201内02室	100022	88091365
信安环球投资有限公司北京代表处	朝阳区建国门外大街1号16幢4层414B室、415室	100004	64637989
标准人寿投资公司北京代表处	东城区建国门北大街8号华润大厦1201－01室	100005	58111700
法国东方汇理基金管理公司北京代表处	朝阳区建外大街乙12号双子座大厦西塔办公楼1101B室	100022	65244933
香港景顺投资管理有限公司北京代表处	西城区金融大街7号英蓝国际金融中心6层F627单元	100034	66555866

香港摩根资产管理有限公司北京代表处	西城区金融大街7号英蓝国际金融中心19层1926单元	100034	59318486
威灵顿管理香港有限公司北京代表处	西城区武定侯街6号卓著中心19层1906室	100033	66227600
富达基金（香港）有限公司北京代表处	西城区金融大街7号英蓝国际金融中心9层F905A室	100034	66553282
法国法盛投资管理公司北京代表处	朝阳区工体北路甲6号中宇大厦2001室	100027	59752825
澳大利亚罗素投资集团有限公司北京代表处	朝阳区建国门外大街1号国贸写字楼1座21层2105室	100004	65058006
新加坡摩根士丹利投资管理公司北京代表处	西城区太平桥大街18号12层8B室	100035	83563893
美国桥水投资公司北京代表处	朝阳区建外大街1号国贸大厦47层4701室	100004	57061666
法国安盛投资管理巴黎公司北京代表处	西城区武定侯街6号卓著中心1207室	100033	66525880
领航投资香港有限公司北京代表处	西城区金融大街甲9号楼10层1001－06室	100033	85880130
加拿大迈凯希金融公司北京代表处	东城区建国门内大街8号B座5层522室	100005	65263996

4. 保险业机构

（1）中资保险公司

机构名称	地　址	邮　编	电　话
中国人民财产保险股份有限公司北京市分公司	东城区朝阳门北大街17号	100010	58195885
中国大地财产保险股份有限公司北京分公司	海淀区西直门北大街54号伊泰大厦4层、5层	100082	61043999
中华联合财产保险股份有限公司北京分公司	东城区安外西滨河路18号首府大厦3号楼	100011	64519985
中国太平洋财产保险股份有限公司北京分公司	西城区复兴门内大街158号远洋大厦F6层	100031	66414787
中国平安财产保险股份有限公司北京分公司	西城区金融大街23号平安大厦15层	100140	59700010
天安财产保险股份有限公司北京分公司	海淀区万寿路西街2号文博大厦2层201室	100036	68423636

华安财产保险股份有限公司北京分公司	丰台区广安路9号院5号楼17层	100089	88829888
永安财产保险股份有限公司北京分公司	朝阳区十里堡北里甲34号1号楼	100022	65733606
太平财产保险有限公司北京分公司	西城区太平桥大街丰汇园11号楼丰汇时代大厦东翼9层	100032	66532288
亚太财产保险有限公司北京分公司	东城区永定门西滨河路8号院7楼6层701－01单元	100038	82299969
中银保险有限公司北京分公司	东城区朝阳门内大街2号凯恒中心E座7层701～705单元	100010	85290888
永诚财产保险股份有限公司北京分公司	海淀区知春路甲48号1号楼25A、25B、26A	100062	58721599
安华农业保险股份有限公司北京分公司	朝阳区管庄周家井1号世通国际大厦B座11层06～09单元	100102	15810189797
阳光财产保险股份有限公司北京分公司	通州区永顺镇商通大道1号院2号楼4层401～402室	101121	60558371
都邦财产保险股份有限公司北京分公司	海淀区玉渊潭南路晾果厂6号都邦大厦9层	100027	68097828
渤海财产保险股份有限公司北京分公司	丰台区汽车博物馆西路8号院3号楼	100077	82294377
华农财产保险股份有限公司北京市分公司	海淀区万泉庄路28号万柳新贵B座6层东侧	100089	58720456
中国人寿财产保险股份有限公司北京市分公司	朝阳区朝外大街16号	100020	85253888
安诚财产保险股份有限公司北京分公司	东城区白桥大街22号北京工商联大厦2层	100062	59095559
长安责任保险股份有限公司北京市分公司	丰台区丰台北路18号院1号楼2层0203～0207室	100073	13901169622
英大泰和财产保险股份有限公司北京分公司	西城区西单北大街111号西单国际大厦9层	100022	51967360
紫金财产保险股份有限公司北京分公司	海淀区复兴路65号电信实业大厦2层	100039	18632118118
浙商财产保险股份有限公司北京分公司	东城区东花市南里东区8号楼4层402室	100062	87101409
国任财产保险股份有限公司北京分公司	丰台区六里桥1号11层	100082	63885118
华泰财产保险有限公司北京分公司	西城区德胜门外大街125号101B、401B～601B	100088	59375999

安邦财产保险股份有限公司北京分公司	朝阳区东三环中路55号富力城双子座B座8层	100020	59229888
富德财产保险股份有限公司北京分公司	海淀区西直门北大街56号富德生命人寿大厦8层	100082	58978228
长江财产保险股份有限公司北京分公司	西城区西直门外大街18号金贸大厦C2座12层	100044	58687360
泰山财产保险股份有限公司北京分公司	丰台区丰台北路18号院1号楼5层0511~0512室	100000	13801015988
珠峰财产保险股份有限公司北京分公司	门头沟区双峪路35号院2号楼9层	102300	83367372
建信财产保险有限公司北京分公司	西城区闹市口大街1号院长安兴融中心4号楼1层A号	100031	56086661
久隆财产保险有限公司北京分公司	海淀区东北旺西路8号院尚东数字山谷B区37号楼4层	100094	18611382213
中国人寿保险股份有限公司北京市分公司	朝阳区朝外大街16号1号楼23~32层	100020	85659860
中国太平洋人寿保险股份有限公司北京分公司	西城区复兴门内大街158号	100031	66414860
中国平安人寿保险股份有限公司北京分公司	西城区金融街23号平安大厦	100140	59730008
新华人寿保险股份有限公司北京分公司	东城区东四十条68号平安发展大厦	100007	84189449
泰康人寿保险有限责任公司北京分公司	朝阳区东三环中路39号建外SOHO23号楼26层、17层2001室	100026	85919766
太平人寿保险有限公司北京分公司	海淀区西直门北大街52号太平金融大厦1层北栋0101室	100082	82299688
建信人寿保险股份有限公司北京分公司	朝阳区光华路15号院1号楼1803~1808室	100000	13910537091
光大永明人寿保险有限公司北京分公司	丰台区西三环南路14号院2号楼9层	100005	59128000
民生人寿保险股份有限公司北京分公司	朝阳区东三环北路38号院2号楼民生大厦6层	100026	59206622
富德生命人寿保险股份有限公司北京分公司	海淀区西直门北大街56号生命人寿大厦4层	100082	82290099

平安养老保险股份有限公司北京分公司	西城区金融街 23 号平安大厦	100140	59730058
合众人寿保险股份有限公司北京分公司	朝阳区朝外大街乙 12 号办公楼 17 层	100022	58797755
太平养老保险股份有限公司北京分公司	西城区宣武门外大街 6 号 16 层	100700	59579000
中国人民健康保险股份有限公司北京分公司	朝阳区金台西路 2 号人民日报社 9 号楼 2 层	100037	58696688
华夏人寿保险股份有限公司北京分公司	西城区宣武门外大街 6 号	100101	63106600
君康人寿保险股份有限公司北京分公司	朝阳区太阳宫中路 16 号院 1 号楼 7 层	100077	68293311
信泰人寿保险股份有限公司北京分公司	西城区宣武门西大街甲 127 号大成大厦 5 层	100031	52612077
农银人寿保险股份有限公司北京分公司	海淀区苏州街 3 号 5 层 501 房间	100081	82827788
长城人寿保险股份有限公司北京分公司	西城区西直门外大街 1 号院 1 号楼 20 层 22B1～B8 室	100044	59238900
昆仑健康保险股份有限公司北京分公司	朝阳区建华南路 6 号院 1 号楼 103 室、2 号楼 101 室	100022	59719600
和谐健康保险股份有限公司北京分公司	朝阳区东三环中路 55 号楼 7 层 802～803 室	100022	59229348
中国人民人寿保险股份有限公司北京市分公司	海淀区首体南路 38 号创景大厦	100037	50826600
国华人寿保险股份有限公司北京分公司	西城区白纸坊东街 2 号院 6 号楼 605～606 室	100054	59272266
中国人寿养老保险股份有限公司北京市分公司	朝阳区朝外大街 16 号中国人寿大厦 19 层南区	100020	63635860
英大泰和人寿保险股份有限公司北京分公司	西城区宣武门外大街 26～30 号（双号）2 幢 10 层 01～08 室	100052	58684101
泰康养老保险股份有限公司北京分公司	东城区东长安街 1 号东方广场西三办公楼	100031	85159118
幸福人寿保险股份有限公司北京分公司	东城区珠市口东大街 13 号 1 层 101 室	100050	63505098
阳光人寿保险股份有限公司北京分公司	通州区云景北里 53 号 C 座 16 层 1612 号、1616 号	101101	59753565
百年人寿保险股份有限公司北京分公司	东城区东直门南大街 11 号中汇广场 A 座	100007	56759488
中邮人寿保险股份有限公司北京分公司	西城区阜成门北大街 19 号	100037	65123009
中融人寿保险股份有限公司北京分公司	海淀区首体南路 22 号楼 19 层 C、D、E	100033	50866190

安邦人寿保险股份有限公司北京分公司	朝阳区东三环中路55号楼6层701～702室	100022	59229719
利安人寿保险股份有限公司北京分公司	海淀区海淀南路32号9层0917～0938室	100000	13390909870
安邦养老保险股份有限公司北京分公司	海淀区花园东路11号泰兴大厦7层705	100080	85286650
太保安联健康保险股份有限公司北京分公司	东城区东长安街1号东方广场东方经贸城中一办公楼5层1室	100005	58045303
珠江人寿保险股份有限公司北京分公司	朝阳区广渠路28号223号楼7层	100124	87141658
中华联合人寿保险股份有限公司北京分公司	丰台区丰台北路18号院1号楼3层0301～0314室	100161	13911656575
复星联合健康保险股份有限公司北京分公司	朝阳区朝阳北路237号复星国际中心写字楼12层	122000	59152133
爱心人寿保险股份有限公司北京分公司	朝阳区广渠路28号223号楼8层	100000	15901299980
北京人寿保险股份有限公司北京分公司	西城区西直门外大街18号金贸大厦		

（2）中资保险公司分支机构

中国人民财产保险股份有限公司北京市分公司

机构名称	地　　址	邮　编	电　话
东城支公司	东城区王家园胡同16号	100027	65548700
重点客户营业部	东城区朝阳门北大街17号5层	100010	58195922
大型商业风险营业部	东城区朝阳门北大街17号	100010	58195331
崇文支公司	东城区左安门内大街5号	100061	67199886
分公司营业部	东城区朝阳门北大街17号	100010	58195983
责任险营业部	西城区教场口街9号院2－2号	100120	82067568
直属支公司	西城区西直门南大街2号成铭大厦3A座	100035	66002737

金融街营业部	西城区宣武门西大街甲129号金隅大厦901号	100031	66410024
西城支公司	西城区德外大街73号	100088	62370120
宣武支公司	西城区菜市口南大街平原里20号楼	100054	83526226
英蓝营销服务部	西城区金融大街7号英蓝国际金融中心首层108单元	100142	58195108
海淀支公司	海淀区阜成路81号	100142	88130258
海淀支公司上地营业部	海淀区上地东里4区1号楼3单元201号	100080	62187752
海淀营业部	海淀区黄庄中关村大厦1层106~109号	100080	62460529
海淀支公司会城门营业部	海淀区北蜂窝甲4号	100080	63262413
学院路营业部	海淀区学院南路乙68号楼8层	100081	62136571
中关村营业部	海淀区学院南路乙68号	100081	62151606
中关村科技支公司	海淀区学院南路乙68号	100081	82102741
电子商务营业部	密云经济开发区云西一街16号12层	101500	87771792
国际业务营业部	朝阳区工人体育场北路13号世茂国际中心1号楼19层	100027	56122418
涉外业务营业部	朝阳区安定路39号长新大厦305室	100029	64440311
朝阳支公司	朝阳区霄云里4号	100125	84485276
广渠路营业部	朝阳区广渠路11号院1号楼金泰国际大厦A座	100022	87213389
劲松营业部	朝阳区华威里10号楼2层201号	100021	58615145
商务中心区营业部	朝阳区东三环北路19号中青大厦707~708号	100020	65013939
特殊风险营业部	朝阳区驼房营西里甲3号2层	100016	84982988
朝阳营业部	朝阳区晨光家园306号楼5层	100025	84485283
丰台支公司	丰台区东大街11号	100071	63812311
丰台支公司云岗营业部	丰台区云岗北区西里甲8号楼1层底商101房间	100071	63867868
丰台支公司方庄营业部	丰台区南三环中路18号同仁园8号楼	100071	87659558

门头沟支公司	门头沟区新桥大街 18 号	102300	69843284
门头沟支公司永定营销服务部	门头沟区永定镇冯村商业街 1021 号	102300	69843284
石景山支公司	石景山区时代花园南路 17 号 1 层、2 层	100043	88980531
房山支公司	房山区政通路 6 号	102488	89366688
燕山支公司	房山区燕山迎风街 21 号	102500	69341187
房山支公司房山营销服务部	房山区城关西大街 29 号	102500	58195108
通州支公司	通州区玉带河大街 4 号	101100	60560501
通州支公司台湖营销服务部	通州区台湖镇次渠大街 19 号	101100	60560501
通州支公司张家湾营销服务部	通州区张家湾光华路 9 号	101104	61505061
通州支公司漷县营销服务部	通州区漷县镇长陵营 A 商 14 号 1 层	101109	80520528
集团客户营业部	通州区京洲园 411 号楼商 6 号	101121	58195393
空港营业部	顺义区天竺镇府前一街 32 号	101312	64588029
顺义支公司	顺义区新顺南大街西侧	101300	69466005
顺义支公司杨镇营销服务部	顺义区杨镇双阳东区 18 号楼 1 ~2 层 103 室	102200	58195108
昌平支公司	昌平区城区镇北环路 21 号	102200	69723366
昌平支公司回龙观营业部	昌平区回龙观镇龙腾苑 6 区 41 号楼 41 –3 号	102208	60779624
昌平支公司沙河营业部	昌平区沙河镇巩华城大街 76 号	102206	69731408
昌平支公司南口营销服务部	昌平区南口镇道北中区综合服务楼第 1 层 711 号	102202	80100994
天通苑营业部	昌平区北七家镇天通苑东苑 3 区 2 号楼 29 门 1 ~ 4 层	102218	80141601
大兴支公司	大兴区黄村镇兴政街 26 号	102600	69244765
大兴营业部	大兴区旧宫镇科技路 10 号	100076	59295520
经济技术开发区支公司	北京经济技术开发区同济中路 2 号狮岛索龙大厦 303 室	100176	67883277
大兴国际机场营业部	大兴区福顺街 21 号	102602	89291128

大兴支公司采育营销服务部	大兴区庞各庄镇御园小区民生路2号院1号楼	102602	58195108
怀柔支公司	怀柔区青春路21号	101400	69648438
怀柔支公司杨宋营销服务部	怀柔区杨宋镇凤翔科技开发区和平路甲1号楼1～2层	101400	60680987
怀柔支公司桥梓营销服务部	怀柔区桥梓镇前桥梓村590号	101400	69676099
平谷支公司	平谷区城关镇府前西街16号	101200	69962201
平谷支公司平谷镇营业部	平谷区南独乐河镇同乐路29号	101200	69962201
平谷支公司大华山营销服务部	平谷区大华山镇大华山大街229号	101200	69962201
平谷支公司南独乐河营销服务部	平谷区南独乐河镇人民政府西侧平房	101200	69962201
平谷支公司夏各庄营销服务部	平谷区夏各庄镇夏各庄村商业楼东1号	101200	69962201
延庆支公司	延庆区妫水北街70号	102100	69144641
延庆支公司永宁营销服务部	延庆区永宁镇永宁大街40号临1号	102104	60177690
延庆支公司康庄营销服务部	延庆区康庄镇兴隆商业街174号	102101	61168991
密云支公司	密云区密云镇鼓楼南大街41号	101500	69041586
密云支公司溪翁庄营销服务部	密云区溪翁庄镇密溪路6号楼8号楼0120号、0220号	101512	69012365
密云支公司太师屯营销服务部	密云区太师屯镇永安街149号1～3层149－13号	101505	69032201

中国太平洋财产保险股份有限公司北京分公司

机构名称	地　　址	邮　编	电　话
东城支公司	东城区白桥大街15号10层1001－09号、1001－10号	100013	83507189
西城支公司	西城区展览馆路3号院	100037	83507305
海淀支公司	海淀区西三环北路91号7号楼4层D01室	100088	83507908

丰台支公司	西城区广外大街87号	100055	63465943
朝阳支公司	朝阳区左家庄路2号4幢3层	100027	64619254
通州支公司	通州区富河园4号楼1层4－107号	101199	83507818
昌平支公司	昌平区高科技园区创新路6号	102200	89705469
顺义支公司	顺义区南法信地区府前街56号院1号楼9层2－913～924室	101300	83507636
经济技术开发区支公司	北京经济技术开发区宏达北路16号1号楼2层201室	100176	83507090
石景山支公司	石景山区玉泉路63号5层505～506室	100043	88697358
平谷支公司	平谷区迎宾环岛东南角1号楼1层商铺－8	101200	69966096
分公司营业部	东城区建国门南大街7号C座905室、1009室	100031	83506807
商务中心区营业部	朝阳区百子湾路18号1号楼1层	100022	67716792
房山区营销服务部	房山区翠枫路7号院7号楼6层601～602房间	102488	89310246
航港营销服务部	顺义区南法信镇机场北街8号院2幢航港国际大厦122号	101300	69450355－610
蓝龙家园营销服务部	门头沟区蓝龙家园6号楼2层E区	102300	69838865
第一营销服务部	通州区西上园一区10号楼商－6	101100	60569258
回龙观营销服务部	昌平区回龙观东大街21－1至21－27号1层21号、23号	100096	82465180
第二营销服务部	西城区复兴门内大街158号F101	100023	87356750

中国平安财产保险股份有限公司北京分公司

机构名称	地　址	邮　编	电　话
第一营业部	西城区金融大街23号15层	100033	57997062

第二营业部	朝阳区光华路5号院2号楼	100020	59710226
朝阳支公司	朝阳区光华路5号院2号楼14层	100020	57997093
丰台支公司	丰台区育仁南路3号院3号楼1层101－3室	100160	63758165
房山支公司	房山区梅花庄村5号楼1层	102401	89363579
怀柔支公司	怀柔区府前街3号楼3－2号	101499	69682585
通州营销服务部	通州区杨庄南里66号楼01号、07号	101121	60533652
大兴营销服务部	大兴区春和路39号院3号楼2层3单元	102600	59731929
顺义支公司	顺义区南法信镇华英园9号楼1031～1034室	101300	89429126
昌平营销服务部	昌平区城南街道龙水路28号楼－1至2层	102299	57859106
平谷支公司	平谷区平谷镇东方国际公寓2号楼1至2层	101299	56916564
密云支公司	密云区银河花园37号6单元、7单元	101599	82128675
延庆支公司	延庆区延庆镇恒安小区28号楼1至2层4单元	102199	59700308
门头沟支公司	门头沟区滨河路127号	102399	69832096
石景山支公司	石景山区石景山路20号第11层	100040	88605280

华泰财产保险有限公司北京分公司

机构名称	地　址	邮　编	电　话
西城支公司	西城区德胜门外大街125号301B1（德胜园区）	100088	59375588
东城支公司	东城区龙潭路甲3号翔龙大厦	100061	67113332
通州支公司	通州区砖厂南里47号楼4层409室	101100	81573903
顺义支公司	顺义区仁和镇石园南区33号楼8层4单元806室	101300	89441566
房山支公司	房山区篱笆园南路10号院9号楼1层109室	102488	59375590
大兴支公司	大兴区金苑路3号1幢4层D53A	102627	69244880
复兴门营业部	西城区金融大街35号1幢17层1710单元	100033	9371988

太平财产保险有限公司北京分公司

机构名称	地　址	邮　编	电　话
朝阳支公司	朝阳区东三环北路甲2号8号楼8－3内22层	100027	83157370
丰台支公司	丰台区南四环西路188号3区6号楼7层01室、02室	100070	83670899
海淀支公司	海淀区马连洼北路8号B座4层409～411室	100085	88893759
通州支公司	通州区新华西街58号院3号楼7层718室～720室	101199	81556790
石景山支公司	石景山区成通街26号院4号楼14层	100043	63310893

中华联合财产保险股份有限公司北京分公司

机构名称	地　址	邮　编	电　话
崇文支公司	东城区夕照寺中街4号A座1层102室、106室	100061	67100878
西城支公司	西城区莲花池东路106号2单元901室	100055	63952008
东城支公司	东城区安外西滨河路18号首府大厦3号楼2层202室	100011	63344473
石景山支公司	石景山区城兴街255号院1号楼3层301－6室	100043	68888002
房山支公司	房山区拱辰街道政通路23号B座5层501～503室	102488	89354988
昌平支公司	昌平区科技园区振兴路36号首科凯奇基地2号楼3层东侧301～310号	102299	69749500
顺义支公司	顺义区金蝶软件园A座801室	101399	69461367
通州支公司	通州区梨园镇梨园村商业楼	101100	60549180
怀柔支公司	怀柔区富乐小区北里25号正楼	101400	69632691

大兴支公司	大兴区枣园路19号1幢8层803室	102600	61219197
经济技术开发区支公司	北京经济技术开发区地盛西路6号BDA国际广场M楼4层	100176	50980618
密云支公司	密云区新南路甲52号院1号楼1层	101500	89036981
平谷支公司	平谷区文化南街9号9－6底商	101200	89987899

永安财产保险股份有限公司北京分公司

机构名称	地址	邮编	电话
朝阳北路营销服务部	朝阳区朝阳北路145号红领巾公园南门西侧办公楼2层210～211房间	100061	65733688
朝阳支公司	朝阳区十里堡北里甲34号1号楼2层128房间	100025	65733667
密云支公司	密云区久润花园东区18号楼底商7号	101500	61098469

天安财产保险股份有限公司北京分公司

机构名称	地址	邮编	电话
海淀支公司	海淀区羊坊店路18号1幢10层1001室	100038	88574613
羊坊店路营销服务部	海淀区羊坊店路18号1幢10层1002室	100038	88574687
朝阳营销服务部	朝阳区望京中环南路甲2号21层B2307室	100102	88574738
顺义营销服务部	顺义区南法信大街118号院1号楼4层1401号	101300	88574720
平谷营销服务部	平谷区平谷镇光明西小区7号楼1层	101200	88574700
房山营销服务部	房山区良乡拱辰街道西潞南大街5号1幢2层217室	102400	88574736

中国大地财产保险股份有限公司北京分公司

机构名称	地址	邮编	电话
第一营销服务部	东城区广渠门内大街 121 号楼 701～706 室	100062	82277924
丰台支公司	丰台区西三环南路 14 号院 1 号楼首科大厦 12 层 1219～1224 室	100073	82277905
朝阳支公司	朝阳区朝外大街 26 号楼 B0701 室	100020	82277922
顺义支公司	顺义区南法信大街 118 号院 2 号楼 9 层	101300	69450846
大兴支公司	大兴区清澄名苑北区 27 号楼 4 层 2－511 室	102600	69269838
平谷支公司	平谷区平谷镇新平东路 140 号	101200	61993266
房山支公司	房山区拱辰街道政通路 12 号 1 号楼 2 层 205 室	102408	60305871
通州支公司	通州区张家湾镇土桥村北京新建房地产开发有限公司 13 幢 128 号	101100	80873600

华安财产保险股份有限公司北京分公司

机构名称	地址	邮编	电话
房山支公司	房山区城关街道农林路 1 号 1 层 003 房间	102400	69316041
朝阳支公司	朝阳区东三环南路 19 号院 1 号楼－2 至 15 层	100021	87651952
昌平支公司	昌平区回龙观镇科协家园住宅小区 29 号楼 B 座 1 层	102208	82945885
丰台支公司	丰台区丰体南路 3 号丰体时代大厦 C 座 2 层 202 号	100071	83818821
通州支公司	通州区玉桥西里 87 号 1 层底商 46 号	101101	52101085
朝阳第一营销服务部	朝阳区世纪东方嘉园 104 楼 1 层 3 单元 15 号	100023	87630262

亚太财产保险有限公司北京分公司

机构名称	地址	邮编	电话
东城支公司	东城区永定门西滨河路8号院7楼6层701～03单元	100082	82299999
平谷支公司	平谷区平谷镇东鹿角村平三路临1号北院3层306室	101200	89988225

永诚财产保险股份有限公司北京分公司

机构名称	地址	邮编	电话
海淀营销服务部	海淀区知春路甲48号1号楼26A房间	100142	13811195578
昌平营销服务部	昌平区西环路16号豪恒大厦4层	102200	89783620
西城支公司	西城区半步桥街48号5层508房间	100031	13581873829

安华农业保险股份有限公司北京分公司

机构名称	地址	邮编	电话
大兴支公司	大兴区富强路2号1层102室	102600	64393093
分公司营业部	朝阳区管庄周家井大院内世通大厦B座11层1105号	100102	64393218
房山营销服务部	房山区良乡拱辰南大街42号楼1层至2层08号	100102	64393007
通州营销服务部	通州区潞通大街188号－1层04号	101100	80854850
怀柔支公司	怀柔区于家园南街6号院6号楼1层S9	100102	60685911

昌平营销服务部	昌平区昌崔路198号院10号楼2层210室	102200	64393098
平谷营销服务部	平谷区平谷镇新平南路211号楼211－2号	101204	89979005
顺义支公司	顺义区港馨家园丙1号楼103室	101300	69440128
延庆营销服务部	延庆区康安小区30号－03商业楼	102100	69148706
密云支公司	密云区东菜园环岛东北侧长城大厦商务楼3层331室	101500	69070966

阳光财产保险股份有限公司北京分公司

机构名称	地　址	邮　编	电　话
经济技术开发区营销服务部	北京经济技术开发区宏达北路10号1幢310室、313室	100176	67884003
东城营销服务部	东城区安德路甲61号	100011	84129896
昌平营销服务部	昌平区鼓楼北街5－1至5－20号楼1～2层	102200	69746061
丰台营销服务部	丰台区西四环南路72号27楼13层1301室、1313室	100071	51039406
房山营销服务部	房山区良乡嘉瑞通小区3号楼3－4号、3－5号	102401	69351831
通州营销服务部	通州区云景南大街33号1层	101100	81571169
顺义营销服务部	顺义区仓上小区37号楼1～2层2单元37－05室	101300	69440345
大兴营销服务部	大兴区观音寺南里海北路1号楼1－17室	102699	69243065
平谷营销服务部	平谷区迎宾花园小区31号楼10号商铺	101200	69976001
延庆营销服务部	延庆区延庆镇石河营建材城综合楼南大2号	102100	69187890
怀柔支公司	怀柔区金台园2号	101400	61625606
海淀支公司	海淀区北蜂窝中路15号	100038	13701263353
朝阳支公司	海淀区晾果厂6号9层908室	100022	56406700

渤海财产保险股份有限公司北京分公司

机构名称	地　　址	邮　编	电　话
朝阳营销服务部	朝阳区松榆南路54号3层旌凯写字楼B区18号、C区22号、26号	100000	87325700
昌平营销服务部	昌平区城南街道南郝庄北京世涛基业房地产开发有限公司院内2幢203号	102200	69715836
大兴支公司	大兴区林校路67号4号楼1层	102699	18600567868
平谷支公司	平谷区平谷镇新平北路51号楼51－9号	100077	82292277
顺义支公司	顺义区仁和地区山子坟村顺通路34号商业西侧房	110300	81492122

都邦财产保险股份有限公司北京分公司

机构名称	地　　址	邮　编	电　话
海淀支公司	海淀区晾果厂6号9层908室	100027	68097908

华农财产保险股份有限公司北京市分公司

机构名称	地　　址	邮　编	电　话
通州营销服务部	通州区张家湾镇通州工业开发区光华路16号北京方和正圆综合楼A栋521号	101100	58720450
顺义营销服务部	顺义区宏城花园12号楼1层5单元102室	101100	89418290
昌平营销服务部	昌平区昌平镇振兴路28号	102200	80113236
平谷营销服务部	平谷区迎宾街1号院17号楼11层2单元1103号	101200	51327238

房山支公司	房山区拱辰街道政通路12号1号楼第5层512室、514室	102488	60342185

中国人寿财产保险股份有限公司北京市分公司

机构名称	地　址	邮　编	电　话
东城支公司	东城区鼓楼外大街27号万网大厦4层	100120	84130362
西城支公司	西城区金城坊街15－101号	100054	63365157
石景山支公司	石景山区时代花园南路17号9层906室	100120	84130362
宣武支公司	西城区半步桥街48号1层1101房间	100054	63362328
朝阳支公司	朝阳区静安东里12号院2号楼1层C128室	100028	64823368
丰台支公司	丰台区南四环西路128号院4号楼2012室、2013室、2015室	100078	67680198
海淀支公司	通州区云景北里52号楼1215房间	100083	82885253
房山支公司	房山区良乡西潞北大街26号	102400	89369695
通州支公司	通州区云景东路417号	101100	81573960
顺义支公司	顺义区双兴北区33号楼1层	101300	69427867
怀柔支公司	怀柔区开放东路13号院4号楼2层03号	101400	13701379986
大兴支公司	大兴区南湖路4号院3幢1层	100000	85253888

长安责任保险股份有限公司北京市分公司

机构名称	地　址	邮　编	电　话
朝阳营销服务部	朝阳区北苑东路19号院5号楼26层2611室	100102	13051275391

丰台支公司	西城区西站南路 80 号院 6 号楼 1 层 101－9 至 101－12 室	100070	13911348911
通州支公司	通州区玉带河东街 153 号 1～2 层	100082	13701273186

英大泰和财产保险股份有限公司北京分公司

机构名称	地　址	邮　编	电　话
大兴支公司	大兴区富强路 2 号 1 层 104 室	102600	51967588
海淀支公司	海淀区厂洼街 3 号 B2028 室	100089	51967588
通州支公司	通州区八里桥南街 89 号	101199	52047599
顺义支公司	顺义区站前北街 4 号院 2 幢	101321	51967588
昌平支公司	昌平区北环路 2 号	102299	51967588
亦庄营销服务部	北京经济技术开发区永昌北路 13 号 1 幢 5 层北侧	100176	51967588
平谷营销服务部	平谷区平谷镇林荫南街 9 号楼 9－64 号	101200	69955722
朝阳支公司	朝阳区和平街东土城路 12 号院 3 号楼 16 层 01 室	100020	64218618
怀柔支公司	怀柔区青春路乙 64 号楼 1 层 102 室	101400	51967588

紫金财产保险股份有限公司北京分公司

机构名称	地　址	邮　编	电　话
海淀支公司	海淀区复兴路 65 号电信实业大厦 2 层	100036	88612831
海淀区复兴路支公司	海淀区复兴路 65 号电信实业大厦 12 层 1205 室	101200	88612868

浙商财产保险股份有限公司北京分公司

机构名称	地　址	邮　编	电　话
东城营销服务部	东城区东花市南里东区8号楼4层402室	100000	18611021202

国任财产保险股份有限公司北京分公司

机构名称	地　址	邮　编	电　话
丰台支公司	丰台区槐房西路318号院南庭新苑底商B4－10号	102600	13911376350
顺义支公司	顺义区华英园9号5031室	100082	89425675
昌平支公司	昌平区西关路20号4号楼15层4－1816室	102200	58072866

安邦财产保险股份有限公司北京分公司

机构名称	地　址	邮　编	电　话
东城支公司	东城区东水井胡同5号楼7层822室	100011	13910625833
西城支公司	西城区太平街6号8层E－906室	100053	63135727
朝阳支公司	朝阳区东三环中路55号富力城双子座B座8层	100020	13910628851
丰台支公司	丰台区航丰路1号院2号楼时代财富大厦1303室	100070	18611098721
石景山支公司	石景山区阜石路166号1号楼7层708号、709号	100043	13811588059
海淀支公司	海淀区西直门北大街32号院枫蓝国际大厦1号楼7层811室	100088	15810585817

房山支公司	房山区良乡拱辰南大街42号楼A座8层801~802室	102401	18601352139
通州支公司	通州区云景南大街144号1至2层	101100	15811122333
顺义支公司	顺义区前进花园石门苑18号楼3单元101室	101300	13911699923
昌平支公司	昌平区白浮泉路甲12号1层	102200	13910659092
大兴支公司	大兴区兴华大街2段3号院波普中心3号楼121室	102600	18601015962
怀柔支公司	怀柔区青春路61号院1号楼-1层13号	101400	69659836
平谷支公司	平谷区平谷镇东方国际公寓5号楼1至2层	101200	13501027057
密云支公司	密云区密云县长城大厦A段1~2层北侧西	101500	13311552556

富德财产保险股份有限公司北京分公司

机构名称	地　　址	邮　编	电　话
平谷支公司	平谷区平谷镇西环南路1号楼	101200	
海淀支公司	海淀区西直门北大街52~56号（双号）8层	100102	84164186

珠峰财产保险股份有限公司北京分公司

机构名称	地　　址	邮　编	电　话
昌平支公司	昌平区北环路32号-1至2层32-3	102200	89788350
朝阳支公司	朝阳区化工路59号院1号楼	100023	83367372
通州支公司	通州区群芳中三街111号、119号	101100	83367372

易安财产保险股份有限公司

机构名称	地　址	邮　编	电　话
北京营业部	海淀区西土城路1号院1号楼泰富酒店写字楼5层	100191	53916197

中国人寿保险股份有限公司北京市分公司

机构名称	地　址	邮　编	电　话
阜成门支公司	西城区阜成门外大街3号东润时代大厦303室	100037	68001517
西直门营销区部	西城区后广平胡同36号	100035	
中关村支公司	海淀区知春路128号泛亚大厦302号	100086	62573189
海淀营销区部	海淀区知春路20号中国医药大厦北门中国人寿105～111室	100088	82800104
东区营销区部	东城区东中街32号	100027	85991510
朝阳支公司	朝阳区朝外市场街20号11～13层	100020	65880125
金台路同城柜面	朝阳区金台北街7号	100026	65022591
石景山支公司	石景山区石景山路3号玉泉大厦4层东侧401～409室	100049	88255400
北纬路同城柜面	西城区北纬路1号	100050	63166366
丰台支公司	丰台区王佐长青路87号院2号楼	100074	83319230
房山支公司	房山区良乡西潞北大街26号	102488	89350157
门头沟支公司	门头沟区滨河路64号	102300	69866670
密云支公司	密云区滨河路22号	101500	69024089
平谷支公司	平谷区金谷园21号楼16号	101200	69984204

顺义支公司	顺义区府前东街2号	101300	69466735
通州支公司	通州区玉带河东街248号	101100	80883969
昌平支公司	昌平区创新路5号	102200	69445704
怀柔支公司	怀柔区商业街2号	101400	69648171
延庆支公司	延庆区东外大街62号	102100	69172770
大兴支公司	大兴区兴业大街3段26号	102600	69295431
第一营销区部	朝阳区东三环北路19号中青大厦3层	100027	
第三营销区部	西城区天桥南大街1号天桥艺术大厦B座306~308室	100050	63026749
第五营销区部	海淀区中关村大街32号和盛大厦16层	100080	88820494
第一收展区部	朝阳区朝外市场街20号中保大厦2层	100020	59646606
第二收展区部	海淀区马甸东路17号金澳国际写字楼2层	100088	62057899
第三收展区部	朝阳区朝外市场街20号中保大厦13层	100020	66511656
东城收展区部	朝阳区朝外市场街20号中保大厦10层	100020	
西城收展区部	西城区白纸坊东路经济日报社综合楼A座201室、105室	100054	80456649
海淀收展区部	海淀区三里河路39号迈行大厦2006室	100037	
城区支公司	朝阳区朝外市场街20号中保大厦18~19层	100020	66031298
大客户业务部	朝阳区朝外市场街20号中保大厦16~17层	100020	63171097
开发区支公司	朝阳区朝外市场街20号中保大厦14~15层	100020	85639895
中介新渠道业务部	朝阳区朝外市场街20号中保大厦18层	100020	85728813
西城支公司	西城区新街口北大街3号新街高和大厦504号、505号	100035	66133774
海淀支公司	西城区新街口北大街3号新街高和大厦504号、505号	100035	66122816

金台路同城柜面	朝阳区金台北街 7 号	100020	65022591
知春路同城柜面	海淀区知春路 20 号	100088	62056697
人寿大厦同城柜面	朝阳区朝阳门外大街 16 号中国人寿大厦 2 层	100020	85251466
金融街同城柜面	西城区金融大街 12 号中国人寿广场 B 座首层	100032	66575129
石景山同城柜面	石景山区鲁谷东街 18 号 1 层	100040	88255820

中国太平洋人寿保险股份有限公司北京分公司

机构名称	地　　址	邮　编	电　话
东城支公司	东城区北京站东街 8 号信通大厦 B 座 6 层	100010	83955353
海淀支公司	海淀区复兴路甲 23 号城乡华懋 13 层	100036	83954041
朝阳支公司	朝阳区安贞里二区 1 号楼	100029	83954508
通州支公司	通州区新华南路 64 号 3 层	101100	83954608
顺义支公司	顺义区仓上街 2 号智能大厦 10 层、5 层（部分）	101300	83954017
昌平支公司	昌平区昌平镇西环路 29－1 号 5 层	102200	83954188
中关村支公司	海淀区中关村南大街甲 10 号银海大厦 5 层	100081	83954408
大兴支公司	大兴区金星西路 6 号院 1 号楼 12 层 1201 单元、1203 单元	102600	83954201
密云支公司	密云区新中街 42 号	101500	83954251
国贸支公司	朝阳区广和南里二条 16 号院 3 号楼	100021	83954118
西城支公司	西城区西直门外大街新兴东巷甲 15 号 3 号楼	100044	83954466
安定门营销服务部	东城区安定门外东河沿乙 5 号楼	100010	83954336
劲松营销服务部	朝阳区广和南里二条 16 号院 3 号楼 2 层 205～207 室	100021	83955998
通州北苑营销服务部	通州区新华东街 116 号 1 幢、9 幢 4 层	101199	83954633

中国平安人寿保险股份有限公司北京分公司

机构名称	地　址	邮　编	电　话
朝阳区永安营销服务部	朝阳区建华南路6号院1号楼	100022	65126776
朝阳光熙门营销服务部	朝阳区西坝河西里23号4幢3层、4层	100028	56316873
东城雍和宫营销服务部	东城区藏经馆路11号	100007	84047556
通州恒通营销服务部	通州区九棵树东路107号	101100	81582210
通州西海子营销服务部	通州区九棵树东路117号	101100	18519160202
国峰营销服务部	朝阳区常惠路6号楼4单元	100024	53956882
平谷迎宾街营销服务部	平谷区迎宾街1号院5号楼3~6层	101200	61993881
顺义龙府营销服务部	顺义区站前北街78号1号	101300	69439079
海淀北太平庄营销服务部	海淀区北太平庄路2号7号楼德恒商务会馆A座2~5层	100088	82023825
丰台莲花池营销服务部	丰台区西站南广场驻京办1号楼1层A108号	100073	63498511
海淀甘家口营销服务部	海淀区三里河路17号甘家口大厦13层	100037	88392193
大兴区兴政营销服务部	大兴区黄村镇兴政大街南区政府对面	102600	69200452
朝阳国贸营销服务部	朝阳区东三环中路16号3层	100022	56709760
丰台科丰桥营销服务部	丰台区航丰路1号院4号楼	100070	83659811
延庆板泉路营销服务部	延庆区延庆镇东外大街26号4层	102100	69173765
昌平永安营销服务部	昌平区西环路16号3层及层06号房间	102200	89747087
昌平天通苑营销服务部	昌平区东小口镇天通北苑北一区甲5号楼	102218	61750818
良乡翠枫路营销服务部	房山区良乡翠枫路7号院5号楼	102488	56177677
房山良乡营销服务部	房山区良乡拱辰北大街3号1号楼	102488	89361546
密云鑫盛营销服务部	密云区新南路86号院1号楼	101500	61092062

怀柔梅苑营销服务部	怀柔区青春路梅苑小区8号楼2门、3门	101400	69686296
西城宣武门营销服务部	西城区宣武门东大街24号宣武门商务酒店南楼4~6层	100069	83500096
方庄营销服务部	丰台区方庄芳古园一区28号楼	100078	63156604
海淀区杏石口营销服务部	海淀区杏石口路80号益园文化创意产业基地A区1号楼4层401号	100089	56282761
海淀苏州桥营销服务部	海淀区小南庄路怡秀园甲1号楼3层、4层	100086	56316509
西城西单营销服务部	西城区背阴胡同甲35号3幢2~5层	100032	66189140
朝阳柳芳营销服务部	朝阳区和平街东土城路12号院3号楼5层	100020	84241790
朝阳亮马桥营销服务部	朝阳区新源南路3号	100027	59761266
东城东四营销服务部	东城区前炒面胡同33号16号楼6层、7层	100005	52901501
鲁谷路营销服务部	石景山区鲁谷路74号中国瑞达大厦5层531~540房间	100040	56316223
丰台开阳桥营销服务部	丰台区开阳路1号院瀚海花园大厦	100069	18401614293
东城建国门营销服务部	东城区建国门南大街5号金龙大厦	100015	64310879
古城营销服务部	石景山区城兴街255号院1号楼	100043	69368683
石景山玉泉路营销服务部	石景山区石景山路3号玉泉大厦2层、3层西侧	100000	88252750

新华人寿保险股份有限公司北京分公司

机构名称	地　址	邮　编	电　话
海淀支公司	海淀区莲花苑5号楼6层601~609房间（单号）	100036	62078307
朝阳支公司	朝阳区东三环北路东方东路9号B幢5层	100026	64663992
西城支公司	西城区西直门外大街112号3层307室	100044	68330061
东城支公司	东城区崇外大街新怡家园甲3号楼7层	100062	67087329

丰台支公司	丰台区莲花池西里11号4号楼3层301室	100161	63942573
石景山支公司	石景山区城兴街255号院1号楼7层	100040	68684601
大兴支公司	北京经济技术开发区金苑路3号金融大厦2层B－01室	102628	60213165
房山支公司	房山区拱辰街道西潞南大街5号3层	102401	69381192
通州支公司	通州区云景东路1号3层	101121	59782722
顺义支公司	顺义区仓上街2号智能大厦B区9层	101320	69424945
西城区新外大街营销服务部	西城区黄寺大街甲23号院1号楼1层	100011	62076856
平谷支公司	平谷区府前西街2号渔阳大厦	101299	69970193
密云区鼓楼营销服务部	密云区果园新里北区综合楼东侧1层	101599	69068746
昌平支公司	昌平区城南街道龙水路22号院1号楼11层1101室	102299	80107796
丰台南苑营销服务部	丰台区和义东里三区9号楼1层、3层	100076	67942808
怀柔营销服务部	怀柔区迎宾北路1号2幢201～205室	101499	69643245
延庆营销服务部	延庆区延庆镇高塔街58号绿韵广场5层502室	102199	69141001
东四十条营销服务部	东城区东四十条68号2层202房间	100007	84189456
冠城营业部	西城区北三环中路23号楼	100009	62078307
德外营业部	西城区黄寺大街甲23号院1号楼2层	100011	62078307
和平里支公司	朝阳区东土城路14号7层01～11室、10层09～11室	100013	85271846
潘家园营销服务部	朝阳区松榆北路7号院11号楼2层	100021	67498965
莲花桥营销服务部	海淀区莲花苑5号楼2层东侧房间	100036	83141721
保福寺营业部	海淀区中关村东路18号1号楼3层	100190	52725052
回龙观营销服务部	昌平区回龙观镇西大街118号1幢1层101内A103	100096	59812412
公益桥营业部	丰台区芳群园四区21号楼2层东段201室	100078	67647096

泰康人寿保险有限责任公司北京分公司

机构名称	地　址	邮　编	电　话
朝阳广渠路支公司	朝阳区东三环南路98号1幢6层	100022	58611786
窦店支公司	房山区窦店镇窦店村京南嘉园小区4号楼	102402	69390236
西集营销服务部	通州区西集镇西集村南门市场	101106	15382006033
朝阳百子湾营销服务部	朝阳区广渠路11号院1号楼9层	100024	85730093
西北旺营销服务部	海淀区马连洼梅园甲3号楼3单元102号室	100085	63287695
海淀知春路营销服务部	海淀区知春路甲48号2号楼20层23C室	100020	13717715000
石景山第一营销服务部	石景山区金府路32号院3号楼514室	101512	13241631663
上地营销服务部	海淀区北四环西路67号大地科技大厦0511～0513室	100038	85730093
杨镇营销服务部	顺义区杨镇地区一街村委会南500米顺平路南侧	101399	81484491
回龙观营销服务部	昌平区建材路西城87号2号楼19层2单元	123003	66428866
燕化星城营销服务部	房山区燕山星城健德四里甲25号	102425	85730093
燕山营业部	房山区燕山迎风南路甲6号楼	102500	69390236
河南寨营销服务部	密云区河南寨镇政府北侧	101500	13681433084
西城第三营销服务部	西城区高粱桥路6号	100031	66428806
西城第二营销服务部	西城区西直门南大街2号成铭大厦C2205室	100035	85730093
天通苑营销服务部	昌平区东小口镇立汤路188号院北方明珠大厦1号楼18层	100031	66428866
西城第一营销服务部	西城区西直门外大街1号院1号楼第13层	100035	85730093
东城朝阳门营销服务部	东城区东水井胡同5号楼1216～1218室	100000	66428866

西城第二支公司	西城区西直门外大街1号院1号楼7层7B7号、7B8号	100053	66428866
房山支公司	房山区良乡西潞南大街8号3层	102488	89362945
平谷支公司	平谷区平谷镇新开街23号房屋2层、3层	101299	69985771
延庆支公司	延庆区延庆镇高塔楼66号3层	102100	69181004
门头沟支公司	门头沟区滨河霁月园8号滨河路153－16号	102399	69852175
昌平支公司	昌平区城南街道龙水路22号院1号楼15层1501号	102299	69724975
大兴支公司	大兴区金苑路3号B21A房间	102628	61106110
顺义支公司	顺义区站前东街商业楼2号楼4层	101300	81484491
丰台支公司	丰台区宋庄路71号院1号楼13层1601室、1602室	100079	59627207
海淀支公司	海淀区知春路甲48号1号楼7A号	100086	51626811
海淀第二支公司	海淀区莲花池东路39号8层803室、804室	100040	68655969
东城支公司	东城区东水井胡同5号楼6层	100027	65000898
长安支公司	东城区崇文门外大街8号院1号楼东座3层	100005	65184611
西城支公司	西城区高梁桥路6号5号楼	100000	13051998359
朝阳支公司	朝阳区东三环中路39号建外SOHO23号楼南办公楼	100031	66428866
怀柔支公司	怀柔区南大街18号2层	101400	69460252
电话销售中心	东城区崇文门外大街8号院1号楼东座4层	100005	65181107
通州支公司	通州区通惠南路6号8号楼4层、10号楼3层	101199	89501672
大孙各庄营销服务部	顺义区大孙各庄镇府前街7号	101308	81484491
密云支公司	密云区鼓楼东大街山水大厦1～2层	101599	69087811
城关营销服务部	房山区城关街道农林路1号1层05号	102499	13716208585
房山琉璃河营销服务部	房山区琉璃河镇琉璃河大街东大街48号	102403	85730092

房山阎村营销服务部	房山区阎村镇大董村村委会商业楼2号	102425	85730092

太平人寿保险有限公司北京分公司

机构名称	地　址	邮　编	电　话
海淀支公司	海淀区西直门北大街52号北栋0101号3~7层	100082	82299500
东城支公司	东城区朝阳门北大街6号	100027	85283017
良乡支公司	房山区拱辰街道政通路12号1号楼	102488	69367035
大兴支公司	大兴区乐园路4号院3号楼10层	102600	60212006
通州支公司	通州区通惠南路6号8号楼3层1~4号室	101100	52338222
平谷支公司	平谷区迎宾街1号院9号楼7~10层	101200	69985817
昌平营销服务部	昌平区水库路G5号配套公建楼4层	102200	69721292
顺义营销服务部	顺义区仁和地区府前东街2号1号楼8层	101300	81494399
密云营销服务部	密云区新南路92号楼1层	101599	69040149

民生人寿保险股份有限公司北京分公司

机构名称	地　址	邮　编	电　话
朝阳支公司	朝阳区汤立路201号院5号楼1层E-101号	100012	59206361
怀柔支公司	怀柔区金台园甲56号房屋5层	101400	69698459
朝阳营销服务部	朝阳区东三环北路38号民生大厦5层	100026	59206571
望京营销服务部	朝阳区望京东花园六区610号楼1层101室	100102	59206614
通州营销服务部	通州区新华西街58号院3号楼1211室	101199	80886736
百子湾营销服务部	朝阳区百子湾东里226号楼108室	100124	59206131
平谷营销服务部	平谷区平谷镇新平北路51号	101200	69986013

房山营销服务部	房山区天星街1号院14号楼2层207室	102488	69363879
顺义营销服务部	顺义区仁和镇站前街8号院1号楼4层401室	101300	69427824
密云营销服务部	密云区新京承路长城环岛西南侧华冠大厦4层407室	101500	69080173

光大永明人寿保险有限公司北京分公司

机构名称	地　址	邮　编	电　话
宏海营销服务部	朝阳区朝外大街22号5层第507号	100027	64152828
西城营销服务部	西城区广安门外大街168号1幢7层	100055	57837200
丰台第二营销服务部	丰台区西三环南路14号院2号楼1层0101室	100079	57837363
顺义第二营销服务部	顺义区石园南区33号楼四单元301室	101300	89440377
顺义营销服务部	顺义区站前街8号院1号楼7层	101300	89448534
良乡营销服务部	房山区拱辰街道西潞南大街5号同方大厦5层	102488	69351736

富德生命人寿保险股份有限公司北京分公司

机构名称	地　址	邮　编	电　话
东城营销服务部	东城区王家园胡同10号2层217室、233室	110101	65516830
房山长阳营销服务部	房山区天星街1号院9号楼3层	100082	68668323
海淀支公司	海淀区西直门北大街56号南栋	100081	58978302
门头沟营销服务部	门头沟区滨河绮霞苑1号楼	102308	69856351
通州营销服务部	通州区云景北里53号18层	101100	17710536485
朝阳营销服务部	朝阳区北苑路13号院1号楼4层B单元402室	100025	58978171
房山支公司	房山区天星街1号院15号楼15层	102200	58978171

大兴营销服务部	大兴区金星西路5号及5号院2号楼16层1单元	102600	61273570
延庆营销服务部	延庆区妫水北街5号院6号楼4层401～403室	102119	58978166

平安养老保险股份有限公司北京分公司

机构名称	地　址	邮　编	电　话
西城支公司	西城区金融大街23号8层809室、810室	100190	59733453

合众人寿保险股份有限公司北京分公司

机构名称	地　址	邮　编	电　话
东城营销服务部	东城区东水井胡同11号楼4层5A11室	100010	58797755
朝阳门营销服务部	朝阳区朝外大街乙12号办公楼17层	100020	58797755
海淀营销服务部	海淀区杏石口路9号1幢1层101室	100195	58797755
房山营销服务部	房山区拱辰街道西潞南大街5号1幢4层402室	102488	89369147
通州营销服务部	通州区翠景北里1号楼1011号	101100	52102550
顺义营销服务部	顺义区府前东街2号1号楼6层605室	101300	69440460
昌平营销服务部	昌平区北七家镇天通北苑三区34号–1至2层3单元102–1室	102218	13601331948
大兴营销服务部	大兴区枣园路19号1幢8层801室	102600	69261418
平谷营销服务部	平谷区兴谷经济开发区谷丰东路30号院2号楼5层	101200	89981078
合众人寿保险股份有限公司北京电话销售中心	海淀区莲花苑5号楼3层	100195	59949733

中国人民健康保险股份有限公司北京分公司

机构名称	地址	邮编	电话
朝阳支公司	朝阳区安华里五区21号楼3层3302内312室、318室	100037	59867903
密云营业部	密云区密云镇鼓楼南大街41号	101500	59867903
房山营销服务部	房山区良乡拱辰南大街42号楼A座9层6单元901室	102401	59867888
通州支公司	通州区运河西大街15号1~2层	101100	59867888
第五营销服务部	顺义区通顺路27号5层511室	101300	59867903
怀柔营销服务部	怀柔区青春路21号402室、411室	101400	69687796
平谷支公司	平谷区平谷镇府前西街16号院内南楼2层	101200	89999305

华夏人寿保险股份有限公司北京分公司

机构名称	地址	邮编	电话
通州营销服务部	通州区翠景北里9号楼1－3号商业	100052	63106600
平谷营销服务部	平谷区迎宾街1号院9号楼5层和6层	101200	13501075665
海淀营销服务部	海淀区金夕园甲1号3段	100086	63106600
朝阳营销服务部	朝阳区北苑路176号	100101	13521666768
华夏人寿保险股份有限公司北京电话销售中心	朝阳区高碑店乡西店村1069号1号楼	100010	4008004008

信泰人寿保险股份有限公司北京分公司

机构名称	地　址	邮　编	电　话
西城营销服务部	西城区广安门外大街168号1幢13层2－1606C房间	100037	52612004
通州营销服务部	通州区云景北里52号楼12层1215号	101121	18701328566
房山区营销服务部	房山区城关街道农林路1号1－001室	102627	13810506001

长城人寿保险股份有限公司北京分公司

机构名称	地　址	邮　编	电　话
良乡营销服务部	房山区良乡拱辰大街47号拱辰大厦6层	102401	69375838

昆仑健康保险股份有限公司北京分公司

机构名称	地　址	邮　编	电　话
第二营销服务部	朝阳区建国门外永安里中街25号2幢	100024	13661275950

和谐健康保险股份有限公司北京分公司

机构名称	地　址	邮　编	电　话
朝阳支公司	朝阳区东三环中路55号楼5层605室	100022	13910633133

中国人民人寿保险股份有限公司北京市分公司

机构名称	地址	邮编	电话
北京经济技术开发区支公司	北京经济技术开发区宏达北路12号创业园区A座一区3层315～316室	100176	67879877
东城支公司	东城区东安门大街55号426房间	100010	13601131937
朝阳支公司	朝阳区朝外西街3号1幢5层	100013	13910847173
丰台支公司	丰台区南四环西路186号二区3号楼3层01～06室	100073	57128971
西城支公司	西城区北三环中路6号伦洋大厦10层1002房间	100120	13401024501
海淀支公司	海淀区马连洼北路138号院1号楼6层623～625室	100085	58892518
房山支公司	房山区良乡政通路8号1号楼西侧302室	102488	15001366766
通州支公司	通州区九棵树东路386号京贸新干线大厦2层	101100	52338008
顺义区营销服务部	顺义区复兴四街3号院4号楼3层305室	101300	13051380170
昌平支公司	昌平区科技园区凉水河路8号楼4层401～419室	102200	13601369065
大兴区营销服务部	大兴区丽园路9号11层1101～1103室	102600	13331155388
怀柔支公司	怀柔区青春路21号6层	101400	69688589
平谷支公司	平谷区平谷镇保安街61号	110226	69963291
密云支公司	密云区鼓楼东大街北侧1号楼3段4层	101500	89086316
延庆区营销服务部	延庆区龙庆南路6号2幢	102100	60168368
石景山支公司	石景山区苹果园西小街19号院1号楼11层	100000	18515930015
中国人民人寿保险股份有限公司营业部	朝阳区朝阳门北大街18号	100020	56953668

英大泰和人寿保险股份有限公司北京分公司

机构名称	地　址	邮　编	电　话
西城第二营销服务部	西城区宣武门外大街 26～30 号（双号）2 幢 A 座 7 层 01 室	100022	13910091746
西城第一营销服务部	西城区宣武门外大街 26～30 号（双号）2 幢 A 座 7 层 03 室	100080	58977852

幸福人寿保险股份有限公司北京分公司

机构名称	地　址	邮　编	电　话
第一营销服务部	东城区珠市口东大街 13 号 1 层 102 室	100050	67094550
丰台支公司	丰台区角门 18 号枫竹苑二区 1 号楼 11 层 1107 室、1109 室	100082	85239988

阳光人寿保险股份有限公司北京分公司

机构名称	地　址	邮　编	电　话
东城支公司	东城区永定门西滨河路 8 号院 7 楼东塔	100006	65268111
朝阳营销服务部	朝阳区广渠路 28 号 223 号楼 L 310 室	100022	65268111
石景山支公司	石景山区石景山路 22 号万商大厦 1210～1212 室	100043	68651225
顺义支公司	顺义区站前街 1 号院 1 号楼 6 层	101300	65268111
阳光人寿保险股份有限公司北京保险电话销售中心	通州区永顺镇商通大道 1 号及 1 号院 2 号楼 1 层	100022	59046980

阳光人寿保险股份有限公司北京通州保险电话销售中心	通州区通胡大街25号10号楼4层	101117	57240682

百年人寿保险股份有限公司北京分公司

机构名称	地址	邮编	电话
东城营业部	东城区东直门南大街11号中汇广场A座16层1607～1608室	100007	56759488

安邦人寿保险股份有限公司北京分公司

机构名称	地址	邮编	电话
朝阳支公司	朝阳区青年路27号院2号楼2号底商	100025	59229989

建信人寿保险股份有限公司北京分公司

机构名称	地址	邮编	电话
第一支公司	朝阳区光华路15号院1号楼1802室	100000	56459061
第二支公司	密云区新南路71号242～247房间	101500	13501283536

太平养老保险股份有限公司北京分公司

机构名称	地址	邮编	电话
中关村支公司	海淀区学院路30号科大天工大厦B座9层05～07室	100083	13552916144

爱心人寿保险股份有限公司北京分公司

机构名称	地　址	邮　编	电　话
石景山支公司	石景山区八角东街65号院裙房1号楼1层	100042	18910833993
朝阳支公司	朝阳区广渠路28号223号楼8层803室、804室	100000	13910803560

北京人寿保险股份有限公司北京分公司

机构名称	地　址	邮　编	电　话
海淀支公司	海淀区大柳树路富海中心2号楼1108室	100081	18510602578
朝阳支公司	朝阳区安定路35号安华发展大厦10层1019室	100029	13683256737

（3）外资保险公司

机构名称	地　址	邮　编	电　话
史带财产保险股份有限公司北京分公司	朝阳区永安东里16号CBD国际大厦17层09、10单元	100005	50868399
美亚财产保险有限公司北京分公司	朝阳区建国路79号华贸中心2号写字楼10层05号、06号	100004	59692888
东京海上日动火灾保险（中国）有限公司北京分公司	朝阳区新源南路3号平安国际金融中心A座23层01单元	100022	84442567
瑞再企商保险有限公司北京分公司	朝阳区建国门外大街乙12号双子座大厦东塔25层01单元	100044	59096188

三井住友海上火灾保险（中国）有限公司北京分公司	朝阳区东三环北路5号北京发展大厦1601室	100004	85598000
三星财产保险（中国）有限公司北京分公司	建国路118号招商局大厦25层	100022	65685828
日本财产保险（中国）有限公司北京分公司	朝阳区东三环北路5号北京发展大厦416室	100020	59817500
利宝保险有限公司北京分公司	朝阳区广渠路18号院1号楼12层1203～1208室	100025	59100788
安盛天平财产保险股份有限公司北京分公司	东城区东直门外大街46号10层08A室、08B1室	100027	84608888
国泰财产保险有限责任公司北京分公司	北京经济技术开发区荣华中路8号院4号楼1002室	100052	59336888
劳合社保险（中国）有限公司北京分公司	朝阳区建国门外大街1号院16号楼49层	100004	85264801
苏黎世财产保险（中国）有限公司北京分公司	朝阳区曙光西里甲5号院21号楼凤凰置地广场F座6层	100028	84547828
安达保险有限公司北京分公司	朝阳区建国门外大街1号（2期）20层01单元	100020	85646188
中航安盟财产保险有限公司北京分公司	朝阳区望京东园四区2号中航资本大厦34层	100022	13911904194
安联财产保险（中国）有限公司北京分公司	北京经济技术开发区荣华南路2号院3号楼16层、17层	100020	85400990
中宏人寿保险有限公司北京分公司	西城区复兴门外大街中化大厦4层	100045	58511881
中德安联人寿保险有限公司北京分公司	石景山区石景山路乙18号院2号楼13层	100025	59216000
工银安盛人寿保险有限公司北京分公司	东城区东四十条24号青蓝大厦12层部分、15层	100022	81026688
中信保诚人寿保险有限公司北京分公司	东城区王府井大街138号新东安广场第3座10层	100738	85181888
交银康联人寿保险有限公司北京市分公司	朝阳区安慧北里逸园1号楼	100034	15821116691
中意人寿保险有限公司北京分公司	朝阳区建国门外大街甲6号1幢第6层	100020	59303388
友邦保险有限公司北京分公司	东城区东总布胡同58号3层301单元	100022	57835556

中荷人寿保险有限公司北京分公司	石景山区石景山路54号院3号楼401~410室、505室	100738	65216685
中英人寿保险有限公司北京分公司	朝阳区永安东里16号CBD国际大厦8层	100022	85672888
同方全球人寿保险有限公司北京分公司	海淀区五道口王庄路1号清华同方科技大厦A座10层1003室	100027	58164868
招商信诺人寿保险有限公司北京分公司	朝阳区建国路79号华贸中心2号写字楼17层	100022	85809055
长生人寿保险有限公司北京分公司	海淀区西三环北路89号8层B-01~B-03室	100034	63220122
恒安标准人寿保险有限公司北京分公司	东城区新怡家园甲3号楼8层室803室、806室	100016	59235588
华泰人寿保险股份有限公司北京分公司	西城区德胜门外大街125号德胜尚城大厦B座1层、4层北楼	100088	59375566
陆家嘴国泰人寿保险有限责任公司北京分公司	东城区白桥大街15号6层	100062	59620678
中美联泰大都会人寿保险有限公司北京分公司	东城区东长安街1号东方广场东二办公楼12层	100738	85180966
平安健康保险股份有限公司北京分公司	西城区金融大街23号6层610室	100032	59733211
中银三星人寿保险有限公司北京分公司	朝阳区霄云路36号1幢9层03~07号房间	100027	58201621
汇丰人寿保险有限公司北京分公司	朝阳区建国门外大街8号国际财源中心A座11层1102单元	100022	59860000
北大方正人寿保险有限公司北京分公司	海淀区北四环西路52号8层804室、16层1606室	100000	18610122852
复星保德信人寿保险有限公司北京分公司	朝阳区朝阳北路237号楼	100020	56300706
中法人寿保险有限责任公司北京分公司	朝阳区工体东路18号2号楼4层	100020	56678601

（4）外资保险公司分支机构

安盛天平财产保险股份有限公司北京分公司

机构名称	地　址	邮　编	电　话
东城营销服务部	东城区幸福大街甲39号1号楼6层611室	100062	84608888
第一支公司	东城区东直门外大街46号26层2603室	100000	57453291
怀柔支公司	怀柔区于家园南街6号院2号楼3号	100000	60686636

国泰财产保险有限责任公司北京分公司

机构名称	地　址	邮　编	电　话
海淀支公司	海淀区西郊半壁店59号1886室	100143	59336888

利宝保险有限公司北京分公司

机构名称	地　址	邮　编	电　话
昌平营销服务部	昌平区城区镇城角西路9号	102200	89783382
房山营销服务部	房山区拱辰街道政通路12号1号楼5层517室	102401	81311922
通州支公司	通州区群芳二园2号楼3号商业	101121	133115601008

中意财产保险有限公司

机构名称	地　址	邮　编	电　话
营业部	朝阳区建国门外大街乙12号双子座大厦西塔26层	100022	59601818

工银安盛人寿保险有限公司北京分公司

机构名称	地　址	邮　编	电　话
国贸营销服务部	东城区东四十条24号青蓝大厦12层R部分	100022	84057168

中信保诚人寿保险有限公司北京分公司

机构名称	地　址	邮　编	电　话
新东安营销服务部	东城区王府井大街138号新东安办公楼第3座	100006	65888885
朝阳营销服务部	朝阳区太阳宫中路16号院1号楼6层	100006	85111958
东城营销服务部	东城区王府井东街8号	100044	85181888
昌平营销服务部	昌平区政府街西路2号405~408室	102200	85181888
平谷营销服务部	平谷区迎宾街1号院5号楼1单元801号	101200	89999578
通州营销服务部	通州区运河核心区IV-07地块绿地大厦1号楼3层	101199	85181888
大兴营销服务部	大兴区金苑路3号1幢4层D36室	102628	85181888
中信保诚人寿保险有限公司北京电话销售中心	朝阳区京顺路5号曙光大厦C座4层	100020	85878699-6610

中意人寿保险有限公司北京分公司

机构名称	地　址	邮　编	电　话
东恒营销服务部	东城区东四北大街265号5层502室	100027	58190088

大成营销服务部	东城区东直门外大街46号天恒大厦B座25层2508B	100027	58190088
国贸营销服务部	朝阳区建国门外大街乙12号东塔9层01~06单元	100027	58190088
通州营销服务部	通州区翠景北里1号楼2103室	101100	13911359916
海淀营销服务部	海淀区中关村大街27号11层	100086	13911774273
中意人寿保险有限公司北京电话销售中心	朝阳区光华路5号院1号楼11层1201内2单元	100026	65097028

友邦保险有限公司北京分公司

机构名称	地　址	邮　编	电　话
东城第二营销服务部	东城区东总布胡同58号2层202单元	100022	65666331
东城第三营销服务部	东城区东总布胡同58号4层401单元	100022	65666331
朝阳第一营销服务部	朝阳区东三环北路甲26号楼	100022	65666331
海淀中关村营销服务部	海淀区知春路106号10层1004~1006号	100022	65666331
朝阳长虹桥营销服务部	朝阳区东三环北路17号11层1104室	100027	65301269
朝阳光华路营销服务部	朝阳区建华南路6号院1号楼5层05单元	100022	65666331
通州营销服务部	通州区梨园地区梨园村轻轨南侧1号楼1号	101101	60557166
昌平营销服务部	昌平区回龙观镇龙泽苑小区东门商业楼北楼3层	100029	58907888

中荷人寿保险有限公司北京分公司

机构名称	地　址	邮　编	电　话
东方广场营销服务部	东城区东长安街1号东方广场中二办公楼7层1室、2室	100738	65216685

第二营销服务部	朝阳区建外大街永安东里甲3号通用时代国际中心1号楼2层	110105	58793777

中英人寿保险有限公司北京分公司

机构名称	地址	邮编	电话
朝阳区营销服务部	朝阳区永安东里16号CBD国际大厦812室	100022	13718214831
中英人寿保险有限公司北京电话销售中心	朝阳区西大望路3号院2号楼1至2层HS09－1和2层HS09－2	100011	82235892
中英人寿保险有限公司北京朝阳电话销售中心	朝阳区西大望路3号院2号楼1层HS09－1	100022	85672888－257

同方全球人寿保险有限公司北京分公司

机构名称	地址	邮编	电话
朝外大街营销服务部	朝阳区工人体育场北路甲2号盈科中心A座12层	200027	58164868
通州营销服务部	通州区新华西街58号院2号楼23层2301～2306室	101149	13811358477

恒安标准人寿保险有限公司北京分公司

机构名称	地址	邮编	电话
第一营销服务部	东城区新怡家园甲3号新怡商务楼B座8层801室、802室	100062	59235588
盈泰支公司	昌平区天通苑西三区26号楼18门1011层	102218	13910011703

华泰人寿保险股份有限公司北京分公司

机构名称	地　址	邮　编	电　话
东城营销服务部	西城区德胜门外大街125号德胜尚城大厦B座3层北楼	100088	59375566
西城营销服务部	西城区德胜门外大街125号德胜尚城大厦B座2层北楼	100088	59375566
北太平庄营销服务部	西城区德胜门外大街125号401B－8	100088	59375522

中美联泰大都会人寿保险有限公司北京分公司

机构名称	地　址	邮　编	电　话
东三环中路营销服务部	朝阳区东三环中路20号A座8层、16层、17层	100022	85180966
东三环中路第二营销服务部	朝阳区东三环中路24号B座16层	100738	85180966
中美联泰大都会人寿保险有限公司北京第一电话销售中心	朝阳区管庄周家井大院内世通大厦B座6~7层、3层	100022	85180966
中美联泰大都会人寿保险有限公司北京第二电话销售中心	朝阳区管庄周家井大院内世通大厦B座4~5层	100007	85180966
中美联泰大都会人寿保险有限公司北京睿祺电话销售中心	朝阳区管庄周家井大院内世通大厦B座8~9层	100738	85180966－86300

中银三星人寿保险有限公司北京分公司

机构名称	地　址	邮　编	电　话
朝阳第一营销服务部	朝阳区东三环北路甲2号8号楼19层1931~39房间	100027	58201780

北京丰台支公司	丰台区西三环南路14号院1号楼	101100	60531090
昌平营销服务部	昌平区振兴路28号6层、7层	102200	56300811

北大方正人寿保险有限公司北京分公司

机构名称	地　址	邮　编	电　话
朝阳支公司	朝阳区东三环南路19号院1号楼	100021	62837288

新光海航人寿保险有限责任公司

机构名称	地　址	邮　编	电　话
电话销售中心	朝阳区建国路7号正嘉大厦6层A604、A605	100033	59216666
朝阳支公司	朝阳区建国门外大街乙12号双子座大厦东塔第8层802室、803室	100022	57593666

招商信诺人寿保险有限公司

机构名称	地　址	邮　编	电　话
北京电话销售中心	朝阳区建国路79号华贸中心2号写字楼8层07号	100000	85809055

（5）保险代理公司

机构名称	地　址	邮　编	电　话
北京证通保险代理有限责任公司	海淀区紫竹院路116号8层1－21－909室～1－21－910室	100024	88576885

安心致远保险代理有限责任公司	石景山区石景山路31号院盛景国际广场3号楼718室	100043	
泛海在线保险代理有限公司	朝阳区慈云寺1号院3号楼1层、2层	100025	85259987
华夏在线保险代理服务有限公司	丰台区凤凰嘴街2号院2号楼1层至18层101室	100007	65280291
中国人寿保险销售有限责任公司	海淀区海淀北二街6号7层	100086	66190303
乐信保险代理有限公司	东城区金鱼池中街2号院11号楼1至2层11~21室	100044	53323657
中安风尚（北京）保险代理有限公司	海淀区中关村软件园12号楼2层C213室	100085	53380539
鼎鼎保险代理有限公司	朝阳区曙光西里甲6号院1号楼21层2507内1室	100071	53656837
北京金瑞卓森汽车保险代理有限公司	朝阳区利泽东园306号	100027	64392288
北京祥龙博瑞保险代理有限公司	房山区良乡凯旋大街建设路18号－E802室	100086	64650148
北京中天嘉华保险代理有限公司	石景山区八大处高科技园区内6－C号地3号楼4层409室	100043	58276940
北京耀莱汽车保险代理有限公司	朝阳区幸福二村40号楼－1至4层40－1内3层307室	100029	84389713
鼎泽保险代理有限公司	丰台区西三环南路59号518室	100072	63829393
盛世合众保险销售有限公司	海淀区杏石口路9号1幢2层201室	100195	59949002
融汇保险销售有限公司	朝阳区建国路甲92号－4至24层内18层1811室	100024	85660977
北京长久汽车保险销售有限公司	顺义区北京空港物流基地物流园八街1号2层B2－005室	101300	65732999
北京运通国瑞保险代理有限公司	密云经济开发区兴盛南路8号院1号楼110室、116室	101500	89226555
利星行宝汇汽车保险代理（北京）有限公司	朝阳区望京街8号院1号楼801室	101299	84778000
航联保险销售有限公司	东城区南竹杆胡同2号楼1幢12层11202室	100044	58157000
北京美安保险销售有限公司	朝阳区将台路6号丽都饭店O－510室	100071	64646393
嘉泽保险代理有限公司	朝阳区成寿寺路134号院3号楼17层2031内1室	100071	88808009
北京财鑫保险代理有限公司	大兴区盛坊路4号1幢	100028	64475227
北京辰洋保险代理有限公司	海淀区北洼路西里19号A503室	100089	80793268
北京丰裕保险代理有限公司	东城区藏经馆胡同17号1幢2层A208室	100022	65544788

富德保险销售有限公司	朝阳区东三环南路98号1幢3层301室	100071	87809700
阳光之音保险销售服务有限公司	通州区东果园18号楼3层308室	100070	81593211
宜信博诚保险销售服务（北京）股份有限公司	朝阳区建国路88号院9号楼13层1610号	100020	57951600
北京泰铭保险代理有限责任公司	西城区莲花池东路甲5号院1号楼11层2单元1104室	100033	51289200
北京华创明德保险代理有限公司	朝阳区东四环中路82号3座15层1812室	100083	56280923
阳光一家家庭综合保险销售服务有限公司	朝阳区朝阳门外大街20号1幢联合大厦15层1506室、1507室	100027	58289877
世捷开元保险代理有限公司	石景山区八大处高科技园区西井路3号3号楼8737室	100043	57273371
北京仁怡保险代理有限公司	东城区中剪子巷17号329A室	100088	84012608
北京可为保险代理有限公司	朝阳区西坝河西里28号1号楼B0903室	100089	64475477
盛唐融信保险代理（北京）有限公司	西城区新街口北大街3号4层L409～L412室	100086	82200366
北京华谊保险销售股份有限公司	石景山区政达路6号院4号楼12层1221室	100086	58771030
北京精诚信联保险销售有限公司	海淀区中关村大街27号17层1706室	100053	67195677
和谐保险销售有限公司	朝阳区建国门外大街6号11层1102内103室	100082	85257278
北京中联信保险销售服务有限公司	朝阳区工人体育场北路甲6号中宇大厦1层010C	101200	85235948
北京金宏保险代理有限责任公司	石景山区香山南路105号院4号楼4层402－5号	100026	67029688
北京博瑞和铭保险代理有限公司	朝阳区阜通东大街10号楼5层	100029	67332018
北京钱袋网保险代理有限责任公司	海淀区太月园1号楼5层504室	100037	82800993
北京昕盈保险代理有限公司	丰台区万丰路317号	100071	86639611
北京钰城保险代理有限责任公司	东城区和平里中街甲27号2幢甲608室	100035	88027726
北京赛福特保险代理有限公司	朝阳区安立路60号院2号住宅楼1502室	100097	64827061
天勤保险代理（北京）有限公司	朝阳区幸福一村55号1号楼1层8101室	100078	87665917
北京中金同安保险代理有限公司	海淀区丹棱街1号院1号楼4层404室	100052	88591798
北京汇通金隆保险代理有限公司	石景山区双园路一号1号楼608室、610室	100010	51625028

北京乐融保险代理有限公司	朝阳区东三环中路39号院24号楼17层2007室	100074	62349650
北京瑞金恒邦保险销售服务股份有限公司	朝阳区东三环南路19号院1号楼-2至15层101内11层B1111室	100022	68029246
国福家庭保险销售服务有限责任公司	西城区莲花池东路106号2单元705室	100045	66290713
北京众联荣盛保险代理有限公司	朝阳区日坛路6号1号楼9层902	102600	59790423
北京京广保险代理有限公司	朝阳区晨光家园306号楼8层801内8009室	102208	85715028
北京乐荐保易品保险代理有限公司	朝阳区光华路8号17幢3层A312房间	100022	85718581
天圆地方（北京）保险代理有限公司	朝阳区酒仙桥北路甲10号院301号楼102单元5层504室	100020	65818246
北京铭信保险代理有限公司	西城区黄寺大街24号院19号楼B420室	100088	82081236
新宝宇业（北京）保险代理有限公司	朝阳区朝外大街乙12号13层	100071	57142288
北京京铁保险代理有限公司	丰台区莲花池东路120-1号北京西站西附楼5301室	100035	51935012
北京北盛联合保险代理有限责任公司	密云区鼓楼东大街3号山水大厦3层	100080	65884700
一诺至善（北京）保险代理有限公司	朝阳区东三环中路39号院23号楼9层1006室	100043	58241666
北京立康保险代理有限公司	朝阳区静安里26号楼501内5005室	100028	59456934
北京诚信通保险代理有限公司	平谷区贾各庄村东南街甲6号	101200	89997999
北京吉顺佳保险代理有限公司	朝阳区建国路93号院4号楼16层1905室	100062	51661563
北京保佳保险销售有限责任公司	朝阳区百子湾西里403号楼3层305室	100033	58565868
洋坤（北京）保险代理有限公司	怀柔区怀北镇西庄村308号	101200	82026960
北京美日保险代理有限公司	密云区经济开发区康宝路10-3号	101500	65387031
北京赛保通保险代理有限公司	东城区广渠门内大街16号906室	100022	67186899
北京金宇四越保险代理有限责任公司	昌平区城北街道五街西环路78号1至2层商6号底商	100055	60741812
北京高晟财富保险代理股份有限公司	朝阳区朝外大街甲6号4座23层2301内2305室	100070	58170806
北京海商保险代理有限公司	东城区北京站东街8号B座6层	100044	65568680
泰瑞保险代理有限责任公司	朝阳区望京中环南路甲2号17层B1903室	100050	84721125

北京财富之舟保险代理有限公司	大兴区中关村科技园区大兴生物医药产业基地天华大街5号院13号楼5层507室	102600	60297165
北京京安恒信保险代理有限公司	丰台区纪家庙8号22号楼158室	100101	83554701
北京永通保险代理有限公司	平谷区山东庄镇府前路9号	101200	89982282
中驰保险代理（北京）有限公司	东城区建国门内大街18号办一22层2212室	100041	67089666
纳捷奥保险代理（北京）有限公司	海淀区北蜂窝路2号中盛大厦	100102	51666898
北京恒荣汇彬保险代理股份有限公司	朝阳区光华路7号19层19B10单元	100022	57264419
北京宏利保险代理有限公司	朝阳区建国门外大街1号（1期）16幢14层59室	100122	65350177
英硕伦斯保险代理（北京）有限责任公司	西城区裕中西里42号楼303室、304室	100088	67759836
北京宝力诚保险代理有限责任公司	朝阳区安慧北里安园10号楼H座202室	100044	51667471
北京康硕保险代理有限公司	丰台区南苑北里二区6号楼2层201室	100062	59273405
北京精欣保险代理有限公司	朝阳区望京东园523号楼4层10509室	100020	64721858
安途保险代理（北京）有限公司	昌平区小汤山镇沙顺路91号院2号2层203－2室	100088	82086115
北京金鼎涛保险代理有限公司	朝阳区酒仙桥东路9号院2号楼101－9室	102200	88840744
北京乐百家保险代理有限公司	大兴区西红门镇宏业路9号院5号楼12层1209室	102600	83724926
大童保险销售服务有限公司	房山区阎富路69号院46号楼	100086	85902288
中融慧金（北京）保险代理有限公司	西城区茶马街8号院3号楼5层503室	100025	57282792
北京斌凝祥融保险代理有限公司	东城区广渠门内大街41号12层41－（12）03室	100024	83117976
北京瑞宝寿康保险代理有限公司	朝阳区酒仙桥中路26号院2号楼4层501室	100007	84896216
北京交广保险代理有限公司	朝阳区幸福三村北街1号	100010	84515731
北京佰阳保险代理有限公司	朝阳区曙光西里甲1号16层A－1903	100080	56200171
北京远安保险代理有限公司	石景山区八角东街65号院主楼北座2号楼19层1904室	100027	68838391
中京国际保险销售（北京）有限公司	平谷区南岔子街1号1至3层1～4室	101200	69982586
中利保险销售有限公司	朝阳区吉庆里14号楼地上部分507室	100124	59694588

北京金石保险代理有限公司	朝阳区亚运村北小营欧陆经典北区C座8层0902室	100076	84850879
北京胜易保险代理有限公司	东城区永定门内东街中里9－17号楼3030房间	100062	67018888
五星在线保险销售有限公司	石景山区鲁谷路74号瑞达大厦12层M1203号	100043	50949658
北京品今保险销售有限公司	朝阳区东三环中路39号院13号楼13层1603室	100062	51299166
北京环宇康泰保险代理有限公司	丰台区丰管路22号院12栋105号	100022	63339582
北京众合四海保险代理有限公司	朝阳区安华里二区13号楼101室	101500	59221533
北京爱马社保险代理有限公司	房山区良乡长虹西路翠柳东街1号	102488	56192574
北京睿峰都保险代理有限责任公司	房山区城关街道顾八路1区1号－W18	100029	89358985
北京金汉保险代理有限公司	西城区新兴东巷15号10号楼2层212室	100025	68359251
盛源兴保险代理（北京）有限责任公司	平谷区兴谷经济开发区洳河西路45号－125室	101200	56866615
北京佳盛保险代理有限公司	昌平区科技园区何营路8号院6号楼5层502室	100073	60748979
北京汇祥保险代理有限公司	朝阳区晨光家园306号楼9层901内9007室	100022	68211690
北京天岳保险代理有限公司	怀柔区青春路21号404室	101400	58773792
北京乾安保险销售有限公司	海淀区海淀南路30号B座3层303室	100055	88437573
保通时空（北京）保险代理有限公司	海淀区紫竹院路116号嘉豪国际中心D座606室	100024	58931833
北京惠诺康达保险代理有限公司	朝阳区高碑店乡八里庄村建国路58号3E2层	100089	58917195
太阳联创保险代理（北京）有限公司	朝阳区朝外雅宝路12号7层708室	100027	87925664
天安佰盈保险销售有限公司	海淀区复兴路甲23号8层8－20室、8－21室	100054	56138448
北京市王林保险代理有限责任公司	房山区房山兴房大街50号院2号楼7门	102488	69312808
康宏碧升保险代理有限公司	西城区西直门外大街1号院3号楼18层D8	100010	58085688
康盛（北京）保险销售有限公司	平谷区林荫北街13号信息大厦1207、1208室	101200	58614829
北京红枫鑫保险代理有限公司	朝阳区建国路91号院9号楼18层1808室	100079	67376379
北京众恒保险代理有限责任公司	大兴区黄村镇车站北里51号楼1层102室	102600	69208553

北京瑞安鸿泰保险代理有限公司	怀柔区杨宋镇凤瑞一园1号院和平路甲8号1层14单元101室	100055	61665978
全天候保险代理股份有限公司	顺义区仁和镇顺通路25号5幢511-2室	103000	69421005
北京市神舟保险代理有限公司	海淀区花园东路30号花园饭店5号楼2层5212室	100010	82358474
北京启盛保险代理有限公司	海淀区马甸东路19号9层1020室	100035	62366858
北京阳光干线保险代理有限公司	海淀区祁家豁子甲2号建德商务楼117室	102200	62369090
中佳保险代理有限公司	西城区南滨河路27号院7号楼307室	100055	63453588
北京润昌保险代理有限公司	朝阳区东大桥路8号院3号楼15层1707室	100022	57417232
安惠国际保险代理（北京）有限公司	东城区东四十条甲22号1号楼A710室	100007	4006786070
北京爱车易行保险代理有限公司	东城区安定门外大街138号5层A座507室	100007	64174035
汇银林泰（北京）保险代理有限公司	海淀区北三环西路99号院3号楼8层909室	100020	82553362
北京网信保险销售有限公司	朝阳区霄云路28号院2号楼903室	100020	0515-83067768
北京新月保险代理有限责任公司	昌平区科技园区永安路26号	100088	80119100
北京名阳保险代理有限公司	西城区广安门外大街305号二区9号楼9层1003室	101149	65155189
北京利信保险代理有限公司	海淀区北三环西路99号院1号楼5层	100044	64097126
北京致用保险代理有限公司	西城区广安门外南滨河路甲25号0507室	100026	63462331
北京双诚保险代理有限公司	东城区东花市南里东区8号楼1单元615室	100070	87758893
北京市金诚华夏保险代理有限公司	丰台区科技园区3A地块工商联科技大厦09B04~06号	100020	63743368
金惠家保险代理有限公司	西城区阜成门外大街2号19层A2107室	100080	56320543
北京万家保险代理有限公司	海淀区阜成路115号北京印象1号楼205房间	100012	88128735
北京天地保险代理有限公司	海淀区中关村北二条13号6幢4层400号	100022	82671691
北京开元保险代理有限公司	朝阳区来广营西路18号-8	100055	82551322
北京广安保险代理有限责任公司	平谷区平谷镇谷丰东路8号	101200	69988080
北京中逸保险代理有限公司	海淀区北三环西路48号1号楼A座12B	100027	51627409
北京资本动力保险代理有限公司	朝阳区东三环中路12号1号楼1401	100027	87710095

北京京恒福保险代理有限公司	海淀区清华东路 16 号 3 号楼 501 –1 室	102200	62186351
北京国诚国际保险代理有限公司	房山区拱辰大街 98 号 7 层 0832 室	100010	67713603
北京德信保险代理有限公司	朝阳区安慧里四区 16 号化工大厦 916 室	101200	84885211
北京华诚保险代理有限公司	海淀区北三环西路 32 号恒润国际大厦 809 室	100010	82624648
北京世纪隆盛保险代理有限公司	海淀区板井路 69 号世纪金源国际公寓东区 10H	100101	88460345
北京国济保险代理有限公司	西城区北三环中路甲 29 号院 2 号楼华尊大厦 B 座 1501 室	100029	62356665
北京康泰保险代理有限公司	西城区德胜门外大街 13 号院 1 号楼 406 室	100071	58042817
北京恒泰保险代理有限公司	朝阳区秀水街 1 号建国门外外交公寓 7 –1 –14 号	100027	85794040
北京格林保险代理有限公司	西城区马连道南街 6 号院 1 号楼 9 层 916 –3 号	101200	62366843
北京信泰保险代理有限公司	海淀区昌运宫 4 号豪柏公寓 B1 –701 号	100039	88420460
北京国恒保险代理有限公司	东城区建国门内大街 18 号办一 22 层 04 室	100078	65181028
北京泰洋保险代理有限公司	朝阳区吉庆里 6 号佳汇中心 B 座 407 号	100020	65531761
北京平和保险代理有限公司	西城区西直门外大街 18 号楼 10 层 1 单元 1112 室	100033	68028260
北京富邦保险代理有限公司	东城区胜古中路 1 号 20 号楼 2 层 218 室	100723	15801057070
阳光保险代理有限公司	西城区阜成门外大街 1 号 16 层 1643B 室	100022	83988722
北京宏安信保险代理有限公司	石景山区西井路 17 号 1 号楼 3 层 305 房间	100200	82600499 –801
北京国人保险代理有限公司	朝阳区建国门外大街丙 24 号楼 18 层 2103 室	100010	65666680
北京京安保险代理有限公司	西城区西直门南小街国英 1 号 425 –1 号	100102	58561057
北京诚成保险代理有限公司	朝阳区东大桥路 8 号院 1 号楼 11 层 1217 室	100020	58701778
北京诚信保险代理有限公司	朝阳区东三环南路甲 52 号楼 5 层 6C	100083	51660599
嘉信保险代理有限公司	朝阳区高碑店乡半壁店村惠河南街 1069 号卓明大厦 2 层 202 室	100043	84012449
北京开诚保险代理有限公司	丰台区丰科路 6 号院 5 号楼 6 层 611 室	100083	63861768
北京银华同邦保险代理有限公司	西城区宣武门西大街 28 号大成广场 9 门 1917 ~1920 室	100024	83139918
北京信安保险代理有限公司	朝阳区北辰西路 69 号 3 单元 512 号	100061	58772233

微保宏大保险销售股份有限公司	北京经济技术开发区荣华中路8号院4号楼10层1102室	100176	0431－88592807
汇康保险销售（北京）有限公司	通州区新华西街58号院3号楼19层1909室	100052	0431－88756541
北京安平保险代理有限公司	朝阳区芍药居北里101号1幢26层2座3005室	100035	66126609
北京恒信保险代理有限公司	怀柔区怀北镇西庄村308号	100010	84929744
北京国泰保险代理有限公司	朝阳区建国路乙118号9层	100029	64169996
北京国民保险代理有限公司	西城区半步桥街48号1幢512室	100016	62538000
北京安邦保险代理有限责任公司	西城区六铺炕街1号1层	100120	82032385

（6）保险经纪公司

机构名称	地　址	邮　编	电　话
重汽集团保险经纪有限公司	丰台区开阳路1号瀚海花园大厦1702室	100071	83557702
康瑞保险经纪有限公司	朝阳区望京东园四区2号中航资本大厦15层1502室	101300	63391028
北京安鹏保险经纪有限责任公司	朝阳区阜通东大街10号楼15层1501室	101300	64985566
北京大树保险经纪有限责任公司	海淀区北清路中关村壹号D1座11层1108室	100012	56710999－813
北京农信保险经纪有限公司	海淀区中关村大街27号17层1705室	100086	62698801
中建英大保险经纪有限公司	海淀区三里河路15号11层西侧1108室	100022	86498142
中车汇融保险经纪有限公司	丰台区汽车博物馆东路1号院1号楼8层901室	100071	53119066
银建保险经纪有限公司	石景山区苹果园路28号院2号楼15层1501室	100043	
华夏信达保险经纪（北京）有限公司	海淀区中关村南大街31号神舟科技大厦288室	100027	57458353
兴民保险经纪有限公司	朝阳区天朗园C座4层04会所04室	100033	56809591
中石化保险经纪有限公司	朝阳区朝阳门北大街22号1幢19层1911室	100022	59969232
中船保险经纪有限责任公司	海淀区中关村南大街乙56号方圆大厦12层02室	100007	88695063
北京安理保险经纪有限公司	朝阳区酒仙桥东路9号院1号楼5层503室	100028	53602932
麦芬保险经纪有限公司	朝阳区工人体育场北路甲2号裙房2层221单元	100028	85643600

博维保险经纪有限公司	朝阳区农展馆南路13号3层307室	100053	68567166
北京指南针保险经纪有限公司	昌平区北七家镇七北路42号院2号楼1单元301室	100089	82559883
中铁汇达保险经纪有限公司	海淀区西四环北路15号1层106室、107室	100036	88436399
北京鼎立保险经纪有限责任公司	石景山区政达路6号院4号楼7层709室	100086	88851866
黎明保险经纪有限公司	石景山区古城南街9号院6号楼5层515室	100043	57126871
国银保险经纪有限公司	西城区西直门外大街18号楼10层3单元1109室	100044	66020021
中化保险经纪（北京）有限责任公司	西城区复兴门内大街28号凯晨世贸中心中座301～302室	100081	59568326
国投保险经纪有限公司	西城区阜成门北大街2号楼3层	100034	88006481
微医（北京）保险经纪有限公司	海淀区北四环西路52号15层1506房间	100044	51721189
北京普华盛世保险经纪有限公司	朝阳区酒仙桥路14号53号楼7层706室	100071	57126871
北京问鼎保险经纪有限公司	朝阳区胜古中路2号院6号楼2层209室	100022	58691652
三峡保险经纪有限责任公司	海淀区玉渊潭南路1号B座三峡大厦3层	100039	57081394
鼎昊（北京）国际保险经纪有限公司	丰台区南四环西路188号十区8号楼4层	100071	63703398
北京海力保险经纪有限公司	丰台区政馨园一区2号楼8层822室	100071	56127490
金晟保险经纪有限公司	朝阳区安定路10号中国有色大厦北楼2层	100089	64421991
北京吉泰保险经纪有限公司	海淀区紫竹院路81号院3号楼北方地产大厦6层609室	100085	88580566
北京方和万金保险经纪有限公司	海淀区北小马厂6号906室	100038	63345039
和德（北京）保险经纪有限公司	东城区夕照寺街14号4号楼6层601室	100027	84464608
鼎高保险经纪有限责任公司	朝阳区光华路8号楼4层A428、A436室	100028	52450450
瑞丰保险经纪有限公司	朝阳区来广营创远路36号院11号楼4层401室	100028	0432－63373239
北京奥创保险经纪有限公司	朝阳区天溪园20号楼2层商业33	100107	84938008
银泰（北京）保险经纪有限公司	海淀区高粱桥斜街59号院1号楼17层1701室	100080	82149698
国泰路安保险经纪（北京）有限公司	北京经济开发区金辅路甲2号1幢1层B102室	102600	63585718
北京瑞和保险经纪有限公司	朝阳区建国门外大街6号11层1102内105室	100101	85257153

安世联合保险经纪有限公司	朝阳区姚家园南路1号7号楼A区502房间	100131	85385566
联华国际保险经纪（北京）有限公司	西城区金融大街23号10层1019室	100020	59731672
永达理保险经纪有限公司	朝阳区阜通东大街18号2层2207~2210室	100044	87419188
北京微服保险经纪有限公司	朝阳区建国路93号院万达广场A座18层2210室	100022	58205660
北京鞍汇联保险经纪有限公司	朝阳区东三环中路39号建外SOHO15号楼805室	100022	58695890
北京大唐泰信保险经纪有限公司	西城区菜市口大街1号5层501-2室	100052	83956356
佳达保险经纪（北京）有限公司	东城区东长安街1号东方广场东方经贸城东三办公楼1109室	100006	65334100
北京泰丰保险经纪有限公司	东城区东水井胡同11号楼3层3C02室	100143	67281839
北京协荣保险经纪有限公司	西城区广安门外大街168号1幢7层2-810室	100029	83126679
新航保险经纪（北京）有限公司	朝阳区建国路88号7号楼710室	100125	85808907
北京丰融保险经纪有限公司	西城区西直门外大街18号楼15层1单元1812室	100027	84476292
北京中兵保险经纪有限公司	海淀区紫竹院路81号院3号楼北方地产大厦15层1502~1503室	100080	68966743
安瑞保险经纪（北京）有限公司	东城区朝阳门南小街2号楼3层303室	100022	25463858
关爱保险经纪有限公司	朝阳区建国门外大街22号赛特大厦1幢第21层2101室	100028	65158589
三角洲保险经纪有限责任公司	朝阳区东大桥路8号1楼25层2908室	100028	62124086
鲲鹏保险经纪（北京）有限公司	西城区阜外月坛北小街13号中船宾馆8219室	100031	58221917
中捷保险经纪股份有限公司	石景山区实兴大街30号院7号楼9层904室	100043	56251376
悦保保险经纪有限公司	丰台区广安路9号院1号楼16层1601室	100054	85839251
北京华川恒健保险经纪有限公司	海淀区永泰庄北路9号永泰绿色生态园V6号院	100027	51582188
安润国际保险经纪（北京）有限公司	西城区阜成门外大街2号A1010室	100037	68060129
北京广发保险经纪有限公司	朝阳区东三环北路38号院2号楼1406室	101500	69472620
正隆（北京）保险经纪股份有限公司	西城区宣武门外大街6~12号（双号）、16号、18号6号楼	100031	027-87115846

北京鼎盛保险经纪有限责任公司	朝阳区酒仙桥路甲10号3号楼15层、17层	100125	65065338
阳光三泰保险经纪有限公司	石景山区政达路2号3层1单元3－06室	100043	59497070
赛诺保险经纪（北京）有限公司	昌平区昌平镇商业街66号1号楼2层229室	100085	88479880
诚合保险经纪有限公司	海淀区复兴路40号中国铁建大厦8层	100010	52689665
北京慧驾保险经纪有限公司	西城区南滨河路27号7号楼12层1217室	100055	58220292
北京赛福哈博保险经纪有限公司	海淀区八里庄路62号院1号楼2层234室	100086	63378585
大特保险经纪有限公司	朝阳区阜通东大街18号2层2218室	100044	80698111
北京中瑞惠银国际保险经纪股份有限公司	东三环南路甲52号顺迈金钻大厦15层18C	100022	87729970
北京信诺保险经纪有限公司	朝阳区望京中环南路9号3号楼8层1－5号	100033	029－88344163
盛世创富保险经纪有限公司	朝阳区常惠路6号楼8层5单元	100028	63784045
北京盛唐保险经纪有限公司	朝阳区东三环中路39号建外SOHO24号楼22层2603室	100010	56145295
北京中兴保险经纪有限公司	丰台区丰北路79－2幢820室	100054	87874667
北京中卫保险经纪有限公司	朝阳区北辰东路8号院16号楼8层	100031	85285599
安行保险经纪（北京）有限公司	西城区三里河一区5号院7号楼裙房5－3号3层301室	100045	65387022
北京银河时空保险经纪有限责任公司	东城区广渠门内大街41号12层41（12）02室	100083	82525388
北京中联新能保险经纪有限公司	北京经济技术开发区荣华南路15号院7号楼9层901室	100176	59361219
国安国际保险经纪股份有限公司	东城区黄寺大街甲6号天龙饭店5层	100022	64257976
鼎力（北京）保险经纪有限公司	东城区光明路13号12号楼五层5016房间	100070	67178090
爱心保险经纪有限公司	门头沟区石龙经济开发区永安路20号3号楼A－3895室	102300	62200812
金桔保险经纪（北京）有限公司	朝阳区望京东园四区11号楼13层1301～03室	100028	64705638
国家电投集团保险经纪有限公司	西城区西直门外大街18号楼10层3单元1101室	100044	56625687
中泰国际保险经纪（北京）有限公司	海淀区海淀大街8号中钢大厦7层716室、717室	100086	62686563
哈保保险经纪（北京）有限公司	朝阳区建国路93号院10号楼601室	100022	58203824
文津国际保险经纪有限公司	丰台区南四环西路186号三区4号楼4层06室	100738	57177268

海亚（北京）国际保险经纪有限公司	朝阳区安慧北里小区秀园15号楼4层	100010	64912569
中植保险经纪有限公司	朝阳区东四环中路39号12层A单元1501－1室	100044	85141893
北京信成和盛保险经纪有限责任公司	东城区桃园东里20号2层2082室	100124	59113559
国电保险经纪（北京）有限公司	西城区西直门外大街18号楼4层7单元501室	100044	58682591
中盛融安国际保险经纪有限公司	海淀区大柳树路富海中心3号楼富海国际港1501室	100010	62138771－813
中富保险经纪有限公司	东城区灯市口大街50号1号楼五层517室	100070	60250099
五矿保险经纪（北京）有限责任公司	海淀区三里河路5号五矿大厦B座410室	100022	88821652
北京金浩保险经纪有限公司	朝阳区亮马桥路39号1号楼6层A602室	100125	84534522
瑞信保险经纪有限公司	海淀区中关村大街27号11层1101室	100031	84832950
北京光华保险经纪有限公司	朝阳区静安里26号楼901内903室	100028	65301358
北京乾泰保险经纪有限公司	西城区平原里小区20号楼413室	100032	63180208
全景保险经纪（北京）有限责任公司	朝阳区建国路88号9号楼17层2003室	100097	64373510
海峡联合保险经纪（北京）有限责任公司	海淀区中关村南大街2号A幢25层2909室	100097	88878991
海盟国际保险经纪（北京）有限公司	朝阳区东大桥路8号院3号楼4层2437室	100020	64200617
北京秦华保险经纪有限公司	西城区茶马街8号院3号楼14层1411	100032	68141238
北京物融保险经纪有限公司	西城区阜成门外大街甲9号国宾酒店9层902室	100037	68008302
北京百川保险经纪有限公司	西城区天宁寺前街2号北院19幢205A	100055	63319211
北京恒丰保险经纪有限公司	西城区宣武门外大街26～30号（双号）2幢05层506室	100034	88891941
开源（北京）国际保险经纪有限公司	西城区西直门外大街18号楼4层1单元538室	100021	66123935
融超保险经纪有限公司	西城区阜外大街2号万通新世界广场A座1705号	100038	87615005
九州联合（北京）保险经纪有限公司	海淀区北三环西路甲30号2层217室	100034	68473708
天丰保险经纪有限公司	门头沟区莲石湖西路98号院7号楼603室	102300	85797999
北京安鑫保保险经纪有限公司	海淀区首都体育馆南路6号3幢12层1261室	100025	68492616

北京神州安泰保险经纪有限公司	通州区新华西街58号院3号楼6层623室	101149	88727711
金丰（北京）保险经纪有限公司	石景山区石景山路乙18号院3号楼5层613室	100043	88689990
中汇国际保险经纪股份有限公司	朝阳区东三环中路39号建外SOHO15号楼808室	100080	58691896
北京木易保险经纪有限责任公司	西城区西直门外大街18号楼18层1单元2139室	100035	52963666
金诚国际保险经纪有限公司	海淀区西三环北路91号7号楼3层C02号房间	100033	52961111
通联保险经纪有限公司	丰台区靛厂路汉唐国际大厦3层	100044	63713236
北京盛安国际保险经纪有限公司	海淀区中关村东路18号1号楼11层A－1201室	100086	82600498－801
北京天时国际保险经纪有限公司	海淀区中关村南大街甲18号院1－4号楼C座07办公01号	100142	88578257
北京仁信智合保险经纪有限公司	丰台区南四环西路128号院3号楼1816室	100071	83609322
中盛国际保险经纪有限责任公司	东城区安定门东大街28号雍和大厦A座11层	100007	50950900
北京安康保险经纪有限公司	朝阳区西坝河西里28号B205室	100028	64477610
北京远安保险经纪有限公司	朝阳区东三环中路39号院18号楼13层1602室	100121	82231008
中军保险经纪（北京）有限公司	朝阳区拂林路9号D座1003室	100195	64466561
北京新城保险经纪有限公司	朝阳区北土城西路7号国恒基业大厦D座804室	100062	51663231
金联安保险经纪（北京）有限公司	昌平区东小口镇立汤路186号甲1号楼10层1001室	100085	58608292
北京小米保险经纪有限公司	海淀区清河朱房路临66号E栋1单元	100055	51401796
北京容海保险经纪有限公司	西城区半步桥街48号1幢3层343室	100054	83550850
领航国际保险经纪有限公司	东城区北京站东街8号信通大厦B座6层607－1室	100020	58362067
北京金甲保险经纪有限公司	西城区西直门内南小街国英园1号楼707室	100035	58561769
泛华博成保险经纪有限公司	通州区安顺二街1号	101149	52858652
远通（北京）保险经纪有限公司	海淀区羊坊店路18号2幢6层605室	100044	52720502
北京京泰安保险经纪有限公司	海淀区羊坊店路18号1幢6层613室	100025	68177335
北京中天保险经纪有限公司	西城区闹市口大街1号院2号楼长安兴融中心6C	100061	59799818
明亚保险经纪股份有限公司	朝阳区朝外大街22号泛利大厦5层501～502室	100070	85658565

北京润盛保险经纪有限公司	朝阳区东方东路 8 号	100038	64681372
中民瀚丞保险经纪有限公司	西城区新街口外大街 8 号 1 幢 5 层 531 室	100044	68563212
国联（北京）保险经纪有限公司	朝阳区北苑路 170 号 5 号楼 1203 室	100053	63202640
北京富利保险经纪有限公司	朝阳区建国门外大街 19 号 1 号楼 26 层 A 室	100028	84477169
宜安（北京）保险经纪有限公司	通州区新华西街 58 号院 2 号楼 9 层 922 室	100052	84476603
北京润得保险经纪有限公司	朝阳区望京园 601 号楼 6 层 706 室	100024	84785509
宇泰保险经纪（北京）有限公司	朝阳区建国路 93 号院 4 号楼 16 层 1903 室	101149	65675665
中铁保险经纪有限责任公司	西城区西绒线胡同 28 号天安国汇 14 层 1410 室	100034	59739002
北京东方保险经纪有限公司	朝阳区朝阳路 67 号 9 号楼 2 单元 803 室	100021	85789048
航联保险经纪有限公司	东城区东直门南大街 5 号中青旅大厦 9 层	100007	58157000
北京富诚保险经纪有限公司	东城区广渠门南小街 3 号 1 单元 1002 室	100061	67169146
华富保险经纪有限公司	西城区金融大街 35 号 1122 室	100107	88092087
银河保险经纪（北京）有限责任公司	西城区金融大街 35 号国际企业大厦 C 座 12 层	100088	66568300
北京国中保险经纪有限公司	朝阳区建国门外大街 18 号 D702 号	100022	65691466
北京华育保险经纪有限公司	朝阳区广顺北大街 16 号院 2 号楼 11 层 1101 室	100102	65545008
北京永诚保险经纪有限公司	海淀区中关村南大街 2 号科技会展中心数码银座 803 室	100027	80812570
北京中金保险经纪有限公司	东城区和平里东街 11 号 7 号 1－B6 号	100097	88400426
嘉实保险经纪（北京）有限公司	朝阳区建国路 91 号院 8 号楼 5 层 506 室	100079	65215143
北京金永泰保险经纪有限责任公司	海淀区西八里庄北里 56 号院西钓鱼台庄园 3 号楼 4 门 401 室	100142	88122415
北京安华保险经纪有限公司	门头沟区双峪路 35 号院 2 号 16 层 1831 室	102300	58790790
北京东方华信保险经纪有限公司	西城区高井胡同 16 号北京惠福园宾馆 203 房间	100107	68366080
北京华夏保险经纪有限公司	海淀区紫金数码园 4 号楼 6 层 602 室	100043	63426880
北京华融保险经纪有限公司	西城区阜成门外大街 11 号国宾大厦 808 室	100033	68002927
方胜磐石保险经纪有限公司	朝阳区西大望路 15 号 4 号楼 16 层 1601 室	101100	67771270

中体保险经纪有限公司	东城区天坛东路50号国家体育总局训练局院内	100007	67162121
宏达通泰保险经纪（北京）有限公司	海淀区车公庄西路甲19号华通大厦8层828室	100048	51662261
北京信德保险经纪有限公司	海淀区昌运宫4号豪柏国际公寓A1座2402室、2403室	100048	68436261
北京汇金保险经纪有限公司	朝阳区酒仙桥路10号58号楼1层A107－2室	100600	51660028
扬子江保险经纪有限公司	顺义区天竺镇府右街6号	101300	57583450
华旅（北京）保险经纪有限公司	海淀区西四环北路158号慧科大厦东区8A	100033	88592081
德圣保险经纪有限公司	朝阳区南磨房路37号7层701室	100025	53325541
北京天道保险经纪有限责任公司	朝阳区朝阳门外大街19号楼7层722B室	100029	51502735
北京新域保险经纪有限公司	东城区崇文门外大街11号9层908室	100044	67092376
华信保险经纪有限公司	西城区宣武门内大街2号西楼办公1119～1124室	100033	83568356
昆仑保险经纪股份有限公司	西城区金融大街1号楼A座1102室	100070	87571701
北京惠邦保险经纪有限公司	西城区阜成门外大街2号643室	100600	82252371
北京康信保险经纪有限公司	朝阳区工人体育场北路8号院1号楼13层	100028	85861166
五洲（北京）保险经纪有限公司	东城区东长安街1号东方广场东二座1704－5A	100088	85188766
北京环球保险经纪有限公司	西城区西直门内南小街国英1号楼516室、518室	100035	59731326
中安联合保险经纪股份有限公司	海淀区高粱桥斜街28号7号楼503室	100022	52412269
北京江山保险经纪有限公司	朝阳区霄云路28号院2号楼9层901－2室	100125	0411－28786351
北京惠保保险经纪有限公司	北京经济技术开发区同济南路19号2号楼4层B区	100176	57063999
世纪保险经纪股份有限公司	西城区宣武门外大街26号～30号（双号）2幢8层A806～A809室	100021	88086600
北京天和保险经纪有限公司	朝阳区北土城西路7号F座802室	100083	82275811
新时代保险经纪有限公司	海淀区花园路7号	100027	84979909
中铝保险经纪（北京）股份有限公司	海淀区西直门北大街62号9层	100044	82298566
民生保险经纪有限公司	东城区建国门内大街28号1幢13层1501－1单元	100004	85259865
北京联合保险经纪有限公司	朝阳区静安里26号楼5层	100048	64680488

英大长安保险经纪有限公司	西城区南横东街 8 号都城大厦 12 层	100022	63411499
江泰保险经纪股份有限公司	门头沟区莲石湖西路 98 号院 9 号楼 1 至 12 层 101	102300	62202788
达信（中国）保险经纪有限公司	朝阳区光华路 1 号北京嘉里中心北楼 15 层 1506 室	100855	65334080
华泰保险经纪有限公司	西城区金融大街 11 号中国再保险大厦 14 层	100142	66576588

（7）保险公估公司

机构名称	地　址	邮　编	电　话
北京天恒保险公估有限公司	丰台区葆台北路 6 号一区 3 号楼	100044	53687782
北京众达诚保险公估有限公司	大兴区兴华大街三段 55 号 3 层 303 室	102600	57113608
北京日月星保险公估有限公司	通州区景盛北一街甲 12 号院 3 号楼 3 层 327 室	100071	57040716
北京佳实德保险公估有限责任公司	海淀区复兴路 40 号中国铁建大厦 5 层东侧	100048	52689663
北京心海保险公估有限公司	西城区半步桥街 48 号 1 幢 516 室	100023	
北京中咨保险公估有限公司	海淀区上地信息路 1 号 1 – 1 幢 A 栋 3 层 C 区	101300	82826669
北京北极星保险公估有限公司	平谷区贾各庄村东南街甲 6 号	101200	89989800
北京安诚保险公估有限公司	怀柔区怀北镇西庄村 308 号	101400	84924025
北京正汇保险公估有限公司	朝阳区东三环中路 39 号建外 SOHO15 号楼 802 室	100071	58691896
北京俄杰斯特保险公估有限公司	丰台区丰台科学城恒富中街 2 号院 1 号楼 3188 室	100071	52229880
北京保程保险公估有限公司	朝阳区五里桥二街 1 号院 1 号楼 12 层 1214 室	100085	87203581
北京全天候保险公估有限公司	顺义区仁和镇顺通路 6 号	101300	69421005
北京通宝行保险公估有限公司	石景山区政达路 2 号 3 层 1 单元 3 – 07 室	100043	57612388
北京平信保险公估有限公司	丰台区航丰路 1 号院 2 号楼 10 层 1017 号	101300	52802888
北京中达信保险公估有限公司	丰台区东货场路 38 号 11 栋 212 室	100085	68424435
北京国信行保险公估有限公司	丰台区花乡南三环西路万柳桥西北侧商业及行政办公综合楼 1 – 1615 室	100079	87565219

仁祥保险公估（北京）有限公司	海淀区车公庄西路乙19号华通大厦B座3层308室	100054	88019368
北京邦业保险公估有限公司	朝阳区东三环中路55号楼6层703室	100085	59229633
北京大陆保险公估有限公司	西城区车公庄大街6号3号楼468室	100044	85753960
北京汇明保险公估有限公司	丰台区丰管路16号9号楼5016室	100071	63870331
金联安保险公估（北京）有限公司	朝阳区樱花园28号楼樱花集中办公区0279室	100048	58235080
北京誉心保险公估有限责任公司	西城区珠市口西大街120号1号楼2层0217室	100022	13376395818
鼎信农业保险公估（北京）有限公司	通州区宋庄镇综合行政服务大厅后院303室	101300	88312537
北京中明保险公估有限公司	石景山区政达路2号5层1单元5-08室	100079	85606140
北京嘉诺保险公估有限公司	朝阳区农展馆南路13号3层307室	100044	68567166
北京普惠保险公估有限责任公司	朝阳区南磨房路37号16层1810室	100191	59600111
北京格林保险公估有限公司	西城区金融大街27号投资广场B座20层B2005室	100033	65282322
中瑞国际保险公估（北京）有限公司	朝阳区安慧里二区12号楼院2幢226-2房间	100101	84832952
平衡国际保险公估（北京）有限责任公司	海淀区蓝靛厂东路2号院2号楼5E-3室	100101	52786011
北京德仁保险公估有限公司	朝阳区北苑路170号2号楼2-1603号	100085	68665830
博弈中立保险公估（北京）有限公司	海淀区安宁北路昌平路临847-2号	100029	82609910
北京君恒保险公估有限责任公司	东城区东花市北里东区1号楼3段7层	100070	67164581
北京龙江保险公估有限公司	朝阳区酒仙桥乙21号朝阳佳丽饭店内2层B105室	100020	56709233
北京中禾嘉信保险公估有限公司	大兴区金星路18号8幢217A室	102600	89941589
北京华泰保险公估有限公司	西城区金融大街11号中国再保险大厦8层0803室	100033	66577488
盛华（北京）保险公估有限公司	北京经济技术开发区荣华南路16号1幢B座3B07室	100176	59767679
北京众信保险公估有限公司	丰台区科技园富丰路4号5层5A0401室	100022	65567988
北京华大保险公估有限公司	东城区夕照寺街14号4号楼6层610室	101300	65210966
中至和保险公估（北京）有限公司	大兴区龙发大街1号院3号楼2单元305室	100031	60219266
北京金正保险公估有限公司	海淀区西三环北路91号7号楼3层C02-1号	100022	52961111

北京卓信保险公估有限公司	丰台区玉泉营111号西边10幢306室	100075	68323322
保勘联保险公估（北京）有限公司	丰台区玉泉营111号西边10幢204A	100075	53688065
北京大唐泰信保险公估有限公司	西城区菜市口大街1号1303室	100022	83956378
北京和泰保险公估有限公司	海淀区复兴路乙59号巨星大厦108室	100085	62669764
北京仁济和保险公估有限责任公司	海淀区学院路7号8层809室	100055	66130459
北京首证保险公估有限公司	西城区德胜门内西顺城街46号东101室	100080	66562573
北京华信保险公估有限公司	西城区宣武门内大街2号华电大厦B座11层	100031	83568356
竞胜保险公估有限公司	西城区金融大街1号楼1202-2室	100071	87571701
嘉福（北京）保险公估有限公司	朝阳区朝外大街10号A1区14层1410单元	100089	58693424
北京合信保险公估有限公司	丰台区政馨园一区2号楼7层711室	100071	13681182658

（8）外国保险公司北京代表处

机构名称	地　址	邮　编	电　话
安保集团北京代表处	东城区建国门内大街7号光华长安大厦2座1726室	100005	65102125
澳大利亚康联保险集团北京代表处	朝阳区建国门外大街1号国贸大厦1座2908室	100004	65055023
百慕大博纳再保险有限责任公司北京代表处	东城区长安街一号东方广场中一办公楼1211室	100738	85185780
百慕大格林控股有限公司北京代表处	西城区武定侯街6号卓著中心1202F室	100033	83064926
加拿大永明人寿保险公司北京代表处	朝阳区金桐西路10号远洋光华国际大厦AB座10层A01室	100020	85906500
加拿大人寿保险公司北京代表处	东城区建国门内大街8号中粮广场B1223室	100004	65264005
加拿大皇家银行人寿保险公司北京代表处	西城区金融街7号英蓝大厦9层927室	100033	58399366
枫信金融控股责任有限公司北京代表处	朝阳区建国门外大街2号银泰中心写字楼15层1527室	100022	65637920
法国安盛公司北京代表处	东城区东长安街1号东方广场东一办公楼905室	100738	66555983

法国安盟保险公司北京代表处	东城区建国门内大街7号光华长安大厦2座1022室	100005	65102170
法国国家人寿保险公司北京代表处	朝阳区建外大街永安里8号华彬大厦1712室	100022	85288185
法国科法斯信用保险公司北京代表处	朝阳区建国门外大街1号国贸写字楼1座1202室	100004	65057093
法国巴黎财产保险有限公司北京代表处	朝阳区建国门外大街1号国贸（3期）2024室	100004	85910181
法国安盟甘寿险公司北京代表处	朝阳区建国门外大街甲6号SK大厦10层02单元	100022	85086280
安联保险集团北京代表处	朝阳区亮马桥路50号燕莎中心办公楼C211室	100125	64638052
德国通用再保险公司北京代表处	东城区东长安街1号东方广场东三办公楼1105室	100738	85186535
德国安顾集团股份公司驻中国总代表处	朝阳区亮马桥路50号燕莎中心1号楼C713A	100125	64627675－1032
其士保险有限公司北京代表处	西城区南礼士路丙3号楼海通大厦705室	100037	68578689
中银集团人寿保险有限公司北京代表处	西城区复兴门内大街1号中银大厦8号楼105室	100818	66533316
香港领航海上保险顾问有限公司北京代表处	朝阳区光华路1号嘉里中心北楼11层30室	100020	65997927
香港友邦保险控股有限公司北京代表处	东城区东总布胡同58号3层302单元	100005	65219988
中国太平保险控股有限公司北京代表处	西城区广宁伯街5号金泽大厦西区7层	100082	526193236
全球人寿保险国际公司北京代表处	朝阳区东三环北路38号安联大厦2606单元	100026	85151248
忠利保险有限公司北京代表处	朝阳区建外大街乙12号双子座大厦东塔7层03室	100022	65673598
日本第一生命控股股份有限公司北京代表处	朝阳区建国门外大街26号长富宫中心办公楼8005室	100022	65139031
东京海上日动火灾保险株式会社北京代表处	朝阳区建国门外大街甲6号爱思开大厦1105室	110022	65630180
日本明治安田生命保险公司北京代表处	朝阳区建外大街26号长富宫办公楼6003室	100022	65139815
爱和谊日生同和保险公司驻中国总代表处	朝阳区东三环北路五号北京发展大厦1607室	100004	65058960
日本生命保险公司北京代表处	朝阳区建国门外大街26号长富宫办公楼4007室	100022	
三井住友海上火灾保险公司驻中国总代表处	朝阳区东三环北路五号北京发展大厦1608室	100004	65908500

日本住友生命保险公司北京代表处	朝阳区东三环北路5号北京发展大厦1幢7层719室	100004	65616120
三星火灾海上保险公司北京代表处	朝阳区建国路118号招商局大厦25层05室	100022	65668100－6213
三星生命保险公司北京代表处	西城区西单北大街甲131号西单大悦城写字楼708室	100032	50955318
韩国贸易保险公社北京代表处	朝阳区大望京科技商务园区宏泰东街浦项中心A栋29层2902室	100102	64106437
现代海上火灾保险有限公司北京代表处	朝阳区霄云路38号现代汽车大厦518室	100027	84539071
大韩再保险公司北京代表处	朝阳区建国路118号招商局大厦10层A2	100022	65906276
韩国韩华生命保险有限公司北京代表处	朝阳区东三环北路38号院1号楼泰康金融大厦	100020	65837900
教保生命保险株式会社北京代表处	朝阳区霄云路36号国航大厦2109室	100027	65058658
韩国DB损害保险公司北京代表处	朝阳区霄云路36号国航大厦1011室	100027	84475427
韩国首尔保证保险株式会社北京代表处	朝阳区东三环北路8号亮马河大厦1座1208室	100004	65900288
韩国兴国生命保险株式会社北京代表处	朝阳区霄云路36号1号楼国航大厦611室	100027	84475411
俄罗斯‘俄国保险’保险公司公共股份公司北京代表处	朝阳区亮马桥路42号光明饭店8407室	100016	64685852
俄罗斯天然气工业保险股份公司北京代表处	朝阳区建外大街甲12号15层1588室	100022	85233050
新加坡大东方人寿保险有限公司北京代表处	西城区月坛北街26号恒华国际商务中心写字楼710A	100045	58565501
西班牙曼福保险集团北京代表处	朝阳区工人体育场北路甲6号中宇大厦1801室	100027	85236259
西班牙曼福再保险公司北京代表处	朝阳区工人体育场北路甲6号中宇大厦1809室	100027	59752558
南非和德保险有限公司北京代表处	朝阳区东三环北路丙2号天元港中心B座1708A	100027	84464164
瑞士苏黎世保险公司北京代表处	朝阳区曙光西里甲5号院21号楼北京凤凰置地广场F座6层	100028	84398100
富邦产物保险股份有限公司北京代表处	朝阳区建国路81号华贸中心1号写字楼701室	100025	59695476
（台湾）国泰人寿保险股份有限公司北京代表处	朝阳区东大桥路9号侨福芳草地大厦B楼6层602单元	100020	83913425－6

新光人寿保险股份有限公司北京代表处	东城区建国门内大街7号光华长安大厦2座1822室	100005	65102101
富邦人寿保险股份有限公司北京代表处	朝阳区建国路81号7办公1T01内01B室	100025	59695383
台湾人寿保险股份有限公司北京代表处	西城区西直门外大街1号院2号楼16C11室	100031	58302588
中国人寿保险股份有限公司（台湾）北京代表处	西城区闹市口大街1号院长安兴融中心3号楼619室	100032	58528115
台湾三商美邦人寿保险股份有限公司北京代表处	朝阳区建国路118号招商局大厦18楼1806室	100022	59233725
美国大都会人寿保险公司北京代表	东城区长安街1号东方广场东方经贸城东二办公楼12层1211A	100738	85189791
美国国际集团北京代表处	朝阳区建国路79号华贸中心2号写字楼10层05A单元	100033	59692981
美国信安人寿保险公司北京代表处	朝阳区建外大街1号国贸大厦1座416室	100004	64629266
美国信诺保险公司北京代表处	朝阳区建国路79号华贸中心写字楼2座1708室	100022	85809055
美国怡安保险（集团）公司北京代表处	朝阳区建外大街甲6号SK大厦1205室	100022	65630671
美国保德信保险公司北京代表处	朝阳区建国路118号招商局大厦29层290B室	100022	65669800
美国北美洲保险公司北京代表处	西城区金融街35号国际企业大厦B座528室	100033	88091177
RGA美国再保险公司北京代表处	东城区东长安街1号东方广场东方经贸城西一办公楼15层1504室	100738	85182528－49166
美国展维住房抵押贷款保险公司北京代表处	朝阳区光华路1号嘉里中心北座11层	100020	65999159
美国联合保险公司北京代表处	西城区金融街35号国际企业大厦B座527室	100033	88091175
美国柏柯莱保险集团公司北京代表处	东城区东长安街1号东方广场东方经贸城东三办公大楼19层5室	100738	85189688
美国法特瑞互助保险公司北京代表处	朝阳区建国路77号华贸中心3座24层	100025	85880198
美国联合健康保险公司北京代表处	朝阳区新源南路3号平安国际金融中心B座17层1701室	100027	58291721

美国万凯公司北京代表处	朝阳区北苑路甲13号院北辰新纪元大厦2号楼1002B室	100107	84929668
美国韬睿惠悦特拉华控股公司北京代表处	朝阳区光华路1号北京嘉里中心南楼29层2921室	100020	58216442
美国奥德赛再保险公司北京代表处	西城区武定侯街6号F2－1（A）301A	100033	66182171
美国史带公司北京代表处	朝阳区建国门外大街1号国贸写字楼1座11层11室	100004	65350319
英国保诚保险有限公司北京代表处	东城区东长安街1号东方广场W1座610室	100738	85183099
英国耆卫公共有限公司北京代表处	朝阳区广渠路金茂府23号院1号楼2803室	100124	65057686
英国保柏金融公众有限公司北京代表处	朝阳区亮马桥路甲40号二十一世纪大厦3层A302室	100125	58541720
英国亚瑟J. 盖勒格英国有限公司北京代表处	朝阳区建国路乙118号京汇大厦3层A031室	100022	58902601

5. 其他

（1）交易机构

机构名称	地　　址	邮　编	电　话
北京产权交易所有限公司	西城区金融大街甲17号	100033	66295523
北京金融资产交易所有限公司	西城区金融大街乙17号楼	100033	57896641
北京环境交易所有限公司	西城区月坛南街1号院1号楼4层5－401室	100032	66295537
中国林业产权交易所有限公司	西城区德外大街甲36号	100011	62030197
中国水权交易所股份有限公司	西城区南线阁街10号7层716～719室	100032	63204735
北京电力交易中心有限公司	西城区西长安街86号	100031	66597762
首都电力交易中心有限公司	西城区前门西大街41号	100031	63127299
冀北电力交易中心有限公司	西城区枣林前街32号	100053	56583495
北京全国棉花交易市场有限责任公司	西城区宣武门外大街甲1号13层	100020	59338641

中国技术交易所有限公司	海淀区北四环西路66号1620室、1621室	100080	62679598
北京软件和信息服务交易所有限公司	海淀区海淀南路甲21号中关村知识产权大厦A座2层	100052	61136010
京津冀协同票据交易中心股份有限公司	海淀区丹棱街1号院1号楼5层501室	110000	58251900
华融中关村不良资产交易中心股份有限公司	海淀区学院南路62号中关村资本大厦12层1210室	100081	57780600
北京华商储备商品交易所有限责任公司	海淀区紫竹院路116号嘉豪国际中心A座16层	100097	58931220
北京农村产权交易所有限公司	东城区朝阳门北大街6号首创大厦604室	100020	65237388－175
北京农副产品交易所有限责任公司	东城区朝阳门北大街6号605室	100006	65237388
北京新华金融信息交易所有限公司	丰台区西站南路168号1113室	100073	83069806
北京国际浆纸交易中心有限公司	朝阳区广渠路39号院1号楼	100022	67043080
北京红木交易中心有限公司	朝阳区建国路27号	100020	85778895
北京东方雍和国际版权交易中心有限公司	东城区安定门东大街28号雍和大厦2号楼1层、2层	100007	64097700
北京文化产权交易中心	东城区大江胡同113号	100051	50851007
北京新传德国际版权交易中心有限公司	朝阳区呼家楼京广中心商务507室	100020	65974890
北京邮票交易中心有限责任公司	朝阳区胜古中路2号院8号楼4层415室	100161	57539418－824
北京金马甲产权网络交易有限公司	西城区宣武门西大街甲129号金隅大厦12层	100031	83954972
北京国际酒类交易所有限公司	海淀区玉泉路2号	100143	88289800
中国工艺艺术品交易所有限公司	海淀区海淀北二街8号6层710室	100050	56189890
汉唐艺术品交易所有限公司	石景山区实兴大街30号院3号楼2层D－1073室	100027	85728622
北京石油交易所股份有限公司	房山区城关农林路1号	100032	83957000
北京大宗商品交易所有限公司	朝阳区望京东路6号3幢3层	100025	85922907

联合产权交易所有限公司	朝阳区裕民路 12 号中国国际科技会展中心 9 层 905 室	100029	62026510
北京特许经营权交易所有限公司	石景山区石景山路 20 号中铁建设大厦 19 层	100040	52656114
北京保险服务中心股份有限公司	石景山区八大处路 49 号院 4 号楼 6 层 6088 室	100027	85235649
北京铁矿石交易中心股份有限公司	石景山区石景山路 31 号院盛景国际广场 3 号楼 2001 室	100043	57712888
九歌艺术品交易有限公司	朝阳区东三环中路 39 号建外 SOHO 小区 15 幢 24 层 2803 室	100022	58692895
北京国际矿业权交易所有限公司	通州区运河核心区Ⅳ－10 地块 F3 其他类多功能用地项目 7 号办公及商业楼办公 6 层 606 室	100032	56717013
北京京农商品交易服务中心有限公司	顺义区仁和镇军杜路 8 号 15 幢	100032	69424079
北京贵金属交易所有限责任公司	大兴区北兴路（东段）2 号院 4 号楼 5 层	102600	52656227
北京中勃上达电子商务有限公司	海淀区知春路 51 号慎昌大厦 5119 室	100101	84885669
北京粮油交易所有限责任公司	房山区琉璃河洄城村南京保路西侧	100161	89369859
北京八达岭国际葡萄酒交易中心有限公司	延庆区庆园街 65 号	102100	56766346
北京茶业交易中心责任有限公司	西城区红莲南路 57 号 1 幢 3 层北侧	100033	52693273
全域神州旅游资源资产交易中心股份有限公司	昌平区未来科技城北二街鞍钢未来钢铁研究院 3 号楼 101 室	102209	56176050
北京玉石交易中心有限公司	丰台区丰台北路 18 号院 3 号楼 1901～1914 室	100161	63850087
北京木业电子交易中心有限公司	平谷区马昌营镇天井大街甲 2 号	102401	56874658
北京商标交易中心有限公司	海淀区北四环西路 67 号中关村国际创新大厦 202 室	100080	18910023715
北京私募股权基金交易中心有限公司	海淀区西四环北路 9 号鑫泰大厦 A 区 501 室	110000	88488350

（2）支付机构

机构名称	地址	邮编	电话
资和信电子支付有限公司	海淀区东北旺北京中关村软件园孵化器1号楼B座	100193	88665528
开联通支付服务有限公司	海淀区马甸东路17号6层706室	100088	84783057
易宝支付有限公司	石景山区实兴大街30号院3号楼2层D－0435室	100144	59013985
北京钱袋宝支付技术有限公司	海淀区羊坊店路18号2幢12层1224－1室	100080	82961015
北京数字王府井科技有限公司	东城区东四十条68号西区5层	100007	84183980
北京银联商务有限公司	海淀区车公庄西路乙19号华通大厦B座10层	100048	88019861
裕福支付有限公司	朝阳区光华路30号楼迤北1层3号内101室	100025	65305555
网银在线（北京）科技有限公司	海淀区北三环西路甲18号中鼎大厦A座719室	100086	89187911
拉卡拉支付股份有限公司	海淀区丹棱街6号1幢6层606室	100080	56710999
联动优势电子商务有限公司	西城区新街口外大街28号B座510室	100088	58351122
天翼电子商务有限公司	昌平区未来科技城南区中国电信集团公司院内	100022	58520458
联通支付有限公司	西城区金融大街35号901室、902室	100033	66505686
国付宝信息科技有限公司	顺义区南法信镇顺畅大道1号B－041室	101300	60195866
北京海科融通支付服务股份有限公司	海淀区人大北路33号院1号楼大行基业大厦17层	100089	82685056
易智付科技（北京）有限公司	海淀区知春路113号0706室	100086	82652626
中金支付有限公司	西城区平原里小区20号楼	100052	83519761
安易联融电子商务有限公司	朝阳区朝外大街乙12号21层0－2412内2412D	100032	59716386
北京爱农驿站科技服务有限公司	西城区西直门外大街1号院2号楼20层22C13室	100012	59716386
北京首采联合电子商务有限责任公司	朝阳区雅宝路10号8层801室	100020	85635806
北京中欣银宝通支付服务有限公司	东城区珠市口东大街14号308室	100050	67077777
北京市政交通一卡通有限公司	海淀区知春路63号中国卫星通信大厦B座15～19层	100032	88087735

北京雅酷时空信息交换技术有限公司	海淀区海淀中街16号10层6单元1010室	100080	51657126－8601
北京中投科信电子商务有限责任公司	西城区北三环中路29号院3号楼8层909室	100873	56809274
北京一九付支付科技有限公司	海淀区东北旺西路8号院35号楼5层522室	100084	57386896
北京数码视讯软件技术发展有限公司	顺义区文化营村北3幢007号平房	101399	82346139
汇元银通（北京）在线支付技术有限公司	海淀区海淀北二街8号13层	100089	82684945
随行付支付有限公司	海淀区阜成路67号17层1704室	100142	52823977
北京恒信通电信服务有限公司	海淀区蓝靛厂金源时代购物中心B区2#B座1006－B室	100091	64090016
北京和融通支付科技有限公司	海淀区中关村南大街乙12号院1号楼20层2305室	100086	62353131
商银信支付服务有限责任公司	西城区平安里西大街26号楼等3幢28号楼401－01室	100034	83496600
北京市银博盛世电子商务有限公司	丰台区南四环西路186号四区11号楼7层01室	100045	58565009
北京银通支付有限公司	西城区西直门外大街1号院3号楼22D8号	100032	66510188
北京华瑞富达科技有限公司	东城区崇文门外大街11号705室	100037	59793377
北京高汇通商业管理有限公司	朝阳区酒仙桥路20号4层408号	100025	56890222－915
银信联（北京）商务服务有限公司	朝阳区建国路（印刷二厂）1号楼6层621室	100022	85893580
北京广聚福支付有限公司	朝阳区东大桥路8号SOHO尚都2楼24层2－2703号	100020	58697787
北京商银科技有限公司	海淀区花园路甲13号院7号楼11层1106－1号	100080	82488399
国旅（北京）信息科技有限公司	东城区东单北大街1号楼721室	100005	65228522－614
北京亚科技术开发有限责任公司	顺义区后沙峪镇裕民大街7号	101318	64513317
百联优力（北京）投资有限公司	朝阳区东大桥路8号尚都国际中心A座（住宅）楼1609室	100020	51661203
银盈通支付有限公司	朝阳区霄云路26号鹏润大厦A座1601室	100052	63133083
北京全顺通商贸有限公司	海淀区苏州街3号7层703室	100080	84885140
中信恒达支付有限公司	东城区崇文门外大街16号1幢1503室	100062	87555559
北京百付宝科技有限公司	海淀区上地十街10号百度大厦B座5层	100085	59928888

北京繁星山谷信息技术有限公司	丰台区丰台镇南开西里23号楼4层404号	100070	51709888
北京新浪支付科技有限公司	海淀区东北旺西路中关村软件园二期N－1、N－2地块新浪总部科研楼5层519室	100080	021－61640680
邦付宝支付科技有限公司	朝阳区东三环中路55号楼5层601室	100022	65811894
北京理房通支付科技有限公司	海淀区东北旺西路8号院4号楼145号	100193	59329689
北京畅捷通支付技术有限公司	海淀区北清路68号20号楼D2003室	100094	62434206

（3）征信机构

机构名称	地　　址	邮　编	电　话
百融金融信息服务股份有限公司	石景山区实兴大街30号院5号楼5层76号	100043	62508065
金电联行（北京）信息技术有限公司	东城区金宝街67号S302C	100020	58693750
天创信用服务有限公司	昌平区未来科技城定泗路237号都市绿洲120室	102200	59017300
中数智汇科技股份有限公司	海淀区学院南路62号中关村资本大厦5层505室	100081	83020108
考拉征信服务有限公司	海淀区北清路中关村壹号D1座7层705室	100094	56710999
益博睿征信（北京）有限公司	朝阳区酒仙桥路20号6层601－603号房	100016	59267818
元素征信有限责任公司	海淀区北坞村路23号北坞创新园北区5号楼1层107～110室	100195	82602272
北京宜信致诚信用管理有限公司	朝阳区西大望路1号2号楼16层1908室	100026	59644742
东方金诚信用管理（北京）有限公司	西城区西直门南大街2号14层1401～1403室、1405～1407室	100088	53771957
信和汇诚信用管理（北京）有限公司	朝阳区东三环中路39号建外SOHO23号楼南办公楼B－1001内01号	100022	59725684
北京国富泰信用管理有限公司	北京经济技术开发区荣华中路11号2层	100176	67800100
国诚信征信有限公司	西城区木樨地北里甲11号楼1幢408室	100038	63358908

北京宸信征信有限公司	海淀区中关村北二条13号46幢104房间	100190	62135800
绿盾征信（北京）有限公司	西城区阜成门外大街2号1幢7层706室	100011	56228425
北京恒诚千里征信有限公司	朝阳区光华路7号19层19B8室	100020	85550012
华财征信（北京）有限公司	海淀区西直门北大街甲43号1号楼12层	100044	68177808
律城信核（北京）信用管理有限公司	海淀区上地东路1号院1号楼2层201室	100085	56291732
北京信构信用管理有限公司	丰台区郭公庄中街20号院3号楼12层1209B室	100070	84109826
中大信信用管理有限公司	海淀区中关村甲3号2－A#商业楼7层819室	100086	82146640
北京国石天韵征信有限公司	石景山区实兴大街30号院5号楼4层97号	100041	52490293
东方安卓（北京）征信有限公司	丰台区南四环西路188号15区2号楼3层303室	100068	67668577
企乐汇征信有限公司	石景山区晋元庄路23号15幢9号	100022	65818123
北京联信征信咨询有限责任公司	东城区王家园胡同10号100B房间	100027	64466458
北京海智金诚信用管理有限公司	东城区后永康胡同17号12号楼	100007	64012900
北京和融通征信服务有限公司	海淀区中关村大街28－1号9层	100086	62353131
中品质协（北京）质量信用评估中心有限公司	东城区王府井大街99号	100006	65234700
中企评协企业征信中心（北京）有限公司	海淀区紫竹院南路17号中企联招待所118室	100048	68464519
北京联源智信征信服务有限公司	海淀区杏石口路甲18号1幢4层西部4008号	100195	62621616
中诚信源征信有限公司	门头沟区石龙经济开发区永安路20号1号楼12层4单元1202室	102308	88512210
国民征信（北京）有限公司	朝阳区百子园4号楼3层A单元306室	100083	59447848
北京邦银汇通征信有限公司	朝阳区工人体育场北路8号院2号楼14层03－1701室	100027	85256668
北京冠捷时速信用管理有限责任公司	海淀区北三环西路25号2号楼106室	100098	68575707
全联征信有限公司	海淀区海淀大街2号9层913室	100080	62630322
北京百誉信征信有限公司	海淀区上地十街10号1幢1层CE区	100085	20681460

(4) 信用评级机构

机构名称	地址	邮编	电话
大公国际资信评估有限公司	朝阳区霄云路26号鹏润大厦A座29层	100125	51087768
中诚信国际信用评级有限责任公司	东城区南竹杆胡同2号1幢60101室	100010	66428877
联合资信评估有限公司	朝阳区建国门外大街2号院PICC大厦17层	100022	85679696
东方金诚国际信用评估有限公司	朝阳区朝外西街3号兆泰国际中心C座12层	100600	62299849
中债资信评估有限责任公司	西城区金融大街28号院盈泰中心2号楼5~8层	100032	88090000
中国诚信信用管理股份有限公司	东城区朝阳门内大街南竹杆胡同2号银河SOHO6号楼	100010	66428855
长城金桥金融咨询有限公司	西城区月坛北街2号月坛大厦B8号	100045	68083498
联合信用管理有限公司北京分公司	朝阳区安慧里四区15号楼五矿大厦801室	100101	64912118
中国诚信信用管理股份有限公司北京分公司	东城区朝阳门内大街南竹杆胡同2号银河SOHO6号楼	100010	66428877
君维诚信用评估有限公司	海淀区苏州街49号盈智大厦301室	100080	82622979
北京银建资信评估事务所	西城区广安门南滨河路7号南楼406室	100055	63401197
北京中贸远大信用管理有限公司	东城区安外大街东后巷28号4号楼305~306室	100710	64260918
北京中北联信用评估有限公司	海淀区北清路中关村壹号D1栋12层	100094	56170999-1143
安融信用评级有限公司	西城区金融街丰汇时代大厦东翼8层805室	100032	68516580

(5) 协会、商会、学会、工会

机构名称	地址	邮编	电话
北京市银行业协会	海淀区车公庄西路乙19号华通大厦B座北塔8层	100048	88088015

北京证券业协会	西城区金融大街35号国际企业大厦C座17层	100033	66568614
北京保险行业协会	朝阳区安定路35号安华发展大厦9层908室	100029	65859115
北京保险中介行业协会	西城区西直门成铭大厦B2座18H	100035	66008027
北京市金融业文化建设协会	西城区月坛南街79号	100045	68559690
北京期货商会	海淀区紫竹院路31号华澳中心嘉慧苑1216室	100089	52722016
北京金融街商会	西城区金融大街33号通泰大厦B座616室	100032	66574347
北京市金融学会	西城区月坛南街79号	100045	68559272
北京保险学会	朝阳区安贞西里四区23号楼深房大厦4层4D	100029	65859115
北京市城市金融学会	西城区复兴门南大街2号天银大厦B座402室	100031	66410055－4509
北京市钱币学会	西城区月坛南街79号办公楼2001室	100045	68559317
中国金融工会北京工作委员会	西城区金融大街20号交通银行大厦B座1301室	100033	58391721
北京市金融工会	通州区运河东大街56号院7号楼	101160	55564820

（6）个人本外币兑换特许业务机构

机构名称	地　址	电　话
北京联合货币兑换股份有限公司	顺义区北京首都国际机场3号航站楼A4E10号	13146782033
艾西益商务服务（北京）有限公司	朝阳区北辰西路69号峻峰华亭嘉园C－1502室	13718668236
北京悠联货币汇兑有限公司	朝阳区和平街东土城路12号院2号楼405室	13426077327
环九州信用管理（北京）有限公司	朝阳区秀水东街8号1号楼2层F2－0010号	13552058065
北京中汇通兑投资管理有限公司	朝阳区工人体育场北路8号院3号楼1层3111－1号	18576687470
北京渤海通汇投资咨询有限公司	西城区复兴门外大街A2号1幢1层大堂G04室	13701113553
北京优汇商务服务有限公司	朝阳区建国路99号9层909室	13811624029
首科汇济融科技（北京）有限公司	朝阳区安翔北里甲11号院1号楼B1007室	13910267232
通济隆外币兑换（中国）有限公司	顺义区首都机场3号航站楼2层E024	13811586995

天津渤海通汇货币兑换有限公司	朝阳区金桐西路10号2单元1102室	15010248634
上海汇元通商务服务有限公司	朝阳区秀水东街8号1层C6－001号	17718398800
上海易兑货币兑换有限公司	海淀区花园路2号28号楼2层206号	13601028020
宇鑫（厦门）货币兑换股份有限公司	西城区金融大街33号6层C602号	18500351526

（二）机构简介

中国农业银行股份有限公司北京城市副中心分行

中国农业银行股份有限公司北京城市副中心分行于2018年11月30日获准由中国农业银行股份有限公司北京通州支行升格更名开业，营运资金2 800万元，共有员工413人。

经营范围：吸收公众存款；发放短期、中期和长期贷款；办理国内外结算；办理票据承兑与贴现；发行金融债券；代理发行、代理兑付、承销政府债券；买卖政府债券、金融债券；买卖、代理买卖外汇；经营结汇、售汇业务；从事银行卡业务；提供信用证服务及担保；代理收付款项及代理保险业务；提供保管箱服务；总行在中国银行业监督管理机构批准的业务范围内授权的业务。

2018年末，中国农业银行股份有限公司北京城市副中心分行资产总额407.1亿元，负债总额402.5亿元，所有者权益合计4.6亿元。全年累计实现净利润4.61亿元。

负责人：王荣熙

地址：北京市通州区八里桥南街1号院9号楼

邮编：101199

电话：010－69542656

传真：010－69542656

（牛真真）

国新集团财务有限责任公司

国新集团财务有限责任公司于2018年5月获准开业，注册资本金20亿元，中国国新控股有限责任公司持股100%。

经营范围：对成员单位办理财务和融资顾问、信用鉴证及相关的咨询、代理业务；协助成员单位实现交易款项的收付；经批准的保险代理业务；对成员单位提供担保；办理成员单位之间的委托贷款；对成员单位办理票据承兑与贴现；办理成员单位之间的内部转账结算及相应的结算、清算方案设计；吸收成员单位的存款；对成员单位办理贷款及融资租赁；从事同业拆借。

机构设置：综合部、计划财务部、信息管理部、信贷业务部、结算业务部、资金管理部、风险管理部、审计稽核部，共有员工24人。

负责人：刘学诗

地址：北京市海淀区复兴路12号恩菲科技大厦B座1层西侧

邮编：100038

电话：010－83257400

传真：010－83257497

（李瑞）

中国航发集团财务有限公司

中国航发集团财务有限公司于2018年8月28日获准筹建，12月10日获准开业，注册资本金 10 亿元，中国航空发动机集团有限公司持股 100%。

经营范围：对成员单位办理财务和融资顾问、信用鉴证及相关的咨询、代理业务；协助成员单位实现交易款项的收付；经批准的保险代理业务；对成员单位提供担保；办理成员单位之间的委托贷款；对成员单位办理票据承兑与贴现；办理成员单位之间的内部转账结算及相应的结算、清算方案设计；吸收成员单位的存款；对成员单位办理贷款及融资租赁；从事同业拆借。

机构设置：综合管理部、结算业务部、信贷业务部、资金管理部、计划财务部、风险管理部、审计稽核部，共有员工 22 人。

负责人：宁福顺

地址：北京市海淀区西三环北路甲 2 号院 7 号楼 7 层

邮编：100081

电话：010－68981833

传真：010－68981835

（李瑞）

中国电信集团财务有限公司

中国电信集团财务有限公司于 2018 年 8 月 17 日获准筹建，12 月 24 日获准开业，注册资本金 50 亿元。中国电信集团有限公司出资 7.50 亿元，持股比例 15%；中国电信股份有限公司出资 35 亿元，持股比例 70%；中国通信服务股份有限公司出资 7.50 亿元，持股比例 15%。

经营范围：对成员单位办理财务和融资顾问、信用鉴证及相关的咨询、代理业务；协助成员单位实现交易款项的收付；经批准的保险代理业务；对成员单位提供担保；办理成员单位之间的委托贷款；对成员单位办理票据承兑与贴现；办理成员单位之间的内部转账结算及相应的结算、清算方案设计；吸收成员单位的存款；对成员单位办理贷款及融资租赁；从事同业拆借。

机构设置：综合管理部、计划财务部、信息技术部、信贷业务部、结算业务部、资金管理部、风险管理部、审计稽核部，共有员工 28 人。

负责人：朱敏

地址：北京市西城区西直门内大街 118 号冠华大厦 8 层

邮编：100035

电话：010－56793200

传真：010－56793200

（李瑞）

复星联合健康保险股份有限公司北京分公司

复星联合健康保险股份有限公司北京分公司于 2018 年 3 月 29 日获批开业。

经营范围：各种人民币和外币的健康保险业务、意外伤害保险业务；与国家医疗保障政策配套、受政府委托的健康保险业务；上述业务的再保险业务；与健康保险有关的咨询服务业务及代理业务；国家法律、法规允许的资金动用业务。

机构设置：总经理室、多元渠道部、互联网发展部、银保部、合规管理部、运营管理部、人事行政部、财务管理部，共有员工 25 人。

负责人：李正

地址：北京市朝阳区朝阳北路 237 号楼 12 层 1508～1510 室

邮编：100020

电话：010－56678626

（孙妍）

爱心人寿保险股份有限公司北京分公司

爱心人寿保险股份有限公司北京分公司于2018年6月16日获批开业。

经营范围：普通型保险（包括人寿保险和年金保险）、健康保险、意外伤害保险、分红型保险、万能型保险。

机构设置：总经理室、顾问行销部、银行保险部、团险部、合作业务部、运营部、财务部、人事行政部、合规法务部，共有员工38人。

负责人：卢宪才

地址：北京市朝阳区广渠路28号223号楼8层

邮编：100124

电话：010－56433860

（孙妍）

北京人寿保险股份有限公司北京分公司

北京人寿保险股份有限公司北京分公司于2018年10月19日获批开业。

经营范围：普通型保险（包括人寿保险和年金保险）、健康保险、意外伤害保险、分红型保险、万能型保险。

机构设置：总经理室、个险业务部、银保业务部、团险业务部、计划财务部、运营管理部、内控合规部、人事行政部，共有员工20人。

负责人：李东

地址：北京市西城区西直门外大街18号金贸大厦

邮编：100044

电话：010－68303373

（孙妍）

上海东方财富期货有限公司北京分公司

上海东方财富期货有限公司北京分公司于2017年开始筹建，2018年5月18日正式开业，公司性质为其他有限责任公司分公司，在职员工2人。

2018年末，上海东方财富期货有限公司北京分公司客户权益14 678 585.23元，代理成交量32 860手，代理成交额979 138.62万元。全年实现营业收入2 969.14元，其中，期货经纪业务手续费净收入2 963.09元；净利润－830 386.78元。

负责人：杜鹏

地址：北京市海淀区西直门北大街32号院2号楼13层

邮编：100044

电话：010－82206318

华金期货有限公司北京分公司

华金期货有限公司北京分公司于2018年5月开始筹建，10月正式展业，共有员工6人，主要从事期货经纪业务。

负责人：侯林

地址：北京市朝阳区京广中心商务楼3层

西部期货有限公司北京分公司

西部期货有限公司北京分公司于2017年8月22日开始筹建，2018年12月18日正式开业，是西部期货有限公司的独资分公司。共有员工4人。其中，负责人1人，综合业务岗1人，客户经理1人，行政总监1人。

经营范围：商品期货经纪、金融期货经纪、期货投资咨询，资产管理业务，公开募集证券投资基金销售。（企业依法自主选择经营项目，开展经营活动；依法须经批准的项目，经相关部门批准后依批准的内容开展经营活动；不得从事本市产业政策禁止和限制类项目的经营活动。）

负责人：赵晓东

地址：北京市东城区建国门内大街28号民生金融中心B座2层202室

邮政编码：100005

电话：010－85116877

（宋艳婷）

华泰期货有限公司
北京西三环营业部

华泰期货有限公司北京西三环营业部于2017年12月19日开始筹建，2018年1月5日完成工商注册，1月23日正式开业，公司性质为其他有限责任公司分公司。共有员工4人，其中，总经理1人，市场开发岗2人，综合岗1人。截至年末，客户总数量305户，总权益1.16亿元。

负责人：佟家炜

宏源期货有限公司
北京市东城区营业部

宏源期货有限公司北京市东城区营业部于2018年1月22日成立，公司性质为有限责任公司分公司（法人独资），在岗员工9人。全年实现营业收入9.4万元，客户日均保证金10 364万元。

经营范围：商品期货经纪、金融期货经纪。

负责人：周峰

地址：北京市东城区东四十条68号平安发展大厦3层316室

邮编：100007

电话：010－64068400

（周峰）

东吴期货有限公司北京营业部

东吴期货有限公司北京营业部于2018年3月1日开始筹建，5月7日正式取得营业执照，5月23日取得经营证券期货业务许可证，设有市场开发岗、开户与合同管理岗、技术岗，共有员工4人。截至年末，期货权益4 309.71万元。

地址：北京市西城区西直门外大街1号院2号楼17C4

邮编：100044

电话：010－58301050

（张宏杰）

国泰君安期货有限公司
北京三元桥营业部

国泰君安期货有限公司北京三元桥营业部于2018年1月1日开始筹建，6月15日正式开业，公司性质为有限责任公司分公司（法人独资），设有总经理、开户与合同管理岗、市场开发岗、财务综合岗，共有员工5人。截至年末，日均权益2 700万元，业务收入累计25.92万元。

经营范围：商品期货经纪业务、金融期货经纪业务。

负责人：张曦

地址：北京市朝阳区曙光西里甲5号院22号楼

邮编：100028

电话：010－64669969、
　　　010－64669818

传真：010－64669884

全域神州旅游资源资产交易中心股份有限公司

成立时间：2018年2月5日

公司类型：其他股份有限公司（非上市）

注册资本金：10 000万元

经营项目：组织开展旅游资源资产交易服务（不含金融资产）；经济贸易咨询；企业管理咨询；企业管理。（企业依法自主选择经营项目，开展经营活动；依法须经批准的项目，经相关部门批准后依批准的内容开展经营活动；不得从事本市产业政策禁止和限制类项目的经营活动。）

法人代表：张敬东

地址：北京市昌平区未来科学城英才北二街鞍钢未来钢铁研究院院内3号楼101室

电话：010－56176050

北京商标交易中心有限公司

成立时间：2018年2月14日

公司类型：其他有限责任公司

注册资本金：5 000万元

经营项目：商标权交易服务；商标代理；版权代理；软件开发；数据处理（数据处理中的银行卡中心、PUE值在1.5以上的云计算数据中心除外）；经济贸易咨询；电脑动画设计；市场调查；技术开发、技术推广；组织文化艺术交流活动；资产评估；互联网信息服务。（企业依法自主选择经营项目，开展经营活动；资产评估、互联网信息服务以及依法须经批准的项目，经相关部门批准后依批准的内容开展经营活动；不得从事本市产业政策禁止和限制类项目的经营活动。）

法人代表：林屹

地址：北京市海淀区北四环西路67号中关村国际创新大厦202室

电话：18910023715

（三）协会、商会、学会、工会活动简介

北京证券业协会

组织机构与负责人

理事长：朱云来

秘书长：周　雷

常务副秘书长：许　慧

副秘书长：丛小路

会员单位

2018年末，共有会员单位690家。其中，证券公司18家，基金管理公司32家，证券分公司88家，证券营业部533家，投资咨询公司19家。

联系方式

地址：北京市西城区金融大街35号国际企业大厦C座17层

邮编：100033
电话：010－66568614
传真：010－66568583
网址：http：//www. sabbj. org
电子邮箱：bjzq@163. com

重要活动

1月16日，北京证券业协会（以下简称协会）自律规范委员会召开第五次全体会议，就2017年协会的主要工作进行总结，并就2018年协会工作计划和具体安排征询意见。

3月9日，协会举办“庆三八·春暖花开”专题活动。北京地区证券、基金管理公司的女性高管和部分联席会、专业委员会的女性委员参加了活动。

4～6月，协会秘书处组织会员单位开展“明规则、识风险、理性投资戊戌年”——投资者纠纷处理实战演练专项活动，共有215家分支机构独立或联合报名参与。5月19日，协会秘书处组织封闭式实战演练总评比，最终评选出11部优秀案例作品。协会秘书处将12个片区的活动组织、开展、评选情况，以及200多家会员单位反馈意见建议进行分类整理，撰写了《投资者纠纷处理实战演练专项活动工作总结》，上报中国证券监督管理委员会北京监管局（以下简称北京证监局）。6月8日，协会举办北京地区投诉处理人员业务培训，对投资者纠纷处理实战演练专项活动进行总结，并将11部优选作品制作成U盘，提供给各分支机构，北京地区证券、基金、投资咨询公司投诉处理人员共400余人参加了培训。

5月30日，协会召开第四届第八次常务理事会。协会理事长朱云来等25名常务理事参加会议，北京证监局副局长林雯及机构一处处长卜敏应邀出席会议。会议就协会2017年度工作报告、2018年度工作计划、2017年度财务工作报告、2018年度财务预算报告、《协会会费收缴管理办法》及修订说明进行了审议讨论，与会的全体常务理事表决通过了上述报告。

6～9月，协会秘书处协助北京证监局组织会员单位开展“股东来了”投资者权益知识竞赛活动。

7月16日，协会组织会员单位统计已提供和可以向中国证券博物馆提供的藏品展品清单，并请各单位梳理证券基金领域重要人物及口述历史情况。

7月17日，协会与君合律师事务所联合举办北京地区金融监管改革下的资本市场合规培训，北京地区证券、基金管理公司的100余名合规管理人员报名参加。

8月24日，协会联合中国证券业协会共同举办证券机构财富管理与投资者适当性管理培训，各证券经营机构共计300余人参加了培训。

9月4日，协会秘书处一行五人赴渤海证券股份有限公司北京分公司、北京西外大街证券营业部调研，双方就证券公司应用金融科技等情况、协会每月的数据分析报告以及新上线的数据分析系统的需求和建议进行了交流和探讨。

9月26日，协会邀请TMF Group凯誉管理咨询（中国）有限公司举办财务知识培训，各证券、基金经营机构近百余人参加了培训。

10月15日，协会秘书处组织北京地区证券、基金经营机构签署《北京辖区证券基金经营机构投资者诉求处理承诺书》。截至年末，共收到640家机构的承诺书。

10月19日，协会召开资管业务委员

会第五次全体会议，邀请专家就中美贸易战对中国经济的影响作主题演讲，各位委员就资管新规、合格境内机构投资者业务的国际化、资管业务的风险防控、新资管业务等热点问题进行探讨。

11 月 1 日，协会联合中国证券业协会共同举办北京地区证券经营机构团队管理能力培训，部分证券经营机构近 200 人参加了培训。

11 月 8 日，北京证券业人力资源经理人联席会组织 15 家在京证券公司的人力资源负责人赴腾讯公司北京总部参观，并就腾讯公司的人力架构和人力管理实操等问题进行研究探讨和分享。

11 月 25 日，协会联合北京市金融工会、北京上市公司协会共同主办“甜蜜相遇，邂逅爱情”单身菁英联谊会，来自银行、证券、基金及其他上市公司的近 300 名单身青年参加了活动。

12 月 26 日，协会秘书处全体人员到国家博物馆参观“伟大的变革——庆祝改革开放 40 周年大型展览”。

12 月，协会按照中国证券业协会要求，组织会员单位开展“认清本质，远离非法证券投资咨询活动”打非宣传月活动，并向会员单位发放了 800 张宣传海报。

2018 年，协会秘书处向 670 家会员单位发送《2017 年度北京证券业协会工作简报》，向 500 多家证券分支机构发送《证券纠纷调解案例汇编》，向证券公司、基金公司发放《投资者》一书。“防范非法集资宣传月”活动期间，向各会员单位发放 2 300 余份宣传海报。通过线上发布、线下印制和发放证券期货纠纷调解处理流程宣传海报 1 200 张、“建设证券期货纠纷多元化解机制　保护投资者合法权益”宣传手册 3 万册。

2018 年，协会通过网站转发北京证监局下发的通知 27 件。

2018 年，协会收到中国证券监督管理委员会投资者服务热线“12386”转办投诉工单 373 件。受理 326 件，受理率 87.40%；办结 339 件，达成和解 215 件，和解率 63.42%。受理的 326 件案件涉及证券公司 32 件、基金公司 56 件、投资咨询公司 86 件、基金销售机构 44 件、证券分支机构 107 件、私募基金 1 件。投诉证券公司及证券分支机构的 139 起案件中，客户服务问题 45 件，开、销、转户问题 40 件，规范经营问题 40 件，其他问题 14 件。

收到中证中小投资者服务中心受理纠纷转办案件 91 件。受理 84 件，受理率 92.31%；办结 76 件，调解成功 75 件，成功率 98.68%，和解金额合计 231.73 万元。受理的 84 件投诉调解案件中，投资咨询公司的服务费纠纷 46 件，基金管理公司及基金代销机构产品纠纷 6 件，证券公司及证券分支机构的开、销、转户纠纷 8 件、新股中签未通知引发的纠纷 3 件、融资融券纠纷 2 件、交易系统纠纷 2 件、代客理财 2 件，其他各类纠纷 15 件。

收到中国证券业协会纠纷调解中心转办的纠纷调解申请 38 件。受理 36 件，受理率 94.74%；办结 36 件，达成和解 31 件，和解率 86.11%，和解金额合计 113.18 万元。受理的 36 件案件中，投资咨询公司 25 件，证券公司及分支机构 9 件，其他 2 件。

2018 年，协会完成中国证券业协会和中国证券投资基金业协会委托的巡考工作，共计 21.7 万科次。其中，完成中国证券业协会交办的 10 次证券从业人员考务工作的巡考，计 16 万科次；完成中国证券投资基金业协会交办的 3 次基金从业人员统考工作的巡考，计 5.7 万科次。

2018 年，协会秘书处录制完成 5 学时培训课件，分别为《人民银行反洗钱基础知识》《首次公开发行股票网下投资者管理细则解读》《深圳市场首次公开发行股票网上网下发行实施细则解读》《固定收益产品知识介绍》《量化交易入门》《电话礼仪：通话魔方》。通过网站系统报名参加培训的单位 160 家，参训人数 10 138 人。

2018 年，协会参加中国金融摄影家协会第二次组联工作会议，并组织摄影沙龙会员及摄影爱好者参加中国金融摄影家协会举办的 4 期摄影大讲堂活动。

2018 年，协会秘书处对信息管理系统的数据分析功能进行了优化，会员可自主查阅经营信息和分析数据。

2018 年，协会秘书处共完成 4 期会刊的筹稿、设计、制作、出版工作，发行总量 8 000 册。加强与各地方协会交流办刊经验，向中国证券业协会网站和《北京市金融年鉴》编辑部投送宣传稿件和图片。

（王永刚）

北京保险行业协会

组织机构与负责人

会　长：陈志强

副会长：郭少军（中国人民财产保险股份有限公司北京市分公司总经理）

武　博（中国太平洋财产保险股份有限公司北京分公司总经理）

关耀勇（华泰财产保险有限公司北京分公司总经理）

刘光辉（中国人寿财产保险股份有限公司北京市分公司总经理）

赵松来（中国人寿保险股份有限公司北京市分公司总经理）

于　赟（中国太平洋人寿保险股份有限公司北京分公司总经理）

徐敏彬（中国平安人寿保险股份有限公司北京分公司总经理）

苑超军（新华人寿保险股份有限公司北京分公司总经理）

何承周（泰康人寿保险有限责任公司北京分公司总经理）

王　平（太平人寿保险有限公司北京分公司总经理）

监事长：王　兵（中国平安财产保险股份有限公司北京分公司总经理）

秘书长：陆秀萍

副秘书长：李　枫

会员单位

2018 年末，共有会员单位 122 家。其中，财产保险公司 56 家，人身保险公司 65 家，专业性公司 1 家。

联系方式

地址：北京市朝阳区安定路 35 号安华发展大厦 9 层 908 室

邮编：100029

电话：010－65859115

网址：http：//www. biabii. org. cn

电子邮箱：biabiibgs@ 126. com

重要活动

1 月 2 日，北京市民政局、北京市人力资源和社会保障局联合下发《关于表彰 2015～2017 年度北京市社会组织系统先进集体及先进个人的决定》，北京保险行业协会（以下简称协会）荣获“北京市社会组织系统先进集体”称号。

2 月 7 日，协会召开北京地区保险行

业车险电子化系列改革工作总结会。

2月12日，协会召开第八届监事会第三次工作会议。

2月28日，协会召开第九届会员大会。会议选举产生了第九届理事会理事、监事会监事。同日召开第九届理事会第一次会议、监事会第一次会议。会议选举陈志强为会长，陆秀萍为秘书长，王兵为监事长。

3月12日，首都精神文明建设委员会下发《关于表彰2015~2017年度首都精神文明创建工作先进单位的决定》，授予协会"首都文明单位"称号。

3月21日，协会组织行业研讨北京市政策性农业保险承保电子化工作，拟定了《政策性农险承保电子化实务规范》和《全国农险平台承保电子化系统对接方案》，北京农业保险电子化工作正式启动。

4月19日，北京、天津及河北三地行业协会召开保险反欺诈工作座谈会，并就三地车险高风险信息共享的安全性及使用场景达成共识。

4~5月，协会秘书处党支部分批组织党员和积极分子赴中共延安市委党校，参加"不忘初心、牢记使命"主题教育培训。

5月28日，协会加入北京多元调解发展促进会。

6月5日，协会荣获中国保险行业协会颁发的"2017年度（地方）保险好新闻奖"，"北京保险"微信公众号荣获第二届保险行业自有媒体质量竞赛"最佳原创奖"。

7月5日，北京市金融工作局党组成员、副局长郝硕博一行到协会调研。双方就开展金融人才培训与服务、信息化系统建设、金融创新研究工作等情况进行座谈交流。

7月17日，协会发布"2017年度北京保险业十大典型赔案"，财产险和人身险赔案各10个，其中理赔金额最高达2 800多万元。

7月31日，协会印发《北京保险业人身保险合同纠纷处理提示》，为行业防范风险、化解保险合同纠纷提供指导。

10月，协会办公地址搬迁至北京市朝阳区安定路35号安华发展大厦。

10月16日，协会印发《北京地区保险销售基础用语及新单回访服务用语》《北京地区新单回访问题件管理办法》。

10月25日，北京市统筹推进多层次医疗保障体系建设工作正式启动，协会参加启动会并积极推动商业健康保险与医疗机构、基本医疗保险信息共享专项工作。

11月6日，北京市高级人民法院发布《2018年度多元调解十大典型案例》。北京保险合同纠纷调解委员会调解的案件"规则先行助调解判决示范促共识"再度入选。

11月12日，协会秘书处工会委员会荣获北京市金融系统"先进职工之家"称号。

11月21日，四川省银保监局筹备组、四川省保险行业协会一行到协会交流研讨北京车险信息化改革相关工作。

11月末，北京地区实施车险保单电子化全流程一周年。北京地区共出具交强险电子保单1 181.9万件，商业险电子保单1 112.7万件，通过电子投保的车险保单共1 950万件，车险电子投保率同比上升3%。

12月5日，协会与北京市银行业协会联合举办首都金融业舆情管理培训，保险公司和银行负责品牌宣传等相关人员共计170余人参加了培训。

12月18日，协会与北京秉正银行业消费者权益保护促进中心联合举办“满意金融　拥爱志愿”金融知识宣教志愿者倡议书发布会。

12月27日，协会向社会发布《保险公司合作汽车维修企业公开公布制度(试行)》，明确保险业将合作维修企业服务情况按季度对社会进行公示。

12月28日，协会正式向社会公示第二批行业车险理赔共享服务网点，全市范围内共享网点已达200家。

2018年，协会新增会员单位7家。分别是安联财产保险（中国）有限公司北京分公司、泰康在线财产保险股份有限公司、众安在线财产保险股份有限公司、久隆财产保险有限公司北京分公司、黄河财产保险股份有限公司、复星联合健康保险股份有限公司北京分公司、爱心人寿保险股份有限公司北京分公司。

（贾利）

北京保险中介行业协会

组织机构与负责人

会　长：李永奇（航联保险经纪有限公司董事长）

副会长：吕　阳（英大长安保险经纪有限公司副总经理）

于利民（华泰保险经纪有限公司总经理）

黄伟坚（北京联合保险经纪有限公司董事长）

胡永庆（华信保险经纪有限公司董事长、总经理）

郭　枫（国家电投集团保险经纪有限公司执行董事、总经理）

李　铭［达信（中国）保险经纪有限公司总经理］

张国臣（昆仑保险经纪股份有限公司董事、总经理）

李小宁［国电保险经纪（北京）有限公司总经理］

吴云涛（泛华时代保险销售服务有限公司监事会监事）

李晓婧（大童保险销售服务有限公司执行副总裁）

刘国浩（北京国信行保险公估有限公司董事长、总经理）

监事长：张志安（江泰保险经纪股份有限公司副总裁）

秘书长：陶立新（专职）

会员单位

2018年末，共有会员单位274家。其中，保险代理公司118家，保险经纪公司132家，保险公估公司24家。

联系方式

地址：北京市西城区西直门成铭大厦B2座18H

邮编：100035

电话：010－66008027/010－66008028

传真：010－66113349

网址：http：www.bjbxzjxh.org.cn

电子邮箱：bjbiia@126.com

重要活动

1月2日，北京保险中介行业协会（以下简称协会）向在京保险专业中介机构发出《关于进一步做好在京保险专业中介机构外部审计报告及监管费报告单报送工作的通知》。

1月4日，协会在昆仑保险经纪股份有限公司会议室召开专业委员会主任会议。协会秘书长陶立新，保险代理、保险经纪、保险公估、自律维权等专业委员会主任和副主任庞虹南、张勇、刘若、陈作东，以及部分保险代理、保险经纪公司的负责人参加了会议。会议总结了2017年各专业委员会的工作，研究了贯彻落实保险监管条例等项工作。

1月24日，协会召开第三届第七次常务理事会暨第三届第四次理事会。大会审议通过了协会2017年工作总结2018年工作计划、2017年财务收支2018年财务预算等报告；审议通过了国电保险经纪（北京）有限公司总经理李小宁为副会长，中船保险经纪有限责任公司执行董事总经理孙广民、中石化保险经纪有限公司总经理李军航为常务理事的事项；通报了协会2017年参加北京市企业诚信创建活动情况，部署了2018年企业诚信创建工作。协会会长李永奇，监事长张志安，副会长吕阳、郭枫、李小宁、吴云涛、李晓婧、刘国浩，秘书长陶立新，以及常务理事、理事单位114人参加了会议。

1月18日，协会向中国保险监督管理委员会北京监管局（以下简称北京保监局）党组上报《关于协会秘书处成立党组织的请示》。

1月24日，协会向会员单位发出《关于组织开展2018年度北京市企业诚信创建活动的通知》。

1月30日，协会委托北京慧智宏景会计师事务所有限公司代理记账，双方签订委托合同。

2月1日，协会秘书处左玉荣、李刚参加北京市诚信创建工作领导小组在北京市职工服务中心召开的诚信建设政策推进解读与信息化平台应用培训会。

2月6日，中共北京市西城区委员会统战部主管新社会阶层统战工作的副部长王新、副调研员何轶、新的社会阶层人士工作科科长何静到协会调研。协会监事长张志安、秘书长陶立新参加调研会。王新副部长介绍了西城区开展新的社会阶层工作的“一个重点、三个领域、多点支撑”的工作格局，张志安监事长介绍了保险中介行业整体情况，希望在统战部门的指导下，结合社会治理共同做好行业新社会阶层工作。

2月8日，协会向北京地区保险专业中介机构发出《关于开展2018年北京保险中介市场合规经营和涉众类、资金类风险巡查工作的通知》。

2月28日，协会秘书处左玉荣、王琳参加北京市企业评价协会北京市诚信自律公共服务平台解读答疑会，并与北京市企业评价协会签订《北京市诚信自律公共服务平台服务协议》。

3月10日，协会向会员单位发出《关于完善企业“信用档案”的通知》。

3月23日，协会副会长吕阳、李铭，秘书长陶立新和部分保险中介机构的负责人参加了北京市金融发展促进中心举办的金融服务调研座谈会。会上，北京市金融发展促进中心周超主任介绍了该中心的概况和为在京保险中介机构提供精准服务的想法，与会代表围绕信息化建设、员工培训及人才队伍建设等问题进行了讨论。会后，协会与北京市金融发展中心签订战略合作协议。

3月28日，协会组织10余家会员单位参加在北京渔阳饭店召开的北京市诚信建设信息化应用总结会暨2018年诚信建设宣贯动员大会。协会等10家社会组织被授予“2018年北京市诚信企业创建活动”推进组织。

4月12～14日，协会会长李永奇，

秘书长陶立新拜访广东省保险中介行业协会，与该协会副秘书长胡燕进行了工作交流。

4 月 23 日，协会在航联保险经纪有限公司会议室召开保险公估公司座谈会。会议讨论了落实《保险公估监管规定》、促进保险公估业发展等事宜。协会会长李永奇、副会长刘国浩、秘书长陶立新和部分保险公估公司的负责人参加了会议。

4 月 24 日，协会在劳合社北京分公司会议室召开第三届第九次会长办公会。会长李永奇、监事长张志安，副会长吕阳、黄伟坚、于利民、胡永庆、吴云涛、刘国浩，秘书长陶立新以及部分副会长单位的代表参加了会议。会议审议了增补常务理事及北京中咨保险公估有限公司、北京华大保险公估有限公司、北京北极星保险公估有限公司提出不再担任常务理事，北京恒荣汇彬保险代理股份有限公司、盛唐融信保险代理（北京）有限公司、北京网信保险销售有限公司担任常务理事等常务理事变更事项；决定成立协会换届工作领导小组，组长为协会会长李永奇，成员有协会监事长张志安、副会长吕阳、秘书长陶立新，办公室设在协会秘书处；会议听取了协会秘书长陶立新对市场合规巡查和企业诚信创建活动等项工作开展情况的汇报。

4 月 27 日，协会向在京保险中介机构发出通知，开展行业新社会阶层人士信息采集工作，向北京保监局推荐北京市新的社会阶层人士联谊会理事人选。

5 月 15 日，协会会长李永奇、监事长张志安、副会长吕阳、秘书长陶立新，以及部分保险代理公司、保险经纪公司的负责人赴深圳太平财产保险有限公司学习交流。

5 月 16 日，协会会长李永奇、监事长张志安、副会长吕阳、吴云涛、秘书长陶立新，以及部分副会长、常务理事单位的代表赴深圳保险中介行业协会交流学习，并与该协会会长谭媛、常务副会长贺国虎等分享了在行业自律、服务会员、专业委员会工作、行业培训等方面的经验和做法，探讨了协会的创新发展方向。

5 月 18 日，协会在国家电投集团保险经纪有限公司会议室召开北京重庆保险中介行业协会交流会。副会长郭枫、秘书长陶立新以及部分保险中介机构的负责人与到访的重庆保险中介行业协会会长王重阳、秘书长蒋铭一行交流了协会工作以及在业务转型方面的做法。

5 月 24 日，北京保监局对协会开展涉企收费自查自纠情况进行了检查。协会向北京保监局报送了《关于行业协会商会自查自纠报告》《行业协会商会自查自纠情况表》《北京地区保险销售从业人员销售资质分类考试情况说明》等材料。并同时向北京市民政局社团办报送。

5 月 29 日，协会通过北京市民政局 2017 年度检查，年检结论定为合格。

5 月 30 日，协会在宣武商务酒店举办保险与非银行服务民生培训会。北京保监局中介处处长李斌以北京保险中介市场发展和监管重点为题，对《保险经纪人监管规定》《保险公估人监管规定》进行解读，并通报了 2018 年保险中介监管思路和北京保险中介市场发展情况。在京保险专业中介机构 225 家单位的 238 人参加了培训会。

5 月 31 日，协会组织 50 家会员单位的 80 余人，参加了北京市金融工作局和石景山区人民政府共同举办的北京保险产业园对外开放宣传推介会。北京市金融工作局副局长郝硕博在会上致辞，石景山区副区长周希松作了“相聚石景山、共赢新发展”的主题推介，北京保险产业园投资控股有限责任公司总经理马斌介绍了企业入园优惠政策。与会人员会前参观了北京保险产业园。

6 月 1 日，协会与北京市企业评价协会签订《2018 年北京市诚信企业创建活动目标责任书》，在会员单位中开展企业诚信创建活动。

6 月 13 日，协会秘书长陶立新、左玉荣、孔祥燕参加北京市金融发展促进中心召开的 2018 年首都金融宣传工作专题会。

6 月 14 日，协会与北京保险行业协会组建联合党支部。

7 月 24 日，协会在天津港保税区管委会会议室召开第三届第八次常务理事会。协会会长李永奇，副会长吕阳、张国臣、吴云涛、李晓婧、刘国浩，常务理事庞虹南、张亚兰、杨洲、邹晓红、沈莉俐、李孟召、孙广民、李军航，秘书长陶立新，以及副会长、常务理事代表参加了会议。会议审议通过了协会《2018 年上半年工作总结和下半年工作报告》《协会 2018 年上半年财务收支情况报告》，增补了部分常务理事事项，审议通过了《协会换届工作方案》，讨论了《协会会费标准和管理办法（征求意见稿）》，听取了大童保险销售服务有限公司执行总裁李晓婧对公司产业扶贫项目的介绍，以及天津港保税区、空港经济开发区寇江华主任对开发区发展情况的介绍。

7 月 28 日，协会监事长张志安在西城区新的社会阶层人士联谊会换届大会暨第二届理事会第一次会议上，当选为副会长。

8 月 17 日，协会会同天津市保险行业协会中介部、河北省保险中介行业协会在京召开京津冀保险中介协同发展座谈会。协会秘书长陶立新，天津市保险行业协会副秘书长兼中介部主任王政，河北省保险中介行业协会会长贾正祥、秘书长刘亚斌参加会议。会议经过研讨和交流，达成以下共识：建立雄安新区办事处，助力会员开拓新的业务领域；开展多种形式的培训，提升内控管理能力；促进会员间业务合作，依托科技创新帮助会员转型升级、提质增效。

8 月 31 日，由协会主办、中融慧金信息科技有限公司协办的全国保险中介行业组织交流会在山东烟台召开。会议的主题是“凝聚力量、共襄发展”。会上，对外经济贸易大学保险学院教授王国军作了“保险中介市场发展现状及未来预期”的专题报告，来自北京、上海、天津等 15 家保险中介组织的负责人先后交流了各自在行业自律、服务会员、创新发展等方面的做法和经验，并围绕关于成立全国保险中介行业组织联席会的倡议进行了讨论，商定会后继续征求意见，加以完善后最终形成方案。

9 月 20 日，协会联合中国人民人寿保险股份有限公司及其北京分公司在新世纪日航饭店共同举办“2018 年保险中介产销见面会”。会上，来自保险公司的专家介绍了人保寿险产品体系、个人税收递延型养老保险、团体长期重大疾病保险（E 款）的优势和特点。中国人民人寿保险股份有限公司副总裁余龙华，北京分公司总经理玄海静、副总经理周弋，协会副会长郭枫、秘书长陶立新，以及北京地区保险专业中介机构 260 余人参加了会议。

11 月 8 日，协会召开企业诚信创建

活动申报单位初评会。评委会成员吴云涛、庞虹南、曹刚根据北京市和保险中介行业制订的评分标准，为申报诚信企业的27家会员单位评分。会后，协会将行业诚信创建活动汇总材料报送北京市企业评价协会。

11月15日，协会副会长刘国浩、秘书长陶立新，陪同河北省保险中介行业协会会长贾正祥、秘书长刘亚斌一行，拜访了北京医师协会。与该协会常务副会长徐殿祥就三方合作意向进行了交流，并参观了北京慈诚医疗诊所。

11月16日，协会召开第三届第十次会长办公会。协会会长李永奇，副会长黄伟坚、郭枫、胡永庆、张国臣、李小宁、吴云涛、刘国浩，秘书长陶立新，以及监事长和其他副会长的代表参加了会议。会议围绕协会换届主题，审议了协会第四届理事会副会长、常务理事单位以及人选推荐名单，审议了协会会费标准和管理办法（修订草案）等文件。

11月27日，协会秘书长陶立新与到访的劳合社大中华区董事长兼总经理高璁、副总经理徐军、北京分公司总经理陈松林进行交流，双方表达了进一步加强合作的意愿。

11月30日，对外经济贸易大学保险创新学院院长孙健、培训部主任刘亚西到访协会，双方就2019年的合作项目进行了沟通与交流。

12月6日，协会秘书长陶立新参加河北省保险中介行业协会与北京医师协会、慈诚医疗诊所战略合作签约仪式，并在会上讲话。

12月19日，协会与平安健康保险股份有限公司北京分公司共同举办平安健康险2019年度产品发布会。会上，平安健康保险股份有限公司的专家介绍了平安健康险五年发展规划、平安健康险团体业务发展战略以及相关的健康保障产品。北京地区保险专业中介机构近200人参加了产品发布会。

12月21日，协会联合太平财产保险有限公司北京分公司在中国科技会堂举办“分析行业动向　助力保险发展”专题研讨会。会上，协会秘书长陶立新对保险中介行业现状和未来发展动向进行了分析，中汇国际保险经纪股份有限公司董事长兼总经理杨洲从推动政府责任险的角度畅谈了政府责任保险的发展方向，江泰保险经纪股份有限公司副总裁张志安从保险经纪公司作为保险公司合作方的角度畅谈了与保险公司合作的思考。协会会长李永奇、太平财产保险有限公司北京分公司总经理张艳玲出席研讨会，在京14家保险经纪公司负责人和太平财产保险有限公司北京分公司销售部门总监等30余人参加了研讨会。

（左玉荣）

北京金融街商会

组织机构与负责人

理事长：陈耀先

常务副理事长：牛明奇［北京金融街投资（集团）有限公司董事长］

秘书长：沈宏昌［北京金融街投资（集团）有限公司董事会秘书］

会员单位

2018年末，共有会员单位248家。

联系方式

地址：西城区金融大街33号通泰大厦B座616室

邮编：100032

电话：010－66574347
传真：010－66574389
网址：http：//www. bfscc. com
电子邮箱：bfscc@163. com

重要活动

一、搭建政府、机构沟通交流平台，打造一流的营商环境

（1）落实市区两级人民政府组织的“金融街庆祝改革开放40周年”系列活动，举办金融改革40年年——金融街论坛年度特别活动、征文和征集摄影图片活动。

（2）优化营商环境，落地西城区人力资源和社会保障局走进金融街政策宣讲活动，百余家单位现场咨询。

（3）配合西城区人民政府外事侨务办公室，对金融街核心区域的47栋商务楼宇进行英语标识检查，32名志愿者两次核准，专家三审三校，共检查1 120条标识，纠错330条，并撰写《金融街外语标识检查工作报告》；为驻区机构定制多语种学习课程及服务。

二、搭建业务交流平台，服务金融对外开放

2018年，共组织8场业务活动，包括经济形势分析会、房地产论坛、保险公众宣传日等。

（1）组织“金融对外开放新格局下外资金融机构的机遇与挑战”研讨会，邀请国家外汇管理局总会计师孙天琦就外汇管理改革开放进行主题演讲。

（2）加强区域高端金融人才建设，组织6家金融机构赴美国华尔街举办高端人才引进活动，并提供近50个高层管理和核心技术、专业人才岗位，美国150多位应聘者参加了见面会。

三、夯实务实服务体系，共建和谐宜居之都

2018年，商会共组织各类医疗、文体等服务26次，参与人数近5 800人；金融街医疗服务共同体共为驻区从业人员挂号近1.1万人次，咨询近2万人次；金融街“心灵驿站”共组织30次专场心理减压咨询，服务驻区在职人员100余人；组织5场单身联谊活动，参与人数超500人，成功牵手数十对青年。

四、搭建区域公益平台，树立金融街人良好的社会形象

组织大型公益演出“热梦在燃烧，点亮金融街”，60多家驻区机构的400多名代表共同观看了演出，多家媒体争相报道。

11月，组织第二届“衣旧情深　温暖同行”金融街冬衣募捐爱心活动，共收到来自56家单位捐赠的306箱、15 705件冬衣，分别捐赠到西藏自治区、新疆维吾尔自治区、内蒙古自治区、河北省保定市满城区的贫困群众手中。

（史瑞）

北京期货商会

组织机构与负责人

会　长：王化栋（宏源期货有限公司董事长）

副会长：许丹良（方正中期期货有限公司总经理）

王永茂（格林大华期货有限公司总经理）

杨　青（银河期货有限公司总经理）

吴立军（中钢期货有限公司总经理）

王　可（中国国际期货股

份有限公司常务副总经理）

唐启军（南华期货股份有限公司党委副书记，副总经理）

席　立（专职）

秘书长：席　立（兼）

监事长：王　庆（中粮期货有限公司总经理）

联系方式

地址：北京市海淀区紫竹院路31号华澳中心嘉慧苑1216室

邮编：100089

电话：010－52722016

传真：010－52722016－601

网址：http：//www.bjqh.org

重要活动

1月19日，北京期货商会（以下简称商会）举办苹果期货分析师沙龙。郑州商品交易所、中国果品流通协会、中信期货有限公司的专家进行了分享，中国期货业协会、期货公司、现货企业、高校等从事相关研究的分析师及从业人员共计110余人参加了活动。

3月6日，商会举办北京地区期货公司期权风险管理技术与应用交流会，特邀荷兰专家分享了期权风险管理的经验，介绍了相关软件的功能。

3月20日，商会举办原油期货业务培训，从合约解读、交易、交割、结算、监查以及原油期货基本面六个方面对原油期货进行了系统性梳理，上海国际能源交易中心、中国期货业协会、上海期货交易所驻北京办事处、中国人民银行、国家外汇管理局的相关领导以及辖区期货公司从业人员共计230余人参加了培训。

4月24日，商会召开第五届会员大会。会议听取并通过了第四届北京期货商会会长、监事长和副会长代表商会作的相关报告，以投票的方式表决通过了相关文件，并举行了换届选举。

8月3日，商会举办营业部负责人培训班。来自北京证监局、方正中期期货公司、中粮祈德丰商贸有限公司、中国期货业协会、信达证券股份有限公司、中共北京市朝阳区委党校的专家分别就北京辖区期货公司营业部的监管政策、合规经营与风控、场外业务中期货分支机构的功能发挥研究、期货公司的大市场营销、分支机构的人才建设等进行了分享。

10月17日，商会主办“第十一届中国期货高管年会”。北京证监局局长王建平、中国证券监督管理委员会期货部副主任程苇、中国期货业协会副会长张晓轩出席会议并致辞。国内专家学者就“新时代对外开放背景下期货公司发展之路”的论题进行了发言和探讨。中国期货市场监控中心、期货交易所、地方行业协会、期货公司的代表共200余人参加了年会。

11月9日，北京证监局、中国证券监督管理委员会深圳监管局、商会、深圳市期货同业协会联合举办首席风险官培训交流会。来自北京证监局、诺亚财富、阳富教育咨询服务（深圳）有限公司的专家就北京辖区相关监管工作、财富管理业务要素和过程风险管理、我国目前期货法律法规体系进行解读，并前往中国平安保险（集团）股份有限公司进行座谈交流，并听取了以《保险业风险管理介绍》为题的演讲。来自深圳、北京两地共计31家期货公司的首席风险官参加了培训。

12月21日，商会举办“2018年郑商所北京地区业务培训交流会”。来自中国人民大学、郑州商品交易所、北京悟源资产管理有限公司、中信期货有限公司的专家分别就我国宏观经济形势、郑州商品交易所衍生品现状与探索、PTA 引入境外交易者业务流程、期货产业客户开发经验进行了分享和探讨。

（何鑫）

北京市金融学会

组织机构与负责人

法　人：汪晓芳（中国工商银行股份有限公司北京市分行副行长）

监事长：王建红（中国工商银行股份有限公司北京市分行纪委书记）

秘书长：余　剑（中国人民银行营业管理部金融研究处处长）

会员单位

2018 年末，共有团体会员单位 61 家。

联系方式

办公地点：中国人民银行营业管理部

地址：北京市西城区月坛南街 79 号

邮编：100045

电话：010－68559272

重要活动

4 月，由北京市金融学会（以下简称学会）主办、北京农村商业银行股份有限公司承办的 2018 年春季学术报告会顺利召开。中国社科院工业经济研究所所长、博士生导师黄群慧研究员，从高质量发展的内涵、外延，衡量高质量发展的指标体系以及我国经济增长质量的现状和问题出发，剖析了我国经济迈向高质量增长的路径，并围绕雄安新区及京津冀协调发展，分析了京津冀地区实现经济高质量发展的战略。中国人民银行营业管理部（以下简称人民银行营业管理部）、中国银行业监督管理委员会北京监管局（以下简称北京银监局）、北京证监局、北京保监局、高校、商业银行、信托公司、资产管理公司、财务公司的会员代表参加了报告会。

8 月，学会以通信表决的方式，提请理事会通过《北京市金融学会学术委员会工作条例》《北京市金融学会特约研究员管理办法》。

9 月，学会与人民银行营业管理部联合举办北京市金融学会秋季学术报告会暨三里河大讲堂。清华大学金融与发展研究中心主任、中国人民银行货币政策委员会委员、中国金融学会绿色金融专业委员会主任马骏博士围绕发展绿色金融的现实意义、我国绿色金融的政策框架勾勒出了我国绿色金融发展的现状，并给出了绿色金融研究的 12 个热点领域。来自人民银行营业管理部和学会的近 200 余名代表参加了报告会。

（宋晓源）

北京保险学会

组织机构与负责人

会　长：陈志强

副会长：郭少军（中国人民财产保险股份有限公司北京市分公司总经理）

武　博（中国太平洋财产保险股份有限公司北京分公司总经理）

刘光辉（中国人寿财产保险股份有限公司北京市分公司总经理）

赵松来（中国人寿保险股份有限公司北京市分公司总经理）

徐敏彬（中国平安人寿保险股份有限公司北京分公司总经理）

何承周（泰康人寿保险有限责任公司北京分公司总经理）

陶存文（中央财经大学保

险学院保险市场研究中心主任）

孙　健（对外经济贸易大学保险学院院长）

王雅婷（首都经济贸易大学金融学院副院长）

王绪瑾（北京工商大学经济学院保险研究中心主任）

监事长：王　兵（中国平安财产保险股份有限公司北京分公司总经理）

秘书长：陆秀萍

副秘书长：李　枫

会员单位

2018 年末，共有会员单位 129 家。其中，财产保险公司 53 家，人身保险公司 63 家，其他机构 13 家。

联系方式

地址：北京市朝阳区安贞西里四区23 号楼深房大厦 4 层 4D

邮编：100029

电话：010－65859115

网址：http：//www. biabii. org. cn

电子邮箱：biabiibgs@ 126. com

重要活动

2 月 12 日，北京保险学会（以下简称学会）召开第八届监事会第三次工作会议。会议通报了第八届理事会工作情况，报告了第八届理事会财务收支情况和审计报告，审议并通过了监事会工作报告以及第九届会员大会筹备等相关事项。

2 月 28 日，学会召开第九届会员大会。会议审议通过了学会第八届理事会工作报告、财务工作报告、监事会工作报告，学会《章程》（修订草案）等文件；选举产生了第九届理事会理事、监事会监事。同日，学会召开第九届理事会第一次会议、监事会第一次会议，会议选举陈志强为会长，陆秀萍为秘书长，王兵为监事长。

2 月，学会获得北京市民政局颁发的“5A 级社会组织”证书及奖牌。

3 月，学会编辑《北京地区保险公司活动概览》。

4 月 10 日，学会召开《北京保险市场发展报告 2018》课题启动会。学会秘书长陆秀萍、对外经贸大学教授游桂云以及编写小组成员、学会工作部相关人员参加会议。与会人员就项目工作方案、课题大纲、工作进度、调研思路、报告发布、课题报告改进与提高等议题进行了座谈交流。

4 月，学会开展编辑整理《北京保险年鉴》（2016 年、2017 年版）工作，电子印刷版于 6 月定稿。

4 ~5 月，学会秘书处党支部分批组织党员和积极分子赴中共延安市委党校，参加“不忘初心，牢记使命”主题教育培训活动。

5 月 8 日，学会接待来访的澳大利亚和新西兰金融与保险学会市场总监梅格·布莱德森一行，双方就各自学会近年来的发展和未来的合作进行了沟通与交流。

6 月 5 日，《北京保险》杂志荣获中国保险行业协会颁发的“优秀专题策划奖”。

6 月 21 日，学会秘书处党支部开展支部书记讲党课活动。支部书记陈志强结合党的十九大精神和工作实际，以学习习近平新时代中国特色社会主义思想为主题，给全体员工上主题党课。

7 月 5 日，北京市金融工作局党组成员、副局长郝硕博一行到学会调研。双方就开展金融人才培训与服务、信息化系统建设、金融创新研究工作等情况进行座谈交流。

7月，学会联合北京工商大学经济学院启动《2015～2017北京健康保险市场分析报告》的编撰工作。该报告通过对北京地区健康保险市场统计数据和调研情况进行综合研究，形成对北京健康保险发展环境、市场现状以及发展热点的深度分析，为行业和消费者提供基础参考依据。

9月26日，学会被全国社科联授予“全国社科联先进社会组织”荣誉称号。

9月，学会与对外经济贸易大学合作开展专业培训，开设保险、金融、法学3个专业研修班。春秋两季共招收学员50人。

10月，学会办公地址迁至北京市朝阳区安贞西里四区23号楼深房大厦。

11月29日，学会组织行业对外信息披露数据递报系统进行专项培训，108家会员公司相关负责人共计150余人参加。培训介绍了当前北京保险业的数据统计和信息披露工作情况，并针对数据填报平台操作进行了具体讲解。

11月，北京银保监局筹备组指导下，学会协助组织会员公司完成了《北京地区责任保险市场发展报告》《北京种植业政策性农业保险提升保险水平调研》课题研究工作并完成了相关调研报告。

12月19日，学会组织行业工作人员共计120余人进行专题培训，就新个人所得税法的相关知识和税改重点征管问题进行了政策解读。

2018年，学会新增会员单位3家，分别是安联财产保险（中国）有限公司北京分公司、众安在线财产保险股份有限公司、复星联合健康保险股份有限公司北京分公司。

（贾利）

北京市城市金融学会

组织机构与负责人

会　长：施　刚（中国工商银行股份有限公司北京市分行行长）

副会长：汪晓芳（中国工商银行股份有限公司北京市分行副行长）

监事长：王建红（中国工商银行股份有限公司北京市分行纪委书记）

秘书长：张淑丽（中国工商银行股份有限公司北京市分行管理信息部总经理）

下设机构

北京市城市金融学会青年经济理论研究分会

联系方式

地址：北京市西城区复兴门南大街2号天银大厦B座402室

邮编：100031

电话：010－66410055－4509

传真：010－66411721

电子邮箱：yangdong_glxx@bj.icbc.com.cn

重要活动

一、加强学术研究，做好成果落地转化

北京市城市金融学会（以下简称学会）积极参与中国工商银行城市金融研究所（以下简称总行城市金融研究所）2018年度重点调研课题认领，协调各理事单位针对2018年度经济金融领域的重大问题进行调查研究，并通过专题讲座、开题汇报、中期汇报、专项答疑等形式进行重点辅导，最终选定《北京分行提升长尾零售客户规模与贡献分析》《存款去哪了》《打通考核最后一公里瓶颈问题研究》4篇重点课题上报总行城市金融研究所。

组织开展分行课题研究征集活动，采用外部查重、内部专家评审的方式，严格把关课题质量，营造良好的学术研究氛围。全年共收集58家理事单位报送的260篇课题。

2018年，共向《北京金融评论》投稿5篇论文，刊发5篇。

二、加强内部交流，提高学会美誉度

组织开展年度学术活动。举办“树六大标杆　展学术风采”精品课题展示活动。精选课题进行现场展示，邀请总分行专家进行点评，人民银行营业管理部、总行城市金融研究所、北京市社科联等单位的领导到会并讲话。

组织内部学术交流活动。举办多期内部讲座、学会讲堂等活动，邀请总行城市金融研究所专家从资管新规、中美贸易摩擦、中国经济金融形势展望等方面进行专题讲座，累计400余人次参加。

组织收到总行创新沙龙3期，约300人次。

三、加强对外联系，提升学会影响力

积极参与北京市金融学会2019年度科研项目申报工作，派员参加中国金融学会举办的2018中国金融学会学术年会暨中国金融论坛年会；参加北京市社科联工作座谈会，配合完成社会组织调研工作；组织开展同业情报信息的采集与报送，按季度上报同业情报信息4篇；协助总行城市金融研究所开展2018年中国银行家调查问卷；开展“金融知识万里行”“金融知识进万家”等大型消费者权益保护公众宣教活动。

（杨冬）

北京市钱币学会

组织机构与负责人

会　长：姜再勇（中国人民银行机关事务局局长）

监事长：温　桦（北京市支付清算协会秘书长）

秘书长：李　杰（中国人民银行营业管理部货币金银管理处处长）

会员单位

2018年末，共有个人会员1 300人，团体会员32个。

联系方式

办公地点：中国人民银行营业管理部办公楼2001室

地址：北京市西城区月坛南街79号

邮编：100045

电话：010－68559317

传真：010－88655100

电子邮箱：zhidongli@ sina. com

重要活动

一、持续开展钱币宣传和交流活动

2018年，北京市钱币学会（以下简称学会）联合北京古代钱币展览馆举办钱币专题讲座12期，内容涉及中国货币史、钱币铸造工艺、民俗钱、红色货币及人民币等，共计600余人参加。

学会应北京市文物局邀请，派专家为北京文博志愿者培训班讲授“中国钱币史”“钱币拓片制作”；受北京市社科联指派，为丰台区花乡人民政府机关员工讲授“钱币学与钱币文化”；为中国工商银行股份有限公司北京市分行员工讲授“人民的政权，人民的货币——中国共产党领导下人民政权货币”，为中国人民银行中关村国家自主创新示范区中心支行员工讲授“人民货币，中国名片——纪念人民币诞生 70 周年”。

学会联合北京古代钱币展览馆举办《孔方春秋——中华钱币文化之旅》巡展。

二、参加反假人民币和纪念人民币诞生 70 周年宣传活动

学会积极参加人民银行营业管理部组织的反假人民币和纪念人民币发行 70 周年宣传活动。派人参加反假人民币宣传月活动，走进学校为中小学生讲解人民币知识；与中国银行北京市分行等商业银行联学共建，组织参观北京钱币陈列室，讲解货币发展史；参与筹备纪念人民币诞生 70 周年展览，起草展览大纲，提供钱币实物和图片。

三、开展货币史研究，完成北京钱庄研究课题

2018 年初，学会申报并承担了中国货币史研究课题《清末民国时期北京钱庄研究》，课题内容包括北京钱庄的产生发展和演变、主要帮派、业务与职能、钱庄分布对北京城市发展带来的影响等。学会联合中国钱币博物馆、北京古代钱币展览馆、首都博物馆、北京联合大学等单位以及学会部分钱币专家组成课题组，根据文献资料、钱币文物，赴外地考察调研，于 11 月完成文章撰写，上报中国人民银行货币金银局。

四、筹建北京钱币陈列室

学会秘书处参与人民银行营业管理部钱币展室的筹建工作，该项工作经多年筹备，于 2018 年 4 月完成布展，并开始接待参观者。截至年末，共接待人民银行、各商业银行等单位参观 11 批、300 人次。

（李志东）

中国金融工会北京工作委员会

组织机构与负责人

主　任：倪卫东

专职副主任：李　君

兼职副主任：王希迎（中国农业银行股份有限公司北京市分行党委委员、副行长、工会主席）

果志刚（交通银行股份有限公司北京市分行党委委员、副行长、工会主席）

郭艳岭（中信建投证券股份有限公司党委委员、工会主席）

张松山（中国人寿保险股份有限公司党委委员、纪委书记、副总经理、工会主任）

史利国（北京市金融工会主席）

会员单位

2018 年末，共有会员单位 37 家，会员 8.8 万余人。

联系方式

地址：北京市西城区金融大街 20 号交通银行大厦 B 座 1301 室

邮编：100033

电话：010－58391721

传真：010－58391880

邮箱：bj_ jrgh@163. com

重要活动

1～2 月，开展“两节送温暖”活动，调拨专款并赴职工工作岗位、所在医院、家中走访慰问，共看望慰问困难劳动模范、病困职工、单身困难女职工 158 名。

2～5 月，开展 2018 年北京金融系统评先创优活动，评选出“北京金融五一劳动奖状”4 个、“北京金融五一劳动奖

章”7人、“北京金融先锋号”9个、“北京金融模范职工之家”4个、“北京金融道德模范（集体）”6个、“北京金融道德模范（个人）”8人、“北京金融系统先进工会组织”7个、“北京金融优秀工会工作者”6人、“北京金融优秀工会积极分子”7人。同时，向中国金融工会推荐2个集体获评“全国金融先锋号”和“全国金融系统职工代表大会示范单位”，推荐4人获评“全国金融五一劳动奖章”和“全国优秀工会积极分子”。

3月，开展女职工关爱专项工作。向特困女职工发放帮扶金，并调拨专款，支持国家开发银行北京市分行、交通银行北京市分行营业部、中国人寿财产保险股份有限公司北京市分公司、中国信达资产管理股份有限公司北京市分公司、上海银行北京分行5家单位建设母婴关爱室（角）。

3月26～28日，召开2018年度工作会议、女工工作会议并举办工会干部培训，有关领导、各会员单位工会负责人、工会业务骨干、女工干部共70余人参加会议。会议通报了2017年主要工作情况和2018年工作安排，围绕工会重点、热点、难点业务领域进行了交流讨论。女工工作会议对替补、增补的女工委委员进行了审议表决。并邀请专家、教授分别就“如何加强新时期基层工会工作”作主题授课及党的十九大报告学习宣讲。

3～4月，开展“迈向新征程　铸就新辉煌——北京金融职工深入学习贯彻党的十九大精神”有奖知识问答，近30家金融单位的22 000余名职工参加了活动。

3～11月，开展“从心出发　与爱同行”送心理关爱到基层特色活动，先后赴20家会员基层单位进行心理辅导。

4月14日，举办“植缘·挚爱”单身青年植树联谊活动，首都金融机构近20家单位的100名单身青年参加了活动。

5月29日，召开“奋进新时代　建功新征程”2018年北京金融系统先进表彰会议。中国金融工会全国委员会党组成员、副主席王海光，北京银监局党委书记、局长苏保祥，中国金融工会北京工作委员会有关领导出席会议并为先进集体代表、先进个人颁奖。会议通报了评先创优工作情况，表彰先进集体30个、先进个人28人，并向第三批入选北京金融先进模范讲师团的5名讲师颁发了聘书。先进个人、先进集体代表进行现场访谈。北京金融系统先进集体代表、先进个人，各会员单位工会领导、工会干部、职工代表等近200人参加了会议。

6月20日，举办“中国梦·劳动美——学习贯彻习近平新时代中国特色社会主义思想和党的十九大精神”北京金融职工演讲选拔赛。北京金融系统各单位约150支参赛队、2 000名选手经过层层选拔，最终26名选手参加了现场决赛。

6～9月，举办“光影铭记改革路　墨彩挥洒金融情”庆祝改革开放四十周年北京金融职工书画摄影比赛，北京金融系统500余名职工参加活动，104幅作品获奖。

6～11月，开展“健康速递　温暖到家”“健康速递　清凉来袭”送身体健康关爱到基层一线活动，邀请中医专家为10余家会员单位近200名职工进行中医诊疗。

8～10月，组织“新征程　共圆梦”北京金融职工健步走网络公开赛及线下活动，共20余家单位、近20 000名职工参与。

9月2日，举办北京金融文学艺术界联合会和北京金融书法家协会、美术家协会、摄影家协会成立仪式暨“庆祝改革开放四十周年光大银行杯”2018年北京金融系统书画摄影比赛作品展览活动。中国金融工会党组副书记、常务副主席梅志翔，北京银监局党委委员、副局长、北京金融文联副主席刘智勇，中国金融工会北京工作委员会有关领导、北京金融文联委员会全体委员、文艺协会理事会全体理事、团体会员代表及个人会员、相关工会干部、书画摄影比赛获奖者等130余人参加了活动。

9月6～7日，举办北京金融系统集体协商工作培训暨北京银行业2018年度工资专项集体合同续签预备会议。会议邀请专家就“集体协商发展趋势与对策”“集体协商的流程与典型案例分析借鉴”进行主题授课，并对《北京银行业2018年度工资专项集体合同》（征求意见稿）有关内容进行了集体讨论。近30家银行、保险公司的工会领导，人力资源、法律合规等相关部门负责人、业务骨干70余人参加了培训会。

11～12月，举办“庆祝改革开放四十周年”2018年工行杯北京金融职工篮球比赛，21支参赛队297名队员参加比赛。

11月4日，举办“庆祝改革开放四十周年”2018年中行杯北京金融职工棋牌比赛，17家单位133名选手参加比赛。

11月18日，举办“金生有约　融爱相守”北京金融系统单身青年联谊活动，北京地区金融机构和机关企事业单位的100位单身青年参加活动。

11月20日，联合北京市金融工会、北京市银行业协会召开银行业集体协商会议，就续签北京银行业工资专项集体合同开展协商并达成共识。

12月6日，联合北京市金融工会、北京市银行业协会举办北京银行业2018年度工资专项集体合同签字仪式暨北京金融系统企业集体协商推进工作会议，组织签订《北京银行业2018年度工资专项集体合同》，北京金融系统73家单位约150人参加会议。

12月，开展“北京金融工运”微信公众号“铁粉有礼”活动。

2018年，先后与中国银行北京海淀支行、北京中关村银行股份有限公司、信达证券股份有限公司北京古城路证券营业部、中国人民财产保险股份有限公司北京市分公司燕山支公司共建“职工之家”，拨付专款用于改善基层职工工作、就餐环境或增添职工康体设施。

2018年，认真做好工会宣传工作，向上级报送信息153篇，在“北京金融工运”微信公众号发布信息183篇。

（李君）

北京市金融工会

组织机构与负责人

主　席：史利国

副主席：王兆华

副主席：张幼林（北京市地方金融监督管理局副局长）

副主席：倪卫东（中国金融工会北京工作委员会主任）

副主席：鞠万春

副主席：李　娟（北京银行股份有限公司北京分行行长助理）

会员单位

2018年末，共有会员单位56家，会

员 128 000 人。其中，中央在京工会组织 15 家，市属工会组织 23 家，外埠在京工会组织（单位）18 家。

联系方式

地址：北京市通州区运河东大街 56 号院 7 号楼

邮编：101160

电话：010－55564820

邮箱：jrgh@ bjzgh. org

重要活动

1～3 月，北京市金融工会开展劳动模范慰问活动并为退休劳动模范办理 2018 年公园年票。

3～11 月，北京市金融工会组织金融系统全国劳动模范、北京市劳动模范、“北京市劳动奖章”获得者等 60 人到江西省、湖北省、吉林省、河北省等地进行疗养。

4 月 27 日，北京市金融工会召开第二届委员会第三次常委会、委员会。会议审议通过《北京市金融工会第二届三次委员会工作报告》《北京市金融工会第二届委员会经审工作报告》，替补选举鞠万春为北京市金融工会第二届委员会副主席。

5 月 16～18 日，北京市金融工会举办北京市金融系统工会干部培训班，就国家宏观经济形式、产业工人队伍现状进行分析解读，并对工会业务知识进行讲解。

5 月 29 日，北京市金融工会联合北京市总工会职工发展部共同举办金融系统高技能人才队伍建设座谈会，就高技能人才队伍建设改革工作进行探讨交流，明确北京金融系统高技能人才队伍建设改革目标、方向、方法。

6 月 4 日，北京市金融工会对金融系统工会干部集中进行法律素养和依法维权能力培训，共 50 余人参加。

7～8 月，北京市金融工会举办首都金融系统 2018 年度“建行杯”羽毛球比赛，来自全市银行、证券、保险、基金、期货等行业以及西城区、朝阳区、海淀区等金融行业工会的 32 支代表队、300 名运动员参加了比赛。

7～9 月，北京市金融工会开展 2018 年度“二模一优”评选工作，共评选出北京市金融系统“先进职工之家”33 家、“先进职工小家”37 家、“优秀工会工作者”47 名，并对评选出的先进单位和优秀个人给予通报表彰、发放奖励。

7～12 月，北京市金融工会联合中国金融工会北京工作委员会、北京市银行业协会组织开展北京银行业 2018 年度工资专项集体协商工作。12 月 6 日，北京银行业 2018 年度工资专项集体合同签字仪式暨北京银行业集体协商工作推进会召开，工会职工方和企业行政方代表正式签订了《北京银行业 2018 年度工资专项集体合同书》，并提出了继续推进北京金融系统集体协商工作要求。

10 月 17 日，北京市金融工会与泰康人寿保险股份有限公司工会联合组织金融系统 100 余名基层单位工会干部参观九公山铁军无名烈士英雄纪念馆、泰康保险集团生命体验馆，并在慕田峪长城脚下开展健步走活动。

10～11 月，北京市金融工会组织专业人员对各基层工会 2017 年度工会经费预算执行和财务收支情况进行审计。

11 月 9 日，北京市金融工会组织金融系统工会干部及职工开展健康服务体系管理实践活动，推介全新运动方式，并针对健康管理进行互动答疑。

（李宗烨）

（四）2018 年度北京市金融系统先进集体、先进个人名录[①]

“全国金融五一劳动奖状”获得集体

（中国金融工会全国委员会　金工发〔2019〕9 号　2019 年 4 月 19 日）

中国银行股份有限公司北京丰台支行
中国建设银行股份有限公司北京大兴支行
中国银河证券股份有限公司北京金融街证券营业部
中国银行股份有限公司北京宣武支行

“全国金融五一劳动奖章”获得者

（中国金融工会全国委员会　金工发〔2019〕9 号　2019 年 4 月 19 日）

何　慧　原中国银行业监督管理委员会北京监管局股份制银行监管处监管业务二科科长
李　斌　中国工商银行股份有限公司北京新街口支行大客户组网点级机构负责人
任俊鑫　中国农业银行股份有限公司北京延庆支行营业室主任
陈　曙　中国建设银行股份有限公司北京市分行住房金融业务部总经理
许立芳　中信建投证券股份有限公司信息技术部执行总经理
李　婧　广发银行股份有限公司北京太阳宫支行行长
刘　敬　中国工商银行股份有限公司北京石景山支行机构金融业务部经理
姜　杰　中国建设银行股份有限公司北京市分行公司业务部、战略客户部总经理
薛东红　太平人寿保险有限公司北京分公司保费部员工

“全国金融先锋号”获得集体

（中国金融工会全国委员会　金工发〔2019〕9 号　2019 年 4 月 19 日）

招商银行股份有限公司北京西二旗支行

① 本名录收录的是 2018 年度北京市辖内获得先进称号的机构名称和人员姓名等信息。

“全国金融五一巾帼标兵岗”获得集体

（中国金融工会全国委员会　金工发〔2019〕3 号　2019 年 2 月 25 日）

中国工商银行股份有限公司北京丰台支行万丰路网点支行
中信银行股份有限公司总行营业部营业结算部
中信建投证券股份有限公司经管委运营管理部呼叫中心
中国光大银行股份有限公司北京万柳支行
中国人民健康保险股份有限公司北京分公司健康管理部

“全国金融五一巾帼标兵”获得者

（中国金融工会全国委员会　金工发〔2019〕3 号　2019 年 2 月 25 日）

王　蓓　交通银行股份有限公司北京北蜂窝路支行行长、会计师
邹　杉　中国民生银行股份有限公司北京国贸支行（CBD 管理总部）行长
郭珊珊　太平养老保险股份有限公司北京分公司养老金业务部负责人

“全国金融模范职工之家”获得集体

（中国金融工会全国委员会　金工发〔2019〕10 号　2019 年 5 月 22 日）

中国银行股份有限公司北京通州支行工会

“北京金融五一劳动奖状”获得集体

（中国金融工会北京工作委员会　京金工发〔2019〕3 号　2019 年 3 月 19 日）

中国银行股份有限公司北京宣武支行
交通银行股份有限公司北京西区支行
中国光大银行股份有限公司北京宣武支行
招商银行股份有限公司北京首体支行

“北京金融五一劳动奖章”获得者

（中国金融工会北京工作委员会　京金工发〔2019〕3 号　2019 年 3 月 19 日）

姜　杰　中国建设银行股份有限公司北京市分行公司业务部、战略客户部总经理
刘　敬　中国工商银行股份有限公司北京石景山支行机构金融业务部经理
薛东红　太平人寿保险有限公司北京分公司保费部员工
何　慧　原中国银行业监督管理委员会北京监管局股份制银行监管处监管业务二科

科长

胡飞飞　原中国保险监督管理委员会北京监管局稽查处检查一科科长

宋振文　国家开发银行北京市分行客户二处处长

钱　平　中信银行股份有限公司总行营业部国际业务部总经理

王　振　中国人民财产保险股份有限公司北京市分公司集团客户营业部团队副经理

左前明　信达证券股份有限公司研究开发中心首席分析师

“北京金融先锋号”获得集体

（中国金融工会北京工作委员会　京金工发〔2019〕3号　2019年3月19日）

中国工商银行股份有限公司北京市分行私人银行中心

中国光大银行股份有限公司北京方庄支行

原中国银行业监督管理委员会北京监管局办公室

招商银行股份有限公司北京分行公司金融事业部

中国人寿保险股份有限公司北京市分公司大客户业务部

中信建投证券股份有限公司法律合规部

太平人寿保险有限公司北京分公司平谷支公司银行保险部

中国民生银行股份有限公司北京万柳支行

中国人民财产保险股份有限公司北京市分公司五方桥理赔分部

“北京金融五一巾帼标兵岗”获得集体

（中国金融工会北京工作委员会　京金工发〔2019〕6号　2019年4月11日）

中国工商银行股份有限公司北京大兴新航城支行

中信银行股份有限公司北京中信城支行

中国建设银行股份有限公司北京朝阳支行营业部

国家开发银行北京市分行风险管理处

中国农业银行股份有限公司北京朝阳支行小营支行

“北京金融五一巾帼标兵”获得者

（中国金融工会北京工作委员会　京金工发〔2019〕6号　2019年4月11日）

吴爱君　中国农业银行股份有限公司北京六里桥支行柜员

冯　京　中国银行股份有限公司北京西城支行行长

吴　燕　招商银行股份有限公司北京分行零售金融事业部总经理助理

问丽华　交通银行股份有限公司北京西区支行营业室经理

刘晓峰　中国信达资产管理股份有限公司北京市分公司业务一处处长

王红秋　中国人民财产保险股份有限公司北京市分公司财会部总经理
胡婷婷　信达证券股份有限公司投行事业部执委委员、董事总经理
田　颖　中国民生银行股份有限公司北京金融街支行行长
冯文杰　中国东方资产管理股份有限公司北京市分公司资产经营二部负责人

“北京金融模范职工之家”获得集体

（中国金融工会北京工作委员会　京金工发〔2019〕6号　2019年4月11日）

中国银行股份有限公司北京通州支行工会委员会
中国建设银行股份有限公司北京安华支行工会委员会
中国人民财产保险股份有限公司北京海淀支公司工会委员会
原中国银行业监督管理委员会北京监管局财务会计处工会小组
中国民生银行股份有限公司北京苏州街支行工会委员会

“北京金融优秀职工之友”获得者

（中国金融工会北京工作委员会　京金工发〔2019〕6号　2019年4月11日）

王　平　太平人寿保险有限公司北京分公司党委书记、总经理
金恒钧　中国工商银行股份有限公司北京望京支行党委书记、行长
张　敬　中国银行股份有限公司北京西城支行纪委书记、工会主席
凌志红　中国建设银行股份有限公司北京铁道支行纪委书记、工会主席

“北京金融系统先进工会组织”获得集体

（中国金融工会北京工作委员会　京金工发〔2019〕6号　2019年4月11日）

中信银行股份有限公司总行营业部工会委员会
中国农业银行股份有限公司北京亚运村支行工会委员会
中国人民人寿保险股份有限公司北京市分公司工会委员会
招商银行股份有限公司北京崇文门支行工会委员会
中国民生银行股份有限公司北京分行工会委员会
中国民族证券有限责任公司北京佟麟阁路证券营业部工会委员会

“北京金融优秀工会工作者”获得者

（中国金融工会北京工作委员会　京金工发〔2019〕6号　2019年4月11日）

张　帆　中国工商银行股份有限公司北京海淀西区支行综合管理部副经理、工会负责人

贾谷林　国家开发银行北京市分行客户二处客户经理、工会组织委员
周　颖　太平人寿保险有限公司北京分公司工会副主席
魏广耀　中国人民人寿保险股份有限公司北京市分公司专职工会干部
吴　旻　北京中关村银行股份有限公司办公室员工、工会委员
郭　郦　原中国银行业监督管理委员会北京监管局工会委员会副主任、女工委主任
金媛媛　信达证券股份有限公司财务会计部综合部经理、工会委员
章敏洁　中国进出口银行北京分行公司客户一处三级经理、工会文体委员

"北京金融优秀工会积极分子"获得者

（中国金融工会北京工作委员会　京金工发〔2019〕6号　2019年4月11日）

傅　莉　中国光大银行股份有限公司北京分行零售业务部总经理、工会组织委员
刘春香　中国人寿保险股份有限公司北京市大兴支公司综合部经理、工会小组长
李　焱　中国农业银行股份有限公司北京市分行个人金融部个贷产品经理、机关舞蹈协会会长
刘志昭　太平养老保险股份有限公司北京分公司营业三部负责人、工会经审委员
李紫瑶　交通银行股份有限公司北京松榆里支行员工、工会委员
刘　瑜　中国大地财产保险股份有限公司北京分公司理赔分析岗员工、工会女工委员

（以上先进名录由中国金融工会北京工作委员会提供）

"首都劳动奖状"获得集体

北京农村商业银行股份有限公司密云支行

"首都劳动奖章"获得者

孙　静　中国工商银行股份有限公司北京朝阳支行职员
王希迎　中国农业银行股份有限公司北京市分行副行长
王海斌　中国光大银行股份有限公司北京石景山支行副行长
张　淼　华夏银行股份有限公司北京石景山支行行长
李　磊　渤海银行股份有限公司北京万寿路支行行长
任忠华　杭州银行股份有限公司北京分行党委委员、副行长、纪委书记
张道忻　中国平安财产保险股份有限公司北京分公司办公室副经理

“北京市工人先锋号”获得集体

中国邮政储蓄银行股份有限公司北京金融大街支行
大连银行股份有限公司北京分行综合管理部
中国民族证券有限责任公司北京佟麟阁路证券营业部

“北京市金融系统先进职工之家”获得集体

中国工商银行股份有限公司北京金融街支行工会委员会
中国农业银行股份有限公司北京亚运村支行工会委员会
中国银行股份有限公司北京西城支行工会委员会
中国建设银行股份有限公司北京延庆支行工会委员会
交通银行股份有限公司北京顺义支行工会委员会
中信银行股份有限公司总行营业部工会委员会
中国光大银行股份有限公司北京通州支行工会委员会
招商银行股份有限公司北京朝阳门支行工会委员会
中国民生银行股份有限公司北京万柳支行工会委员会
中国邮政储蓄银行股份有限公司北京石景山区支行工会委员会
中国民族证券有限责任公司北京佟麟阁路证券营业部工会委员会
中国人寿保险股份有限公司北京市密云支公司工会委员会
中国人民财产保险股份有限公司北京市分公司机关工会委员会
北京银行股份有限公司回龙观管辖行工会委员会
北京银行股份有限公司南纬路支行工会委员会
北京银行股份有限公司清华园管辖行工会委员会
北京银行股份有限公司顺义管辖行工会委员会
北京农村商业银行股份有限公司石景山支行工会委员会
华夏银行股份有限公司信用卡中心工会委员会
新华人寿保险股份有限公司北京分公司工会委员会
泰康人寿保险有限责任公司北京西城支公司工会委员会
北京保险行业协会秘书处工会委员会
广发银行股份有限公司北京分行工会委员会
平安银行股份有限公司北京分行工会委员会
兴业银行股份有限公司北京东城支行工会委员会
厦门国际银行股份有限公司北京分行会计结算部工会委员会
杭州银行股份有限公司北京分行工会委员会
大连银行股份有限公司北京西城支行工会委员会

中国平安财产保险股份有限公司北京怀柔支公司工会委员会

“北京市金融系统先进职工小家”获得集体

中国工商银行股份有限公司北京方庄支行芳群园网点工会分会
中国农业银行股份有限公司北京双北桥支行工会小组
中国银行股份有限公司北京亮马河大厦支行工会小组
中国建设银行股份有限公司北京安华支行营业部工会小组
交通银行股份有限公司北京太阳宫支行工会小组
中信银行股份有限公司北京中粮广场支行工会分会
中国光大银行股份有限公司北京方庄支行工会小组
招商银行股份有限公司北京分行公司金融事业部工会小组
中国民生银行股份有限公司北京阜成门支行工会小组
中国进出口银行北京分行营业部工会小组
中国邮政储蓄银行股份有限公司北京大兴区黄村西大街支行工会小组
中国人寿保险股份有限公司北京市开发区支公司工会小组
中国人民财产保险股份有限公司北京市分公司特殊风险营业部工会小组
北京银行股份有限公司芍药居支行工会小组
北京银行股份有限公司苏家坨支行工会小组
北京农村商业银行股份有限公司亚运村支行工会小组
华夏银行股份有限公司北京陶然支行工会小组
新时代证券股份有限公司北京北三环西路证券营业部工会小组
民生期货有限公司行政人力部工会小组
泰康人寿保险有限责任公司北京朝阳安定路营销服务部工会小组
北京银联商务有限公司通州业务部工会小组
北京银联商务有限公司朝阳一部工会小组
渤海银行股份有限公司北京通州支行工会小组
天津银行股份有限公司北京航天桥支行工会小组
广发银行股份有限公司北京中轴路支行工会小组
平安银行股份有限公司北京分行办公室工会小组
兴业银行股份有限公司北京东单支行工会小组
厦门国际银行股份有限公司北京中关村支行工会小组
杭州银行股份有限公司北京通州支行工会小组
大连银行股份有限公司北京丰台支行工会小组
大连银行股份有限公司北京海淀支行工会小组
中国平安财产保险股份有限公司北京通州支公司工会小组

“北京市金融系统优秀工会工作者”获得者

陈　立　中国工商银行股份有限公司北京丰台支行纪委书记、工会主任
李长杰　中国农业银行股份有限公司北京市分行工会常务副主席
贺　军　中国农业银行股份有限公司北京顺义支行纪委书记、工会干部
王海波　中国银行股份有限公司北京市分行工会常务副主任
于　波　中国银行股份有限公司北京海淀支行纪委书记、工会主席
孙志华　中国建设银行股份有限公司北京丰台支行纪委书记、工会主席
张咏梅　交通银行股份有限公司北京东单支行工会主席
程　鑫　中信银行股份有限公司总行营业部工会干部
罗　静　中国光大银行股份有限公司北京分行组织部部长、工会干部
赵　蕊　招商银行股份有限公司北京分行零售信贷部工会干部
许　芳　中国民生银行股份有限公司北京分行工会主席
王九晔　中国民生银行股份有限公司北京分行党群工作部总经理、工会委员
周大为　中国进出口银行北京分行办公室经理、工会干部
吴　玲　中国邮政储蓄银行股份有限公司北京分行工会副主席
张爱军　中国邮政储蓄银行股份有限公司北京延庆区支行副行长、工会主席
赵成国　中国民族证券有限责任公司北京佟麟阁路证券营业部党支部书记
张　静　中国人寿保险股份有限公司北京市分公司办公室经理、工会干部
杜　峰　中国人民财产保险股份有限公司北京市朝阳支公司总经理助理、工会干部
崔满红　北京银行股份有限公司京南管理部副总经理、工会干部
高金荣　北京农村商业银行股份有限公司顺义支行工会主席
李　燕　华夏银行股份有限公司北京分行工会副主席
张　洁　华夏银行股份有限公司北京光华支行副行长、工会干部
张　栋　新时代证券股份有限公司工会干部
刘玉坤　民生证券股份有限公司办公室工会干事
姜　滔　华夏基金管理有限公司综合部工会干事
王　娜　方正中期期货有限公司人力资源部总经理、工会干部
王　丹　民生期货有限公司工会干部
王益霞　泰康人寿保险有限责任公司北京分公司行政办公室物控主管、工会干部
卓　玮　北京国际信托有限公司纪检监察室负责人、工会干部
魏文燃　北京银联商务有限公司综合管理部副总经理、工会干部
白广楠　渤海银行股份有限公司北京通州支行副行长、工会干部
崔　洪　天津银行股份有限公司北京分行运营管理部总经理、工会副主席
苗雅静　广发银行股份有限公司北京分行党群部部长
梁玮娜　广发银行股份有限公司北京分行工会干事

胡　玥　平安银行股份有限公司北京分行工会干事
李文娟　兴业银行股份有限公司北京分行人事监察部劳资管理科经理、工会干部
杨　琼　厦门国际银行股份有限公司北京分行办公室总经理、工会副主席
倪　悦　杭州银行股份有限公司北京分行办公室工会干部
徐庆华　大连银行股份有限公司北京分行工会副主席
尹冬雪　东亚银行（中国）有限公司北京分行工会干部
（以上先进名录由北京市金融工会提供）

中国人民银行全国青年文明号

（中国人民银行　银发〔2019〕330 号　2019 年 12 月 31 日）
（考核合格的全国青年文明号）

中国人民银行营业管理部清算中心技术运维科
中国人民银行营业管理部科技处应用系统管理科

2017—2018 年度中国人民银行青年文明号

（中国人民银行　银发〔2019〕330 号　2019 年 12 月 31 日）

中国人民银行营业管理部货币金银处反假货币管理科

中国人民银行青年文明号

（中国人民银行　银发〔2019〕330 号　2019 年 12 月 31 日）
（考核合格的中国人民银行青年文明号）

中国人民银行营业管理部办公室新闻宣传科
中国人民银行营业管理部货币信贷管理处货币信贷管理科
中国人民银行营业管理部反洗钱处监管一科（原银行业金融机构监督科）
中关村国家自主创新示范区中心支行办公室

中国人民银行办公室工作先进集体

（中国人民银行办公厅　银办发〔2018〕233 号　2018 年 12 月 29 日）

中国人民银行营业管理部办公室（党委办公室）

中国人民银行货币政策工作先进集体

（中国人民银行办公厅　银办发〔2018〕233 号　2018 年 12 月 29 日）

中国人民银行营业管理部货币信贷管理处

中国人民银行科技工作先进集体

（中国人民银行办公厅　银办发〔2018〕233 号　2018 年 12 月 29 日）

中国人民银行营业管理部科技处

中国人民银行金融研究工作先进集体

（中国人民银行办公厅　银办发〔2018〕233 号　2018 年 12 月 29 日）

中国人民银行营业管理部金融研究处

中国人民银行办公室工作先进工作者

（中国人民银行办公厅　银办发〔2018〕233 号　2018 年 12 月 29 日）

梁珊珊　中国人民银行中关村国家自主创新示范区中心支行办公室（党委办公室）

中国人民银行货币政策工作先进工作者

（中国人民银行办公厅　银办发〔2018〕233 号　2018 年 12 月 29 日）

黄美娟　中国人民银行营业管理部货币信贷管理处

中国人民银行科技工作先进工作者

（中国人民银行办公厅　银办发〔2018〕233 号　2018 年 12 月 29 日）

张凯宁　中国人民银行营业管理部科技处

中国人民银行国库工作先进工作者

（中国人民银行办公厅　银办发〔2018〕233 号　2018 年 12 月 29 日）

杜英男　中国人民银行营业管理部国库处

中国人民银行金融研究工作先进工作者

（中国人民银行办公厅　银办发〔2018〕233 号　2018 年 12 月 29 日）

孙　丹　中国人民银行营业管理部金融研究处
苏乃芳　中国人民银行营业管理部金融研究处

中国人民银行优秀共青团员

（共青团中国人民银行委员会　银团发〔2019〕10 号　2019 年 4 月 26 日）

于庆蕊　中国人民银行营业管理部调查统计处
梁志翔　中国银联北京分公司市场拓展部

中国人民银行优秀共青团干部

（共青团中国人民银行委员会　银团发〔2019〕10 号　2019 年 4 月 26 日）

郭　颖　中国人民银行营业管理部支付结算处团支部书记

中国人民银行五四红旗团支部（总支）

（共青团中国人民银行委员会　银团发〔2019〕10 号　2019 年 4 月 26 日）

中国人民银行中关村国家自主创新示范区中心支行团支部